Dressler, Orchideen

Robert L. Dressler

Die Orchideen

Biologie und Systematik
der Orchidaceae

Aus dem Englischen von Dr. Guido J. Braem
Unter Mitwirkung von Marion Zerbst

125 Abbildungen im Text
und 95 Farbfotos auf Tafeln

E.U.
VERLAG
EUGEN
ULMER

CIP-Titelaufnahme der Deutschen Bibliothek

Dressler, Robert L.:
Die Orchideen : Biologie u. Systematik d. Orchidaceae / Robert L. Dressler. Aus d. Engl. von Guido J. Braem. Unter Mitw. von Marion Zerbst. – Stuttgart : Ulmer, 1987
Einheitssacht.: The orchids <dt.>
ISBN 3-8001-6331-4

Titel der Originalausgabe: The Orchids
Natural History and Classification
Erschienen 1981 bei Harvard University Press, Cambridge, Massachusetts, U.S.A., and London, England

Wollgrasweg 41, 7000 Stuttgart 70 (Hohenheim)
Printed in Germany
Umschlaggestaltung: Alfred Krugmann, Freiberg am Neckar
Mit einem Foto von Eberhard Morell, Frankfurt a. M.
Satz: Utesch Satztechnik GmbH, Hamburg
Druck und Bindung: Friedrich Pustet, Regensburg

Vorwort

1978 erschien ein zweibändiges Werk über die Compositae (Korbblütler) – eine im Vergleich mit den Orchideen ziemlich langweilige Pflanzenfamilie. 42 Autoren vereinten ihre Kräfte, um in diesen zwei Bänden die Klassifikation, Cytologie, Populationsstruktur, Artbildung, Evolution und Biochemie jeder einzelnen Kompositentribus abzuhandeln. Ich fürchte, es wäre selbst mit unbeschränkten Mitteln nicht möglich, auch nur halb so viele Orchideenspezialisten zu finden, die genügend Informationen für eine ähnliche Überarbeitung der Orchideenfamilie liefern könnten.

Man hat den Orchideen zwar viele aufwendige Bände mit zahlreichen Farbtafeln gewidmet, doch es gibt bedauerlich wenige wirklich eingehende Studien, die sich mit Spezialgebieten der Orchideenkunde befassen. Die Botaniker – Professoren wie Studenten – sind häufig nicht in der Lage, geeignete, klar umgrenzte Themen für ihre Disssertationen zu wählen oder zwischen einer lohnenswerten und einer nutzlosen Arbeit zu unterscheiden.

Vielleicht haben die meisten professionellen Botaniker dieses Gebiet gemieden, weil die Orchideen ein so beliebtes Hobby sind. Also blieb die Erforschung der Orchideen den Amateuren überlassen, und einige haben tatsächlich sehr gute Arbeit geleistet.

Als ich am Missouri Botanical Garden zu arbeiten begann, befaßte ich mich eingehend mit dem Bau der Orchideenblüte. Ich schnitt Blüten aller verschiedenen Orchideenarten ab, die ich in den Gewächshäusern finden konnte, untersuchte sie unter dem Mikroskop und versuchte, meine Beobachtungen mit den Beschreibungen der Literatur in Einklang zu bringen.

Ich hatte mich rasch mit der Terminologie vertraut gemacht, und mir wurde klar, daß Orchideen nicht immer die Güte haben, sich so zu verhalten, wie sie es nach Meinung der Botaniker sollten. Ich begann mich für die Evolution und Klassifikation der Familie zu interessieren, und seitdem gingen mir diese Probleme viel im Kopf herum.

Ich will versuchen, in diesem Buch all die Informationen zu vermitteln, die ich vor 20 Jahren mühsam zusammengetragen habe, und eine Revision der Evolution und der allgemeinen Klassifikation der Orchidaceae vorzunehmen.

Ich hoffe, daß das Resultat sowohl für den Liebhaber als auch für den Botaniker eine Hilfe sein wird. Ich muß jedoch klarstellen, daß dies kein Buch über Orchideenkultur ist. Es gibt bereits viele solcher Bücher, und die meisten sind, zumindest im Hinblick auf die Klimazonen, für die sie geschrieben wurden, ziemlich gut. Ebensowenig ist dieses Buch als Hilfe zur Bestimmung von Orchideenarten gedacht, obgleich solche Werke zweifellos notwendig wären.

Ich spielte zwar schon vor Jahren mit dem Gedanken, ein Werk über Orchideenbotanik zu schreiben; doch den Entschluß, ein Buch dieses Umfangs und Inhalts zu verfassen, faßte ich erst während eines Gesprächs mit Dr. Norris H. Williams am Abend des 8. Juli 1978. Als wir uns am nächsten Tag am Flughafen verabschiedet hatten, fing ich mit der Arbeit an. Die Orchideenthematik faszinierte mich so sehr, daß es mir während der Arbeit an diesem Werk unmöglich war, länger als ein paar Minuten an eine andere Aufgabe zu denken. Sogar Exkursionen mußten bis zur Fertigstellung der ersten Fassung vertagt werden. Zahlreiche Aspekte der Orchideenkunde, die mir seit Jahren klar gewesen waren, erschienen mir plötzlich zweifelhaft und verlangten eingehendere Untersuchung und Durchleuchtung.

Die vorliegende Arbeit basiert zum Teil auf einem kurzen Seminar über Orchideen, das ich im Dezember 1975 in Zusammenarbeit mit Dr. Alvaro Arango am Museo Departamental de Historia Natural in Cali (Kolumbien) gehalten habe, und auf einem ähnlichen Lehrgang, der im Oktober 1977 unter der Schirmherrschaft des Museo de Ciencias Naturales in Panama stattfand. Ein Teil der genetischen Erläuterungen stammt aus einem kurzen Lehrgang über Blütenökologie, den ich im Mai 1970 an der Universidad Nacional Autónoma de México gehalten habe; ein paar weitere Informationen habe ich aus einem Kurs über Biogeographie an der Washington University in St. Louis (Missouri) übernommen.

Mein aufrichtiger Dank gilt den Förderern dieser Lehrgänge ebenso wie all den Studenten, die Fragen gestellt haben. Einige der diesem Buch zugrundegelegten Ideen zur Klassifikation konnte ich bereits auf dem 12. Internationalen Botanikerkongreß in Leningrad vorstellen.

Ich habe versucht, in meiner Abhandlung Material aus den Veröffentlichungen zu berücksichtigen, die mich vor Oktober 1979 erreichten. Dennoch bin ich sicher, daß ich einige wichtige Publikationen durch Unwissenheit oder Untüchtigkeit übersehen habe.

Ich bin erfreut (und ein wenig bestürzt) über die Vielzahl neuer Daten, die bekannt wurden, während dieses Buch sich im Druck befand. Die neuesten (unveröffentlichten) Daten über den Bau der Orchideensamen (die Arbeit von Barthlott und Ziegler) zum Beispiel deuten darauf hin, daß

1. die Verwandtschaft zwischen den Dendrobiinae und den Eriinae nicht sehr eng ist, und daß die Dendrobiinae, Bulbophyllinae, Coelogyninae, Glomerinae und Thuniinae eine sehr natürliche Gruppe (Tribus Dendrobieae?) darstellen könnten,
2. die Vandoideae keine wirklich natürliche phylogenetische Gruppe darstellen, sondern sich aus verschiedenen epidendroiden Gruppen entwickelt haben. Hier sind sicherlich weitere Untersuchungen nötig.

   Ich bin vielen Personen für ihre Mithilfe bei der Arbeit an diesem Buch zu Dank verpflichtet.

In erster Linie danke ich meiner Frau Kerry für ihre Nachsicht und Ermutigung, ebenso für ihre Hilfe als Begleiterin und Fotografin auf meinen Exkursionen.

James D. Ackerman, C. H. Dodson, K. S. Walter, C. A. Luer, P. Taylor und N. H. Williams haben jeweils eine vorläufige Fassung des Buches gelesen und wertvolle Anregungen gegeben. Außerdem habe ich Teile meines Buches u. a. mit J. Atwood, W. Barthlott, P. J. Cribb, J. P. Folsom, L. A. Garay, P. S. Laverack, G. Seidenfaden, K. Senghas, R. Silberglied und L. Y. Th. Westra besprochen.

Ich habe versucht, für die Farbtafeln Bilder auszuwählen, die eine Übersicht über die Formenvielfalt der Orchideen vermitteln. Einige Freunde und Kollegen haben mir zu diesem Zweck großzügigerweise Dias ausgeliehen. Ich möchte an dieser Stelle W. Barthlott (Zeichnungen 40, 50), C. H. Dodson (20, 92), R. Escobar R. (95), J. P. Folsom (19), J. Green (16, 35, 45), M. W. Hodge (72), R. Jenn (3, 70), H. A. Kennedy (13, 59, 66, 89), J. Kuhn (86), P. Laverack (8, 12, 29, 34, 44), C. A. Luer (2, 4, 7, 9, 25, 30, 31, 32, 42, 49, 51), E. A. Schelpe (41, 82), F. L. Stevenson (18), J. Stewart (36, 39, 78), W. P. Stoutamire (21, 22, 23), K. W. Tan (14), P. Tonelly (33), und K. W. Walter (17, 24, 26, 61, 71, 75, 84, 85) meinen Dank aussprechen.

Arlee Montalvos Talent und Geduld bei der Anfertigung der Zeichnungen weiß ich sehr zu würdigen. Viele andere haben mir bei der Suche nach Orchideen in freier Natur geholfen und stellten mir freigiebig Material aus ihren botanischen Gärten zur Verfügung. Eine vollständige Liste aller Personen, die auf diese Weise an dem Buch mitgewirkt haben, wäre zu lang an dieser Stelle, aber ich bin ihnen allen sehr dankbar.

R. L. D.

Inhaltsverzeichnis

1 Systematische Stellung und botanische Merkmale

Die Orchidaceae sind eine der artenreichsten und variabelsten Pflanzenfamilien. Sie stellen 7 bis 10 % aller Blütenpflanzen. Die in dieser sich aktiv entfaltenden Pflanzengruppe verwirklichten hochspezialisierten Anpassungen zum Zwecke der Anlockung, Täuschung und Manipulation von Insekten (um damit Kreuzbestäubung zu erzielen) haben den Betrachter schon zu Zeiten Darwins fasziniert.

Die Orchideen haben auf der ganzen Welt viele Liebhaber gefunden, die ihre Pflanzen in Gewächshäusern, Gärten, auf Fensterbänken und in Kellern pflegen und vermehren. Man könnte daher annehmen, daß sie zu den bekanntesten und am besten erforschten Pflanzen gehören. Das ist jedoch nicht der Fall.

Viele Botaniker scheinen der Ansicht, daß Orchideen sich nicht als Objekt für wissenschaftliche Untersuchungen eignen, oder aber, daß über eine so populäre Pflanzengruppe wohl schon alles gesagt sein müsse. Daß dies ein Irrtum ist, wird jedoch schnell deutlich, wenn man versucht, in den tropischen Gebieten dieser Erde Orchideen zu sammeln und zu bestimmen.

Wir können erst dann zu einem Verständnis der Orchideen gelangen, wenn wir erkennen, welchen Platz sie in der Natur einnehmen. Früher ordnete man alle Lebewesen entweder dem Pflanzen- oder dem Tierreich zu. Einige Organismen jedoch – insbesondere manche Einzeller – passen weder in die eine noch in die andere Kategorie. Daher wurde unlängst vorgeschlagen, die Lebewesen in vier oder fünf »Reiche« einzuteilen, um der Vielgestaltigkeit des Lebens auf der Erde besser Rechnung zu tragen (vgl. Abb. 1.1). Solange wir im Auge behalten, daß diese Reiche willkürliche Aufteilungen sind, die uns die Arbeit erleichtern sollen, und keine phylogenetischen Einheiten darstellen, kann ein solches aus fünf »Reichen« bestehendes System von großem Nutzen sein. Wenn wir dagegen deutlich voneinander getrennte phyletische Einheiten anstrebten, müßten wir aus den drei oberen Feldern in Abb. 1.1 mindestens achtzehn verschiedene Reiche konstruieren. Pflanzen, Pilze und Tiere würden dann – wiederum aus Gründen der Bequemlichkeit – zu »Großreichen«.

Wenn wir nun die Pflanzen in diesem Licht betrachten, erkennen wir drei Hauptgruppen: die Rotalgen, Braunalgen (und deren Verwandte) und die grünen Pflanzen mit ihrer großen Formenvielfalt von den einfachen, einzelligen Organismen bis hin zu den riesigen Mammutbäumen (Abb. 1.2). Unser Interesse gilt den Blütenpflanzen, die den größten Teil aller Pflanzen ausmachen und die wir tagtäglich sehen, kultivieren und für die verschiedensten Zwecke verwenden.

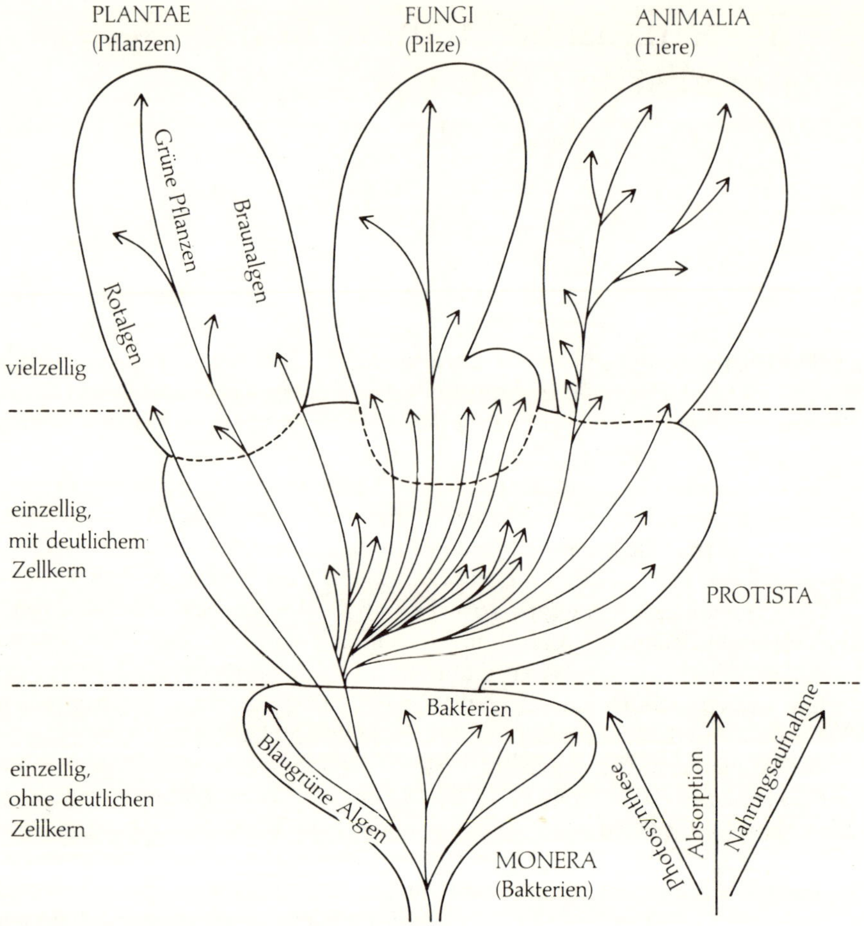

Abb. 1.1. Die fünf Reiche der Organismen. Jedes besteht aus mehreren oder vielen phyletischen Linien (nach Whittaker 1969).

Die Klasse der Angiospermae (Blütenpflanzen) wird normalerweise in zwei Unterklassen aufgeteilt: die Monocotyledoneae (Einkeimblättrigen) und die Dicotyledoneae (Zweikeimblättrigen). Die Hauptunterschiede zwischen diesen zwei Gruppen sind in Tab. 1.1 aufgeführt. Manche Pflanzen weisen jedoch nicht alle diese Eigenschaften auf; die Araceae zum Beispiel haben normalerweise netznervige Blätter, und die meisten Orchideen haben keine Keimblätter. Dennoch werden beide Familien zu den Einkeimblättrigen gerechnet.

Während diese zwei Unterklassen von den meisten Botanikern als »echte« Gruppen angesehen werden, meint Huber (1977), es wäre besser, von zwei ungenau definierten Teilen einer einzigen natürlichen Gruppe zu sprechen.

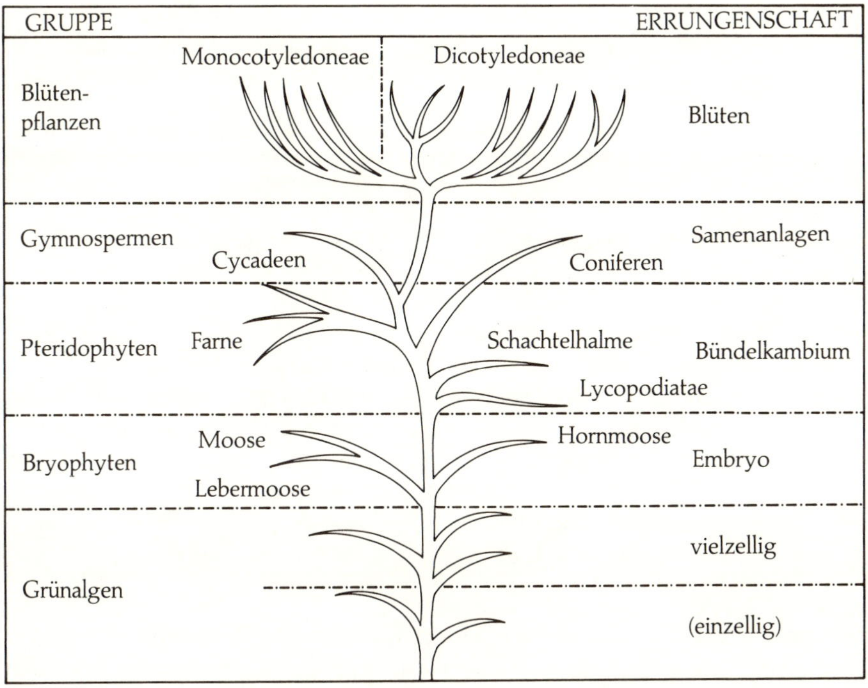

Abb. 1.2. Ein schematischer Stammbaum der grünen Pflanzen mit Angabe der entwicklungsgeschichtlichen Stufen. Die auf der rechten Seite aufgeführten »Errungenschaften« sind die für jede Stufe wichtigsten stammesgeschichtlichen Entwicklungen (dann auch in den nachfolgenden Stufen vertreten). Die Blütenpflanzen (bzw. Angiospermen) stellen eine natürliche phyletische Gruppe dar. Die Bryophyten, Pteridophyten und Gymnospermen sind dagegen als Entwicklungsstufen anzusehen.

Wahrscheinlich sind diese Unterklassen – ebenso wie die Reiche – eher zweckmäßige Konzepte als echte phyletische Gruppen.

Die Trennung zwischen ein- und zweikeimblättrigen Pflanzen mag willkürlich sein; dennoch sind einige der Unterschiede zwischen diesen beiden Gruppen wichtig. Das Muster der Blattaderung zum Beispiel prägt die äußere Erscheinung einer Pflanze ziemlich stark – auch wenn die beiden Gruppen eine Vielzahl verschiedener Blatt-Typen aufweisen. Auch der Bau des Sprosses ist sehr wichtig, da er die Wuchsform der Pflanze bestimmt: Ein typisches Merkmal der Dikotyledonen besteht darin, daß die als Kambium bekannte Zellschicht an der Innenseite Holz (bei krautigen Pflanzen Holz und weiches Gewebe) und an der Außenseite Rinde bildet; auf diese Weise kann sich das Dickenwachstum ständig fortsetzen. Die Sprosse der Monokotyledonen hingegen können sehr groß und auch verholzt sein; ein Dickenwachstum ist jedoch, sobald die Pflanze ausgewachsen ist, kaum mehr möglich.

Tab. 1.1 Vergleich zwischen den Monocotyledoneae und den Dicotyledoneae

Monocotyledoneae	Dicotyledoneae
— Keimblätter: 1	— Keimblätter: in der Regel 2
— Blätter meist parallelnervig	— Blätter meist netznervig
— kein Bündelkambium vorhanden	— meist ein Bündelkambium vorhanden
— Leitbündel zerstreut oder in 2 oder mehr Kreisen	— Leitbündel meist in einem Ring das Mark umgebend
— Blütenorgane (sofern die Zahl eindeutig festgelegt ist) zu dreien (selten zu vieren oder fünfen)	— Blütenorgane (sofern die Zahl eindeutig festgelegt ist) zu fünfen, manchmal auch zu vieren (selten zu dreien)
— Pollenkörner in der Regel mit einer einzigen Furche oder Pore	— Pollenkörner in der Regel mit 3 Furchen oder Poren

Die einkeimblättrigen Pflanzen scheinen also in ihrem Wachstum viel stärker beschränkt zu sein als die zweikeimblättrigen. Dennoch finden wir unter den Einkeimblättrigen die unterschiedlichsten Arten – von der Wasserlinse bis zur Palme, vom kleinsten Gras bis zum Bambus, von der Zwiebel bis zur Banane und (in der Familie der Orchideen) von der moosartigen *Platystele jungermannioides* bis zur massiven *Grammatophyllum* und der kletternden *Vanilla*. Aus der Grundform des monokotylen Wachstumssystems ist eine enorme Formenvielfalt entstanden, die auch für die Orchideen kennzeichnend ist.

Was den Umfang der beiden Unterklassen anbelangt, so ist die Gruppe der Dikotyledonen mit ihren rund 267 Familien, die sich 19 Überordnungen zuordnen lassen (natürlich gibt es auch noch andere Klassifikationssysteme), viel größer als die Gruppe der Monokotyledonen. Doch da die Orchideen zu den Einkeimblättrigen gehören, brauchen wir uns mit den Zweikeimblättrigen hier nicht weiter zu beschäftigen.

Die Monokotyledonen werden meist in vier oder fünf Überordnungen eingeteilt, obwohl noch immer keine Übereinstimmung hinsichtlich der Beschreibung und Nomenklatur dieser Überordnungen besteht. Zum Beispiel hat die Überordnung, zu der die Orchidaceae gehören, bei verschiedenen Autoren die Namen Liliiflorae, Liliidae oder Lilianae. Ich verwende hier das folgende Überordnungssystem (siehe Abb. 1.3):

1. Alismatiflorae: meist aquatische oder semiaquatische Krautpflanzen mit zahlreichen Staub- und Fruchtblättern.
2. Ariflorae: im allgemeinen Kraut- oder Kletterpflanzen mit kleinen, dichtgedrängt stehenden Blüten und netznervigen Blättern. Zu dieser Überordnung gehören die Araceae und die Lemnaceae.

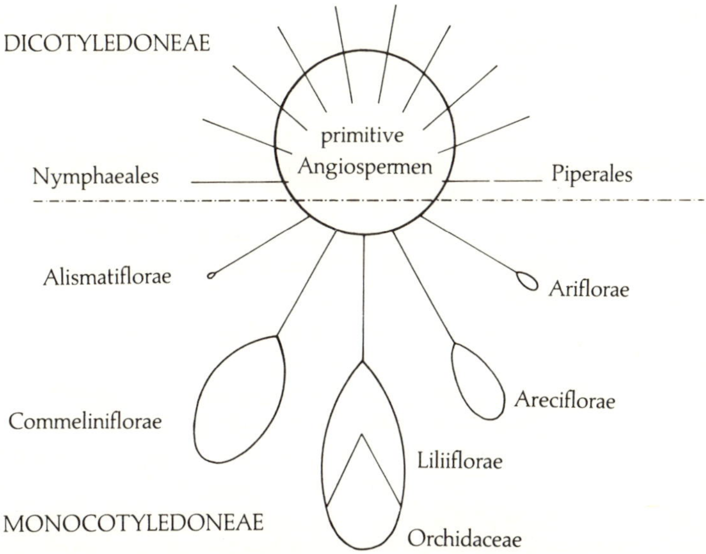

Abb. 1.3. Die Verwandtschaft zwischen den monokotylen Überordnungen und ihre relative Größe (sehr schematisch).

3. Areciflorae: eine artenreiche Gruppe mit großen, palmenähnlichen Blättern und einzelnen, meist kleinen, unauffälligen Blüten. Hierzu gehören die Palmen und die Cyclanthaceae.
4. Commeliniflorae: eine weitere große Gruppe, zu der die Bromelien, Bananen, Ingwergewächse und Gräser gehören. Hier ist die äußere Blütenhülle (Kelchblätter) grün und blattähnlich. Die innere Blütenhülle (Kronblätter) ist (sofern vorhanden) sehr ausgeprägt.
5. Liliiflorae: eine Gruppe, bei der äußere und innere Blütenhülle (Kelch- und Kronblätter) in der Regel ziemlich ähnlich sind. Aufgrund biochemischer und anderer wissenschaftlicher Daten ist anzunehmen, daß diese Gruppe sich ziemlich stark von den Commeliniflorae unterscheidet. Zu den Liliiflorae gehören die Lilien, Amaryllisgewächse, Iridaceae und Orchideen.

Es wird allgemein angenommen, daß die Orchideen – bei weitem die artenreichste Familie der Liliiflorae – auch die am höchsten entwickelte Pflanzengruppe dieser Überordnung (vielleicht sogar der gesamten Unterklasse Monocotyledoneae) sind.

Wenn die Pflanzenwelt sich in einer bestimmten Richtung entwickelte, würde sich vielleicht ein Versuch lohnen, festzustellen, welche Gruppe in dieser Hinsicht am weitesten fortgeschritten ist. Jedoch gibt es sicherlich so viele verschiedene »Evolutionsrichtungen« unter den Pflanzen wie unterschiedliche Arten. Wir können uns logischerweise fragen, ob irgendeine andere Pflanzengruppe besonders eng mit der Orchideenfamilie verwandt sei; doch eine fachgerechte Beantwortung ist äußerst problematisch. In den meisten Klassifikationssystemen werden die Orchideen mit den Burmanniaceae, Corsiaceae und Geosiridaceae zu der Ordnung Orchidales zusammengefaßt. Diese trägt auch den Namen Microspermae; einer der Gründe für diese Gruppierung besteht also wohl darin, daß alle Familien der Ordnung äußerst kleine Samen bilden. Kleine Samen sind aber bei allen saprophytischen Pflanzengruppen zu finden, unabhängig davon, ob sie zu den Ein- oder Zweikeimblättrigen gehören. Dieses Merkmal kann man also nicht unbedingt als Beweis für eine enge Verwandtschaft anerkennen.

Die Tatsache, daß einige Burmanniaceae und Orchidaceae größere, endospermhaltige Samen bilden, deutet sehr darauf hin, daß die kleinen Samen sich in jeder Familie unabhängig voneinander entwickelt haben. In anderen Merkmalen unterscheiden sich die Burmanniaceae stark von den Orchideen. Ihre Blüten sind meistens radiärsymmetrisch, ihre Staubgefäße sind eher mit der Blütenhülle als mit dem Griffel verwachsen, und ihr Blütenstand ist eine Trugdolde. Sowohl die Orchidaceae als auch die Burmanniaceae haben »tenuinucellate« Samenanlagen (Huber 1969). Alles in allem aber scheinen die Argumente, die für eine enge Verwandtschaft zwischen diesen beiden Familien sprechen, nicht sehr überzeugend zu sein.

Die Corsiaceae haben eine bilateral-symmetrische Blütenhülle. Die »Lippe« wird in dieser Familie von einem der Kelchblätter gebildet; bei den Orchideen dagegen wurde das dritte Kronblatt zur »Lippe« umgebildet. Die Ähnlichkeit zwischen den beiden Familien ist also ziemlich oberflächlich.

Einige Autoren vermuten eine Verwandtschaft zwischen den Orchideen (insbesondere der Unterfamilie Apostasioideae) und den Hypoxidaceae; aber auch hier scheint es sich nur um oberflächliche Ähnlichkeit zu handeln.

Huber (1969) ordnet die Hypoxidaceae in die Ordnung Asparagales ein und vertritt die Ansicht, daß die Verwandten der Orchideen unter den »colchicoiden« Liliiflorae, das heißt, in Hubers enggefaßtem Sinne den Liliales, zu suchen sind.

Dabei ist kein Zweig der heutigen Liliales zu finden, der mit den Orchidaceae besonders eng verwandt wäre, wie auch Huber selbst feststellt (1977, S. 291), daß »die Orchidales sicherlich von keiner in neuerer Zeit entstandenen Gruppe der Liliales abstammen«. Wiewohl sich viele Orchideen vergleichsweise schnell entwickeln mögen, bilden sie keineswegs eine junge Gruppierung; ihre lilienartigen Vorfahren entwickelten sich wahrscheinlich entweder zu Orchideen, oder sie starben aus.

Somit kann man die Orchideen als unabhängige Ordnung (Orchidales) mit nur einer Familie (Orchidaceae) betrachten. Eine weitere Möglichkeit bestünde darin, die Orchideen in eine weiter gefaßte Ordnung – Liliales – einzugliedern.

Weitere Untersuchungen zur Anatomie und Samenstruktur von primitiven Orchideen und anderen Liliales werden es uns vielleicht eines Tages ermöglichen, die Verwandtschaft zwischen den Orchideen und anderen Pflanzengruppen eindeutiger zu klären.

Die charakteristischen Merkmale der Orchideen

Die Orchidaceae haben naturgemäß viele Gemeinsamkeiten mit verwandten Gruppen der einkeimblättrigen Pflanzen, zum Beispiel die verstreuten Leitbündel, die parallelnervigen Blätter, die zu dreien auftretenden Blütenteile und die unterständigen Fruchtknoten.

Es erhebt sich nunmehr die Frage, wie man die Orchideen von den anderen Pflanzengruppen unterscheiden kann. Erstaunlicherweise gibt es nur wenige eindeutige Unterscheidungsmerkmale. Von den vielen Merkmalen, die bei den meisten Orchideenarten zu finden sind, kommen nur drei bei allen Orchideen vor. Der Grund für diese großen Unterschiede liegt in der Tatsache, daß die Orchideenarten zahlreiche verschiedene evolutionäre Entwicklungsstufen repräsentieren. Wären uns nur die primitivsten lebenden Vertreter der Familie bekannt, so würden wir diese vielleicht als ziemlich »abartige« Liliengewächse einstufen. Jedoch zeigt uns die Fülle der vorhandenen Übergangsarten, daß diese primitiven Orchideen die ersten Evolutionsstadien unserer besonderen Familie darstellen.

Die Orchidaceae zeichen sich in der Hauptsache durch folgende spezifische Merkmale aus:

1. Orchideen besitzen in der Regel nur ein fruchtbares Staubblatt; nur eine lebende Orchideengattung hat deren drei. Die Staubblätter sind – unabhängig von iher Anzahl – niemals symmetrisch angeordnet, sondern stehen alle auf einer Blütenseite. Ich glaube, daß dieses einfache Merkmal den entscheidenden Schritt in der Entwicklungsgeschichte der Orchideen darstellt – ein Phänomen, auf das wir später noch zurückkommen werden.
2. Staubblatt und Stempel sind zumindest teilweise (meist sogar vollständig) zu einem einzigen Blütenorgan – der Säule – verwachsen.
3. Die Orchideen bilden meist zahlreiche extrem kleine Samen. Unter den primitiven Arten findet man zwar auch Pflanzen mit viel größeren und komplexeren Samen; doch auch diese sind im Vergleich zu den Samen der meisten anderen Pflanzenfamilien sehr klein und äußerst zahlreich.
4. Bei der Orchideenblüte unterscheidet sich das dritte, dem fruchtbaren Staubblatt gegenüberstehende Kronblatt meistens (aber nicht immer) deutlich von den anderen Kronblättern. Es wird als Lippe oder Labellum bezeichnet.
5. In der Orchideenknospe wird das fruchtbare Staubblatt auf der dem Sproß abgewandten Seite gebildet, während die Lippe auf der anderen Seite entsteht. Wenn die Knospe sich nun einfach vom Sproß wegkrümmen würde, stände die Lippe oben und das Staubblatt unten. Bei einigen Orchideen ist das tatsächlich der Fall, und die Pflanzen mit dieser Blütenstellung sind auch voll lebens- und fortpflanzungsfähig. Bei den meisten Orchideen jedoch drehen sich die Knospen bis zur Blütenentfaltung um 180 Grad, so daß die Lippe sich an der Unterseite der geöffneten Blüte befindet. Dieser als Resu-

Abb. 1.4. Eine ausgewachsene, aber nicht außergewöhnlich große Pflanze von *Grammatophyllum papuanum,* kultiviert in Lae, Papua, Neuguinea. Die Sprosse sind 2 bis 3 Meter lang.

pination bezeichnete Vorgang ist bei der Orchidaceae so weit verbreitet, daß er als normal betrachtet wird und die nicht resupinierten Blüten auf dem Kopf zu stehen scheinen.

6. Der als Rostellum bezeichnete Teil der Narbe spielt meist eine Rolle bei der Übertragung des Pollens von einer Blüte zur anderen. Dies ist einer der wesentlichen Aspekte der Orchideenevolution.
7. Ein weiteres orchideenspezifisches Merkmal ist die Zusammenballung der Pollenkörner zu einigen großen Gebilden, den sogenannten Pollinien. Dieses besonders typische Phänomen hat – ebenso wie das Rostellum – eine wichtige Funktion bei der Bestäubung durch Insekten und Vögel.

Die Angaben bezüglich der Artenzahl der Orchideenfamilie variieren sehr stark. Einige Autoren sind der Meinung, daß die Familie Orchidaceae 12 000 bis 15 000 Arten umfaßt, andere vermuten bis zu 35 000. Da bis jetzt nur wenige

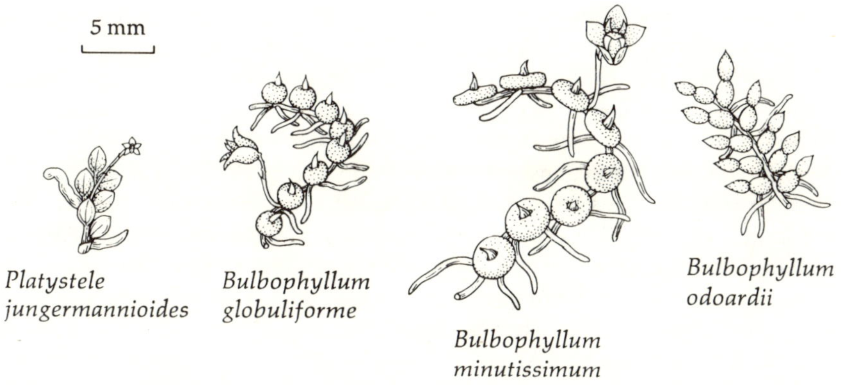

Abb. 1.5. Die Bewerber für den Titel »Kleinste Orchidee der Welt«. Die Zeichnungen sind in doppelter natürlicher Größe angelegt (*B. globuliforme* und *B. minutissimum* nach Dockrill 1969, *B. odoardii* nach Pfitzer 1885).

Orchideengruppen eingehend untersucht worden sind, läßt sich die genaue Artenzahl nicht ermitteln; alle diesbezüglichen Angaben sind als grobe Schätzungen zu betrachten.

Die in den Kapiteln 7 bis 10 angegebenen Zahlen basieren teils auf einigermaßen genauen Zählungen, teils auf sehr groben Schätzungen. Diesen Zahlen zufolge umfaßt die Orchideenfamilie 725 Gattungen und 19 192 Arten.

Unter Berücksichtigung der vielen Unklarheiten erscheint mir die Annahme gerechtfertigt, daß es etwa 20 000 bis 25 000 Orchideenarten gibt.

Wie viele terrestrische Orchideen (Erdorchideen) und wie viele Epiphyten die Familie umfaßt, ist viel schwieriger zu schätzen (die Epiphyten wachsen normalerweise auf Bäumen). Zwar ist bekannt, daß die in erster Linie terrestrischen Gruppen ungefähr 4000 Arten umfassen; doch zusätzlich kommen auch noch etliche terrestrische Arten in Gruppen vor, die hauptsächlich aus Epiphyten bestehen. Ich schätze, daß etwa ein Viertel aller Orchideenarten als primär terrestrisch anzusehen ist; weitere 5 Prozent sind vielleicht sowohl zu einer terrestrischen als auch zu einer epiphytischen Lebensweise in der Lage.

Die Orchidaceae und die Compositae werden häufig als die artenreichsten Familien der Blütenpflanzen bezeichnet – eine Ehre, die gelegentlich auch den Leguminosae und Gramineae zuteil wird, ohne daß sich diese Behauptung statistisch untermauern ließe. Die unvoreingenommenste Untersuchung, die mir in diesem Zusammenhang bekannt ist, ist die von Willis (1973), der den Orchidaceae 17 000, den Compositae 13 000, den Leguminosae 12 000 und den Gramineae 10 000 Arten zuschreibt. Heywood, Harborne und Turner (1978) schätzen, daß die Compositae 22 000 Arten umfassen. Eine vergleichbare detaillierte Übersicht über die Orchidaceae liegt leider nicht vor.

Apropos Rekorde – in diesem Zusammenhang sind auch die Maße der Orchideen interessant. Die *Vanilla* mit ihren meterlangen Ranken, die es ihr ermöglichen, auf Klippen und Bäume zu »klettern«, ist wahrscheinlich die längste Orchidee. Die schwerste Orchidee ist wohl in der Gattung *Grammatophyllum* (Abb. 1.4) zu finden. Die dicken Sprosse von *Grammatophyllum speciosum* und *Grammatophyllum papuanum* werden bis zu 5 m lang; vor allem alte Pflanzen sind sehr massig. Am anderen Ende der Maßskala machen sich einige *Bulbophyllum*-Arten gegenseitig den Ruhm streitig, die kleinste Orchidee der Welt zu sein. Der aussichtsreichste Kandidat für diese Ehre ist jedoch wahrscheinlich die zentralamerikanisache Art *Platystele jungermannioides* (Abb. 1.5), obwohl auch einige asiatische Arten durch extrem kleinen Wuchs auffallen, zum Beispiel die auf Borneo heimische Orchidee *Bulbophyllum odoardii* mit ihren gut ausgebildeten Blättern, deren Pseudobulben ungefähr so groß sind wie die der australischen Arten *Bulbophyllum minutissimum* und *Bulbophyllum globuliforme*. *B. globuliforme* wird für die kleinere dieser beiden australischen Arten gehalten; hierüber kann man sich jedoch streiten: Die Pseudobulben von *B. minutissimum* sind zwar breiter als die von *B. globuliforme*, aber dafür viel flacher. Bei beiden Arten haben sich die Blätter zu dornähnlichen Rudimenten zurückgebildet, so daß die grünen Pseudobulben sowohl die Speicherfunktion als auch die Photosynthese übernehmen müssen.

2 Geographische Verbreitung

Die Orchideen kommen in fast allen Gebieten der Erde vor – von Nordschweden und Alaska bis nach Feuerland und Macquarie Island. Es gibt nur wenige Gefäßpflanzen, die noch weiter nördlich oder südlich verbreitet sind. Auf jeden Fall reicht das Verbreitungsgebiet der Orchideen ganz nah an die Vegetationsgrenzen heran (Abb. 2.1). Die epiphytischen Orchideen sind jedoch – wie die meisten epiphytischen Gefäßpflanzen – auf die tropischen und subtropischen Klimazonen beschränkt. (Nur einige epiphytische Farne haben ein größeres Verbreitungsgebiet.) Auch in der Wüste kommen Orchideen wegen der dort herrschenden extremen klimatischen Bedingungen nicht vor. In Oasen, geschützten Wüstenschluchten und Kaktusdorngebüschen oder Dornwäldern sind sie jedoch durchaus zu finden.

Wie viele Pflanzengruppen haben die Orchideen ihre größte Formenvielfalt in den Tropen entwickelt. Das bedeutet jedoch nicht, daß sie in allen tropischen Gebieten einheitlich stark verbreitet sind (Abb. 2.2, 2.3). In trockeneren Wäldern können die Orchideen sehr zahlreich sein; es kommen jedoch nur verhältnismäßig wenige verschiedene Arten vor. Die meisten Orchideen – und auch die meisten verschiedenen Orchideenarten – findet man in jenen tropischen Gebieten, in denen der jährliche Niederschlag mehr als 2,5 m und der monatliche Niederschlag niemals weniger als 5–8 cm beträgt (Holttum 1960). An wirklich triefend nassen Standorten kommen jedoch nur wenige Orchideen vor. Tau oder Nebelkondensation ist für manche Vegetationstypen sehr wichtig, vor allem, wenn der Regenfall relativ gering ist (Blossfeld 1974). In Mittelamerika findet man die meisten Orchideen und die größte Artenvielfalt in den nassen Berg- oder Nebelwäldern zwischen 1000 und 2000 m über dem Meeresspiegel. Das gleiche gilt für die südamerikanischen Anden; dort liegt die orchideenreiche Zone allerdings etwas höher. Vareschi (1976) hat die Anzahl der Orchideenarten pro Hektar in Venezuela mit einem auf Artenzahl und Blattverschiedenheit basierenden Diversitätsindex für die gesamte Vegetation verglichen und fand in den Tepui-Wäldern mehr Arten als in den Berg- oder Nebelwäldern (Abb. 2.4). Diese Ergebnisse sind zwar interessant, entsprechen aber möglicherweise nicht der Realität. Dunsterville (1961) fand zum Beispiel in einem montanen Regenwald im Gebirge Venezuelas (den man vielleicht sogar als Nebelwald bezeichnen könnte) mindestens 47 verschiedene epiphytische Orchideenarten auf einem einzigen Baum; und ich habe in Panama auf kleinen Flächen unter ähnlichen Lebensbedingungen 60 bis 100 verschiedene Arten gefunden, jedoch nicht den Versuch gemacht, die Artenzahl pro Hektar zu

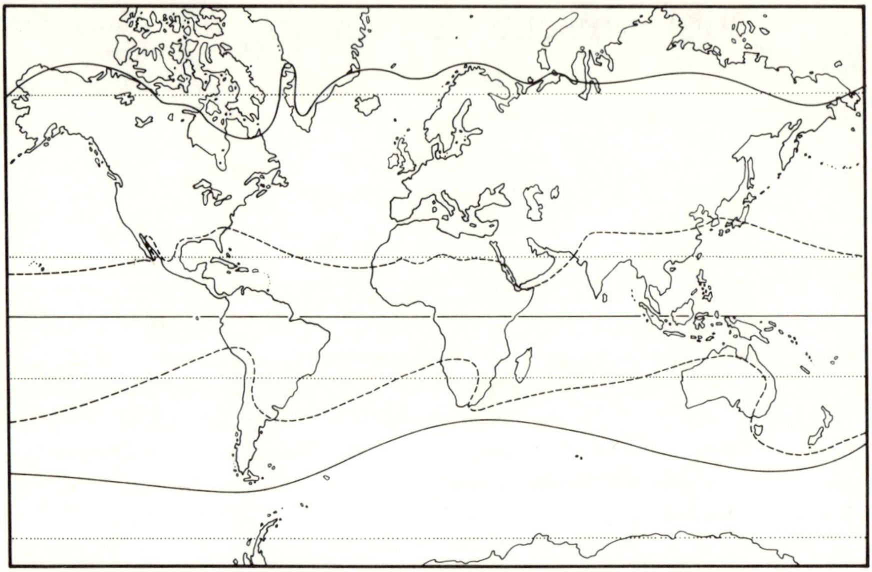

Abb. 2.1. Die ungefähren nördlichen und südlichen Verbreitungsgrenzen der terrestrischen (volle Linien) und epiphytischen (unterbrochene Linien) Orchideen.

berechnen. In einem Zwerg- oder Tepui-Wald kann man eher damit rechnen, alle vorhandenen Orchideen zu finden, als in einem Berg- oder Nebelwald, wo die Bäume viel größer und höher sind. In solchen Wäldern ist es sehr schwierig, eine einigermaßen vollständige Sammlung durchzuführen, ohne die Bäume zu fällen.

Das Auffallendste an der geographischen Verbreitung der Orchideen ist die Tatsache, daß die verschiedenen Kontinente unterschiedliche Orchideenfloren aufweisen. Es ist somit anzunehmen, daß ein großer Teil der Orchideenevolution nach der Trennung der Kontinente stattgefunden hat. Wir werden hierauf später noch genauer eingehen.

Verbreitungsmechanismen

Die Samen der Orchideen eignen sich gut für die Windverbreitung. Nur wenige der primitivsten Gattungen – *Apostasia, Selenipedium* und *Vanilla* – stellen in dieser Hinsicht eine Ausnahme dar. Sie haben kleine, aber verhältnismäßig schwere Samen in mehr oder weniger fleischigen Früchten. Möglicherweise dient der Duft der *Selenipedium*- und *Vanilla*-Früchte dazu, Insekten oder

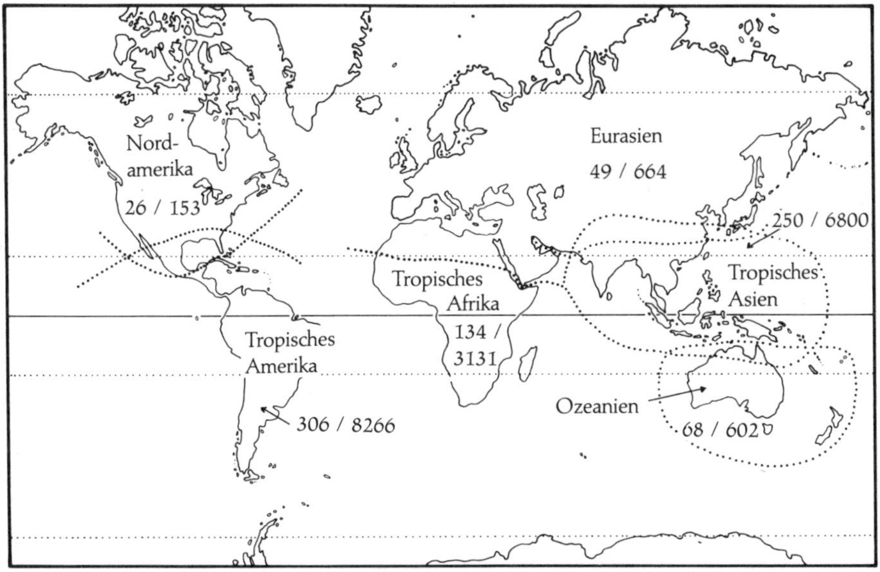

Abb. 2.2. Die geographischen Hauptregionen, wie sie für das vorliegende Buch gelten. Benachbarte Regionen überlappen sich, wenn sie nicht durch ozeanische oder Wüstenbarrieren getrennt werden. Für jede Region ist die ungefähre Gattungs- und Artenzahl der vorkommenden Orchideen angegeben (Gattungen/Arten).

andere Tiere anzulocken, die sich von diesen Früchten ernähren und so die Samen verbreiten. Hierüber haben wir bis jetzt jedoch kaum fundierte Kenntnisse. Auch Wasser mag in manchen Fällen – zum Beispiel bei *Epipactis gigantea* – eine Rolle bei der Samenverbreitung spielen. Die meisten Orchideen jedoch scheinen mit ihren kleinen, staubähnlichen Samen der Windverbreitung (und zwar auch über große Entfernungen hinweg) gut angepaßt.

Die Windverbreitung ist seit langem ein kontroverses Thema. Einige Wissenschaftler behaupten, daß die Verbreitung über weitere Strecken hinweg eine sehr große Rolle spielt, andere wieder sind der Meinung, daß es keine Beweise für eine solche Verbreitung gibt und daß eine Fernverbindung durch den Wind somit einfach nicht existiert. Die Wahrheit liegt sicherlich zwischen diesen beiden Extremen. Die meisten Orchideensamen fallen nur ein paar Meter von der Mutterpflanze zu Boden, doch manche werden kilometerweit weggeweht. Die Wahrscheinlichkeit verringert sich mit zunehmender Entfernung; doch im Laufe von Jahrtausenden kann selbst der unwahrscheinlichste Fall hin und wieder eintreten.

Bei niedrigen Temperaturen und in ausgetrocknetem Zustand können Orchideensamen lange Zeit keimfähig bleiben (Sanford 1974). Es ist daher nicht auszuschließen, daß einer von zehn Milliarden Orchideensamen von Afrika

Abb. 2.3. Ungefähre Zahlen der in den verschiedenen Regionen der westlichen Hemisphäre vorkommenden Orchideenarten. Die nördlichen Areale sind durch ökologische und nicht durch nationale Gegebenheiten abgegrenzt, um die Progression von den arktischen Arealen zu günstigeren Standorten zu betonen. Obwohl die Angaben hier in einigen Fällen höher sind als die in der Literatur, kann man annehmen, daß die wirklichen Zahlen noch darüber liegen.

nach Südamerika herübergeweht wird und dabei seine Keimfähigkeit beibehält. Mit der Samenverbreitung allein ist es aber noch lange nicht getan. Der Same muß in dem neuen Gebiet auch Bedingungen vorfinden, die eine Keimung ermöglichen. Außerdem muß ein Pilz vorhanden sein, der in der Lage ist, mit dem Orchideensamen eine Mykorrhiza zu bilden. Und selbst das

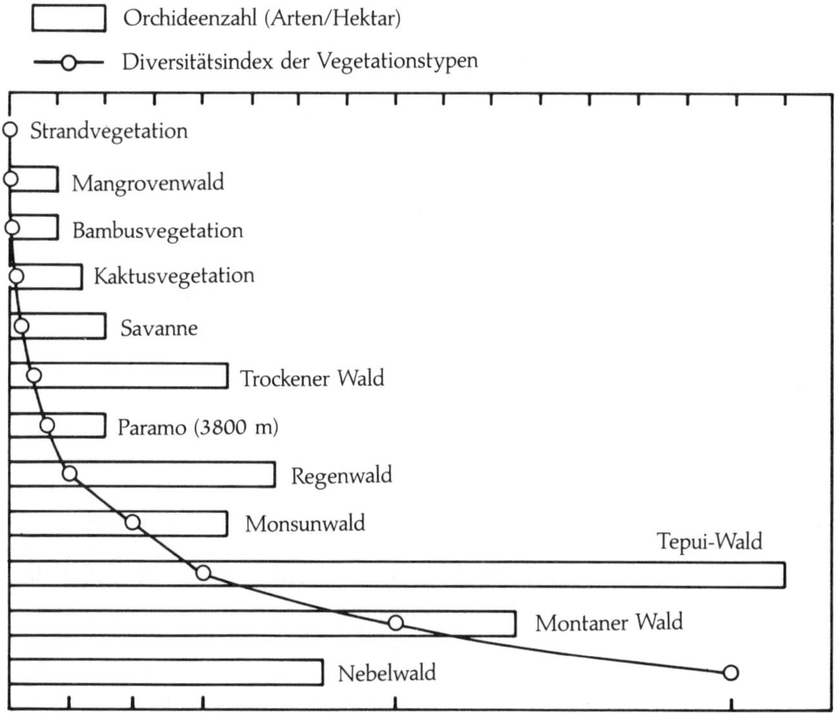

Abb. 2.4. Artenzahl (Dichte) der Orchideen an verschiedenen Standorten Venezuelas (nach Vareschi 1976).

genügt noch nicht: Für die ausgewachsene Pflanze ist es lebenswichtig, daß sie sich selbst bestäuben kann oder zumindest selbstverträglich ist (das heißt von ihrem eigenen Pollen bestäubt werden kann). Im letzten Fall muß zusätzlich auch noch ein geeigneter Bestäuber vorhanden sein. Nur so kann die »Pionierpflanze« während der ersten Generation genügend Samen hervorbringen, um ein Fortbestehen der Art zu gewährleisten. Eines der schönsten Beispiele für die Verbreitung der Arten war auf der Insel Krakatau zu beobachten (Docters van Leeuwen 1936). 1883 hatten ein Vulkanausbruch und der darauffolgende Aschenregen alles Leben dort vernichtet. Dreizehn Jahre später fanden Wissenschaftler dort bereits Pflanzen der Gattungen *Cymbidium, Arundina* und *Spathoglottis,* und 1933 wurden insgesamt achtzehn terrestrische und siebzehn epiphytische Orchideenarten entdeckt. Die Verbreitung der Pflanzen ging verhältnismäßig schnell vor sich, da Krakatau nur ungefähr 40 Kilometer von Java entfernt liegt.

Auf den extrem isolierten Hawaii-Inseln hingegen konnten sich in prähistorischer Zeit nur drei Orchideenarten ansiedeln – eine relativ geringe Zahl im

Vergleich zu den 270 anderen Gefäßpflanzen, die die Insel erreichten. Heutzutage erobern sich jedoch etliche vom Menschen eingeführte Orchideen als Gartenflüchtlinge einen Platz in der Inselökologie Hawaiis.

Entwicklung im Laufe der Erdgeschichte

Noch vor fünfundzwanzig Jahren waren die meisten Biologen der Meinung, die Kontinente seien so, wie wir sie jetzt kennen, die ganze geologische Zeitrechnung hindurch nahezu unverändert geblieben. Die These der Kontinentalverschiebung war zwar schon viel früher aufgestellt worden; doch man hatte sie meist als Hirngespinst abgetan oder gemeint, die Kontinentalverschiebung liege zu weit zurück und spiele daher im Hinblick auf die heutige geographische Verbreitung der Pflanzen und Tiere keine Rolle. Einige Verfasser versuchten, diese Verbreitung durch hypothetische »Landbrücken« zwischen den Kontinenten zu erklären; und die Zahl dieser »Brücken«, die für die verschiedenen geologischen Zeiträume vorgeschlagen wurden, erreichte eine absurde Höhe.

Andere Autoren vertraten die Meinung, daß die meisten Disjunktionen durch Fernverbreitung und örtliches Aussterben entstanden seien. Inzwischen haben wir jedoch überzeugende Beweise für die Kontinentalverschiebungstheorie, und es besteht kein Zweifel mehr darüber, daß ein Verständnis der heutigen geographischen Verbreitung der Pflanzen und Tiere ohne Berücksichtigung der früheren Oberflächenstruktur der Erde nicht möglich ist. Die Aufspaltung des antiken Erdteils Gondwanaland begann bereits während der frühen Kreidezeit. In dieser Zeit, aus der die ältesten bekannten fossilen Angiospermen stammen, lagen die Teile Gondwanalands noch dichter beieinander und waren anders angeordnet als die heutigen Kontinente (Abb. 2.5). In den ersten Entwicklungsstadien der Blütenpflanzen lagen die großen tropischen Gebiete somit näher beisammen als heute, und die Ausbreitung von einem Gebiet auf ein anderes war daher sicherlich einfacher. Inzwischen haben diese Gebiete sich immer weiter voneinander entfernt, und die direkte Verbreitung von Lebewesen zwischen Südamerika, Afrika und dem tropischen Asien wurde während des Tertiärs lange Zeit stark eingeschränkt (Abb. 2.6). Die Verbreitung zwischen Eurasien und Nordamerika hingegen war währenddessen relativ einfach. Da die Temperaturen in der Antarktis damals viel höher waren als jetzt, war auch die Verbreitung von Lebewesen zwischen dem südlichen Teil Südamerikas und Australien und Neuseeland sicherlich möglich.

Die klimatischen Veränderungen auf unserem Planeten sind für die Entwicklungsgeschichte der Pflanzenwelt fast ebenso wichtig wie die Verschiebungen in der Verteilung der Landmassen. Wir haben zahlreiche Informationen über die Klimaveränderungen, die während der letzten zwei Millionen Jahre stattgefunden haben (einer Periode, die allerdings zumindest als atypisch anzusehen ist).

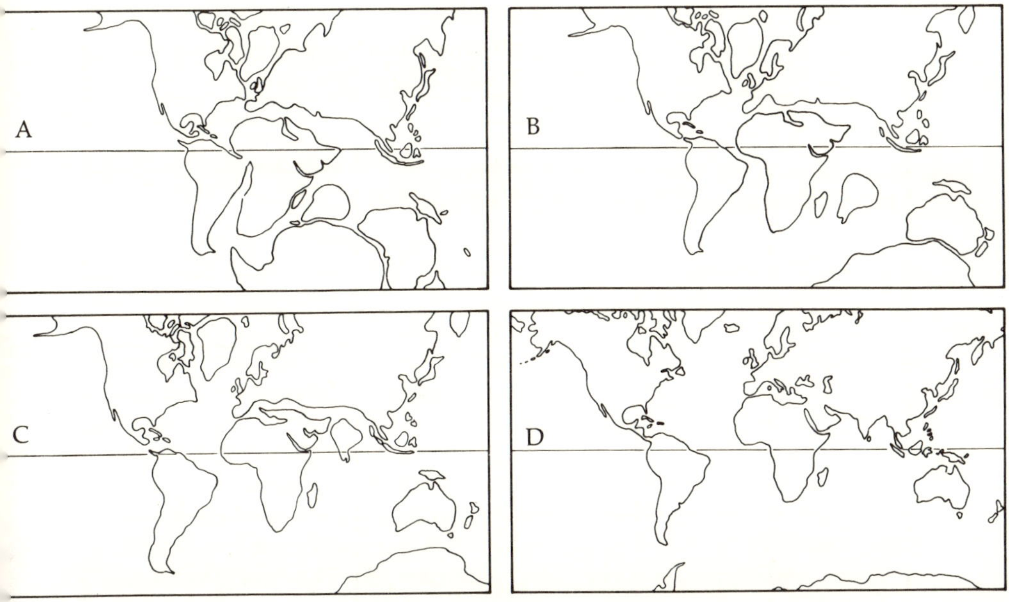

Abb. 2.5. Die relativen Positionen der einzelnen Kontinente in der frühen und späten Kreidezeit, im späten Eozän und in der Gegenwart (nach Smith und Briden 1977, abgeändert).
(A) Frühe Kreidezeit (vor 120 000 000 Jahren)
(B) Späte Kreidezeit (vor 80 000 000 Jahren)
(C) Spätes Eozän (vor 40 000 000 Jahren)
(D) Gegenwart

Während der längsten Periode der geologischen Zeitrechnung war das Klima auf unserem Planeten viel einheitlicher als heute. Auch polare Eisdecken waren nicht vorhanden. In den Polarregionen wuchsen Pflanzen, die an kühl-temperiertes Klima angepaßt waren, und die tropischen und subtropischen Vegetationszonen waren breiter als heute.

Vermutlich wurde das Klima während der Kreidezeit etwas wärmer und erreichte vielleicht im Eozän die höchsten Temperaturen. Während des übrigen Tertiärs trat eine Abkühlung ein. Das Pleistozän war durch klimatische Schwankungen gekennzeichnet. 4 große Eiszeiten wechselten sich mit Perioden ab, die mindestens so warm waren wie die heutige. Die Niederschlagsmengen und Temperaturen waren in vielen Teilen der Erde sehr unterschiedlich; sicherlich trugen auch hohe Gebirgszüge zu diesen klimatischen Extremen bei. Diese Klimaveränderungen des Pleistozäns waren in Europa, wo Gebirge und trockene Zonen die Wanderung vieler Arten nach Süden verhinderten, besonders drastisch. Viele an warm-temperiertes Klima angepaßte Pflanzen, die man heute in Noramerika und Ostasien findet, waren bis zur Mitte des Tertiärs in

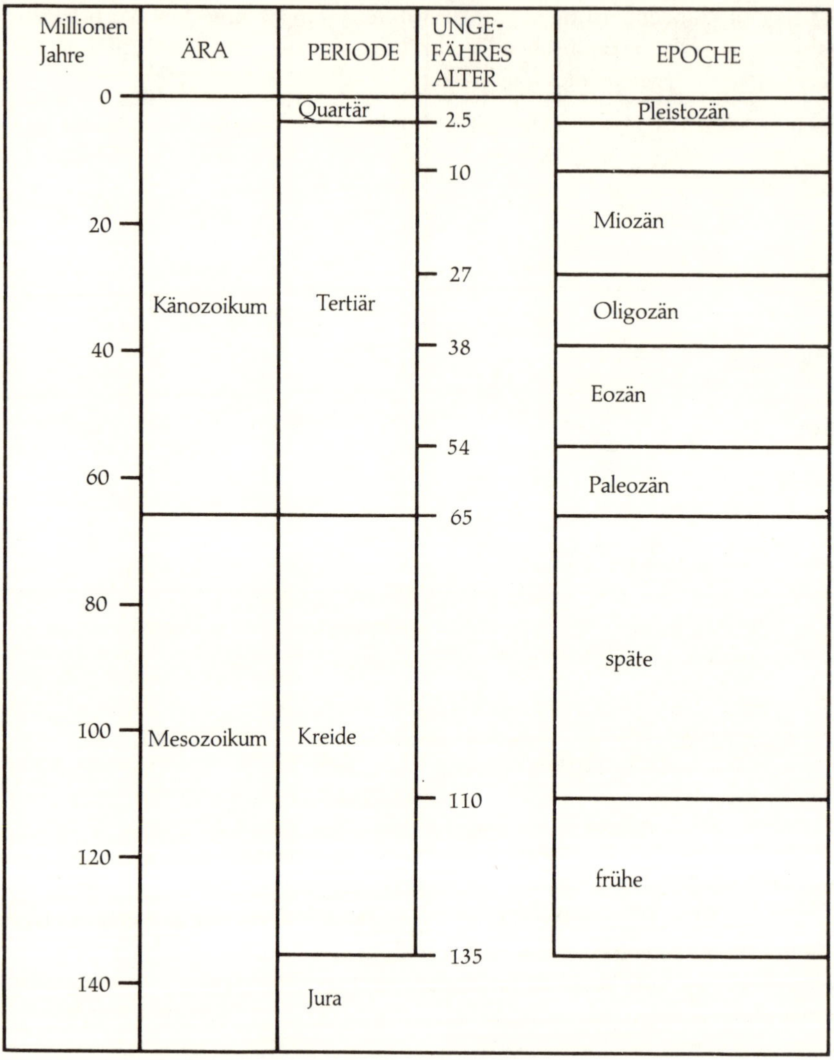

Abb. 2.6. Die geologische Zeitrechnung für die letzten 140 Millionen Jahre. In diese Zeit fällt die Evolution der Blütenpflanzen (aus Raven und Axelrod 1974).

Europa vertreten, starben jedoch in der zweiten Hälfte des Tertiärs oder während des Pleistozäns aus.

Auch die afrikanische Vegetation hat sich im späten Tertiär und im Pleistozän sehr verändert; sie ist jetzt im Vergleich zu der Pflanzenwelt anderer tropischer Gebiete relativ artenarm.

Tab. 2.1 Orchideengattungen mit disjunkten, transozeanischen Verbreitungsgebieten, nach geographischem Verbreitungsmuster und vermutlichem Verbreitungszeitalter geordnet (nach Garay 1964, abgeändert)

Verbreitungszeitalter	In den tropischen Gebieten mehrerer Kontinente	Afrika, Südamerika	Asien, Afrika	Transpazifisch	Asien, Nordamerika
Alte Verbreitungen	*Corymborkis* *Vanilla*	*Palmorchis-* *Diceratostele*		*Epistephium-* *Clematepistephium* *Tropidia*	
»Frühe Springer«	*Bulbophyllum* *Calanthe* *Eulophia* *Goodyera* *Habenaria* *Liparis* *Malaxis* *Polystachya*		*Brachycorythis* *Cheirostylis* *Disperis* *Nervilia* *Phaius* *Satyrium* *Zeuxine*	*Cranichis-* *Coilochilus* *Erythrodes*	*Aplectrum* *Pogonia* *Tipularia*
»Späte Springer«	*Polystachya concreta*	*Oecoclades* *Pterogloss-aspis*	*Acampe* *Agrostophyllum* *Angraecum* *Galeola* (?) *Oberonia* *Taeniophyllum*		

Disjunktionen

Da die drei in Abb. 2.2 gezeigten Hauptregionen der Tropen zum großen Teil unterschiedliche Orchideenfloren aufweisen, geben uns die wenigen Gattungen, die in zwei oder noch mehr voneinander isolierten Erdteilen vorkommen, einige Anhaltspunkte für die Verbreitung und Evolution der Orchideen.

Die Gattungen, die fast über die ganze nördliche Erdkugel verteilt sind (zum Beispiel *Cypripedium, Listera* oder *Spiranthes*), werden wir in unsere Betrachtungen nicht einbeziehen, obwohl jede dieser Gattungen auf zwei oder mehr Kontinenten vertreten ist.

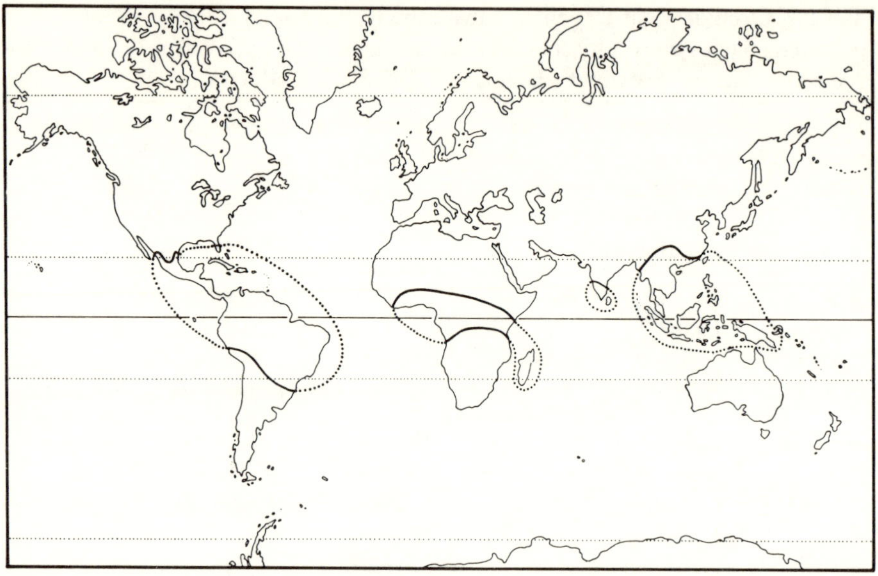

Abb. 2.7. Die Verbreitung der Gattung *Vanilla* (Angaben aus Porteres in Bouriquet 1954).

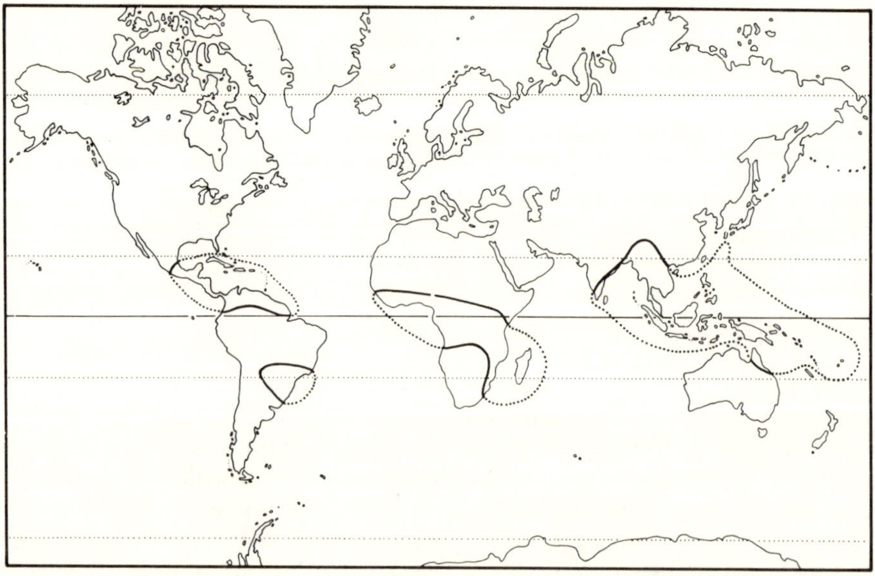

Abb. 2.8. Die Verbreitung der Gattung *Corymborkis* (Angaben aus Rasmussen 1977).

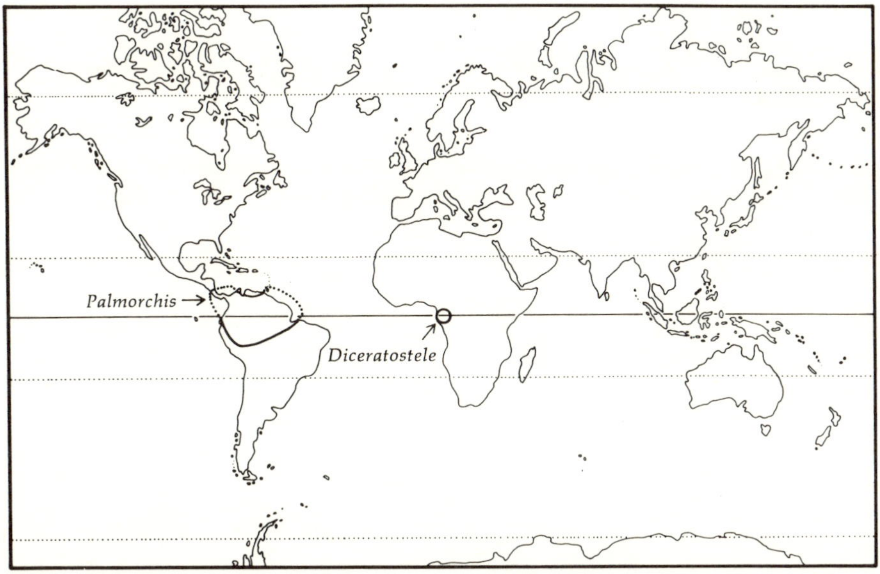

Abb. 2.9. Die Verbreitung der nah verwandten Gattungen *Diceratostele* und *Palmorchis*.

Garay (1964) fand unter ungefähr 800 Orchideengattungen nur 32 oder 33, die eine transozeanische (= interkontinentale) Verbreitung aufweisen, und 27 dieser Gattungen sind terrestrisch. Garay teilte diese nach dem geographischen Verbreitungsmuster ein (Tab. 2.1); doch Gattungen mit demselben Verbreitungsmuster haben nicht unbedingt auch dieselbe Verbreitungsgeschichte. Aus diesem Grunde habe ich versucht, die disjunkten Gattungen zusätzlich auch noch in drei verschiedene Verbreitungszeitalter einzuteilen. Diese Gruppen sind jedoch nur Teile eines Spektrums; solange bis wir die entsprechenden Fossilbelege nicht haben, ist eine eindeutige Abgrenzung kaum möglich.

1. Alte Verbreitungen (Abb. 2.7, 2.8, 2.9): Hier handelt es sich durchweg um ziemlich primitive Gattungen (oder eng verwandte Gattungspaare) mit transozeanischer tropischer Verbreitung. Die auf den einzelnen Kontinenten vorkommenden Arten unterscheiden sich deutlich voneinander. Diese Disjunktionen sind wahrscheinlich zu Beginn des Tertiärs entstanden, als die Kontinente noch sehr dicht beieinanderlagen.
2. »Frühe Springer«: Diese Gattungen haben sich wahrscheinlich im mittleren Tertiär über große Entfernungen hinweg verbreitet. Bei jeder Gattung hat eine deutliche Artbildung in zwei oder mehreren Gebieten stattgefunden. Wahrscheinlich würden alle diese Gattungen in jedem tropischen Gebiet passende Bestäuber finden. Ihre Verbreitung ist nicht unbedingt zur selben Zeit erfolgt.

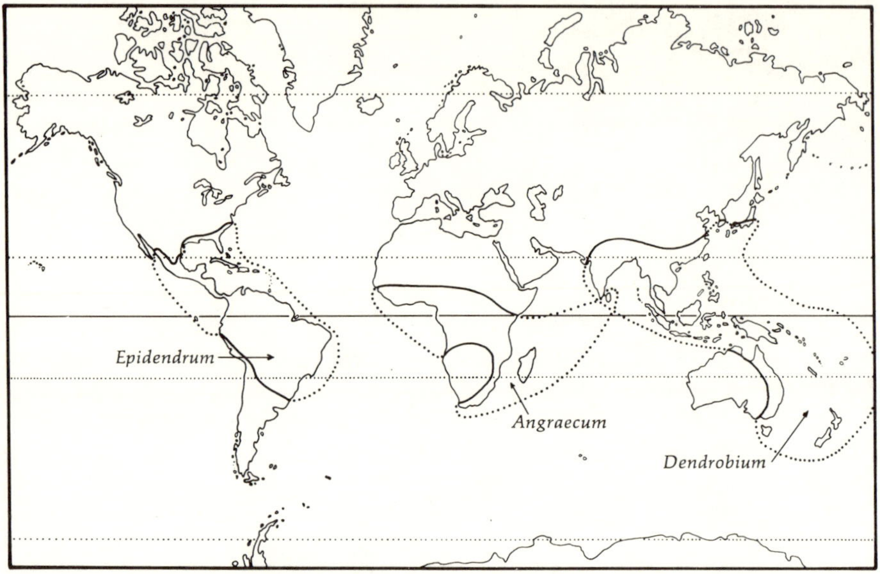

Abb. 2.10. Die Verbreitung von *Epidendrum, Angraecum* und *Dendrobium*. Jede Gattung ist charakteristisch für ein Areal. Eine *Angraecum*-Art *(A. zeylanicum)* kommt auf der Insel Ceylon, außerhalb des typischen *Angraecum*-Gebietes, vor.

3. »Späte Springer«: Diese Gattungen haben sich in einem bestimmten Erdteil oder Gebiet gut entwickelt und sind in einem anderen Gebiet nur durch einige wenige disjunkte Arten vertreten. Bei einigen dieser Gattungen, zum Beispiel *Galeola,* handelt es sich wahrscheinlich um ältere Verbreitungen, während die meisten wohl relativ spät in neue Gebiete übergesiedelt sind. Auch diese Gattungen würden vermutlich in jedem Gebiet geeignete Bestäuber finden; einige sind sogar Selbstbestäuber. Es ist anzunehmen, daß diese Verbreitung erst im späten Tertiär, im Pleistozän oder sogar noch später stattgefunden hat.

Zusätzlich zu den echten transozeanischen Verbreitungsmustern gibt es auch noch einige verwandtschaftliche Beziehungen zwischen den Orchideen der nördlichen Hemisphäre, und zwar insbesondere zwischen Ostasien und dem Südosten Nordamerikas. Man nimmt an, daß diese Gattungen im frühen oder mittleren Tertiär nach Norden wanderten und daß die Populationen, die zwischen den Hauptverbreitungsgebieten vorkamen, inzwischen ausgestorben sind. Früher, als die meisten Biologen sich noch weigerten, an die Mobilität der Kontinente zu glauben, nahm man an, daß diese Wanderungen über Asien und Alaska erfolgten. Mittlerweile jedoch wissen wir, daß Europa und Amerika während des frühen Tertiärs miteinander verbunden waren und daß eine Verbreitung durch »Sprünge« von Insel zu Insel auch einige Zeit nach der Trennung dieser beiden Kontinente noch relativ einfach war (McKenna 1975).

3 Morphologie

Die Pflanzenkunde steht leider (und oft unverdientermaßen) in dem Ruf, eines der langweiligsten Studienfächer zu sein. Und von allen Gebieten der Botanik ist die Morphologie gar zu häufig noch die langweiligste Disziplin. Trotzdem darf man sie keineswegs vernachlässigen, denn sie liefert die Kriterien, die es uns ermöglichen, die Orchideen von anderen Pflanzen (und die verschiedenen Orchideengruppen voneinander) zu unterscheiden.

Die strukturellen Eigenarten sind für alle Untersuchungen der ökologischen Mannigfaltigkeit der Familie von entscheidender Bedeutung. Auch für unser Verständnis der Bestäubungsvorgänge und der Evolution sind sie unentbehrlich.

Wuchsformen

Die ziemlich grundlegende Verschiedenheit in der Wuchsform der ein- und zweikeimblättrigen Pflanzen haben wir bereits erwähnt. Die Zweikeimblättrigen besitzen normalerweise ein Leitbündelkambium, das während des ganzen Lebens der Pflanze ein Dickenwachstum des Sprosses ermöglicht. Ein solches Gewebe fehlt bei den meisten Einkeimblättrigen. Einige weisen zwar ein ähnliches Gebilde auf, die Orchideen jedoch nicht. Sobald ein Teil eines Orchideensprosses ausgewachsen ist, ist also ein weiteres Dickenwachstum nicht mehr möglich. Bei der Behandlung der Sproßstruktur werden wir von Nodien und Internodien sprechen. Die Nodien oder Knoten sind die Ansatzstellen der Blätter; ein Internodium (Stengelglied) ist der zwischen zwei solchen Punkten liegende Sproßteil (Abb. 3.1 B).

Einige Botaniker halten die sogenannten Phytomeren für die Grundbestandteile der Pflanzen. Ein Phytomer besteht aus einem Internodium, einem Blatt oder mehreren (Blättern) und einer Achselknospe, aus der neue Einheiten hervorgehen können. Bei den Monokotyledonen sind diese Einheiten nicht von sekundärem Wachstum verdeckt, obwohl der Sproß an den Nodien Wurzeln austreiben kann. Bei den Einkeimblättrigen behält der untere Teil der Internodien meist noch eine Zeitlang die Fähigkeit zum Längenwachstum bei und wird von den umhüllenden Blattscheiden geschützt (= interkalares Wachstum). Diese Fähigkeit ist bei den Orchideen, die ihre Blüten an der Spitze der

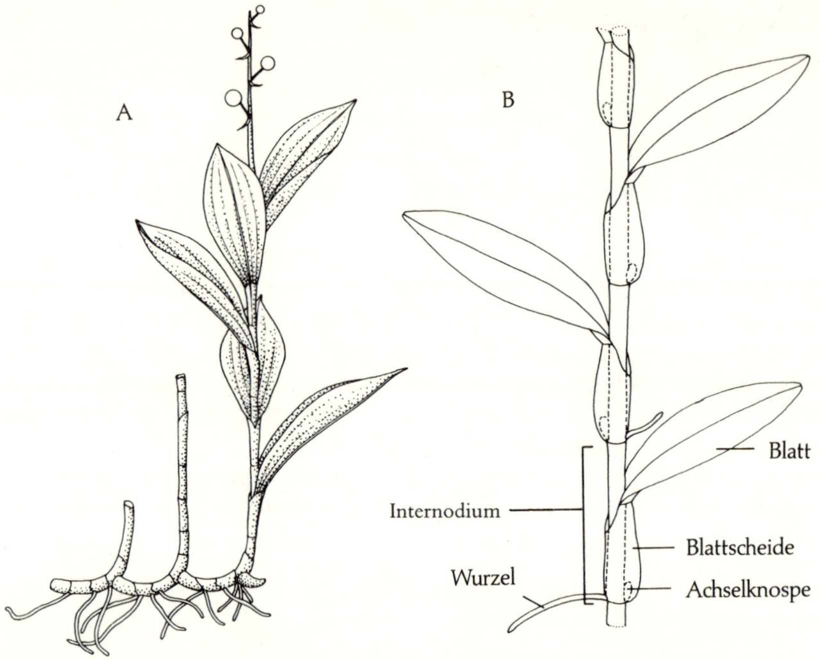

Abb. 3.1. (A) Die Wuchsform einer primitiven Orchidee, mit spiralförmig angelegten gefalteten Blättern und einem endständigen Blütenstand. Jedes Jahr wird aus der Basis des vorhergehenden Triebes ein neuer Trieb hervorgebracht. Die untersten Partien der Triebe bilden zusammen das horizontale Rhizom.
(B) Diagrammzeichnung dreier Internodien eines Monokotyledonentriebes. Der basale Teil, der aus einem Internodium mit einem Blatt und einer achselständigen Knospe (und der Anlage zur Wurzelbildung) besteht, wird wiederholt. Unterschiede in den Proportionen von Sproß und Blatt sowie das Vorhandensein oder Fehlen von Wurzeln sind wesentlich für die große Vielfalt der Pflanzenformen verantwortlich.

Abb. 3.2. Verschiedene Wuchsformen der Orchideenfamilie in einer stark schematisierten Darstellung der wahrscheinlichen Evolutionsmuster. Die Wuchsform ist sympodial bei A–M, monopodial bei N–P. Die Blätter sind spiralförmig angeordnet bei A, zweireihig bei allen anderen. Der Blütenstand ist endständig bei A und F–K und seitenständig bei allen anderen. Aus mehreren Internodien bestehende Kormen finden wir bei B, solche aus je einem Internodium bei C. Pseudobulben aus mehreren Internodien sind bei D, I und J zu sehen; Pseudobulben aus einer einzigen Internodie bei E, K und L. Fleischige Speicherwurzeln (Tuberoiden) sind bei F vorhanden, Sproßwurzelknollen bei G (sowohl F als auch G stellen terrestrische Formen dar). P eine blattlose Pflanze mit zur Photosynthese befähigten Wurzeln.

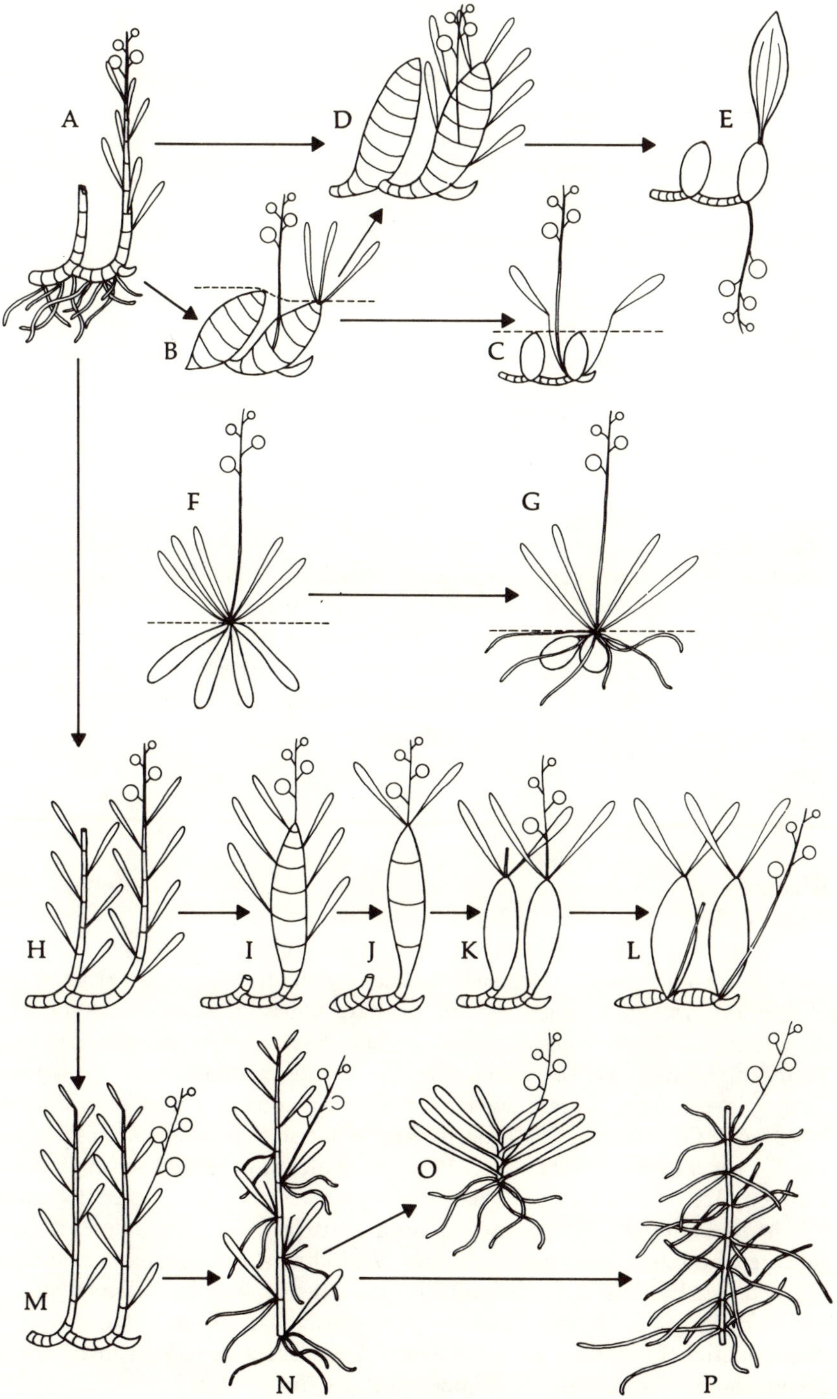
A
B
C
D
E
F
G
H
I
J
K
L
M
N
O
P

noch nicht ausgewachsenen Pseudobulben austreiben (zum Beispiel viele *Coelogyne*-Arten), deutlich erkennbar.

Sobald der Sproß ausgewachsen ist, kann jedoch in der Regel (mit Ausnahme des Wurzelwachstums) eine weitere Entwicklung nur noch von einer Achsel- oder Endknospe ausgehen. Je nach Lage derselben und Wuchsform der Pflanze kann eine solche Knospe einen neuen Trieb, einen Blütenstand oder eine Einzelblüte hervorbringen.

Die Grundform des Monokotyledonenwachstums ist laut Holttum (1955 a) sympodial, wobei jeder Sproß ein eindeutig beschränktes Wachstumspotential hat. Nach Ausbildung dieses Sprosses wird ein neuer aus einer Achselknospe ausgetrieben (Abb. 3.1 A). Die monopodiale Wuchsform, die durch ein unbeschränktes Längenwachstumspotential gekennzeichnet ist, ist bei verschiedenen Orchideengruppen im Laufe der Evolution aus sympodialen Formen hervorgegangen (Abb. 3.2 N – P). Die Sprosse der sympodialen Pflanzen können dicht beieinanderstehen oder über ein langes Rhizom verteilt sein, und jeder Teil eines alten Sprosses, der eine Achselknospe besitzt, kann einen neuen Sproß hervorbringen (Abb. 3.3 A – M). Die meisten Wuchstypen können (unabhängig davon, ob sie sympodial oder monopodial sind) aufrecht sein, kriechen oder hängen. Eine interessante Variante ist bei der Sektion *Serpentia* der Gattung *Oncidium* zu beobachten. Diese Pflanzen besitzen Taxonomen zufolge »lange, drahtige Rhizome«. Daniels und Rodríguez (1972) haben jedoch gezeigt, daß es sich in Wirklichkeit um rankende, bis zu 5 m lange Blütenstände handelt, die an den Nodien neue Sprosse austreiben und oft ein dichtes Geflecht in den Baumkronen bilden.

Wurzeln

Die Orchideen unterscheiden sich von den zweikeimblättrigen Pflanzen unter anderem darin, daß sie niemals eine primäre Wurzel oder Pfahlwurzel haben. Ihr gesamtes Wurzelsystem besteht aus Sekundärwurzeln, die aus dem Sproß entsprungen sind. Diese variieren in der Dicke ziemlich stark, sind jedoch niemals so dünn und faserig wie bei den Gräsern und einigen anderen Einkeimblättrigen. Die meisten Orchideenwurzeln weisen ein sogenanntes Velamen auf. Dieses Velamen (früher auch Velamen radicum genannt) besteht aus einer äußeren Zellschicht mit teilweise verdickten Zellwänden, deren lebendiger Inhalt im Laufe der Wurzelentwicklung abstirbt (Abb. 3.4). Die einfachsten Velamen bestehen aus einer einzelnen Zellschicht und entsprechen in jeder Hinsicht der Epidermis. In vielen Fällen jedoch setzt sich das Velamen aus zwei bis achtzehn Zellschichten zusammen, was einige Autoren veranlaßte, es als vielschichtige Epidermis zu bezeichnen. Dies läßt sich jedoch nicht mit der Definition der Epidermis als »äußerste« Zellschicht vereinbaren.

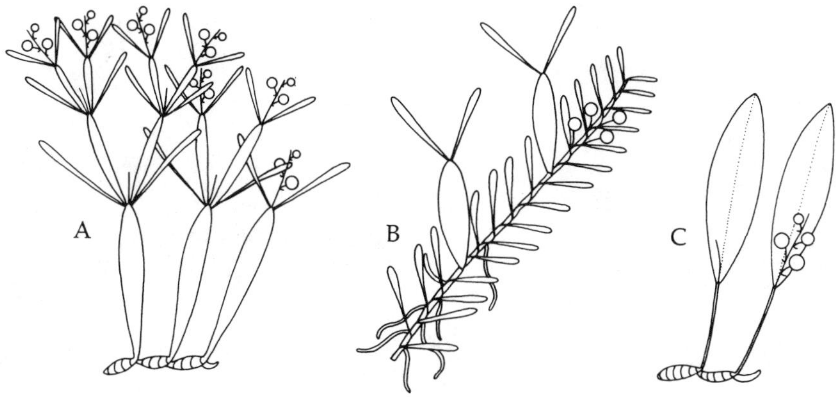

Abb. 3.3. Seltene Wuchsformen. (A) Eine sympodiale Pflanze, bei der jede Pseudobulbe apikal (terminal) nach der Blüte zwei neue Pseudobulben hervorbringt, wie bei *Scaphyglottis*. (B) Eine Pflanze, bei der die Pseudobulben auf einem verlängerten beblätterten Sproß verteilt sind, wie bei einigen *Maxillaria*-Arten. (C) Eine sympodiale Pflanze, die keine Pseudobulben, aber ein fleischiges Blatt ausbilden, wie bei den meisten Pleurothallidinae.

Das Velamen ist meist eine schwammige, weißliche Hülle, die durch die Exodermis, eine besondere Zellschicht, von der Rinde getrennt ist. Sie besteht aus langen, dickwandigen Zellen ohne Cytoplasma und kürzeren, lebenden »Durchlaßzellen«. Über seine Funktion ist man sich immer noch nicht ganz einig. Capesius und Barthlott (1975) und Barthlott (1976 a) haben jedoch nachgewiesen, daß die Luftwurzeln der Orchideen (mit Ausnahme von *Vanilla*) durch das Velamen Wasser und Nährsoffe absorbieren. Diese schwammige, wasserabsorbierende Schicht, die die Orchideenwurzeln umgibt, scheint eine deutliche Anpassung an die epiphytische Lebensweise zu sein. Went (1940) behauptet, der größte Wert des Velamens liege in seiner Fähigkeit, das erste, mineralreiche Wasser, das die Wurzeln beim Regenfall erreicht, aufzufangen und zu speichern. Einige Autoren haben im Velamen Algen nachgewiesen, die zum Teil blaugrün waren. Es ist denkbar, daß es sich hierbei um gern gesehene »Gäste« handelt, die im Velamen Stickstoff fixieren. Die Velamenzellen enthalten normalerweise Pilze, die mit den Orchideen in Symbiose (Mykorrhiza) leben; vielleicht hängt die Entstehung des Velamens in irgendeiner Form mit dieser Symbiose zusammen.

Das Velamen ist bei den Epiphyten am stärksten ausgeprägt – insbesondere bei Arten, die auf Rinde oder kleineren Zweigen wachsen. Es ist aber auch bei den meisten terrestrischen Orchideen und einigen Liliaceae und Araceae zu finden (Mulay und Deshpande 1959; Mulay, Deshpande und Williams 1958). Die wachsende Wurzelspitze der epiphytischen Orchideen ist bei Lichteinwirkung meistens grün, und die Rinde der ausgewachsenen Wurzel enthält häufig grüne Chloroplasten, deren Farbe jedoch vom Velamen verdeckt wird. Bei

A B

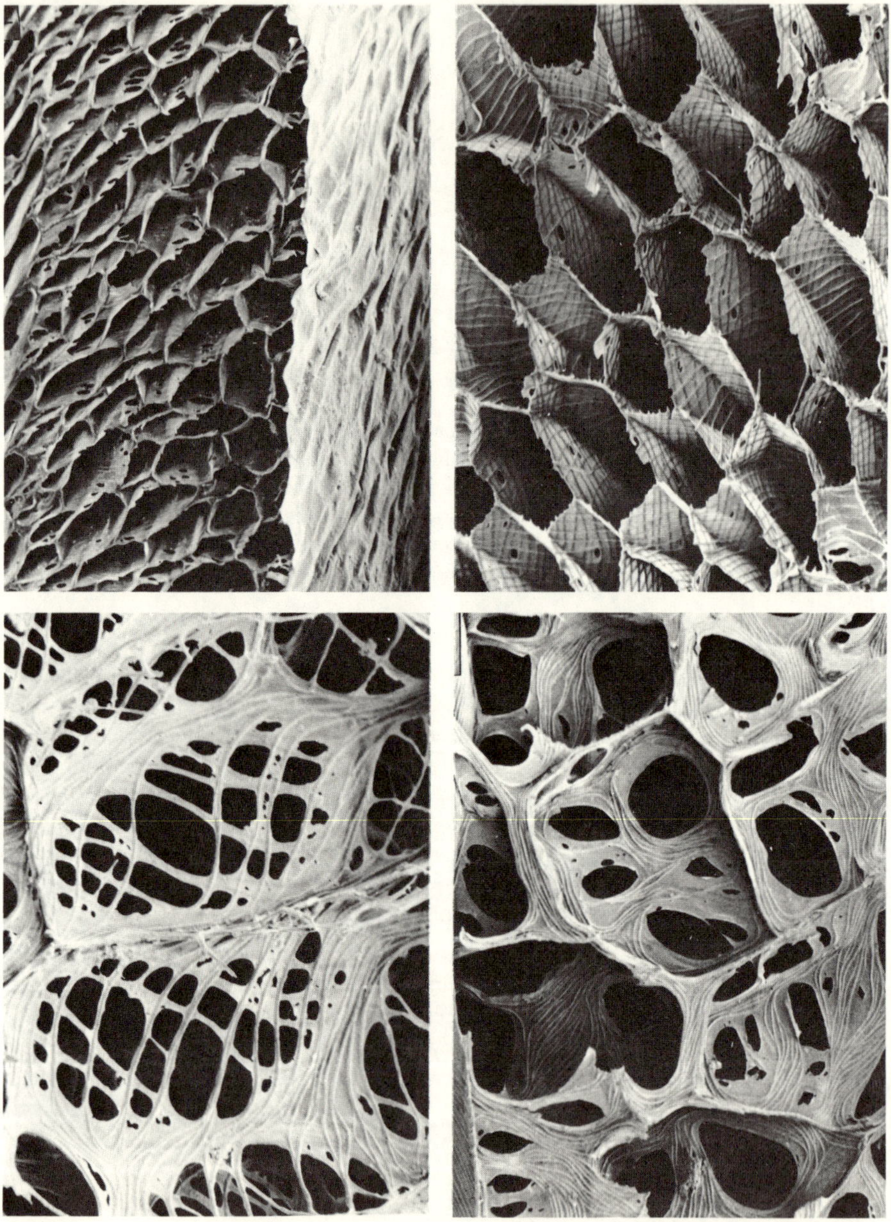

C D

Abb. 3.4. Rasterelektronenmikroskopische Aufnahmen von Orchideen-Velamen. (A) Schnitt durch die Wurzel von *Vanda tricolor*. Man sieht die Wurzeloberfläche und das Velamen im Schnitt. (B) *Dendrobium superbum*, Schnitt durch das Velamen. (C) *Graphorkis lurida*, Schnitt durch das Velamen. (D) *Clowesia russelliana*, Schnitt durch das Velamen (mit freundlicher Genehmigung von W. Barthlott).

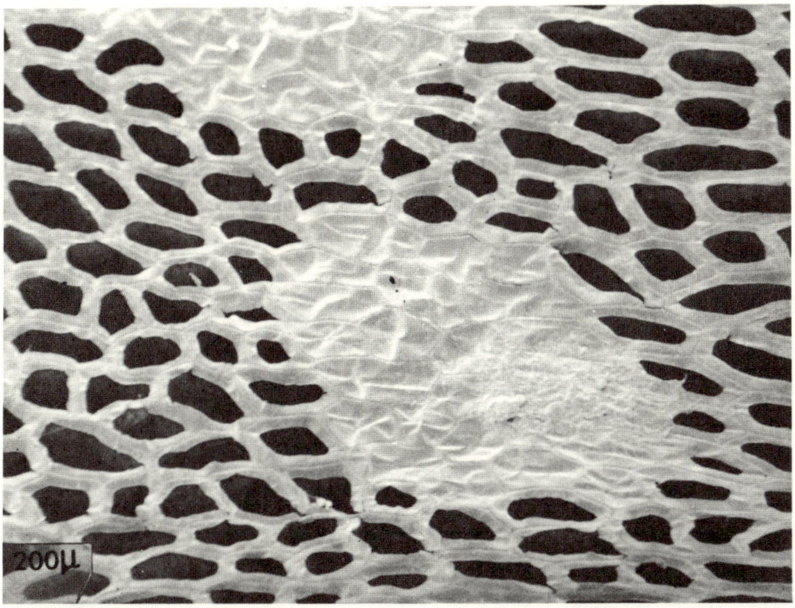

Abb. 3.5. Die Velamen-Oberfläche einer *Taeniophyllum*-Art (mit freundlicher Genehmigung von W. Barthlott).

einigen Vandeae findet die gesamte Photosynthese in den Wurzeln statt. Der Sproß dieser Pflanzen ist sehr kurz, und die Blätter sind rudimentär. Bei der Gattung *Taeniophyllum,* die zu diesen blattlosen Vandeae gehört, haben die meisten Velamenzellen in den äußeren Wänden große, regelmäßige Löcher. Nur hier und da findet man einige »Inseln« aus intakten Zellen (Abb. 3.5).

Bei vielen terrestrischen Orchideen bilden die Wurzeln Speicherorgane oder knollenähnliche Gebilde (eine Knolle ist laut Definition ein Sproß). Bei einigen, zum Beispiel den Spiranthinae, ist die ganze Wurzel sehr fleischig. Bei anderen, beispielsweise *Cleistes* und einigen *Tropidia*-Arten, sind einige Wurzeln oder Wurzelteile verdickt und einige viel dünner. Man könnte diese Wurzeln als knotige Knollen bezeichnen, um sie von den anderen, durchweg verdickten Wurzeln zu unterscheiden. Bei einigen Goodyerinae (zum Beispiel *Cheirostylis*) befinden sich an dem fleischigen Rhizom keine wirklichen Wurzeln, sondern nur »Wurzelschwielen« (Burgeff 1932). Jede Schwiele gleicht in anatomischer Hinsicht einer Wurzel; sie weist außen Wurzelhaare auf und besitzt ein Gefäßbündel, das vom Gefäßsystem des Rhizoms ausgeht und die ganze Schwiele durchzieht (Abb. 3.6). Ein weiteres sehr eigenartiges Gebilde ist die »Sproßwurzelknolle«, die man bei den Triben Orchideae, Diseae und Diurideae findet (Abb. 3.7). Sie hat die Grundstruktur einer Speicherwurzel und überdauert auch die Vegetationsruhe; der basale Teil besteht allerdings aus einem von einer Wurzelschicht umgebenen Sproß mit einer apikalen Knospe. Aus dieser

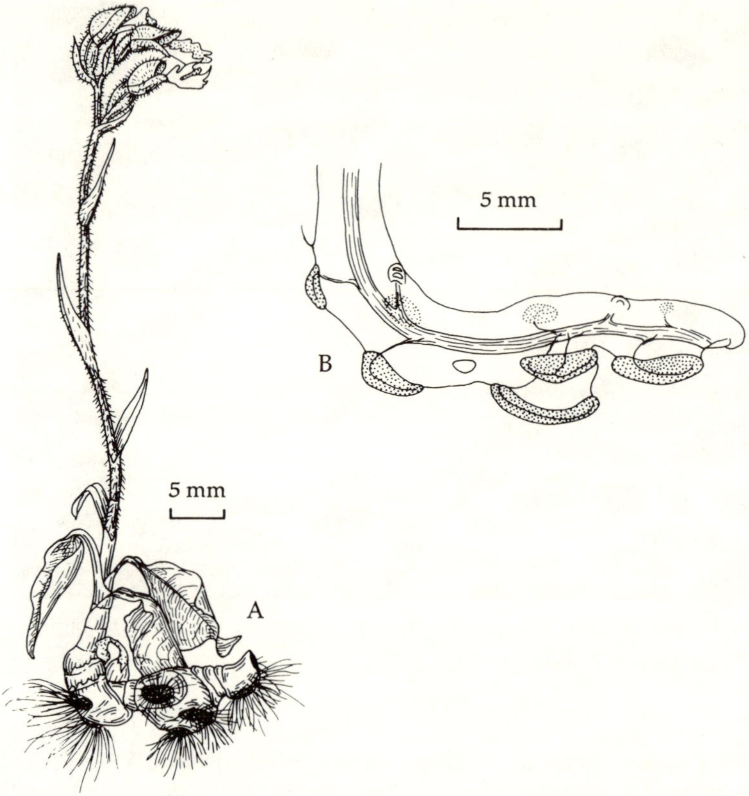

Abb. 3.6. (A) Wuchsform von *Cheirostylis philippinensis* mit den Wurzelschwielen auf dem fleischigen Rhizom. (B) Schnitt durch einen Teil des Rhizoms mit dem Leitgewebe und den Schwielen mit Wurzelanatomie (gepunktet) (nach Burgeff 1932).

Knospe entwickelt sich zu Beginn der Wachstumsperiode ein neuer Sproß mit einer Achselknospe, die eine neue Knolle für die nächste Ruheperiode bildet. Durch eine Verlängerung des Blattgrundes wächst diese neue Knolle bisweilen (dann auch »Faller« oder »Sinker« genannt) tiefer in die Erde hinein. Dieses Gebilde ist sowohl bei den Orchideae als auch bei den Diurideae polystelisch, das heißt, es enthält mehrere Gefäßzylinder, was den Eindruck erweckt, als seien mehrere Wurzeln in einer Epidermis zusammengewachsen.

Die meisten Orchideen haben während der Wachstumsperiode typischerweise zwei kugelige Knollen – eine alte, die noch aus der vorigen Wachstumsperiode stammt, und eine neue, die die nächste Ruheperiode überdauern wird. Diese Knollen haben eine ziemlich große Ähnlichkeit mit den männlichen Geschlechtsorganen der Säugetiere und wurden deshalb von den alten Griechen *orchis* (= Testikel) genannt. Diesen Namen gab man später der ganzen Orchideenfamilie und zusätzlich auch noch einer europäischen Orchideengattung.

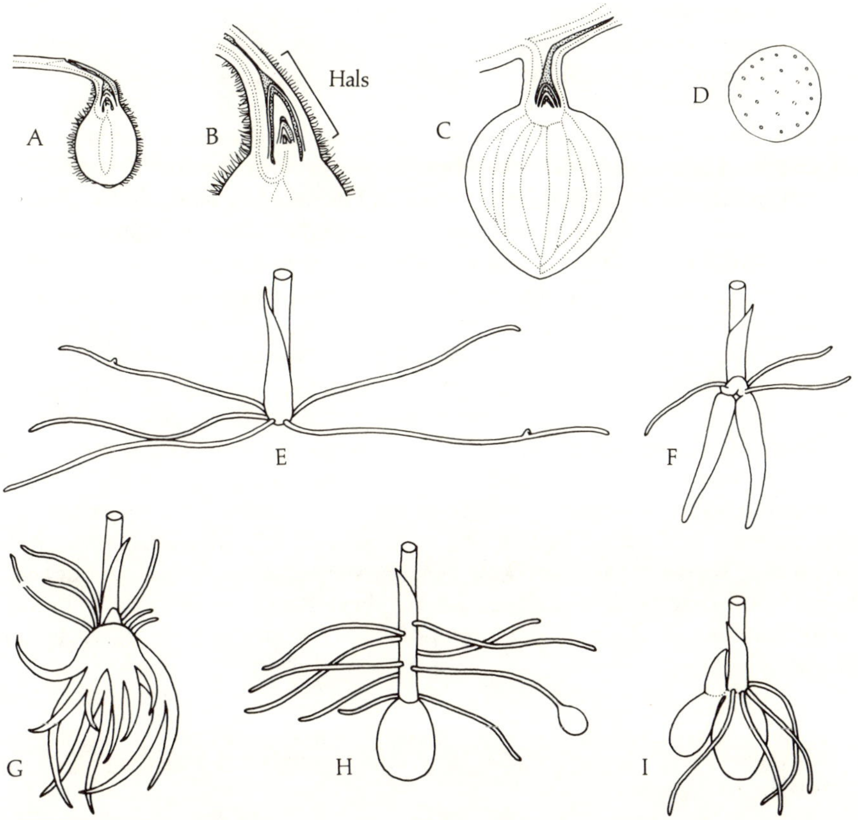

Abb. 3.7. Aufbau der Sproßwurzelknolle. (A) Längsschnitt durch eine Sproßwurzelknolle von *Pecteilis.* (B) Ein Teil derselben bei stärkerer Vergrößerung. Man erkennt den »Hals« mit einer Wurzelgewebeschicht um einen Kern aus Sproßgewebe. (C) Längsschnitt durch eine Sproßwurzelknolle von *Orchis morio* mit der Anordnung der vielen Gefäßbündel. (D) Querschnitt durch eine Sproßwurzelknolle von *Platanthera* mit den vielen Gefäßbündeln. (E–I) Verschiedene Formen von Sproßwurzelknollen: (E) Stolonen ausbildende Knollen *(Platanthera);* (F) Langgezogene Knollen *(Platanthera);* (G) Handförmige Knollen *(Gymnadenia);* (H) Gestielte eiförmige Sproßwurzelknollen *(Pecteilis);* (I) Ungestielte eiförmige Sproßwurzelknollen *(Orchis)* (A, B nach Kumazawa 1956, C nach Stojanow 1916, D–I nach Ogura 1953).

Bei den epiphytischen Orchideen spricht man oft von Luftwurzeln (die es nicht vertragen, in einem Topf vergraben zu werden) und Substratwurzeln, die in die »Orchideenerde« hineinwachsen. Diese beiden Wurzeltypen unterscheiden sich deutlich voneinander; doch in den anatomischen Abhandlungen findet man merkwürdigerweise nur sehr wenige Informationen über ihren Aufbau.

Wurzeln, die gänzlich in der Luft hängen oder völlig ins Substrat eindringen, sind meistens zylindrisch. Die Wurzeln, die an der Bodenoberfläche entlangkriechen, sind dagegen häufig etwas abgeflacht oder dorsiventral.

Die Wurzeln einiger Vandeae (zum Beispiel *Phalaenopsis* und *Dendrophylax*) sind (unabhängig davon, ob sie am Boden entlangkriechen oder nicht) deutlich abgeflacht. Fleischige Speicherwurzeln kommen nicht nur bei den terrestrischen Orchideen vor. Auch Epiphyten und Lithophyten wie *Sobralia, Ponera, Isochilus* und einige *Epidendrum*-Arten können sehr dicke, fleischige Wurzeln bilden. Solche Pflanzen haben meist dünne Sprosse und Blätter. Viele Sammler haben die schmerzliche Erfahrung machen müssen, daß diese Orchideen zwar ohne ihre Sprosse, jedoch nicht ohne ihre Wurzeln überleben können.

Einige Gattungen bilden eine spezielle Luftwurzelart aus. Bei *Ansellia, Cyrtopodium, Grammatophyllum* und ein paar anderen Gattungen findet man außer den normalen auch nicht absorbierende Wurzeln, die aufrecht aus dem Substrat wachsen (Barthlott 1976 a) und deren Funktion in der Anhäufung von Geröll über den normalen, absorbierenden Wurzeln liegen könnte (siehe Kapitel 4).

Wurzeln bilden normalerweise nur weitere Wurzeln aus. Trotzdem können, zum Beispiel bei *Listera, Pogonia, Psilochilus* und *Phalaenopsis* (Stoutamire 1974 b), an den Wurzeln »Adventivknospen« entstehen, die neue Sprosse hervorbringen. Oberflächlich betrachtet, wirken diese Wurzeln wie schmale Sproßwurzelknollen; in der Struktur unterscheiden sie sich jedoch deutlich von diesen.

Sproß

Der Orchideensproß ist dem der Lilien, des Getreides und anderer Monokotyledonen im großen und ganzen sehr ähnlich. Er kann dünn, drahtig und etwas verholzt oder – wie bei *Vanilla* – weich und sukkulent sein. Das Gefäßgewebe besteht aus vielen verstreuten Leitbündeln, die im peripheren Bereich meist dichter und in das weichere Parenchym oder Grundgewebe eingebettet sind.

Rhizom

Als Rhizom bezeichnet man jeden horizontalen Sproß, der auf oder in dem Substrat wächst. Bei den meisten sympodialen Orchideen setzt sich das Rhizom aus den basalen Teilen der aufeinanderfolgenden Triebe zusammen. Die ersten Internodien eines Triebes sind in der Regel horizontal, etwas verdickt und ziemlich hart und holzig. Die Achselknospen sind bei einigen Nodien außergewöhnlich gut entwickelt, wobei eine oder zwei dieser Knospen weiterwachsen und den nächsten Sproß (bzw. die nächsten Sprosse) bilden. Bei den sympodialen Orchideen mit seitenständigen Blütenständen kann der Blütenstand auch aus dem Rhizom entspringen. Auch die kriechenden, horizontalen

Sprosse der Goodyerinae bezeichnet man als Rhizome, obwohl in dieser Gruppe normalerweise kein deutlicher Unterschied zwischen Rhizom und Luftsproß besteht. Orchideen mit monopodialer Wuchsform weisen kein deutlich erkennbares Rhizom auf.

Der Begriff »Sekundärsproß«, der in vielen taxonomischen Beschreibungen vorkommt, scheint sich auf den vegetativen Teil des Sprosses (also den Teil, der über dem Rhizom liegt) zu beziehen. Er ist jedoch ungenau und irreführend. Der einzige Primärsproß ist, morphologisch gesehen, der erste Trieb, der aus dem Protokorm entspringt. Alle anderen Sprosse, einschließlich des Rhizoms sind sekundär. Die Begriffe »Luftsprosse« oder »aufrechte, vegetative Sprosse« sind sicherlich nicht ideal, aber für eine Beschreibung der terrestrischen Pflanzen exakt genug. Bei den Epiphyten hingegen ist der gesamte Sproß ein »Luftsproß«, und der vegetative Teil ist häufig horizontal oder hängend. Bedauerlicherweise hat sich die botanische Terminologie zum großen Teil eher zufällig als planmäßig entwickelt. Es ist mir leider nicht möglich, eine wirklich gute Alternative für die irreführende Bezeichnung »Sekundärsproß« vorzuschlagen.

Kormus und Pseudobulbe

Von einem »Kormus« spricht man bei einem unterirdischen Speicherorgan, wie es zum Beispiel bei *Gladiolus* vorkommt. Auch die Orchideen der Gattung *Bletia, Eulophia, Spathoglottis* und einige ihrer Verwandten besitzen solche Sproßgebilde. Da die bei vielen anderen Orchideen vorkommenden Pseudobulben im Aufbau ähnlich sind, ist es nicht möglich, eine scharfe Trennungslinie zwischen Kormus und Pseudobulbe zu ziehen.

Der botanische Begriff »Bulbus« (engl. bulb) bezieht sich eigentlich nur auf die allgemein bekannten, zum Beispiel bei der Zwiebel oder der Tulpe vorkommenden zwiebelähnlichen Gebilde. Sie bestehen aus verdicktem Blattmaterial. Unter »Pseudobulbe« wird inzwischen allgemein die verdickte Sproßstruktur vieler epiphytischer Orchideen verstanden. Dieses Gebilde hat jedoch keinerlei Ähnlichkeit mit der Zwiebel oder der Tulpenzwiebel. Es kann aus einem einzelnen Internodium (heteroblastisch) oder mehreren verdickten Internodien (homoblastisch) bestehen, wobei eine homoblastische Pseudobulbe überall oder nur am oberen Ende beblättert sein kann. Die Pseudobulbe ist bei einigen Orchideen von Blattscheiden umhüllt, auch wenn er an der Spitze nur ein schuppenähnliches, verkümmertes Blatt trägt. Da Pseudobulben kaum mit der monopodialen Wuchsform vereinbar sind, dienen bei den monopodialen Orchideen entweder die Blätter oder die Wurzeln als Speicherorgane.

An der Pseudobulbenspitze der zwergwüchsigen Arten *Bulbophyllum minutissimum* und *B. odoardii* befindet sich eine eigenartige Vertiefung (Pfitzer 1884). Bei beiden Pflanzen hat diese Vertiefung eine kleine nach außen zeigende Öffnung, die bei *B. minutissimum* teilweise von dem schuppenähnlichen Blatt verdeckt wird. Die Oberfläche dieser Vertiefung ist von Spaltöffnungen übersät, die den Gasaustausch zwischen Pseudobulbengewebe und Atmosphäre gewährleisten. Auch die Blätter von *Bulbophyllum odoardii* besitzen Spaltöffnungen. Man nimmt an, daß die Photosynthese nach dem Abfallen des Blattes von den Pseudobulben weiterbetrieben wird.

Eine etwas andersartige Vertiefung kommt bei *Eria bractescens* und ihren Verwandten vor (Kerr 1971). Bei diesen Orchideen entsteht die Blütenstandsknospe an der Basis eines zylindrischen Pseudobulbenloches, das von einer eng an der Pseudobulbe angeschmiegten Blattscheide verdeckt wird. Der sich entwickelnde Blütenstand durchbricht diese Blattscheide, wodurch manchmal eine Art »Falltür« entsteht. Wenn der alte Blütenstand abfault, hinterläßt er ein deutlich erkennbares zylindrisches Loch in der Pseudobulbe.

Blätter

Wir wissen bereits, daß jeder Sproßnodus ein blattähnliches Organ mit einer basalen achselständigen Knospe trägt. Dieses ist bei den Rhizomen vieler Orchideen nur ein schuppenartiges Blatt oder eine Blattscheide. Die meisten Orchideenblätter weisen die für die Monokotyledonen typische Parallelnervigkeit mit kaum sichtbaren Querverbindungen auf. Bei *Epistephium* und *Clematepistephium* jedoch fällt es schwer, das Blatt anders denn als netznervig zu bezeichnen (Abb. 3.8 A). Auch die pfeilförmigen Blätter von *Pachyplectron* (Abb. 3.8 B) und die tief gelappten Blätter einiger *Acianthus*-Arten (Abb. 3.8 F), die eher an einen Hahnenfuß *(Ranunculus)* erinnern, wirken ziemlich orchideenuntypisch.

Anordnung der Blätter

Bei den meisten Orchideen sind die Blätter zweireihig angeordnet, und zwar abwechselnd an entgegengesetzten Seiten des Sprosses (Abb. 3.2 B – O). Viele Sprosse oder Pseudobulben tragen nur ein einziges richtig ausgebildetes Blatt; doch wenn man die Schuppenblätter und Blattscheiden untersucht, stellt man fest, daß auch hier die Blattanlagen zweireihig sind. Diese Anlagenart scheint sich aber aus einer ursprünglich spiraligen Anordnung entwickelt zu haben (Abb. 3.9 A). Bei einigen Orchideen (*Codonorchis, Isotria*) entsteht durch Häufung der Internodien der Eindruck, daß zwei oder drei Blätter auf gleicher Höhe stünden.

Blattlage und Blattfaltung

Eines der häufig verwendeten Kriterien der Orchideensystematik ist die Art, wie die Blätter während ihrer Entwicklung gefaltet oder eingerollt sind. Bei den primitiven Gruppen sind die Blätter in der Knospe gerollt (Abb. 3.9 A – B). Bei vielen Orchideen – insbesondere bei Epiphyten – sind die Blätter im

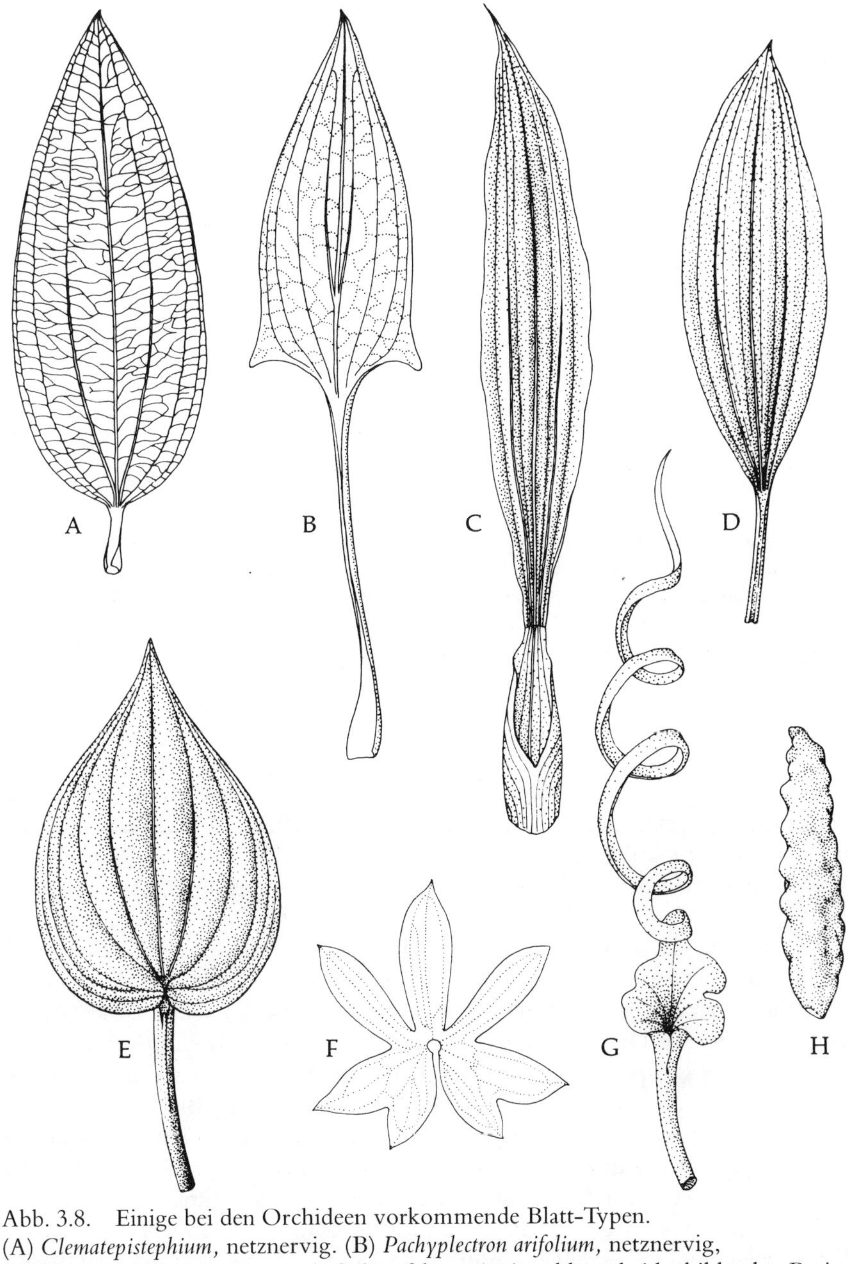

Abb. 3.8. Einige bei den Orchideen vorkommende Blatt-Typen.
(A) *Clematepistephium*, netznervig. (B) *Pachyplectron arifolium*, netznervig, spießförmig. (C) *Catasetum*, mehrfach gefaltet mit einer blattscheidenbildenden Basis. (D) *Stanhopea*, mehrfach gefaltet, mit einem deutlichen Blattstiel. (E) *Monophyllorchis maculata*, mehrfach gefaltet, herzförmig. (E) *Acianthus bracteatus*, einfache (ungefaltete) Blätter mit tiefen Einbuchtungen. (G) *Thelymitra spiralis*, gedreht. (H) *Dendrobium cucumerinum*, fleischig.

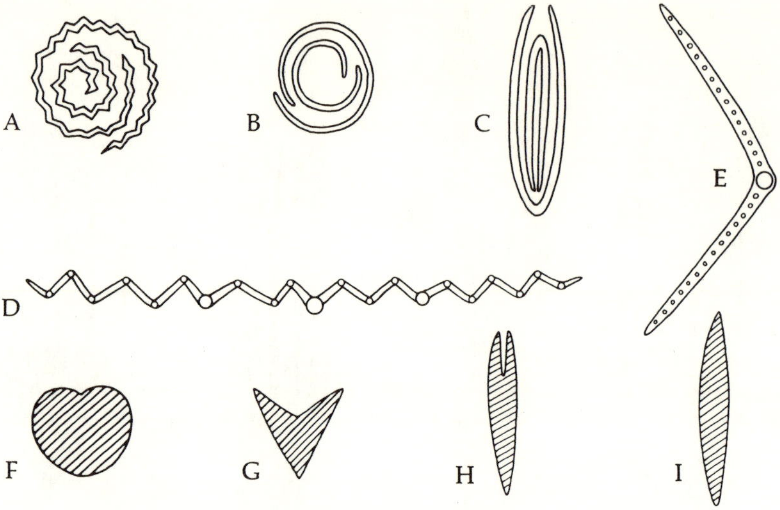

Abb. 3.9. Schematische Darstellung der juvenilen und ausgewachsenen Blätter im Querschnitt. (A, B) Konvolute = gerollte Entwicklungsform. (C) Duplikative = doppeltgefaltete Entwicklungsform. (D) Plikatives = mehrfach gefaltetes Blatt. (E) Konduplikatives = einfaches (einmal gefaltetes) Blatt. (F) Zylindrisches (teretes) Blatt. (G) Dreieckiges (triquetes) Blatt. (H, I) Lateral abgeflachte Blattformen.

Entwicklungsstatium duplikativ (Abb. 3.9 C) oder so zusammengelegt, daß beide Hälften flach liegen. Im ausgewachsenen Zustand sind diese Blätter immer konduplikativ (das heißt, sie haben nur eine Mittelfalte), im Querschnitt V-förmig und besitzen gleich große, nicht hervortretende Blattadern (Abb. 3.9 E).

Die Blätter, die in der Knospe eingerollt sind, entwickeln sich entweder zu einer konduplikativen oder einer gefalteten Blattform. Bei dieser treten einige Blattadern hervor, und das Blatt ist normalerweise an jeder dieser Adern gefaltet (Abb. 3.9 D). Die konduplikative Blattform hat sich bei einer Reihe von Orchideengruppen aus der gefalteten Form entwickelt, und einige Gruppen des *Cymbidium*- und *Chondrorhyncha*-Komplexes haben Blätter, die man als Zwischenstufe zwischen diesen beiden Formen betrachten könnte. Die Gattungen *Bletia, Sobralia* und *Spathoglottis* besitzen typische gefaltete Blätter, die (ebenso wie die der konduplikativen Form, die im Entwicklungsstadium eingerollt waren) immer ziemlich dünn sind. Die konduplikativen mit duplikativer Knospenlage indes sind entweder dünn oder sehr fleischig. Im Extremfall sind die fleischigen Blätter dreikantig oder zylindrisch (Abb. 3.9 F, G). Bei einigen Orchideen sind die Blätter eher seitlich als dorsiventral abgeflacht (Abb. 3.9 H, I), sie überlappen sich und werden daher häufig als equitant (»reitend«) bezeichnet.

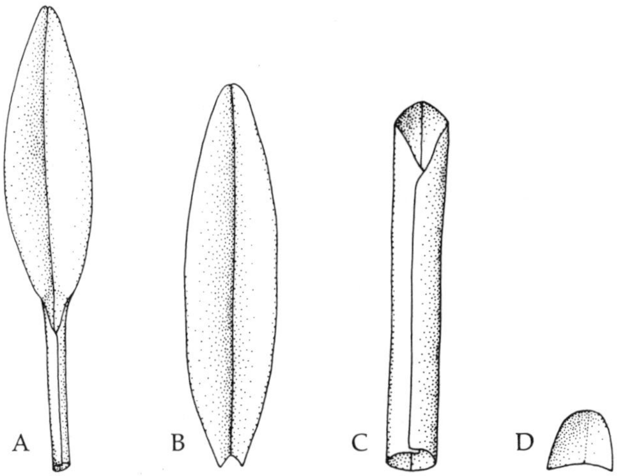

Abb. 3.10. Schematische Darstellung der verschiedenen Blattentwicklungsstufen, welche an einer einzelnen Pflanze vorkommen können. (A) Blatt mit scheidenförmiger Basis. (B) Blatt ohne scheidenförmige Basis. (C) Blattscheide ohne Blatt. (D) Schuppenförmige Braktee.

Blattscheiden und Blattstiele

Häufig bildet der basale Teil des Blattes eine Scheide, die den Stengel umhüllt. Ohne diese Stütze wäre ein Längenwachstum an den Internodien kaum möglich, da die Region des Internodienmeristems zu weich ist (Abb. 3.10 A). In anderen Fällen bilden die Orchideen ähnliche Scheiden ohne Blattspreite (Abb. 3.10 C); insbesondere an Rhizomen und Blütenständen kommen oft sehr kleine Scheiden vor. Bei der Gattung *Teuscheria* wird die Pseudobulbe von einer harten, gefleckten Scheide geschützt, die ihre Form sogar dann noch beibehält, wenn die Pseudobulbe schon längst verwelkt ist. Bei etlichen Orchideen (zum Beispiel bei einigen Stanhopeinae) bilden die Blattbasen einen schmalen, annähernd zylindrischen Blattstiel (Abb. 3.8 D).

Artikulation der Blätter

In unseren Breiten ist es nichts Außergewöhnliches, daß die Pflanzen im Herbst ihre Blätter verlieren. Aber nicht alle Pflanzen haben die Möglichkeit, ihre Blätter abzuwerfen. Die für dieses als Abszission bezeichnete Phänomen notwendige Zellschicht an der Blattbasis (die sogenannte Trennungsschicht) fehlt bei vielen terrestrischen Orchideen, so daß die Blätter einfach abfaulen. Die Trennungsschicht fehlt bei vier der sechs Orchidaceae-Unterfamilien, ist jedoch bei den meisten Epidendroideae und Vandoideae vorhanden. Die höher entwickelten Mini-Orchideen können diese wieder verlieren, zum Beispiel einige Arten der Gattungen *Dichaea, Epidendrum* und *Notylia*. Sie liegt in den meisten Fällen zwischen der Blattscheide (sofern vorhanden) und der Spreite. Wo keine Scheide zu erkennen ist, bricht das Blatt normalerweise an der Basis ab. Bei *Teuscheria* und einigen *Oecoclades*-Arten liegt die Trennungsschicht ziemlich weit oberhalb des Blattstielgrundes. Auf den ersten Blick könnte man das unter der Trennungsschicht befindliche Gebilde für die Pseudobulbenspitze halten; bei einigen *Oecoclades*-Arten jedoch weisen alle Pseudobulben je zwei Blätter auf, und jedes dieser Blätter besitzt eine Trennungsschicht in der Mitte des Blattstiels (Summerhayes 1957).

Spaltöffnungen und Nebenzellen

Bei Landpflanzen weist die Blattepidermis normalerweise kleine Öffnungen auf, die man als Stomata oder Spaltöffnungen bezeichnet. Diese sind entweder auf beiden Blattseiten oder nur auf einer vorhanden. Sie dienen dem Gasaustausch, insbesondere der Aufnahme von Kohlendioxid in das Blattgewebe. Jede Spaltöffnung hat zwei nierenförmige Schließzellen, die durch Veränderung ihrer Form den Spalt öffnen oder schließen können. Diese Schließzellen unterscheiden sich deutlich von den übrigen Epidermiszellen. Wenn die an die Schließzellen angrenzenden Zellen (zwei oder mehrere) sich in ihrem Bau von den übrigen Epidermiszellen unterscheiden, so werden sie als Nebenzellen bezeichnet.

Das Vorkommen dieser Nebenzellen und vor allem ihre Beziehung zu den Schließzellen wird als wichtiges Kriterium für die Pflanzensystematik betrachtet. Soweit uns heute bekannt ist, kommen bei den Orchideen folgende drei Stomataentwicklungsmuster vor (Williams 1979).

1. Ohne Nebenzellen (Abb. 3.11, A – C): alle Orchidoideae, einige Cypripedioideae, einige Apostasioideae, Pogoniinae und *Epistephium*.
2. Mesoperigenöse Nebenzellen (Abb. 3.11 D): Eine der Nebenzellen entstammt demselben Meristemoid wie die Schließzellen; die andere entsteht durch Teilung einer jungen, an die Spaltöffnung angrenzenden Epidermiszelle. Dieses Entwicklungsmuster kommt innerhalb der Monokotyledonen nur bei den Orchideen (und zwar nur bei den Spiranthoideae) vor (Williams 1975).
3. Perigenöse Entwicklung mit trapezförmigen Zellen (Abb. 3.11, E – F): Bei diesem Entwicklungsmuster entstehen aus der Epidermis durch eine Schrägteilung der Zellen (aus jeweils verschiedenen Zellreihen) an beiden Seiten des Meristemoids trapezförmige Zellen. Eine solche Zelle kann sich entweder zu einer Nebenzelle entwickeln oder durch eine weitere Teilung eine oder zwei Nebenzellen bilden. Es können am Ende der Spaltöffnungen auch »polare« Nebenzellen vorhanden sein, die ebenfalls von den Nachbarzellen abstammen. Dieses Entwicklungsmuster kommt bei fast allen Epidendroideae, Vandoideae und Triphoreae vor.

Nebenzellen sind sowohl bei den Cypripedioideae als auch bei den Apostasioideae zu finden; doch kommen in beiden Gruppen auch Arten vor, bei denen diese Zellen fehlen. Genauere Untersuchungen zur Entwicklung liegen aller-

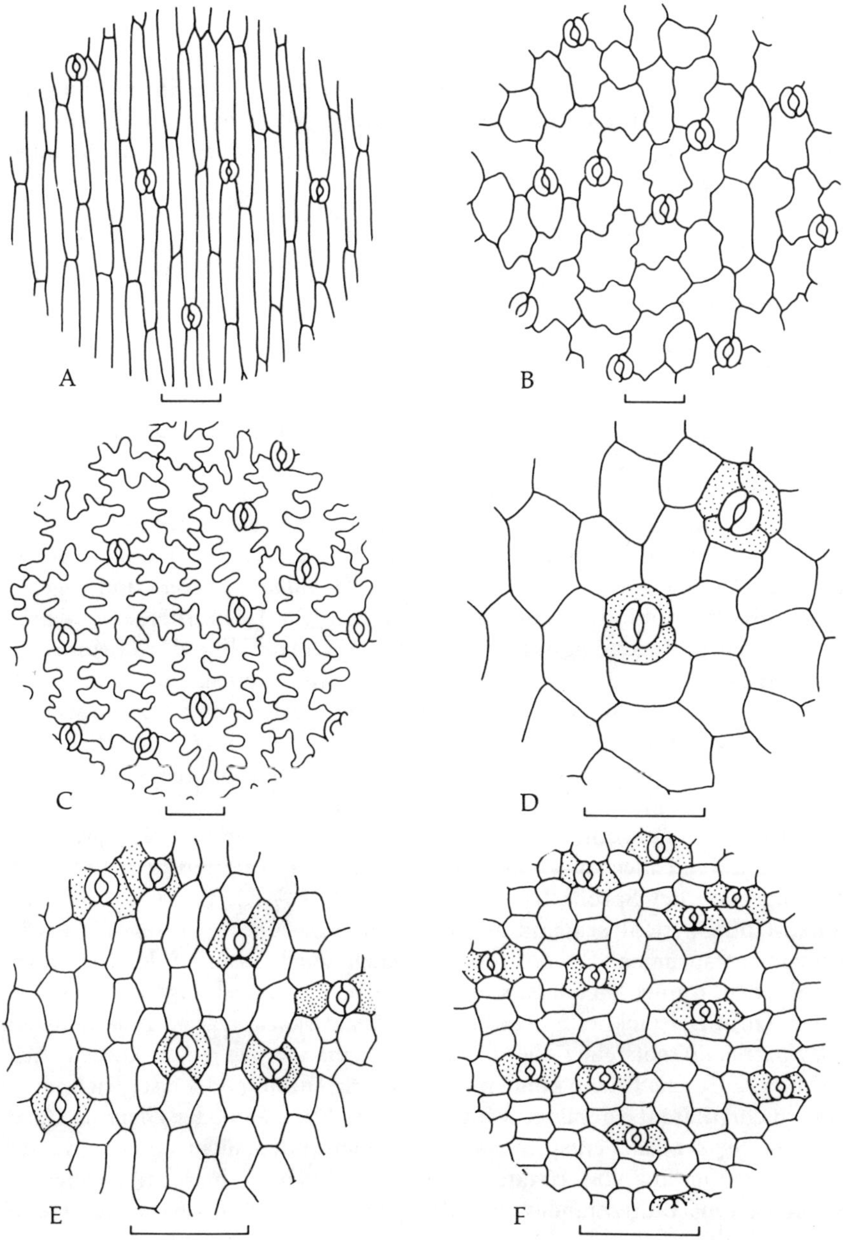

Abb. 3.11. Die Muster der Epidermiszellen an der Unterseite verschiedener Orchideenblätter; die Nebenzellen sind gepunktet. (A) *Calochilus herbaceus* (Diurideae). (B) *Habenaria petalodes* (Orchideae). (C) *Isotria verticillata* (Vanilleae). (D) *Spiranthes* (= *Beadlea*) *elata* (Cranichideae). (E) *Sobralia fragrans* (Arethuseae). (F) *Neomoorea irrorata* (Maxillarieae). Die Nebenzellen fehlen in A, B und C. Sie sind mesoperiginös in D und periginös (trapezoid) in E und F. Maßstab 0,1 mm (mit freundlicher Genehmigung von N. H. Williams).

dings noch nicht vor. Die höher entwickelten Gruppen besitzen vier oder noch mehr Schließzellen, während bei den primitiven Orchideen Entwicklungsmuster mit zwei Nebenzellen und ohne Nebenzellen vorkommen. Williams (1979) vertritt daher die Ansicht, daß das Fehlen von Nebenzellen in der Orchideenfamilie den primitiven Typus darstellt.

Blütenstand

Der Blütenstand der Orchidaceae ist in der Regel eine Traube, wobei die Blüten achselständig an der Spindel angeordnet sind und meist von unten nach oben aufblühen (Abb. 3.12 A). Nur bei einigen Orchideen, wie zum Beispiel *Orchis simia,* öffnen sich die obersten Blüten zuerst; trotz veränderter Blühreihenfolge tragen sie ebenfalls eine Traube. Orchideenblütenstände können auch verzweigt (rispenförmig) sein; dann sind die äußersten Zweige traubig (Abb. 3.12 B). Viele Orchideen (zum Beispiel *Lycaste, Maxillaria, Dichaea* und *Chondrorhyncha*) haben einblütige Blütenstände (Abb. 3.12 D). Die Blüten werden immer von einer Braktee gestützt. Meist ist diese unauffällig; doch bei manchen Arten (beispielsweise *Cyrtopodium* und *Lockhartia*) kann sie groß und auffällig gefärbt sein. Die Blüten sitzen oft spiralförmig auf der Spindel, selbst wenn die Blätter zweireihig stehen; in einigen Gruppen sind aber auch Blüten und Brakteen zweireihig gestellt, oder (bei *Chamaeangis* und einigen wenigen *Oberonia*-Arten) die Blütenanordnung ist quirlständig.

Der Blütenstand kann aus jedem beliebigen Teil des Sprosses entspringen. In den primitiven Fällen ist er endständig (terminal, apikal) und stellt einfach eine Verlängerung der Sproßachse dar (Abb. 3.2 A, F – K). Er kann jedoch auch seitenständig (lateral) sein und an der Seite oder Basis des Sprosses oder aus dem Rhizom entspringen. Bei der monopodialen Wuchsform ist der Blütenstand naturgemäß immer lateral. Er kann desgleichen dicht gedrängt sein; in solchen Fällen (zum Beispiel bei *Epidentrum nocturnum, Systeloglossum, Bromheadia* und *Thrixspermum*) entstehen die Blüten nacheinander an einer kurzen Achse (Abb. 3.12 E). Die Blüten können aber auch gleichzeitig oder fast gleichzeitig in einer dichten Traube gebildet werden, wie bei *Elleanthus* oder *Glomera.* Bei der Gattung *Sigmatostalix* entspringen die einzelnen Blüten nicht aus einer, sondern aus einer Vielzahl von Brakteen. Wahrscheinlich ist hier ein Zweig eines komplexeren Blütenstandes im Zuge der Evolution gestaucht worden (Abb. 3.12 F).

Der ungewöhnliche Blütenstand der Gattung *Lockhartia* ist eine Trugdolde. Dieser Blütenstandtypus ist bei den Dikotyledonen weit verbreitet, bei den Monokotyledonen dagegen selten. Bei dieser Trugdolde öffnen sich zuerst die terminalen Knospen; dann treiben eine oder zwei der unterstehenden Knospen Sprosse aus, die an der Spitze eine Blüte tragen, dann seitliche Sprosse ausbilden, und so weiter. Es ist anzunehmen, daß einer der Vorfahren dieses Orchi-

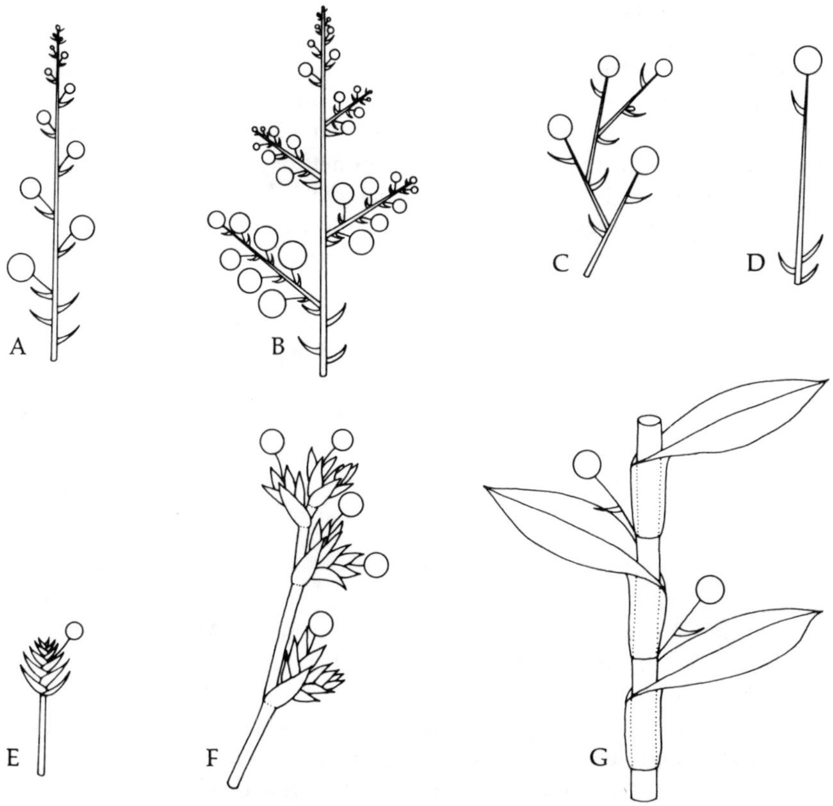

Abb. 3.12. Typen von Blütenständen (schematisch). (A) Traube. (B) Verzweigte Traube. (C) Trugdolde. (D) Einblütiger Blütenstand. (E) Gedrängter Blütenstand, bei dem die Blüten nacheinander gebildet werden. (F) Der Blütenstand von *Sigmatostalix,* bei dem jede Blüte einem Brakteenbüschel entspringt. (G) Blattgegenständiger Blütenstand, bei dem jede Blüte aus der dem Blatt gegenüberstehenden Blattachsel hervorgebracht wird.

deentyps einblütige Blütenstände hatte. Unter dem Druck der natürlichen Auslese (mehrblütige Pflanzen hatten natürlich größere Überlebenschancen) wurde dieses Problem durch eine trugdoldenartige Verzweigung des Blütentriebs gelöst. Bei der entfernt verwandten Gattung *Notylia* werden an der Basis der alten Blütenstände häufig neue Blütenbüschel gebildet. Falls diese Blütenbüschel zu einer einzelnen Blüte reduziert würden, wäre der Blütenstand von *Notylia* mit dem von *Lockhartia* vergleichbar.

Obwohl die Blütenstände normalerweise aus der Achsel eines Blattes oder einer Braktee entspringen, gibt es auch einige bemerkenswerte Ausnahmen. Bei *Dichaea* zum Beispiel (Abb. 3.12 G) finden wir einen einblütigen Blütenstand, der unmittelbar gegenüber der Blattbasis ausgetrieben wird (Wirth

1964). Für ein solches Phänomen gibt es zwei mögliche Erklärungen, doch die bisher bekannten Daten erlauben uns nicht, einer dieser Erklärungen den Vorzug zu geben. In vielen Fällen stellt ein solcher der Blattbasis gegenüberstehender Blütenstand eine extreme Form des sympodialen Wuchstypus dar; das heißt, daß jede Blüte endständig (terminal) ist und daß aus der Achsel des Stützblattes das nächste Stengelinternodium hervorgeht.

Die zweite Möglichkeit besteht darin, daß die Achselknospe zusammen mit dem sich verlängernden Internodium emporwächst und dadurch dem Blatt oberhalb seiner Urpsrungsachsel gegenüberliegt. Der Blütentrieb von *Luisia teretifolia* ist »achselüberständig« (Wirth 1964), doch er entspringt aus der Mitte des Internodiums, und daraus scheint klar hervorzugehen, daß der Ursprung dieses Triebes in der darunterliegenden Achsel liegt. Ich habe bei einer noch nicht bestimmten *Epidendrum*-Art einen ähnlichen Blütenstand entdeckt. Auch bei einigen *Maxillaria*-Arten sind blattgegenständige Blüten zu finden.

Blüte

Die typische Orchideenblüte ist bilateral-symmetrisch. Man kann also durch die Mitte der Blüte nur eine einzige imaginäre Linie ziehen, die die Blüte in zwei spiegelgleiche Hälften teilt (Abb. 3.13 B). Anhand dieses Kriteriums kann man die Orchideenblüte auf Anhieb von vielen anderen Formen wie beispielsweise der Irisblüte unterscheiden; doch es gibt (sowohl bei den Monokotyledonen als auch bei den Dikotyledonen) zahlreiche Arten, die die gleiche Blütensymmetrie aufweisen wie die Orchideen.

Bei den Blüten der *Mormodes*-Arten sind Säule und Lippe nach einer Seite gedreht, so daß die übliche Orchideensymmetrie zerstört ist. Ähnlich asymmetrische Blüten kommen bei den Gattungen *Ludisia, Macodes, Macradenia* und *Tipularia* vor; hier ist die Asymmetrie jedoch manchmal weniger ausgeprägt.

Blütenstiel und Fruchtknoten

Ebenso wie bei den Amaryllidaceae und mehreren anderen Pflanzenfamilien ist der Fruchtknoten bei den Orchideen unterständig. Alle anderen Blütenteile sind an der Basis vollständig mit dem Fruchtknoten verwachsen, so daß sie über diesem stehen (Abb. 3.13 A). Der Fruchtknoten ist, insbesondere bei den Epiphyten, zur Blütezeit nicht voll ausgebildet und entwickelt sich erst nach einer Bestäubung weiter. So kann die Pflanze ihre Energie ausschließlich auf die Fruchtknoten konzentrieren, die sich zu Samenkapseln weiterentwickeln. Deshalb ist auch der Fruchtknoten zur Blütezeit meist schmal, und es ist manchmal schwierig, ihn vom Blütenstiel zu unterscheiden. Eine Ausnahme stellen in dieser Hinsicht die Pleurothallidinae dar, die zwischen Fruchtknoten und Blütenstiel immer eine Trennungsschicht aufweisen. In anderen Gruppen liegt

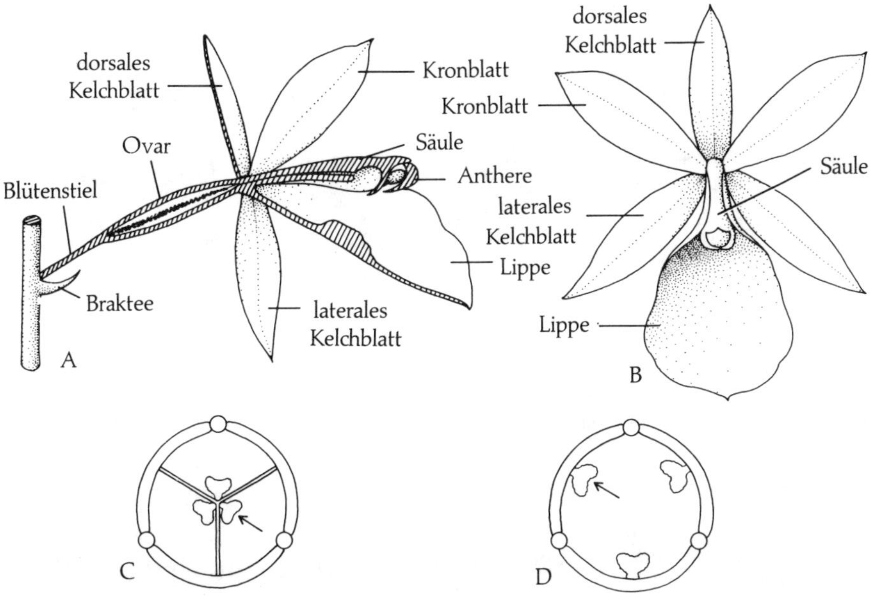

Abb. 3.13. Blütenteile. (A) Längsschnitt. (B) von oben gesehen. (C) Querschnitt eines »Dreikammerovars«. (D) Querschnitt eines »Einkammerovars«.

diese Schicht an der Blütenstielbasis, auf Nichtbestäubung hin fällt er mit der Blüte ab. Bei den Frauenschuhorchideen mit konduplikativen Blättern und den meisten Vanilleae befindet sich eine Trennungsschicht zwischen dem Fruchtknoten und dem Rest der Blüte, und Säule und Blütenhülle fallen nach der Bestäubung ab.

Der Fruchtknoten der Orchidee besteht aus drei Fruchtblättern, was übrigens für viele Einkeimblättrige typisch ist. Bei einigen primitiven Gattungen, zum Beispiel *Apostasia* und *Selenipedium,* ist der Fruchtknoten in drei Kammern unterteilt, und die Samenleisten sitzen in den Kammerwinkeln (Abb. 3.13 C). Bei den meisten Orchideen hingegen sind die Fruchtknoten nicht weiter unterteilt. Die Samenleisten werden hier wandständig ausgebildet (Abb. 3.13 D).

Resupination

Wir haben uns so an die Position der Lippe an der Unterseite der Orchideenblüte gewöhnt, daß wir das Verhältnis zu dieser Stellung meinen, wenn wir die Begriffe »dorsal«, »ventral« und »lateral« verwenden. Wenn die Blütenstandsachse aufrecht steht, befindet sich die Lippe jedoch an der oberen (adaxialen) Seite der jungen Knospe. Meistens dreht sich der Blütenstiel dann während der weiteren Knospenentwicklung, so daß die Lippe am Ende unten steht. Der Begriff »resupiniert« bezieht sich auf alle so ausgerichteten Orchideenblüten

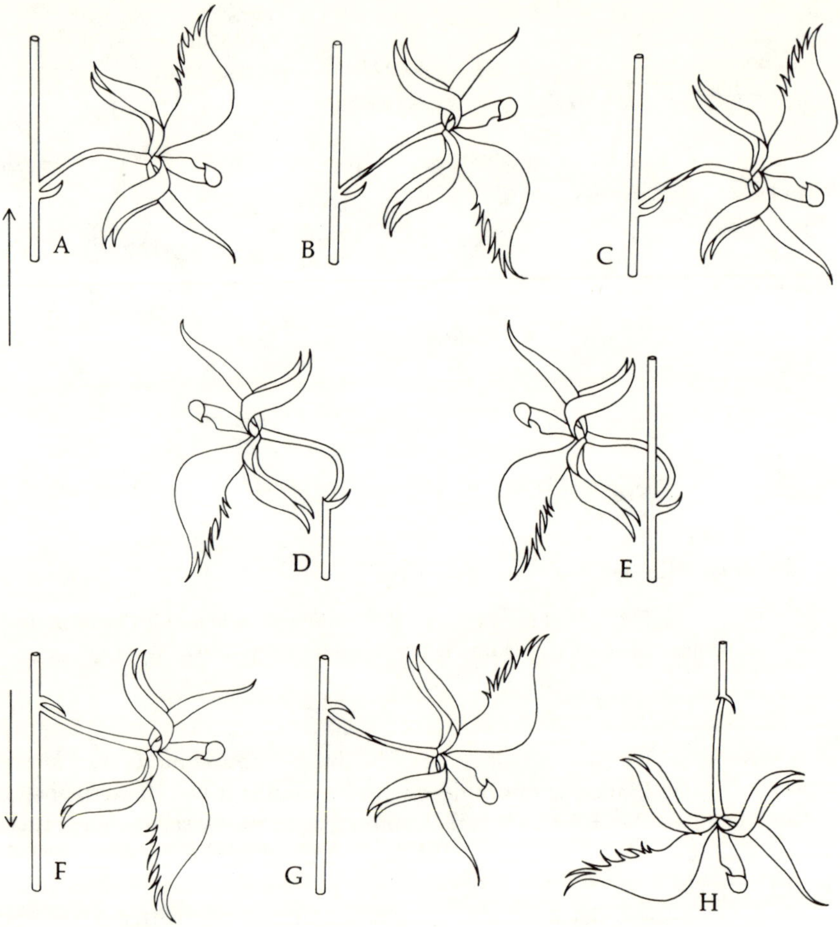

Abb. 3.14. Resupination und Nicht-Resupination (schematisch) (A, C) Nicht-resupiniert. (B, F) Resupiniert. (C) Hyper-resupiniert. (D, E) Resupination ohne Drehung. (H) Hängend, weder resupiniert noch nicht-resupiniert. A bis E stellen aufrechte Blütenstände dar, F bis H sind hängende Blütenstände.

(Abb. 3.14). Die Knospendrehung unterliegt eindeutig der Schwerkraft und erfolgt unabhängig von der Stellung der Pflanze oder der Blütenstandsachse. Auch die nicht resupinierten Orchideen richten ihre Blüten so nach der Schwerkraft aus, daß sie ihre normale Stellung beibehalten. Bei *Catasetum* sind die weiblichen Blüten niemals resupiniert; die männlichen Blüten sind bei einigen Arten resupiniert, bei anderen nicht. Kommen an ein und demselben Blütenstand sowohl weibliche als auch männlich Blüten vor, so sind die weiblichen nach der Schwerkraft ausgerichtet, so daß die Lippe oben liegt. Die Stellung der männlichen Blüten ist genau entgegengesetzt. In einigen Fällen ist der Blütenstiel einfach neben dem Blütenzweig nach unten gebogen, so daß die Blüte ohne oder mit nur geringer Drehung resupiniert ist. Ein ähnliches Phänomen ist meist bei Einzelblüten, zum Beispiel bei *Lycaste,* zu beobachten, wo der Blütenstiel sich über das Ende des Stengels biegt.

Einige Arten der Gattung *Malaxis,* bei denen die Lippe oben steht, sind eigentlich hyper-resupiniert, daß heißt, der Blütenstiel dreht sich um 360 Grad, so daß die Lippe wieder ihre ursprüngliche Position einnimmt (Abb. 3.14 C). Die natürliche Auslese hat bei diesen Arten eine nicht-resupinierte Blüte begünstigt, und die Pflanze hat dieses Problem durch eine stärkere Drehung des Blütenstiels gelöst.

Resupination kommt bei allen Unterfamilien der Orchidaceae vor, und obwohl dieses Phänomen bei vielen Gruppen modifiziert wurde oder verlorengegangen ist, kann kein Zweifel daran bestehen, daß es ein grundlegendes Merkmal der Orchideenfamilie darstellt.

Blütenhülle (Perianth)

Bei den Liliiflorae gleichen sich die innere und die äußere Blütenhülle meist in Form und Farbe. Dies ist bei den Orchideen (bei denen wir die äußeren Blütenhüllblätter als Kelchblätter und die inneren Blütenblätter als Kronblätter bezeichnen) nicht der Fall. Bei einigen primitiven Gattungen, und zwar bei *Epistephium* und *Lecanorchis,* ist die Basis der Blütenhülle mit einer »Cupula« oder einem »Calyculus« versehen (vgl. Abb. 3.15 B – C). Ein ähnliches Gebilde findet man bei der Art *Bulbophyllum pachyrhachis* und ihren Verwandten. Über Herkunft und Bedeutung dieser Organe wissen wir jedoch nichts. Die Kelchblätter schützen die Knospe während ihrer Entwicklung und sind daher meistens klappig (valvat), und die Ränder berühren sich, überlappen sich jedoch (wenn man von ein paar Orchideenarten absieht) nicht. Die zwei seitlichen (lateralen) Kelchblätter können teilweise oder vollständig verwachsen sein; in einem solchen Falle mag der Begriff »synsepal« zu verwenden sein. Bei anderen Orchideengruppen sind alle drei Kelchblätter miteinander verwachsen, oder das dorsale Kelchblatt ist mit der Säule verschmolzen.

Die Kronblätter sind meist schmaler als die Kelchblätter und überlappen einander für gewöhnlich in der Knospe. Sie können mit den Kelchblättern oder der Säule verwachsen und sehr stark zurückgeblidet sein. Bei *Lepanthes* und *Habenaria* sind die Kronblätter oft stark gelappt und können viel breiter als lang sein.

Das mittlere Kronblatt (das dem fruchtbaren Staubbeutel gegenübersteht) unterscheidet sich fast immer von den anderen beiden; meist ist es größer und komplexer. Es wird als Lippe oder Labellum bezeichnet.

Die Lippe ist eines der Haupterkennungsmerkmale der Orchideen. Ein Teil derselben ist häufig mit der Säule, jedoch sehr selten mit anderen Blütenteilen verwachsen. Sie kann ganz oder teilweise um ein Gelenk drehbar und beweglich sein; in einigen Fällen sind die Lippenbewegungen sogar eher aktiv als passiv (vgl. Kapitel 4). Gewöhnlich weist die Lippenoberfläche fleischige Erhebungen, Kiele, Vorsprünge oder Platten auf, die meist als »Kallus« bezeichnet werden. Die Lippe ist oft in drei oder noch mehr Lappen geteilt und bei vielen Orchideenarten so komplex, daß die Begriffe »Hypochil« (basaler Teil), »Mesochil« (mittlerer Teil) und »Epichil« (Endteil) erfunden wurden, um eine Beschreibung zu vereinfachen. Die einzelnen Gebilde, auf die diese Begriffe sich beziehen, sind jedoch bei den verschiedenen Orchideengruppen nicht unbedingt homolog.

Darwin hat versucht, die komplexe Struktur der Orchideenlippe und das Fehlen zweier Staubblätter mit der These zu erklären, daß die Lippe als zusammengesetzte Konstruktion aus einem Kronblatt und zwei Staminodien oder sterilen Staubblättern besteht. Diese kluge Hypothese hat zwar einige Fürsprecher gefunden, wurde aber aus Mangel an Beweisen weitgehend verworfen. In der Tat deuten weder das Gefäßsystem noch irgendein anderer Aspekt der Lippenanatomie darauf hin, daß die Lippe ein zusammengesetztes Gebilde ist (Swamy 1948).

Nektarien, Elaiophoren und Osmophoren

Da Orchideenpollen keine Bienennahrung sind, bieten die Orchideen ihren Bestäubern in erster Linie Nektar an. Die lilienähnlichen Vorfahren der Orchideen wiesen zwischen der Blütenhülle und dem Fruchtknoten wahrscheinlich flache Nektardrüsen auf. Die am deutlichsten erkennbare Nektarienart ist bei den Orchideen sicherlich der Sporn. Dieser ist eine schlanke röhren- oder sackförmige Verlängerung eines Teiles der Blütenhülle, meistens der Lippe (Abb. 3.15 A). Sporne kommen bei *Angraecum* und deren Verwandten, *Tipularia, Calanthe* und vielen anderen Gattungen häufig vor.

Die Orchideae besitzen meist einen einzelnen, von der Basis der Lippe gebildeten Sporn, während die verwandten Diseae eine beachtliche Vielfalt verschiedener Nektarienformen aufweisen. *Satyrium* hat zwei getrennte Sporne, die von der Lippenbasis gebildet werden. *Disa* hat einen aus dem dorsalen Kelchblatt entstandenen Sporn, und bei *Disperis* bildet jedes laterale Kelchblatt einen Sporn. Bei *Comparettia* wird der Sporn von den miteinander verwachsenen lateralen Kelchblättern gebildet; doch der Nektar wird von zwei schmalen, steifen, in den Sporn einmündenden basalen Lippenanhängseln geliefert. In dem Kapitel über die Bestäubung und die damit zusammenhängenden »Belohnungen« werden wir sehen, daß ein Sporn nicht unbedingt immer ein Nektarium sein muß (vgl. Kapitel 4).

Bei vielen Laeliinae ist das spornähnliche Gebilde weniger deutlich erkennbar, und der Nektar fließt durch den Schaft (»Stengel«) der Blüte, so daß es eigentlich erst sichtbar wird, wenn man die Blüte mit einer Rasierklinge halbiert. Diesen Nektarientyp bezeichnet man als Cuniculus (Abb. 3.15 B). Bei Orchideengattungen, die dieses Phänomen aufweisen, befindet sich zwischen dem Fruchtknoten und der Basis der Blütenhülle eine Blütenröhre. Am offensichtlichsten ist dies bei den Arten *Rhyncholaelia digbyana* und *Brassavola cucullata,* die ihre Blüten an langen Schäften tragen. Der Fruchtknoten befindet sich

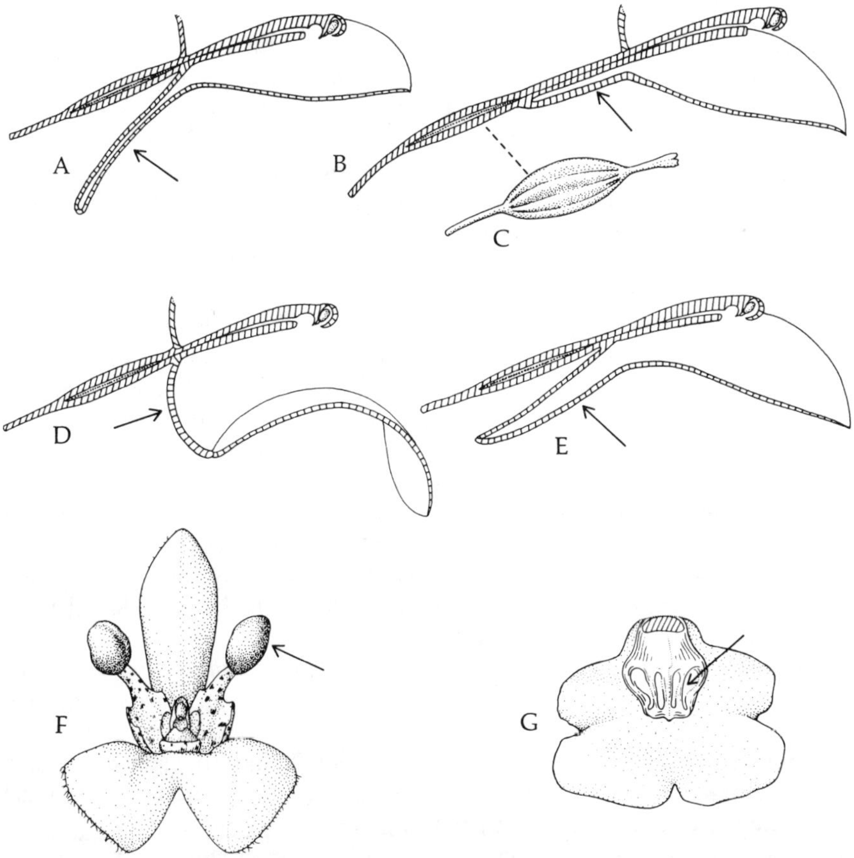

Abb. 3.15. Verschiedene Blütenstrukturen. (A) Durch die Lippe ausgebildeter Sporn. (B) Cuniculus. (C) Geschnäbelte Frucht (der Schnabel stellt den Cuniculus dar). (D) Säulenfuß. (E) Von Säulenfuß und Lippe ausgebildeter Sporn. (F) *Pleurothallis raymondii* mit Osmophoren. (G) Lippe von *Sigmatostalix picturatissima* mit Elaiophore.

an der Basis dieses Schafts und ist von der Blütenhülle durch eine lange Blütenröhre getrennt. Die Samenkapsel dieser Orchideen weist einen langen Schnabel auf, der der Blütenröhre eintspricht (Abb. 3.15 C). Bei *Epidendrum* ist der Nagel der Lippe normalerweise mit der Säule verwachsen. Hierdurch entsteht eine Röhre, die eine Verlängerung des Cuniculus darstellt. Das Nektarium ist bei einigen Arten so verdickt, daß man es von außen erkennen kann. Ein cuniculusähnliches Nektarium kommt auch bei der Gattung *Chloraea* (Diurideae) vor. Hier handelt es sich jedoch um zwei parallel verlaufende, offensichtlich nektarabsondernde Röhren, die sich am Fruchtknoten entlang fortsetzen und keinen Schnabel zwischen Fruchtknoten und Blütenhülle bilden.

Viele Orchideen weisen auf der Lippe oder zwischen Säule und Lippe ein flaches Nektarium auf. Dies ist zum Beispiel typisch für *Listera, Stelis* und viele *Pleurothallis*-Arten. Bei den Orchideenblüten, die einen »Säulenfuß« ausbilden (zum Beispiel bei vielen Arten der Gattungen *Dendrobium* und *Scaphyglottis*) sitzt auch auf diesem Gebilde häufig ein flaches Nektarium (Abb. 3.15 D). Bei *Hexisea* und *Systeloglossum* findet man tiefe, spornähnliche Nektarien, die vom Säulenfuß oder von Säulenfuß und Lippenbasis gebildet werden (Abb. 3.15 E). Bei *Dendrobium bigibbum* und Verwandten dieser Art sitzt der Sporn in der Mitte des Säulenfußes.

Viele Blütenknospen weisen extraflorale (das heißt, außerhalb der Blüte befindliche) Nektarien auf. Freilandbiologen vertreten seit langem die Ansicht, daß diese zur Anlockung von Ameisen dienen könnten, welche die Pflanzen vor Laubheuschrecken und anderen Blütenfressern schützen. Einige Gegner der Evolutionstheorie verwerfen diese These als extremen Neodarwinismus, obwohl sie durch experimentelle, allerdings nicht mit Orchideen erzielte Ergebnisse der letzten Jahre untermauert wurde. Jeder, der versucht hat, Orchideen unter natürlichen Bedingungen zu kultivieren, weiß, wie zerstörerisch Insekten sein können; und jedes bißchen zusätzlicher Schutz gegen diese Tiere kann für eine Pflanze sehr nützlich sein. Daher ist die Vermutung, daß diese Drüsen Ameisen anlocken, die den Orchideen Hilfestellung bei der Abwehr pflanzenfressender Insekten leisten, gar nicht so abwegig.

Die flachen, offenen »Nektarien« bei *Sigmatostalix, Ornithocephalus* und einigen *Oncidium*-Gruppen scheinen gar nicht zu den Orchideen zu passen, da diese Gebilde an sich für Arten typisch sind, die von vielen verschiedenen Tieren bestäubt werden, nicht aber für höherentwickelte Orchideen, die sich auf einige wenige Bestäuberarten spezialisiert haben. Vogel (1974) hat nachgewiesen, daß diese offenen Gebilde eigentlich gar keine Nektarien sind, sondern ölabsondernde Drüsen oder Elaiophoren (Abb. 3.15 G). Da nur einige wenige anthophoride Bienenarten Öl sammeln und ein »Diebstahl« durch andere Insekten infolgedessen weitgehendst ausgeschlossen wird, ist eine geschlossene Drüse nicht notwendig.

Eine dritte Kategorie der Blütendrüsen sind die Osmophoren oder Duftdrüsen. Duftstoffe werden nicht von allen Blütenteilen oder wenigstens von der gesamten Blütenhülle produziert, sondern in spezialisierten Blütenregionen (Vogel 1962). Osmophoren können an Kelchblättern, Kronblättern oder einem Teil der Lippe sitzen. Die für viele Pleurothallidinae charakteristischen keulen-

Abb. 3.16. Säulenformen verschiedener Orchideen. (A, B) *Corymborkis,* Seitenansicht und ventrale Ansicht der Spitze. (C, D, E) *Diuris,* ventral, Seitenansicht, dorsal. (F, G) *Serapias,* ventral und Seitenansicht. (H, I, J) *Schomburgkia,* Seitenansicht, ventrale Ansicht mit Anthere und ventrale Ansicht mit nach hinten geklappter Anthere. (K, L) *Maxillaria,* ventrale und Seitenansicht. (M, N) *Oncidium,* ventrale und Seitenansicht. (O, P) *Systeloglossum,* ventrale und Seitenansicht. An = Anthere, Kl = Klinandrium, SF = Säulenflügel (oder Staminodium), Ro = Rostellum, Na = Narbe, Vi = Viscidium. Maßstab: 2 mm.

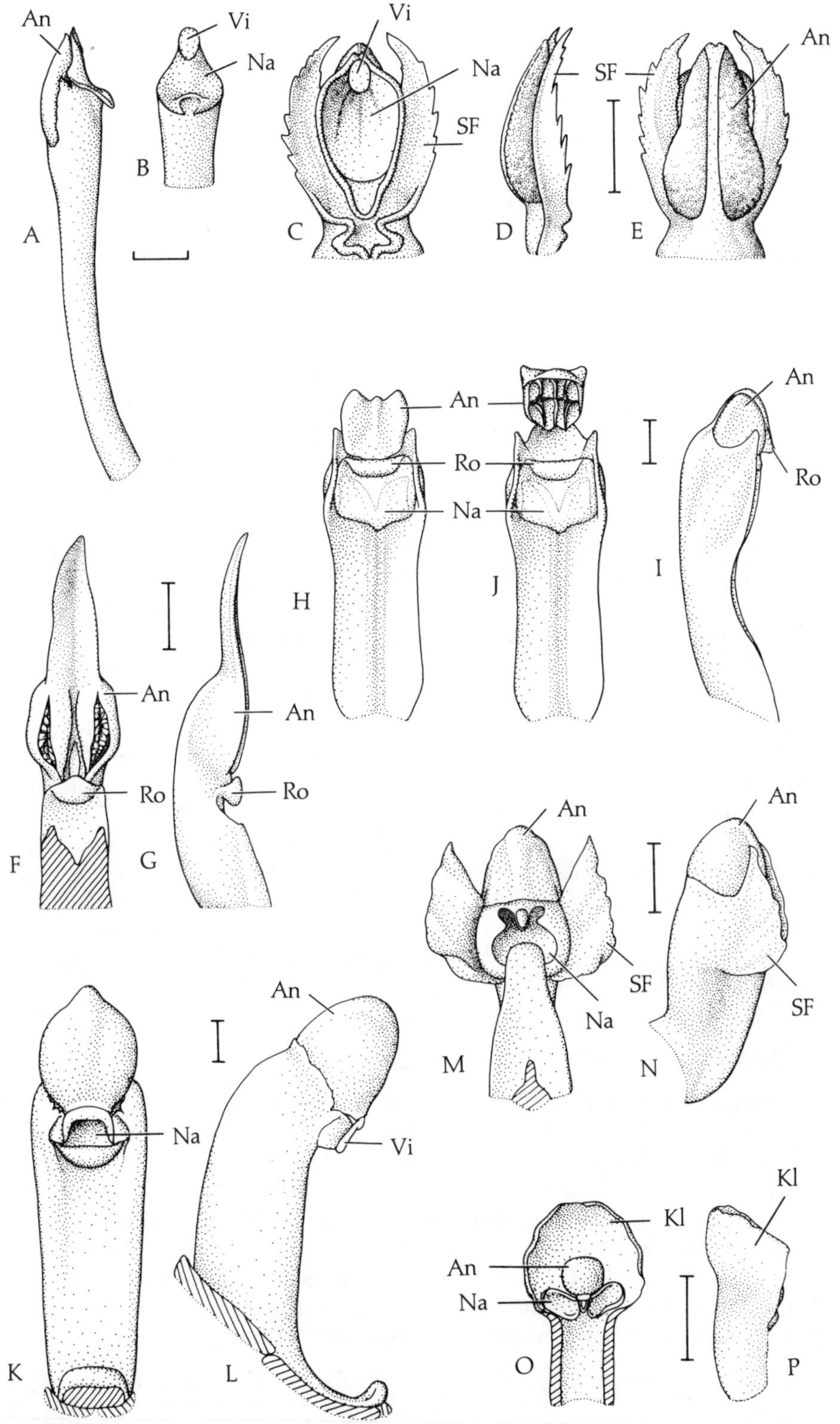
An
Vi
Na
Vi
Na
SF
SF
An
A
B
C
D
E
An
An
Ro
Ro
Na
Na
H
J
I
An
An
Ro
Ro
F
G
An
An
SF
Na
SF
M
N
An
Na
Vi
K
L
Kl
Kl
An
Na
O
P

förmigen Enden der Kron- oder Kelchblätter sind zum Beispiel solche Osmophoren (Abb. 3.15 F). Solange der Duftstoff nur der Anlockung von Insekten dient, ist die genaue Position der Osmophoren kaum von Bedeutung; doch bei den Orchideen, die von Bienen des Euglossini-Komplexes bestäubt werden und bei denen der Duftstoff sowohl Lockmittel als auch Belohnung darstellt, ist die Position der Osmophoren entscheidend, denn sie bestimmt, an welchen Stellen das Insekt die Blüte berühren wird. Bei den meisten Orchideen werden die Duftstoffe an der Basis der Lippe erzeugt.

Säule (Gynostemium, Columna)

Bei den Orchideen sind Griffel und Staubfäden zumindest teilweise miteinander verwachsen. In den meisten Fällen sind sie sogar so vollständig miteinander verschmolzen, daß man sie gar nicht mehr voneinander unterscheiden kann. Das durch diese Verschmelzung entstandene komplexe Gebilde wird als Säule oder Gynostemium (Abb. 3.13 A – B und 3.16) bezeichnet. Bei den Cypripedioideae und Apostasioideae sowie bei den Spiranthoideae und Diurideae mit verhältnismäßig kurzen Säulen sind Staubblätter und Staminodien nur teilweise mit dem Griffel verwachsen. Bei *Diuris* kann man fast vom Fehlen einer Säule sprechen. Bei den meisten Orchideen hingegen ist die Säule ziemlich deutlich erkennbar und viel dicker als normalerweise der Griffel und die Staubfäden. Sie hat an der Seite häufig Flügel, die nicht selten als Staminodien gedeutet werden und es in einigen Fällen wahrscheinlich auch sind. Bei der Gattung *Diuris* sind die Flügel praktisch gar nicht mit der Säule verbunden und stellen wahrscheinlich sterile Staubblätter (Staminodien) dar; bei den Cypripedioideae und der Gattung *Apostasia* besteht kein Zweifel daran, daß der mittlere Staubbeutel ein Staminodium ist.

Bei den meisten Orchideen sitzt der Staubbeutel in einer deutlich abgegrenzten Region an der Säulenspitze oder in deren unmittelbarer Nähe. Diese Fläche wird als Klinandrium bezeichnet. In einigen Fällen sind die Seiten des Klinandriums flügelähnlich ausgebildet und stehen deutlich hervor. Manchmal sind sie sogar länger als die Säule selbst, wie zum Beispiel bei einigen Arten der Gattungen *Epidendrum* und *Oerstedella*.

Säulenfuß

An der Basis der Säule befindet sich bei vielen Orchideen eine ventrale Verlängerung, an die sich die Lippe anschließt (Abb. 3.15 D). Manchmal ist dieser Säulenfuß sogar länger als die Säule selbst. Die Basis der seitlichen Kelchblätter ist meist mit dem Säulenfuß verbunden; in einigen Fällen trifft dies auch auf die Kronblätter zu. Blüten mit hervorstehendem Säulenfuß haben meist ein spornähnliches, von der Seite deutlich sichtbares »Kinn«, das man auch als Mentum bezeichnet (Abb. 3.15 E). Der Säulenfuß ist vor allem beim *Scaphyglottis*-Komplex und bei den Dendrobiinae sehr ausgeprägt; bei diesen ist er manchmal mit der Lippe zu einem komplexen Gebilde verwachsen.

Tabula infrastigmatica

Bei der Gattung *Oncidium* und ihren Verwandten findet man ein eigenartiges, als Tabula infrastigmatica bezeichnetes Gebilde, das aus einem Wulst oder einer Gewebeplatte besteht und ventral und basal auf der Säule liegt. Diese Tabula infrastigmatica unterscheidet sich in Farbe und Oberflächenstruktur häufig von den anderen Blütenteilen und spielt möglicherweise eine bestimmte Rolle bei der Bestäubung. Bei Blüten, die von anthophoriden Bienen (meistens der Gattung *Centris*) bestäubt werden, umklammert die Biene mit ihren Mandibeln womöglich die Basis der Säule und sammelt gleichzeitig mit den Beinen das Blütenöl. Williams und Dressler (in Vorbereitung) sind der Meinung, daß *Oncidium* aus *Trichocentrum*-ähnlichen Ahnen hervorgegangen ist, deren Lippe teilweise mit der Säule verwachsen war, und daß die Tabula infrastigmatica daher als Teil der Lippe zu betrachten ist.

Staubbeutel

Der Staubbeutel ist grundsätzlich ein längliches Gebilde mit vier geschlossenen sporogenen Kammern. Bei den primitiven Orchideen kann man dieses Gebilde ohne Schwierigkeiten als Staubbeutel erkennen. Anders ist es bei den höher entwickelten Gruppen, bei denen der Staubbeutel auf verschiedene Weise abgewandelt ist. Bei den Epidendroideae kann jede Staubbeutelkammer in zwei Hälften geteilt sein, so daß acht Pollenpakete gebildet werden. Die gleiche Umbildung kommt bei einigen Arten der Gattungen *Caladenia* und *Eriochilus* (Diurideae) vor. In dieser und in anderen Gruppen können ein paar Kammern miteinander verwachsen oder unterdrückt werden und somit weniger Pollenpakete produzieren. Bei den primitiven Orchideen sind die längsgerichteten Trennwände, die den Staubbeutel in 4 Zellen teilen, deutlich sichtbar. Bei *Coelogyne* und einigen vandoiden Trieben sind Anzahl und Größe dieser Trennwände reduziert, und auch ihre Position innerhalb des Staubbeutels ist anders (Abb. 3.17). Bei den Orchideae, Diseae und Neottieae findet man an jeder Seite des Staubbeutels kleinere basale Anhängsel, die Auriculae. Auch diese Gebilde sind als Staminodien gedeutet worden; doch Vermeulen (1966) hat beobachtet, daß bei Blüten mit zusätzlichen Staubbeuteln trotzdem alle Staubbeutel Auriculae aufweisen und daß ähnliche Gebilde auch an den Staubbeuteln einiger Liliaceae zu beobachten sind. Diese Auriculae weisen große, mit nadelförmigen Kristallen (Raphiden) gefüllte Zellen auf und könnten eine Schutzfunktion haben. Brieger (in Schlechter 1970) stellt fest, daß die Epidendroideae und Vandoideae seitlich über den Staubbeutelzellen oft eine dachähnliche Verlängerung des Konnektivs (?) aufweisen (Abb. 3.18). Bei den Epidendroideae ist in der Nähe der Spitze ein schnabelartiger »Konnektivflügel« zu erkennen (Hirmer 1920), und wir werden sehen, daß dieser bei der Bestäubung eine wichtige Rolle spielt.

Die Art der Befestigung des Staubbeutels ist von einiger taxonomischer Bedeutung. Bei den Spiranthoideae, Neottieae und Diurideae ist der Staubbeu-

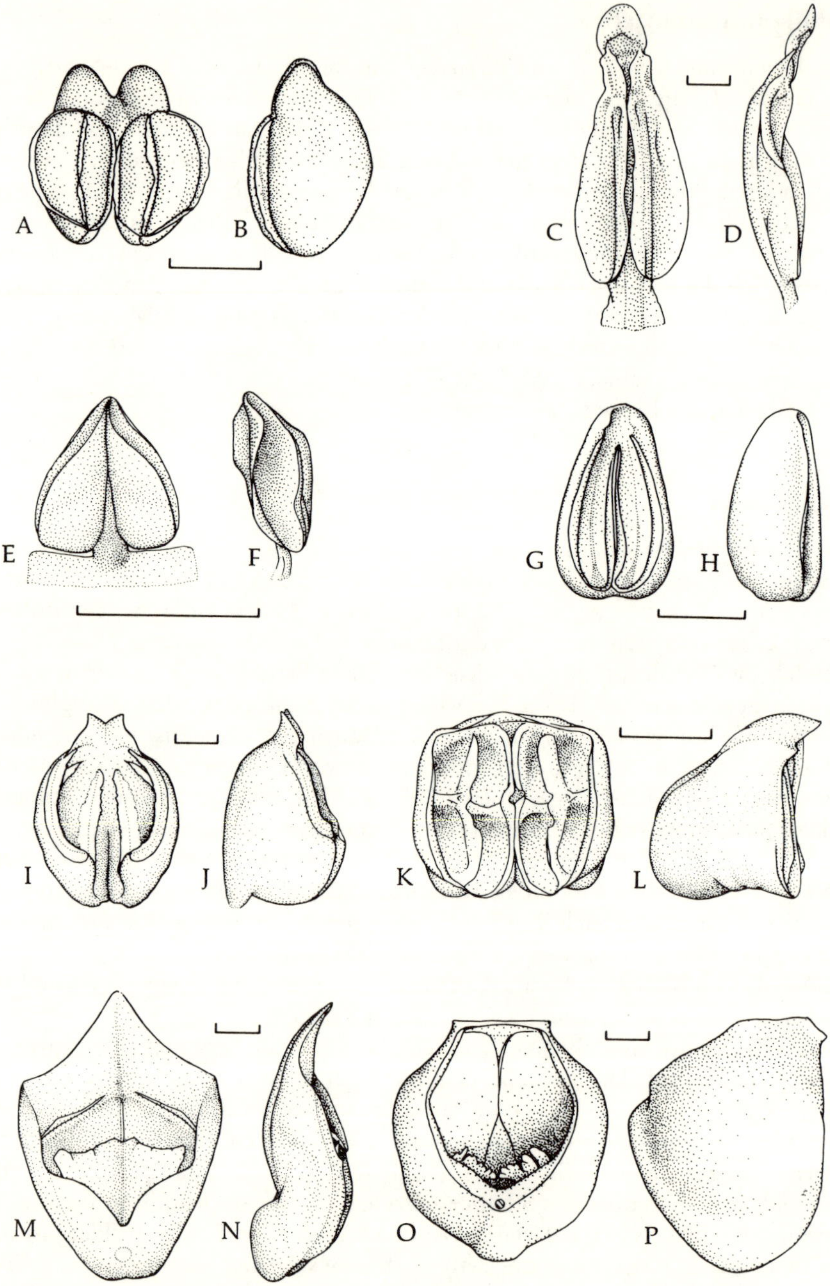

Abb. 3.17. Antheren verschiedener Orchideen. Jedesmal aus ventraler Sicht und Seitenansicht. (A, B) *Phragmipedium*. (C, D) *Sarcoglottis*. (E, F) *Prescottia*. (G, H) *Epipactis*. (I, J) *Sobralia*. (K, L) *Schomburgkia*. (M, N) *Cochleanthes*. (O, P) *Maxillaria*. Maßstab: 1 mm.

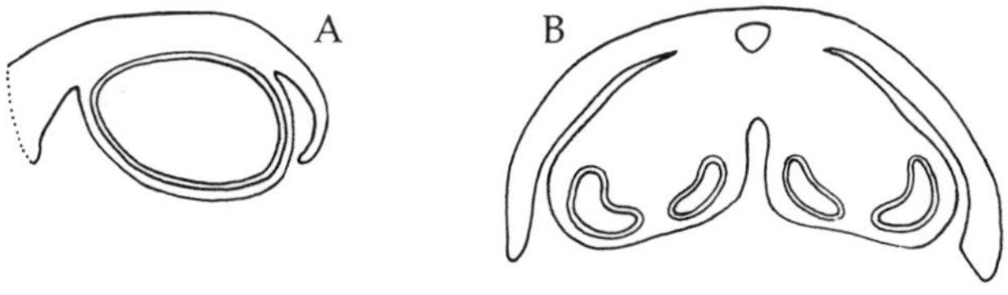

Abb. 3.18. Anthere von *Vanilla*. (A) Längsschnitt durch die juvenile Anthere. (B) Querschnitt durch die ausgewachsene Anthere (nach Hirmer 1920).

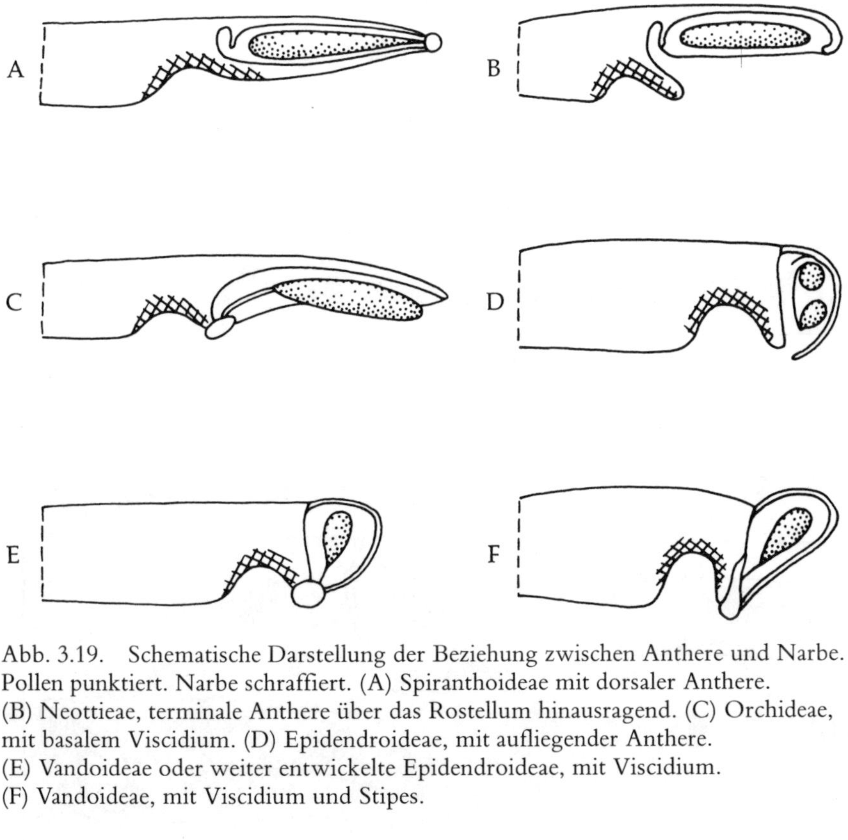

Abb. 3.19. Schematische Darstellung der Beziehung zwischen Anthere und Narbe. Pollen punktiert. Narbe schraffiert. (A) Spiranthoideae mit dorsaler Anthere. (B) Neottieae, terminale Anthere über das Rostellum hinausragend. (C) Orchideae, mit basalem Viscidium. (D) Epidendroideae, mit aufliegender Anthere. (E) Vandoideae oder weiter entwickelte Epidendroideae, mit Viscidium. (F) Vandoideae, mit Viscidium und Stipes.

tel meist fest mit einem dicken Staubfaden verbunden, so daß er auch nach der Entnahme der Pollinien an seinem Platz verbleibt (Abb. 3.19 A – B). Bei den Orchideae und Diseae ist die Basis des Staubbeutels so vollständig mit der Säule verwachsen, daß es unmöglich ist, genau zu entscheiden, wo die Säule aufhört und wo der Staubbeutel anfängt (Abb. 3.19 C). Bei *Acianthus* und *Sunipia* liegt der Fall ähnlich. Andererseits ist bei den meisten Epidendroideae und Vanoideae der Staubbeutel nicht sehr fest an einem sehr kurzen Staubfaden befestigt

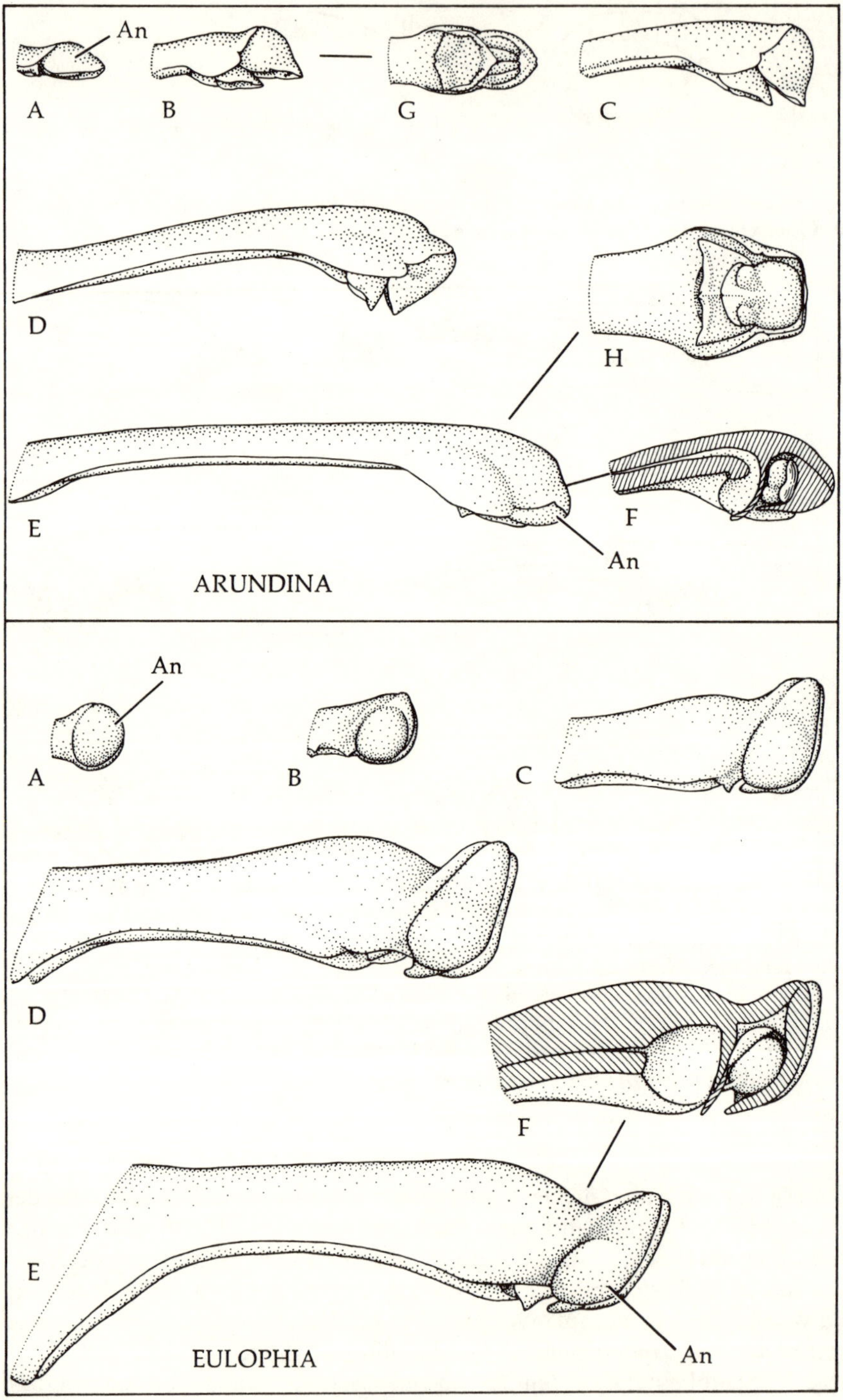
An
A
B
G
C
D
H
E
F
An
ARUNDINA
An
A
B
C
D
F
E
An
EULOPHIA

(der Rest des Staubfadens bildet hier einen Teil der Säule) und fällt ab, sobald die Pollinien entnommen werden (Abb. 3.19 D – F). Bei den Orchideae ist das Konnektiv häufig sehr breit, da die zwei Kammerpaare weit voneinander entfernt angeordnet sind.

Auch die Position des Staubbeutels ist schon seit langem als wichtiges Merkmal anerkannt, obwohl sie – insbesondere bei den höher entwickelten Gruppen – sehr variabel ist und Entwicklungsstudien gezeigt haben, daß diese Thematik recht komplex ist. Im primitiven Zustand steht der Staubbeutel aufrecht und parallel zur Säulenachse. Das ist bei den Spiranthoideae und den meisten Orchidoideae der Fall. Bei den Diseae kann der Staubbeutel zurückgebogen sein (zum Beispiel bei den Gattungen *Disa* und *Satyrium*). Bei den *Satyrium*-Arten liegt die Staubbeutelbasis oben, und die Spitze zeigt nach unten zur Blütenbasis hin. Bei den primitiveren Epidendroideae steht der Staubbeutel zu Beginn der Knospenbildung aufrecht, biegt sich aber dann um 90 bis 120 Grad nach unten, so daß er am Ende wie eine Kappe auf der Säulenspitze oder etwas ventral liegt (*Vanilla, Coelogyne*). Diese Form bezeichnet man als »aufliegenden« Staubbeutel (Abb. 3.20). Die weniger primitiven Epidendroideae weisen hinsichtlich der Lage des Staubbeutels größere Unterschiede auf. Bei einigen Gattungen (zum Beispiel *Stelis, Malaxis*) und den Podochilinae kann der Staubbeutel aufrecht stehen.

Den Begriff »beweglich« (versatil) verwendet man für Staubbeutel, die in ihrer Mitte an der Blüte befestigt sind und sich somit nach verschiedenen Seiten drehen können. Der Begriff ist aber auch des öfteren für den Staubbeutel der Epidendroideae benutzt worden. Bei diesen Orchideen kann der Staubfaden basal oder fast basal am Staubbeutel befestigt sein; dennoch kann der Staubbeutel sich frei um seinen Befestigungspunkt drehen, besonders wenn das Rostellum berührt und somit auch der schnabelähnliche Konnektivflügel gestreift wird. Durch diese Staubbeutelbewegung können die Pollinien oder ihre Caudiculae das Insekt, das das Rostellum gestreift hat, berühren (Abb. 3.21).

Bei den Vandoideae sitzt der Staubbeutel meist wie eine Kappe auf der Säulenspitze und hat große Ähnlichkeit mit dem aufliegenden der Epidendroideae; jedoch hat Hirmer (1920) nachgewiesen, daß die Entwicklung dieser beiden Staubbeutel sehr unterschiedlich ist. Bei den meisten Vandoideae ist keinerlei Anzeichen für die offensichtliche Krümmung zu finden, wie sie bei den Epidendroideae stattfindet (Abb. 3.20). Hirmer vertrat daher die Ansicht, daß der Vandoideae-Staubbeutel bereits in einem frühen Entwicklungsstadium gebogen sei. Garay (1972 a) betrachtet den Staubbeutel der Vandoideae als nach unten gebogen bzw. aufliegend, den der Epidendroideae jedoch nicht. Trotz der vielen Ähnlichkeiten scheinen die Staubbeutel der Vandoideae und Epiden-

Abb. 3.20. Entwicklung der Anthere (An) bei *Arundina graminifolia* (Epidendroideae) und *Eulophia petersii* (Vandoideae). Die Anthere von *Arundina* ist in den frühen Stadien aufrecht und biegt sich dann nach unten über die Säulenspitze, während bei *Eulophia* eine solche Biegung fehlt.

droideae doch grundlegend verschieden zu sein. Der Vandoideae-Staubbeutel krümmt sich nicht. Er bleibt aufrecht, platzt aber nicht ventral, sondern basal auf. Dies kann man am besten bei *Neobenthamia* beobachten, wo der Staubbeutel ausgesprochen länglich ist. Bei vielen anderen Vandoideae ist der Staubbeutel so verkürzt, daß er dem aufliegenden der Epidendroideae sehr ähnlich sieht. Über die Deutung der aufrechten und dorsalen Staubbeutel einiger höherentwickelter Vandoideae (zum Beispiel *Notylia* und *Rodriguezia*) bin ich mir nicht im klaren.

Akrotonie und Basitonie

Während bei den Orchideae die Staubbeutelbasis direkt neben der Narbe liegt, ist bei den Spiranthoideae und Epidendroideae die apikale Staubbeutelseite der Narbe (Rostellum) am nächsten. Einige Autoren trennen daher die Orchideae und Diseae als Basitonae von allen anderen Orchideen (Acrotonae) ab. Bei den australischen Diurideae findet man jedoch sämtliche zwischen Akrotonie und Basitonie liegende Stadien (Mansfeld 1954); für diese Zwischenformen wurde der Begriff »Mesotonie« geprägt.

Außerdem deutet das Entwicklungsschema, das wir vorhin besprochen haben, darauf hin, daß die Vandoideae ebenso basitonisch sind wie die Orchideae. Die Lage des Staubbeutels in bezug auf das Rostellum ist zweifellos wichtig, aber man kann die Familie aufgrund dieses Merkmals kaum in zwei deutlich getrennte Kategorien aufteilen.

Pollinien

Obwohl bei fast allen Orchideengruppen die Pollenkörner ziemlich klebrig oder zusammengeballt sind, scheint der Begriff »Pollinium« bei *Cypripedium* und den Apostasioideae kaum anwendbar zu sein. Die Zusammenballung der Pollenkörner hängt in adaptiver Weise mit den sehr zahlreichen zu befruchtenden Samenanlagen zusammen, die der Orchideenfruchtknoten enthält. Bei den Apostasioideae, Cypripedioideae, Vanillinae, einigen Diurideae und wenigen Neottieae und Pogoniinae treten die Pollenkörner einzeln auf (man bezeichnet sie dann als »Monaden«). Bei allen anderen Orchideen bilden sie Tetraden oder ballen sich zu noch größeren Massen zusammen. Die Struktur des Pollenkorns ist von der Wissenschaft lange Zeit vernachlässigt worden; doch neuerdings wird das Rasterelektronenmikroskop (REM) mit großem Erfolg für Pollenuntersuchungen eingesetzt (Williams und Broome 1976; Schill und Pfeiffer 1977; Schill 1978; Newton und Williams 1978). Bei Apostasioideae, Orchidoideae und Spiranthoideae haben die Pollenkörner eine zum Teil sehr deutliche Oberflächenstrukturierung. Auch die Arethuseae können eine mehr oder weniger prägnante Oberflächenstruktur aufweisen; bei den Vandoideae und den höherentwickelten Epidendroideae hingegen ist die zwar kräftige Exine der äußeren Pollinienwände verhältnismäßig glatt. Die Pollenkörner der Vanillinae und Cypripedioideae sind sehr dünnwandig und weisen eine relativ geringe Struk-

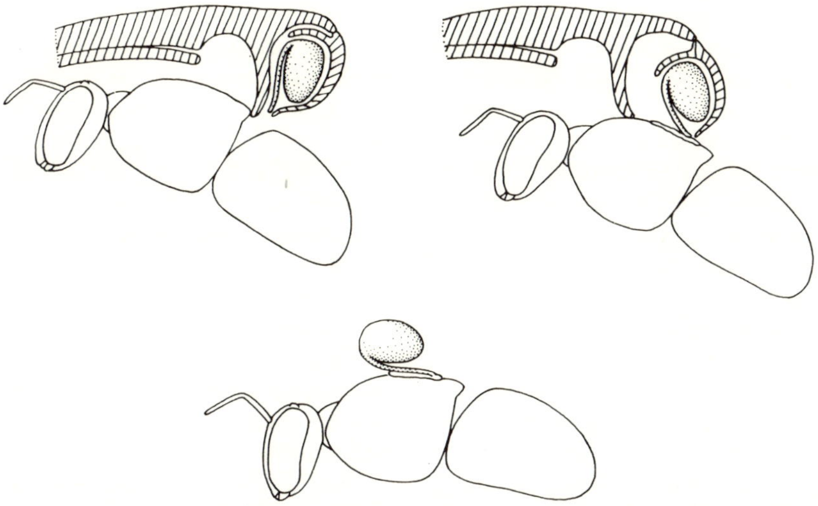

Abb. 3.21. Die »bewegliche« Anthere der Epidendroideae, welche sich in ihrem Aufhängepunkt dreht, wenn ein Insekt den schnabelartigen Verbindungsflügel streift, um dann die Pollinien in den frischen, vom Rostellum abgenommenen Klebstoff zu setzen.

turierung auf. Untersuchungen des Exinemusters bei den primitiven Orchideen werden uns ohne Zweifel zahlreiche für die Klassifikation verwendbare Daten liefern, wenn sie auch sicherlich nicht alle unsere Probleme lösen können. Schill und Pfeiffer (1977) zum Beispiel sind der Meinung, daß die Neottioideae sensu Brieger (in Schlechter 1970) eine ziemlich einheitliche Pollenstruktur aufweisen, obwohl ich glaube, daß hier drei verschiedene phyletische Gruppen beteiligt sind. Gleichzeitig halten sie die Oberflächenstruktur der Pollenkörner bei den Orchideae und Diseae für äußerst vielfältig, während es sich hier um eine einzige von allen Autoren anerkannte natürliche Gruppe handelt.

In Werken über Orchideen liest man häufig, daß die weicheren Orchideenpollinien durch »Viscin« zusammengehalten werden und daß dieses Viscin vom »Tapetum« gebildet wird. Der Begriff »Viscin« wird in der Literatur jedoch in unterschiedlichen Bedeutungen verwendet. In den meisten Orchideenpollinien, insbesondere in den Caudiculae, findet man eine klare, sehr biegsame Substanz, die fast so elastisch scheint wie Gummi und die man als »Viscin« bezeichnet. Bei den Ericaceae und Onagraceae verwendet man den Begriff »Viscinfäden« für die Sporopolleninstränge, die ja Verlängerungen der Außenwand (Exine) der Pollenkörener sind. Balogh (pers. Mitteilung) hat solche Sporopolleninstränge auch in den Pollinien der Spiranthinae gefunden, doch hier sind sie offensichtlich nicht als Verlängerung der Tetradenexine anzusehen. Solche Stränge, die man häufig erst dann erkennt, wenn man die Pollinien auseinanderbricht, unterscheiden sich sehr von dem elastischen »Viscin« der Caudiculae. Ackerman und Williams (im Druck, b) haben in den Tetraden einiger *Chloraea-* und *Caledenia*-Arten riemenartige Sporopolleninbänder entdeckt, die die Pollenkörner miteinander verbinden. Da der Begriff »Viscin« in der Literatur für unterschiedliche (sogar für einige nicht sehr klebrige) Substanzen verwendet wurde, ist es vielleicht besser, ihn ganz zu verwerfen. Balogh und Nowicke (in Vorbereitung) schlagen für die Sporopolleninstränge der Spiranthinae den Begriff »Kohäsionsstränge« vor. Ich werde für die oben beschriebene klare, elastische Substanz – zumindest so lange, bis sie genau identifiziert ist – den Begriff »Elastoviscin« verwenden.

Wenn die Pollenkörner zu deutlich sichtbaren Pollinien zusammengeballt sind, können sie unterschiedliche Muster aufweisen. Die relativ weichen Pollinien können eine undifferenzierte Masse bilden, wie es bei den Cranichideae, den Vanilleae und den meisten Diurideae der Fall ist, oder sie können unterteilt (sektil) und zu »Massulae« (Päckchen) zusammengefaßt sein wie bei den Orchideae, Diseae, Erythrodeae, Gastrodieae und einigen Diurideae (*Prasophyllum*, vgl. Abb. 3.26). Die Massulae und die härteren Pollinien der Epidendroideae und Vandoideae, die nicht immer eine deutliche Oberflächenstrukturierung aufweisen, sind außen von einer schweren Exineschicht überzogen. Gleichzeitig kann die Exine zwischen den Pollenkörnern innerhalb einer Massula oder eines Polliniums sehr dünn sein oder völlig fehlen (Abb. 3.22). Die sektilen Pollinien stellen keine Zwischenform zwischen weichen und harten Pollinien dar; es handelt sich bei ihnen vielmehr um ein gesondertes, sehr nützliches Anpassungsmuster. Bei den sektilen Pollinien kann ein einziges Pollinium mehrere verschiedene Blüten bestäuben, indem es auf jeder Narbe nur eine bis ein paar Massulae zurückläßt. Die Zahl der befruchteten Samenanlagen mag bei dieser Methode zwar geringer sein als bei den höherentwickelten Epidendroideae und Vandoideae, ist aber immer noch recht beachtlich. Die sektilen Pollinien können in der Mitte einen Elastoviscinkern aufweisen, an dem keilförmige Massulae angeheftet sind, und zwar so, daß die schmaleren Enden der Massulae zum Kern hin zeigen. Das ist zum Beispiel bei den Orchideae, Diseae oder *Ludisia* der Fall. Bei einigen Goodyerinae befindet sich an einer Seite des Polliniums eine schaufelförmige »Haut«, und die Massulae sind mit einer Elastoviscinschicht an dieser Haut befestigt. Auch einige Spiranthinae weisen ein ähnliches Gebilde auf, obwohl die Pollinien hier nicht sektil sind. Diese vielleicht aus dem Endothecium entstandene schaufelförmige »Haut« (Balogh, pers. Mitteilung) ist analog, aber keineswegs homolog zu dem »Überträger« der periplocoiden Asclepiadaceae.

Die Pollinien sind hauptsächlich von der Staubbeutelform geprägt; Anzahl und Form der Pollinien spiegeln die Form und die Unterteilungen des Staubbeutels wieder. Viele Orchideen besitzen vier Pollinien, die den vier Staubbeutelkammern entsprechen. In vielen anderen Fällen sind diese vier Pollinien mehr oder weniger deutlich zu Paaren verschmolzen. Die primitiven Epidendreae und Arethuseae weisen acht entweder lateral abgeflachte oder keulenförmige Pollinien auf. Innerhalb der Epidendreae kommen unabhängig voneinander bei den Laeliinae und den Pleurothallidinae Reduktionen auf sechs, vier und

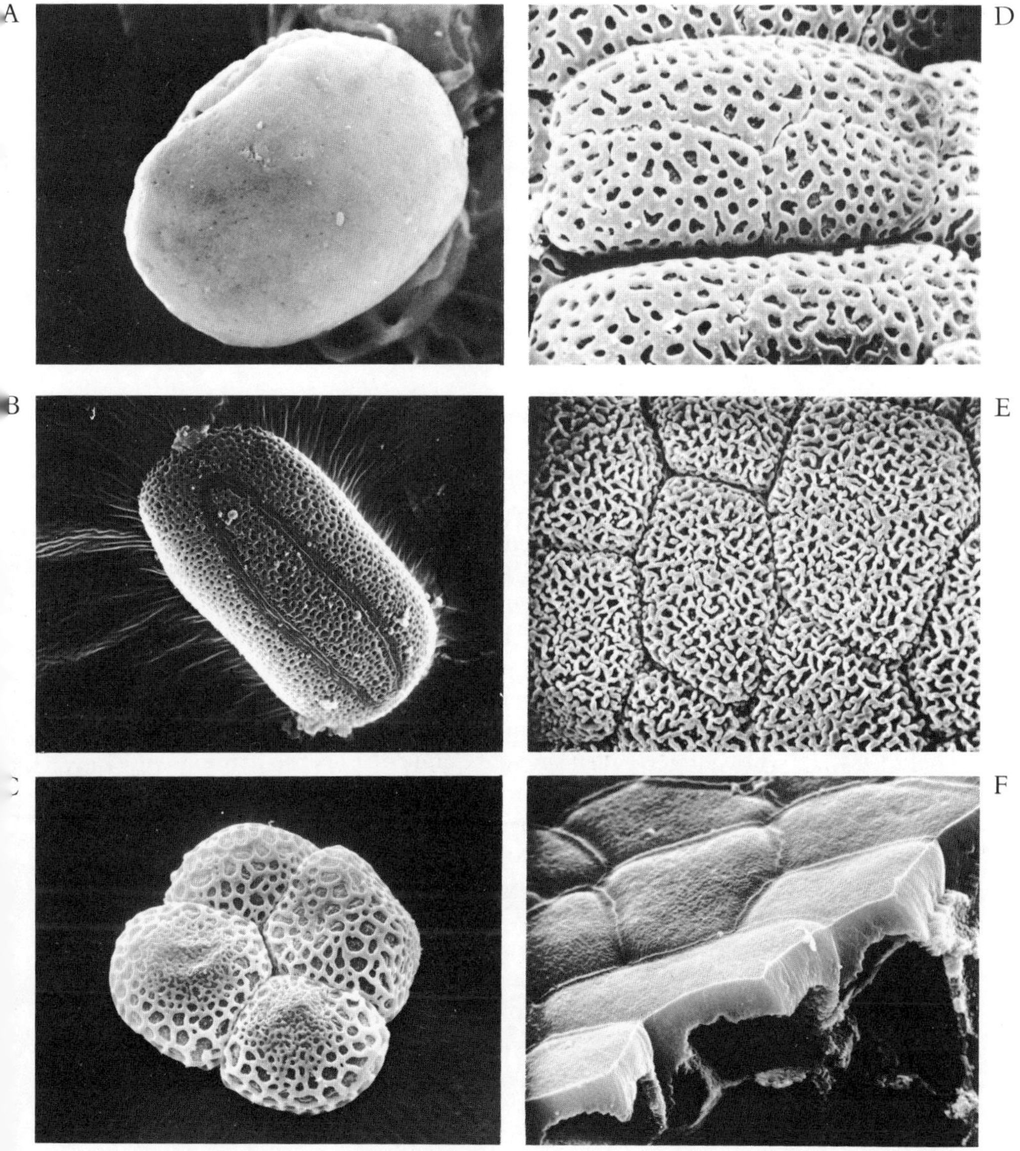

Abb. 3.22. Struktur der Orchideenpollen, rasterelektronenmikroskopische Aufnahmen. (A) *Selenipedium chica* (Cypripedioideae). (B) *Neuwiedia veratrifolia* (Apostasioideae). (C) *Epipactis microphylla* (Neottieae). (D) *Ponthieva racemosa* (Cranichideae). (E) *Habenaria repens* (Orchideae). (F) *Cochleanthes picta* (Maxillarieae) mit der dicken Exinschicht auf der äußeren Oberfläche des Polliniums (mit freundlicher Genehmigung von N. H. Williams).

zwei Pollinien vor. Häufig findet man zwei oder vier rudimentäre Pollinien, die sehr klein und daher kaum noch funktionsfähig sind. Bei den Epidendroideae sind die Pollinien meistens entweder keulenförmig oder lateral abgeflacht, bei den Vandoideae, wenn zu Vieren, dagegen meist »aufgeschichtet« (übereinanderliegend), also parallel zur Außenfläche des Klinandriums abgeflacht. Dieselbe Lage ist bei *Coelogyne* und einigen *Sobralia*-Arten festzustellen; wie diese Anordnung entstanden ist, darüber ist man sich nicht im klaren. Bei den vandoiden Orchideen hat eine Verschmelzung von vier zu zwei Pollinien stattgefunden, und es ist durchaus möglich, daß es bei den Vandeae auch durch den Verlust eines Pollinienpaares zu einer Reduktion gekommen ist, wie Holttum (1959) vermutet.

Caudiculae

Die relativ harten oder kompakten Pollinien haben meist eine weichere Verlängerung oder ein Anhängsel, mit dessen Hilfe sie sich an das Viscidium (die Klebscheibe) oder ein Insekt anheften. Diese Caudiculae haben sowohl die Funktion eines Stiels als auch die einer »schwachen Stelle«, die es den Pollinien erlaubt, sich vom Bestäuber abzulösen und auf der Narbe zu verbleiben. Die Caudiculae werden im Staubbeutel gebildet; in dieser Hinsicht unterscheiden sie sich eindeutig vom Stipes, auf den wir später noch eingehen werden. Auch die Caudiculae sind in der Struktur recht variabel, und die diesbezügliche Terminologie ist ein wenig ungenau und verwirrend (vgl. insbesondere Mansfeld 1934). In sehr wenigen Fällen sind die Caudiculae ebenso hart und knochig wie die Pollinien. Sie können auch körnig sein oder vorwiegend aus (möglicherweise verkümmerten) Pollenkörnern bestehen. Bei manchen Arten sind sie hauptsächlich aus Elastoviscin und infolgedessen klar und durchscheinend, fast durchsichtig. Solche Caudiculae sind sehr elastisch und weisen keine zelluläre Feinstruktur auf. Zumindest bei den Orchideae sind die Caudiculae zum Teil aus den Wänden zwischen benachbarten Staubbeutelkammern entstanden. Verlängerte Caudiculae können an jedem Ende der Staubbeutelkammern gebildet werden. Einige Arethuseae und Epidendreae bilden ihre Caudiculae an der ventralen Seite der Staubbeutelkammer und tragen an beiden Enden Pollinien. Bei anderen entwickelt sich nur das basale Pollinium (vgl. Abb. 9.9), so daß man die Caudiculae als terminal bezeichnen könnte. Verlängerte Caudiculae können ebenso zahlreich sein wie die Staubbeutelkammern (intralokular) oder zwischen zwei benachbarten Kammern (interlokular) gebildet werden. In einigen Fällen (zum Beispiel bei *Coelogyne*) sind die Caudiculae groß und ungleichmäßig in der Form. Häufig sind sie klein und werden nur bei Arten entwickelt, bei denen die Pollinien mit dem Viscidium oder dem Stipes verbunden sind, wie bei den meisten Vandoideae, wo die Caudiculae fast völlig in einem Schlitz im Pollinium verborgen liegen. Die meist nackten Pollinien der Malaxideae, Dendrobiinae und Bulbophyllinae weisen keine Caudiculae auf. Tab. 3.1 gibt einen Überblick über die verschiedenen Caudiculaformen und -strukturen.

Tab. 3.1 Die verschiedenen Caudicula-Typen und einige Gattungen und Gruppen, welche die unterschiedlichen Merkmalskombinationen aufweisen

Form	knochenartig	körnig	durchscheinend
massiv »Verbindungs-punkt«-Typ		*Coelogyne* *Calanthe* *Pleurothallis*	Vandoideae
riemenartig	*Neowilliamsia*	*Epidendrum* *Cattleya*	
zylindrisch, intralokular		Goodyerinae	*Fernandezia* (?)
zylindrisch, interlokulär		Goodyerinae Orchideae	*Corymborkis* *Cryptarrhena* Orchideae

Narbe und Rostellum

Die Orchideennarbe ist erwartungsgemäß dreilappig, obwohl in vielen Fällen der mittlere (dorsale) Narbenlappen viel größer ist als die seitlichen (lateralen). Eines der charakteristischen Merkmale der Orchideen besteht in der Art und Weise, wie ein Teil des mittleren Narbenlappens, das Rostellum, an der Pollenübertragung beteiligt ist. Die Apostasioideae und die Cypripedioideae besitzen kein Rostellum.

Auch Gattungen wie *Cephalanthera* und *Vanilla* weisen kein differenzierts Rostellum auf; doch bei ihnen sind die ersten Stadien der Entwicklung eines solchen Gebildes bereits deutlich erkennbar. In beiden Fällen berührt ein rückwärts aus der Blüte kriechendes Insekt den mittleren Narbenlappen mit dem Rücken. Dabei überzieht sich der Insektenrücken mit Narbenflüssigkeit, so daß die Pollinien oder Pollenpakete daran kleben bleiben, sobald das Insekt mit ihnen in Berührung kommt. Die nächste Entwicklungsstufe finden wir bei Gattungen wie *Sobralia, Cattleya* und *Epipactis,* wo das Ende der Narbe nach unten zeigt und sich in Form und Beschaffenheit vom Rest der Narbe unterscheidet. Hier kann man bereits von einem Rostellum sprechen; doch man muß sich darüber im klaren sein, daß es nur einen Teil des mittleren Narbenlappens darstellt. In ihrer Funktion sind solche Blüten mit denen von *Vanilla* und *Cephalanthera* durchaus vergleichbar. Das Insekt berührt zunächst das Rostellum und wird mit »Klebstoff« (Narbenflüssigkeit) überzogen; dann streift es die Pollinien oder ihre Caudiculae. Die nächste Entwicklungsstufe ist in jeder Evolutionslinie der monandrischen Orchideen mindestens einmal vorgekommen. Hier hat sich aus einem bestimmten Teil des Rostellums ein Körperchen gebildet, das wir als Viscidium (Klebscheibe oder Klebkörper) bezeichnen. An der einen Seite dieses Viscidiums ist das Pollinium angeheftet; die andere klebrige Seite wird dem Bestäuber dargeboten. Somit bilden Viscidium und

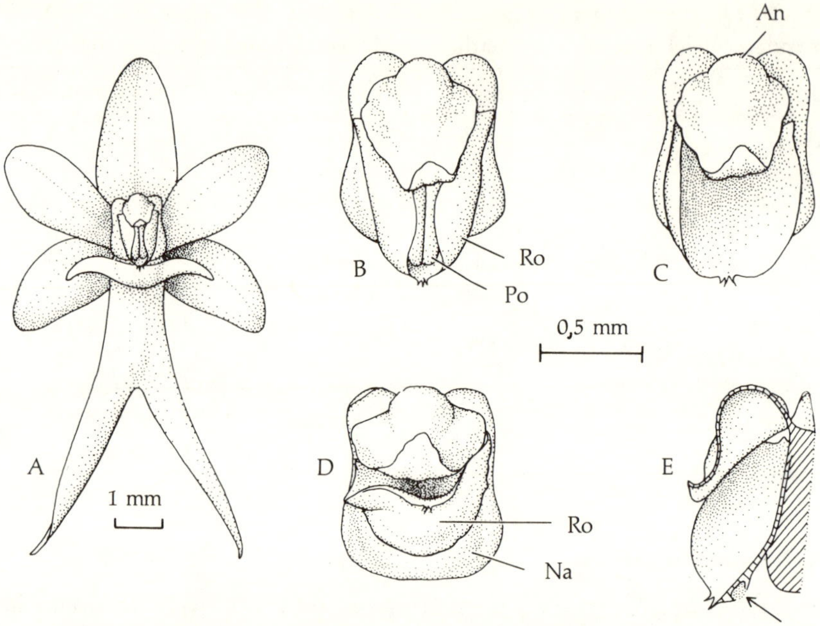

Abb. 3.23. *Listera cordata*. (A) Blüte. (B) »Jungfräuliche« Säule. (C) Säule sofort nach Entnahme der Pollinien. (D) Säule, nachdem sich das Rostellum nach oben bewegt hat und die Narbe freilegte. (E) Längsschnitt durch die Säule mit der Drüse, die aufgerissen wird, wenn die Spitze des Rostellums berührt wird. An = Anthere, Po = Pollinien, Ro = Rostellum, Na = Narbe (nach Ackerman und Mesler 1979).

Pollinien eine Einheit und werden gemeinsam vom Bestäuber davongetragen. Das Viscidium ist – ebenso wie der Rest der Narbe – zellulären Ursprungs. Teile des Viscidiums lösen sich auf und werden zu Klebstoff; bei *Epidendrum* und vielen sehr kleinblütigen Orchideen kann sogar das ganze Viscidium halbflüssig und somit (vor allem bei Herbarexemplaren) schwer erkennbar sein.

Die Listerinae besitzen ein ungewöhnliches Rostellum, bei dem der »Klebstoff« unter Druck steht und jedesmal, wenn irgendein Tier oder Gegenstand das empfindliche Rostellum berührt, herausgespritzt wird. Gleichzeitig biegen sich die Ränder des Rostellums zurück; dadurch lösen sich die Pollinien ab und fallen auf die frischen Klebstofftröpfchen (Abb. 3.23; Ramsay 1950; Ackerman und Mesler 1979). Bei *Orchis* und *Dactylorhiza* findet man eine andere sonderbare Vorrichtung: Hier ist das Viscidium von einer Hülle (Bursicula) verdeckt, die bei Berührung durch ein Insekt abbricht und das frische, klebrige Viscidium freilegt.

Bei den Triben Orchideae und Diseae (in seltenen Fällen auch bei anderen Gruppen) ist das Viscidium an der Basis zweiteilig. Dies hat Vermeulen (1959) zu der Ansicht gebracht, daß das Rostellum der Orchideae nicht aus dem

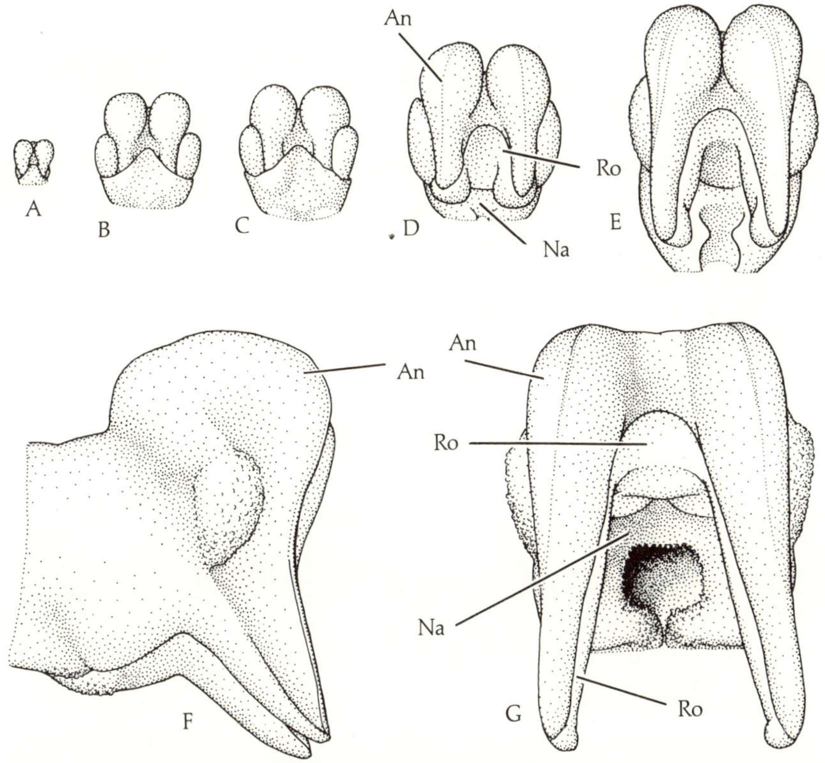

Abb. 3.24. Entwicklung der Säule bei *Platanthera ciliaris* (Orchideae). Das Rostellum entwickelt sich zu einem einzigen Lappen (dem mittleren Narbenlappen) und verlängert sich, um zwei Viscidien auszubilden. An = Anthere, Ro = Rostellum, Na = Narbe.

mittleren, sondern aus den zwei seitlichen (lateralen) Narbenlappen entstanden ist – Entwicklungsstudien zeigen jedoch, daß die Viscidien derselben vom medianen Lappen abgeleitet sind (Abb. 3.24; Abb. 2 in Vogel 1959). Aus den Zeichnungen, die Vermeulen von *Coeloglossum* und *Platanthera* angefertigt hat, geht folgendes hervor: Wenn die Viscidien weit auseinander stehen, ist der mittlere Narbenlappen so vergrößert, daß er sie berührt; stehen die Viscidien dagegen (wie bei *Dactylorhiza*) eng beisammen, so ist keine entsprechende Vergrößerung der seitlichen Narbenlappen zu beobachten. Es wäre auch sehr schwer, eine Erklärung für das »Band« zu finden, das die Viscidien der Orchideae miteinander verbindet, wenn die Viscidien als zwei gesonderte Gebilde aus den lateralen Narbenlappen hervorgegangen wären.

Garay (1960) behauptet einfach, daß die Orchideae kein Rostellum haben und daß die Viscidien aus dem Bindegewebe entstanden sind. Er liefert aber keinerlei Anhaltspunkte, die diese merkwürdige These unterstützen könnten.

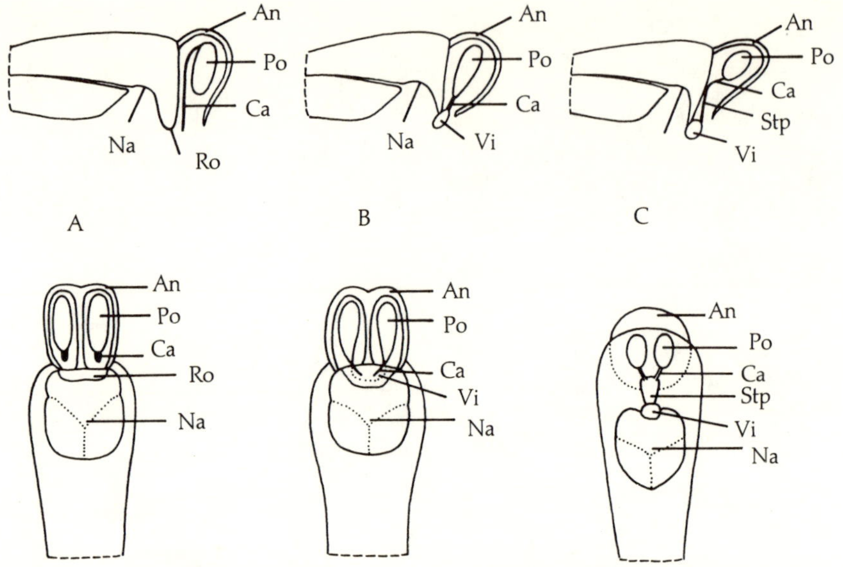

Abb. 3.25. Schematische Darstellung der hypothetischen Evolutionsfolge bei Viscidium und Stipes; oben Längsschnitte, unten ventrale Ansichten. (A) Säule mit Rostellum, aber ohne Viscidium. (B) Säule mit Viscidium. (C) Säule mit Viscidium und Stipes. An = Anthere, Ca = Caudiculae, Po = Pollinien, Na = Narbe, Stp = Stipes, Vi = Viscidium.

Robert Brown war der erste, der die Homologie des Rostellums erkannte. Darwin ging noch einen Schritt weiter und stellte die These auf, daß der gesamte dritte Narbenlappen zum Rostellum umgebildet wurde. Obwohl viele moderne Botaniker gezeigt haben, daß die meisten Orchideen drei fruchtbare Narbenlappen besitzen und daß das Rostellum nur ein Teil des mittleren Narbenlappens ist (Dressler 1961; Vermeulen 1966), taucht Darwins Hypothese in der Literatur immer wieder auf. Bei *Habenaria* und *Bonatea,* bei denen zwei fruchtbare Narbenoberflächen an langen Stielen sitzen, ist es durchaus möglich, daß diese Gebilde aus den lateralen Narbenlappen hervorgegangen sind; bei den meisten Orchideen dagegen ist der mittlere Narbenlappen fruchtbar und weitaus größer als die seitlichen.

Der fruchtbare Teil der Narbe bildet meist eine Vertiefung, bei einigen Orchideen auch eine ebene oder leicht konvexe Fläche. Bei vielen Vanilleae, Arethuseae und Coelogyneae findet man ein hautähnliches Gebilde, das ziemlich weit vom Säulenkörper absteht und als »hervorstehende Narbe« bezeichnet wird. Während dieses Gebilde bei *Vanilla* deutlich dreilappig ist, bildet es bei anderen Orchideen eine ziemlich asymmetrische Schüssel mit einer deutlich vorstehenden Vorderkante. Eine solche hervorstehende Narbe stellt bei den Epidendroideae wahrscheinlich ein primitives Entwicklungsstadium dar.

Stipes

So zweckmäßig des Viscidium auch sein mag – es ist nicht die einzige originelle »Erfindung« der Orchideen. Bei den meisten Vandoideae und auch bei einigen anderen Orchideen sind die Pollinien durch ein klebriges Gewebeband mit dem Viscidium verbunden (Abb. 3.25). Dieses Band bezeichnet man als Stipes (Mehrzahl: Stipites). Er besteht aus einem Zellgewebe, das aus der Säule entsteht, und ist nicht mit den Caudiculae zu verwechseln. Fast alle vandoiden Orchideen haben einen gut entwickelten Stipes, und diesem Merkmal wird häufig taxonomische Bedeutung beigemessen. Auch bei *Prasophyllum* (Diurideae) ist ein Stipes vorhanden, und bei den Bulbophyllinae und *Sunipia* ist ein hochinteressanter Parallelismus zu beobachten: Hier weisen Pflanzen, die ansonsten den *Bulbophyllum*-Arten sehr ähnlich sind, einen oder zwei Stipites auf. Man könnte daher annehmen, daß bei diesen Gruppen eine unabhängige Stipesevolution stattgefunden hat.

Pollinarien

Das gesamte Paket, das vom Bestäuber aus der Blüte entfernt und davongetragen wird, besteht aus den Pollinien, dem aus dem Rostellum entstandenen Viscidium und oft auch noch aus einem Stipes. Für diese gesamte Einheit hat man den Begriff »Pollinarium« geprägt. Das Pollinarium besteht also aus den Pollinien eines einzigen Staubbeutels und den damit zusammenhängenden Gebilden, die gleichzeitig aus der Blüte entfernt werden. Bei vielen Orchideae und einigen Vandeae sind zwei getrennte Viscidien vorhanden, die jeweils mit einem gesonderten Stipes oder Caudicula und einem Pollinium verbunden sind. Hierfür bietet sich der Begriff »Hemipollinarium« an, da in diesem Falle aus einem Staubbeutel zwei Einheiten hervorgehen, die entweder getrennt oder zusammen entnommen werden können. Man mißt den Merkmalen der Pollinarien schon seit langem taxonomische Bedeutung bei, und das zu Recht: Man sieht einem Pollinarium tatsächlich häufig an, zu welcher Orchideengattung oder gar zu welcher Art es gehört (Abb. 3.26–3.28). Aufgrund der Anzahl und Art der Pollinien und der Form und Oberflächenstruktur von Viscidium und Stipes ist das Pollinarium ein ziemlich komplexes Gebilde, das viele verschiedene Merkmale aufweist. Einige Wissenschaftler sind dazu übergegangen, frische Pollinarien wie kleine Insekten auf Papierdreiecken zu fixieren, so daß sie ohne die bei Herbarmaterialien übliche Verformung für Vergleiche zur Verfügung stehen. Flüssigpräparate wären hier keine Alternative, da wir oft feststellen mußten, daß Viscidium und Caudiculae sich darin auflösen.

Nach dem Entfernen der Pollinarien aus der Blüte sind die Pollinien zunächst häufig so ausgerichtet, daß sie nicht die Narbe, sondern den Staubbeutel einer anderen Blüte berühren würden. Doch die Pollinarien vieler Orchideen zeigen, nachdem sie aus der Blüte entnommen wurden, charakteristische Bewegungen (Darwin 1888; Northen 1970). Diese Bewegungen entstehen durch unterschiedliche Austrocknung und Krümmungen oder Drehungen entweder des

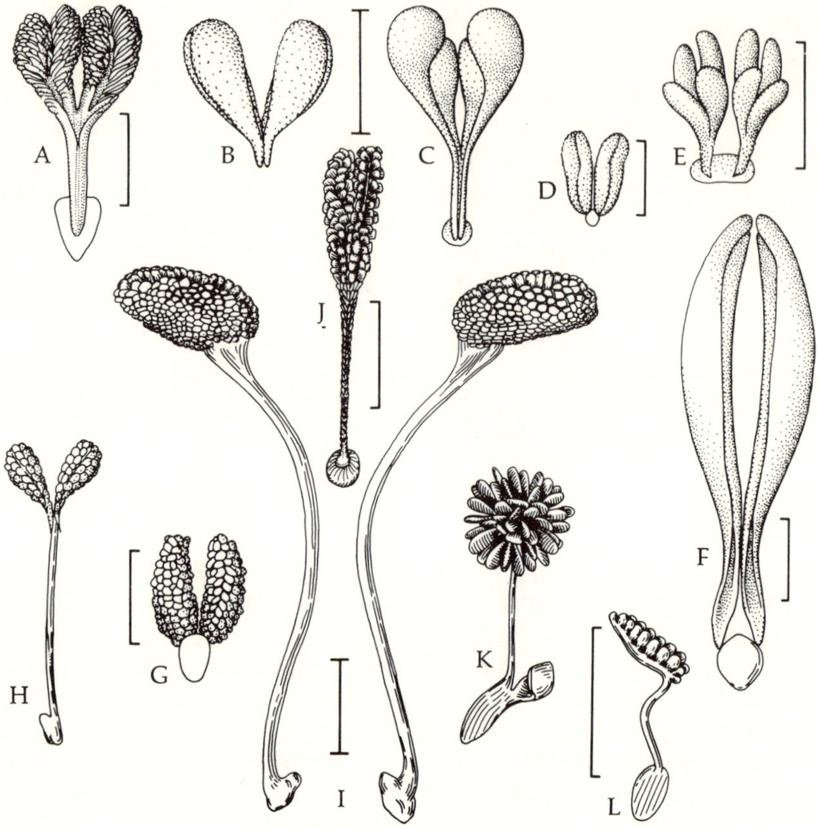

Abb. 3.26. Pollinarien der Spiranthoideae und der Orchidoideae. (A) *Macodes sanderiana*. (B) *Prascottia stachyodes*. (C) *Ponthieva brenesii*. (D) *Townsonia viridis*. (E) *Eriochilus cucullatus*. (F) *Sarcoglottis acaulis*. (G) *Piperia elongata*. (H) *Prasophyllum striatum*. (I) *Habenaria avicula*. (J) *Disa venosa*. (K) *Disperis fanniniae*. (L) *Disperis pusilla*. Maßstab: 1 mm (D, E, H nach Nicholls 1969, G nach Ackerman 1977, J, K nach Vogel 1959, L nach Verdcourt 1968).

Stipes oder der Caudiculae. Dadurch ändert sich die Position der Pollenmasse so, daß sie nunmehr auf die Narbe trifft, wenn der Bestäuber die nächste Blüte besucht (Abb. 3.29). Diese Bewegungen dauern mindestens ein paar Minuten; auf diese Weise scheint sichergestellt zu sein, daß die Insekten keine Blüte derselben Pflanze bestäuben. Daß der Staubbeutel häufig zusammen mit den Pollinien entfernt wird und erst abfällt, wenn er mehrere Minuten lang getrocknet ist, hat vielleicht denselben Zweck. Bei einigen Gattungen, zum Beispiel *Mormodes,* wird das Problem dadurch gelöst, daß sich bei Entnahme der Pollinarien der Stipes einrollt und anschließend nur langsam wieder aufrichtet.

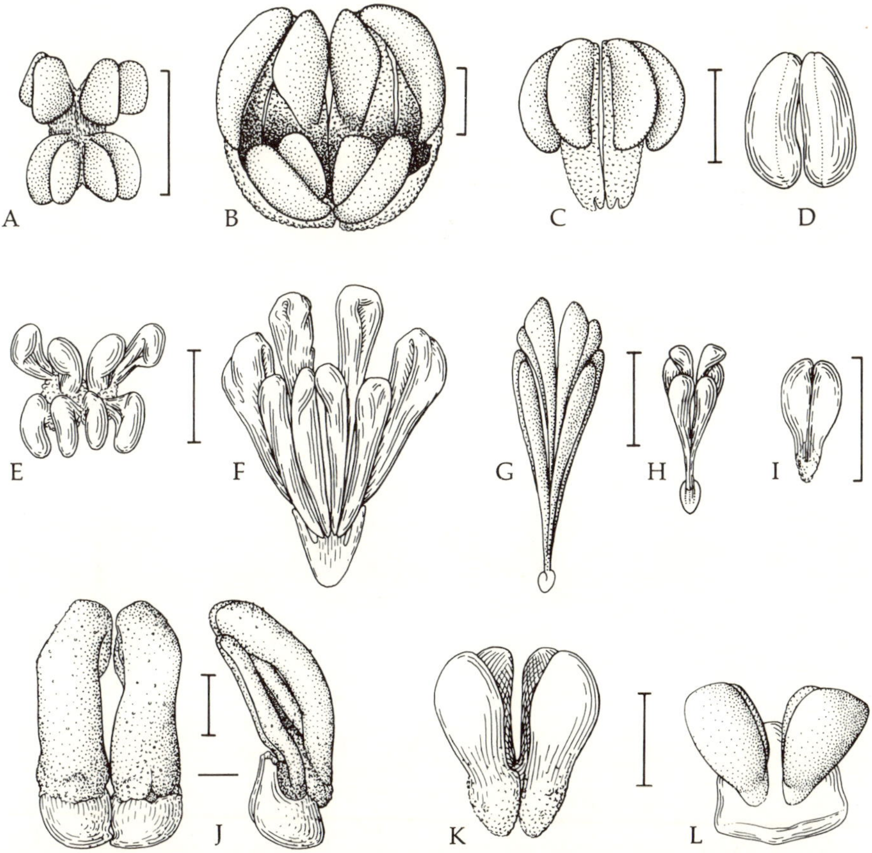

Abb. 3.27. Pollinarien der Epidendroideae. (A) *Eria andersonii*. (B) *Chysis maculata*. (C) *Epidendrum ciliare*. (D) *Dendrobium fimbriatum*. (E) *Elleanthus capitatus* (im weitesten Sinne). (F) *Calanthe brevicornu*. (G) *Meiracyllium wendlandii*. (H) *Appendicula cornuta*. (I) *Masdevallia zahlbruckneri*. (J) *Sobralia powellii*. (K) *Coelogyne ochracea*. (L) *Calypso bulbosa*. Maßstab: 1 mm.

Nicht nur die Orchideen bilden Pollinien. Bei einer anderen Pflanzenfamilie – den Asclepiadaceae (Schwalbenwurzgewächsen) – hat sich ein analoges Gebilde entwickelt. Hier werden die Pollenkörner von einer harten, knochenartigen Gewebeschicht zusammengehalten, und das Retinaculum (der Überträger) sowie das Corpusculum dieser Pflanzen werden zwischen Narbenkopf und Staubbeuteln aus einer Narbenflüssigkeit gebildet.

Außerdem ist erwähnenswert, daß die beiden miteinander verbundenen Pollinien der Asclepiadaceae aus den benachbarten Hälften zweier verschiedener Staubbeutel hervorgehen.

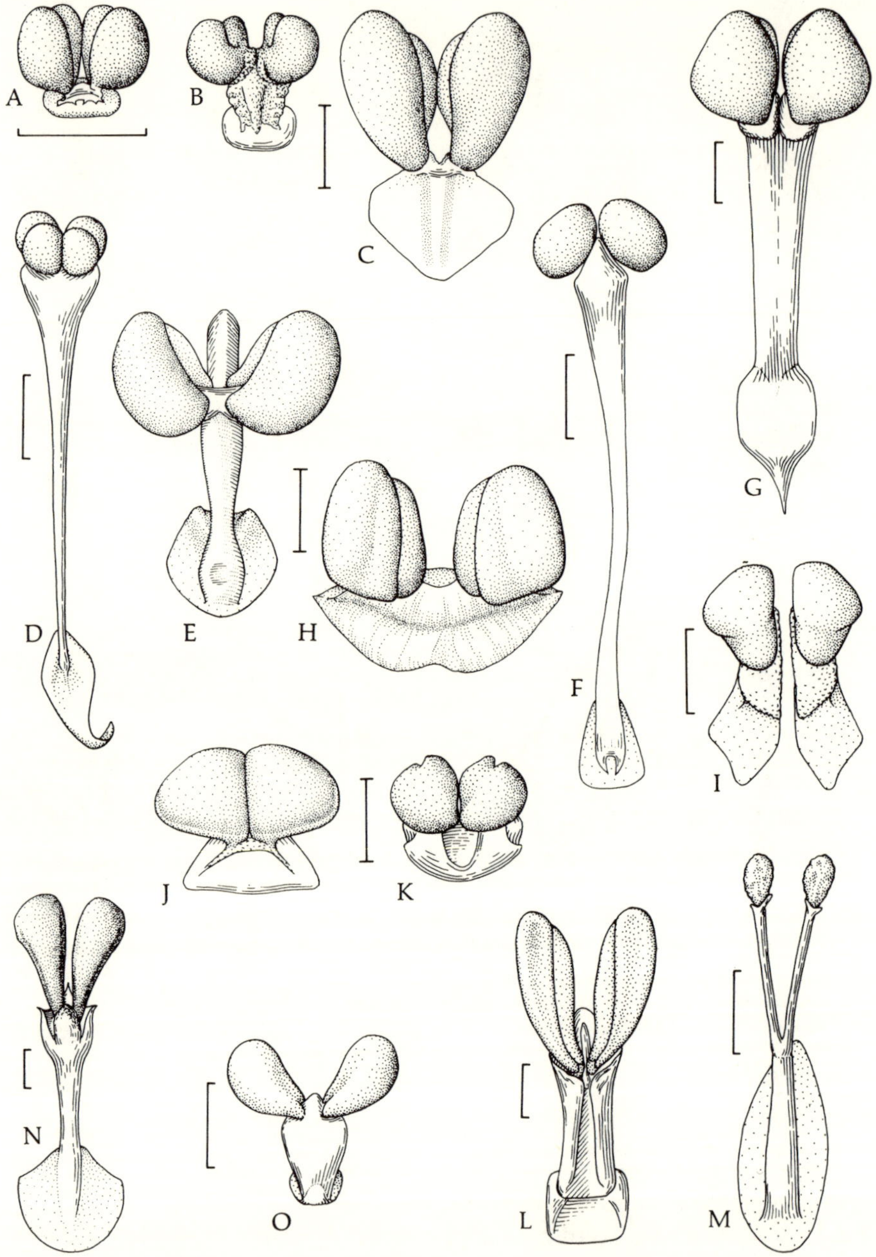

Abb. 3.28. Pollinarien der Vandoideae. (A) *Polystachya bella*. (B) *Govenia liliacea*. (C) *Warrea costaricensis*. (D) *Ornithocephalus powellii*. (E) *Trichoglottis fasciata*. (F) *Micropera philippinensis*. (G) *Anguloa dubia*. (H) *Scuticaria steelii*. (I) *Dendrophylax fawcettii*. (J) *Eulophia petersii*. (K) *Grammatophyllum scriptum*. (L) *Catasetum trulla*. (M) *Fernandezia sanguinea*. (N) *Houlletia lowiana*. (O) *Miltonia regnellii*. Maßstab: 1 mm.

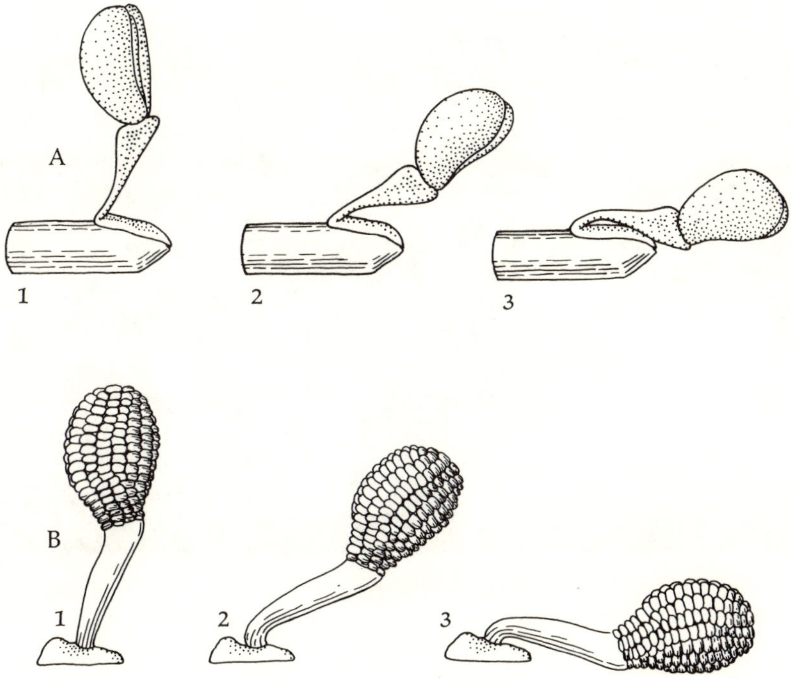

Abb. 3.29. Bewegung bei Pollinarien. (A) *Rossioglossum grande* (nach Northen 1970). (B) *Himantoglossum hircinum* (nach Heusser 1914).

Obwohl bei beiden Familien die Pollenkörner zu Pollinien zusammengeballt werden, geschieht das auf sehr unterschiedliche Weise, und auch die entsprechenden Merkmale sind in Ursprung und Struktur sehr verschieden. Dieses und die Tatsache, daß die Blüten der Schwalbenwurzgewächse radiärsymmetrisch sind, hat bei diesen beiden Familien zu sehr unterschiedlichen Blütenevolutionsmustern geführt.

Dimorphe Blüten

In einigen Fällen kann eine und dieselbe Orchideenpflanze zwei unterschiedliche Blütentypen hervorbringen. Daß *Catasetum* und *Cycnoches* weibliche und männliche Blüten (Staubblüten) bilden, und zwar häufig gleichzeitig an derselben Pflanze oder sogar am selben Blütenstand, ist weithin bekannt. Außerdem entstehen von Zeit zu Zeit auch Zwischenformen (hermaphroditische Blüten oder Zwitterblüten). Die Ausbildung der Blütentypen wird stark von Umweltfaktoren beeinflußt. Große, gesunde, an sonnigen Standorten wachsende Pflanzen bilden eher weibliche Blüten; an kleineren oder im Schatten wachsenden Pflanzen dagegen findet man häufig männliche Blüten (Gregg 1975). Die Taxonomen haben die verwandte Gattung *Mormodes* als Pflanzen mit »voll-

Abb. 3.30. *Oncidium heteranthum,* ein Blütenstandszweig mit einer vollständig entwickelten Blüte und mehreren verkümmerten Blüten. Costa Rica (mit freundlicher Genehmigung von K. S. Walter).

kommenen« hermaphroditischen Blüten beschrieben, obwohl auch diese Gattung einen ausgeprägten Blütendimorphismus aufweist (Allen 1959 b; Dressler 1968 a). Hier sind die eher weiblichen Blüten größer, besitzen eine viel breitere Narbe und eine unbehaarte Lippe. Die eher männlichen Blüten haben bei einigen Arten eine behaarte Lippe und anscheinend eine kürzere Lebensdauer als die weiblichen. Beide Blütentypen sind technisch gesehen – und vielleicht auch in ihrer Funktion – als hermaphroditisch zu betrachten, aber sie scheinen auf halbem Weg in Richtung der eingeschlechtlichen Blüten zu stehen.

Bei *Oncidium heteranthum, Oncidium abortivum* und deren Verwandten weisen die Blütenstände in der Regel neben einigen gut ausgebildeten, funktionsfähigen auch zahlreiche verkümmerte Blüten auf. Diese besitzen nur kleine bandförmige Blütenhüllblätter und keine echte Säule (Abb. 3. 30). Sie scheinen als »Lockblüten« zu fungieren, die zur Farbwirkung des Blütenstands beitragen, ohne daß die Pflanze für sie soviel Energie aufwenden muß wie für die normalen Blüten. Bei den meisten *Oncidium*-Gruppen entwickeln nur ein paar der bestäubten Blüten Samenkapseln, so daß die Bildung verkümmerter Blüten eine naheliegende evolutionäre Anpassung zu sein scheint. Bei *Holothrix burchellii* sind die basalen Blüten fruchtbar, die darüberstehenden, die übrigens tief gefranst sind, dagegen nicht (Schelpe 1966).

Bei *Grammatophyllum scriptum* und *Dimorphorchis lowii* findet man häufig einige anomale Blüten an der Blütenstandsbasis. Bei *Dimorphorchis lowii* weisen die basalen Blüten des hängenden Blütenstands kürzere und breitere Kronblätter, eine gelbe Grundfarbe und einen intensiven Duft auf, der auch noch nach der Bestäubung anhält, wie auch ihre Blütenhülle noch lange erhalten bleibt. Die restlichen Blüten, die eine weiße Grundfarbe und keinerlei erkennbaren Duft haben, verwelken kurz nach der Bestäubung. Winkler (1906) vertritt die These, daß die basalen Blüten tatsächlich als Osmophoren für den gesamten Blütenstand fungieren.

Frucht

Die Struktur der Orchideenfrucht ist von den Botanikern bisher sehr stiefmütterlich behandelt worden. Obwohl es sehr schwierig ist, die Art fruchttragender Pflanzen ohne Blüten zu bestimmen, weist die Frucht doch etliche Merkmale auf, die für eine Klassifikation von Nutzen sein können. So hat zum Beispiel Hallé (1977) in seiner Orchideenflora Neukaledoniens bei den meisten Arten die Fruchtstruktur abgebildet.

Obwohl der Fruchtknoten grundsätzlich aus drei Fruchtblättern (und dem sie umgebenden Blütenbodengewebe) besteht, ist dies bei der Orchideenfrucht überhaupt nicht offensichtlich. Die Samenkapsel platzt nicht zwischen den Fruchtblättern, sondern in der Mitte eines jeden Fruchtblattes auf, und bei den meisten Orchideen trennt sich die mittlere Fruchtblattader zusammen mit etwas zusätzlichem Gewebe von jeder Fruchtblatthälfte ab. Die Frucht spaltet sich hierdurch in 6 (3 breite und 3 schmale) Klappen auf, in einigen Fällen jedoch auch nur in 3 breite Klappen. Sie öffnet sich normalerweise in der Nähe der Spitze, und die Ränder der breiten Klappen sind bei einigen Orchideen durch querliegende Fasern verbunden, durch die die Samen »hindurchgesiebt« werden. Manchmal sind die 3 Klappen an der Spitze deutlich voneinander getrennt und zürückgebogen, so daß die Samenkapsel weit geöffnet ist, wie zum Beispiel bei *Lockhartia* und einigen *Maxillaria*-Arten. Bei den meisten Orchideen blieben die Klappen jedoch an der Spitze vereint. Einige Orchideensamenkapseln öffnen sich entlang einer einzigen Linie (wie bei *Angraecum*) oder spalten sich in zwei unterschiedliche Klappen auf wie bei *Dichaea* und einigen *Pleurothallis*-Arten.

Bei *Cattleya* weist jede der breiteren Klappen zwei deutlich erkennbare Vorsprünge auf, so daß die Frucht neunrippig ist. Bei *Encyclia* Subgenus *Osmophytum* bilden diese großen Klappen meist eine einzige hohe Längsrippe; die Frucht ist im Querschnitt somit dreieckig. Orchideenfrüchte können auch stachelig oder warzig sein, und die Früchte vieler Orchideenarten sind deutlich geschnäbelt, wobei der Schnabel manchmal eine Blütenröhre oder ein Cuniculus ist. Beer (1863) und Malguth (1901) erwähnen, daß die terrestrischen Orchideen meist papierne, dünnwandige, ziemlich trockene Früchte tragen, während die Früchte der Epiphyten meistens viel dickere und ziemlich fleischige Wände haben. Die Autoren weisen auch darauf hin, daß letztere oft herabhängen, während erstere fast immer aufrecht stehen. Bei einigen wenigen terrestrischen Arten (zum Beispiel *Nervilia* und *Corybas*) verlängert sich der Blütenstand beträchtlich, wenn die Samenkapsel fast ausgereift ist – ein Phänomen, das bei der Samenverbreitung sicherlich eine hilfreiche Rolle spielt.

Orchideenfrüchte weisen zwischen den Samen häufig lange Haare auf. Man vermutet, daß diese Schleuderhaare hygroskopisch und durch ihre Bewegungen bei der Samenverbreitung behilflich sind. Bei einigen Pilzen stehen die Sporen an Haarbüscheln (den sogenannten Kapillitien). Malguth (1901) vergleicht die Haare in der Orchideenfrucht mit diesen Haarbüscheln und verwendet für sie analog den Begriff »Kapillitien«. Er hat beobachtet, daß die Fruchthaare bei den Vandeae und einigen anderen Orchideen sehr hygroskopisch sind, bei den meisten anderen Orchideen dagegen nicht. Außerdem sind diese Haare laut Malguth für die epiphytischen Orchideen charakteristisch, während sie bei den terrestrischen Orchideen (selbst bei den terrestrischen Arten normalerweise epiphytischer Gattungen) beinahe gänzlich fehlen.

99,9 Prozent aller Orchideenfrüchte sind Kapseln und streuen trockene Samen aus. Die Samen von *Vanilla, Selenipedium* und *Galeola* (Sektion *Cyrtosia*) sind jedoch von einer feuchten Masse begleitet, und einige *Neuwiedia*-Arten bilden fleischige Früchte. Das Vorkommen fleischiger Früchte bei Mitgliedern dreier primitiver Gruppen läßt darauf schließen, daß die lilienähnliche Pflanzengruppe, aus der die Orchideen hervorgegangen sind, vielleicht eher fleischige Früchte als trockene Kapseln bildeten. Bei den relativ primitiven Orchideengruppen wie *Apostasia, Selenipedium* und den meisten Vanillinae sind die Früchte oft sehr lang und schmal.

Samen

Auch die Morphologie der Orchideensamen wurden von den Botanikern lange Zeit kaum beachtet. Die frühen Arbeiten von Beer (1863) geben bereits ein wenig Aufschluß über die Vielfalt der Orchideensamen. Clifford und Smith (1969) untersuchten eine Reihe von Orchideensamen unter dem Lichtmikroskop, und Barthlott (1976 b) hat mit dem Rasterelektronenmikroskop ein etwas breiteres Spektrum derselben studiert. Barthlott vertritt die Meinung, daß die Samenstruktur sich besonders bei den Triben und Subtriben als nützliches Klassifikationskriterium erweisen wird. Er und seine Mitarbeiter haben ihre Untersuchungen der Orchideensamenstruktur noch nicht abgeschlossen. Der Veröffentlichung ihrer Ergebnisse wird mit Spannung entgegengesehen.

Vanilla, Apostasia, Selenipedium und einige *Neuwiedia*-Arten haben harte Samenschalen. Die *Vanilla*-Samen sind dick linsenförmig, die von *Selenipedium* kantig. Bei beiden Gattungen sind die Samen glänzend dunkelbraun oder schwarz. Die Samen von *Apostasia* sind braun, genarbt und klebrig. Bei anderen Vanillinae, zum Beispiel *Epistephium* und *Galeola,* ist der Embryo von einer harten Samenschale und der Same von einem mehr oder weniger gut entwickelten Flügel umgeben. Einige *Neuwiedia*-Arten bilden kleine Samen, die an beiden Enden sackähnliche Anhängsel haben. Bei allen anderen Orchideen ist

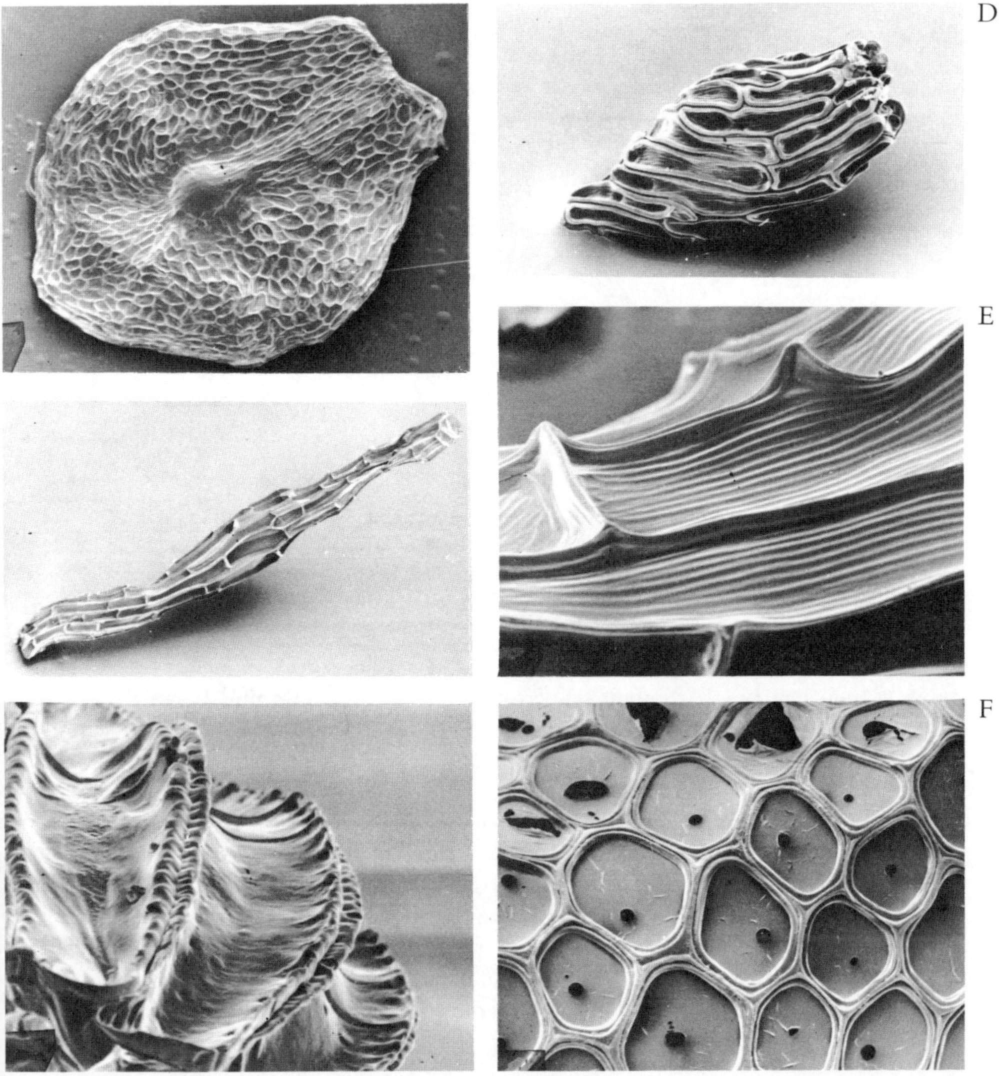

Abb. 3.31. Rasterelektronenmikroskopische Aufnahmen von Orchideensamen. (A) *Epistephium parviflorum* (Vanilleae). (B) *Phaius tankervilleae* (Arethuseae). (C) *Disa brevicornis* (Diseae). (D) *Mormolyca ringens* (Maxillarieae). (E) *Cyrtopodium parviflorum* (Cymbidieae). (F) *Coryanthes* spec. (Cymbidieae) (mit freundlicher Genehmigung von W. Barthlott und B. Ziegler).

der Embryo von einer lockeren, ziemlich papierähnlichen Samenschale umgeben. Die Samen sind zwischen 0,3 und 5 mm lang und variieren in der Dicke und in einzelnen strukturellen Merkmalen sehr stark.

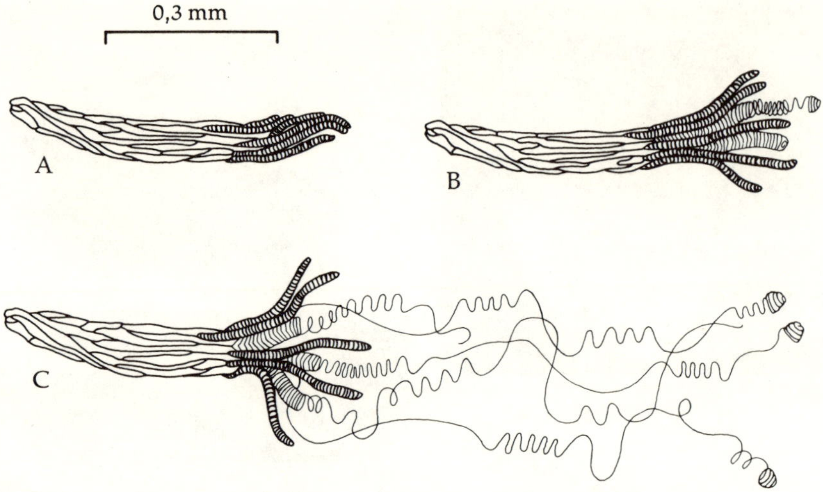

Abb. 3.32. Samen von *Chiloschista lunifera*. (A) trocken; (B) 10 Sekunden nach Befeuchtung; (C) ungefähr 15 Minuten nach Befeuchtung. Die spiralischen Verdickungen der spezialisierten »Drahtzellen« strecken sich und formen lange »Drähte«, welche den Samen auf feuchter Rinde festhalten (nach Barthlott und Ziegler, im Druck).

Neben der Beschaffenheit der Samen sind auch Größe und Form der Samenschalenzellen (insbesondere die Struktur der Zellwände) in taxonomischer Hinsicht interessant (Abb. 3.31). Die äußere Zellwand kann zum Beispiel längs- oder quergerichtete oder netzförmige Verdickungen aufweisen oder von Wachsablagerungen überzogen sein, wie bei den meisten Epidendreae. Barthlott und Ziegler (1980) weisen auf ein sehr interessantes Gebilde bei *Chiloschista lunifera* (Abb. 3.32) hin, wo die Wände der Samenschalenzellen am einen Ende des Samens sehr ausgeprägte spiralige Verdickungen aufweisen. Wenn der Same befeuchtet wird, streben die äußeren Zellen auseinander, und die spiraligen Verdickungen der inneren Zellen entwirren sich und bilden bis zu 4 mm lange »Drähte«, die zweifellos dazu dienen, die Samen an feuchte Rinde anzuheften.

Sämlinge

Der Orchideenembryo ist im Gegensatz zu den meisten anderen Pflanzenembryonen nicht in verschiedene Organe differenziert. Bei der Keimung schwillt der Embryo einfach zu einer ei- oder deckelförmigen Zellmasse an. An den unteren Teilen dieses sogenannten Protokorms entstehen Wurzelhaare. Schließlich bildet sich auf der Oberseite des Protokorms ein Vegetationspunkt; dann kann ein blattähnlicher Sproß entstehen (Abb. 3.33). Stoutamire (1963) hat die Sämlinge der terrestrischen Orchideen in zwei Kategorien eingeteilt: solche, die bald zur Photosynthese in der Lage sind, und solche, bei denen die

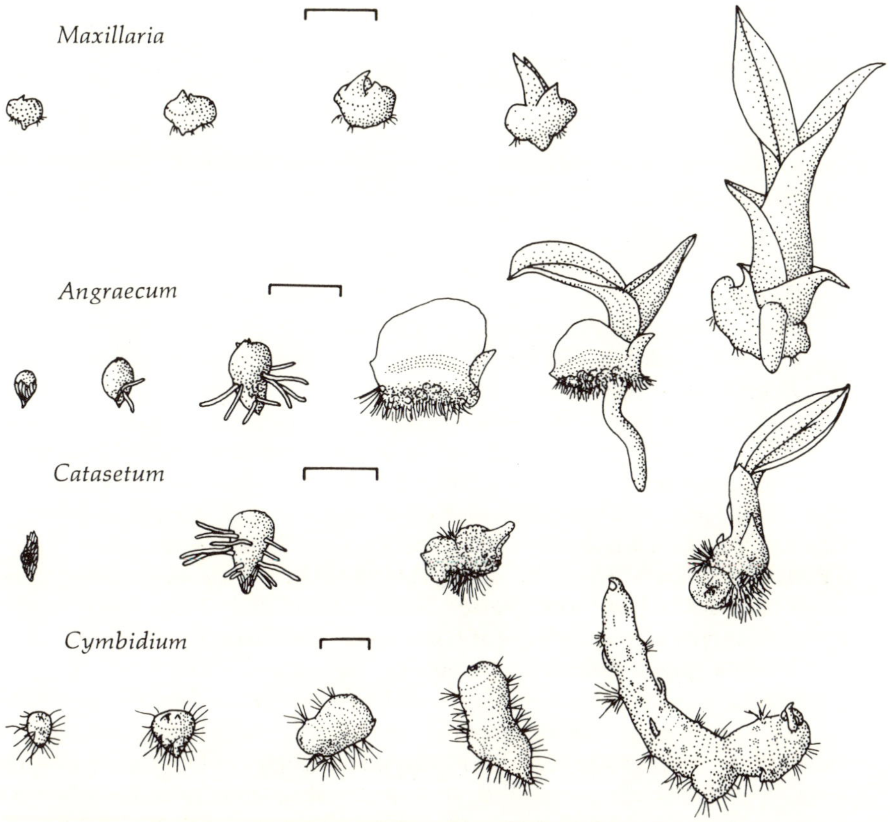

Abb. 3.33. Sämlingsentwicklung bei verschiedenen Orchideen. Maßstab: 1 mm (*Angraecum, Catasetum* und *Cymbidium* nach Burgeff 1936, *Maxillaria* nach Veyret 1965).

Photosynthesetätigkeit erst später einsetzt. Die Arten mit frühzeitiger Photosynthesetätigkeit sind typisch für sonnige, feuchte Gebiete und können sehr schnell wachsen. Die meisten terrestrischen Orchideen entwickeln Chlorophyll jedoch erst nach mehreren Monaten oder noch später. Wie Stoutamire (1974 b) erwähnt, weist der aus dem Protokorm hervorgehende Sproß bei vielen terrestrischen Orchideen, die ein saprophytisches Entwicklungsstadium durchlaufen, nur Schuppenblätter auf und wächst nach unten in das Substrat hinein.

Bei den epiphytischen Orchideen beginnt die Photosynthesetätigkeit meist sehr früh, obwohl einige (zum Beispiel Catasetinae) eindeutig eine saprophytische Phase durchlaufen, während der sie in der Zersetzung begriffenes Holz besiedeln. Die Unterschiede im Bau der Sämlinge sind meist eher ökologischer als taxonomischer Natur. Bei den Vandeae jedoch ist das Protokorm verlängert und gekielt und weist eine dorsiventrale Achse auf (Burgeff 1932; Veyret 1965).

4 Ökologie

Die Ökologie ist die Sparte der Biologie, die sich mit den Wechselbeziehungen zwischen einem Organismus und seiner Umwelt befaßt. Diese Definition allein macht bereits deutlich, daß die Ökologie ein sehr umfassendes Gebiet ist. Da der Begriff »Ökologie« so dehnbar ist, werden Diskussionen über dieses Thema häufig zu vage und weitschweifig – und gelegentlich auch zu philosophisch. Doch selbst wenn wir uns auf das Definierbare und Meßbare beschränken, könnten wir ohne Schwierigkeit allein mit der Orchideenökologie mehrere Bände füllen. Wir wollen hier daher nur kurz auf die physiologischen Aspekte der Beziehung der Orchideen zu ihrer Umwelt eingehen. Es soll lediglich erwähnt werden, daß die Orchideen – ebenso wie alle anderen Pflanzen – zum Überleben Licht, Wasser, Kohlendioxid und Mineralstoffe benötigen. Im übrigen werden wir uns auf die Aspekte der Ökologie beschränken, die im Hinblick auf die Orchideen besonders relevant sind.

Ich werde in diesem Kapitel an verschiedenen Stellen Begriffe wie »Probleme«, »Lösungen« oder »Strategien« verwenden. Es soll jedoch hier nicht die Vorstellung erweckt werden, daß Pflanzen (also auch Orchideen) ein Empfindungsvermögen besitzen und ihre »Probleme« aktiv und gezielt lösen können. Pflanzen sind naturgemäß ziemlich passive Lebewesen; doch die Pflanzen, die durch Mutation oder Rekombination die besten Strategien oder Problemlösungen entwickelt haben, können sich natürlich besser fortpflanzen und sind im Wettbewerb um eine ökologische Nische am erfolgreichsten.

Wasserabzug und Luftbewegung

Wer selbst Orchideen kultiviert, wird feststellen, daß diese Pflanzen sehr robust und anpassungsfähig sind, aber auch die trübe Erfahrung machen, daß sie in nassen, sumpfigen Substraten bald eingehen. Unter solchen Bedingungen faulen die Wurzeln ab, und die Pflanzen verkümmern. Selbst bei den terrestrischen Orchideen, die in Sümpfen wachsen, befindet sich das Wurzelsystem meist in einer gut durchlüfteten Umgebung über Wasser. Ausnahmen, die »nasse Füße« vertragen, sind *Habenaria repens, Platanthera flava* und *Spiranthes odorata*.

Auch die Luftbewegung ist (sowohl in Wäldern als auch in Gewächshäusern) ein entscheidender Faktor – vielleicht wegen ihres Einflusses auf Temperatur,

Gasaustausch und Feuchtigkeit. Über diese Zusammenhänge ist jedoch bis heute nichts Genaues bekannt.

Konkurrenzfähigkeit

Die Botaniker sprechen von einem Pflanzentypen-Kontinuum, dessen äußerste Extreme die Klimaxarten und die Pionierarten darstellen. Bei den Waldbäumen sind die Klimaxarten diejenigen Bäume, deren Nachkommen im Schatten der Elternpflanzen heranwachsen und später an deren Stelle treten. Wenn solche Arten sich erst einmal etabliert haben, sichern sie den Fortbestand des Vegetationstypus auf unbegrenzte Zeit, vorausgesetzt, daß keine Störungen (zum Beispiel Vernichtung eines größeren Vegetationsteils durch Kaninchenfraß, Planierraupen, Feuer, Pflüge, Erdbeben, Orkane usw.) eintreten. Pionierarten dagegen können nur dort gedeihen, wo eine solche Störung aufgetreten ist; ohne diese Störungen verschwinden sie eines Tages und werden durch andere Arten ersetzt. Natürlich gibt es keinen Ort, an dem es nicht irgendwann einmal zu einer solchen Störung kommt; aber die Unterscheidung in Anpassungstypen hat sich als brauchbar erwiesen, wie wir in der umfangreichen ökologischen Literatur, die sich mit »r- oder K-Auslese« befaßt, nachlesen können.

Dennoch scheinen viele Orchideen in dieses Kontinuum nicht sehr gut hineinzupassen. Grime (1977) hat ein System mit drei Hauptkategorien (Anpassungsstrategien) vorgeschlagen, das für die Pflanzenökologie angemessener zu sein scheint. Diese Strategien sind (1) Wettbewerb: An günstigen Standorten (das heißt, dort, wo Wasser, mineralische Nährstoffe und Licht in ausreichendem Maße vorhanden sind), an denen kaum Störungen auftreten, bestimmt der Wettbewerb, welche Arten vorkommen, und es wird sich eine klimaxähnliche Vegetation wie die vorhin beschriebene entwickeln. (2) Ruderale Strategie: An günstigen Standorten (siehe obige Beschreibung), an denen viele Störungen auftreten, findet man Unkräuter, also Pflanzen, die Störungen vertragen, ja sogar benötigen. (3) Belastbarkeitsstrategie: Wenn irgendein Umweltfaktor (zum Beispiel Wasser, mineralische Nährstoffe oder Licht) nicht in ausreichendem Maße vorhanden ist, so könnte man sagen, daß die Pflanzen »unter Streß stehen«. Pflanzen, die einer solchen Belastung standhalten können, werden Standorte besiedeln, die für ruderale oder auf Wettbewerb eingestellte Arten ungeeignet sind. Natürlich können die Pflanzen auch an einem solchen Standort Wettbewerbsverhalten an den Tag legen; doch Anpassungen aufgrund einer Wettbewerbssituation scheinen hier eine weniger große Rolle zu spielen als Anpassungen an andere Umweltfaktoren.

Diese drei Strategien stellen jedoch Extremformen dar; Grime weist darauf hin, daß die meisten Pflanzen irgendwo zwischen diesen Extremen anzusiedeln sind. Die Orchideen stehen dem Typ 3 (Belastungsstrategie) am nächsten. Die meisten Epiphyten und einige terrestrische Orchideen können einen Trockenheitsgrad vertragen, der für fast alle anderen Pflanzen ein Todesurteil wäre, und ihre Standorte sind häufig nährstoffarm. Die meisten Orchideen, die nicht an solchen Standorten wachsen, bevorzugen tiefen Schatten; und diese schattigen Standorte stellen eine ebenso große Belastung dar wie trockene, felsige Gebiete.

Obwohl Orchideen selten zu den ersten Pflanzen gehören, die sich nach einem Waldbrand oder einer Waldabholzung ansiedeln, tendieren einige doch zur ruderalen Strategie: *Corallorhiza odontorhiza, Liparis liliifolia* und mehrere *Spiranthes*-Arten besiedeln selten ungestörte Standorte, vermehren sich in gestörten Gebieten jedoch sehr stark (Sheviak 1974). Unter den tropischen Orchideen gibt es viele, die steile, felsige Gebiete oder offene Grasflächen besiedeln. Beispiele hierfür sind *Arundina, Epidendrum calanthum, E. ibaguense, E. radicans, E. secundum, Peristeria elata, Phaius* und *Spathoglottis*. Unter natürlichen Bedingungen kämen diese Orchideen wohl nur in begrenzten Lebensräumen vor; doch durch menschliche Eingriffe sind kilometerlange felsige Strecken und andere grasige und felsige Flächen entstanden, wo diese ruderalen Orchideen einen geeigneten Lebensraum finden. Wenn weniger solche Störungen aufträten, wären diese Orchideen viel seltener. Zum Beispiel fand man auf der Insel Barro Colorado (Gatunsee, Panama) bereits kurze Zeit, nachdem die Insel unter Naturschutz gestellt und jegliche Landwirtschaft eingestellt worden war, die Taubenorchidee (*Peristeria elata*). Das Gebiet ist jetzt von einer nahezu ausgewachsenen Waldfläche überzogen. So gibt es auf der Insel nun auch keine geeigneten Standorte mehr für die Taubenorchidee.

Mykorrhiza und Keimung

Unter Mykorrhiza versteht man die Symbiose zwischen einem Pilz und den Wurzeln einer Gefäßpflanze. Solche Symbiosen kommen bei den meisten Pflanzen vor; viele – unter anderem die meisten Waldbäume – könnten ohne sie gar nicht überleben. Die Samen solcher Pflanzen keimen zwar auch ohne Pilz und gedeihen ein paar Wochen oder Monate lang gut, doch dann beginnen sie zu verkümmern, sterben gar, wenn ihre Wurzeln keinen geeigneten Pilz finden. Die meisten Orchideensamen jedoch können in freier Natur ohne Pilz nicht keimen; im ausgewachsenen Zustand dagegen scheinen sie weniger auf ein solches symbiotisches Zusammenleben angewiesen zu sein.

Es gibt verschiedene Mykorrhizatypen. Bei der Ektomykorrhiza umhüllt der Pilz die Wurzeln mit seinem Myzel und tritt in Kontakt mit deren Zellen, ohne jedoch in sie einzudringen. Man nimmt an, daß dieser Mykorrhizatyp der Pflanze dabei hilft, die mineralischen Nährstoffe aus dem Boden aufzunehmen, ihr jedoch kaum organische Stoffe zuführt. Bei der Endomykorrhiza dagegen dringt der Pilz in die Pflanzenwurzeln ein.

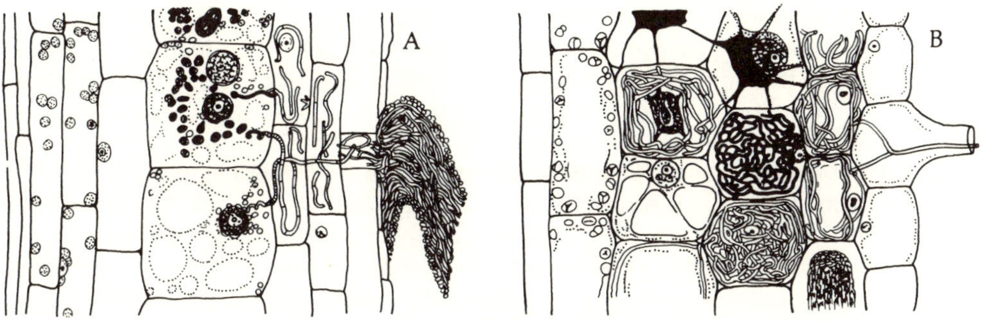

Abb. 4.1. Orchideen-Mykorrhiza. (A) *Platanthera chlorantha:* Der Pilz bildet Knäuel, die in den Orchideenzellen verdaut werden. (B) *Gastrodia callosa:* der Pilz »drückt« Zellinhalte in die Verdauungszellen der Orchideen »hinein« (nach Burgeff 1959).

Die Orchideenmykorrhizen gehören zu diesem zweiten Typ; die Wirtspflanze verdaut Teile des Pilzkörpers oder Zellinhalte, die der Pilz ausscheidet (Abb. 4.1).

Die äußere Zellschicht der Orchideenwurzel (»Pilzgastgeberschicht«) wird in der Regel vom Pilzmyzel durchdrungen, verdaut das Myzel jedoch nicht (Burgeff 1959). Unter dieser Schicht befindet sich die »Verdauungsschicht«, deren Zellen manche Autoren als Phagozyten bezeichnen. Auch in diese Schicht dringt das Myzel ein und bildet dichte Klumpen, in denen Nährstoffe (Proteine, Glykogen und Fette) gespeichert werden. Diese Klumpen werden von den Orchideenzellen verdaut, und die Orchidee verwertet die Nährstoffe.

Ein solcher Prozeß kann sich innerhalb einer Zelle mehrmals wiederholen. In einer weiteren, unter der Verdauungsschicht gelegenen Zellschicht wird Stärke gespeichert. Diese Schicht erreicht das Pilzmyzel nicht. In einigen Fällen (insbesondere bei der Tribus Gastrodieae) bildet das Myzel keine Klumpen, doch der Pilz scheidet einen Teil seines Cytoplasmas in die Orchideenzelle aus, wo es verdaut wird. Es steht außer Zweifel, daß die Orchideen das Pilzwachstum mit Hilfe von Hormonen und anderen chemischen Substanzen kontrollieren und steuern. Einige Autoren sind sogar so weit gegangen, die Orchideen als pilzbefallende Parasiten zu bezeichnen; doch vielleicht zieht auch der Pilz Nutzen aus dem Zusammenleben. Er könnte zum Beispiel Vitamine oder andere Substanzen von den Orchideen erhalten.

In den winzigen Orchideensamen ist kein Platz für große Nährstoffreserven. Wenn ein Same Bedingungen vorfindet, die eine Keimung ermöglichen, können seine ersten Wachstumsphasen ohne Pilz ablaufen; doch die meisten Orchideensämlinge können auf Dauer ohne »Pilzinfektion« nicht überleben. Einige wenige Orchideen, insbesondere Arten der Arethuseae, können bei Lichteinwirkung auch ohne Mykorrhiza überleben, doch ihre Sämlinge wachsen mit Mykorrhiza viel besser als ohne. Normalerweise dringen die Pilzfäden am Aufhängeende des Samens ein und infizieren den keimenden Embryo. In manchen Fällen tötet der Pilz den Orchideensämling; es kommt jeoch auch vor, daß die Orchidee den Pilz vernichtet (dann geht auch die Orchidee ein, sofern sie nicht von neuem infiziert wird). Wenn jedoch das richtige Gleichgewicht erreicht wird, kann der Sämling vom Pilz zusätzliche Nährstoffe beziehen und sich weiterentwickeln. Bei vielen terrestrischen Orchideen und einigen Epiphyten laufen die ersten Entwicklungsstadien im Substrat ab; dann bezieht der Sämling so lange seine gesamte Nahrung vom Pilz, bis ein Luftsproß oder Blätter gebildet werden und somit die Photosynthese ermöglicht wird. Die Samen vieler solcher Orchideen keimen nur im Dunkeln. Dies ist sicherlich ein Anpassungsmerkmal; auf der Substratoberfläche würde solch ein kleiner Same normalerweise austrocknen und absterben. Viele Epiphyten und terrestrische Orchideen, die feuchte Standorte besiedeln, keimen jedoch am besten auf der Substratoberfläche.

Die Beziehung zwischen dem Orchideensämling und dem Pilz ist keine Mykorrhiza im engeren Sinn, da der Pilz nicht in die Wurzeln, sondern in das Protokorm eindringt. Sie hat jedoch große Ähnlichkeit mit einer Mykorrhiza, so daß es wohl kaum angebracht ist, einen neuen Begriff zu prägen. Die Wurzeln gehen nach ihrer Ausbildung meist eine Mykorrhiza mit Pilzen aus dem umliegenden Substrat ein. Der Pilz, der das Protokorm befällt, wächst normalerweise nicht mit den neuen Wurzeln nach außen, obwohl er ein Teil des Myzels sein kann, das die neuen Wurzeln durchdringt. Bei den Orchideae (und wahrscheinlich auch bei den Diseae und den Diuriideae) weist die Sproßwurzelknolle niemals eine Mykorrhiza auf, so daß die Pflanze nach Ausbildung ihrer neuen Wurzeln jedes Jahr auf eine erneute Infektion angewiesen ist. Die Sproßwurzelknollen entwickeln ein wirksames Fungistatikum, vor allem, wenn andere Pflanzenteile von einem Pilz »befallen« wurden (Arditti 1966 a). Auch die Epiphyten bilden während der Ruheperiode kaum eine Mykorrhiza; bei *Cattleya* zum Beispiel wird die Mykorrhiza in jeder Wachstumsperiode neu aufgebaut (Breddy und Black 1954). Ausgewachsene Orchideen können in vielen Fällen sehr gut ohne Mykorrhiza auskommen, zumindest dann, wenn genügend Licht und Nährstoffe vorhanden sind.

Über die Spezifität der Orchideen-Pilz-Beziehung herrschte stets große Uneinigkeit. Einige Autoren, insbesondere Knudson (1922) und Curtis (1939), behaupten, daß keine Spezifität vorliegt, das heißt, daß die Orchidee mit vielen verschiedenen Pilzen eine Mykorrhiza bilden kann. Sie sind auch der Meinung, daß der Pilz ein Parasit ist, der für das Wachstum der Orchideen keinerlei Bedeutung hat. Es stimmt zwar, daß Orchideensamen unter aseptischen Bedingungen auch auf einem ausreichend mit mineralischen Nährstoffen und Zucker angereicherten Agar gut keimen und wachsen. Solche Bedingungen kommen aber in der freien Natur niemals vor. Das Problem der Spezifität läßt sich nicht eindeutig klären. Anscheinend gibt es für jede Orchideenart nur ein paar geeignete Mykorrhizapilze, und wahrscheinlich können verwandte Orchideenarten mit denselben Pilzarten Symbiosen eingehen. Allerdings sind die meisten mykorrhizabildenden Pilze sehr schwer zu identifizieren.

Die Pilze, die Mykorrhizen mit Orchideen bilden, wurden als *Rhizoctonia*-

Arten klassifiziert; doch *Rhizoctonia* ist eine »Formgattung«, und wo fruchtbares (das heißt, sporentragendes, sich auf geschlechtlichem Wege vemehrendes) Material bekannt ist, werden diese »Rhizoctonias« anderen Gattungen und Familien zugeordnet (Warcup 1975). Warcup (S. 100) faßt die Spezifitätsproblematik recht gut zusammen: »Sowohl die Orchideen als auch die Pilze variieren stark hinsichtlich der Partner, mit denen sie eine wirksame Symbiose eingehen können« (siehe Tab. 4.1).

Tab.4.1. Pilz(Tulasnellales)-Arten, von denen man weiß, daß sie Mykorrhizen mit Orchideen bilden können. Es sind alle Arten aufgeführt, bei denen geschlechtliche Formen bekannt sind. Alle anderen werden als *Rhizoctonia*-Arten klassifiziert (nach Warcup 1975)

Tulasnellaceae	Ceratobasidiaceae	Tremellaceae	(Familie?)
Tullasnella allantospora	*Thanatephorus cucumeris*	*Sebacina vermifera*	*Corticium catonii*
T. asymmetrica	*T. orchidicola*		
T. calospora	*T. sterigmaticus*		
T. cruciata	*T. species*		
T. violea	*Ceratobasidum cornigerum*		
T. species	*C. obscurum*		
	C. sphaerosporum		
	C. species		
	Oliveonia pauxilla		

Sukkulenz und nächtliche Kohlendioxid-Fixierung

Grüne Pflanzen können ohne Photosynthesetätigkeit nicht überleben. Sonnenlicht und Wasser sind häufig in ausreichendem Maße vorhanden, so daß die Photosyntheserate nur noch von dem zur Verfügung stehenden Kohlendioxid abhängt. Bei vielen Pflanzen öffnen sich die Spaltöffnungen (Stomata) tagsüber und ermöglichen die Aufnahme von Kohlendioxid in die Blätter; dort kann es fixiert werden und steht für die photosynthetischen Prozesse zur Verfügung. Wenn die Stomata geöffnet sind, ist natürlich die feuchte Innenatmosphäre des Blattes exponiert, was einen Wasserverlust zur Folge hat.

Im Dunkeln bilden solche Pflanzen durch ihre Atmung ein wenig Kohlendioxid; der größte Teil dieses Gases diffundiert nach außen und ist somit für die Pflanze verloren.

Bei vielen Orchideen wird das Kohlendioxid mit Hilfe eines anderen Systems gebunden. Da dieses System erstmals bei Sukkulenten der Familie Crassulaceae beobachtet und untersucht wurde, wird es normalerweise als »Crassulacean acid metabolism« oder CAM-Fixierung bezeichnet. Bei diesen Pflanzen öffnen sich die Stomata in der Nacht, in der die atmosphärische Feuchtigkeit viel höher ist, und Kohlendioxid wird gebunden und als Malat gespeichert, so daß der Zellsaft nachts einen sehr niedrigen pH-Wert (stark sauer) bekommt. Tagsüber wird dann das Kohlendioxid frei und kann für die Photosynthese verwendet werden. Dieses System reduziert den Wasserverlust und ermöglicht die Fixierung des größten Teils des Kohlendioxids, das während der Nacht produziert wird. Außerdem können Epiphyten nachts Kohlendioxid fixieren, während Waldbäume es produzieren. CAM-Pflanzen sind meistens sukkulent und haben immer große Photosynthesezellen mit großen Vakuolen, in denen der saure Zellsaft gespeichert wird. Bei den Orchideen scheint die Korrelation zwischen CAM-Fixierung und dicken Blättern sehr ausgeprägt zu sein: Bei Pflanzen mit dünnen Blättern kommt keine CAM-Fixierung vor, alle dickblättrigen Arten, die auf dieses Phänomen hin untersucht wurden, zeigten dagegen eine CAM-Aktivität (Nuernbergk 1963; Neales und Hew 1975). Das CAM-System ist ziemlich flexibel: Wenn genügend Wasser vorhanden ist, öffnen sich die Stomata tagsüber, und das Kohlendioxid dringt auf dem gewöhnlichen Wege in das Blatt ein. In Trockenzeiten können die Stomata mancher Kakteen Tag und Nacht geschlossen bleiben, und die Photosynthesetätigkeit ist reduziert und erfolgt nur durch Wiederverwertung des respiratorischen Kohlendioxids. Sukkulenz und CAM-Aktivität haben sich anscheinend in vielen verschiedenen Familien entwickelt und sind innerhalb einiger Familien unabhängig voneinander in verschiedenen Entwicklungslinien entstanden (McWilliams 1970).

Ein anderes wirksames Photosynthesesystem, das C_4-System, ist bei Zuckerrohr, Mais und vielen anderen tropischen Pflanzen, die an sonnigen Standorten wachsen, zu finden. Bei den Orchideen hingegen hat man eine C_4-Photosynthese bisher noch nicht nachgewiesen.

Epiphytische Lebensweise

Ein Epiphyt ist eine Pflanze, die (zumindest in einem Teil ihres Lebenszyklus) auf einer anderen Pflanze – meist einem Baum oder einem Strauch – wächst. Diese Wuchsform ist keineswegs auf die Orchideen beschränkt, obwohl sie eines der bekanntesten Merkmale der Orchideenfamilie ist. Ich möchte hier gar nicht erst versuchen, eine scharfe Grenze zwischen Epiphyten und Litophyten (felsenbesiedelnden Pflanzen) zu ziehen, da die litophytischen Orchideen manchmal auch epiphytisch wachsen und viele Epiphyten unter entsprechenden Voraussetzungen auch Felsen besiedeln können. Laut Madison (1977) gibt es 65 verschiedene Gefäßpflanzenfamilien mit ungefähr 850 Gattungen und fast 30 000 Arten, in denen Epiphyten vorkommen. Er schätzt die Zahl der epiphytischen Orchideen auf 500 Gattungen und 20 000 Arten. Obwohl diese Schätzung etwas hoch sein dürfte, machen die Orchideen auf jeden Fall einen großen Teil der Gefäßepiphyten auf unserer Erde aus. Andere große Epiphytengruppen findet man bei den Araceae, den Bromeliaceae, den Cactaceae, den Gesneriaceae, der Gattung *Peperomia* (Piperaceae) und verschiedenen Farngruppen. Madison meint, daß die Epiphytenflora des tropischen Afrika weniger artenreich ist als die asiatische oder amerikanische; in den amerikanischen Tropen ist sie überraschenderweise viel mannigfaltiger als in Asien.

Es gibt mehrere wichtige Unterschiede zwischen der epiphytischen und der terrestrischen Lebensweise. Beide Lebensformen haben Vor- und Nachteile für das Wachstum der Pflanzen. Ein wichtiger Unterschied liegt in der zur Verfügung stehenden Lichtmenge. Im geschlossenen tropischen Wald, wo kaum Licht den Waldboden erreicht, können (mit Ausnahme von Lichtungen, die sehr begehrte und umkämpfte Lebensräume sind) nur schattenertragende Pflanzen überleben. Da in den Baumkronen stets eine gewisse Luftbewegung herrscht, kann ein Epiphyt viel mehr Sonnenlicht vertragen als eine gleiche, auf Bodenhöhe wachsende Pflanze; abgefallene Pflanzen werden daher häufig von der starken Sonneneinstrahlung verbrannt. Weitere Vorteile der epiphytischen Lebensweise können darin bestehen, daß die Pflanzen für ihre Bestäuber besser erreichbar sind und ihre Samen besser verbreiten können. Außerdem sind sie besser vor Schnecken und anderen bodenbewohnenden Pflanzenfressern geschützt (Madison 1977).

Das Wachsen in Baumkronen hat jedoch auch seine Nachteile, wobei der Wassermangel wahrscheinlich der größte ist. Wenn sie nicht gerade die feuchtesten Nebelwälder besiedeln (in denen es immer naß ist), besitzen die Epiphyten in ihren Wurzeln, Sprossen oder Blättern fast immer fleischige Wasserspeicherorgane. Der Standort der Epiphyten ist, zumindest zeitweise, in manchen Aspekten mit einer Wüste vergleichbar, und es ist daher nicht verwunderlich, daß Orchideen oft an denselben Standorten vorkommen wie Kakteen. Benzing (1978) hat für Pflanzen, die als »extrem xerische Epiphyten« zu betrachten sind, den Begriff »extremer Epiphyt« geprägt, doch ich finde, es ist nicht einzusehen, warum die Epiphyten nasserer Standorte weniger epiphytisch sein sollen als diejenigen, die in trockenen Gebieten vorkommen. Mineralische Nährstoffe sind für die Epiphyten meistens Mangelware, und die meisten Orchideen können in nährstoffarmen Substraten gut überleben (Benzing 1973). Epiphytische Orchideen und andere Epiphyten sind in Nebelwäldern und Gebieten mit weißem Sand tatsächlich ausgesprochen zahlreich vertreten; beide Standorte sind aufgrund ihrer mangelnden Nährstoffe für terrestrische Pflanzen kümmerlich. Es gibt ein paar Merkmale, die fast alle Epiphyten gemeinsam haben. Nahezu alle Epiphyten (darunter auch die meisten Orchideen) werden von Tieren bestäubt und ihre sehr kleinen Samen vom Wind verbreitet. Der Anpassungsvorteil, den letztere Eigenschaft mit sich bringt, ist einleuchtend: Größere Samen würden zu häufig auf den Boden fallen, und die Vermehrung der

Epiphyten, deren Samen ja auf Bäumen und Sträuchern landen müssen, wäre somit nicht gewährleistet.

Man hat einige Versuche unternommen, die Epiphyten nach ökologischen Kategorien zu klassifizieren; doch keiner ist für eine Untersuchung der Orchideen brauchbar. Wir werden hier nur drei allgemeine Kategorien besprechen: (1) Humusepiphyten, die nur auf Baumrinden wachsen, die mit einer Humusschicht bedeckt sind; (2) Rindenepiphyten, die auf Baumstämmen und größeren Ästen ohne nennenswerte Humusschicht leben; (3) Zweigepiphyten, die auf kleinen Ästchen zu finden sind – bei ihnen handelt es sich naturgemäß um Mini-Orchideen. Zwischen diesen Kategorien gibt es kaum scharfe Trennlinien; dennoch ist die Einteilung nützlich. Die Humusepiphyten sind am wenigsten spezialisiert; unter ihnen findet man häufig noch andere Pflanzen, die normalerweise keine Epiphyten sind.

Einige malaysische Orchideen sind auf eine einzige Baumart spezialisiert (Went 1940) – ein Phänomen, das in Amerika und Afrika nur ganz selten vorkommt (Allen 1959 a; Johansson 1975). Einige Arten der brasilianischen Gattungen *Pseudolaelia* und *Constantia* scheinen nur auf Stämmen von *Vellozia* (Velloziaceae) wachsen zu können, und *Cymbidiella pardalina* aus Madagaskar kann normalerweise nur auf dem Geweihfarn *Platycerium madagascariense* gedeihen. Allerdings haben diese beiden Wirtspflanzen ungewöhnliche physische Eigenschaften. *Psygmorchis,* eine Gattung der amerikanischen Tropen, scheint auf Zweige von *Psidium guajava* spezialisiert zu sein; doch diese kleinen Pflanzen sind leicht zu übersehen und wären in den oberen Schichten eines tropischen Waldes kaum zu entdecken, falls sie dort vorkämen. Mit diesen Einschränkungen will ich jedoch nicht sagen, daß Orchideen normalerweise wahllos auf allen Baumarten wachsen. Einige Bäume sind gute Orchideenwirte und beherbergen regelmäßig eine beträchtliche Anzahl von Epiphyten, während andere Baumarten im gleichen Gebiet nur wenige oder keine tragen. Eine Orchidee, die in einem bestimmten Gebiet weitgehend nur auf einer bestimmten Baumart vorkommt, kann unter anderen klimatischen Bedingungen eine andere Baumart bevorzugen (Sanford 1974). Orchideen gedeihen häufig gut, wenn man sie auf Baumarten verpflanzt, die normalerweise keine Wirtspflanzen sind (Allen 1959 a). Wahrscheinlich ist die Keimung die kritische Phase; ausgewachsene Pflanzen können auch sehr gut auf Baumarten gedeihen, auf denen keine Keimung möglich ist. Rinden – und Zweigepiphyten sind am engsten an ihre »Wirtsarten« gebunden, während die Humusepiphyten im Grunde nur eine Humusschicht brauchen; welche Baumart sich unter dem Humus befindet, spielt keine Rolle (Went 1940).

Die Beschaffenheit der Baumrinde ist zweifellos sehr wichtig. Eine weiche, schwammige Rinde mit rauher Oberfläche eignet sich am besten für die Wasserspeicherung und ermöglicht es den Samen, sich in ihren Rissen und Spalten anzusiedeln. Glatte Rinde ist – besonders an trockenen Standorten – weniger geeignet. Es ist für eine Orchidee auch sehr schwierig, sich auf Bäumen anzusiedeln, die von Zeit zu Zeit ihre äußeren Rindenschichten abwerfen. Die schwammigen Rinden von *Acnistus* (güititi), *Crescentia* (Kalebassenbaum) und

Paragonia (Bignoniaceae) bieten zentralamerikanischen Orchideen besonders günstige Lebensbedingungen. In Thailand eignet sich *Elaeocarpus grandiflorus* (Elaeocarpaceae) überaus gut für eine Orchideenansiedlung.

Chemische Faktoren (Inhaltsstoffe) sind weniger offensichtlich, aber mindestens ebenso wichtig wie die mechanische Struktur der Rinde. So sind zum Beispiel Orangenbäume gute Orchideenwirte, während man auf dem in seiner Physis ähnlichen Zitronenbaum kaum Orchideen findet. In mexikanischen Nebelwäldern wachsen viele Orchideen auf *Quercus castanea* und *Q. vicentensis,* auf *Q. scytophylla* und *Q. peduncularis* dagegen weniger; und auf *Q. magnoliaefolia* kommen weder Orchideen noch Bromelien noch Moose und nur wenige Flechten vor (Frei 1973 a). Die Rindenstruktur ist zwar bei allen diesen Eichenarten ähnlich, aber die Rinde von *Q. magnoliaefolia* enthält Gallussäure und Ellagsäure, die eine Orchideenkeimung verhindern. *Q. peduncularis* und *Q. scytophylla* enthalten weniger Hemmstoffe als *Q. magnoliaefolia,* doch es ist nachgewiesen worden, daß zumindest die Rinde von *Q. scytophylla* eine gewisse hemmende Wirkung auf Orchideensämlinge ausübt.

An feuchten Standorten ist die äußere Beschaffenheit der Rinde wahrscheinlich weniger entscheidend, und auch chemische Hemmstoffe stellen kein so großes Problem dar: Solange sie nur in mäßiger Konzentration vorkommen, können sie ausgewaschen werden. Hier wird das Vorkommen epiphytischer Orchideen in erster Linie von anderen Epiphyten beeinflußt. Viele mexikanische Orchideen wachsen nicht unmittelbar auf Rinde oder Felsen, sondern auf Flechten (Pollard 1973). Es könnte sein, daß die Hemmstoffe der Eichenrinde in erster Linie auf die Flechten wirken, die die Orchideensamen benötigen, um keimen zu können. Wahrscheinlich wird die Orchideenkeimung durch die physikalischen Eigenschaften der Flechten (insbesondere ihre wasserspeichernden Fähigkeiten) gefördert; doch liegen hierüber noch keine eingehenden Untersuchungen vor. An feuchten Standorten ist die Baumrinde meist von Moosen, Lebermoosen und Flechten überzogen, so daß die Epiphyten nicht unbedingt direkt mit den Bäumen oder Sträuchern in Berührung kommen. In den kühlen Nebelwäldern, die besonders günstige Lebensbedingungen bieten, ist der Unterschied zwischen Epiphyten und terrestrischen Pflanzen nur gering, da die »terrestrischen« Arten sich auf niedrigen Baumstämmen ansiedeln und die »Epiphyten« auf moosbewachsenem Boden ebenso gut gedeihen wie auf Bäumen. In den Anden zum Beispiel findet man an steilen Wegböschungen die meisten »Epiphyten«.

Viele Epiphyten besiedeln die Seiten und Unterseiten größerer waagerechter Äste, während auf den Oberseiten nur Moose wachsen. Perry (1978) weist darauf hin, daß Affen, Eichhörnchen und andere baumbewohnende Säugetiere die Pflanzen, die an der Oberseite größerer Äste wachsen, regelmäßig vernichten, um sich ihre Wege freizuhalten, vor allem, wenn der Baum oder seine Nachbarn eßbare Früchte oder Samen tragen. Er erwähnt auch, daß ausgehöhlte, von Fledermäusen bewohnte Bäume oft von außergewöhnlich zahlreichen Epiphyten bewachsen sind. Vermutlich liegt das an dem stickstoffhaltigen »Dünger«, den die Fledermäuse liefern.

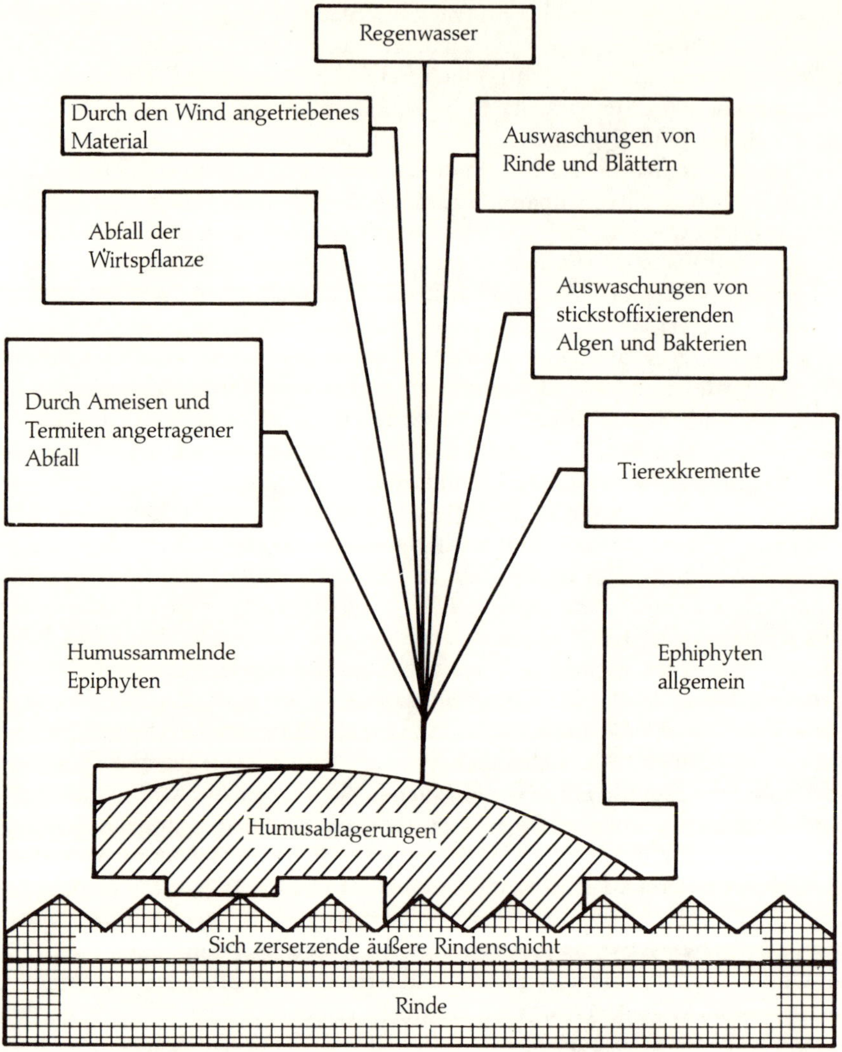

Abb. 4.2. Ursprung der für die epiphytischen Flora notwendigen Substrate und Nährstoffe (nach Johansson 1975).

Die physikalischen Bedingungen eines Standortes können (selbst innerhalb eines einzigen Baumes) stark variieren, so daß sich bei sorgfältiger Untersuchung normalerweise deutlich voneinander abgegrenzte Zonen ergeben (Johansson 1975; Abb. 4.3, 4.4). Einige Orchideen, zum Beispiel *Cochleanthes, Pescatorea* und *Aspasia,* gedeihen bei schwächerer Lichteinwirkung und größerer Feuchtigkeit am unteren Ende des Baumstammes. Manche Arten, vor allem schwerere Pflanzen wie *Acineta, Cymbidium* und *Grammatophyllum,* sind meist

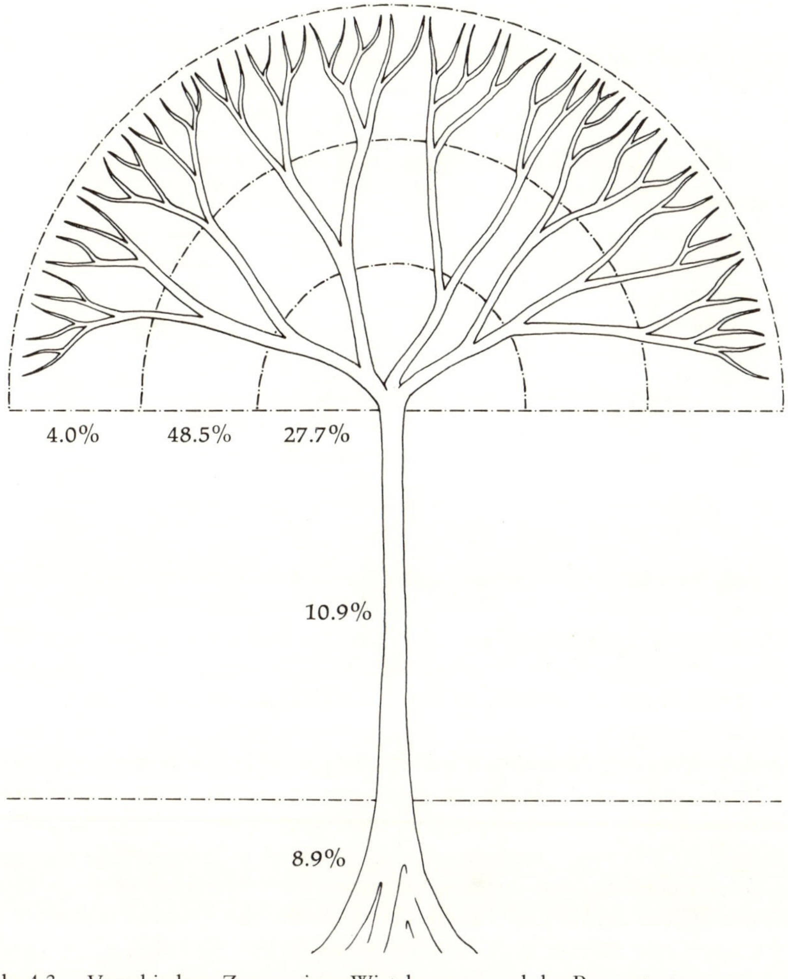

Abb. 4.3. Verschiedene Zonen eines Wirtsbaumes und der Prozentsatz an Orchideen, die in den verschiedenen Zonen in einem westafrikanischen Wald gefunden werden (nach Johansson 1975).

nur auf sehr großen Ästen oder in Astgabeln zu finden. Andere wieder kommen am häufigsten auf mittelgroßen Ästen vor, und die Mini-Orchideen besiedeln in erster Linie kleinere Zweige des Kronendachs. Diese Besiedlungsmuster werden hauptsächlich von physikalischen Faktoren wie Licht und Feuchtigkeit gesteuert, die selbst innerhalb kleinster Entfernungen stark variieren können. So wurden zum Beispiel im Osten von Chiapas (Mexiko) in den immergrünen tropischen Wäldern auf Zweigen von kurz zuvor umgestürzten Bäumen mehrere *Lepanthes*-Arten entdeckt, während die gleichen Arten in dem benachbarten offenen Hartholz- und Nadelwald nur zwei bis vier Meter über dem

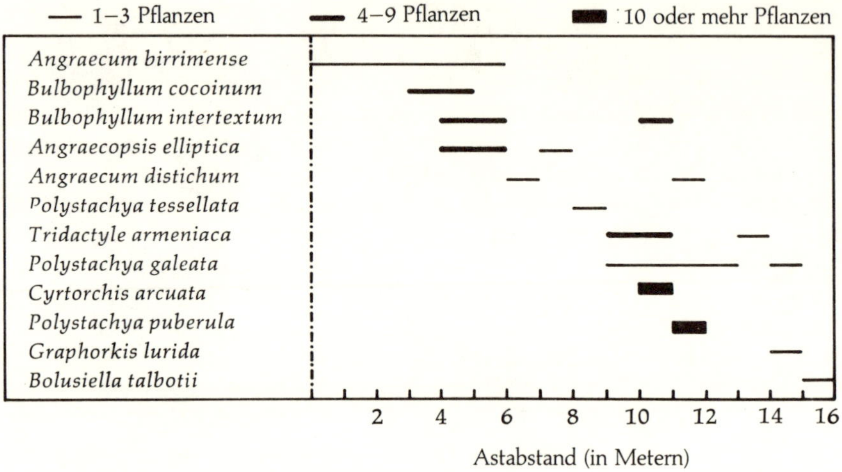

Abb. 4.4. Die Zahl der Orchideen pro Meter entlang eines 16 Meter langen Astes von *Parinari excelsa* in Westafrika (nach Johansson 1975).

Waldboden auf Zweigen von *Hauya heydeana* zu finden waren (Dressler 1957). Im selben Gebiet wuchsen viele dieser Mini-Orchideen, die in den Baumkronen zahlreich vorhanden waren, in einem auf Kalksteinklippen über einem See gelegenen Zwergwald.

Noch vor einigen Jahren hatten Botaniker nördlicher Länder eine sehr mystische Vorstellung vom Tropenwald. Sie hielten ihn für ein riesiges, uniformes, unveränderliches Gewächshaus, in dem irgendeine übernatürliche Kraft dafür sorgte, daß alle Bäume gut gediehen und daß es nicht zu häßlichen Konkurrenzkämpfen zwischen den verschiedenen Pflanzen kam. Natürlich ist das nicht so. Tropische Wälder sind echte biologische Lebensräume. Sie sind außerordentlich variabel, nur extrem tiefe Temperaturen treten niemals auf. Auch der Boden ist keineswegs einheitlich: Vereinzelte Felsformationen und Weißsandflächen bilden selbst in den feuchtesten Wäldern funktionale Trockenflächen, und in fast allen tropischen Wäldern tritt – manchmal sogar zweimal jährlich – eine Art Trockenzeit ein, die die Epiphyten entscheidend beeinflußt. Die hervorstechendste Eigenschaft des Tropenwaldes ist somit nicht seine Einheitlichkeit, sondern seine extreme biotische Vielfältigkeit.

Sind Epiphyten Parasiten?

In den tropischen Regionen Amerikas werden die Orchideen im allgemeinen als Parasiten betrachtet. Die Botaniker protestieren häufig gegen diese Bezeichnung und behaupten, daß die Orchideen den Bäumen nicht schaden. Das stimmt jedoch nicht ganz. Natürlich können Orchideen und andere Epiphyten ihren Wirten Schaden zufügen, indem sie sie allzusehr beschatten oder ihre Zweige zu feucht halten. Wenn zu viele Epiphyten auf einem Baum wachsen, kann es außerdem sein, daß sie unter der Last zusammenbrechen. Doch das ist noch nicht alles. Ruinen (1953) hat überzeugende Beweise dafür gefunden, daß Orchideen und andere Epiphyten die Bäume, die sie besiedeln, auch noch auf andere Weise schädigen: Er nimmt an, daß der mykorrhizabildende Pilz in die Gewebeschichten der Bäume eindringt und die Orchideen somit indirekt an diesen Bäumen schmarotzen. Johansson (1977) hat die Meinung geäußert, daß *Microcoelia exilis* auf ihre Wirte in Westafrika eine schädliche Wirkung ausübt. Also handelt es sich bei den epiphytenhemmenden Substanzen, die in einigen Bäumen nachgewiesen wurden, vielleicht um wirkliche Anpassungsmerkmale.

Die Zweigepiphyten (zum Beispiel *Microcoelia, Ionopsis* und *Taeniophyllum*) – also ausgerechnet die Orchideen, die am wenigsten mit dem Baum verbunden zu sein scheinen – verursachen nach Ansicht vieler den größten Schaden. Es ist offensichtlich, daß der Pilz leichter in Zweige und kleinere Äste eindringen kann als in größere Äste mit dickeren Rindenschichten. Interessanterweise werden die blattlosen Vandeae sowohl in Afrika als auch in Asien als Halbparasiten betrachtet; Johansson (1977) ist der Meinung, daß die fehlenden Blätter mit diesem indirekten Parasitismus in einem evolutionären Zusammenhang stehen. Die blattlosen Vandeae können auch auf toten Substraten kultiviert werden, was beweist, daß sie zur Photosynthese in der Lage sind und unter geeigneten Voraussetzungen auch ohne lebenden Wirt auskommen können.

Ruinen (1953) ist außerdem der Meinung, daß Epiphyten mit den von ihnen besiedelten Bäumen auch im Wettbewerb um die vorhandenen Mineralien stehen. Benzing und Seemann (1978) haben den Begriff »Ernährungspiraten« geprägt und meinen, daß ein solches Wettbewerbsverhalten auf nährstoffarmen Böden für die Pflanzen sehr wichtig sein kann. Sie haben nachgewiesen, daß einige *Tillandsia*-Arten einen so großen Teil der verfügbaren Nährstoffe aufnehmen, daß das Wachstum ihrer Wirtspflanzen stark gehemmt wird. Damit schlagen die Epiphyten »zwei Fliegen mit einer Klappe«: Sie bekommen nicht nur genügend Mineralien, sondern (dadurch, daß das Wachstum des Baumes gehemmt wird) auch mehr Sonne und verlängern damit ihr Leben. Benzing und Seemann halten einen allelopathischen Einfluß der Orchideen auf die besiedelten Bäume zwar für ausgeschlossen; doch wäre die Erzeugung hemmender Chemikalien bei Epiphyten wohl ein sinnvolles Anpassungsmerkmal. Vor allem »sonnenhungrige« Epiphyten könnten eine beträchtlich längere Lebensdauer haben, wenn sie in der Lage wären, das Wachstum ihrer Wirtspflanzen zu verlangsamen; denn dann würden sie nicht von ihrem Laub überschattet.

Saprophytische Lebensweise

Als Saprophyten bezeichnet man Pflanzen, die ihre Nährstoffe nicht selbst durch Photosynthese erzeugen können. Sie gedeihen nur in einem Substrat, das organische Stoffe enthält, die zuvor von anderen Pflanzen hergestellt wurden. Demnach sind die meisten Pilze, sofern man sie als Pflanzen betrachtet, Saprophyten. Außerdem verwendet man diesen Begriff auch für Blütenpflanzen, die kein Chlorophyll bilden, wie *Sarcodes sanguinea* und *Monotropa uniflora* (Monotropaceae). Es gibt aber keine Gefäßpflanze, die in der Lage ist, organische Stoffe aus modernden Blättern aufzunehmen und zu verdauen, und einige Autoren ziehen es deshalb vor, für die nicht zu Photosynthese fähigen Gefäßpflanzen den Begriff »mykotroph« zu verwenden. Solche Pflanzen bilden ausnahmslos eine Mykorrhiza und ernähren sich von Stoffen, die von dem Pilz verdaut und transportiert werden. Orchideen durchlaufen im Sämlingsstadium in der Regel eine saprophytische Phase, die bei einigen sogar ziemlich lang sein kann. Daher überrascht es nicht, daß in etlichen Orchideengruppen völlig saprophytische Pflanzen vorkommen. Bei diesen hat sich die saprophytische Phase auf den gesamten Lebenszyklus ausgedehnt, und die Pflanze bleibt (mit Ausnahme der Blütezeit) meist vollständig im Substrat verborgen. Viele dieser Saprophyten haben schlecht ausgebildete oder gar keine Wurzeln und einen mehrfach verzweigten, korallenähnlichen Sproß. Einige mykorrhizabildende Pilze sind in der Lage, Lignin und Zellulose zu verdauen, und manche saprophytische Orchideen, zum Beispiel *Galeola,* wachsen normalerweise auf moderndem Holz oder toten Bäumen. Einige der mit diesen Saprophyten in Symbiose lebenden Pilze schmarotzen an lebenden Bäumen, und es ist gut möglich, daß die Orchideen ihre Nahrung in diesen Fällen auf indirektem Wege aus den Baumwurzeln beziehen. Einige der bekanntesten saprophytischen Orchideengattungen sind *Corallorhiza, Galeola, Gastrodia, Hexalectris* und *Neottia.* Es gibt auch etliche Gattungen, die zwar größtenteils autotroph (zur Photosynthese befähigt) sind, aber auch eine oder ein paar völlig saprophytische Arten enthalten. Zu diesen Gattungen gehören zum Beispiel *Cephalanthera, Cymbidium* und *Eulophia.* Bei *Cephalanthera* und *Epipactis* sind verschiedene Albinoformen beobachtet worden. Diese Pflanzen sind trotz des fehlenden Chlorophylls in der Lage zu überleben und zu blühen, obwohl sie kleinwüchsiger sind als ihre benachbarten grünen Geschwister.

Die zahlreichsten und mannigfaltigsten saprophytischen Orchideen sind im tropischen Asien und in Australien zu finden, wo die vergleichsweise riesige *Galeola* beheimatet ist. Die meisten anderen saprophytischen Orchideen sind klein und unscheinbar. Einige wenige davon gibt es in Afrika.

In welchen systematischen Gruppen der Orchideenfamilie Saprophyten vorkommen, ist ebenfalls interessant. In den Unterfamilien Apostasioideae und Cypripedioideae sind keine Saprophyten bekannt, bei den Spiranthoideae, Diurideae und Orchideae nur wenige. Bei den Orchidoideae und den Neottieae gibt es dagegen mehrere Saprophyten. Bei den Epidendroideae sind die Gastrodieae und die Epipogieae fast alle saprophytisch, und auch unter den Vanilleae finden wir viele Saprophyten. Bei den Arethuseae hingegen gibt es nur wenige (*Hexalectris*). Die übrigen Epidendroideae sind nicht saprophytisch. Bei den Vandoideae kommen in den primitiveren Subtriben der Maxillarieae (Corallorhizinae) und Cymbidieae (Cyrtopodiinae) jeweils mehrere Saprophyten vor. In diesen Gruppen und bei der Subtribus Catasetinae ist das saprophytische Stadium auch bei den autotrophen Gattungen ziemlich stark ausgeprägt. *Eulophia, Govenia, Oecoclades, Catasetum* und die verwandten Gattungen zum Beispiel bilden ziemlich große, korallenähnliche Massen im Boden oder in vermoderndem Holz, ehe sie einen Luftsproß ausbilden, der am Ende recht ansehnlich werden kann. Diese Orchideen können in verblüffend kurzer Zeit heranwachsen und blühen, was vielleicht auf ihr ausgedehntes saprophytisches Anfangsstadium zurückzuführen ist.

Die saprophytischen Orchideen bereiten dem Systematiker besondere Probleme. Ihre Blätter sind ziemlich rudimentär, und Sproß und Wurzelsystem sind stark abgewandelt, so daß ihre vegetative Anatomie für die Verwandtschaftsbestimmungen nur von geringem Nutzen ist. Diese Pflanzen sind sehr häufig Selbstbestäuber, was eine detaillierte Untersuchung der Säulenstruktur erschwert. Außerdem sind sie unscheinbar und kaum zu kultivieren, so daß nur wenig Material für Studienzwecke vorhanden ist. Es ist daher wenig verwunderlich, daß sie in älteren Klassifikationen ohne Rücksicht auf ihre Blütenstruktur zu einer einzigen Gruppe zusammengefaßt wurden.

Ameisenpflanzen und Abfallsammler

Für das Problem ernsthaften Mineralstoffmangels in einigen tropischen Lebensräumen wurden besonders unter den Epiphyten im Laufe der Evolution einige interessante Lösungen entwickelt. Eine dieser Anpassungen ist die Ameisensymbiose. Zwar haben andere epiphytische Pflanzen in besonders mineralarmen Lebensräumen eine engere Beziehung zu den Ameisen entwikkelt als die Orchideen (vgl. Janzen 1974); doch es gibt auch mehrere Orchideen, die sich eindeutig an das Zusammenleben mit Ameisen angepaßt haben. Docters van Leeuwen (1929) berichtet, daß *Acriopsis javanica* oft die Nester von *Crematogaster* besiedelt, und *Dendrochilum pallidiflavens* kommt angeblich immer zusammen mit Ameisen der Gattung *Iridomyrmex* vor. Die Samen beider Arten scheiden Öltröpfchen aus, die die Ameisen anlocken und somit in ihre Nester geschleppt werden.

Ridley (1910) beobachtete, daß Ameisen ihr Nest gern in den Wurzelballen einiger Orchideen (zum Beispiel *Dendrobium crumenatum*) bauen. Er behauptet, daß die Pflanzen, die mit Ameisen zusammenleben, gesünder sind und weniger unter Trockenperioden zu leiden haben als ihre »alleinstehenden« Nachbarn. Janzen (1974) beobachtete, daß Orchideen wie *Dendrobium crumenatum* sogar an

Abb. 4.5. *Coryanthes speciosa* zusammen mit *Peperomia macrostachya* und einer kleinen *Epidendrum imatophyllum* in einem Ameisengarten in Mittel-Panama.

stärker spezialisierten Ameisenpflanzen (zum Beispiel *Hydnophytum* oder *Dischidia*) schmarotzen. Zu diesem Zweck senden die Pflanzen ihre Wurzeln in die »Abfallhaufen« der Ameisenpflanzen (was es mit diesen Abfallhaufen auf sich hat, wird auf den folgenden Seiten näher erläutert).

In den amerikanischen Tropen findet man häufig sogenannte Ameisengärten, in denen *Codonanthe* (Gesneriaceae) und *Anthurium-*, *Epiphyllum-*, *Aechmea-* und *Peperomia*-Arten gedeihen (Ule 1904; Wheeler 1921; Weber 1943; Kleinfeldt 1978). Einige dieser Pflanzen wachsen fast ausschließlich auf Ameisenhaufen, und ihre Samen weisen meistens Elaiosomen (Ölkörper) auf und werden von den Ameisen verbreitet. Die Ameisennester bieten den Pflanzen geeignete Bedingungen für die Keimung, und die entstehenden Wurzeln stützen den Bau, der häufig die Größe eines Fußballs erreicht und manchmal sogar noch größer werden kann (Abb. 4.5). Diese Ameisengärten werden normalerweise auf den Nestern von *Campanotus* und *Crematogaster* (seltener auf Nestern von *Azteca, Anachetus* und *Solenopsis*) angelegt. Interessanterweise findet man oft Ameisen beider Gattungen in einem Nest, wobei jede Gattung unterschiedliche, aber miteinander verbundene Aushöhlungen und häufig auch dieselben Futterwege benutzt. Meistens besiedeln die größeren *Campanotus*-Arten das Innere des Nestes, während *Crematogaster* näher an der Oberfläche lebt. In solchen Ameisengärten können etliche verschiedene Orchideenarten vorkommen. *Epidendrum imatophyllum* und die meisten *Coryanthes*-Arten kommen fast ausschließlich an solchen Standorten vor und sind ohne Ameisen sehr schwierig zu kultivieren. Diese Arten profitieren nicht nur von dem erhöhten Mineralienangebot, sondern die Ameisen schützen die Orchideenwurzeln und andere Pflanzenteile auch noch vor anderen Insekten. Viele dieser Pflanzen können zwar auch ohne Ameisen kultiviert werden, doch gelingt dies nur bei höherer Düngemittelkonzentration, einem sauren Substrat und regelmäßigem Einsatz von Insektiziden (Dodson, pers. Mitteilung). Andere Orchideen, zum Beispiel *Epidendrum baumannianum, Epidendrum schomburgkii* und einige *Sievekingia*-Arten, kommen oft auf Ameisennestern vor und scheinen sich dort am besten zu entwickeln, sind aber nicht auf diesen Standorttypus angewiesen. In den amerikanischen Tropen bilden die Epiphytenwurzeln auch gute Gerüste für andere Ameisennesterarten. Orchideensammler stoßen häufig auf eine mittelgroße Ameise, *Odontomachus,* und lassen dann meist lieber die Finger von den betreffenden Orchideen.

Einige Orchideen haben sich auch in morphologischer Hinsicht an die Ameisensymbiose angepaßt. *Schomburgkia* (Sektion *Chaunoschomburgkia*) und *Caularthron* (*Diacrium*) bilden ausgehöhlte, mehr oder weniger konische Pseudobulben mit Öffnungen in der Nähe der Basis, in die die Ameisen hineinkriechen können (Abb. 4.6). Diese Pflanzen werden meistens von Ameisen bewohnt und ziehen aus diesem Zusammenleben sicherlich Nutzen, sowohl durch die erhöhte Mineralstoffzufuhr als auch durch den Schutz, den diese Insekten ihnen bieten. Sie gedeihen aber auch gut ohne Ameisensymbiose.

Eine andere Lösung des Mineralstoffmangelproblems besteht darin, daß die Pflanze einen regelrechten »Abfalleimer« bildet, in dem sie die natürlichen Abfälle auffängt. Diese zersetzen sich dann zu Humus, und die durch den Verrottungsprozeß freigesetzten Mineralien können von den Wurzeln aufgenommen werden. Die Orchideen sind zwar keine so leistungsfähigen Abfallsammler wie viele Farne, Anthurien und Bromelien, aber einige weisen doch spezielle Anpassungen an diese Lebensform auf. *Grammatophyllum, Ansellia, Graphorkis, Cyrtopodium,* einige *Catasetum*-Arten und einige Stanhopeinae zum Beispiel bilden dünne, steife Wurzeln, die seitlich und nach oben aus dem Substrat wachsen und sehr wirksame »Abfalleimer« sind (Abb. 4.7). In anderen Fällen sammeln selbst Sprosse oder Pseudobulben die Abfälle, obwohl nur wenige ein deutlich erkennbares »Vogelnest« bilden. Viele Farne betätigen sich mit großem Erfolg als Abfallsammler, und Johansson (1974) ist der Meinung,

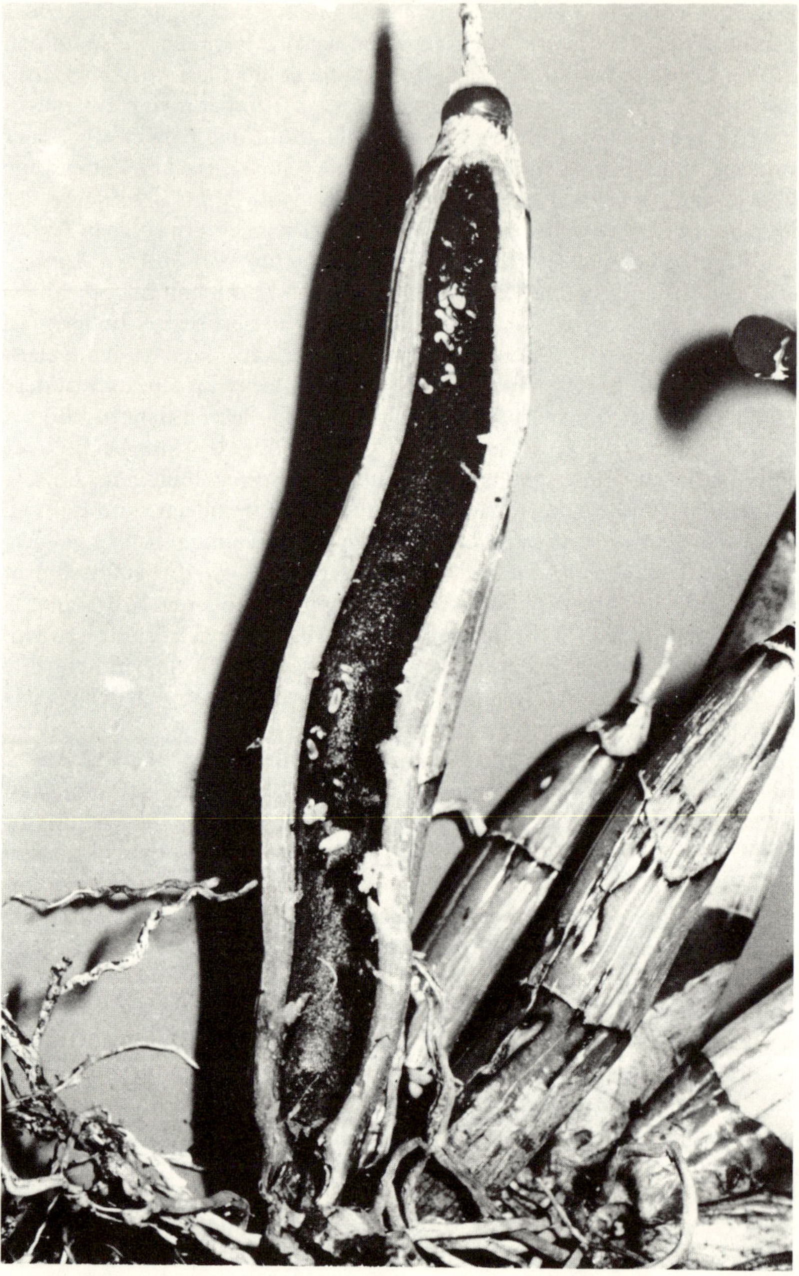

Abb. 4.6. Eine Pseudobulbe von *Caularthron bilamellatum,* geöffnet, um die Ameisen darin zu zeigen.

Abb. 4.7. Luftwurzeln von *Grammatophyllum papuanum,* die eine Art »Korb« bilden und Abfälle sammeln. Lae, Papua, Neuguinea.

daß einige dieser Farne für die Orchideen sehr wichtig sind, da sie ihnen geeignete Keimungs- und Wachstumsbedingungen bieten.

Phänologie des Blühens

Eine der Fragen, die einem Orchideenfachmann in den Tropen am häufigsten gestellt werden, lautet: Wann blühen Orchideen? Die Antwort ist natürlich: Orchideen blühen das ganze Jahr hindurch. Jedoch hat jede Art ihre eigene Blütezeit, obwohl man noch bis vor kurzem in der Literatur nachlesen konnte, daß es in den Tropen überhaupt keine Jahreszeiten gäbe. Das ist nicht wahr. Die Gebiete außerhalb der Tropen liegen näher an einem der beiden Pole, und die Jahreszeiten sind primär durch unterschiedliche Temperaturen gekennzeichnet. In den Tropen dagegen unterscheiden sich die Jahreszeiten in erster Linie durch unterschiedliche Niederschlagsmengen. Ein wirklich einheitliches Klima ohne jahreszeitlichen Wechsel kommt nur in einigen wenigen Gegenden vor. Abgesehen von den physiologischen Gründen, die uns hier nicht so sehr interessieren (vgl. Rotor 1952; Arditti 1966b), ist es auch aus ökologischen Gründen wichtig, daß jede Art eine mehr oder weniger deutlich abgegrenzte Blütezeit hat. Einige Bäume und Kletterpflanzen sind in der Lage, mehrere Monate lang jeden Tag oder alle paar Tage einige Blüten hervorzubringen; das ist jedoch – auch unter den sehr großen Pflanzen – die Ausnahme. Bei Pflanzen, die nicht ständig blühen, ist eine gewisse Koordination erforderlich; denn wenn die Individuen einer Art alle zu verschiedenen Zeiten blühen würden, wäre keine Kreuzbestäubung möglich.

Die unterschiedlichen Blütezeiten sind eine wichtige Voraussetzung dafür, daß mehrere eng verwandte Arten dasselbe Gebiet bevölkern können, ohne Hybriden zu bilden und dadurch ihre Identität zu verlieren. Die im Februar und März blühende *Cattleya skinneri* und die im September und Oktober blühende *Cattleya patinii* sind eng verwandt, und ihre Verbreitungsgebiete in Costa Rica überlappen einander; dennoch kommt es nicht zu einer Hybridisierung zwischen diesen beiden Arten (Fowlie 1967).

Manche Jahreszeiten sind für die Blüte oder für die Verbreitung und Keimung der Samen (ein Aspekt, der häufig übersehen wird) geeigneter als andere. In den nicht-tropischen Regionen zwingt der Winter den Pflanzen eine deutlich abgegrenzte Ruheperiode auf; fast alle Pflanzen blühen hier während der Wachstumsperiode. Stoutamire (1974b) erwähnt, daß die meisten nicht-tropischen Orchideen ihre Samen zu Beginn der Ruheperiode (also im Herbst) verbreiten. Die Blütezeit ist jedoch von Art zu Art verschieden. In vielen tropischen Gebieten ist die Trockenperiode nicht ausgeprägt genug, um die Pflanzen zu einer strikten Ruhezeit zu zwingen. Sanford (1971) stellt fest, daß die meisten Orchideen in Westafrika während der Regenzeit – vor allem in der ersten Hälfte dieser Periode – blühen. Johansson (1974) bestätigte dies, er fand zwei Hauptblühphasen in der Regenzeit. Dunsterville und Dunsterville (1967) haben ungefähr zwei Jahre lang die Blütezeiten von 280 Orchideenarten registriert und sind zu dem Schluß gekommen, daß nur relativ wenige Orchideen eine kurze, einmalige Blütezeit pro Jahr haben; die meisten blühen jedes Jahr zwei oder mehrere Monate lang zu ziemlich unterschiedlichen Zeiten, so ihnen danach ist (aber eigensinnigerweise niemals dann, wenn sie ausgestellt werden sollen).

Die Daten der Dunstervilles basieren allerdings auf kultivierten Pflanzen, die zum großen Teil außerhalb ihres natürlichen Verbreitungsgebietes wuchsen und mit viel Liebe und Sorgfalt vor den Belastungen geschützt wurden, denen Pflanzen in freier Natur ausgesetzt sind. Die einzigen Daten, die mir über tropische amerikanische Orchideen unter natürlichen Bedingungen vorliegen, sind die von Braga (1978; siehe Abb. 4.8). Auch hier gibt es einige Arten, die nur einen Monat lang blühten, und eine, deren Blütezeit sogar ein halbes Jahr dauerte. In der Trockenzeit blühen weniger Orchideen als in der Regenzeit, doch der Unterschied ist nicht sehr groß (und die Trockenperiode ist in der Gegend von Manaus auch nicht sehr ausgeprägt).

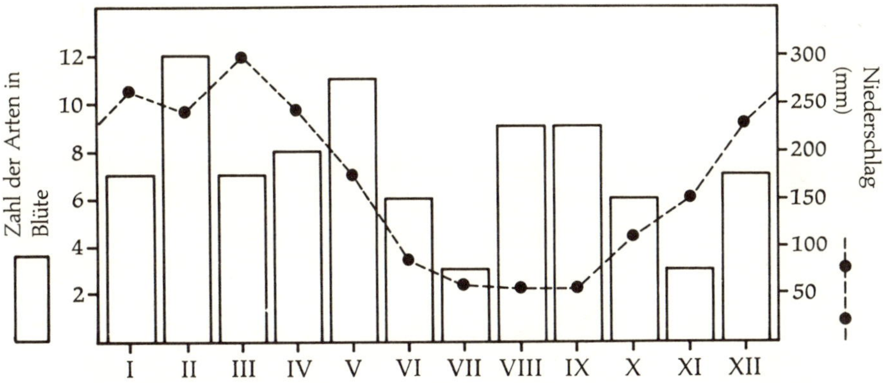

Abb. 4.8. Anzahl der Orchideenarten in Blüte, aufgezeichnet für jeden Monat in einer »Campina« in der Nähe von Manaus, Brasilien (nach Braga 1978). Die für Manaus durchschnittliche monatliche Niederschlagsmenge wird durch die gestrichelte Linie angegeben.

Das (1976), der in Shillong einige Jahre lang das Blühverhalten von *Coelogyne* beobachtet hat, berichtet, daß die verschiedenen Arten ab März (Frühling) zu unterschiedlichen Jahreszeiten blühen und ihre Blütezeiten von unter einem bis 6 Monate dauern (Tab. 4.2).

Ich habe den Eindruck, daß in Panama die späte Regenzeit (Oktober und November) die ungünstigste Blütezeit ist. Zu viel Regen und zu geringe Bestäuberaktivität sind sicherlich dafür verantwortlich, daß in der Blüte und Fruchtbildung der meisten Pflanzen (darunter auch die Orchideen) eine deutliche Pause eintritt. Viele zentralamerikanische Arten blühen am Ende der Regenzeit oder zu Beginn der Trockenperiode (Dezember und Januar). An nasseren Standorten, zum Beispiel in den Nebelwäldern, kann die Trockenzeit jedoch die günstigere Blütezeit sein, denn dann regnet es weniger, die Bestäuber können die Blüten besser erkennen und sind aktiver, und es gibt weniger pflanzenfressende Insekten (für die Blüten und Knospen ein Leckerbissen sind). Die Trockenperiode kann sich auch gut für die Samenverbreitung eignen, da es in dieser Zeit normalerweise windiger ist. In trockeneren Gebieten können nur Epiphyten mit gut entwickelten Speicherorganen während der Trockenzeit blühen; in den trockeneren Teilen Panamas sind dies zum Beispiel die Rattenschwanz-Oncidien (*Lophiaris*) und *Encyclia cordigera*.

Die Unterschiede in der Tageslänge spielen häufig eine wichtige Rolle für die Blütezeit. Etliche tropische Orchideen sind Kurztag (eigentlich Langnacht)-Pflanzen, doch vielleicht können auch andere Faktoren, zum Beispiel bestimmte Temperaturen, die Pflanzen zum Blühen anregen. In Gebieten ohne Jahreszeiten, wie zum Beispiel Singapur, ist es für die Pflanzen viel schwieriger, ihre Blütezeiten zu koordinieren; doch auch hier ist das Klima nicht völlig einheitlich. Bei vielen Arten wird die Blüte durch trockene oder nasse, kältere Perioden angeregt; dadurch ist gewährleistet, daß die Pflanzen einer Art zumin-

Tab. 4.2. Blütezeiten der *Coelogyne*-Arten in Shillong (Indien); in Abständen von 14 Tagen aufgezeichnet (nach Das 1976)

Art	I		II		III		IV		V		VI		VII		VIII		IX		X		XI		XII	
graminifolia	×	×	×	×	×	×	×																	
micrantha		×	×	×	×																			
flaccida			×	×	×	×																		
cristata			×	×	×	×	×																	
elata					×	×	×	×																
ochracea					×	×	×	×	×	×	×													
punctulata					×	×	×	×	×	×	×	×												
corymbosa					×	×	×	×	×	×	×	×	×	×										
prolifera						×	×	×	×	×														
longipes								×	×	×	×	×	×											
suaveolens									×	×														
flavida										×	×	×												
occulata										×	×	×												
rigida											×	×	×	×										
ovalis													×	×	×	×	×	×	×	×	×	×	×	×
fimbriata														×	×	×	×	×	×	×	×			
barbata																	×	×	×	×	×	×	×	
fuscescens	×																		×	×	×	×	×	×

dest innerhalb eines größeren Gebiets gleichzeitig blühen. Das Blühverhalten der Orchideen ist natürlich sehr unterschiedlich. Bei Arten, die wochenlang blühen oder bei denen die Blüten sehr langlebig sind, ist die Koordination nicht schwer zu erreichen. Viele von Euglossini bestäubte Orchideen des tropischen Amerika haben keine scharf abgegrenzte Blütezeit und häufig ziemlich kurzlebige Blütenstände, die auf den Bestäuber jedoch sehr attraktiv wirken. Ein solches System scheint besonders für Kreuzbestäubung über größere Entfernungen hinweg geeignet zu sein (Dressler 1968 b; Williams und Dodson 1972). Natürlich kann es vorkommen, daß ein Blütenstand nicht bestäubt wird oder keine Pollinien bildet; doch das ist nicht schlimm, denn diese Arten bringen während ihrer nicht genau abgegrenzten Blütezeit meist mehrere Blütenstände hervor.

Eine außergewöhnliche Koordination der Blütezeit findet man bei den Orchideen, die eine sogenannte Massenblüte hervorbringen. Diese Pflanzen haben kurzlebige Blüten, sind aber so aufeinander abgestimmt, daß fast alle Pflanzen einer Art ihre Blüten am selben Vormittag entfalten. In den amerikanischen Tropen finden wir dieses Blühverhalten bei *Sobralia* und *Triphora,* in Malaysia bei *Bromheadia, Diplocaulobium, Ephemerantha, Thrixspermum* und einigen *Dendrobium*-Arten (Smith 1925; Coster 1926; Holttum 1949). Eine der bekanntesten und am häufigsten untersuchten Arten ist *Dendrobium crumenatum.* Ihre Blüten entwickeln sich bis zu einem gewissen Stadium und stellen dann das Wachstum so lange ein, bis ein ganz betimmter Umweltfaktor (nämlich eine kühle, regenreiche Periode) auftritt. Dann entwickeln sich die Blütenknospen weiter, und da sie sich alle im gleichen Entwicklungsstadium befinden, blühen sie auch alle zur selben Zeit, und zwar 9 Tage nach dem Temperatursturz. Mehrere Arten reagieren auch auf denselben Umweltfaktor, und dennoch blühen die einzelnen Individuen nicht zur gleichen Zeit, da die Entwicklung ihrer Knospen unterschiedlich lange dauert (vgl. Tab. 4.3). Dies scheint auch bei *Sobralia* der Fall zu sein. Häufig wachsen mehrere Arten am selben Standort, doch jede Art hat scheinbar einen anderen Blütetag. Dodson hat beobachtet, daß potentielle Bestäuber die Pflanzen, die »ihren Einsatz verpaßt haben« und an einem anderen Tag blühen, ignorieren. Am »Sobralia-Tag« zum Beispiel konzentrieren sich die Bestäuber ausschließlich auf die zahlreichen *Sobralia*-Blüten und besuchen und bestäuben sehr viele von ihnen.

Dieses Phänomen (der Massenblüte) kommt nicht nur bei den Orchideen vor, ist jedoch bei anderen Pflanzen selten; die einzige andere Pflanze, von der ich eine derart exakte Synchronisation kenne, ist *Napeanthus* (Gesneriaceae).

Blühinduktion durch Feuer

Durch natürliche Phänomene wie Blitzeinschlag hervorgerufene Brände kommen in vielen Gebieten, vor allem in den sogenannten »mediterranen« Klimazonen mit ihren trockenen Sommern und regenreichen Wintern, häufig vor.

Tab. 4.3. Verschiedene Orchideenarten, bei denen eine Massenblüte auftritt, und Anzahl der Tage, die zwischen dem Temperatursturz und dem Aufblühen vergehen (nach Coster 1926)

8 Tage	9 Tage	10 Tage	11 Tage
Dendrobium			
acuminatissimum	*crumenatum*	*spurium*	*carnosum*
papilioniferum	*fugax*		
spathilingue	*insigne*		
Diplocaulobium			
brevicaule	*aratriferum*	*dendrocolla*	
compressicolle	*filiforme*	*dilatatocolle*	
crenulatum	*nitidicolle*	*ecolle*	
validicolle			
Ephemerantha			
bicostata	*kelsallii*	*forcipata*	*angulata*
comata			*xantholeuca*
fimbriata			
flabelloides			
luxurians			
macraei			
maculosa			
Thrixspermum			
arachnites		*raciborskii*	
calceolus		*subulatum*	
inquinatum			

Dort findet man einige Pflanzenarten, die nur nach Bränden blühen oder ihre Samen verbreiten. Solche Arten würden natürlich aussterben, wenn in ihren Verbreitungsgebieten keine Brände mehr aufträten. Schelpe (1970) hat festgestellt, daß die terrestrischen Orchideen Südafrikas auf drei verschiedene Weisen auf Feuer reagieren: (1) Die Pflanzen blühen zu einer bestimmten Jahreszeit, unabhängig von eventuell auftretenden Bränden; (2) die Pflanzen bringen nach einem Brand mehr Blüten hervor als sonst, blühen aber auch in brandlosen Jahren; (3) die Pflanzen blühen nur nach einem Brand.

Feuer setzt mineralische Nährstoffe frei und vernichtet unter Umständen auch hohe Pflanzen, so daß die krautigen Pflanzen mehr Sonnenlicht bekommen. Beide Faktoren könnten sich positiv auf die Orchideenblüte auswirken. In Südafrika und Australien sind etliche Orchideen bekannt, die nach einem Brand reicher blühen (Schelpe 1970; Stoutamire 1974 b), und zumindest in Afrika scheint es auch einige Arten zu geben, die ohne Brände überhaupt nicht blühen und sich folglich auch nicht fortpflanzen können.

Bestäubung

Die Entwicklung der geschlechtlichen Fortpflanzung war ein entscheidender Schritt in der Evolution des Lebens auf unserer Erde. Sie ermöglichte eine Rekombination des genetischen Materials unterschiedlicher Individuen und damit die genetische Variabilität, auf die dann die natürlichen Ausleseprozesse einwirkten. Die Lebewesen, die sich auf ungeschlechtlichem Wege vermehren, sind natürlich auch variabel; doch die Evolution vollzieht sich ohne Rekombination sehr viel langsamer als bei den Organismen, die sich geschlechtlich fortpflanzen. Die sexuelle Vermehrung ist für Pflanzen viel problematischer als für die beweglichen Tiere. Tiere können sich auf die Suche nach einem Partner begeben; die Pflanzen dagegen müssen ihren Pollen dem Wind, dem Wasser oder irgendeinem beweglichen Organismus anvertrauen. Das ist in den tropischen Wäldern besonders schwierig, da diese Wälder eine große Pflanzenvielfalt beherbergen und benachbarte Pflanzen meist zu ganz verschiedenen Arten gehören.

Normalerweise werden Orchideen nicht durch Wasser oder Wind bestäubt. Sie sind (mit Ausnahme der Selbstbestäuber) alle auf die Bestäubung durch Tiere (insbesondere Insekten) angewiesen. Viele der auffallendsten Merkmale der Orchideenfamilie sind Anpassungen an Tierbestäubung (van der Pijl und Dodson 1966). Darwin hat dem Studium der Orchideenbestäubung sehr viel Zeit und Energie gewidmet, und diese Phänomene haben zweifellos eine große Rolle bei der Entwicklung seines Evolutionskonzepts gespielt.

»Werbung« und »Belohnung« spielen bei der Tierbestäubung eine wichtige Rolle. Es ist durchaus legitim, diese vermenschlichenden Begriffe zu verwenden, solange wir uns darüber im klaren sind, daß Pflanzen überhaupt nicht zu bewußter Planung oder Problemlösung in der Lage sind und Tiere nur in sehr geringem Maße. Zunächst einmal muß die Blüte dem Bestäuber auffallen und dieser jene besuchen. Daher machen die Pflanzen durch Farbe, Form und Duft für ihre Blüten »Reklame«. Dennoch wird ein Tier eine bestimmte Blütenart nicht mehrmals besuchen, wenn es nicht irgendeine »Belohnung« dafür erhält. Diese besteht normalerweise aus Nährstoffen (meist Nektar oder Pollen), und die Tiere machen rasch einen großen Bogen um die Pflanzen, die keine solche Belohnung anbieten.

Blütentreue und Anpassung (Spezialisierung)

Für jedwede Tendenz des Bestäubers, zur selben Blütenart zurückzukehren, können wir den allgemeinen Begriff »Blütentreue« verwenden. Derjenige der »Blütenkonstanz« bezeichnet eine gewisse Fixierung, die lange andauern oder zeitlich begrenzt sein kann, insbesondere die Nahrungssuche sozialer Bienen auf vergleichsweise häufigen Blüten. Ein solches Verhalten bringt manchen Bienen- und Pflanzenarten durchaus Vorteile ein, spielt jedoch bei der Orchideenbestäubung wahrscheinlich kaum eine Rolle, obwohl auch hier ein gewisses Maß an »Treue« wichtig ist, wie wir gleich sehen werden. Für die Insekten wäre es natürlich ideal, wenn ihnen bei jedem Blütenbesuch eine Belohnung sicher wäre; und für die Orchideen ist es erstrebenswert, wiederholt von dem geeignetsten, effektivsten Bestäuber besucht zu werden. Infolgedessen sind viele Orchideenblüten so gebaut, daß nur der »richtige Bestäuber« – zum Beispiel kleine Fliegen, mittelgroße Falter oder große Bienen – die Belohnung erreichen kann. Dieses Merkmal wird als »Einschränkung« bezeichnet und ist für beide Partner von Vorteil. Es wurde behauptet, daß die meisten Orchideenarten ihre eigenen spezifischen Bestäuber haben. Das ist sicherlich eine Übertreibung. Zwar werden einige der am höchsten entwickelten Orchideen tatsächlich nur von einer einzigen Insektenart bestäubt; doch diese Spezialisierung ist einseitig, da keines dieser Insekten auf die Bestäubung einer einzigen Pflanzenart beschränkt ist. Da die Tierarten sich in morphologischer Hinsicht voneinander unterscheiden, verschiedene Farben wahrnehmen und von verschiedenen Düften und Formen angelockt werden, kann man häufig bereits an den Merkmalen einer Blüte erraten, wer der Bestäuber ist. Die Bestäubungsökologen sprechen in diesem Zusammenhang von »Syndromen«. Einige Autoren lehnen diesen Begriff ab, da manche Blüten sich nicht eindeutig einem bestimmten Syndrom zuordnen lassen und da es auch Insekten gibt, die die »falschen« Blüten besuchen. Trotzdem ist dieses Konzept sehr zweckmäßig; man darf dabei nur nicht vergessen, daß alle Tierarten – ob Gliederfüßer, Vögel oder Primaten – ihre »Nase« häufig aus purer Neugier in Dinge hineinstecken, die sie eigentlich nichts angingen. Ein solches Verhalten ist in der Tierwelt sehr oft anpassungsbedingt. Es kann also durchaus sein, daß ein Kolibri auch gelegentlich eine »Falterblüte« oder ein Schmetterling eine »Kolibriblüte« besucht. Diese beiden Bestäubertypen haben (vom Standpunkt der Pflanze aus betrachtet) sogar ziemlich ähnliche Eigenschaften und besuchen häufig die gleichen Blütentypen. Wenn eine langzüngige Biene versucht, Nektar aus einer »Schmetterlingsblüte« zu saugen, so wird ihr das gelingen. Und wenn diese Blüten über eine langen Zeitraum hinweg häufiger von Bienen als von Schmetterlingen aufgesucht werden, so werden ihre Merkmale sich wahrscheinlich aufgrund des natürlichen Ausleseprozesses immer mehr dem Bienensyndrom annähern. Auch die aggressiven und neugierigen Kolibris versuchen ihr Glück immer wieder bei neuen Blüten. Im allgemeinen ist es jedoch für beide Partner zweckmäßiger, wenn die Bienen sich auf die Blüten konzentrieren, die für sie »geschaffen« sind. Eine Zusammenfassung der Syndrome, die bei Orchideen vorkommen, ist in Tab. 4.4 zu finden. Das Bestäubungssystem der Orchideen ist im allgemeinen von geradezu eleganter Einfachheit. Das gleiche Verhalten, das bei der einen Blüte die Entnahme der Pollinien bewirkt, hat in der nächsten Blüte die Ablage der Pollinien auf der Narbe zur Folge. Die »Röhrenblüte« vieler Orchideen – bei der der Bestäuber in eine Art Hohlraum eindringen muß – weist eine zusätzliche Verfeinerung auf. Hier erhält oder deponiert die Biene die Pollinien nicht beim Besuch, sondern erst beim Verlassen der Blüte, und somit ist eine Selbstbestäubung (zumindest innerhalb derselben Blüte) sehr unwahrscheinlich (siehe Abb. 3.21).

Tab. 4.4. Einige Merkmalssyndrome, die Anpassungen an verschiedene Bestäubertypen darstellen (unter besonderer Berücksichtigung der Orchideen)

Merkmale	nahrungssuchende Bienen	männliche Euglossini	Tagfalter	Nachtfalter	Nektarfliegen	Aasfliegen	Vögel
Geruch	süß/tagsüber	harzig/ morgens	angenehm/ tagsüber	süß, stark/ nachts	süß oder unangenehm/ tagsüber	faulig/ tagsüber	keine
Farbe	unterschiedlich, einschließlich UV; kein reines Rot	unterschiedlich	leuchtend, rot, gelb	weiß, cremefarben, blaßgrün	grün, gelb, braun, purpurrot	matt, braunpurpurn	leuchtend/ rot, gelb, cerise
Form	Röhrenblüte	unterschiedlich	Schlüssel-loch-Typus	Schlüssel-loch-Typus	schüsselförmig, flach	Schüssel oder Falle	Schlüssel-loch-Typus oder enge Schüssel
Landeplatz	+	+/−	+/−	−	+/−	+/−	−
Nektar	+	−	+	+ reichlich	+	−	+ reichlich
" verborgen	+/−		+	+	−		+
Saftmale	+	−	+/−	−	−	−	−
sonstige Merkmale	können Pseudopollen haben				Fransen	Fransen, Schlitze oder Fenster	

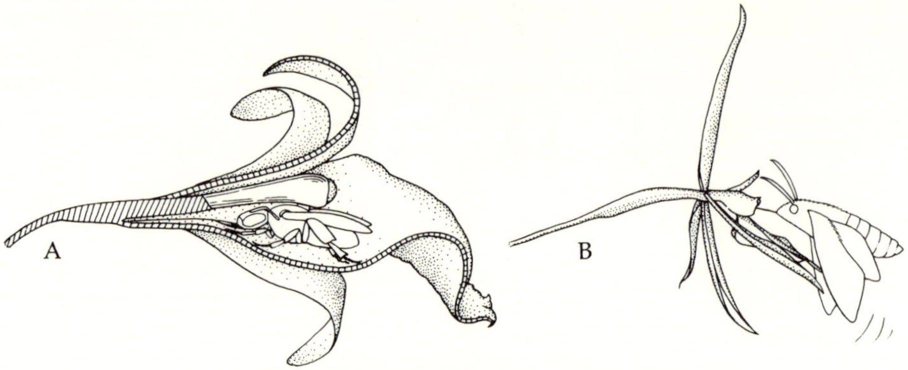

Abb. 4.9. (A) Röhrenblüte: Säule und Blütenhülle bilden eine Kammer, die der Bestäuber betreten muß. (B) Blüte des Schlüssellochtyps: die Plazierung des Bestäubers wird durch eine kleine Öffnung, welche zu der Belohnung führt, geregelt.

Die Blütenökologen sprechen nicht nur von »Bienenblüten«, »Vogelblüten«, »Fliegenblüten« usw., sondern klassifizieren die Blüten häufig auch noch nach Form und Funktion (unabhängig von der Bestäuberart). In diesem Zusammenhang wurden Begriffe wie »Fahnenblüten«, »Bürstenblüten«, »Röhrenblüten« u. a. geprägt. Wir werden hier nur auf ein paar dieser Kategorien (Abb. 4.9) eingehen. Der Begriff »Röhrenblüte« bezieht sich auf Blüten, wie sie beim Löwenmäulchen, Bartfaden (*Penstemon*) und anderen Angehörigen der dikotylen Ordnungen Scrophulariales und Lamiales zu finden sind. Hier wird der Pollen meist auf den Rücken des Insekts geheftet, in manchen Fällen auch auf den Kopf oder an die Unterseite. Bei den Röhrenblüten von *Cattleya* und *Sobralia* wird der Hohlraum allein vom Labellum und der darüberliegenden Säule gebildet. Die anderen Blütenhüllblätter dienen (zumindest nach der Entfaltung der Blüte) nur zu »Werbezwecken«. Eine andere Kategorie bilden die »Schlüssellochblüten«, die ebenfalls röhrenförmig sind und eine sehr enge Öffnung haben. Hier hat nur die Zunge, der Schnabel oder der Rüssel des Bestäubers in der Blüte Platz. Der Bestäuber muß also eine ganz bestimmte Stellung in oder auf der Blüte einnehmen, und die Pollen werden meist an seinen Kopf oder gar direkt an seinen Rüssel oder Schnabel angeheftet. Zu dieser Kategorie gehören viele Vogel-, Nachtfalter- und Schmetterlingsblüten, zum Beispiel *Epidendrum*, die afrikanischen angraecoiden Orchideen und viele Orchideae. Die Blütenökologen benutzen manchmal den Begriff »nototribisch« für Blüten, die ihren Pollen auf dem Rücken des Bestäubers absetzen, und »sternotribisch« für die, bei denen der Pollen die Unterseite des Insekts berührt. Dies wird jedoch der Vielfalt der Orchideenbestäubungssysteme nicht gerecht.

Dadurch, daß der Pollen bei den Orchideen zu Pollinien mit angehefteten Viscidien zusammengeballt ist, können Orchideenblüten ihre Pollenpakete viel exakter an eine bestimmte Stelle des Bestäubers anheften, als dies bei den meisten anderen Pflanzen möglich ist; allein bei den Euglossini kann man dreizehn verschiedene Anheftungsstellen unterscheiden (Abb. 4.12).

Bestäuber

Wir wollen nun kurz auf die verschiedenen Bestäubertypen eingehen, die für die Orchideen am wichtigsten sind.

Hymenoptera (Hautflügler). Bienen, die ja im Grunde genommen nichts anderes sind als pollensammelnde Wespen, sind die eifrigsten Blütenbesucher. Die Weibchen besuchen Blüten anderer Pflanzenfamilien, um Pollen für ihre Larven zu sammeln. Außerdem sammeln sowohl weibliche als auch männliche Bienen für sich selbst und für ihre Larven Nektar. Die blütenbesuchenden Insekten ernähren sich so gut wie nie von Orchideenpollen; daher müssen die Orchideen den Bienen andere Belohnungen wie Pseudo- und Imitationspollen, die in jeder Orchideen-Bienen-Beziehung eine Rolle spielen, anbieten. Symmetrie und Form der Orchideenblüten deuten darauf hin, daß die ersten Schritte, die diese Gruppe von den anderen lilienartigen Monokotyledonen entfernten, Anpassungen an eine Bestäubung durch Bienen oder Wespen darstellten. Noch heute werden ungefähr 60 Prozent aller Orchideen von Bienen oder Wespen bestäubt (van der Pijl und Dodson 1966).

Die von Bienen bestäubten Orchideen haben oft Röhrenblüten oder Varianten dieses Typs. Bienen gibt es in den verschiedensten Größen, von den sehr kleinen Schmalbienen (Halictidae) und den Stachellosen bis hin zu den riesigen Holzbienen, den großen *Centris*-Arten und den noch größeren Euglossini. Einige der 19000 bis 20000 Bienenarten, die wir kennen, verdienen besondere Erwähnung. Die weitverbreitete Holzbienengattung *Xylocopa* bestäubt eine ganze Reihe von Orchideen, insbesondere Arten mit großen Röhrenblüten wie *Arundina, Cymbidium, Eulophia, Schomburgkia* und *Vanda*. Die bekannten Hummeln (Gattung *Bombus*) bestäuben häufig *Spiranthes* und verwandte Gattungen, insbesondere in nördlichen und höhergelegnen Gebieten. Zwei Untergruppen der Familie Anthophoridae, darunter die Gattungen *Centris* und *Paratetrapedia,* sammeln außer oder statt Nektar Öl, und mehrere amerikanische Orchideen – beispielsweise *Ornithocephalus, Sigmatostalix* und einige *Oncidium*-Gruppen mit »offenen Nektarien« (die ja eigentlich Elaiophoren sind) auf den Lippenseitenlappen – haben sich an diese Bienen angepaßt (Vogel 1974).

Euglossini. Die Tribus Euglossini der Bienenfamilie Apidae scheint enger mit den Hummeln verwandt zu sein als mit anderen Gruppen. Diese fünf Gattungen mit insgesamt etwa 180 Arten umfassende Tribus kommt nur in den amerikanischen Tropen vor und variiert in der Größe sehr stark. Die Bienen haben meist eine lange Zunge und können beim Fliegen große Geschwindigkeiten erreichen. Sie haben die Blütenevolution vieler Pflanzenfamilien der amerikanischen Tropen stark beeinflußt. Die Weibchen bestäuben einige nektarerzeugende Orchideen wie zum Beispiel *Sobralia,* sind jedoch für die Orchideenbestäubung viel weniger wichtig als die Männchen, die an den Blütenoberflächen (oder auch anderswo) Duftstofftröpfchen sammeln und sie in ihren hohlen Hinterbeinen verstauen. Sicherlich werden diese Substanzen von den Bienen auf irgendeine Weise verwertet; wahrscheinlich verarbeiten sie sie zu Pheromonen oder zu Sexualduftstoffen (Dodson et al. 1969).

In den amerikanischen Tropen haben sich die Angehörigen der Subtriben Catasetinae und Stanhopeinae, die meisten Zygopetalinae und einige Oncidiinae an eine Bestäubung durch Euglossini angepaßt. Diese Orchideen bieten ihren Bestäubern keinen Nektar an, sondern erzeugen (insbesondere morgens) einen starken, häufig harzähnlichen Duftstoff. Diese Duftstoffe ziehen die männlichen Euglossini sehr stark an. Sie bürsten die Blütenoberflächen mit ihren Vorderbeinen ab und übertragen die Duftstoffe dann auf ihre Hinterbeine, während sie in der Luft schweben. Danach setzen sie sich wieder auf die Blüte und wiederholen die Prozedur mehrmals. Selbige hat (zum Beispiel bei *Gongora, Stanhopea* und *Coryanthes*) zur Entwicklung bizarrer, komplizierter Bestäubungsmechanismen geführt und auch die konventionelleren Systeme bei *Acineta* und den meisten Zygopetalinae geprägt. Die Duftstoffe haben jeweils eine andere Zusammensetzung, so daß jede Orchideenart nur eine oder wenige Bestäuberarten anlockt. Da in einem Gebiet bis zu 50 verschiedene Euglossini-Arten vorkommen können und die Bestäubungssysteme der Orchideen morphologisch so vielfältig sind (Abb. 4.10), gibt es für die Artbildung bei den Orchidaceae zahlreiche Möglichkeiten. Man hat die Orchideenduftstoffe analysiert und dabei viele bienenanlockende chemische Substanzen entdeckt (Hills, Williams und Dodson 1968; Holman und Heimermann 1973). Einige dieser Substanzen üben in reiner, unvermischter Form eine starke Anziehungskraft auf die Bienen aus; mit ihrer Hilfe war es möglich, zahlreiche Exemplare scheinbar seltener Bienenarten zu sammeln. Auf diese Weise erhält man übrigens etliche aufschlußreiche Informationen über die Orchideenbestäubung, ohne die Orchideen selbst untersuchen zu müssen: Wenn man die Pollinarien, mit denen einige Bienen behaftet sind, identifiziert, kann man jederzeit feststellen, welche Orchideen gerade blühen und von welcher Euglossini-Art sie besucht werden (Dressler 1976 a; Abb. 4.11).

Diptera (Zweiflügler). Die Dipteren sind eine sehr mannigfaltige Insektengruppe. Die Mücken verhalten sich in bezug auf die Blüten wie winzige Falter und können in sehr nördlichen Gebieten sogar an deren Stelle treten (zum Beispiel bei der Bestäubung von *Platanthera obtusata*) (Thien und Utech 1970). Andere, beispielsweise die Syrphidae, die Bombyliidae und einige Tachinidae, sind auf bestimmte Blüten spezialisiert. Diese Fliegen erinnern in ihrem Aussehen und Verhalten an Bienen und gehen auch bei der Bestäubung auf ähnliche Weise vor. Viele kleine Fliegen und Stechmücken haben eine besondere Beziehung zu den Fruchtkörpern von Pilzen. Diese Fliegen suchen zwar in Blüten nach Nektar; doch auch Pilze üben eine starke Anziehungskraft auf sie aus. In der Regel legen sie ihre Eier auf den Pilzen ab, die dann den Larven als Nahrung dienen. Kleine nektarsuchende Fliegen (bei einigen handelt es sich um Pilzflie-

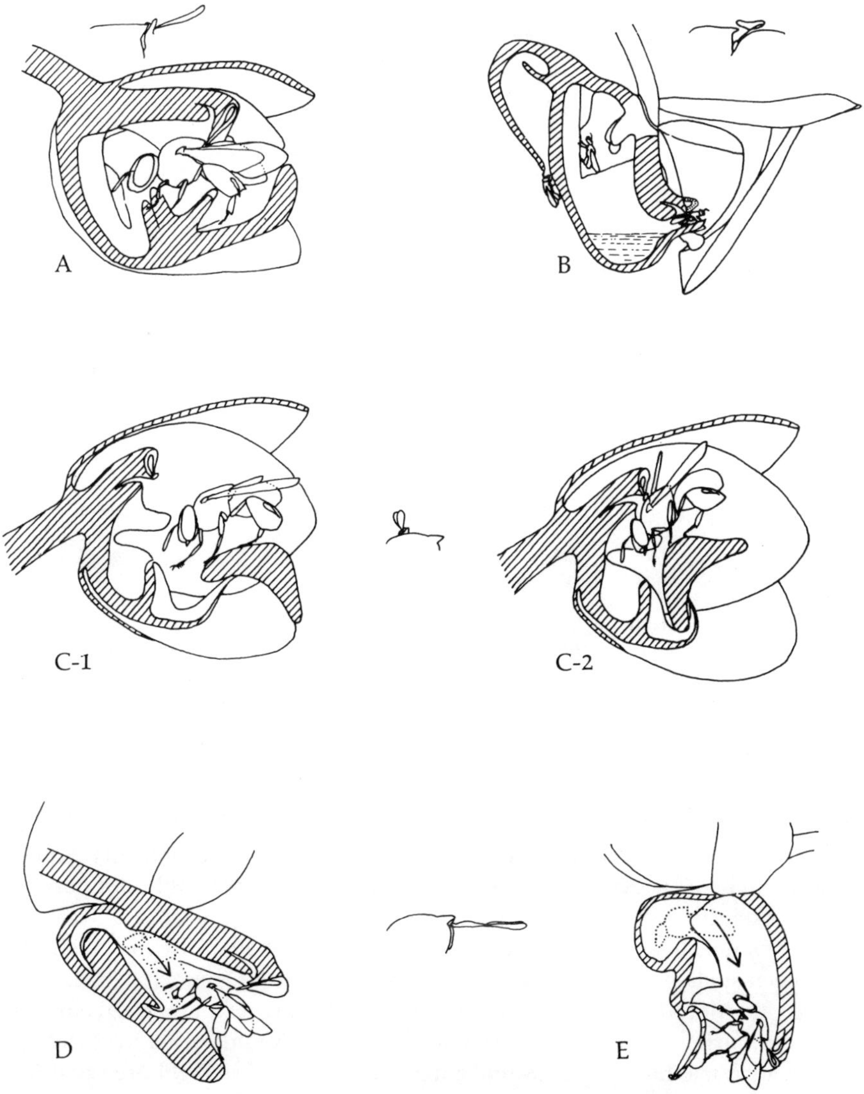

Abb. 4.10. Bestäubungsmechanismen bei verschiedenen durch Euglossini bestäubten Orchideen. Für jeden Fall wird die Plazierung der Pollinien auf dem Bestäuber durch die kleine Strichzeichnung daneben angedeutet. (A) *Acineta*. (B) *Coryanthes*. (C) *Peristeria*. (D) *Stanhopea ecornuta*. (E) *Stanhopea oculata* (nach Dressler 1968a).

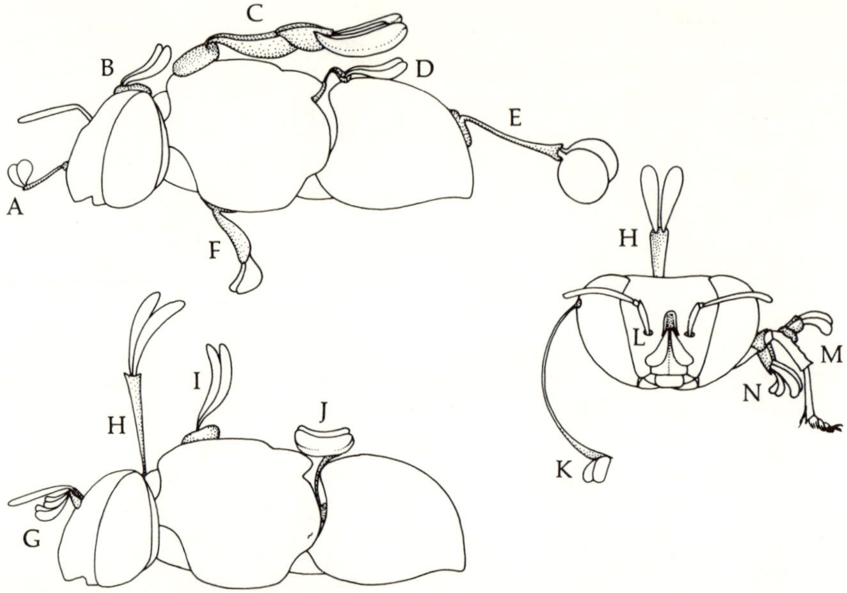

Abb. 4.11. Pollinarien auf Euglossini. Hier sind die unterschiedlichen Möglichkeiten zu sehen, in die Pollinarien abgesetzt bzw. aufgesetzt werden. (A) *Notylia*. (B) *Peristeria elata*. (C) *Catasetum*. (D) *Acineta*. (E) *Cycnoches*. (F) *Dressleria*. (G) *Kefersteinia*. (H) *Kegeliella*. (I) *Peristeria*. (J) *Coryanthes*. (K) *Macradenia*. (L) *Trichocentrum*. (M) *Clowesia warczewitzii*. (N) *Chaubardiella*.

gen, bei anderen nicht) bestäuben die meisten Pleurothallidinae und viele Bulbophyllinae. Die meisten *Pleurothallis*-Arten werden von winzigen, *Drosophila*-ähnlichen Fliegen bestäubt; doch über ihr Verhalten und die Spezifität dieser Bestäubungsbeziehung wissen wir nur sehr wenig.

Der zweite Fliegentyp, den wir hier besprechen wollen, ist die Aasfliege. Aasfliegen suchen normalerweise keinen Blütennektar. Dennoch haben einige Blüten eine Methode gefunden, diese Fliegen als Bestäuber zu »engagieren«: Sie ahmen in Farbe und Gestank verfaultes Fleisch nach und locken dadurch die Fliegen an. Viele *Bulbophyllum*- und einige *Masdevallia*-Arten gehören zu dieser Kategorie. Ihre Farbe ist meistens matt- oder schmutzig-gelb und ihr Gestank ekelerregend. Gerüche, die (zumindest für die menschliche Nase) unangenehm sind, findet man auch bei einigen nektarerzeugenden Blüten, zum Beispiel bei *Listera*. Es ist anzunehmen, daß die Bestäuber solche Gerüche als angenehm und verlockend empfinden.

Lepidoptera (Schmetterlinge). Tag- und Nachtfalter besuchen regelmäßig Blüten, um Nektar zu sammeln. Sie sind als Blütenbesucher fast ebenso bekannt wie die Bienen. Diese Insekten haben eine lange Zunge, die man als Rüssel bezeichnet und die im Ruhezustand zu einer engen Spirale eingerollt ist. Die Blüten, die sich an diese Insekten angepaßt haben, weisen meist einen schmalen Sporn auf und gehören dem »Schlüssellochtypus« an. Bei Tagfaltern wird der Pollen meist an die Zunge angeheftet. Bei anderen Pflanzengruppen kommt Tagfalterbestäubung meist bei Blüten vor, die nur wenige Samenanlagen bilden, da die Falterzunge sich nicht für den Transport von größeren Mengen loser Pollenkörper eignet. Die Orchideen haben dieses Problem durch die Entwicklung von Pollinien gelöst. Tagfalter (und auch einige Nachtfalter) sind Tagtiere und können – im Gegensatz zu den Bienen – »Rot« als Farbe erkennen. Deshalb sind Schmetterlingsblüten häufig rosa, rot oder gelb. Sie können zwar auch Duftstoffe bilden, doch der Sichtkontakt scheint bei der Werbung am wichtigsten zu sein. Die meisten Nachtfalter werden jedoch nachts aktiv und können (zumindest dann) nur zwischen Hell und Dunkel unterscheiden. Daher sind Mottenblüten meist weiß oder blaßgrün und duften nachts häufig sehr stark. Die Arten der Familie Sphingidae sind ausgezeichnete Flieger, und einige Autoren unterscheiden zwischen einem Sphingidae-Bestäubungssyndrom und dem Syndrom, das durch Anpassung an gewöhnliche Nachtfalter entstanden ist. Bei den Sphingidae und Hesperiidae kann normaler Pollen auf dem haarigen Körper deponiert werden; dieser eignet sich jedoch nicht für die Anheftung klebriger Orchideenviscidien. (Das ist vielleicht auch der Hauptgrund, warum sich die Orchideen nicht an eine Bestäubung durch Fledermäuse angepaßt haben.)

In den amerikanischen Tropen werden *Brassavola* und viele *Epidendrum*-Arten, in Afrika zahlreiche Angraecinae und Aerangidinae von Nachtfaltern bestäubt.

Eine sehr ähnliche Beziehung wie die zwischen den Orchideen und den männlichen Euglossini kommt bei einigen *Epidendrum*-Gruppen vor. Beim *Epidendrum anceps*-Komplex und beim *Epidendrum paniculatum*-Komplex werden die Blüten regelmäßig von männlichen Schmetterlingen besucht und bestäubt. *Epidendrum anceps* wird, zumindest in Florida, in erster Linie von Männchen einer einzigen Falterart (*Lymire edwardsii,* Ctenuchidae) aufgesucht (Adams und Goss 1976). Die Pflanzen des *Epidendrum paniculatum*-Komplexes locken männliche Ithomiiden an, scheinen jedoch weniger spezialisiert zu sein als *Epidendrum anceps.*

Vögel. In allen tropischen Gebieten der Welt findet man Vogelgruppen, die auf den Blütenbesuch spezialisiert sind, und natürlich auch Blüten, die sich an eine Bestäubung durch Vögel angepaßt haben. Die Syndrome sind bei Vogel- und Schmetterlingsbestäubung sehr ähnlich, aber die Vogelblüten sind meistens fester und stabiler und duften meist nicht. Die Vogelbestäubung ist vor allem in höheren Regionen ausgeprägt, und zwar in beiden Hemisphären. In Malaysia und auf Neuguinea gibt es etliche *Dendrobium*-Arten, die ein eindeutiges Vogelbestäubungssyndrom aufweisen und zweifellos von Nektarvögeln (Nectariniidae) besucht werden. Die Kolibris der Neuen Welt (Familie Trochilidae) sind äußerst spezialisierte Blütenbesucher; etliche amerikanische Orchideen haben sich an Kolibribestäubung angepaßt. Zu diesen Kolibriblumen gehören zum Beispiel *Elleanthus, Cochlioda, Comparettia* und einige *Epidendrum*-Arten.

Bei der Vogelbestäubung werden die Pollinien normalerweise auf den Vogelschnabel aufgebracht. Viele von Kolibris bestäubte Orchideenarten haben dunkle, schieferfarbene oder gräuliche Pollinien, was darauf hindeutet, daß die natürliche Auslese die Entwicklung von Pollinien begünstigt hat, die sich in der Farbe kaum oder gar nicht vom Vogelschnabel unterschieden. In der Tat ist anzunehmen, daß Vögel gelbe Pollinien häufiger abstreifen (Dressler 1971). Interessanterweise haben die *Dendrobium*-Arten aus den Gebirgen Neuguineas, zum Beispiel *D. phlox* und *D. sophronitis,* die andere Merkmale des Vogelbestäubungssyndroms aufweisen, auch dunkle, schieferfarbene Pollinien.

Orchideenbiotope und Bestäuberbiotope

Kühle, feuchte Nebelwälder scheinen den Orchideen optimale Lebensbedingungen zu bieten. Zumindest zeigen sie dort die größte Vielfalt und Variabilität. Bienen dagegen sind eher in trockenen, sonnigen Gebieten beheimatet; das ist einer der Gründe dafür, daß in den höheren Lagen häufiger Vogelbestäubung vorkommt. Cruden (1972) hat einen Vergleich zwischen Vogelblumen und Bienenblumen in den hochgelegenen Regionen Mexikos angestellt und beobachtet, daß bei guten Wetterverhältnissen beide Blütentypen recht häufig bestäubt wurden; doch wenn die Flugbedingungen schlecht waren, wie es in Höhenlagen häufig vorkommt, wurden die Bienenblüten kaum besucht. Kolibris sind Warmblüter und somit relativ wetterunabhängig; sie bleiben auch bei Bewölkung und Regen aktiv. In Zentralamerika kommen diverse Euglossini in einer Höhe von bis zu 1100 m beachtlich häufig vor; oberhalb dieser Grenze nimmt ihre Anzahl und Artenvielfalt jedoch rapide ab, und in einer Höhe von über 1500 m sind sie kaum noch zu finden. Diese Tatsache spiegelt sich in dem Vorkommen euglossini-bestäubter Orchideen und anderer an diese Bienen angepaßter Pflanzengruppen (zum Beispiel der Marantaceae) wider. In Grenzlagen – zum Beispiel in Nebelwäldern in 1000 bis 1200 m Höhe – kann man beobachten, daß die Bienen an sonnigen Tagen aktiv werden, an den vielen kalten, feuchten, bewölkten Tagen hingegen entweder inaktiv sind oder sich woanders auf Nahrungssuche begeben.

Die Blüten der Gattung *Stanhopea* halten in der Regel ungefähr anderthalb Tage; die Blüten einiger *Stanhopea anfracta*-Populationen in den Höhenlagen Ecuadors sind jedoch langlebiger (vier bis fünf Tage). Dies erhöht natürlich die Chance der Pflanzen, an einem sonnigen Tag in Blüte zu sein (Dodson, pers. Mitteilung). Die Duftstoffe der von Euglossini bestäubten Orchideen in niedrigen Lagen haben eine sehr komplexe chemische Zusammensetzung und sind daher auch sehr spezifisch, das heißt, sie locken nur eine oder wenige Bestäuberarten an. Einige Nebelwaldorchideen dagegen bilden Duftstoffe, die sehr intensiv und weniger spezifisch sind. Beispiele hierfür sind *Houlletia odoratissima, Coeliopsis* und eine *Peristeria*-Art, die in den Nebelwäldern Panamas vorkommt (Dressler 1968a; 1968b). Der Duftstoff der *Peristeria* riecht fast wie reines 1-8 Cineol und lockte innerhalb eines kurzen Beobachtungszeitraums sechzehn verschiedene Euglossini-Arten an. Nach früheren Untersuchungen vertrat ich die Ansicht, daß Orchideenarten, die ihr Verbreitungsgebiet mit anderen Arten derselben Gattung teilen, spezifischere Duftstoffe bilden, was bedeuten würde, daß die natürliche Auslese bei solchen Orchideenarten größere Spezifität begünstigt hat. Nun wachsen viele Orchideen, die nicht mit verwandten Arten zusammen vorkommen, in Nebelwäldern, und diese Tatsache hat mich bei meinen Untersuchungen sicherlich beeinflußt. Es ist wahrscheinlicher, daß die natürliche Auslese in Grenzgebieten – also dort, wo die Flugbedingungen häufig sehr zu wünschen übrig lassen – die Entwicklung eines möglichst starken, verlockenden Dufts begünstigt hat. In viel höheren Lagen kommen natürlich keine Euglossini und auch keine anderen Bienen mehr vor. In solchen Gebieten herrscht Fliegen- und Vogelbestäubung vor; einige Orchideen werden jedoch auch von Hummeln bestäubt. Zwar werden auch Fliegen von klimatischen Bedingungen beeinflußt; doch findet man diese Insekten dennoch fast überall.

Bei einigen Arten, die in extremen Höhenlagen wachsen, kommt auch Selbstbestäubung vor; sie scheint jedoch selten zu sein.

Räuberische Insekten und Nektardiebe

Früher hielten die Biologen alle Insekten, die auf oder in der Nähe einer Blüte gesichtet wurden, für Bestäuber. Inzwischen haben die Blütenökologen jedoch gelernt, deutlich zwischen »Besuchern« und »Bestäubern« zu unterscheiden. Dieser Unterschied läßt sich bei den Orchideen leicht feststellen, denn ihre Pollinien sind so groß, daß man sie am Körper des Bestäubers erkennen oder an der Blüte feststellen kann, wo sie nach einem Insektenbesuch fehlen. Orchideen, die von Euglossini bestäubt werden, locken gelegentlich auch Tiere an, die viel zu groß oder zu klein sind, um die Blüten bestäuben zu können. Wenn diese »Nichtbestäuber« sehr klein sind, haben sie wahrscheinlich kaum Einfluß auf die Fortpflanzung der Orchidee; zu große Besucher dagegen können unter Umständen den »richtigen« Bestäuber verjagen. Eine noch viel schädlichere Wirkung üben die sogenannten »Antibestäuber« aus. Das sind Spinnen und räuberische Insekten, die auf oder bei den Blüten bleiben und auf die besuchenden Insekten (und damit auf die Bestäuber) Jagd machen (Ospina 1969). Einer der bemerkenswertesten Antibestäuber ist die Malaysische Heuschrecke *Hymenopus coronatus*. Die Jungtiere dieser Art können weiß, rosa oder lila gefärbt sein; die Insekten nehmen die Farbe des Substrats an. Sie kommen an vielen verschiedenen Orchideen und auch bei anderen Blütentypen vor (Yong 1976). Es gibt auch »Nektardiebe«, die in die Nektarien beißen und den Nektar stehlen, ohne dabei die Pflanze zu bestäuben. Diese Räuber sind daran schuld, daß die Bestäuber manchmal keine »Belohnung« vorfinden. Hummeln und Holzbienen »berauben« zwar häufig Blüten, jedoch in der Regel keine Orchideenblüten.

Selbstverträglichkeit und Selbstbestäubung

Viele Pflanzenarten sind »selbstunverträglich« (selbststeril), können jedoch vom Pollen einer anderen Pflanze derselben Art ohne weiteres bestäubt werden. Dieses System verlangt die Kreuzbestäubung und verhindert Inzucht. Die meisten Orchideen sind selbstverträglich, doch ihr Blütenbau begünstigt Kreuzbestäubung. Das ist scheinbar das flexibelste System, denn eine isolierte Pflanze hat dadurch immer noch die Möglichkeit, ihre Fortpflanzung zu sichern, indem sie sich selbst bestäubt. Bei selbstunverträglichen Arten dagegen, müssen mindestens zwei Pflanzen das neue Gebiet besiedeln, um einen Fortbestand zu sichern. Stoutamire (1975) berichtet, daß *Cryptostylis* selbststeril ist. Auch bei etlichen *Oncidium*-Arten ist Selbstunverträglichkeit festgestellt worden. Dodson (pers. Mitteilung) hat Fälle beobachtet, in denen ein einziges Insekt mehrere Blüten eines einzigen *Oncidium*-Blütenstandes bestäubte. Die zuerst (und folglich mit einem Pollinarium einer anderen Pflanze bestäubte) Blüte bildete eine Samenkapsel, alle anderen Blüten dagegen fielen innerhalb weniger Tage ab.

Nachdem wir betreffs der meisten Orchideen so viel über die unendliche Komplexität und Vielfalt der Kreuzbestäubung erfahren haben, enttäuscht es uns fast, daß Selbstbestäubung (Autogamie) bei einigen Populationen regelmäßig auftritt. Diese Pflanzen tauschen die langfristigen Vorteile der Kreuzbestäubung gegen den kurzfristigen Vorteil der Produktion großer Samenmengen ein. Manchmal bestäuben solche Pflanzen sich selbst, ohne daß ihre Knospen sich öffnen. Dieses Phänomen bezeichnet man als Kleistogamie. Bei autogamen Orchideen kann das Rostellum als Teil der Narbe fungieren, das Pollinarium kann auf die Narbe fallen oder sich nach unten drehen, so daß es mit der Narbe in Berührung kommt; oder es können überzählige Staubbeutel gebildet werden, die nicht durch ein Rostellum von der funktionsfähigen Narbe getrennt sind. Es ist durchaus möglich, daß die natürliche Auslese zeitweilig Selbstbestäubung begünstigt, vor allem, wenn sie mit einem anpassungsfähigen Genotyp gekoppelt ist. Solche Pflanzen produzieren mitunter Millionen von Samen und können echte Unkräuter sein. *Caularthron bilamellatum* und *Spathoglottis plicata* sind selbstbestäubende Pflanzen und können an vereinzelten Standorten in großen Mengen vorkommen.

Selbstbestäubung kann ein entscheidender Vorteil sein, wenn eine Pflanze sich in einem Gebiet ansiedeln will, in dem ihr Bestäuber nicht vorkommt. So findet man zum Beispiel auf den Karibischen Inseln und in Florida autogame Formen von Arten, die auf dem Festland des tropischen Amerika in ihrer »normalen« kreuzbestäubten Form vertreten sind. Es gibt nur sehr wenige Arten, die hundertprozentig autogam sind; die meisten haben nebenbei auch noch die Möglichkeit der Kreuzbestäubung. Bei *Cattleya aurantiaca* und *Cattleya patinii* gibt es mehrere verschiedene Formen: Einige Pflanzen sind immer autogam oder sogar kleistogam, einige sind niemals autogam, und einige haben – je nach Umweltbedingungen – sowohl die Mögichkeit der Selbstbestäubung als auch der Kreuzbestäubung. In einem Gebiet in Chiapas (Mexiko), in dem

Epidendrum nocturnum und *Epidendrum latifolium* vorkommen, fand ich bei *Epidendrum latifolium* nur kleistogame Blüten, entdeckte aber auch zwei Pflanzen, die allem Anschein nach Hybriden zwischen *E. latifolium* und *E. nocturnum* waren. Offensichtlich bildet *E. latifolium* also gelegentlich auch Blüten, die sich öffnen und zur Kreuzbestäubung in der Lage sind. Bei Blüten, die sich selbst bestäuben, sind viele der üblichen Orchideenmerkmale überflüssig; auch Mutationen mit kronblattartigen Lippen (labelloide Formen), verkrüppelten Säulen usw. können überleben und sich sogar vermehren, wenn sie zur Selbstbestäubung in der Lage sind. In autogamen Populationen (u. a. bei *Encyclia cochleata, E. boothaiana* und *Psilochilus physurifolius*) kommen häufig Blüten mit drei fruchtbaren Staubbeuteln vor. Selbstbestäubung ist bei den Saprophyten weit verbreitet und kommt bei den primitiven Orchideengruppen viel häufiger vor als bei den höherentwickelten.

Die Apomixis ist eine ungeschlechtliche Fortpflanzungsform, bei der Embryos gebildet werden, die exakte genetische Kopien der Mutterpflanzen sind. Dies ist zum Beispiel bei *Spiranthes cernua, Dactylorhiza maculata, Zeuxine sulcata, Zygopetalum intermedium* (als *Z. mackayi*) und einigen anderen Orchideen beobachtet worden. Ebenso wie die Autogamie ist die Apomixis (zumindest bei den Orchideen) nur selten die einzige Form der Fortpflanzung; bei manchen Arten kommt sie nur vor, wenn die Blüten gar nicht oder von Pollinien einer anderen Art bestäubt wurden.

Wachs und Pseudopollen

Der echte Orchideenpollen ist keine Nahrung für blütenbesuchende Insekten; doch einige Orchideen bieten ihren Bestäubern sogenannten Pseudopollen (einen mehligen, pollenähnlichen Nährstoff) an. Diese mehligen Substanzen findet man zum Beispiel auf der Lippe der meisten *Polystachya*-Arten und einiger *Maxillaria*- und *Eria*-Arten. Der Pseudopollen wird von Insekten (meistens Bienen) gesammelt und als Nahrung verwertet.

Einige *Maxillaria*-Arten erzeugen auf ihrem Lippenkallus Wachs. Man hat beobachtet, daß Bienen dieses Wachs sammeln (Porsch 1909), möglicherweise verwenden sie es beim Nestbau. Über die Bestäubung dieser Orchideen liegen uns jedoch kaum genaue Daten vor.

Leere Versprechungen

Einige Orchideen »betrügen« ihre Bestäuber, indem sie ein Nahrungangebot vortäuschen, obwohl in Wirklichkeit gar keine Nahrung da ist. Darwin hat festgestellt, daß der *Orchis*-Sporn keinen Nektar enthält, und glaubte, daß die Insekten die Spornzellen durchbohrten, um an den Zellsaft zu gelangen. Untersuchungen neueren Datums (van der Pijl und Dodson 1966) haben jedoch keinerlei Beweise für diese These erbracht. Viel wahrscheinlicher ist, daß gelegentlich eine unerfahrene Hummel – im Frühjahr gibt es diese haufenweise – in dem Sporn nach Nektar sucht, keinen findet, den Versuch aber trotzdem

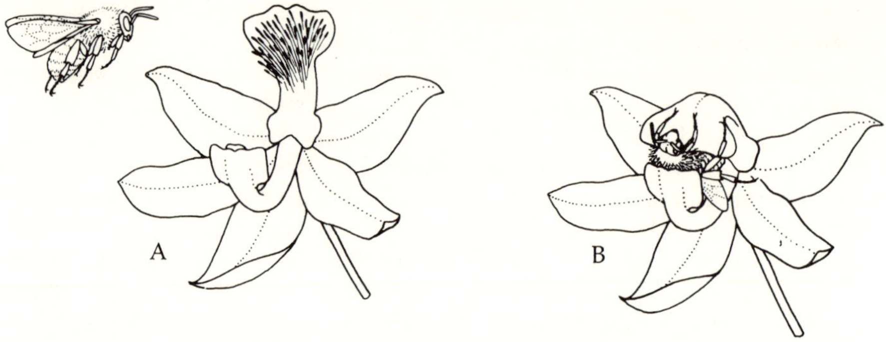

Abb. 4.12. Bestäubung bei *Calopogon*. (A) Blüte in natürlicher Position mit dem gelben Kallus, der eine Gruppe von Pollen tragenden Antheren vortäuscht. (B) Das Gewicht der Biene läßt die Lippe nach unten fallen, und die Biene wird gegen die Säule geworfen.

noch bei ein paar weiteren Blütenständen wiederholt. Van der Pijl und Dodson haben auf der Lippe von *Odontoglossum kegeljani* Scheinnektarien gefunden. Hier sind die vermeintlichen Nektarien für die Biene sehr schwierig zu erreichen, und daher wird sie es wohl mehrmals versuchen, ehe sie lernt, diese Blüten zu meiden.

Andere Orchideen bilden einen Schopf aus gelben Härchen, die wie pollentragende Staubbeutel aussehen. *Calypso* und *Arethusa* beispielsweise scheinen darauf angewiesen zu sein, unerfahrene Bienen auf diese Art und Weise zu täuschen. Das gleiche gilt für *Calopogon;* doch die Blüten dieser Art haben eine mit Scharnier versehene bewegliche Lippe, die die Biene gegen die Säule schleudert, sobald sie sich auf den vermeintlichen Staubbeuteln niedergelassen hat (Abb. 4.12).

Bewegliche Blütenteile

Bei Pflanzen haben Bewegungen immer etwas Überraschendes, selbst wenn es sich, verglichen mit tierischen Aktivitäten, nur um ein kaum merkliches Zukken handelt. Bei vielen Orchideen (zum Beispiel *Bulbophyllum* und *Peristeria*) ist die Lippe mit einem Scharnier versehen und somit beweglich. Sobald ein Bestäuber auf ihr landet, wird sie durch sein Gewicht zur Säule hin gedreht oder gedrückt (Abb. 4.10). Diese Bewegungen sind selbstverständlich rein passiver Natur. Einige *Bulbophyllum*- und *Pleurothallis*-Arten haben Blütenhaare oder -anhängsel, die sich im Wind bewegen (Abb. 4.13) und Fliegen auf besonders effektive Weise anzulocken scheinen. Sie sind ein weitverbreitetes Merkmal des Fliegenbestäubungssyndroms. Auch eigenständige Bewegungen kommen im Pflanzenreich recht häufig vor; hierbei handelt es sich normalerweise um sehr langsame, zweimal täglich auftretende »Schlafbewegungen«. Angeblich be-

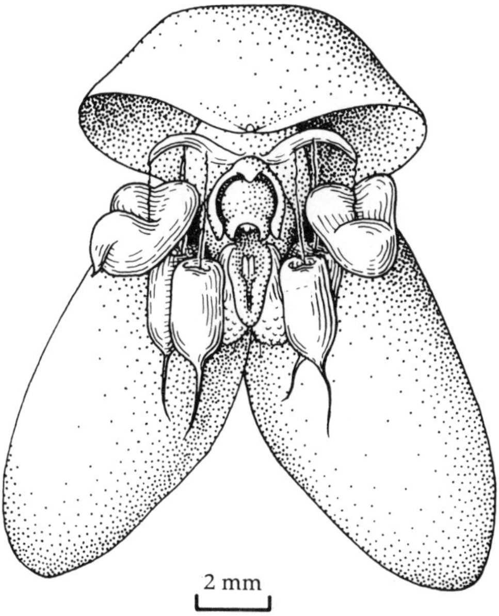

Abb. 4.13. Blüte von *Bulbophyllum macrorhopalon* (?), mit den drei beweglichen Anhängseln an jedem Petalum. Die Anhängsel bewegen sich frei bei leichtestem Wind, so daß die Blüte immer in Bewegung zu sein scheint.

wegt sich die Lippe der westafrikanischen Art *Bulbophyllum recurvum* mehrmals ohne äußere Reize nach oben und wieder nach unten. Diese Bewegung läuft so schnell ab, daß sie sichtbar ist (Westra, pers. Mitteilung).

Mehrere Orchideengattungen weisen durch Scharnier ermöglichte Lippenbewegungen auf, die keineswegs passiv sind. Die Gattung *Porroglossum* zum Beispiel hat eine berührungsempfindliche Lippe, die an einem langen Säulenfuß sitzt (Abb. 4.14). Im Normalzustand zeigt die Lippe nach vorn; doch sobald irgendein Tier oder Gegenstand den Kallus in der Nähe der Lippenbasis berührt, schnellt die Lippe nach oben gegen die Säule. Das Insekt ist dann zwischen Lippe und Säule eingeschlossen und kann die Blüte nur durch einen Ausgang verlassen, der an Narbe und Rostellum vorbeiführt. Bei seiner »Flucht« nimmt es mit ziemlicher Sicherheit Pollinien mit oder bestäubt die Narbe. Nach ungefähr 20 Minuten kehrt die Lippe langsam in ihre normale Position zurück und ist bereit für das nächste Insekt (Sweet 1972). Ähnliche Mechanismen kann man bei *Acostaea* und den australischen Gattungen *Drakaea* und *Pterostylis* beobachten (Northen 1972). Auch *Plocoglottis* hat eine solche berührungsempfindliche Lippe, die jedoch bei einigen Arten nicht wieder in ihre Ausgangsposition zurückkehrt (Holttum 1955 b).

Bei den Catasetinae werden die Pollinarien förmlich »herausgeschossen«. Dies ist jedoch eigentlich eine passive Bewegung, und zwar eine Reaktion auf eine Spannungsminderung. Bei der männlichen *Catasetum*-Blüte ist der Stipes

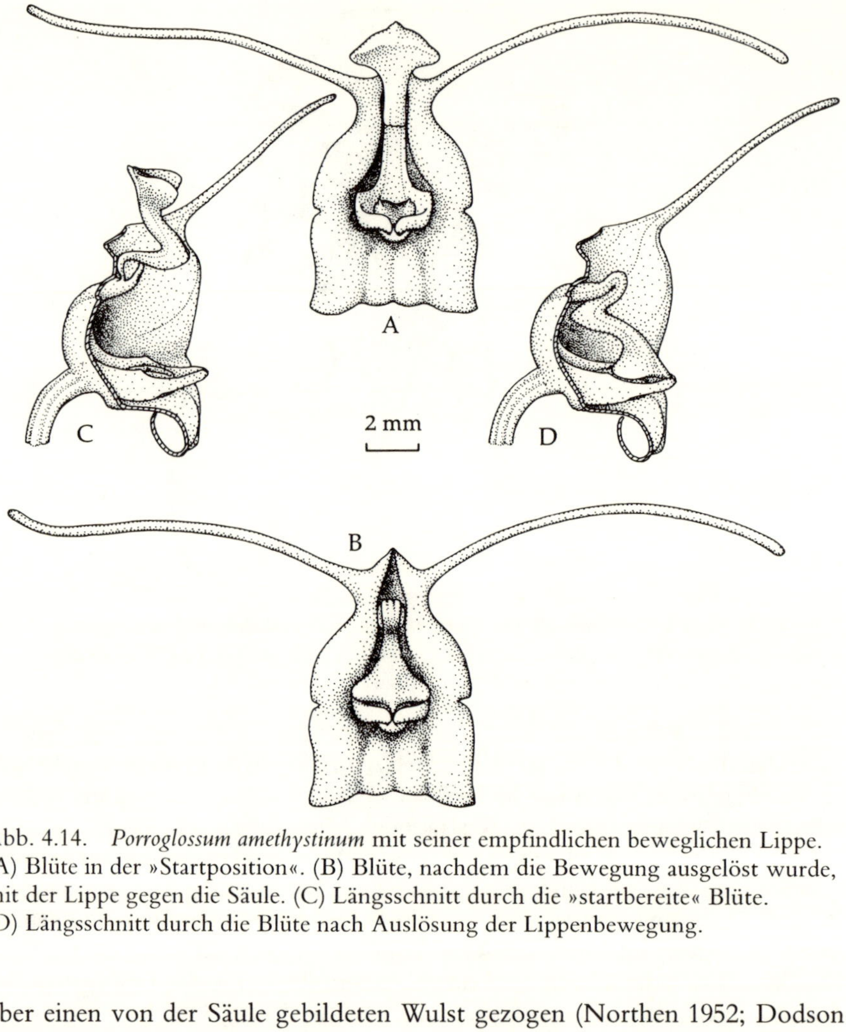

Abb. 4.14. *Porroglossum amethystinum* mit seiner empfindlichen beweglichen Lippe. (A) Blüte in der »Startposition«. (B) Blüte, nachdem die Bewegung ausgelöst wurde, mit der Lippe gegen die Säule. (C) Längsschnitt durch die »startbereite« Blüte. (D) Längsschnitt durch die Blüte nach Auslösung der Lippenbewegung.

über einen von der Säule gebildeten Wulst gezogen (Northen 1952; Dodson 1962 a). Staubbeutel und Pollinien sitzen oberhalb dieses Wulstes, und das Viscidium ist unterhalb des Wulstes eingeschoben. Während die Blüte sich entwickelt, entsteht in dem elastischen Stipes eine Spannung; und sobald die Blüte ausgewachsen ist, genügt schon der leichteste Druck auf die zu beiden Seiten des Viscidiums stehenden Antennen, um das Viscidium freizusetzen. Dadurch wird das ganze Pollinarium mit beachtlicher Kraft aus der Blüte herausgeschleudert. Das Viscidium ist mit einem Klebstoff versehen, der erstaunlich schnell hart wird, so daß das Pollinarium sehr stark haftet (normalerweise trifft es den Rücken einer Biene oder den Finger des Orchideenliebhabers). Die anderen Gattungen der Catasetinae weisen ähnliche Mechanismen auf, obwohl jede Gattung eine andere »Freisetzungsmethode« hat und der Bewegungsgrad bei einigen Gattungen geringer ist als bei *Catasetum*.

Fallenblüten

Dieser Begriff bildet eine weitere funktionelle Kategorie, wie die »Fahnen«- und »Röhrenblüten«, und ist so anschaulich, daß er eigentlich gar keiner Erklärung mehr bedarf. Die »Klappfallen« der Gattung *Porroglossum* und *Pterostylis* und die passiven »Kippfallen« von *Bulbophyllum, Anguloa* und *Peristeria* sind alle sehr ähnlich. Eine primitive Unterfamilie der Orchidaceae (die Cypripedioideae) hat dagegen eine ganz andere Fallenblütenart. Bei dieser Gruppe bildet das Labellum einen Sack, der häufig als Schuh bezeichnet wird und in den das Insekt vor der Säule sehr leicht eindringen kann. Es ist jedoch äußerst schwierig, die Blüte durch dieselbe Öffnung wieder zu verlassen. Viel einfacher ist es, an einer Seite der Säule herauszukriechen. Diese Ausgänge sind wesentlich schmaler, und daher streift das Insekt beim Verlassen der Blüte normalerweise erst die Narbe und dann den Staubbeutel. Ein Teil des Pollens, den es dabei aufnimmt, gelangt beim nächsten Blütenbesuch auf die Narbe. Die *Cypripedium*-Arten werden von verschiedenen Bienen besucht, obwohl die Blüten keine erkennbare Belohnung anzubieten scheinen. Vielleicht handelt es sich bei den Blütenbesuchern um unerfahrene Bienen, die ungeschickt genug sind, zweimal oder noch häufiger in die gleiche Falle zu tappen. Die tropischen Frauenschuharten weisen viele Merkmale fliegenbestäubender Pflanzen auf.

Eine andere Fallenart ist bei *Coryanthes* zu beobachten (Abb. 4.10). Hier werden die Bienen zwar nicht völlig eingeschlossen, können aber dennoch nicht entkommen, ohne vorher die Blüte bestäubt zu haben: Kleine Bienen werden befeuchtet und dadurch am Fliegen gehindert, und größere Bienen finden zwischen den glatten Blütenwänden nicht genügend Platz, um ihre Flügel auszubreiten und davonzufliegen.

Mimikry

Manche Orchideenliebhaber verwenden den Begriff Mimikry für jede zufällige Ähnlichkeit zwischen Individuen zweier verschiedener Arten. In der Biologie dagegen bezieht sich der Begriff nur auf die Fälle, in denen diese Ähnlichkeit durch die natürliche Auslese begünstigt wurde. Am bekanntesten ist dieses Phänomen bei den Insekten: Hier schützen beliebte Beutetiere sich häufig dadurch, daß sie in ihrem Aussehen ungenießbare Insekten anderer Gattungen oder sogar anderer Ordnungen nachahmen. Auch bei den Orchideen kommt Mimikry vor. Die täuschende Ähnlichkeit zwischen *Bulbophyllum*-Blüten und faulem Fleisch und die Pollenimitation bei *Calopogon* und *Calypso* wurden bereits erwähnt. Einige *Oncidium*-Arten ahmen wahrscheinlich die Blüten von Kletterpflanzen der Familie Malpighiaceae nach (Nierenberg 1972). Die weiblichen Bienen der Gattung *Centris* sammeln Öl an den Kelchblattdrüsen der Malpighiaceae und setzen sich manchmal auch irrtümlicherweise auf eine *Oncidium*-Blüte. Wenn sie kein Öl finden, fliegen sie wieder davon; doch wenn sie beim nächsten Blütenbesuch wieder auf eine *Oncidium*-Blüte »hereinfallen«, wird diese bestäubt. Bei der Gattung *Dracula* kommt ein sehr interessanter

Mimikry-Typus vor. Die Blüten werden in der Nähe des Substrats gebildet und strömen häufig einen pilzähnlichen Geruch aus, und auch die Lippe erinnert im Bau an einen Pilz. Diese Blüten werden von kleinen Fliegen besucht. Vogel (1978) ist der Meinung, daß diese Pflanzen von Pilzmücken bestäubt werden, die sich von Pilzen zu ernähren und auch ihre Eier auf ihnen abzulegen suchen. Er vermutet, daß auch bei *Corybas* und *Cypripedium debile* eine ähnliche Mimikry vorkommt.

Van der Pijl und Dodson haben die ecuadorianischen Orchideen *Epidendrum ardens, Elleanthus aureus* und *Odontoglossum retusum* beschrieben. Ihre Blüten haben eine große Ähnlichkeit mit denen von *Gaultheria,* einem Erikastrauch, der im selben Gebiet vorkommt wie diese Orchideen. Schelpe (1966) hat auf die Ähnlichkeit zwischen den Blüten von *Orthopenthea falcata* und dem im selben Gebiet heimischen Strauch *Adenandra* (Rutaceae) hingewiesen. Auch die Blüten von *Epidendrum radicans, Lantana camara* und *Asclepias curassavica* (die in denselben Gebieten Mittelamerikas vorkommen) ähneln einander sehr. All diese Ähnlichkeiten deuten stark auf Mimikry hin. Manchmal begünstigt die natürliche Auslese auch Konvergenzen zwischen einer seltenen und einer weit verbreiteten Blüte, selbst wenn beide Arten eine ausreichende Belohnung anbieten. Potentielle Bestäuber könnten die Blüten der seltenen Art, die ein unterschiedliches Suchbild hat, ignorieren und sich ausschließlich auf die häufige Art konzentrieren; daher ist es für die Pflanze von Vorteil, wenn sie die häufige Art »imitiert«.

Bei der Insekten-Blüten-Beziehung, die van der Pijl und Dodson als »Pseudoantagonismus« bezeichnen (obwohl der Antagonismus deutlich genug zu sein scheint), handelt es sich ebenfalls um ein besonderes mimikryähnliches Phänomen. Die Weibchen der Bienengattung *Centris* sammeln und fressen häufig Pollen oder Öl an Blüten, die in dichten Büscheln stehen, und die Männchen machen solche Blütenbüschel oft zum Mittelpunkt ihres Reviers. Diese männlichen *Centris* verteidigen ihre Reviere gegen jedes fliegende Insekt mit Ausnahme der *Centris*-Weibchen. Wenn der Wind die Blütenstände bewegt, haben manche *Oncidium*-Blüten anscheinend eine so große Ähnlichkeit mit einem Insekt, daß die männlichen *Centris* aggressiv werden. Sie greifen die Blüten an, und die Pollinien heften sich an ihren Kopf. Wahrscheinlich wechseln diese Bienen ihre Reviere von Tag zu Tag und wiederholen ihr aggressives Verhalten nach dem Revierwechsel an einem anderen Blütenstand. Eine solche Beziehung könnte man als »Pseudorevierverletzung« bezeichnen.

Pseudokopulation

Unter Pseudokopulation versteht man einen besonderen Mimikry-Typus, bei dem Orchideenblüten weibliche Insekten nachahmen und von den paarungsbereiten Männchen bestäubt werden. Das Bemerkenswerte an diesem Phänomen ist, daß es sich bei sehr unterschiedlichen Insekten- und Orchideengruppen in verschiedenen Teilen der Welt entwickelt hat. Am bekanntesten ist dieser Vorgang bei der in Europa und im Mittelmeerraum heimischen Gattung

Ophrys, deren Blüten Insekten in Form, Farbe, Geruch und Oberflächenstruktur ähneln (Kullenberg 1961; Kullenberg und Bergström 1976). Die Blüten ahmen verschiedene Bienen und Wespen nach, sind aber trotz ihrer beachtlichen Ähnlichkeit nicht ganz artspezifisch; daher kommen recht häufig Hybriden zwischen verschiedenen *Ophrys*-Arten vor.

Ein Vergleich mit zwei anderen relativ bekannten Pseudokopulationstypen ist interessant. In Australien gibt es mehrere *Cryptostylis*-Arten, die alle von Männchen der Schlupfwespenart *Lissopimpla semipunctata* (Ichneumonidae) bestäubt werden. Diese *Cryptostylis*-Arten sind ziemlich intersteril, und es sind keine Hybriden bekannt (Stoutamire 1975). Auf demselben Kontinent kommen mehrere kleine Wespenarten der Unterfamilie Thynninae (Familie Tiphiidae) vor. Die Weibchen dieser Wespen haben keine Flügel. Sie kriechen auf die Spitzen krautiger Pflanzenstengel und scheiden einen Sexualduftstoff (ein sogenanntes Pheromon) aus. Die fliegenden Männchen umklammern die weiblichen Wespen und fliegen mit ihnen zu einer Blüte, wo sie Nahrung aufnehmen und sich paaren. *Caladenia-*, *Chiloglottis-* und *Drakaea*-Arten ahmen diese Wespen nach, indem sie den entsprechenden Duft verbreiten und auf der Lippe meist einen dunklen, glänzenden Kallus bilden, der der weiblichen Wespe ähnelt (Stoutamire 1975). Jede Orchideenart ahmt eine andere Wespenart nach, und daher entstehen in freier Natur kaum Hybriden zwischen diesen Arten. Die Gattung *Calochilus* wird von Wespen der Gattung *Campsomeris* bestäubt; neuere Beobachtungen deuten darauf hin, daß es sich auch hier um Pseudokopulation handelt (Jones und Gray 1974). In den amerikanischen Tropen ahmen Orchideen der Gattung *Trichoceros* Raupenfliegen (Tachinidae) nach und werden von sexuell erregten Männchen bestäubt. Es könnte sein, daß auch die verwandten Gattungen *Telipogon* und *Stellilabium* auf diese Weise bestäubt werden. Es gibt noch mehr Orchideen, bei denen man Pseudokopulation vermutet, jedoch ist keiner dieser Fälle gut dokumentiert.

Einige dieser Mimikrys sind sehr verblüffend. Dennoch müssen wir uns vor Augen halten, daß Insekten trotz ihres komplexen Verhaltens keine sehr »intelligenten« Lebewesen sind. Eine komplexe Mimikry-Beziehung könnte zum Beispiel so beginnen, daß bei einer Orchidee zufällig eine glänzende Oberfläche und ein pheromonähnlicher Geruch auftreten. Nach und nach kann diese Ähnlichkeit durch natürliche Auslese so sehr ausgeprägt werden, daß sie sogar für das menschliche Auge deutlich erkennbar ist.

Orchideen und Naturschutz

Die Bedeutung von Ökologie und Umweltschutz ist uns in den letzten zehn Jahren immer stärker zu Bewußtsein gekommen. Bisweilen wird jedoch nicht rational, sondern in erster Linie emotional argumentiert. Aber Umweltschutz ist so wichtig für uns, daß wir es uns nicht leisten können, uns in irrationalen Betrachtungen zu verlieren. Wir müssen alle Aspekte des Problems in Betracht ziehen und versuchen, möglichst effektive Lösungen zu finden.

Das Sammeln von Orchideen

Sofern das Sammeln von Orchideen nicht grundsätzlich verboten ist, möchten wir hier einige – an und für sich selbstverständliche – Empfehlungen geben. In Parkanlagen oder Naturschutzgebieten sollten keine Orchideen gesammelt werden. Man sollte (sofern es sich nicht um Rettungsaktionen handelt) nie viele Exemplare einer einzigen Art sammeln. Man sollte nie Pflanzen sammeln, bei denen man nicht sicher ist, ob sie im Garten oder unter den am Heimatort des Sammlers herrschenden klimatischen Bedingungen überhaupt überleben können. Viele terrestrische Orchideen sind so schwer zu kultivieren, daß man sie niemals sammeln sollte – es sei denn, es handelt sich um eine Rettungsaktion. Man sollte einen guten Orchideenstandort niemals einem kommerziellen Sammler verraten.

Die meisten Menschen haben einen Sammeltrieb; aber es gibt wirklich keinen Grund, mehr Pflanzen zu sammeln, als man zu Hause unterbringen kann. Das ist nur bei sogenannten Rettungsaktionen gerechtfertigt: Wenn ein Biotop abgeholzt oder auf andere Weise zerstört wird, sollte man möglichst viele Orchideen ausgraben und an verschiedene Liebhaber verteilen oder an einen geeigneten anderen Standort in freier Natur verpflanzen.

Kommerzielle Nutzung

Der kommerzielle Sammler wird häufig als absoluter Bösewicht betrachtet; doch in vielen Entwicklungsländern stellen die Regierungen kein Geld für den Schutz von Orchideen oder Schmetterlingen zur Verfügung, wenn sie sich nicht irgendeinen Profit davon versprechen. In allen tropischen Ländern werden durch Abholzung oder landwirtschaftliche Nutzung jährlich riesige Waldgebiete vernichtet, und die meisten Orchideen dieser Gebiete werden einfach verbrannt. Es wäre viel besser für diese Länder, wenn sie aus jenen Orchideen einen finanziellen Nutzen zögen und veranlaßten, daß zumindest einige gesammelt und kultiviert werden.

Eine weitere kommerzielle Nutzungsmöglichkeit der Natur, die deren Wert in den Augen mancher Regierenden gesteigert hat, sind die Entdeckungsreisen in Gebiete fern aller Zivilisation, die in den letzten Jahrem immer beliebter geworden sind und aus denen die Entwicklungsländer einen beachtlichen Nutzen gezogen haben. Touristische Expeditionen in tropische Gebiete für Orchideenliebhaber, Vogelbeobachter und Naturliebhaber aus den USA und Europa sind für alle Beteiligten ein Gewinn, wenn für fachmännische Führung gesorgt wird.

Gesetzlicher Schutz

In vielen Ländern gibt es Gesetze, die bestimmte Pflanzenarten der jeweiligen Floren schützen. Theoretisch erscheint solch ein Schutz wünschenswert, praktisch jedoch sind diese Gesetze häufig wirkungslos und können in einigen Fällen sogar mehr Schaden anrichten als nützen, vor allem, wenn sie Rettungsaktionen in Biotopen verhindern, die von der Zerstörung bedroht sind. Gar zu häufig können diese sicherlich gutgemeinten Gesetze das Verhalten mutwilliger Zerstörer und kommerzieller Sammler kaum beeinflussen, machen jedoch dem Botaniker und allen wirklichen Pflanzenliebhabern, die das Gesetz zu achten suchen, das Leben sehr schwer. Es ist fast unmöglich, kleine Pflanzen wirksam zu schützen. Viele epiphytische Orchideen können in der Jackentasche transportiert werden, ohne aufzufallen. Erdorchideen lassen sich leicht aus dem Boden ziehen, und viele werden sicherlich nur ausgegraben, weil sie Orchideen sind. Die Spuren kann man hinterher leicht verwischen.

Das in Orchideenkreisen meistdiskutierte Gesetz ist zweifellos das Washingtoner Artenschutzabkommen. Dieses 1973 erstmals unterzeichnete Abkommen soll den internationalen Handel mit gefährdeten Pflanzen und Tieren (und Produkten aus diesen Arten) regeln. Es besteht aus einem Haupttext und drei Anhängen (Anhang I: vom Aussterben bedrohte Arten; Anhang II: Arten, die vom Aussterben bedroht wären, wenn der Handel nicht kontrolliert würde; Anhang III: Arten, die nicht bedroht sind, aber trotzdem von einem der Unterzeichnerländer aufgelistet wurden, um den Handel zu regeln).

Laut Abkommen sind für den Import von Arten, die in Anhang I aufgelistet sind, Sondergenehmigungen des Ein- und Ausfuhrlandes erforderlich, während für die Einfuhr der Arten aus Anhang II nur eine Ausfuhrgenehmigung benötigt wird. (Hinzu kommen natürlich noch die Genehmigungen, die das Importland für die Einfuhr von Pflanzen und Tieren im allgemeinen vorsieht.)

Der Grund für dieses Artenschutzabkommen war die Sorge um die wilden Tiere, die durch die steigende Nachfrage nach deren Produkten in zunehmendem Maße gefährdet sind. Die Pflanzen wurden erst sehr spät in das Abkommen aufgenommen.

Statt erst einmal zu untersuchen, welche Orchideenarten überhaupt eines Schutzes bedürfen, haben die Verfasser des Abkommens gleich die ganze Familie in Anhang II aufgenommen. Daß dies blanker Unsinn ist, ist schon daraus ersichtlich, daß 90 Prozent der Orchideen kaum kommerziellen Wert haben und somit niemals vom Orchideenhandel bedroht sein werden. Das Argument, man müsse die ganze Familie schützen, da kein Zollbeamter geschützte und ungeschützte Orchideengattungen voneinander unterscheiden könne, wird schon durch die Tatsache ad absurdum geführt, daß im selben Abkommen Unterarten bestimmter Säugetiere aufgeführt sind, die selbst Zoologieexperten kaum identifizieren können, ohne ihre genaue Herkunft zu kennen. Es gibt sicherlich Orchideengruppen, die sich sehr ähneln, zum Beispiel die einblättrigen *Cattleya*- und *Laelia*-Arten, und es wäre sicherlich sinnvoll, sie alle unter Naturschutz zu stellen, um sicherzugehen, daß die wirklich gefährdeten Arten geschützt sind. Fünfzehn- bis zwanzigtausend nicht gefährdete Orchideenarten in Anhang II aufzunehmen, ist jedoch ebenso unsinnig, als wolle man an jeder Ecke einer Stadt Verkehrsampeln aufstellen – mit der gleichen negativen Wirkung: Es mindert die Glaubwürdigkeit und damit die Durchsetzbarkeit des Gesetzes. Es wird jedoch sehr schwierig sein, das Abkommen sinnvoll zu ändern; vielleicht wird es noch lange so von Absurditäten durchsetzt bleiben, wie es im Augenblick ist. Eigentlich waren in den USA »Rettungszentren« geplant, die sich um Pflanzen kümmern sollten, die die Zollbehörden wegen fehlender Einfuhrdokumente beschlagnahmt hatten. Zur Zeit sind jedoch keine Gelder für solche Zentren vorhanden, die selbst dann sehr kostspielig wären, wenn dort nur wirklich gefährdete Arten kultiviert würden. Infolgedessen wurden und werden in den Vereinigten Staaten nach wie vor Tausende von Orchideen im Namen des »Artenschutzes« verbrannt.

Einige Orchideengruppen sind wirklich von der Ausrottung durch kommerzielle Sammler bedroht. Ein gutes Beispiel hierfür ist die Gattung *Paphiopedilum*. Dennoch gehört kein einziger Vertreter dieser Gattung zu den 9 Orchideenarten, die derzeit in Anhang I aufgelistet sind. Es gibt immerhin fast 50 Orchideengattungen, die einen so großen kommerziellen Wert haben, daß sie durch den Handel gefährdet sein könnten. Selbst wenn die Einhaltung des Washingtoner Artenschutzabkommens auf internationaler Ebene gewährleistet wäre, böte dies den Pflanzen in ihrem Heimatland keinerlei Schutz, denn die heimischen Händler bieten in den Städten immerzu Pflanzen zum Verkauf an. Die wenigsten dieser Orchideen haben eine Überlebenschance.

Die Orchideengesellschaften könnten einen wesentlichen Beitrag zum Schutz der Orchideen leisten, wenn sie Untersuchungen organisierten, um festzustellen, welche Arten wirklich gefährdet sind oder in absehbarer Zeit gefährdet sein könnten. Solche Studien wären für alle Formen des Naturschutzes sehr wertvoll.

Erhaltung bedrohter Arten durch Kultur

Da so viele natürliche Lebensräume zerstört werden und viel Interesse an der Orchideenkultur besteht, ist der Versuch, bedrohte Orchideen durch Verpflanzung in Gärten zu retten, durchaus sinnvoll. Hier gibt es viele Möglichkeiten, die jedoch nicht ganz unproblematisch sind. Einzelpersonen können natürlich – einige Jahrzehnte lang – vieles tun, doch Naturschutz ist ein Langzeitproblem, und Kontinuität ist hier von entscheidender Bedeutung. Daher sind botanische Gärten und Orchideengesellschaften sicherlich sinnvoller; doch auch hier hängt der Erfolg von Aktivitäten einzelner Personen ab. Um ein erfolgreiches Naturschutzprogramm durchführen zu können, braucht ein botanischer Garten einen entsprechend engagierten Direktor, einen fähigen und begeisterten Gärtner und natürlich Geld. Botanische Gärten in den Tropen eignen sich am besten für die Rettung tropischer Orchideen, schon allein deshalb, weil sie diese Pflanzen mit weniger Aufwand und geringeren Kosten kultivieren können. Auch hier sind jedoch anhaltendes Interesse und ständige Investitionen vonnöten. Einige in verschiedenen Höhenlagen der Tropen gelegene botanische Gärten könnten einen wichtigen Beitrag zum Artenschutz leisten. Bis jetzt wird jedoch nur wenigen solchen Gärten über einen längeren Zeitraum hinweg ausreichende Unterstützung zuteil.

Um seltene Arten erfolgreich kultivieren zu können, muß man möglichst viele Pflanzen an verschiedene Gärten und verschiedene Orchideenfachleute verteilen. Falls die Pflanze sehr selten ist, ist es angebracht, sie durch Selbstbestäubung oder Meristemkultur zu vermehren. Dadurch wird jedoch die genetische Diversität der »Population« reduziert. Bei einem Klon findet man nur sehr geringe genetische Vielfalt. Bei selbststerilen Arten wären tausend Pflanzen desselben Klons einer einzigen Pflanze gegenüber kaum im Vorteil, da sie sich weder selbstbestäuben noch untereinander gekreuzt werden können. Es ist viel besser, eine Kreuzbestäubung mit unterschiedlichen Individuen derselben Art vorzunehmen. Alphonso (1976) erwähnt, aus *Vanda coerulea* und *Vanda sanderiana* sehr schöne Populationen hervorgebracht zu haben, die sich jedoch von den natürlichen Arten sehr unterschieden; diese Hybriden könnten in der freien Natur vielleicht nicht überleben. Alphonso zieht Selbstbestäubung vor, was meiner Meinung nach falsch ist.

Die Wiedereinführung seltener Arten in ihre natürlichen Lebensräume ist wünschenswert; doch man muß bei der Wahl der Gebiete sehr vorsichtig sein. Man sollte zum Beispiel keine Arten in ein Gebiet einführen, in dem die Gefahr der Hybridisierung mit verwandten Arten besteht, da sonst beide Populationen ihre Identität verlieren könnten, was bei einer seltenen Art unter Umständen zum Aussterben führen würde. Wir wissen tatsächlich noch sehr wenig darüber, wie man bei der Wiederansiedlung von Arten vorgehen sollte.

Welche seltenen Arten sollte man in Kultur erhalten? Das ist eine schwere Entscheidung. Es gibt auf der Welt nicht genügend botanische Gärten, um alle Pflanzenarten unterzubringen, die vom Aussterben bedroht sind oder werden könnten. Außerdem muß eine in Kultur seltene Art nicht unbedingt auch in der freien Natur selten sein. Vielleicht liegt, wie Arp (1977) meint, die Hauptaufgabe der botanischen Gärten (und auch der privaten Sammlungen) in der Vermehrung von Arten, die für gärtnerische Zwecke von Interesse sind. Auf diese Weise könnte man erreichen, daß die natürlichen Populationen weniger dezimiert werden. Botanische Gärten und Orchideengesellschaften sollten ihre Bemühungen um den Artenschutz so planen und koordinieren, daß die vorhandenen Mittel möglichst effektiv genutzt werden können.

Biotopschutz

Alle soeben besprochenen Ansätze sind durchaus sinnvoll und können zum Schutz der Orchideenarten beitragen; am wichtigsten ist jedoch die Erhaltung der biologischen Lebensräume (Biotope). Vor allem die Epiphyten werden in freier Natur gut überleben können, wenn ihre Standorte erhalten bleiben. Der beste Beweis hierfür ist die Verbreitung bestimmter *Cattleya*-Arten in Venezuela: *Cattleya mossiae* gedeiht in unmittelbarer Nähe der Stadt Caracas, da der

Wald im Avilapark wirksam geschützt wird. Gleichzeitig sind *C. lawrenceana, C. jenmannii* und *C. violacea* durch Standortvernichtung und kommerzielle Sammler im Landesinneren gefährdet, obwohl sie in den abgelegensten Gebieten Venezuelas vorkommen.

Es wird nicht möglich sein, alle guten Orchideenstandorte zu schützen, da der Druck der ökonomischen Entwicklung zu groß ist. Aber Waldgebiete sollten auf jeden Fall erhalten werden, denn sie sind auch für das Überleben des Menschen wichtig. Wir müssen versuchen, möglichst viele repräsentative Standorte zu erhalten.

Für den Orchideenschutz bieten unzugängliche Gebirgsregionen viele Vorteile. Durch ihre topographische Vielfalt bieten sie vielen verschiedenen Orchideenarten geeignete Lebensbedingungen. Außerdem sind sie wegen ihrer Unzugänglichkeit weitgehend vor illegalen Sammlern und mutwilligen Zerstörern geschützt und eignen sich kaum für die Landwirtschaft, so daß sie auszusparen leichter fällt. Unsere Naturschutzgebiete sollten so groß wie möglich sein. In kleinen Gebieten sterben Arten, die nur sporadisch vorkommen, unter Umständen mit der Zeit aus. Außerdem ist in einem kleinen Naturschutzgebiet auch nicht gewährleistet, daß die für die Orchideen notwendigen Baum- und Bestäuberarten erhalten bleiben.

Wenn die Naturschutzgebiete so groß sind, daß von Zeit zu Zeit natürliche Störungen auftreten, erübrigt sich unter Umständen eine Bearbeitung. Meist sind menschliche Eingriffe jedoch unumgänglich, insbesondere bei einigen terrestrischen Orchideenarten, die sich stark ausbreiten und viel Platz brauchen. Hier könnte kontrolliertes Abbrennen, Mähen, Abgrasen oder Baumfällen zum Erhalt der benötigten Lebensräume erforderlich sein.

Zuletzt muß betont werden, daß die Anlage eines Parks oder Naturschutzgebiets nur der erste Schritt ist. Das Gebiet muß wirksam geschützt und von Fachleuten überwacht und gehegt werden, und das erfordert Geldmittel.

5 Evolution

Die Orchideen sind eine Pflanzenfamilie, deren evolutionäre Entwicklung noch in vollem Gange zu sein scheint. Daher finden wir unter ihnen – wie es bei einer aktiven Artbildung zu erwarten ist – eindeutig abgegrenzte Arten, Semispecies und variable Pflanzenkomplexe. Es gibt zahlreiche »Problemgattungen«, und man findet in und zwischen den verschiedenen Gruppen fast diagrammatische phyletische Tendenzen. Obwohl man nicht versuchen sollte, lebende Gruppen voneinander abzuleiten, so sind doch einige Verbindungen zwischen den einzelnen Gruppen der Orchidaceae unverkennbar. Die hinsichtlich der Klassifikation von Unterfamilien und Triben herrschende Uneinigkeit ist nicht nur auf Schwächen der Taxonomie zurückzuführen.

Das Interessante an der Orchideenfamilie ist, daß wir die »Richtung« der phylogenetischen Tendenzen meist mit ziemlicher Sicherheit erkennen können. Am einen Ende des Orchideenspektrums finden wir mehr oder weniger eigenartige Liliengewächse, am anderen Ende Pflanzen mit völlig neuem Blütenkonzept und einzigartigem vegetativen Aufbau.

In der Regel weist jede Gruppe andere höherentwickelte Merkmale auf, und nicht selten findet man in einer Gruppe sowohl »primitive« als auch »hochentwickelte« Merkmale. Dies ist aber nicht nur für die Orchidaceae, sondern für die Blütenpflanzen im allgemeinen typisch. Eine Betrachtung der Phylogenie und der verwandtschaftlichen Beziehungen innerhalb der Familie erhärtet das Konzept der »genetischen Gleichförmigkeit« (Steblins 1974). Ein Merkmal, das innerhalb einer Gruppe typisch für eine Tribus oder Subtribus ist, kann in einer anderen Gruppe als Unterscheidungsmerkmal zwischen zwei eng verwandten Arten fungieren. Wer an die Evolution glaubt, den sollte das nicht überraschen. Nur wenn die Schöpfung sorgfältig geplant wäre, könnte man eine sauber aufgetrennte Hierarchie von Familien, Unterfamilien, Triben, Gattungen und Arten erwarten. In einem solchen Fall wäre die Trennung eine einfache, aber auch uninteressante Aufgabe, und eine Phylogenie gäbe es gar nicht.

Reproduktive Isolation

Zwei engverwandte Arten können nur dann denselben natürlichen Lebensraum bewohnen und trotzdem ihre Identität als eigenständige Art beibehalten, wenn eine Art Barriere – ein reproduktiver Isolationsmechanismus – vorhanden ist. Einem solchen Mechanismus wird eine entscheidende Rolle bei der Artbildung zugeschrieben. Manche Botaniker halten nicht mehr viel von dem Konzept der reproduktiven Isolation (Fortpflanzungsisolation), da es sich nicht immer mit den existierenden Arten in Einklang bringen läßt. Dennoch können wir sicher sein, daß zwei Arten, die am selben Standort vorkommen, ohne ihre Identität zu verlieren, immer irgendeinen Isolationsmechanismus aufweisen. Ein solcher Mechanismus kann nicht aus einem einzelnen Merkmal bestehen; es handelt sich stets um Wechselwirkungen zwischen Populationen. Meist bilden mehrere verschiedene Merkmale zusammen eine genetische Barriere zwischen zwei Populationen (Levin 1978). Die Isolationsmechanismen sind auf verschiedene Weise klassifiziert worden. Ich verwende in dieser Besprechung der Orchideen das System Levins (1978) mit einigen Abänderungen, da ich (entgegen einigen Berichten) der Meinung bin, daß alle von Levin aufgeführten Barrieren bei den Orchideen vertreten sind. Übrigens soll an dieser Stelle betont werden, daß sie alle eine genetische Komponente haben.

1. Isolationsmechanismen vor der Bestäubung
   a) Zeitliche Barrieren
      Jahreszeitliche Barrieren
      Tageszeitliche Barrieren und Tagesbarrieren
   b) Blütenbarrieren
      Durch das Bestäuberverhalten bedingte (ethologische) Barrieren
      Durch den Bau der Blüte bedingte Barrieren
      Farblich bedingte Barrieren
      Geruchsbarrieren
   c) Durch die Art der Fortpflanzung bedingte Barrieren
2. Mechanismen nach der Bestäubung
   d) Unverträglichkeit (Inkompatibilität)
   e) Hybridenuntauglichkeit
      Nicht lebensfähige Hybriden
      Unfruchtbare (sterile) Hybriden
      Zusammenbruch der Hybriden in späteren Generationen

Die Bestäubung scheint bei den reproduktiven Isolationsmechanismen der Orchideen eine besonders wichtige Rolle zu spielen. In gewisser Hinsicht sind die Mechanismen, die vor der Bestäubung eingreifen, »besser« als die, die erst nach einer Bestäubung wirken, denn wenn bereits die Bestäubung der Blüte mit dem Pollen einer anderen Art unmöglich gemacht wird, braucht die Pflanze keine Energie in die Entwicklung von Hybridensamen zu investieren. Außerdem kann die Bestäubung mit dem Pollen der eigenen Art dann nicht durch die Ablage fremder Pollinien verhindert werden.

Die von Stebbins (pers. Mitteilung) als »undichte Barrieren« bezeichneten Mechanismen können auch Vorteile bergen. Diese Barrieren sind stark genug, um die Identität der Art zu erhalten, erlauben jedoch von Zeit zu Zeit ein wenig Genaustausch, um den Gen-Pool zu vermehren.

Zeitliche Barrieren

Bei vielen am selben Standort vorkommenden Arten wie *Cattleya skinneri* und der sehr ähnlichen *C. patinii* wird eine Hybridisierung durch die unterschiedlichen Blütezeiten verhindert. Ich kenne zwar keine Orchideen, bei denen die reproduktive Isolation dadurch zustande kommt, daß ihre Blüten zu verschiedenen Tageszeiten geöffnet sind, doch findet man Vertreter, deren Blüten sehr kurzlebig sind und die aufgrund desselben Umweltreizes an unterschiedlichen Tagen zur Blüte kommen (eher eine Tages- denn eine saisonale Barriere). Es gibt auch Arten, deren Blüten jeden Tag (oder jede Nacht) nur eine kurze Zeit lang duften. Im allgemeinen jedoch können Orchideenpollinarien stunden- oder sogar tagelang am Körper des Bestäubers haftenbleiben, so daß Unterschiede von wenigen Stunden kaum eine effektive Barriere sind.

Blütenbarrieren

Bei den Orchideen findet man sehr mannigfaltige Blütenbarrieren. Levin folgend, führe ich hier auch die ethologischen (verhaltensbedingten) Vorgänge an; doch eigentlich können diese kaum gesondert behandelt werden, da die Unterschiede im Verhalten der Bestäuber stets eine Reaktion auf bestimmte Blütenmerkmale darstellen. Mit Ausnahme von extremen Fällen mechanischer Isolation ist bei allen Vorgängen zwischen Bestäuber und Pflanze sowohl eine Verhaltenskomponente als auch eine morphologische und/oder chemische Komponente vorhanden. Ein solcher Extremfall mechanischer Isolation sind die großen und kleinen Röhrenblüten: Die Bestäuber der größeren Blüten können in die kleineren nicht eindringen, und der kleinere Bestäuber kann die größere Blüte nicht erfolgreich bestäuben, selbst wenn er die »Belohnung« erreicht. Bei den größeren Röhrenblütengattungen, wie zum Beispiel *Cattleya, Cymbidium, Eulophia* und *Sobralia,* finden wir Blüten in den verschiedensten Größen.

Auch unterschiedliche Spornlänge kann von Bedeutung sein, wie zum Beispiel bei *Platanthera psycodes* und *P. grandiflora* (Stoutamire 1974 a). Die Blütenfarbe allein ist meistens kein entscheidender Isolationsmechanismus, obwohl sie bei der Bestäubung durch Schmetterlinge (Lepidoptera) von Bedeutung sein kann. Die orangeblütige *Platanthera ciliaris* zum Beispiel wird von Tagfaltern, die weißblühende *P. blephariglottis* von Nachtfaltern bestäubt (Smith und Snow 1976). Die Farbe scheint auch bei der Vogelbestäubung eine entscheidende Rolle zu spielen. Wie die Blütenfarbe ist der Blütenduft ein mitwirkender Faktor. Bei der Bestäubung durch Euglossini und bei der Pseudokopulation ist er jedoch ausschlaggebend dafür, welcher Bestäuber die Blüte besucht.

Durch die Fortpflanzungsart bedingte Barrieren

Jede Pflanzenpopulation, deren Mitglieder Selbstbestäuber sind, ist automatisch von allen ihren Verwandten isoliert. Kleistogamie wäre (sofern sie die einzige Fortpflanzungsmethode einer Art darstellt) eine unüberwindliche Barriere gegen die Hybridisierung mit anderen Populationen.

Unverträglichkeit (Inkompatibilität)

Unverträglichkeit zwischen engverwandten Arten ist bei den Orchideen zwar keineswegs die Regel, kommt aber dennoch hin und wieder vor. Die *Cryptostylis*-Arten zum Beispiel sind untereinander inkompatibel (unverträglich) (Stoutamire 1975), und auch die verschiedenen Gruppen der großen (etwas unnatürlichen) Gattung *Oncidium* zeichnen sich durch einen hohen Unverträglichkeitsgrad aus (Sanford 1964). Die vorliegenden Informationen über dieses Thema sind im allgemeinen unbefriedigend. Wir haben zwar eine Fülle von Aufzeichnungen über gelungene Kreuzversuche, aber kaum Informationen darüber, wie viele dieser Versuche vorgenommen werden müssen, bis einer erfolgreich ist (siehe aber Moir 1975 b).

Hybridenuntauglichkeit

Über die Lebensfähigkeit der Hybriden in freier Natur liegen ebenso wenige Informationen vor. Wahrscheinlich finden manche interspezifische Hybriden keine ökologische Nische oder sind nicht in der Lage, einen geeigneten Bestäuber anzulocken. Hybridensterilität kommt sicherlich ebenfalls vor, obwohl auch hier kaum gesicherte Daten vorliegen. *Epidendrum ibaguense* und *E. calanthum* ähneln einander so sehr, daß einige Taxonomen diese beiden Namen als Synonyme betrachten; dennoch habe ich herausgefunden, daß eine durch künstliche Bestäubung entstandene Hybride zwischen diesen beiden Arten immer unfruchtbar ist. Viele künstliche interspezifische und intergenerische Kreuzungen sind steril, insbesondere, wenn die Eltern unterschiedliche Chromosomenzahlen haben. Es wird häufig versucht, Hybriden mit ganz bestimmten wünschenswerten Eigenschaftskombinationen zu züchten; man weiß jedoch nicht genau, wie viele dieser Hybriden in späteren Generationen eingehen(?) (vgl. zum Beispiel Burns 1961; Tanaka und Kamemoto 1961; und die verschiedenen Publikationen von Moir).

Einige Autoren halten die Kreuzbarkeit innerhalb von Unterfamilien für den Regelfall. In Wirklichkeit sind aber in der Regel nur die Arten der Subtriben miteinander kreuzbar. In der überwiegenden Mehrheit dieser Fälle sind diese Arten in der Natur durch Bestäubungsbarrieren völlig voneinander isoliert. Auch wenn diese Barrieren überwunden würden, wären die Hybriden unter natürlichen Bedingungen kaum lebensfähig, und ihre Fruchtbarkeit wäre sicherlich vermindert. Die Inkompatibilitätsbarriere zwischen engverwandten Arten wurde wahrscheinlich durch die natürliche Auslese begünstigt und schrittweise verbessert, wie zum Beispiel bei *Cryptostylis,* wo mehrere Arten denselben Bestäuber benutzen. Diese Art von Unverträglichkeit kommt bei den Orchideen jedoch nicht so häufig vor, bei ihnen ist die Unverträglichkeit in der Regel ein Nebenprodukt der genetischen Divergenz bei entfernter verwandten Arten.

Fortpflanzungssysteme

In der modernen Biologie ist unbestritten, daß das genetische System einer Pflanzenart ebenso der natürlichen Auslese unterworfen (und infolgedessen ebenso anpassungsfähig und dynamisch) ist wie Blütenfarbe oder Blattform.

Baker (1959) und insbesondere Grant (1958) haben ein breites Spektrum verschiedener Bestäubungssysteme (von obligater Fremdbestäubung bis hin zu Selbstbestäubung) beschrieben (vgl. auch Fryxell 1957). Obwohl die obligate Fremdbestäubung bei den Orchideen nicht sehr häufig vorkommt, ist Fremdbestäubung in der Orchideenfamilie die vorherrschende Fortpflanzungsform. Ihre Blütenmechanismen, ihre Langlebigkeit und ihre relativ hohen Chromosomenzahlen begünstigen Rekombination und fortwährende Variation innerhalb einer Population. Außerdem sind (wie bei den meisten ausdauernden Pflanzen mit komplexen Blütenmechanismen) die genetischen Isolationsbarrieren häufig durchlässig genug, um den Gen-Pool zu vergrößern (Grant 1971). Interessanterweise hat *Psygmorchis* mit ihrem relativ kurzen Fortpflanzungszyklus auch die niedrigste Chromosomenzahl, die bis jetzt bei der Orchideenfamilie festgestellt wurde (2n = 10, 14). Das scheint darauf hinzudeuten, daß die natürliche Auslese bei diesen kurzlebigen Mini-Orchideen eine geringe Rekombination begünstigt. Leider wissen wir sehr wenig über die Chromosomenzahlen bei Mini-Orchideen; doch die Zahl 2n = 24 für *Taeniophyllum aphyllum* scheint die erwähnte These zu bestätigen.

In früheren Stadien der Blütenevolution, wo die Belohnung in erster Linie aus Pollen bestand, wurde Selbstunverträglichkeit durch die natürliche Auslese sicherlich sehr stark begünstigt; denn bei einem solchen System muß die Narbe sich zwischen den Staubbeuteln befinden, und somit ist kein morphologisches Hindernis für eine Selbstbestäubung vorhanden. Mit der Entwicklung komplexerer Blütenmechanismen verlor dieser Faktor an Bedeutung; bei einigen Gruppen kommt ein sehr hoher Grad an Kreuzbestäubung vor, ohne daß sie selbststeril wären. Solche Systeme sind natürlich flexibler und eignen sich eher für eine Verbreitung über große Entfernungen; denn eine selbststerile Art kann sich nur dann in einem neuen Gebiet stabilisieren, wenn mindestens zwei verschiedene Pflanzen dieser Art das Gebiet zur selben Zeit besiedeln.

Bestäubungsmechanismen als Evolutionsfaktor

Mittlerweile ist es eine anerkannte Tatsche, daß die Bestäubungsmechanismen einer bestimmten Evolutionsrichtung folgen, und zwar von nicht spezifischen, »offenen« Bestäubungssystemen zu eingeschränkteren, höchst spezialisierten Systemen. Selbst die primitivsten Orchideen (und zwar sowohl die noch existierenden als auch die hypothetischen) gehören in dieser Hinsicht bereits zu den spezialisierteren Pflanzenarten. Welchen Weg sind sie gegangen? Sie haben sich – im Gegensatz zu anderen Gruppen – nicht in sehr hohem Maße der Bestäubung durch soziale Bienen angepaßt. In nördlichen Regionen (und manchmal auch in größeren Höhenlagen) kommt Hummelbestäubung ziemlich häufig vor und ein paar Orchideenarten werden auch von Honigbienen und stachellosen Bienen bestäubt. Im allgemeinen spielt die Bestäubung durch soziale Bienen jedoch eine ziemlich geringe Rolle. Einer der Gründe hierfür könnte darin liegen, daß soziale Bienen sich für die Bestäubung von Populationen, die über ein größeres Gebiet verstreut sind, kaum eignen. Oft haben sich die Orchideengruppen auf eine Bestäubung durch bestimmte nicht soziale Hymenoptera (Hautflügler) spezialisiert. Sehr häufig spielen auch Lepidoptera (Schmetterlinge) und Diptera (Zweiflügler) eine entscheidende Rolle, denn die „Präzisionsblüten" können diese Gruppen besser ausnützen als die meisten anderen und bieten dabei vielfach keine Nahrungsbelohnung mehr an, sondern haben andere Bestäubungssysteme entwickelt.

Die Anpassung an die verschiedenen Bestäuber und die unterschiedlichen Bestäubungssysteme kommt auf verschiedenen Ebenen vor. Vogel (1954) belegt die intragenerische adaptive Radiation von *Disa, Satyrium* und *Mystacidium* in Anpassung an verschiedene Bestäubertypen. Die Unterschiede in den Bestäubungssystemen fallen häufig ziemlich exakt mit den Gattungsgrenzen zusammen. Bei den Laeliinae zum Beispiel scheinen *Cattleya* und *Laelia* von großen Bienen bestäubt zu werden, und es gibt keine sehr wirksame Isolationsbarriere zwischen diesen beiden Gattungen (das gilt allerdings nur für *Laelia* sect. *Cattleyodes*). *Brassavola* dagegen wird von Nachtfaltern bestäubt, und intergenerische Hybriden (Gattungshybriden) zwischen *Brassavola* und *Cattleya* oder *Laelia* sind sehr selten. *Encyclia* scheint hauptsächlich auf kleine Bienen und Wespen spezialisiert zu sein. *Epidendrum* hat sich in erster Linie einer Bestäubung durch Schmetterlinge angepaßt, obwohl einige Arten auch von Fliegen oder Kolibris bestäubt werden. Die kleinen Gattungen *Neocogniauxia* und *Hexisea* sind sicherlich Kolibriblumen, doch einige *Hexisea*-Arten könnten unabhängig voneinander aus der eng verwandten Gattung *Scaphyglottis* hervorgegangen sein. In diesem Fall wäre *Hexisea* eine künstliche Gattung.

Nicht-trophische Bestäubungssysteme

Betrachtet man die bei den Orchideen vorkommenden Bestäubungsmechanismen, so fällt auf, daß diese Pflanzen häufig keine Belohnung anbieten, sondern ihr Ziel durch Mimikry oder Täuschung erreichen. Wenn eine Belohnung angeboten wird, so besteht diese oft nicht aus Nahrung, sondern aus Duftstoffen oder Wachs. Daß die Pflanze dadurch Energie spart, ist kaum eine ausreichende Erklärung für dieses Phänomen. Aber was für evolutionsbedingte oder ökologische Gründe haben diese Pflanzen dann für ihren »Geiz«?

Einige oder gar alle nicht-trophischen Bestäubungssysteme haben im Vergleich zum »klassischen« System der Nahrungsbelohnung für die Pflanze mehrere Vorteile.

Bessere Isolationsmechanismen. In einem Pseudokopulationssystem kann schon ein winziger morphologischer oder geruchlicher Unterschied eine starke Isolationsbarriere sein, was bei einem Nahrungsbelohnungssystem wohl kaum der Fall ist (Proctor und Yeo 1972). Das gleiche gilt für die Bestäubung durch männliche Euglossini, wo bereits der Zusatz einer einzigen Duftkomponente eine wirksame Barriere darstellen kann. Diese beiden Bestäubungssysteme sind äußerst spezifisch und scheinen die besten Voraussetzungen für die Artbildung zu bieten.

Größere Blütentreue. Das Pseudokopulationssystem und die Produktion von Terpenoiden, die Euglossini anlocken, hat einen wichtigen Vorteil: Es kann mit einer größeren »Treue« des Bestäubers gerechnet werden. Auf jeden Fall ist es sehr wahrscheinlich, daß das Insekt dieselbe Art wieder besuchen wird, solange diese Möglichkeit besteht. Bestäuber, die als Belohnung eine Nahrungsgabe erhalten, entwickeln hingegen nur dann Blütentreue, wenn die Blüte verhältnismäßig häufig vorkommt und ein Besuch sich vom Energieaufwand her lohnt (Heinrich und Raven 1972).

Bestäubung über größere Entfernungen hinweg. Auch für die Bestäubung in weit verstreuten Populationen scheinen Pseudokopulationen und die Produktion von Terpenoiden sich sehr gut zu eignen. Nahrungssuchende Insektenweibchen beschränken ihre Ausflüge im allgemeinen auf die Gebiete, in denen Nahrung in großen Mengen zu finden ist. Die männlichen Insekten haben jedoch kein eng begrenztes Gebiet und unternehmen auf der Suche nach den seltenen jungfräulichen oder paarungsbereiten Weibchen häufig ziemlich wahllose, weite Streifzüge. Wir haben zwingende Beweise dafür, daß die Euglossini-Männchen über große Entfernungen hinweg von den Duftstoffen der Orchideen angelockt werden, obwohl Messungen schwierig sind (Williams und Dodson 1972).

Waldbäume und große Kletterpflanzen können die »Füllhornstrategie« anwenden, die darin besteht, zwei oder drei Wochen lang eine große Blütenmenge hervorzubringen, um sich einen bestimmten Prozentsatz an Kreuzbestäubung zu sichern (Centry 1974; Frankie, Opler und Bawa 1976). Dieses System ist aber nicht sehr rationell. Zumindest kleine Epiphyten können nicht genügend »Reklame« machen und Belohnungen anbieten, um viele Nahrung suchende Bienen von ihren normalen Routen abzubringen. Bei der »Stetigkeitsstrategie«, bei der über einen langen Zeitraum hinweg täglich eine oder einige wenige Blüten hervorgebracht werden, treten ähnliche Probleme auf. Nur wenn zufällig zwei Epiphyten derselben Art auf der Route eines Insekts lägen, wäre ein gewisses Maß an Kreuzbestäubung zu erwarten; doch die Epiphyten könnten kaum genug Belohnung anbieten, um die Insekten zu großen »Umwegen« zu veranlassen.

Mehr Kreuzbestäubung. Manche nicht-trophische Systeme scheinen weniger Bestäubung zu bewirken als die Systeme, die auf Nahrungsbelohnung basieren; doch dafür ist der Prozentsatz an Kreuzbestäubung höher. Wenn ein Blütenstand Nahrung anbietet, so wird die Biene jede einzelne Blüte besuchen, und dabei wird es zu zahlreichen Selbstbestäubungen kommen, sofern keine morphologischen Barrieren vorhanden sind, die dies verhindern. Wenn die Belohnung jedoch nur vorgetäuscht ist, wird die Biene kaum längere Zeit an ein und derselben Pflanze verweilen. Dasselbe gilt für die Pseudokopulation. Eine andere Methode, Selbstbestäubung zu verhindern, besteht natürlich darin, nur eine einzige Blüte hervorzubringen; aber sie riskiert dabei, den »Werbeeffekt« zu verringern.

Längere Besuche. Dies bezieht sich nur auf die Bestäubung durch Euglossini. Durch die ausgedehnten Besuche dieser Bienen aber ist im Laufe der Evolution ein eigenartiger Mechanismus entstanden, der bei jedem anderen System praktisch unmöglich wäre und größere Anpassungen erlaubt. Einige der einfacheren »Röhrenblütler«, zum Beispiel *Acineta,* scheinen – auf den ersten Blick betrachtet – kümmerlich ausgerüstet zu sein. Ihre Blüten umschließen die Biene nicht eng genug, so daß ihr bei einem Blütenbesuch nur gelegentlich Pollinien angeheftet werden. Eine einfache Verengung der Blüte würde die Entnahme und Ablage von Pollinien sicherlich erleichtern; aber sie würde auch zu häufigerer Selbstbestäubung führen. Ich vermute, daß die Systeme dieser Orchideen den optimalen Prozentsatz an Kreuzbestäubung erzielen.

Anpassung an eine einzige Bienenart

Stebbing (1970) spricht von »unterschiedlicher Anpassung verschiedener Arten an ein und denselben Bestäuber«. Dieses Phänomen ist bei den Orchideen sehr ausgeprägt und beschränkt sich keineswegs darauf, daß die eine Pflanze ihren Pollen auf dem Rücken eines Bestäubers deponiert, während die andere ihn an die Unterseite klebt. Das beste Beispiel hierfür sind die Orchideen, die von Euglossini-Männchen bestäubt werden. Die Tendenz geht dahin, daß die gewöhnlichste und weitverbreitetste Orchideenart von der gewöhnlichsten und weitverbreitetsten Biene bestäubt wird. Daher muß – trotz der vielen Euglossini-Arten, die in manchen Gebieten vorkommen – eine einzige Biene häufig mehrere verschiedene Orchideenarten gleichzeitig bestäuben, und die Orchideen mußten sich an diese »Bestäuberteilung« anpassen. Man unterscheidet bei der Biene dreizehn verschiedene Körperregionen, an denen Pollinien angeheftet werden können (Abb. 4.11), und nur an zwei dieser Stellen kämen die Pollinien einander »ins Gehege«: nämlich unter dem Scutellum und zwischen Thorax und Unterleib. Ich kenne keine Bienenart, bei der alle diese Stellen für die Bestäubung genutzt werden (das Insekt wäre dann wahrscheinlich flugunfähig); doch wenn eine einzige Bienenart für die Bestäubung mehrerer im selben Gebiet vorkommender Orchideenarten zuständig ist, werden die Pollinarien meistens an verschiedenen Körperteilen der Biene abgesetzt (Dressler 1968 b).

Koevolution

Koevolution und Koadaptation sind Begriffe, die mittlerweile »gesellschaftsfähig« geworden sind, obwohl ihre Bedeutung nicht immer klar ist. Ich verstehe unter Koevolution eine Beziehung, bei der zwei Organismenarten sich in ihrer Entwicklung oder Anpassung gegenseitig beeinflussen. Der Begriff »Organismenart« ist mit Absicht vage gewählt; er kann sich auf eine bestimmte Population innerhalb einer Art oder eine ganze Bestäuberklasse, zum Beispiel die Falter, beziehen. Ich lege absichtlich so großen Wert auf die Dehnbarkeit dieses Begriffs, da viele Autoren ihn nur auf einzelne, immer enger miteinander verbundene und voneinander abhängige Pflanzen- und Insektenarten anwenden, die Kronblatt in Tarsen vor den Altar der Koevolution schreiten. Solche engen Wechselbeziehungen gibt es zweifellos. Feigen und Feigenwespen zum Beispiel sind aufeinander angewiesen und haben sich in hohem Maße aneinander angepaßt. Dasselbe gilt für *Yucca* und *Tegeticula;* doch in beiden Fällen handelt es sich um Ausnahmen. Es gibt viele oligolektische Bienen, die jedoch zum größten Teil in Wüstengegenden vorkommen und kaum Bedeutung für die Orchideenbestäubung haben.

Bei den meisten Bestäubungssystemen, wo Nahrung als Belohnung angeboten wird, besuchen die Insekten viele verschiedene Pflanzenarten, um Nektar, Pollen, Harze für den Nestbau und andere Materialien zu sammeln. Natürlich hat die Evolution von Bienen und »Bienenblüten« (und anderen Blumen-Bestäuber-Paaren) sich wechselseitig beeinflußt; doch die Anpassung an eine einzige Bestäuberart ging ziemlich einseitig von den Pflanzen aus. Die Bienen haben sich zwar an Blüten (manchmal auch eine besondere Blütenklasse) als Nahrungsquelle angepaßt; doch eine Anpassung an eine einzige Pflanzengattung ist außerhalb der Wüstengebiete sehr selten. Viele Euglossini haben sich an tiefe Röhrenblüten angepaßt, aber ihren Nektar finden sie bei den Apocynaceae, Bignoniaceae, Convolvulaceae, Marantaceae, Rubiaceae, Zingiberaceae und anderen Familien. Bei den nicht-trophischen Bestäubungssystemen ist die Situation sogar noch einseitiger. Die Euglossini-Männchen haben sich sehr gut an das Sammeln von Duftstofftröpfchen an Blütenoberflächen angepaßt; doch keines ist auf einen einzigen Blütentyp spezialisiert. Bei den Mimikry-Fällen ist die Anpassung zum größten Teil von der Pflanze ausgegangen, und das System funktioniert nur, solange der Nachahmer in begrenzer Zahl vorkommt. Wenn die Einwirkung der Pflanze auf das Leben des Insekts zu groß wird, ist eine Anpassung von seiten des Insekts durchaus möglich, aber eine solche Anpassung wird die Zerstörung der Beziehung zur Folge haben.

Artbildung

Wir haben bereits einige Aspekte der Artbildung behandelt, insbesondere die Isolationsmechanismen; doch in diesem Kapitel möchten wir die Artbildung selbst als einen Vorgang besprechen, der es einer Population ermöglicht, ohne oder mit nur geringem Genaustausch mit der Elternpopulation ihren eigenen Evolutionsweg zu gehen. Die stufenweise Artbildung in geographisch vonein-

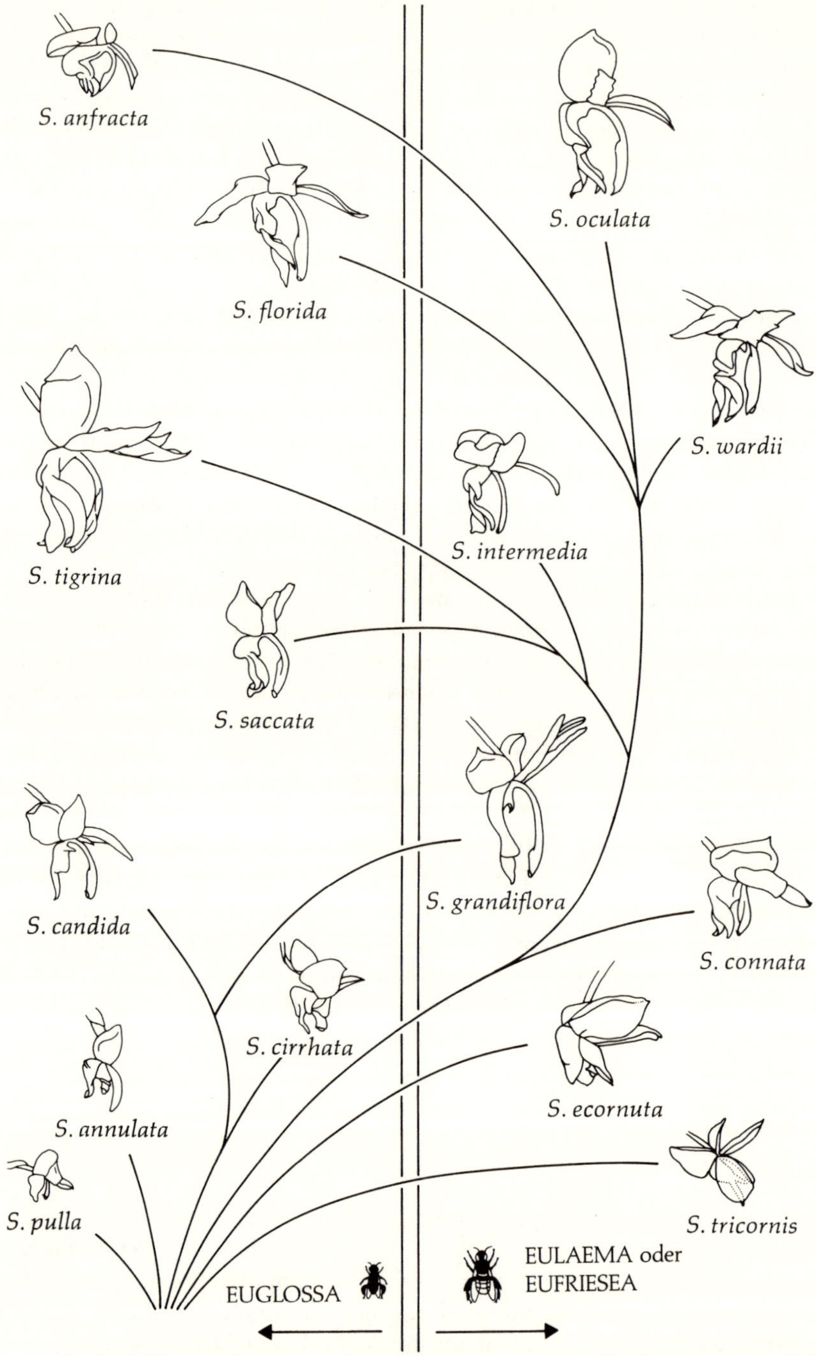
S. anfracta
S. oculata
S. florida
S. wardii
S. tigrina
S. intermedia
S. saccata
S. grandiflora
S. candida
S. connata
S. cirrhata
S. ecornuta
S. annulata
S. pulla
S. tricornis
EUGLOSSA
EULAEMA oder
EUFRIESEA

ander getrennten Populationen wird für einen der Hauptfaktoren (vielleicht sogar den einzigen Faktor) der Artbildung gehalten. Ich bin sicher, daß dieses Phänomen bei den Orchideen eine sehr wichtige Rolle spielt, doch nur wenige Populationen haben den Artstatus ausschließlich durch eine Anhäufung genetischer Unterschiede erreicht, die Unverträglichkeit zur Folge haben. Bei den Fortpflanzungssystemen der Orchideen würde dies in der Tat eine lange Isolationsperiode erfordern. Natürlich könnten Unterschiede in der Chromosomenstruktur oder -zahl, die in einer isolierten Population entstanden sind, in manchen Fällen auch schon innerhalb kurzer Zeit zu reproduktiver Isolation führen. In den meisten Fällen müssen dagegen Isolierungsmechanismen entwickelt werden, die vor der Bestäubung wirken. Unterschiedliche Blütenzeiten könnten genügen, häufiger jedoch dürfte die Anpassung an einen anderen Bestäuber der entscheidende Faktor sein. Bei einer solchen Entwicklungstendenz muß es laut Stebbins (1970) einen Zeitraum geben, in dem zwei verschiedene Bestäubertypen gleichzeitig wirksam sind. Wir könnten in diesem Zusammenhang auf *Cattleya skinneri* verweisen, die allem Anschein nach eine Bienenblume ist, und *Cattleya aurantiaca,* bei der es sich um eine Kolibriblume zu handeln scheint. Obwohl wir nicht wissen, um wen es sich handelt, steht außer Zweifel, daß beide Arten zusätzlich auch noch irgendeinen gemeinsamen Bestäuber haben (wenn dieser auch recht selten in Aktion tritt), da sie in Südmexiko und Guatemala die natürliche Hybride *C.* × *guatemalensis* bilden. Es gibt einen ziemlich großen Hybridenschwarm, und einige dieser Pflanzen haben gesonderte Artnamen erhalten (*C. deckeri, C. pachecoi*). Die stufenweise Artbildung ist ein sehr bekanntes Phänomen, obwohl sie selten vom Anfang bis zum Ende beobachtet werden kann. Die Isolationsmechanismen der Orchideen lassen vermuten, daß bei ihnen auch eine ziemlich abrupte Artbildung auftreten kann. Wenn eine Orchidee sich in einem neuen Gebiet ansiedelt, wo der normale Bestäuber nicht vorhanden ist, aber ein anderes Tier vorkommt, das sich zumindest in geringem Maße als Bestäuber eignet, ist zu erwarten, daß die natürliche Auslese eine Umbildung der Blüte in Anpassung an den neuen Bestäuber begünstigt. Das Aussterben des normalen Bestäubers in einem Teil seines Vertreibungsgebiets könnte die gleiche Entwicklung zur Folge haben. Bei den Euglossini gibt es ungefähr 50 große Bienenarten (*Eulaema, Eufriesea*) und etwa doppelt so viele kleinere (*Euglossa*). Es existieren zahlreiche Anzeichen dafür, daß einige Orchideengattungen sich mehrmals von großen auf kleine Bienen umgestellt haben (oder umgekehrt). Dodson (1962 b) bezeichnet dieses Phänomen als »Springfrosch«-Artbildung (Abb. 5.1). Das Interessante

Abb. 5.1. »Springfrosch«-Artbildung bei der Gattung *Stanhopea.* Die primitiveren *Stanhopea*-Arten sind den kleineren Bienen der Gattung *Euglossa* angepaßt. Viele der weiterentwickelten Arten sind einer Bestäubung durch große Bienen der Gattungen *Eulaema* und *Eufriesea* angepaßt, und einige Arten, wie *Stanhopea infracta* und *S. tigrina,* scheinen sich wieder an eine Bestäubung durch Bienen der Gattung *Euglossa* angepaßt zu haben (neu gezeichnet nach Dodson 1962 b).

an diesem Vorgang ist, daß die Anpassung an eine viel größere oder viel kleinere Biene zu einem unterschiedlichen Bestäubungsmechanismus und damit möglicherweise zur Entwicklung einer neuen Gattung führt. Ein gutes Beispiel hierfür ist *Paphinia clausula,* die allem Anschein nach ihre Blüten »geschlossen« hat, um sich eine effektivere Bestäubung durch ziemlich kleine Bienen zu sichern (Dressler 1968 a). In diesem Fall heftet die Blüte ihre Pollinien an die Beine der Biene – im Gegensatz zu den anderen *Paphinia*-Arten, die die Pollinien unter dem Scutellum deponieren. Die Weiterentwicklung der Beziehung zwischen *P. clausula* und der kleineren Bienenart könnte durchaus zur Entstehung eines neuen Gattungsmusters führen.

Daß die Bestäubungsmechanismen mit Gattungen zusammenfallen können, ist im *Chondrorhyncha*-Komplex, dessen Gattungen ohne Berücksichtigung der Bestäubungsbeziehungen beschrieben und charakterisiert worden sind (Garay 1969), deutlich erkennbar. Wir haben festgestellt, daß *Chondrorhyncha* ihre Pollinarien an das Scutellum des Insekts klebt, während die engverwandte Gattung *Cochleanthes* sie hinter dem Kopf anbringt. *Kiefersteinia* heftet ihre Pollinarien als einzige dieser Gattungen an den Antennenschaft, und die erst vor kurzem beschriebene *Chaubardiella* klebt sie an den Trochanter. Solche Korrelationen zwischen Bestäubungsmechanismen und Merkmalkombinationen, die den Taxonomen zur Gattungsabgrenzung dienen, sind bei den von Euglossini bestäubten Orchideen ziemlich häufig (Dressler 1976 b).

Eine andere faszinierende Möglichkeit ergibt sich bei der Pseudokopulation oder der Bestäubung durch Euglossini. Hier könnte die Evolution einer neuen Art ohne jegliche geographische Isolation mit einer einzigen Mutation beginnen, durch die sich der Blütenduft verändert. Ähnlich könnte bei der Pseudokopulation durch eine Veränderung in Farbe oder Form der Lippe ein neuer Bestäuber angelockt werden; oder der normale Bestäuber könnte sich anders verhalten als bisher. Stebbins und Ferlan (1956) vermuten, daß die interspezifischen Hybriden der Gattung *Ophrys* manchmal einen neuen Bestäuber finden und sich dadurch als neue, reproduktiv isolierte Art etablieren. Das ist auch bei Orchideen mit Euglossini-Bestäubung möglich. Ich habe zum Beispiel beobachtet, daß die Hybride zwischen *Gongora gibba* und *G. quinquenervis* Bienenarten anlockt, die keine der beiden Elternarten besuchen.

Erfolg oder Mißerfolg?

Häufig werden Spekulationen darüber angestellt, ob eine bestimmte Pflanzengruppe als erfolgreich anzusehen ist oder nicht. Doch soweit uns bekannt ist, haben Blüten außer dem Drang zum Überleben und zur Fortpflanzung kein bestimmtes Ziel; folglich sind diese beiden Dinge die einzigen objektiven

Kriterien für ihren »Erfolg« oder »Mißerfolg«. Die verschiedenen Aspekte, die zu Erfolg oder Erfolglosigkeit einer Pflanzenart beitragen können, sollen im folgenden kurz behandelt werden.

Populationsgröße, Artenzahl und morphologische Vielfalt. Im Hinblick auf das erstere Kriterium sind viele Orchideen ziemlich erfolgreich. Einige Arten sind weitverbreitet. Es gibt zwar auch Orchideenarten, die wirklich selten zu sein scheinen, aber »selten« bedeutet bei Orchideen häufig nichts anderes als »schwer zu finden«: Immer wieder erweisen sich angeblich »seltene« Arten als ziemlich verbreitet – man hat sie nur nicht an den richtigen Standorten gesucht. Viele Epiphyten zum Beispiel sind sehr zahlreich, obwohl sie für Sammler und Botaniker aufgrund ihres Standorts ziemlich unzugänglich sind. Auch im Hinblick auf Artenzahl und morphologische Vielfalt kann man die Orchideen als erfolgreiche Gruppe betrachten.

Standortdominanz oder Biomasse. Es kommt selten vor, daß Orchideen in einer Landschaft so sehr dominieren wie Gräser oder Bäume. Sie stellen nur in einzelnen Ausnahmelebensräumen einen großen Teil der gesamten Biomasse dar. Wenn wir reine Masse als Erfolgskriterium betrachten, sind die Orchideen also nicht sehr erfolgreich.

Man liest häufig, daß die Orchideen oder zumindest manche Orchideengruppen überspezialisiert und dadurch früher oder später zum Aussterben verurteilt sind. Diese Ausnahme ist ziemlich unsinnig. Die Bestäubungsbeziehungen der Orchideen sind zwar im allgemeinen relativ spezifisch; doch die Gattung *Ficus* ist in dieser Hinsicht noch viel stärker spezialisiert und gedeiht trotzdem hervorragend. Wenn die allgemeine Tendenz der Blütenevolution tatsächlich in die Richtung einer größeren Spezialisierung geht – ist es dann ein Nachteil, daß die Orchideen noch etwas weiter gegangen sind als die meisten anderen Pflanzengruppen? Sicherlich sind einige Orchideen stark von bestimmten Insektengruppen abhängig; aber in den meisten Fällen haben sie sich konkurrenzkräftige Insektengruppen »ausgesucht«. Wenn es dem Menschen tatsächlich gelingen sollte, alle Wälder zu vernichten, werden sicherlich viele Orchideen und auch zahlreiche andere Lebewesen aussterben. Aber solange sie noch eine winzig kleine Chance haben, werden sie weitergedeihen. Wer weiß, welche neuen und unerwarteten Evolutionstendenzen sie in den nächsten paar hunderttausend Jahren entwickeln werden?

Evolution der Wuchsform

Rolfe (1909–1912) hat die Evolutionsmuster der Orchideenwuchsformen sehr gut beschrieben. Wir glauben, daß die primitiven Orchideen eine sympodiale Wuchsform, verhältnismäßig schmale Rhizome, fleischige Wurzeln (jedoch keine Speicherwurzeln), verlängerte Sprosse, nichtartikulierte, spiralig angeordnete, gefaltete Blätter und terminale (endständige) Blütenstände besaßen.

Diese Wuchsform ist in den meisten Unterfamilien vertreten, sie steht in einer engen Korrelation mit anderen primitiven Merkmalen. Man findet sie zum Beispiel bei *Neuwiedia, Cypripedium, Cephalanthera, Epistephium* und *Palmorchis.* Die Wuchsformdiagramme in den Abb. 3.2 und 3.3 vermitteln einen ziemlich guten Eindruck von der Vielfalt der Wuchstypen, die aus dieser primitiven Form hervorgegangen ist. Da wir keine Fossilbelege haben, können wir aufgrund unserer Kenntnisse über die Orchideenfamilie nur raten, welche die Haupttendenzen der Evolution sind. Die Spekulationen, die ich hier vortrage, lassen sich gut mit allen meinen Informationen über Orchideen vereinbaren. Natürlich kann ich die Evolutionsrichtungen nur in groben Zügen darstellen und unbedeutendere Tendenzen, Parallelismen und »Umwege« nicht berücksichtigen. Doch wenn meine Darstellung jemanden dazu anspornt, sich eingehender mit Orchideen und deren verwandtschaftlichen Beziehungen zu befassen, so habe ich mein Ziel erreicht.

Die Apostasioideae sind sicherlich eine Reliktgruppe; beide Gattungen haben eine Wuchsform, die der primitiven sehr ähnlich ist.

Bei den Cypripedioideae weist *Cypripedium* selbst eine primitive Wuchsform auf, obwohl auch einige Abwandlungen mit wenigeren und breiteren Blättern vorkommen. *Selenipedium* ist zwar im Fruchtknotenbau sehr primitiv, hat jedoch zweireihig angeordnete und ziemlich schmale Blätter. Die Haupttendenz der Wuchsformenentwicklung in dieser Unterfamilie besteht in der Ansammlung von zweireihig angeordneten, fleischigen, konduplikativen Blättern. Dieser Trend entwickelte sich wahrscheinlich an steilen, felsigen Standorten, einer Vorstufe der epiphytischen Lebensform. Sowohl *Phragmipedium* als auch *Paphiopedilum* sind in erster Linie Humusepiphyten.

Bei den Spiranthoideae ist die primitive Wuchsform durch die Tropidiinae gut vertreten. Die Wuchsform der Goodyerinae ist für die Orchideenfamilie ungewöhnlich und eignet sich in erster Linie für nasse Waldstandorte: Rhizom und Luftsproß sind nicht scharf voneinander getrennt, die Stengel kriechen im abgefallenen Laub am Boden entlang, und der blatttragende Sproß ist mehr oder weniger aufrecht. Es gibt auch einige Epiphyten mit fleischigen Wurzeln. Bei den Cranichideae dagegen ist eine rosettenähnliche Wuchsform mit Speicherwurzeln am häufigsten, es gibt nur sehr wenige Abwandlungen. Auch hier finden wir einige Humusepiphyten und ein paar kleinere Pflanzen, die man fast als Zweigepiphyten betrachten könnte (*Eurystyles, Lankesterella*).

Innerhalb der Orchidoideae haben die in nördlichen Gebieten heimischen Neottieae ihren primitiven Wuchstyp beibehalten (bei *Listera* in gedrängter Form). Bei den Diurideae, den Orchideae und den Diseae, wo die meisten Gruppen gut entwickelte Wurzelknollen haben, kommen ähnliche Wuchsformen vor. Hier haben sich viele Variationen des Rosettentyps herausgebildet, vom einzelnen, fast runden Blatt (*Bartholina*) bis zu den zwiebelähnlichen Blättern von *Prasophyllum*. Auch in diesen Gruppen findet man einige Humusepiphyten und Felsbewohner.

In den bisher beschriebenen Gruppen kommen weder Kormen noch Pseudobulben vor; in den übrigen Unterfamilien dagegen sind diese Wuchsformen sehr häufig. Anscheinend hat es bei der Evolution der Epiphyten zwei Hauptrichtungen gegeben, die man als »Schilfmuster« und »Kormusmuster« bezeichnen könnte (Abb. 3.2). Beim Schilfmuster begünstigt die natürliche Auslese zweireihig stehende, konduplikative Blätter; der Blütenstand kann terminal bleiben, und die Pseudobulben können aus Verdickungen mehrerer Internodien entstehen, die am Grund schmal sind. Beim Kormusmuster bildet die Basis des Sprosses einen Kormus oder eine Pseudobulbe, die Blätter bleiben überwiegend gefaltet, und die Auslese begünstigt laterale Blütenstände. Diese zwei Richtungen sind nur der Anfang einer komplexen Radiation, und die weiteren »Verbesserungen« der beiden Muster werden wahrscheinlich viele Parallelismen aufweisen. Vielleicht wird bei beiden Typen eine Tendenz zu fleischigen, konduplikativen Blättern, Pseudobulben aus einem Internodium und lateralen Blütenständen, also zu monopodialen Mini-Orchideen, zu beobachten sein.

Bei den epidendroiden Orchideen findet man die primitive Wuchsform vor allem bei *Epistephium* und *Palmorchis*. *Vanilla* ist mit der Ausbildung fleischiger Ranken sicherlich einen Weg gegangen, der in der Orchideenfamilie sehr ungewöhnlich ist. Die meisten Gastrodieae haben sich an die saprophytische Lebensweise angepaßt, ihre vegetativen Teile sind dementsprechend stark abgewandelt. *Nervilia* jedoch besitzt einen Kormus und ähnelt darin den Arethuseae und manchen Vandoideae. Bei den Arethuseae vertreten *Arundina* und die Sobraliinae das schilfähnliche Evolutionsmuster, während die meisten Bletiinae eindeutig dem Kormusmuster zuzuordnen sind, und sich größtenteils nur geringfügig über das Grundmuster hinaus entwickelt haben. Die Epidendreae passen ins Schilfmuster der Pseudobulben-Evolution, und die Bulbophyllinae sind auf diesem weiter vorangeschritten als die meisten anderen Gruppen: Sie haben bereits Pseudobulben aus einem einzigen Internodium gebildet. Die Pleurothallidinae haben überhaupt keine Pseudobulben entwickelt. Sie haben nur ein einziges fleischiges Blatt und einen sehr schmalen Sproß. Erwartungsgemäß hat die Gruppe aus diesem einzigen, einfachen Muster eine große Vielfalt entwickelt.

Sowohl die Malaxideae als auch die Coelogyneae scheinen das Kormus-Entwicklungsmuster aufzuweisen, obwohl beide einen terminalen Blütenstand beibehalten haben. In Asien sind die Malaxideae weit über dieses Stadium hinausgegangen, es haben sich viele Epiphyten mit fleischigen, konduplikativen Blättern herausgebildet. Bei den Coelogyneae hat sich die Pseudobulbe zu einem einzigen Internodium zurückgebildet, der Blütenstand ist häufig »pseudolateral«.

Bei den Vandoideae sind, ebenso wie bei den Epidendroideae, beide Hauptrichtungen vertreten. *Neobenthamia* (Polystachyeae) hat schlanke, schilfartige Sprosse und einen terminalen Blütenstand; das dürfte wohl die primitivste Wuchsform dieser Tribus sein. Was die Vandeae betrifft, so gibt es keinen Grund für die Annahme, daß jemals ein Kormus- oder Pseudobulbenstadium existiert hat. Die monopodiale Wuchsform könnte sich durch die Entwicklung eines lateralen Blütenstandes und das Beibehalten des apikalen Wachstums leicht aus der sympodialen entwickeln. Sowohl bei den Maxillarieae als auch bei den Cymbidieae ist die Kormusform mit gefalteten Blättern bei den primitiveren Gruppen recht stark vertreten. In den beiden Triben ist aus dieser Grundform eine verwirrende Vielfalt an Wuchsformen hervorgegangen; mit Pseudobulben aus einem oder mehreren Internodien, ohne Pseudobulben, mit gefalteten oder konduplikativen Blättern. In den höherentwickelten Gruppen beider Triben findet man gar monopodiale Mini-Orchideen mit fleischigen Blättern.

Evolution der Blüte

Am Anfang der Orchideenblüten-Evolution muß ein lilienähnliches Gebilde gestanden haben. Diese Blüte hatte sicherlich einen unterständigen Fruchtknoten und eine mehr oder weniger röhrenförmige, nicht verwachsene Blütenhülle und war bereits resupiniert – vielleicht eher durch eine einfache Biegung nach unten entlang der Spindel als durch eine von der Spindel wegführende Krümmung. Der Verlust der Staubbeutel an einer Seite ist analog zur Entwicklung der Röhrenblüten bei den Scrophulariales zu sehen und wurde wahrscheinlich durch dieselben Faktoren hervorgerufen. Vermutlich bestand ein Zusammenhang mit der Bestäubung durch Bienen und Wespen (oder ein gemeinsames »Urinsekt«). Da der Bestäuber immer auf demselben Wege unter dem Griffel in die Blüte eindringt, können nur die dorsalen Staubbeutel ihm den Pollen an einer sinnvollen Stelle anheften. Jede Änderung, durch die die ventralen Staubbeutel unterdrückt oder in eine dorsale Position verschoben werden, hätte einen Anpassungswert. Bei den dikotylen Scrophulariales wurde nur ein einziger Staubbeutel vollständig unterdrückt; die restlichen vier rückten auf der dorsalen Seite der Röhre zusammen. Während eines späteren Stadiums könnten noch zwei weitere Staubbeutel verlorengehen; doch die dikotyle Röhrenblüte weist stets mindestens zwei nebeneinanderstehende Staubbeutel auf – ein Unterschied, der für die weiteren Evolutionstendenzen von entscheidender Bedeutung ist. Bei den Urorchideen sind drei Staubbeutel verlorengegangen – vielleicht zuerst nur einer und später zwei weitere. Gleichzeitig hat sich das untere Kronblatt, das von den Insekten als Landebahn benutzt wurde, gegenüber den anderen beiden verändert: Es wurde größer und brachte vielleicht kallusähnliche Gebilde hervor, die dem Bestäuber Hilfestellung leisten. Diese durch den Verlust der drei ventralen Staubbeutel und die Entwicklung einer Lippe gekennzeichneten Pflanzen könnte man als primitive Orchideen betrachten.

Die Beziehung zwischen Narbe und Staubbeutel war ziemlich entscheidend. Bei den Zingiberaceae findet man ähnliche monokotyle Röhrenblüten, doch dort überragt die Narbe den Staubbeutel. Eine solche Blüte erinnert zwar ein wenig an die Orchideen, könnte sich aber niemals zu einer Orchideenblüte entwickeln. Bei den frühen Orchideen überragten die Staubbeutel die Narbe ein wenig, so daß das Insekt beim Verlassen der Blüte zuerst die Narbe und dann den Staubbeutel streifen konnte. Ziehen wir nun auch noch die saprophytischen Tendenzen der Gruppen und die Auslesetendenz zu zahlreicheren und kleineren Samen in Betracht, so wird klar, daß jede kleine Veränderung, die zur Zusammenballung und Massenübertragung der Pollen führte, einen Vorteil darstellte. Der Rücken des Insekts kann sehr leicht mit Narbenflüssigkeit behaftet werden, an der dann größere Pollenmassen festkleben. Jede Veränderung in dieser Richtung wäre ein wichtiges Anpassungsmerkmal. In den meisten Fällen würde nur der mittlere Staubbeutel so funktionieren; daher ist es nicht verwunderlich, daß die seitlichen Staubbeutel in den meisten Evolutionslinien der Orchideen verlorengegangen sind. Als die Narbenflüssigkeit als Klebstoff zu fungieren begann, begünstigte die natürliche Auslese einen nach unten vorstehenden vorderen Narbenrand oder -lappen, denn dadurch konnte die Blüte den Bestäuber besser mit der klebrigen Flüssigkeit überziehen. Auf diese Weise entwickelte sich das Rostellum, und die Evolution der Orchideen war heftig im Gange. Die übrigen charakteristischen Orchideenmerkmale – kompakte Pollinien, Viscidien, Caudiculae und Stipites – sind allesamt Verbesserungen des Grundaufbaus, und daher sollte es uns nicht überraschen, daß sie sich mehrfach entwickelt haben. In den frühen Stadien der Orchideenentwicklung standen der Entwicklung der Beziehung zwischen Staubbeutel und Rostellum jedoch noch zahlreiche Möglichkeiten offen.

Vermeulen (1959) hat auf die rostellum-ähnlichen Vorsprünge an den seitlichen Narbenlappen von *Epipactis gigantea* hingewiesen. Man kann sich vorstellen, daß ein nicht zu früher Vorläufer von *Epipactis* immer noch drei funktionsfähige Staubbeutel an einer ziemlich kurzen Säule hatte. Mit einer sackähnlichen Lippe konnten alle drei Staubbeutel an der Bestäubung teilnehmen. Dann wurden bei einer Gruppe die seitlichen Staubbeutel wichtiger, und die natürliche Auslese bildete die Lippe zu einer »Sackgassen-Fallenblüte« aus – der Eingang befand sich vorn, der Ausgang seitlich. Diese Gruppe entwickelte sich zu den heutigen Frauenschuhorchideen.

Bei den meisten monandrischen Linien waren die seitlichen Staubbeutel wahrscheinlich bereits verlorengegangen – ebenso wie bei den *Epipactis*-Ahnen (die vielleicht nicht die Vorfahren von *Cypripedium,* aber sicherlich eng mit ihnen verwandt waren).

Über die Bestäubung der Apostasioideae wissen wir nur, daß einige Selbstbestäuber darunter sind. Sie scheinen keine Röhrenblütler zu sein; daraus muß man schließen, daß sie auf keinen Fall Orchideenahnen, sondern eher eine nicht sehr bedeutende Seitenlinie der Orchideenevolution sind.

Bei der spiranthoiden Evolutionsrichtung ragten die Staubbeutel nicht weit über den Narbenrand hinaus, und das Rostellum entwickelte sich in Beziehung zur Spitze der Staubbeutel und der Pollinien (Akrotonie). In einem solchen Fall begünstigt die natürliche Auslese die Entwicklung eines Viscidiums und die Zusammenballung des Pollens sehr stark. Die gesamte spiranthoide Linie weist ein gut entwickeltes Viscidium auf. Ein terminales Viscidium wäre nicht sehr gut mit einer Röhrenblüte zu vereinbaren; die Spiranthoideae haben in erster Linie »Schlüssellochblüten«.

Bei den primitiven Orchidoideae, zum Beispiel *Cephalanthera, Epipactis* oder *Chloraea,* ragt der Staubbeutel deutlich über die Narbe hinaus. Ein solches System ist auch bei einer minimalen Rostellumentwicklung und geringfügiger Pollenzusammenballung voll funktionsfähig. Daher findet man auch in der modernen Flora noch primitive Stadien dieser Entwicklungslinie.

Die nördliche Entwicklungslinie (die Neottieae) sind als Relikte anzusehen, obwohl die Listerinae eine interessante Rostellumvariante entwickelt haben: Bei ihnen werden die klebrigen Tropfen unter Druck ausgeschieden. Es ist erwähnenswert, daß diese Gruppe noch immer von Wespen, nicht spezialisierten Bienen und primitiven Fliegen bestäubt wird (van der Pijl und Dodson 1966; Ackerman und Mesler 1979). In der südlichen Linie haben die afrikanischen Gruppen sehr früh sektile Pollinien und zwei mit der Staubbeutelbasis in Berührung stehende Viscidien entwickelt. Dieser Zustand führte bei den Orchideae und Diseae zu einer unwahrscheinlichen blütenmorphologischen Vielfalt. Wir vermuten, daß die primitiven Diseae keinen Sporn hatten, da sich inzwischen bei den verschiedenen Gruppen an den unterschiedlichsten Blütenhüllenteilen Sporne herausgebildet haben. Es hätten kaum so viele verschiedene Spornarten entstehen können, wenn die Gruppe von vornherein einen Sporn gehabt hätte. Was die übrigen südlichen Orchidoideae anbelangt, sind die südamerikanischen Arten ziemlich primitiv geblieben; die australischen dagegen haben sich sehr stark differenziert. Ihr Verhältnis zwischen Rostellum und Staubbeutel ist normalerweise irgendwo zwischen extremer Basitonie und extremer Akrotonie anzusiedeln. Auch dieses System funktioniert gut bei locker zusammenhängendem Pollen, den man bei vielen Diurideae findet.

Die Epidendroideae weisen ein ganz anderes Entwicklungsmuster auf. Bei einem der frühen Vorläufer dieser Gruppe hat sich der »aufliegende« Staubbeutel entwickelt: Sowohl der Staubbeutel als auch der mittlere Narbenlappen sind nach unten in Richtung der Lippe gebogen. Das war sicherlich eine Anpassung, denn dadurch wurde sichergestellt, daß der Bestäuber beim Rückzug aus der Blüte sowohl Narbe als auch Staubbeutel berührt. Dieser Mechanismus wurde rasch perfektioniert und war dann wahrscheinich dem heutigen *Vanilla*-System sehr ähnlich. Diese Methode funktioniert auch bei weichen Pollinien recht gut, und es gibt heute immer noch eine ganze Reihe primitiver epidendroider Orchideen. Der Mechanismus ist so effektiv, daß die Entwicklung eines Viscidiums nicht unbedingt erforderlich ist. Zwar hat sich auch in dieser Entwicklungslinie mehrfach ein Viscidium herausgebildet; doch es geschah relativ spät. In den höherentwickelten Gruppen, die ein Viscidium haben, kann die ursprünglich »aufliegende« Staubbeutelposition natürlich verlorengehen.

Nun möchte ich noch auf die Vandoideae eingehen – eine ziemlich isolierte Gruppe, deren Beziehungen zu den anderen Unterfamilien überhaupt nicht klar sind. Ich glaube, daß bei dieser Entwicklungslinie der Staubbeutel über die Narbe hinausragte und daß das Rostellum sich in Beziehung zum basalen Teil der Pollinien entwickelte. In diesem Fall aber wurde der terminale Teil des Staubbeutelsacks unterdrückt, so daß ein kurzer deckelähnlicher Staubbeutel entstand, der oberflächlich betrachtet große Ähnlichkeit mit dem der meisten

Epidendroideae hat. Auch hier war das System in den sehr frühen Stadien gerade noch erfolgreich, so daß die natürliche Auslese erheblich für Verbesserungen sorgte. Zusammenfassend ist festzustellen, daß man in allen Gruppen der Vandoideae Viscidien und in der Regel auch Stipites findet und daß die Beziehungen zu anderen Unterfamilien nicht geklärt sind.

Parallelismus und Konvergenz

Sobald die primitiven Orchideen ihre drei ventralen (abaxialen) Staubbeutel verloren hatten, waren sie bereits für ein bestimmtes Evolutionsmuster prädestiniert; und viele Aspekte dieser Entwicklungsrichtung traten unabhängig voneinander in einigen unterschiedlichen Orchideengruppen auf. Der rosettenähnliche Wuchs zum Beispiel entwickelte sich unabhängig in verschiedenen terrestrischen Gruppen. Auch die saprophytische Lebensweise hat sich mehrfach herausgebildet, doch das ist kaum verwunderlich, da alle Orchideen eine saprophytische Phase durchlaufen. Die epiphytische Lebensform hat sich bei den Cypripedioideae, Spiranthoideae und Orchidoideae und bei den Vandoideae und Epidendroideae unabhängig voneinander entwickelt. Es gibt sogar Anhaltspunkte dafür, daß sich diese Wuchsart innerhalb jedes der letzten beiden Gruppenkomplexe mehrmals herausgebildet hat und daß dabei natürlich auch einige Rückentwicklungen zur terrestrischen Lebensform auftraten. Auch die Kormen und Pseudobulben haben sich im Laufe der Evolution mehrfach entwickelt. Das gleiche gilt für die Entwicklung vom Kormus zu Pseudobulben mit mehreren Internodien und weiter zu Pseudobulben mit einem einzigen Internodium.

Auch die Entwicklung des konduplikativen Blattes aus dem gefalteten Blatt fand in jeder Unterfamilie statt, und in einigen wahrscheinlich nicht nur einmal. Die Reduktion der Samen zu ihrer typischen Form vollzog sich in mindestens drei Unterfamilien unabhängig voneinander. Das gleiche gilt für die Zusammenballung der Pollen zu Pollinien. Sektile Pollinien sind in mindestens drei verschiedenen Gruppen (innerhalb der Orchidoideae wahrscheinlich sogar zweimal) unabhängig voneinander entstanden. Kompakte weiche Pollinien entwickelten sich unabhängig bei den Cypripedioideae (bei *Phragmipedium*), und kompakte, mehr oder weniger harte Pollinien entstanden bei den Diurideae, den Cranichideae, den Epidendroideae und (wahrscheinlich unabhängig von diesen Gruppen) bei den Vandoideae.

Das Viscidium hat sich in allen monandrischen Unterfamilien mindestens einmal und bei den Epidendroideae sogar mehrmals entwickelt. Brieger (in Schlechter 1970) betrachtet das Viscidium als primitives Merkmal; doch mit welchem Ausleseprinzip ließe sich der wiederholte Verlust dieses zweckmäßigen Systems erklären? Stipites entwickelten sich unabhängig voneinander bei den Prasophyllinae, einigen Bulbophyllinae, den Sunipiinae und den Calypsoeae, und es ist nicht einzusehen, warum sie sich nicht auch in verschiedenen Gruppen der Vandoideae unabhängig entwickelt haben sollten. Aufgrund dieser vielen Parallelismen sollte man jeder einfachen, auf wenigen Merkmalen basierenden Klassifikation der Orchideen oder anderer Familien mit Skepsis gegenüberstehen. Man könnte natürlich zu dem Schluß gelangen, daß meine Klassifikation fehlerhaft ist; doch wenn wir annehmen, daß eines der erwähnten Merkmale im Laufe der Evolution nur ein einziges Mal entstanden ist, werden die anderen Merkmale dadurch nur noch polyphyletischer.

Die unabhängige Herausbildung von einzelnen, ähnlichen Merkmalen (oder Parallelismen) dürfte dem wachsamen Systematiker nur wenig Kopfzerbrechen bereiten. Konvergenzen dagegen können sehr verwirrend und irreführend sein. Bei der Konvergenz hat die Anpassung an ähnliche Standorte oder Lebensformen im Laufe der Evolution gleich zur Entwicklung mehrerer paralleler Merkmale geführt. Im Extremfall können dadurch erstaunlich ähnliche Organismen entstehen, die aber nur entfernt miteinander verwandt sind. *Bulbophyllum* und *Pleurothallis,* die ökologische Analogformen in den Tropen der Alten und der Neuen Welt darzustellen scheinen, weisen zahlreiche Konvergenzen in Wuchsform und Blütenbau auf. Ähnlich ist es bei *Jacquiniella* (Laeliinae, Neue Welt), *Cryptocentrum* (Maxillariinae, Neue Welt) und *Sepalosiphon* (Glomerinae, Asien): Sie haben auffallend ähnliche Blüten, die wahrscheinlich alle der Bestäubung durch Nachtfalter angepaßt sind. Bei so vielen Parallelismen könnte man vermuten, daß sich einige am höchsten entwickelte Gruppen aufeinander zubewegen; und das ist in der Tat der Fall. Wäre die monopodiale Art *Pterostemma* (Oncidiinae) in Asien gefunden worden, hätte man sie wahrscheinlich ohne Zögern den Sarcanthinae zugeordnet. Garay (Dunsterville und Garay 1972) betrachtet *Dunstervillea* als Angehörige der Sarcanthinae; ich vermute dagegen, daß man sie den Ornithocephalinae zuordnen muß. Wir wissen noch nicht, welche dieser beiden Deutungen richtig ist. Dieses Problem wird sich erst lösen lassen, wenn wir ausreichende Kenntnisse über Pollenstruktur, Anatomie, Chromosomenzahlen und Embryologie dieser und anderer Orchideen haben.

Konvergenzen zwischen entfernt verwandten Organismen sind trotzdem kein so großes Problem. Verwirrender sind die Konvergenzen zwischen engverwandten Arten oder Gattungen. Sie führen sogar Experten gelegentlich in die Irre. Wir haben jahrelang die Namen *Angraecum falcatum* und *Angraecum philippinense* verwendet und uns über die merkwürdige geographische Disjunktion gewundert. Heute ordnen wir sowohl *Neofinetia* (*Angraecum*) *falcata* als auch *Amesiella* (*Angraecum*) *philippinensis* den Sarcanthinae zu – trotz der großen Blütenähnlichkeit mit *Angraecum,* die in beiden Fällen zweifellos die Folge einer Anpassung an Nachtfalterbestäubung ist. In der Subtribus Oncidiinae findet man ein ungewöhnlich gutes Beispiel für Konvergenz, die erst vor kurzer Zeit als solche erkannt wurde. Es gibt überzeugende Beweise dafür, daß mehrere verwandte Gruppen dieser Subtribus sich unabhängig voneinander der Bestäubung durch große Pelzbienen (Anthophora; meistens der Gattung *Centris*) angepaßt haben. Da diese Gruppen einen ähnlichen Blütenbau haben, wurden sie alle als *Oncidium* klassifiziert. Anatomie, Chromosomenzahlen und Verträglichkeit (Kreuzbarkeit) beweisen jedoch, daß einige dieser Gruppen enger mit anderen Gattungen verwandt sind als mit *Oncidium*. Unglücklicherweise gehört die Typusart der Gattung *Oncidium* einer der ausgefallensten Gruppen an, die viel enger mit dem *Comparettia*-Komplex verwandt ist als mit dem Rest von »*Oncidium*«. So entstehen trotz eindeutiger biologischer Fakten häufig Komplikationen durch die Nomenklatur (Williams und Dressler).

Gesamtmuster

Die derzeit vorliegenden Beweise lassen darauf schließen, daß West-Gondwanaland, also der Kontinent, der sich später in Südamerika und Afrika aufteilte, ein wichtiges Zentrum der Angiospermen-Evolution war. Viele Autoren betrachten Südostasien und Australien wegen der primitiven Angiospermen, die dort heute noch zu finden sind, als die Wiege der Blütenpflanzenentwicklung. Aber diese Region entstand erst im Miozän, der Zeit, in der die australische Platte auf Asien zutrieb (Raven und Axelrod 1974). Man weiß nicht genau, wo die Orchideenentwicklung begann, obwohl anzunehmen ist, daß es sich um ein tropisches Gebiet handelte. Die meisten primitiven Gattungen sind zur Zeit entweder in allen tropischen Gebieten heimisch oder weit verstreut. *Cypripedium* und die Neottieae sind im Norden heimisch; *Palmorchis, Epistephium* und *Selenipedium* kommen in Südamerika vor, und *Diceratostele* ist eine afrikanische Art. Die malaysischen Apostasioideae sind zwar primitiv, aber keineswegs als Orchideenvorfahren zu betrachten.

Palmorchis (und möglicherweise auch *Diceratostele*) kommt in feuchten Wäldern vor, doch die meisten primitiven Orchideen bevorzugen trockene Wälder und offenes Gelände. Vor allem *Epistephium* und *Eriaxis* wachsen in der offenen Savanne oder in unfruchtbarem, felsigem Boden. Es ist recht wahrscheinlich, daß die ersten Orchideen eher an solchen felsigen Standorten als in Wäldern zu finden waren. In der Tat ist die spiralige Blattanordnung typischer für offene Standorte als für feuchte Wälder, wo die zweireihige Anordnung häufiger vorkommt. Diesen Unterschied findet man sogar innerhalb einzelner Populationen, zum Beispiel bei einigen *Cypripedium*-Arten (Atwood, persönliche Mitteilung).

Wir haben ziemlich viele Beweise für die Radiation der Angiospermen während der Kreidezeit, aber keine festen Anhaltspunkte dafür, daß sie bereits vor dieser Zeit existierten (Hickey und Doyle 1977). Wir können mit Sicherheit annehmen, daß die Orchideen sich erst entwickelten, als es blütenbesuchende Hautflügler (Hymenoptera) gab; doch wir haben von den ersten Stachel besitzenden Hymenoptera nicht viel mehr Fossilbelege als von den ersten Orchideen. Es gibt jedoch eine fossile Ameise, *Sphecomyrmex*, die Anfang der späten Kreidezeit lebte (Wilson, Carpenter und Brown 1967). Da die Ameisen sich sicherlich aus den Wespen entwickelt haben, können wir davon ausgehen, daß es in der späten Kreidezeit (möglicherweise sogar schon vorher) Wespen auf der Erde gab. Für das Eozän haben wir dank der Bernsteinablagerungen eine ziemlich große Menge an fossilen Insekten, und wir wissen, daß es damals bereits mindestens fünf der heutigen Bienenfamilien gab (Zenker und Manning 1976). Crepet (1979) hat sich mit den existierenden Blüten- und Blütenstandsfossilien befaßt und Beweise dafür gefunden, daß es in der Mitte des Eozäns bereits bienenbestäubte Blüten gab, was aufgrund der fossilen Bienen zu erwarten war. Er schließt aus den vorhandenen Blütenfossilien, daß die Orchideen sich zu jener Zeit noch nicht entwickelt hatten; doch wenn wir die Fossilienfunde als entscheidendes Kriterium betrachten, dürften die Orchideen niemals entstanden sein (Schmid und Schmid 1977). Ich bin der Meinung, daß die Orchideen damals – und wahrscheinlich sogar schon früher – bereits in der Entwicklung begriffen waren. Die Verbreitung der primitiven Orchideen wie *Vanilla*, *Tropidia* und *Corymborkis* als auch die der Orchideen-Hauptgruppen deutet darauf hin, daß die Hauptlinien der Orchideenevolution (die Unterfamilien) sich während der späten Kreidezeit oder des sehr frühen Tertiärs herausgebildet haben, als Südamerika und Afrika noch viel näher beieinanderlagen. Sicherlich hat ein großer Teil der Orchideenevolution nach dem Paläozän (ungefähr vor 55 Millionen Jahren) stattgefunden, als die drei tropischen Hauptregionen bereits sehr weit voneinander getrennt waren. Seitdem kamen natürlich Verbreitungen über große Entfernungen hinweg vor. Ich schätze, daß vor ungefähr 50 bis 55 Millionen Jahren bereits alle sechs Orchideen-Unterfamilien in erkennbarer Form vorhanden waren und auch daß primitive Vertreter der meisten Triben schon damals oder jedenfalls kurz danach existierten. Im frühen Tertiär besiedelten die epidendroiden und vandoiden Orchideen wahrscheinlich bereits Felsformationen und andere gut entwässerte Standorte, und die Entwicklung der Epiphyten muß im größten Teil des Tertiärs im Gang gewesen sein. Die Verbreitung von Orchideen zwischen Eurasien und Nordamerika war bis zur Mitte des Tertiärs ziemlich einfach; aber die Gattungen, die Disjunktionen zwischen Ostasien und dem Südosten Nordamerikas aufweisen, lassen darauf schließen, daß hier ein warm gemäßigter, aber keineswegs tropischer Korridor vorhanden war.

Man könnte fragen, welche Merkmale der Orchideen eigentlich ihre Evolutionsmuster erklären könnten. In diesem Zusammenhang muß man mehrere Faktoren betrachten (van der Pijl und Dodson 1966). Erstens hatten die Orchideen ziemlich fleischige Wurzeln mit einem Velamen und waren dadurch für eine Anpassung an gut entwässerte Standorte und eventuell auch für die epiphytische Lebensweise prädestiniert.

Hinzu kamen eine Tendenz zur saprophytischen Lebensform und die damit korrelierenden kleinen Samen. Das und die Neigung zur Insektenbestäubung führte fast zwangsläufig dazu, daß die Orchideen Bäume besiedelten.

Wie wir gesehen haben, kommen in fünf der sechs Unterfamilien zumindest ein paar Epiphyten vor. Wenn wir noch etwas weiter zurückgehen, stellen wir fest, daß die Beziehung zwischen Narbe und mittlerem Staubbeutel, gekoppelt mit den saprophytischen Tendenzen, die Blütenentwicklung dieser Gruppe entscheidend voraus bestimmte. Als sich dann auch noch die bilaterale Symmetrie durchsetzte, war die Entwicklung der Orchideen zu ihrer heutigen Form schon in vollem Gange.

Ich glaube, daß die ersten Schritte zur epiphytischen Lebensweise in einem periodisch trockenen Klima (und die meisten tropischen Klimate sind periodisch trocken) insbesondere auf Klippen und in felsigen Gebieten stattfanden. Einige Orchideen paßten sich diesen Standorten durch die Ausbildung von Kormen an, andere entwickelten fleischige Wurzeln oder fleischige Blätter. Bei einem solchen Evolutionsmuster waren die Orchideen für eine Anpassung an die epiphytische Lebensweise prädestiniert. Vielleicht entwickelten sie sich zunächst zu Humusepiphyten und bildeten später zahlreiche Varianten heraus, indem sie viele epiphytische Nischen besiedelten.

6 Klassifikation

Grundsätzliche Fragen

Über die Philosophie und Methodik der Klassifikation sind viele wissenschaftliche Artikel und Bücher geschrieben worden – meiner Ansicht nach zu viele. Zu den besten gehören die Arbeiten von Mayr (1969), Simpson (1961) und Davis und Heywood (1963). Die meisten Autoren sind sich darüber einig, daß eine Klassifizierung auf allumfassender Ähnlichkeit basieren sollte. Somit werden zwei Arten oder Artengruppen als eng verwandt betrachtet, wenn sie viele gemeinsame Merkmale aufweisen; sind sie dagegen sehr unterschiedlich, so ist die Verwandtschaft weniger eng. Unter allumfassender Ähnlichkeit verstehe ich keineswegs oberflächliche Gemeinsamkeiten. Viele Pflanzen sehen sich auf den ersten Blick aufgrund von Parallelismen oder Konvergenzen sehr ähnlich. Bei genauerer Betrachtung stellt sich jedoch häufig heraus, daß sie in einigen Details sehr unterschiedlich sind. Wir halten es für erstrebenswert, daß unsere Gattungen, Subtriben, Triben und Unterfamilien »natürliche« oder phylogenetische Gruppen darstellen, und verwenden dies gern als Kriterium für unsere Klassifikationen. Bei Gruppen oberhalb der Gattung läßt sich jedoch nur in den seltensten Fällen beweisen, daß es sich um natürliche Einheiten handelt. Der Nachweis, daß viele Klassifikationen unnatürlich sind, ist viel leichter zu erbringen. Je mehr wir über die zu untersuchenden Gruppen in Erfahrung bringen, desto eher können wir ihre phylogenetische Bedeutung richtig beurteilen. Treten innerhalb einer zusammenhängenden Gruppe netzförmig viele Ähnlichkeiten auf, so handelt es sich wahrscheinlich um eine natürliche Gruppe, sofern wir keine korrelierenden Eigenschaften finden, aufgrund deren sie eindeutig in zwei Teile zerfällt.

In der biologischen Systematik haben sich in den letzten Jahren drei Schulen herausgebildet. Sie gaben Anlaß zu vielen erbitterten Diskussionen; denn natürlich behaupten die Verfechter einer jeden Schule häufig, ihre Richtung sei der einzig richtige wissenschaftliche oder phylogenetische Standpunkt (siehe zum Beispiel: Mayr 1965, 1974; Hennig 1965; Bremer und Wanntorp 1978). Diese drei Schulen sind:

Die phänetische (oder numerische) Systematik. Die Phänetiker vertreten die Auffassung, daß Klassifikationen auf allumfassender Ähnlichkeit basieren müssen, wobei alle Merkmale den gleichen Stellenwert haben. In einigen Fällen verwerfen sie phylogenetische Hypothesen völlig und stützen sich bei ihren Klassifikationen ausschließlich auf Merkmale. Praktisch sieht das so aus, daß der Phänetiker anhand möglichst vieler Merkmale Tabellen für die Pflanzen oder Gruppen aufstellt, die er untersuchen will. Dann gibt er diese Daten in einen geeignet programmierten Computer ein und läßt sich von diesem eine maschinelle Klassifikation erstellen. Das Hauptproblem dieser Methode besteht darin, daß sie sehr teuer und zeitraubend ist und daß die Resultate stark von der Art der eingegebenen Daten und vom verwendeten Computerprogramm abhängen. Dennoch sind diese Systeme sehr nützlich; einer ihrer größten Vorzüge liegt darin, daß sie den Botaniker zwingen, viele verschiedene Merkmale der Pflanze genau und systematisch zu untersuchen. In vielen Pflanzengruppen ist schon allein das ein Gewinn, auch wenn keine finanziellen Mittel zur Verfügung stehen, um die Daten über ein Computerprogramm auswerten zu lassen. Phänetische Untersuchungen über Orchideen wurden von Hall (1965), Wirth, Estabrook und Rogers (1966) und Laverack (1976) veröffentlicht.

Die kladistische Systematik. Die entgegengesetzte Position vertreten die Kladisten, die die Phylogenie als einzige Grundlage für die Klassifikation betrachten. Sie behaupten, daß die Phylogenie und damit auch die richtige Klassifikation sich durch eine Untersuchung der Merkmale der betreffenden Organismen ermitteln läßt. Die Kladisten trennen strikt zwischen vererbten (plesiomorphen) und abgeleiteten (apomorphen) Merkmalen und erkennen nur die abgeleiteten Merkmale als wertvolle Kriterien für die Ermittlung von phylogenetischen oder verwandtschaftlichen Beziehungen an. Sie nehmen an, daß jede Artbildung durch Dichotomien erfolgt, und analysieren die Merkmale einer Gruppe, um die Mindestzahl und -abfolge von Abtrennungen (Artbildungen) festzustellen, die zum Entstehen einer Gruppe beigetragen haben könnten. Solche Analysen können in der Tat sehr aufschlußreich sein, und es ist bedauerlich, daß so wenige Botaniker die kladistische Verfahrensweise berücksichtigen. Einer der Gründe hierfür ist sicherlich die schwer verständliche Terminologie, die die Kladisten verwenden.

Die größten Schwächen des kladistischen Ansatzes sind: (1) Das Festhalten an rein dichotomischer Artbildung. In der Natur gibt es viele Wege, die zur Artbildung führen können; manche Arten können sich über längere Zeiträume hinweg als solche behaupten, während eine Reihe von peripheren Arten aus ein und derselben Elternart hervorgehen können. (2) Die Kladisten berücksichtigen die Divergenz zwischen den einzelnen Gruppen nicht und vertreten die Ansicht, daß allen »Schwestergruppen« derselbe Status zuerkannt werden müsse. (3) Kladistische Analysen sind nur von Bedeutung, wenn es gelingt, zwischen »rein abgeleiteten Merkmalen« und Merkmalen, die unabhängig voneinander in verwandten Linien entwickelt worden sind, zu unterscheiden. Parallelismen in verwandten Abstammungslinien sind eine Realität, die es bei jeder Analyse zu berücksichtigen gilt.

Die synthetische Systematik. Es gibt auch einige Botaniker, die in beiden oben erwähnten Philosophien wertvolle Ansätze erkennen. Die Anhänger der synthetischen Systematik versuchen, alle vorliegenden und erreichbaren Daten in Betracht zu ziehen und das Klassifikationssystem zu finden, das diesen Daten am gerechtesten wird. Die Vielfalt der Lebewesen auf der Erde ist so groß, daß es keine einfache, stets anwendbare Formel für ihre Analyse gibt.

Die Schlüsselmerkmalmethode. Vor allem viele Orchideologen neigen dazu, ein bestimmtes Merkmal (beispielsweise die Pollinienzahl oder die Blütenstandsposition) auszuwählen, dem sie, a priori und unabhängig von anderen Merkmalen, große Wichtigkeit beimessen. Dieses unwissenschaftliche Verfahren wird bereits seit zwei Jahrhunderten praktiziert; modernere Autoren wie Mayr (1969) und Simpson (1961) besprechen es nur noch am Rande. Bei dieser Methode handelt es sich nicht um eine Klassifikation von Pflanzen, sondern um eine Klassifikation von Schlüsselmerkmalen. Einige ihrer Verfechter scheinen tatsächlich zu glauben, daß es irgendein bestimmtes Merkmal geben muß, anhand dessen man – falls es vorhanden ist – Gattungen oder Subtriben automatich voneinander unterscheiden kann. Andere sind vielleicht der Meinung, daß alle Klassifikationen künstlich sind, und daß es daher kaum eine Rolle spielt, wenn ihr System *noch* künstlicher ist.

Diesen Standpunkt vertrat vielleicht auch Pfitzer, als er leicht erkennbare vegetative Merkmale den (bei kritischen Exemplaren vielleicht sogar fehlenden) Blütenmerkmalen vorzog. Ein gutes Beispiel für diese schlechte Methode ist die Charakterisierung der Gattungen *Auliza* und *Pleuranthium* in der neuen Ausgabe von Schlechter (1976). Alle *Epidendrum*-Arten mit seitenständigen (lateralen) Blütenständen werden in die Gattung *Pleuranthium,* alle Arten mit Pseudobulben in die Gattung *Auliza* eingereiht. (Auch die Arten, die sowohl Pseudobulben als auch laterale Blütenstände aufweisen, werden aus irgendeinem Grunde *Auliza* zugeordnet).

Ein Blick auf die Abbildungen genügt, um zu erkennen, daß beide Gattungen aus einem Durcheinander nicht verwandter Arten (oder Artengruppen) bestehen, die alle eng mit *Epidendrum*-Arten mit schmalen Sprossen und terminalen (endständigen) Blütenständen verwandt sind. Noch schlimmer wird es, wenn die an sich schon unwissenschaftliche Schlüsselmerkmalmethode auch noch mit ungenauer Beobachtung derselben gekoppelt ist. Auch hierfür sind Beispiele in der neuen Ausgabe von Schlechter zu finden, so zum Beispiel in der Gattungsreihe Hexisieae. In dieser vermeintlichen Gruppe weisen nur zwei Gattungen tatsächlich die Merkmale auf, auf denen die Gruppe angeblich basiert, und diese zwei Gattungen sind noch nicht einmal eng verwandt (Dressler 1979 a).

Die Verwandtschaftsmethode. Diese nützliche Klassifikationsmethode legt besonderes Schwergewicht auf die Verwandtschaften oder Zusammenhänge innerhalb einer Gruppe. So könnte man zum Beispiel eine enge Verwandtschaft (oder allumfassende Ähnlichkeit) zwischen Art A und Art B, Art B und Art C, Art C und Art D und so weiter feststellen, bis wir die Art A mit der sehr unterschiedlichen Art Z verbunden haben. *Nachdem* wir all diese Arten zusammengruppiert haben, können wir nach klar erkennbaren Merkmalen suchen, die es uns ermöglichen, die Gruppe als solche zu identifizieren. Das Nichtvorhandensein solcher einfacher Schlüsselmerkmale bedeutet aber nicht

Tafel 1. Standorte

1. Nebelwald, Panama.
2. Sumpf mit *Arethusa,* Pennsylvania, U.S.A.
3. Höhenvegetation (Subparamo), Ecuador.
4. Grasland mit *Calopogon,* Florida, U.S.A.
5. Grasbewachsener Wegrand mit *Arundina,* Westmalaysia.
6. *Encyclia adenocarpon* auf *Pachycereus,* Dornenwald, Westmexiko.

2

4

5, 6

Tafel 2. Wuchsformen terrestrisch

7. *Corallorhiza striata* (Corallorhizinae), Michigan, U.S.A.
8. *Epipogium roseum* (Epipogieae), Australien.
9. *Dactylorhiza aristata* (Orchidinae), Alaska, U.S.A.
10. *Corymborkis veratrifolia* (Tropidiinae), Papua, Neuguinea.
11. *Anoectochilus imitans* (Goodyerinae), Neukaledonien.
12. *Lyperanthus nigricans* (Caladeniinae), Australien.

7

8

9

10

11, 12

Tafel 3. Wuchsformen epiphytisch

13. *Notylia linearis* (Oncidiinae), Panama.
14. *Dendrobium crumenatum* (Dendrobiinae), Malaysia.
15. *Bulbophyllum nematocaulon* (Bulbophyllinae), Westmalaysia.
16. *Cymbidium madidum* (Cyrtopodiinae), Jungpflanze auf *Melaleuca,* Australien.
17. *Vanda tricolor* (Sarcanthinae), Indonesien.
18. *Lepanthes* spec. (*L. calodictyon*-Verwandtschaft) (Pleurothallidinae), Kolumbien.

13

14

5

16, 17

18

Tafel 4. Bestäubung

19. *Platanthera ciliaris. Papilio troilus* hat ein Pollinarium in der Nähe der Zungenbasis.
20. *Coryanthes rodriguezii* mit *Eufriesea superba.* Die Biene beim Verlassen der Blüte.
21. *Cryptostylis erecta* mit *Lissopimpla excelsa.* Wespe mit Pollinien auf dem Abdomen.
22. *Chiloglottis formicifera* mit einer männlichen Wespe.
23. *Chiloglottis formicifera.* Benannt nach dem ameisenförmigen Kallus, obwohl die Blüte eigentlich eine flügellose weibliche Wespe vortäuscht.

19

20

21

22, 23

Tafel 5. Apostasioideae, Cypripedioideae, Spiranthoideae

24. *Cypripedium acaule* (Cypripedioideae), nordöstlich der U.S.A.
25. *Tropidia polystachya* (Tropidiinae), Florida, U.S.A.
26. *Stenorrhynchos speciosum* (Spiranthinae), Costa Rica
27. *Pristiglottis montana* (Goodyerinae), Neukaledonien
28. *Ponthieva brenesii* (Cranichidinae), Panama
29. *Apostasia wallichii* (Apostasioideae), Australien

24

25

26

7, 28

29

Tafel 6. Orchidoideae: Neottieae, Diurideae

30. *Listera cordata* (Listerinae), Colorado, U.S.A.
31. *Chloraea gavilu* (Chloraeinae), Chile
32. *Epipactis gigantea* (Limodorinae), westliche U.S.A.
33. *Corybas fimbriatus* (Acianthinae), Australien
34. *Elythranthera emarginata* (Caladeniinae), Australien
35. *Calochilus campestris* (Diuridinae), Australien

30

31

32

33

34

35

Tafel 7. Orchidoideae: Orchideae, Diseae, Triphoreae

36. *Satyrium hallackii* subsp. *ocellatum* (Satyriinae), südliches Afrika
37. *Psilochilus carinatus* (Triphoreae), Panama
38. *Habenaria entomantha* (Habenariinae), Panama
39. *Disperis capensis* (Coryciinae), südliches Afrika
40. *Orchis militaris* (Orchidinae), Europa
41. *Brownleea coerulea* (Disinae), südliches Afrika

36

37

38

41

³9, 40

Tafel 8. Epidendroideae: Vanilleae, Gastroideae, Wullschlaegelieae

42. *Vanilla barbellata* (Vanillinae), Florida, U.S.A.
43. *Wullschlaegelia calcarata* (Wullschlaegelieae), Panama
44. *Gastrodia sesamoides* (Gastrodiinae), Australien
45. *Cryptanthemis slateri* (Rhizanthellinae), Australien
46. *Eriaxis rigida* (Vanillinae), Neukaledonien
47. *Cleistes rosea* (Pogoniinae), Panama

42

43

44

45, 46

47

Tafel 9. Epidendroideae: Arethuseae, Coelogyneae, Malaxideae

48. *Coelogyne radicosa* (Coelogyninae), Westmalaysia
49. *Hexalectris spicata* (Bletiinae), Florida, U.S.A.
50. *Sobralia rosea* (Sobraliinae), Ecuador
51. *Arethusa bulbosa* (Arethusinae), nördliche U.S.A.
52. *Liparis lacerata* (Malaxideae), Malaysia
53. *Thunia alba* (Thuniinae), Asien

48

49

0, 51

52

53

Tafel 10. Epidendroideae: Epidendreae I

54. *Encyclia venosa* (Laeliinae), Mexiko
55. *Eria hyacinthoides* (Eriinae), Malaysia
56. *Aglossorhyncha jabiensis* (Glomerinae), Papua, Neuguinea
57. *Glomera obtusa* (?) (Glomerinae), Papua, Neuguinea
58. *Mediocalcar abbreviatum* (?) (Eriinae), Papua, Neuguinea
59. *Epidendrum hunterianum* (Laeliinae), Panama

54

55

56, 57

58, 59

Tafel 11. Epidendroideae: Epidendreae II, Cryptarrheneae, Calypsoeae

60. *Cryptarrhena guatemalensis* (Cryptarrheneae), Panama
61. *Calypso bulbosa* (Calypsoeae), Michigan, U.S.A.
62. *Octarrhena condensata* (Thelasiinae), Westmalaysia
63. *Dendrobium stratiotes* (Dendrobiinae), Indonesien
64. *Sunipia racemosa* (Sunipiinae), Thailand
65. *Dendrobium sophronitis* (Dendrobiinae), Papua, Neuguinea

60

61

62

65

, 64

Tafel 12. Epidendroideae: Epidendreae-Pleurothallidinae

66. *Platystele minimiflora,* Panama
67. *Lepanthes* spec., Panama
68. *Pleurothallis ignivomi,* Ecuador
69. *Barbosella orbicularis,* Panama
70. *Dracula vampira,* Ecuador
71. *Masdevallia angulifera,* Kolumbien

66

67

68

69

70

71

Tafel 13. Epidendroideae: Epidendreae-Bulbophyllinae

72. *Bulbophyllum globuliforme,* Australien
73. *Bulbophyllum subcubium* (?), Papua, Neuguinea
74. *Bulbophyllum (Hapalochilus) callipes* (?), Papua, Neuguinea
75. *Bulbophyllum rothschildianum,* tropisches Asien
76. *Saccoglossum papuanum,* Papua, Neuguinea
77. *Pedilochilus flavum,* Papua, Neuguinea

72

73

4, 75

76, 77

Tafel 14. Vandoideae: Polystachyeae, Vandeae

78. *Polystachya bella* (Polystachyeae), Uganda
79. *Chiloschista lunifera* (Sarcanthinae), Thailand
80. *Vanda insignis* (Sarcanthinae), Indonesien
81. *Taeniophyllum trachypus* (Sarcanthinae), Neukaledonien
82. *Rangaeris muscicola* (Aerangidinae), südliches Afrika
83. *Neofinetia falcata* (Sarcanthinae), Japan

78

79

80

81

82, 83

Tafel 15. Vandoideae: Maxillarieae

84. *Cochleanthes aromatica* (Zygopetalinae), Costa Rica
85. *Telipogon* spec. (Telipogininae), Costa Rica
86. *Sphyrastylis escobariana* (Ornithocephalinae), Kolumbien
87. *Govenia purpusii* (Corallorhizinae), Mexiko
88. *Dichaea panamensis* (Dichaeinae), Panama
89. *Maxillaria fulgens* (Maxillariinae), Panama

84

85

,87

88, 89

Tafel 16. Vandoideae: Cymbidieae

90. *Acriopsis javanica* (Acriopsidinae), Papua, Neuguinea
91. *Oncidium (Cyrtochilum) serratum* (Oncidiinae), Kolumbien
92. *Stanhopea costaricense* (Stanhopeinae), Costa Rica
93. *Catasetum barbatum* (Catasetinae), Südamerika
94. *Galeandra baueri* (Cyrtopodiinae), tropisches Amerika
95. *Polycycnis aurita* (Stanhopeinae), Kolumbien

90

91

92, 93

94, 95

unbedingt, daß die Gruppe unnatürlich ist, sondern nur, daß man für diese Gruppe vielleicht einen etwas komplizierteren Bestimmungsschlüssel erstellen muß.

Klassifikation und Identifikation

Besonders in der Botanik scheinen einige Klassifikationsprobleme durch die Verwechslung von Klassifikation und Identifikation zu entstehen. Diese zwei Prozesse sind zwar eindeutig miteinander verwandt, aber nicht identisch. Um ein ganz krasses Beispiel anzuführen: Frösche und Kaulquappen unterscheiden sich sehr voneinander; dennoch werden sie als ontogenetische Phasen einer einzigen Art klassifiziert. Wir können sie nicht anhand derselben Schlüsselmerkmale identifizieren, und wir müssen verschiedene Bestimmungsschlüsel für sie aufstellen; aber wir ordnen sie trotzdem in dieselbe taxonomische Kategorie ein. Ähnlich verhält es sich mit *Phyllanthus fluitans,* einer Art, die mehr Ähnlichkeit mit dem Wasserfarn *Salvinia* hat als mit einem Strauch der Euphorbiaceae; dennoch zeigen Blüten- und Samenstruktur, daß es sich um eine Art der Euphorbiaceae-Gattung *Phyllanthus* handelt. Wir können zum Zweck der Identifikation Wasserpflanzen von Landpflanzen, Epiphyten von terrestrischen Pflanzen, Kräuter von Bäumen, blaue von gelben oder große von kleinen Blüten unterscheiden; aber wir leiten aus diesen Unterschieden keine taxonomischen Kategorien ab. Obwohl Forschungsergebnisse eindeutig gezeigt haben, daß die parasitäre Gattung *Lathraea* zur Familie der Scrophulariaceae gehört, haben einige Botaniker vorgeschlagen, sie in die Familie der Orobanchaceae einzuordnen, da es dann leichter wäre, sie in einen Bestimmungsschlüssel einzubeziehen (Davis 1978). Meiner Meinung nach verwechseln diese Botaniker Klassifikation und Identifikation miteinander. Wir ordnen *Wolfia* und *Wolfiella* ja auch nicht den Grünalgen zu, obwohl ich überzeugt davon bin, daß es dann einfacher wäre, die meisten Pflanzen dieser Gruppen in einen Bestimmungsschlüssel einzubeziehen. Da wir Botaniker so häufig zweigabelige Bestimmungsschlüssel verwenden, erwartet mancher Laie vielleicht, daß Taxa sich leicht aufgrund einfacher Merkmale unterscheiden lassen. Mit etwas Glück ist es vielleicht möglich, Arten oder sogar Gattungen mit Hilfe relativ einfacher Bestimmungsschlüssel auseinanderzuhalten. Unterfamilien und Familien aber sind synthetische Einheiten und sollten verschiedene phyletische Richtungen beinhalten.

»Zusammenfasser« und »Aufteiler«

Die Botaniker werden häufig in zwei Kategorien – »Zusammenfasser« und »Aufteiler« – eingeteilt; die Verfechter dieser beiden Richtungen versuchen oft, sich gegenseitig zu diskreditieren. Der extreme »Zusammenfasser« betrachtet seine (natürlich trockenen) Exemplare aus einer Entfernung von ungefähr einem halben Meter, und wenn er nicht sofort einen markanten Unterschied entdeckt, entscheidet er, daß sie alle zur selben Art gehören. Der extreme

»Aufteiler« hingegen erkennt allen veröffentlichten Pflanzennamen Artstatus zu – auf den bloßen Verdacht hin, daß es sich um verschiedene Arten handeln könnte (schließlich haben sie ja auch alle einen anderen Namen bekommen).

Daneben gibt es wunderliche Botaniker, die manchmal die eine und manchmal die andere Richtung vertreten. Sie erkennen innerhalb der Gruppe, die sie gerade untersuchen, im allgemeinen deutliche Unterschiede, und teilen sie daher in viele verschiedene Gattungen und Arten auf. Bei den Gruppen, die ihnen weniger bekannt sind, neigen sie dagegen zum Zusammenfassen. Sowohl das Aufteilen als auch das Zusammenfassen ist, sofern es als alleiniges Prinzip verwendet wird, eine schlechte botanische Praxis, die unweigerlich zu einer armseligen Klassifikation führt. Eine wichtige Voraussetzung für eine gute taxonomische Untersuchung besteht darin, daß der Autor flexibel ist – das heißt, er muß bereit sein, innerhalb einer und derselben Gruppe – je nach den Merkmalen, Eigenarten und Variationen der Pflanzen – entweder »aufzuteilen« oder »zusammenzufassen«.

Verwandtschaftskriterien

Welche Kriterien soll man bei der Auswahl von Schlüsselmerkmalen anwenden? Sie sind eigentlich sehr einfach. Bei der Abgrenzung einer Gruppe sollte man alle ihre Eigenschaften berücksichtigen. Sobald die Gruppe abgegrenzt ist, können Schlüsselmerkmale ausgewählt werden, anhand deren man die Gruppe erkennen kann. Es muß hier deutlich gesagt werden, daß ein Schlüsselmerkmal, das sich für eine Gruppe als optimal erweist, für eine andere Gruppe völlig nutzlos sein kann.

Man darf auch nicht vergessen, daß in fast allen großen Gattungen ein paar Ausnahmen vorkommen, auf die kein Schlüsselmerkmal zutrifft. Ein ausgezeichnetes Beispiel hierfür sind *Epidendrum*- und *Pleurothallis*-Arten, die laterale (seitenständige) Blütenstände aufweisen. Das bedeutet nicht unbedingt, daß diese Ausnahmen nicht in die betreffende Gattung gehören. Nur wenn man auch noch andere Unterschiede findet, die mit den abweichenden Merkmalen korrelieren, sollte man die betreffenden Pflanzen vielleicht besser woanders einordnen.

Obwohl alle Eigenschaften einer Pflanze – ganz egal, ob sie sichtbar oder verborgen sind – Verwandtschaftskriterien darstellen, gibt es einige spezielle Kriterienklassen, die ich hier etwas genauer erläutern will.

Theoretisch würden Fossilien uns den größten Aufschluß über verwandtschaftliche und phylogenetische Beziehungen geben. Man hat jedoch bis jetzt keine fossilen Orchideen gefunden, und es ist äußerst zweifelhaft, ob man jemals welche entdecken wird. Vielleicht werden wir eines Tages wenigstens fossilen Pollen finden, der uns einige Hinweise auf die Orchideenphylogenie liefern könnte; doch gutes, umfangreiches fossiles Material zu den Orchideen wird uns wahrscheinlich nie vorliegen. (Für eine Aufstellung der Fossilien, die von anderen Autoren als Orchideen gedeutet werden, sei hier auf Schmid und Schmid (1977) verwiesen.)

Blütenmerkmale versus vegetative Merkmale. Die meisten Taxonomen messen den Blütenmerkmalen größere Bedeutung bei und sind der Ansicht, daß vegetative Merkmale aufgrund ihrer großen evolutionären Wandelbarkeit an Zuverlässigkeit zu wünschen übrig lassen. Es gibt jedoch auch Systematiker, die den entgegengesetzten Standpunkt vertreten. Auf alle Fälle sind Blüten – insbesondere Orchideenblüten – komplizierte Mechanismen mit zahlreichen Merkmalen. Größe und Farbe variieren zweifellos; doch die Grundstruktur der Blüte und der Säule ist nur schwer veränderlich. Es ist kaum vorstellbar, daß eine *Epidendrum*-Art jemals die Blütenmerkmale von *Vanda* oder *Spiranthes* aufweisen könnte. Diese Blüten unterscheiden sich nicht nur in Größe, Form und Farbe, sondern auch in ihrem ganzen Aufbau.

Strukturelle Merkmale. Damit sind »fundamentale« Merkmale gemeint, die mit der Beziehung der einzelnen Pflanzenteile untereinander zusammenhängen. Sie sind sicherlich durch das Wirken vieler Gene entstanden, und die Systematiker messen ihnen unabhängig von ihrer Grundauffassung große Bedeutung bei. Die besten Beispiele für solche Merkmale sind vielleicht in der Tierwelt zu finden – beispielsweise das externe versus das interne Skelett und der Haupttyp (glatt oder schuppenartig, gefiedert oder behaart). Beide Eigenschaften sind wichtig für die zoologische Klassifikation. Strukturelle pflanzliche Merkmale sind zum Beispiel verstreute versus ringförmig angeordnete Leitbündel (einkeimblättrig versus zweikeimblättrig), bilaterale versus radiäre Blütensymmetrie, der eigenartige Staubbeutel der epidendroiden Orchideen oder Stipites und Caudiculae. Einige dieser Merkmale haben sich möglicherweise mehrmals entwickelt; andere sind vielleicht durch eine einzige Mutation drastisch verändert worden. Trotzdem halten wir sie für viel wichtiger als die einfachen Unterschiede in Form, Größe, Farbe und so weiter.

Ein verwandtes Konzept ist das der *»neutralen« Merkmale*. Diese Merkmale werden – zumindest theoretisch – durch die natürliche Auslese nicht beeinflußt und sind daher bessere Anhaltspunkte für phyletische Gruppen als die Merkmale, die dem Druck der natürlichen Auslese unterworfen sind. Das Verbundensein von Nebenzellen zum Beispiel kann adaptiven Wert haben; doch die Entwicklungsweise dieser Zellen (die eher ein strukturelles Merkmal darstellt) kann eine geringe adaptive Bedeutung haben. Daher kann das Entwicklungsmuster der Epidermis für die Klassifikation viel wichtiger sein als manche auffallenderen Merkmale, die sich wahrscheinlich in verschiedenen Gruppen unabhängig voneinander entwickelt haben.

Mikroskopische Merkmale. Anatomische Details sind für die Klassifikation häufig sehr wichtig. Ihr einziger Nachteil liegt darin, daß diese Details bis jetzt nicht bei einer großen Pflanzenmenge untersucht wurden – und daß die Untersuchung recht mühselig ist. Die Analysen der Pollen- und Samenstruktur sind sehr vielversprechend, und ich hoffe, daß man sie in Zukunft noch mehr ausweiten wird.

Die Blütenontogenie kann zur Feststellung von Homologien bei ausgewachsenen Blüten beitragen. Ich glaube, es ist viel aufschlußreicher, das dreidimensionale Primordium unter dem Stereomikroskop zu untersuchen, als zu versuchen, die Struktur anhand von mikroskopischen Schnitten zu rekonstruieren.

Biochemie. Für einige Pflanzengruppen haben sich biochemische Daten als außerordentlich brauchbar erwiesen. Auch hier liegt das Problem darin, daß keine umfangreichen Untersuchungen vorliegen. Die über Orchideen ermittelten biochemischen Daten sind zur Zeit noch sehr punktuell.

Chromosomenzahlen. Die Chromosomen sind die mikroskopisch sichtbaren Träger des genetischen Merkmals und werden daher normalerweise als sehr aufschlußreicher Anhaltspunkt für Verwandtschaften betrachtet. In vielen Fällen stimmen Unterschiede in den Chromosomenzahlen von Orchideen mit Gattungsgrenzen überein. Es gibt sogar ganze Subtriben, die in der Chromosomenzahl kaum variieren. Die Orchidaceae sind in dieser Hinsicht jedoch recht frustrierend: In fast allen Subtriben dieser Familie gibt es ein paar Pflanzen mit einer diploiden Chromosomenzahl von 38 oder 40. Falls die Evolutionsmuster der Subtriben jemals geklärt werden können, wird es vielleicht möglich sein, ein Gesamtentwicklungsmuster für die ganze Orchideenfamilie zu erkennen (Jones 1974).

Kreuzbarkeit. Wenn zwischen zwei Arten nachgewiesenermaßen eine Hybride existiert, so kann man das als eindeutigen Beweis für eine Verwandtschaft betrachten. Wenn man die Fruchtbarkeit oder den Grad der Chromosomenpaarung dieser Hybride untersucht, erhält man Hinweise auf den Verwandtschaftsgrad. Wir haben bereits erwähnt, daß Kreuzbarkeit normalerweise nur zwischen den Gattungen einer Subtribus vorkommt; doch da viele Orchideologen immer wieder die ausgefallensten Kreuzungsversuche unternehmen, wäre auch die Entstehung von Hybriden zwischen Pflanzen unterschiedlicher Triben nicht überraschend. Man vermutet jedoch, daß solche Hybriden schlecht gedeihen würden und unfruchtbar wären. Natürliche oder künstliche intergenerische Hybriden (Gattungshybriden) sind in ungefähr vierzehn verschiedenen Orchideengruppen bekannt.

Natürliche Hybriden. Man muß klar zwischen künstlichen und natürlichen Hybriden unterscheiden. Künstliche Hybriden können auch zwischen Arten entstehen, die durch natürliche Grenzen voneinander getrennt sind und in der freien Natur niemals Hybriden hervorbringen würden, geschweige denn Gene austauschen könnten. In den meisten Fällen sind natürliche Hybriden auf Arten innerhalb einer Gattung oder Arten engverwandter Gattungen beschränkt. Wenn man von den natürlichen Hybriden zwischen *Cattleya* und der Sektion *Cattleyodes,* Gattung *Laelia* (eine sehr künstliche Gattungsunterscheidung) und einigen Kreuzungen zwischen ziemlich dubiosen Gattungen der europäischen Orchideae (wie *Orchis* und *Aceras*) absieht, gibt es nur ein paar natürliche Gattungshybriden.

Natürliche Gattungshybriden treten normalerweise nur zwischen engverwandten Gattungen auf; zwischen Pflanzen unterschiedlicher Triben ist eine augenscheinliche Naturhybride bekannt. In Italien wurden Pflanzen gefunden, die man als Hybride zwischen *Epipactis palustris* (Neottieae) und *Gymnadenia conopsea* (Orchideae) betrachten könnte. Einige Exemplare befinden sich im Herbarium in Kew; Peter Taylor bereitet eine Veröffentlichung über diese bemerkenswerten Pflanzen vor. Diese vermutlichen Hybriden sind erwartungsgemäß steril oder entwickeln zumindest keinen Pollen.

Kriterien für die Beurteilung einer Klassifikation

Manchmal liest man, daß Klassifikation einzig und allein Ermessenssache sei. Das ist natürlich absurd, obwohl dieser Standpunkt mitunter auch von Leuten vertreten wird, die sich als Biologen bezeichnen. Solange man überhaupt nichts über eine Pflanzengruppe weiß, könnte man sich praktisch für jede x-beliebige Klassifikation entscheiden. Sobald uns jedoch irgendwelche Erkenntnisse über diese Pflanzen vorliegen, haben wir eine Grundlage, die es uns ermöglicht, einer bestimmten Klassifikation den Vorzug zu geben. Natürlich gibt es Fälle, wo eine Klassifikation wirklich nur Ansichtssache ist. Zwei deutlich unterscheidbare, aber eng miteinander verwandte Artengruppen zum Beispiel kann man entweder als Untergattungen einer einzigen Gattung oder als zwei engverwandte Gattungen betrachten, ohne daß die Klassifikation dadurch beeinträchtigt würde. Ein gutes Beispiel hierfür findet man in der von mir verwendeten Klassifikation: Aufgrund der vorliegenden Forschungsergebnisse kann man die Cryptostylidinae entweder als eine gesonderte Subtribus oder als Allianz der Cranichidinae behandeln. Ähnlich liegt der Fall bei den Orchideae und den Diseae: Man kann sie als zwei engverwandte Triben oder als zwei Subtribengruppen innerhalb einer einzigen natürlichen Tribus betrachten. In beiden Fällen ist es leicht möglich, daß ich mein Urteil aufgrund neuer Erkenntnisse über Blütenbau, Pollenstruktur oder andere Merkmale eines Tages revidieren müßte.

Wir müssen von einem Verfasser verlangen können, daß er genau darlegt, welche Beweise er für seine Behauptungen hat und wie diese Beweise sich mit dem vorliegenden Wissensstand vereinbaren lassen. Eine Klassifikation läßt sich anhand anatomischer oder cytologischer Untersuchungen oder anderer botanischer Disziplinen überprüfen. Erst durch eine solche ständige Überprüfung erhält die botanische Systematik ihren Sinn.

Bei der Betrachtung einer jeden Klassifikation ergeben sich einige einfache Fragen: Trennt die Klassifikation wenig verwandte (ungleiche) Pflanzen oder Pflanzengruppen deutlich voneinander? Ordnet sie engverwandte (ähnliche) Pflanzen der Pflanzengruppen zusammen? Ist das System logisch und konsequent, das heißt, stehen die Pflanzenmerkmale im Einklang mit den Klassifikationsergebnissen? Stützt sich das evolutionäre Schema (oder der phylogenetische Baum) auf eine genaue Analyse der Merkmale, oder erscheint es oberflächlich, oder basiert es gar auf Vorurteilen?

Die nomenklatorische Hierarchie

Ich möchte mich in meiner Betrachtung der Klassifikation in erster Linie auf die Kategorien zwischen Familie und Gattung konzentrieren. Die folgende Aufstellung ist ein Teil der nomenklatorischen Hierarchie, wie sie im Internationalen Code der Botanischen Nomenklatur festgelegt worden ist.

Kategorie	Endung	Beispiele
Ordnung (Reihe)	-ales	Liliales
Familie	-aceae	Orchidaceae, Liliaceae
Unterfamilie	-oideae	Orchidoideae, Epidendroideae
Tribus	-eae	Orchideae, Vandeae, Neottieae
Subtribus	-inae	Orchidinae, Laeliinae, Oncidiinae
Gattung	nicht festgelegt	*Orchis, Epidendrum, Vanda*
Art	nicht festgelegt; muß aber mit dem Geschlecht der Gattung übereinstimmen	*Orchis purpurea, Epidendrum nocturnum, Vanda tricolor*

Unterhalb der Art erlaubt der Code auch noch die Verwendung der Kategorien Unterart, Varietät und Form in der hier angegebenen Reihenfolge. Wir werden hier jedoch kaum auf diese Kategorien eingehen.

Die oben erwähnten Kategorien reichen häufig nicht aus, um die gesamte Phylogenie mit all ihren teilweise recht verwickelten Verwandtschaftsbeziehungen aufzuzeigen. Daher werden zusätzlich häufig auch noch formelle oder nicht formelle Kategorien wie Obertribus, Allianz, Untergattung und so weiter hinzugezogen. Da es aber, wie wir glauben, keine Methode gibt, mit der man die Phylogenie in ihrer ganzen Komplexität zu Papier bringen könnte, werden wir uns bemühen, das System einigermaßen einfach zu halten.

Die Botaniker haben die Triben- und Subtriben-Nomenklatur ziemlich lässig gehandhabt – mit dem Ergebnis, daß verschiedene Autoren für ein und dieselbe Pflanzengruppe verschiedene Namen verwenden. Es ist jedoch am zweckmäßigsten, die Nomenklaturregeln zu befolgen und für jede Gruppe den richtigen Namen zu verwenden. Das ist die einfachste Methode, Mißverständnisse zu verhindern und die Kommunikation zu fördern.

Tab. 6.1. Ein Vergleich der wichtigsten Orchideenklassifikationssysteme

Lindley	Schlechter	Garay	Dressler
Familie Apostasiaceae	Familie Apostasiaceae	Familie Orchidaceae	Familie Orchidaceae
		Unterfamilie Apostasioideae	Unterfamilie Apostasioideae
Familie Orchidaceae	Familie Orchidaceae		
Tribus Cypripedieae	Unterfamilie Diandrae	Unterfam. Cypripedioideae	Unterfam. Cypripedioideae
	Unterfamilie Monandrae	Unterfamilie Orchidoideae	Unterfamilie Orchidoideae
Tribus Ophrydeae	Tribus Ophrydeae	Tribus Orchideae	Tribus Orchideae
			Tribus Diseae
		Unterfamilie Neottioideae	
Tribus Neottieae	Tribus Polychondreae	Tribus Neottieae	Tribus Neottieae
			Tribus Diurideae
		Tribus Cranichideae	Unterfamilie Spiranthoideae
			Unterfam. Epidendroideae
		Tribus Epipogieae	Tribus Epipogieae
			Tribus Vanilleae
			Tribus Gastrodieae
Tribus Arethuseae			Tribus Arethuseae
		Unterfam. Epidendroideae	Tribus Coelogyneae
Tribus Epidendreae	Tribus Kerosphaereae	Tribus Epidendreae	Tribus Epidendreae
Tribus Malaxideae			Tribus Malaxideae
Tribus Vandeae		Tribus Vandeae	Unterfamilie Vandoideae
			Tribus Polystachyeae
			Tribus Vandeae
			Tribus Maxillarieae
			Tribus Cymbidieae

Geschichte der Orchideen-Klassifikation

Der erste erwähnenswerte Versuch, die Orchideenfamilie in Gruppen zu unterteilen, wurde von Lindley unternommen, der 1826 eine Aufstellung von 8 Triben veröffentlichte. Später betrachtete er eine dieser Triben als unzweckmäßig und reduzierte ihre Zahl daher auf 7 (siehe Tab. 6.1). Innerhalb einiger seiner Triben grenzte er »Sektionen« (auch »Divisionen« genannt) ab. Lindley war ein erstklassiger Botaniker mit einem geschulten Auge für Verwandtschaften. Seine Klassifikation war gut, und ich bin sicher, daß sie noch besser gewesen wäre, wenn er bessere Mikroskope und mehr lebendes Orchideenmaterial gehabt hätte. Bentham änderte Lindleys System für seine Genera Plantarum in 5 Triben mit 27 Subtriben ab.

H. G. Reichenbach jr., der sich jahrelang aktiv mit der Orchideentaxonomie beschäftigte und die Berücksichtigung der Pollinien für die Klassifikation anregte (1852), hat relativ wenig über das Problem der Triben und Subtriben geschrieben. Er überarbeitete 1884 die Orchideenklassifikation, ohne jedoch den wenigen Untergruppen, die er innerhalb der Familie erkannte, einen eindeutigen Rang beizumessen. Reichenbach hatte das Talent, verwandtschaftliche Beziehungen zu erkennen; und häufig gelang es ihm, die wichtigsten Merkmale einer Blüte in einer einfachen Strichzeichnung festzuhalten. Er hat viele Gattungen und Arten benannt. Da er ein wenig willkürlich vorging und ein launischer Mensch war, fiel er – was unsere beiden Kategorien »Aufteilen« und »Zusammenfassen« betrifft – häufig von einem Extrem ins andere. Leider stand er der Arbeit anderer sehr viel kritischer gegenüber als seiner eigenen, und seine Beschreibungen waren oft zu kurz und enthielten nicht genügend Informationen. Später ärgerte er sich darüber, daß einige Engländer es wagten, sich ebenfalls mit Orchideen zu beschäftigen und – was noch viel unverzeihlicher war – seine Entscheidungen auf diesem Gebiet anzuzweifeln. Sein Zorn war so groß, daß er testamentarisch verfügte, sein Herbarium sei nach seinem Tode 25 Jahre lang unter Verschluß zu halten, um es für die Orchideenforscher unerreichbar zu machen.

1887 kritisierte Ernst Pfitzer das System Benthams und schlug eine neue, in erster Linie auf leicht erkennbaren vegetativen Merkmalen basierende Klassifikation der Orchideen vor. Er grenzte 32 Triben und etliche Subtriben ab. Sein System war sehr künstlich, wurde in dieser Hinsicht jedoch noch von Beer (1863) übertroffen, der seine auf der Blütenform basierende Einteilung sämtlicher Orchideen in 5 »Sippen« stur verteidigte und beispielsweise *Angraecum, Habenaria,* und *Cypripedium* zu einer Gruppe zusammenfaßte.

Trotz seiner merkwürdigen Ideen über Triben und Subtriben war Pfitzer ein ziemlich kompetenter Taxonom und Morphologe. Sein Zeitgenosse Fritz Kränzlin hingegen war der Vertreter par excellence der schlechtesten Taxonomie, die zu jener Zeit in Deutschland betrieben wurde. Er veröffentlichte zahlreiche »Revisionen« und viele neue Artnamen. Leider hatte er kein Gefühl

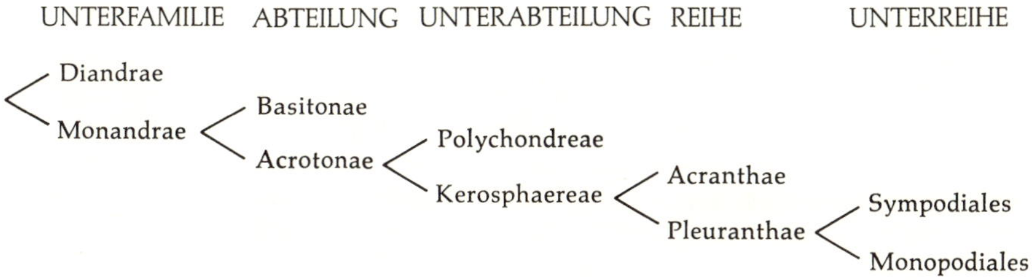

Abb. 6.1. Schematische Darstellung von Schlechters Orchideen-Klassifikation.

für Verwandtschaften; über seine Arbeit kann man nur sagen, daß sie durchweg schlecht war. Er ordnete viele seiner neuen Arten nicht nur in die falschen Gattungen, sondern auch in die falschen Triben oder Unterfamilien ein.

Niemand hat wohl so viele verschiedene Orchideenarten beschrieben wie Rudolf Schlechter. Seine Beschreibungen sind ziemlich detailliert. Leider wurde sein Herbarium während des zweiten Weltkriegs vernichtet. Dadurch entstanden noch größere Probleme als durch Reichenbachs Verfügung, sein Herbarium 25 Jahre lang unter Verschluß zu halten. Schlechter war eher ein »Aufteiler«; er schien zu glauben, Orchideen aus verschiedenen Ländern müßten auch verschiedenen Arten angehören. Ich halte seine Arbeit über Afrika und Neuguinea, wo er etliche Erfahrungen in freier Natur sammelte, für besser als seine Arbeit über die amerikanischen Orchideen. Schlechter schrieb eine überarbeitete Klassifikation der Orchideenfamilie, die nach seinem Tode veröffentlicht wurde (1926). Er erkannte nur 4 Triben und 80 Subtriben an. Er verwarf zwar einige Ungereimtheiten des Pfitzerschen Systems, stützte sich in seiner Nomenklatur aber dennoch auf Pfitzer und nicht auf die früheren Arbeiten Lindleys oder Benthams, deren Namen nach den Nomenklaturregeln Vorrang haben. Schlechters System war dichotomisch (zweigabelig) und merkwürdig asymmetrisch – eine Eigenschaft, die er als Zeichen für Wissenschaftlichkeit gewertet haben mag (Abb. 6.1). Es war sehr detailliert ausgearbeitet und mit einem Schlüssel zu den Subtriben und einer kompletten Gattungsliste versehen und wurde einige Jahrzehnte lang nahezu ausschließlich benutzt. Mansfeld (1937 a, 1937 b, 1954) brachte einige Korrekturen an, die von anderen Autoren jedoch anscheinend nicht berücksichtigt wurden. 1960 haben Dodson und ich eine Überarbeitung der Orchideenklassifikation verfaßt und einige Abänderungen an Schlechters System vorgenommen – vor allem, um es mit den Nomenklaturregeln in Einklang zu bringen (Dressler und Dodson 1960). Ungefähr zur gleichen Zeit schlug Garay die Aufteilung der Familie in 5 Unterfamilien vor. Neuerdings ist die Aufteilung der Familie in 3 bis 6 Unterfamilien allgemein anerkannt; es besteht jedoch keine Einigkeit über die Abgrenzung dieser Unterfamilien. Oberhalb der Kategorie der Gattung wird die Nomenklatur immer problematisch. Butzin (1971) hat alle Namen, die für die Unterfamilien, Triben und Subtriben verwendet wurden, zusammengetragen und der Orchideenklassifikation damit einen großen Dienst erwiesen.

Ich möchte beim Leser nicht den Eindruck hinterlassen, daß alle Orchideentaxonomen schlechte Botaniker waren. Viele Taxonomen, beispielsweise Holttum, Mansfeld, Rolfe, J.J. Smith und Summerhayes, gingen sehr sorgfältig zu Werke, beschränkten ihre Arbeit jedoch weitgehend auf die Rangstufe Art und Gattung und hatten (mit Ausnahme Mansfelds) wenig über Unterfamilien und Triben zu sagen.

Die in diesem Buch verwendete Klassifikation

Das System, das ich in diesem Buch verwenden werde, ist untenstehend beschrieben und in den Abbildungen 6.2 und 6.3 dargestellt.

		genera/species
Unterfamilie	Apostasioideae	2-16
Unterfamilie	Cypripedioideae	4-115
Unterfamilie	Spiranthoideae	
Tribus	Erythrodeae	38-437
Tribus	Cranichideae	46-493
Unterfamilie	Orchidoideae	
Tribus	Neottieae	7-98
Tribus	Diurideae	35-551
Tribus	Orchideae	58-1705
Tribus	Diseae	16-410
Anomale Triben		
Tribus	Triphoreae	3-20
Tribus	Wullschlaegelieae	1-2
Unterfamilie	Epidendroideae	
Tribus	Vanilleae	
Tribus	Gastrodieae	
Tribus	Epipogieae	
Tribus	Arethuseae	
Tribus	Coelogyneae	
Tribus	Malaxideae	
Tribus	Cryptarrheneae	
Tribus	Calypsoeae	
Tribus	Epidendreae	
Unterfamilie	Vandoideae	
Tribus	Polystachyeae	4-220
Tribus	Vandeae	136-1700
Tribus	Maxillarieae	71-960
Tribus	Cymbidieae	108-1758

Diese Klassifikation unterscheidet sich von den anderen neueren Systemen hauptsächlich in ihrer Behandlung der Orchideen mit weichen, mehr oder weniger mehligen Pollinien. Garay (1960) hat Schlechters Polychondreae im wesentlichen zum Status einer Unterfamilie mit dem Namen Neottioideae erhoben, und verschiedene andere Autoren sind ihm darin gefolgt. Andere richteten sich nach Mansfeld und ordneten alle oder einige der Gattungen mit aufliegenden Staubbeuteln den Epidendroideae zu, doch auch dann handelt es sich immer noch um eine ziemlich heterogene Orchideengruppe. Laverack hat in seiner sehr guten Arbeit (1971) gezeigt, daß unter dem Begriff Neottioideae mehrere unterschiedliche Abstammungslinien zusammengefaßt wurden. Eigentlich ist es gar nicht so unüblich, daß die Botaniker in ihren frühen Klassifikationsversuchen alle primitiveren Mitglieder einer Gruppe zusammenordnen. Bei näherer Überlegung wird jedoch bald klar, daß ein einziges primitives Abstammungsmerkmal – wie zum Beispiel die weichen, mehligen Pollinien – kaum ein zuverlässiges Indiz für eine Verwandtschaft sein kann. Außerdem haben, stark vereinfacht gesehen, die primitiven Elemente einer Familie die längste Evolution hinter sich und repräsentieren sehr wahrscheinlich mehrere verschiedene evolutionäre Entwicklungslinien. Das trifft jedenfalls auf die Orchideen zu (vgl. Abb. 6.2, 6.3, 6.4).

Eine Abtrennung der Orchideen mit weichen Pollinien und aufliegendem Staubbeutel von den anderen der epidendroiden Abstammungslinie ist willkürlich, denn es gibt keine deutliche Trennungslinie. Außerdem teilt man damit eine der wichtigsten evolutionären Abstammungslinien. Aus diesem Grunde ordne ich die Vanilleae, die Gastrodieae, die Epipogieae und die Arethuseae den Epidendroideae zu, wo sie als weniger spezialisierte Gruppen dieser Evolutionslinie gut hineinpassen.

Was die übrigen Gruppen mit weichen Pollinien anbelangt, so bilden die Spiranthoideae eine zusammenhängende Gruppe, die man anhand der Säulenstruktur und des Auftretens mesoperigenöser Nebenzellen bei den Stomata (Williams 1975) leicht von den anderen unterscheiden kann. Zwischen den Erythrodeae und den Cranichideae bestehen keine eindeutigen Verbindungen, doch die Ähnlichkeit im Blütenbau deutet daraufhin, daß diese beiden Gruppen zusammenbleiben sollten.

Die übrigen Gruppen mit weichen Pollinien weisen gar keine Nebenzellen auf, ihr Staubbeutel ragt fast immer deutlich über die Narbe hinaus. In den meisten Klassifikationen wird die Abtrennung der Triben Orchideae und Diseae übertrieben; Vermeulen (1966) hat sogar alle monadrischen Orchideen in zwei Unterfamilien eingeteilt: Die Orchideae und die Diseae werden zu den Orchidoideae zusammengefaßt, die restlichen bilden die Unterfamilie Epidendroideae. Das sieht sehr nach einer Kombination »Aufteilung« und »Zusammenfassung« aus. In Wirklichkeit gibt es zahlreiche Ähnlichkeiten zwischen den Orchideae und den Diurideae. Schon die einmalige Sproßwurzelknolle ist ein ausreichender Beweis für eine Verwandtschaft. Bei den Diurideae findet man zwar Basitonie, jedoch nicht das meist doppelte Viscidium der Orchideae und der Diseae. Barthlott (1976 b) hat festgestellt, daß die Samenstruktur von

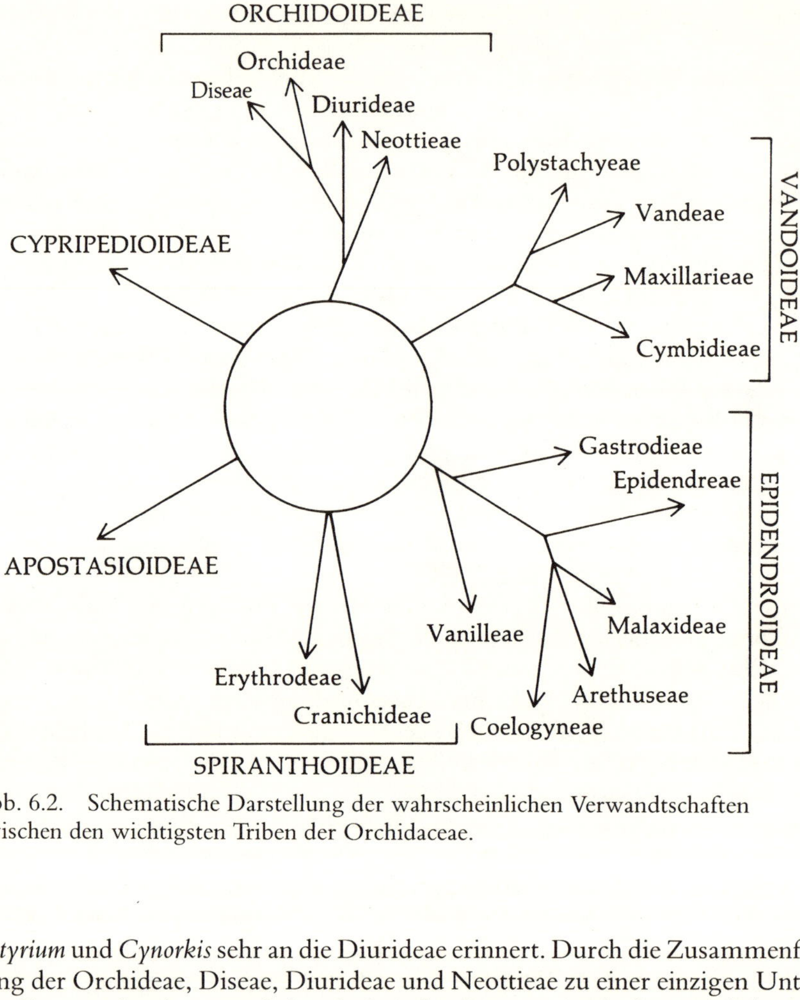

Abb. 6.2. Schematische Darstellung der wahrscheinlichen Verwandtschaften zwischen den wichtigsten Triben der Orchidaceae.

Satyrium und *Cynorkis* sehr an die Diurideae erinnert. Durch die Zusammenfassung der Orchideae, Diseae, Diurideae und Neottieae zu einer einzigen Unterfamilie entsteht eine natürliche phyletische Gruppe. Auch die natürliche Hybride zwischen *Epipactis* und *Gymnadenia* muß als deutlicher Beweis für eine Verwandtschaft zwischen den Neottieae und den Orchideae gewertet werden.

Was die Orchideen mit überwiegend harten Pollinien anbelangt, so stand ich früher deren Aufteilung in zwei Unterfamilien (den Epidendroideae und den Vandoideae) skeptisch gegenüber, bis mir die Tragweite der Hirmerschen Untersuchungen über die Staubbeutelentwicklung klar wurde. Diese zwei Gruppen sind möglicherweise eng miteinander verwandt; dennoch sind sie, trotz vieler Parallelismen, als zwei gesonderte phyletische Gruppen zu betrachten, die auf unterschiedlichem Wege eine ähnliche Säulenstruktur entwickelten.

Von den Unterschieden in der Behandlung von Orchideen mit weichen Pollinien einmal abgesehen, betont die hier verwendete Klassifikation die Details der Staubbeutel und Pollinien, wie dies auch bei den meisten anderen

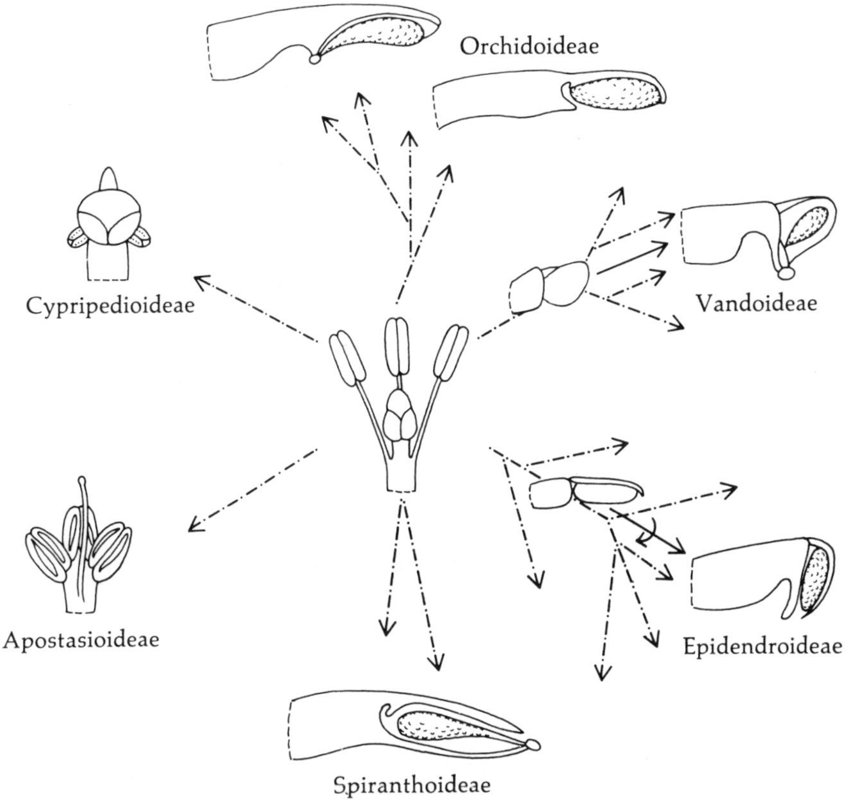

Abb. 6.3. Schematische Gegenüberstellung der Unterfamilien der Orchidaceae.

Einteilungen der Familie geschah. Eigentlich sollte bei der Untersuchung aller Orchideengruppen lebendes Material herangezogen werden, da die veröffentlichten Beschreibungen nicht immer zuverlässig oder detailliert genug sind. Auch Herbarexemplare sind – insbesondere bei den Gruppen mit weichen Pollinien – nicht aufschlußreich genug. Ich bin der Ansicht, daß die vorliegende Klassifikation die Orchideen auf natürlichere Weise in phyletische Gruppen aufteilt als die früheren Versuche. Außerdem habe ich hinsichtlich einiger Gruppen auf der Ebene der Triben und Subtriben Klarheit geschaffen. Dennoch gibt es noch zahlreiche offene Fragen. Wo soll man die Triphoreae und *Wullschlaegelia* einordnen? Gehören die Tropidiinae wirklich zu den Spiranthoideae, oder sollte man sie lieber den anomalen Triben oder einer anderen Gruppe zuordnen? Die Bletiinae, die Corallorhizinae und insbesondere die Cyrthopodiinae sind ziemlich heterogene Gruppen. Vielleicht sollte man einige von ihnen aufteilen; doch es ist noch nicht klar, wie sie unterteilt werden könnten. Es ist auch möglich, daß die *Cranichis*-Allianz von der *Prescottia*-

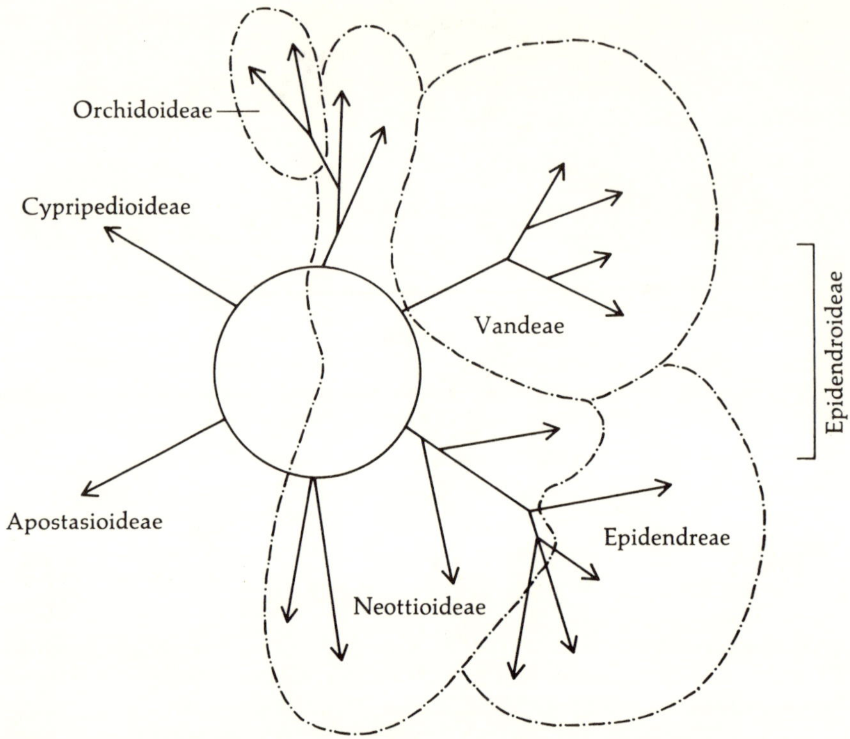

Abb. 6.4. Schematische Gegenüberstellung der von Garay und hier benutzten Klassifikationssysteme. Mein Schema (Abb. 6.2.) habe ich mit der Darstellung der Unterfamilien nach Garay überlagert (gestrichelte Linie). Garays Klassifikation trennt die Orchideae und die Diseae (als einer Unterfamilie) von ihren engsten Verwandten und setzt Teile von allen drei phyletischen Gruppen in die Unterfamilie Neottioideae.

Allianz getrennt werden sollte. Die Glomerinae sind nun genauer abgegrenzt – doch welches sind ihre engsten Verwandten? Das sind – zumindest in meinen Gedanken – einige der Hauptfragen.

Ich werde versuchen, bei der Behandlung der entsprechenden Gruppen in den folgenden Kapiteln näher auf diese und andere Unklarheiten einzugehen.

»Systematische« Ordnung

In meiner Klassifikation sind die Gruppen in ziemlich traditioneller Reihenfolge aufgeführt: Die primitiven Gruppen stehen am Anfang, die am höchsten entwickelten am Schluß. Allerdings finde ich, daß eine lineare Anordnung die

Möglichkeit phylogenetische Verwandtschaften aufzuzeigen, ziemlich stark begrenzt. Ich setze die Apostasioideae an die erste Stelle, da sie am wenigsten spezialisiert sind. Danach kommen die Cypripedioideae, da sie – ebenso wie die apostasioiden Orchideen – fruchtbare seitliche Staubbeutel haben, obwohl zwischen diesen beiden Gruppen keine enge Verwandtschaft besteht. Es folgen die Spiranthoideae und die Orchidoideae. Ich führe die Spiranthoideae zuerst auf, da sie eine relativ isolierte Gruppe und weniger spezialisiert sind als die hochentwickelten Orchideae und Diseae (aber spezialisierter als die Neottieae). Die Epidendroideae scheinen in den meisten Merkmalen weniger spezialisiert zu sein als die Vandoideae; daher stelle ich die Vandoideae ans Ende. Innerhalb der Vandoideae habe ich die Cymbidieae an die letzte Stelle gesetzt, da die Reduktion von vier auf zwei Pollinien eine Weiterentwicklung darzustellen scheint; aber ich muß nochmals betonen, daß jeder Versuch, diese Gruppen linear zu ordnen, auch seine Nachteile hat.

Diagramme wie die Abbildungen 6.2 und 6.3, die alle Gruppen von einem gemeinsamen Ursprung ausgehend darstellen, sind befriedigender. Hier kann man die Apostasioideae und die Spiranthoideae nebeneinander stellen, da zwischen diesen Gruppen eine Verwandtschaft bestehen könnte, obwohl sie von allen anderen Orchideen ziemlich isoliert sind. Gleichzeitig stehen die Cypripedioideae und die Orchidoideae nebeneinander; diese beiden Linien scheinen durchaus eng miteinander verwandt zu sein. In diesem Diagramm habe ich die Vandoideae neben die Orchidoideae gestellt, da die primitiveren Arten beider Gruppen eine ähnliche Staubbeutelposition haben, während die Epidendroideae eine andere Säulenstruktur aufweisen. Es spielt jedoch kaum eine Rolle, welche dieser zwei Unterfamilien näher an die Orchideoideae herangerückt wird. Die Cypripedioideae, Orchidoideae, Epidendroideae und Vandoideae scheinen alle miteinander verwandt zu sein.

In den nachfolgenden Kapiteln werde ich die Unterfamilien, Triben und Subtriben in dieser »systematischen« Ordnung behandeln. Wir werden uns in erster Linie mit der übergeordneten Klassifikation der Familie befassen und können daher auf der Gattungsebene kaum auf Details eingehen. Ich werde – soweit möglich – für jede Subtribus (oder größere Einheit) die entsprechenden Gattungen auflisten; mehr würde den Rahmen dieser Arbeit sprengen.

Der Orchideenliebhaber wird wahrscheinlich hauptsächlich daran interessiert sein zu erfahren, welche Gattungen zu einer und derselben Subtribus gehören, um eine Vorstellung davon zu bekommen, welche Gattungen man eventuell miteinander kreuzen könnte. Ich kenne einen Orchideenzüchter, der meine früheren Klassifikationskonzepte auf diese Weise gezielt überprüft. Ich werde über jede Gruppe so viele allgemeine Informationen geben, wie ich kann, und außerdem, sofern vorhanden, auf ausführlichere Arbeiten und Übersichten verweisen.

Ich gebe für jede Gruppe eine geschätzte Artenzahl. In einigen Fällen weicht meine Schätzung nicht sehr von der Zahl der tatsächlich bekannten Arten ab. Sofern ich nichts Genaues über die Artenzahl weiß, werde ich mich bei meiner Schätzung auf die neueste Ausgabe von Willis' »A Dictionary of the Flowering

Plants and Ferns« (1973) (Wörterbuch der Blütenpflanzen und Farne) stützen. Die dort angegebenen Schätzungen sind verhältnismäßig objektiv und wahrscheinlich in den meisten Fällen ziemlich konservativ (niedrig).

Ich gebe stets die diploiden (2n) und keine tetraploiden oder polyploiden Chromosomenzahlen an.

Natürlich kann ich nicht alle Subtriben mit der gleichen Ausführlichkeit behandeln, denn ich kenne nicht alle Gruppen gleich gut. Außerdem gibt es über einige Gruppen mehr veröffentlichte Informationen, über andere weniger.

In den meisten Fällen sind die Namen der Subfamilien, Triben und Subtriben, die ich hier verwende, alle bei Butzin (1971) zu finden; wer detaillierte Informationen über die Veröffentlichung der Namen sucht, sollte dieses Werk zu Rate ziehen.

7 Die Apostasioideae und Cypripedioideae

In Anbetracht der enormen Vielfalt und Spezialisierung der Orchideenfamilie überrascht es ein wenig, daß unter den heute lebenden Orchideen zwei verschiedene Gruppen mit fruchtbaren seitlichen Staubbeuteln zu finden sind. Diese beiden Gruppen – die Apostasioideae und die Cypripedioideae – sind aber keineswegs eng miteinander verwandt, und keine von ihnen ist als Vorfahr der »modernen« Orchideen zu betrachten. Sie stellen vielmehr Seitenzweige der Orchideenevolution dar, bei denen einige primitive Merkmale erhalten blieben. Diese Seitenlinien entwickelten sich jedoch schon sehr früh, und daher ist es nicht verwunderlich, daß sie sich bereits sehr weit von den gemeinsamen Ahnen entfernt haben, die sie jeweils mit einer anderen Orchideengruppe gemeinsam haben. Dennoch liefert uns die Untersuchung dieser und anderer noch lebender primitiver Orchideen einige Anhaltspunkte dafür, wie ihre Urahnen ausgesehen haben könnten.

Unterfamilie Apostasioideae Reichb. f.

Terrestrische (waldbodenbewohnende) Pflanzen mit länglichen Sprossen. Bei der Gattung *Apostasia* sind knotige Speicherwurzeln vorhanden. Die Blätter sind spiralig angeordnet, in der Knospe gerollt, später mehrfach gefaltet und nicht artikuliert. Der Blütenstand ist terminal, aufrecht oder überhängend, einfach oder verzweigt und trägt spiralig angeordnete Blüten. Die kleinen, weißen, gelblichen oder gelben, resupinierten oder nicht resupinierten Blüten haben bilateral-symmetrische Blüttenhüllen und zwei oder drei Staubbeutel, wobei an die Stelle des mittleren Staubbeutels, falls er steril ist, ein fingerförmiges Staminodium treten kann. Die Staubfäden sind teilweise mit dem schlanken Griffel verwachsen. Die Pollenkörner sind Monaden und nicht zu kompakten Gebilden zusammengeballt. Die Narbenlappen sind mehr oder weniger gleichförmig. Die fleischige oder kapselförmige Frucht ist in drei Kammern aufgeteilt. Die Samen sind klein und rundlich und weisen an einem Ende drahtförmige Anhängsel oder (bei einigen Arten) an beiden Enden deutlich erkennbare Anhängsel auf. Die Samenoberfläche ist dunkelbraun, grubig und häufig klebrig.
Verbreitung: Tropisches Asien.

Bestäubung: Einige Apostasioideae sind Selbstbestäuber. Ansonsten weiß man über die natürliche Bestäubung dieser Pflanzengruppe nichts. Solche Informationen (insbesondere über die Gattung *Neuwiedia*) wären jedoch sehr wichtig, denn sie ließen Rückschlüsse auf den Bestäuber der Pflanzengruppe zu, aus der sich die Orchideen entwickelt haben. *Apostasia* hat im Blütenbau allerdings keinerlei Ähnlichkeit mit einer Urorchidee.
Chromosomenzahl: Etwa 144 sehr kleine Chromosomen (es existiert nur eine einzige veröffentlichte Zählung).
Arten: Etwa 16.
Gattungen: 2; *Apostasia, Neuwiedia*.
Diese Gruppe wurde lange Zeit zusammen mit den Frauenschuhorchideen in die Unterfamilie Cypripedioideae eingeordnet. Es gibt viele unterschiedliche Ansichten über die Klassifikation der Apostasioideae. Einige Autoren sind sogar der Ansicht, daß sie nicht zu den Orchideen gehören, da sie wenig Ähnlichkeit mit den anderen Pflanzen dieser Familie aufweisen und sicherlich auch nicht eng mit den Frauenschuhorchideen verwandt sind. Die Apostasioideae haben schmale Griffel und mehr oder weniger gleichförmige Narbenlappen – Eigenschaften, die bei den Orchidaceae sonst nicht vorkommen (Abb. 7.1). Ihre Pollen sind Monaden, und es ist nicht eindeutig geklärt, ob die Pollenkörner klebrig sind oder nicht. Barthlott (1976 b) vertritt die Meinung, daß die Samenstruktur der Apostasioideae für den Ausschluß dieser Pflanzengruppe aus der Orchideenfamilie spricht, denn die Apostasioideae-Samen weichen noch stärker vom üblichen Bild der Orchideensamenstruktur ab als die von *Vanilla* und *Selenipedium*. Die meisten anderen Argumente, die für einen Ausschluß dieser Gruppe aus den Orchideen vorgebracht wurden, halten einer kritischen Betrachtung kaum stand. Der Griffel ist deutlich erkennbar mit den Staubfäden verwachsen, und die Staubbeutelstruktur weicht nicht grundsätzlich von der der anderen Orchideen ab. Bei *Neuwiedia* findet man eine deutlich ausgebildete Lippe, und die Blüten sind resupiniert. Einige Autoren rücken die Apostasioideae in die Nähe der Burmanniaceae oder Hypoxidaceae, obwohl de Vogel (1969) darauf hingewiesen hat, daß zwischen den Apostasioideae und den Burmanniaceae keine enge Verwandtschaft besteht und daß die Ähnlichkeiten mit den Hypoxidaceae ziemlich oberflächlich sind.
Die meisten Autoren, die die Apostasioideae nicht zu den Orchideen rechnen, betrachten sie dennoch als Ahnen dieser Familie. Die Pollenstruktur der Apostasioideae weicht deutlich von der der Cypripedioideae ab; doch Schill (1978) hat zwischen den Apostasioideae und einigen Spiranthoideae Ähnlichkeiten in der Pollenoberflächenstruktur festgestellt (siehe auch Newton und Williams 1978).
Solange keine stichhaltigeren Argumente für den Ausschluß der Apostasioideae aus der Orchideenfamilie vorliegen, erscheint es mir am sinnvollsten, sie als Unterfamilie der Orchidaceae zu betrachten; die Symmetrie der Staubbeutel und die Resupination bei *Neuwiedia* weisen auf eine enge Verwandtschaft zu den Orchideen hin. Ich bin aber der Meinung, daß die Apostasioideae keineswegs als Ahnen der Orchidaceae zu betrachten sind. Sie sind vielmehr eine

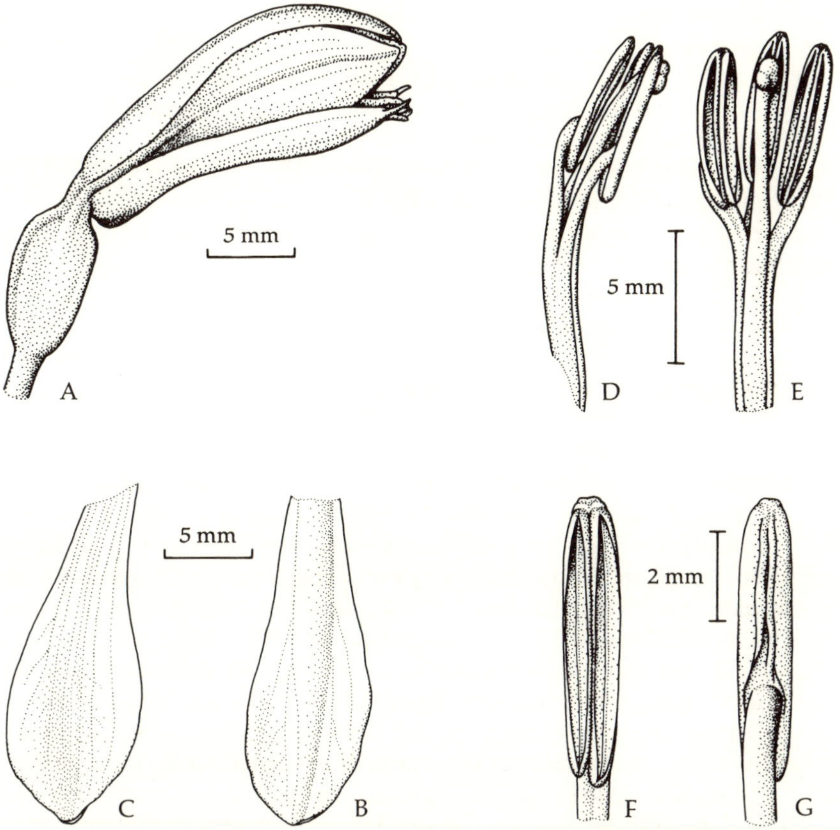

Abb. 7.1. *Neuwiedia veratrifolia* (Apostasioideae). (A) Blüte, Seitenansicht. (B) Lippe, ausgebreitet. (C) Kronblatt, ausgebreitet. (D) Säule, Seitenansicht. (E) Säule, ventral. (F) Anthere, ventral. (G) Anthere, dorsal (nach Alkoholmaterial gezeichnet).

Gruppe, bei der die Narbenflüssigkeit niemals als Klebstoff fungierte und bei der sich kein Rostellum entwickelt hat – vielleicht, weil der Griffel bei den meisten Arten über die Staubbeutel hinausragt.
Verwandtschaften: Trotz der Ähnlichkeit im Blütendiagramm sind die Apostasioideae nicht eng mit den Frauenschuhorchideen verwandt. In der Tat sprechen der Blütenbau und die vielen kleinen Chromosomen der Apostasioideae eher gegen eine solche Verwandtschaft. Wenn die Apostasioideae überhaupt mit irgendeiner lebenden Pflanzengruppe eng verwandt sind, dann wahrscheinlich mit den Spiranthoideae, und zwar insbesondere mit den Tropidiinae. Diese beiden Gruppen ähneln einander in der Wuchsform. Außerdem haben *Apostasia* und einige Arten der Gattung *Tropidia* ähnliche Speicherwurzeln.

Diese Ähnlichkeiten bedürfen aber noch einer genaueren Untersuchung, vor allem in anatomischer Hinsicht.
Phylogenetische Tendenzen: Besondere Kennzeichen der Gattung *Apostasia* sind der Verlust des mittleren Staubbeutels und die Art der Griffelumklammerung durch die seitlichen Staubbeutel.
Literaturhinweise: Larsen 1969 (Chromosomenzahlen); Newton und Williams 1978 (Pollenstruktur); Rao 1969, 1974 (Blütenanatomie); Schill 1978 (Pollenstruktur); Siebe 1903 (vegetativer Aufbau); de Vogel 1969 (taxonomische Neubearbeitung).

Unterfamilie Cypripedioideae Lindley

Terrestrische, lithophytische oder epiphytische Pflanzen (Humusepiphyten). Die Sprosse sind entweder länglich oder gestaucht, bei der Gattung *Selenipedium* manchmal verzweigt. Es sind weder Speicherwurzeln noch Pseudobulben vorhanden. Die Blätter sind spiralig oder zweireihig angeordnet, in der Knospe gerollt, später mehrfach gefaltet oder konduplikativ und fleischig, nicht artikuliert, manchmal hell gefleckt. Der Blütenstand ist terminal und ein- bis mehrblütig. Die Blüten sind ebenso wie die Blätter spiralig oder zweireihig angeordnet, klein bis groß und resupiniert. Bei den Gattungen mit konduplikativen Blättern ist zwischen Fruchtknoten und Blütenhülle eine Trennungsschicht vorhanden. Die seitlichen Kelchblätter sind miteinander verwachsen, und die Lippe ist deutlich sackförmig ausgebildet. Die seitlichen Staubbeutel sind fruchtbar; der sterile mittlere Staubbeutel hat eine schildähnliche Form angenommen. Die Staubfäden sind größtenteils mit dem Griffel verwachsen; die Pollenkörner sind entweder monadisch, klebrig oder breiähnlich oder zu Pollinien verwachsen (*Phragmipedium*). Der Griffel ist dick, die Narbe groß und kuppelförmig.
Die kapselförmige Frucht besteht aus einer oder drei Kammern; die Samen sind entweder oval und hartschalig (*Selenipedium*) oder extrem klein und haben eine dünne, papierähnliche Schale.
Verbreitung: Tropisches Amerika, Nordamerika, Eurasien und tropisches Asien.
Bestäubung: Die Arten der Cypripedioideae haben ausnahmslos Fallenblüten und bieten, soweit bekannt, keine »Belohnung« an. Die Gattung *Cypripedium* wird von verschiedenen Bienenarten bestäubt. Vogel (1978) vermutet, daß *Cypripedium debilis* von Pilzfliegen bestäubt wird.
Sowohl Schmalbienen (Halictidae) als auch Schwebfliegen wurden bei der Bestäubung von *Phragmipedium* beobachtet. Über die Bestäubung der anderen Gattungen liegen keinerlei Informationen vor.
Chromosomenzahlen: 20, 24, 26, 28, 30, 32, 34, 36, 38, 40, 42. *Cypripedium* hat 20 Chromosomen. Bei *Paphiopedilum* beträgt die Chromosomenzahl an sich 26;

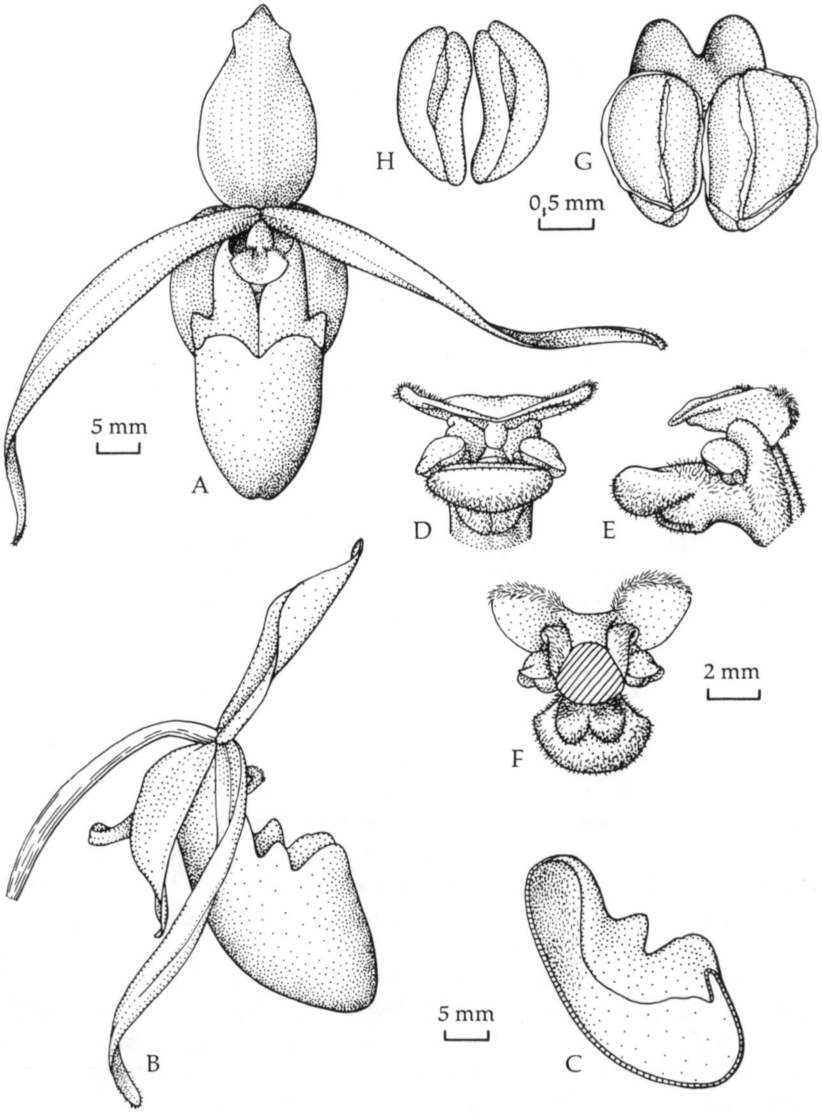

Abb. 7.2. *Phragmipedium longifolium* (Cypripedioideae). (A) Blüte, Vorderansicht. (B) Blüte, Seitenansicht. (C) Längsschnitt durch die Lippe. (D) Säule, Vorderansicht. (F) Säule von der Basis aus gesehen. (G) Anthere. (H) Pollinium.

doch hier ist Aneuplodie und vor allem »Centromerspaltung« beobachtet worden. Unter »Centromerspaltung« versteht man das Auseinanderbrechen von Chromosomen am Centromer, was zur Folge hat, daß aus einem Paar metazentrischer Chromosomen zwei Paare telozentrischer Chromosomen ent-

stehen. Die wenigen bekannten Zählungen bei *Phragmipedium* ergaben die Zahlen 20, 24 und 32.
Die Chromosomen dieser Unterfamilie sind relativ groß.
Arten: Etwa 115.
Gattungen: 4; *Cypripedium, Paphiopedilum, Phragmipedium, Selenipedium.*
Gattungshybriden: Es ist relativ schwer, *Phragmipedium* mit *Paphiopedilum* zu vereinigen, obwohl zwei ×*Phragmipaphium*-Kreuzungen registriert sind. Ihr Hybridenstatus ist, soweit ich informiert bin, nicht durch detaillierte Untersuchungen bestätigt worden (siehe Wilson 1961).
Wegen des einheitlichen Blütenbaues dieser Unterfamilie wurde jahrelang für alle Untergruppen der Linnésche Name *Cypripedium* beibehalten. Doch nach und nach wurde die Nomenklatur exakter, und mittlerweile sind alle vier Gattungen unter ihren korrekten Namen bekannt. Die Gattungen unterscheiden sich deutlich voneinander; Brieger geht sogar so weit, diese Unterfamilie in vier Triben und vier Subtriben einzuteilen (Schlechter 1971). Doch schon die Unterteilung in vier Triben ist überflüssig, und die Subtriben halte ich ganz einfach für unsinnig. Die im tropischen Amerika (*Phragmipedium*; siehe Abb. 7.2) und im tropischen Asien (*Paphiopedilum*) heimischen Arten mit konduplikativen Blättern ähneln einander; es steht nicht fest, ob es sich hier um parallele Evolutionslinien handelt, die von einem gemeinsamen, weit entfernten Vorfahren mit doppelt gefalteten Blättern ausgegangen sind. Die bei beiden Gattungen vorhandene Trennungsschicht zwischen Fruchtknoten und Blütenhülle ist ein ungewöhnliches Phänomen. Außerdem sind sich die beiden Gattungen auch in anatomischer Hinsicht sehr ähnlich.
Verwandtschaften: Obwohl einige Autoren diese Gruppe von den Orchidaceae trennen wollten, besteht eine enge Verwandtschaft mit den Neottieae-Limodorinae. *Cypripedium* ähnelt *Epipactis* und *Cephalanthera* in der Wuchsform sehr stark. Sowohl *Cypripedium* als auch *Epipactis* und *Cephalanthera* besitzen ungewöhnlich große Chromosomen und sind in der Samenstruktur nahezu identisch (Barthlott 1976b). In der Pollenstruktur unterscheiden sie sich jedoch ziemlich stark. Falls zwischen zwei Orchideenunterfamilien jemals eine Hybride entstehen sollte, so wird es sich meiner Ansicht nach wohl um eine Kreuzung zwischen *Cypripedium* und *Epipactis* handeln. Frucht- und Samenstruktur (und auch biochemische Daten) lassen vermuten, daß eine Verbindung zwischen *Selenipedium* und den Vanilleae besteht. Auch die Tatsache, daß bei einigen Frauenschuhorchideen und den meisten Vanillinae zwischen Fruchtknoten und Blütenhülle eine Trennungsschicht vorhanden ist, deutet auf eine solche Verbindung hin.
Phylogenetische Tendenzen: Die Hauptevolutionstendenz dieser Unterfamilie führt von der primitiven Wuchsform mit länglichem Sproß und spiralig angeordneten Blättern weg und zu einem kompakteren Sproß (innerhalb der Gattung *Cypripedium*) und zweireihig angeordneten, konduplikativen, fleischigen Blättern (*Paphiopedilum* und *Phragmipedium*) hin. Die beiden Gattungen mit konduplikativen Blättern tendieren zur lithophytischen und epiphytischen Lebensweise (Humusepiphyten).

Literaturhinweise: Dodson 1966 (Bestäubung); Garay 1979 (Besprechung von *Phragmipedium*); Karasawa 1979 (Chromosomenzahlen der Gattung *Paphiopedilum*); Newton und Williams 1978 (Pollenstruktur); Pfitzer 1903 (Klassifikation – bedarf einer Neubearbeitung); Rosso 1966 (vegetativer Aufbau); Stoutamire 1967 (Bestäubung); Waters und Waters 1973 (Allgemeines).

8 Die Spiranthoideae und Orchidoideae

Wir werden hier (abgesehen von einigen anomalen Triben, die sich nirgends einordnen lassen) 2 Unterfamilien besprechen, die hauptsächlich aus terrestrischen Arten bestehen und einen einzigen Staubbeutel und weiche Pollinien aufweisen. Auch hier muß jedoch erwähnt werden, daß diese beiden Unterfamilien keineswegs eng miteinander verwandt sind, obwohl jede einige Pflanzen enthält, die ungefähr den gleichen Grad evolutionärer Spezialisierung erreicht haben.

Manchmal meint man, daß die Spiranthoideae und Orchidoideae auf der Evolutionsleiter nur eine Stufe höher stehen als die Apostasioideae und die Frauenschuhorchideen; doch einige ihrer Vertreter sind in der Blütenanatomie ebenso hoch entwickelt und komplex wie die Epidendroideae oder Vandoideae. Die Spiranthoideae und Orchidoideae umfassen erfolgreiche Gruppen mit Hunderten von Arten und sind keinesfalls lebende Fossilien.

Unterfamilie Spiranthoideae Dressler 1979b

Eines der charakteristischen Merkmale dieser Unterfamilie ist der aufrecht stehende, dorsale Staubbeutel, der kürzer ist als das Rostellum. Ein weiteres typisches Kennzeichen ist die apikale Verbindung zwischen Viscidium und Pollinien. Einige Spiranthoideae weisen zwar eine abweichende Viscidiumposition auf; doch bei allen diesen Ausnahmen ist deutlich zu erkennen, daß es sich um Weiterentwicklungen der apikalen Verbindung handelt. Die Spiranthoideae unterscheiden sich von den meisten Orchidoideae deutlich durch die Grundstruktur der Säule. Im Gegensatz zu den Spiranthoideae ragt bei den meisten Orchidoideae der Staubbeutel über die Narbe hinaus, und das Viscidium ist basal mit den Pollinien verbunden. Außerdem kommen bei den Spiranthoideae niemals Sproßwurzelknollen vor, an den Stomata sind meist mesoperiginöse Nebenzellen zu finden (Williams 1975), und die Chromosomen sind relativ klein. Bei den Orchidoideae hingegen bilden die meisten Gattungen Sproßwurzelknollen aus (mit Ausnahme der Neottieae, die aber wohl kaum mit den Spiranthoideae zu verwechseln sind). Die Stomata der Orchidoideae weisen keine Nebenzellen auf, und ihre Chromosomen sind meist etwas größer als die der Spiranthoideae. Besonders die Cranichideae können fleischige Wurzeln haben, doch diese sind stets ähnlich. Eine Differenzierung in zwei verschiedene Wurzeltypen ist nicht festzustellen.

Verwandtschaften: Die Spiranthoideae sind mit den anderen monandrischen Orchideengruppen nicht eng verwandt. Die Ähnlichkeiten zwischen den Tropidiinae und den Apostasioideae könnten aber auf eine echte phyletische Verwandtschaft hindeuten. Vor allem die stets apikale Verbindung zwischen Staubbeutel und Rostellum könnte als Hinweis darauf gedeutet werden, daß die Spiranthoideae sich aus *Apostasia*-ähnlichen Vorfahren entwickelt haben.
Phylogenetische Tendenzen: Die Tropidiinae scheinen eine ziemlich primitive Wuchsform aufzuweisen, worin sie den Apostasioideae ähneln. Ihre sektilen Pollinien weisen auf eine eindeutige Verwandtschaft mit den Goodyerinae hin. Bei den Goodyerinae finden wir eine spezifische Wuchsform mit einer gewissen Spezialisierung auf epiphytische Lebensweise oder Speicherrhizomen (*Cheirostylis*). Die meisten Goodyerinae sind krautige Pflanzen und kommen in nassen Wäldern vor, und ihre Blätter weisen häufig interessante rosane, silberne oder hellgrüne Zeichnungen auf dunklem Untergrund auf (daher die englische Bezeichnung »jewel orchids« = Juwelenorchideen). Die ökologische Bedeutung dieser Blattmusterung ist nicht bekannt. Noch viel bemerkenswerter ist die Vielfalt verschiedener Blütenstrukturen, die man bei den Spiranthoideae findet. Man könnte vermuten, daß eine *Goodyera*-ähnliche Blüte mit einer einfachen, sackförmigen Lippe dem Urtypus sehr nahe kommt. Viele Gattungen haben deutlich ausgebildete Sporne und oft eine zweilappige Lippe. Bei einigen Gattungen ist die Lippe tief gefranst (Abb. 8.2), und manche *Anoectochilus*-Arten besitzen ein eigenartiges zurückgebogenes Anhängsel, das von der Säule in den Sporn übergeht.

Tribus Erythrodeae Dunsterville und Garay

Die Erythrodeae unterscheiden sich von den Cranichideae deutlich durch ihre sektilen Pollinien und ihre Wuchsform, bei der die Wurzeln über ein verlängertes Rhizom verteilt sind. Die Cranichideae dagegen haben dicht zusammengedrängte Wurzeln. Wenn man von den sektilen Pollinien absieht, ähneln sich die beiden Gruppen im Blütenbau; die meisten Autoren halten sie für eng verwandt.

Subtribus Tropidiinae Pfitzer

Terrestrische Pflanzen mit dünnen, harten, ziemlich holzigen, schilfähnlichen Sprossen, die bis zu 3 m hoch werden. Die Sprosse können verzweigt sein. Die Wurzeln weisen manchmal knotige Speicherknollen auf. Die Blätter sind spiralig oder zweireihig angeordnet, in der Knospe gerollt und mehrfach gefaltet, nicht artikuliert und über den Sproß verteilt. Der Blütenstand ist terminal oder lateral, manchmal verzweigt und trägt spiralig angeordnete Blüten. Die kleinen oder mittelgroßen Blüten sind resupiniert und haben entweder eine sackförmige, eine basal gespornte oder eine schmale nicht sackförmige Lippe. Die Säule ist kurz oder länglich, mit einem aufrecht stehenden dorsalen Staubbeu-

tel, der nicht über das Rostellum hinausragt. Die zwei sektilen Pollinien sind direkt oder durch eine einzelne schmale Caudicula terminal mit einem Viscidium verbunden. Die Narbe ist einlappig.
Verbreitung: Pantropisch (siehe Abb. 2.8).
Bestäubung: Unbekannt. Der Bau der langen, blassen *Corymborkis*-Blüte läßt auf eine Bestäubung durch Sphingidae (Schwärmer) schließen (Rasmussen 1977).
Chromosomenzahlen: 40, 56, 60.
Arten: Etwa 12.
Gattungen: 2; *Corymborkis, Tropidia.*
Diese zwei Gattungen weisen eine primitive Wuchsform und eine für die Unterfamilie typische Säulenstruktur auf. Bei ihnen sind etliche höherentwikkelte Merkmale zu finden, zum Beispiel der laterale Blütenstand und die gut entwickelte Caudicula bei *Corymborkis* und die sektilen Pollinien bei beiden Gattungen. Die Caudicula wurde von verschieden Autoren als Stipes gedeutet; Rasmussen (1977) hingegen ist der Ansicht, daß dieses Gebilde aus dem Staubbeutel hervorgegangen ist. Allerdings unterscheidet sich diese einzelne Caudicula deutlich von den Caudiculae der anderen Spiranthoideae und wurde möglicherweise auf anderem Wege aus dem Staubbeutel entwickelt.
Vorläufige Untersuchungen über die Stomataanordnungen bei *Corymborkis* deuten darauf hin, daß die Tropidiinae nicht so eng mit den Goodyerinae und den Cranichideae verwandt sind, wie ich gedacht habe. Falls diese Vermutung durch weitere Untersuchungen bestätigt wird, könnte man diese kleine Pflanzengruppe isolieren oder näher an die Apostasioideae heranrücken.
Butzin (1971) ist der Meinung, der Name Corymbidinae Miquel habe Vorrang vor dem Namen Tropidiinae; doch »Corymbidinae« basiert auf einer ungültigen Gattungsbezeichnung und ist daher zu verwerfen (siehe auch Rasmussen 1977).
Literaturhinweis: Rasmussen 1977 (taxonomische Revision von *Corymborkis*).

Subtribus Goodyerinae Klotzsch

Terrestrische, selten saprophytische oder epiphytische Pflanzen. Das kriechende Rhizom ist manchmal dicker als der schlanke blatttragende Sproß. Die Wurzeln sind etwas fleischig, nur bei *Cheirostylis* rillenförmig. Die Blätter sind in der Knospe gerollt, spiralig angeordnet und dicht gedrängt oder über den Sproß verteilt, konduplikativ, nicht artikuliert und häufig hell oder rosa gefleckt oder gestreift. Der Blütenstand ist terminal und unverzweigt, mit wenigen bis mehreren spiralförmig angeordneten Blüten. Die Blüten sind klein bis mittelgroß, meist weiß oder blaßgrün und in der Regel resupiniert. Die Lippe bildet an der Basis einen Sack oder Sporn, in dem sich häufig hervortretende Drüsen befinden. Sie kann basal mit der Säule verwachsen sein. Die Hauptlappen der Lippe sind meist zweiteilig, wobei Nagel oder Platte manchmal gefranst sind. Der Staubbeutel ist dorsal, steht aufrecht und ist fast gleich lang wie das Rostellum. Es sind zwei oder vier sektile Pollinien vorhanden, die manch-

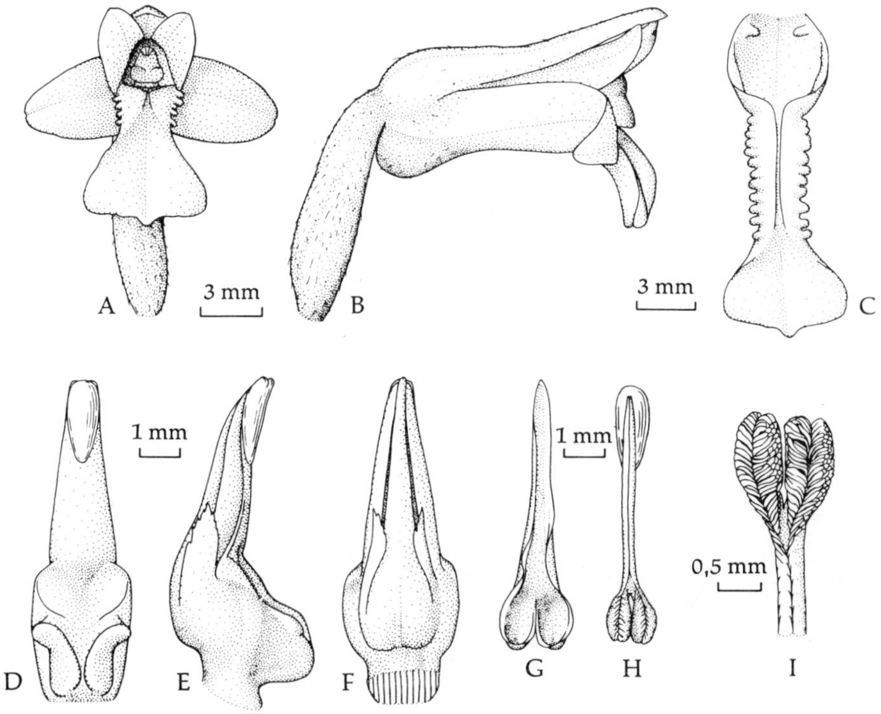

Abb. 8.1. *Pristiglottis montana* (Spiranthoideae: Erythrodeae) (A) Blüte, Vorderansicht. (B) Blüte, Seitenansicht. (C) Lippe. (D) Säule, ventral. (E) Säule, Seitenansicht. (F) Säule, dorsal. (G) Anthere. (H) Pollinarium. (I) Pollinium.

mal zwei interlokuläre Caudiculae oder einen Stipes (?) besitzen. Die Narbe ist ein- oder zweilappig (vgl. Abb. 8.1).
Verbreitung: Pantropisch und im Norden, überwiegend jedoch im tropischen Asien.
Bestäubung: Bei *Goodyera* wurde eine Bestäubung durch Hummeln beobachtet; Ackerman (1975) und Kallunki (1976) haben dies bestätigt. Beide Autoren erwähnen, daß der Fruchtansatz im allgemeinen sehr gut ist. Bei *Ludisia* hat man Schmetterlingsbestäubung festgestellt. Die meisten asiatischen Arten scheinen sich an Schmetterlinge angepaßt zu haben.
Chromosomenzahlen: 20, 22, 26, 28, 30, 32, 40, 42, 44, 56.
Arten: Etwa 425.
Gattungen: 36 in zwei Allianzen:
(1) Mit einer Narbenfläche: *Aspidogyne, Cystorchis, Dicerostylis, Dossinia, Erythrodes, Eurycentrum, Evrardia, Gonatostylis, Goodyera, Herpysma, Hylophila, Kreodanthus, Kuhlhasseltia, Lepidogyne, Ligeophila, Ludisia, Macodes, Moerenhoutia, Orchipedum, Papuaea, Platylepis, Platythelys, Pristiglottis, Rhamphorhynchus, Stephanothelys, Vieillardorchis.*

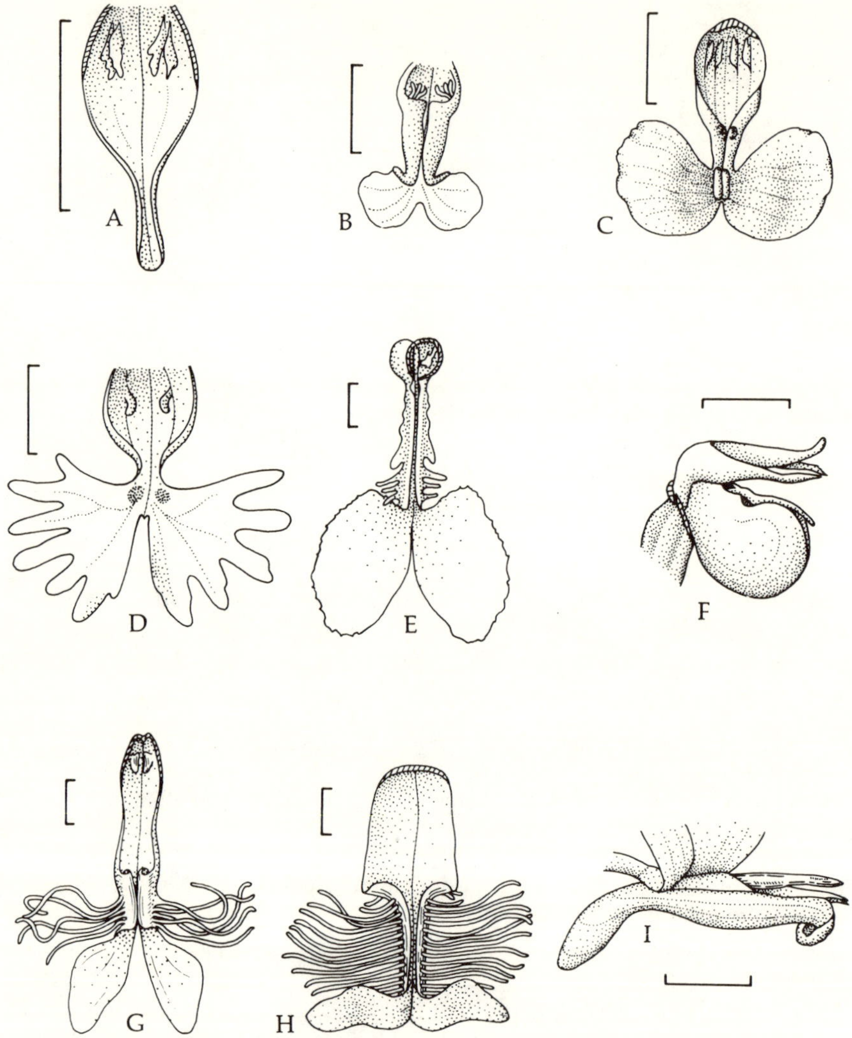

Abb. 8.2. Repräsentative Auswahl der Lippen von asiatischen Goodyerinae. (A) *Hetaeria obliqua*. (B) *Zeuxine nervosa*. (C) *Hetaeria rotundiloba*. (D) *Cheirostylis flabellata*. (E) *Anoectochilus brevistylis*. (F) *Anoectochilus siamensis*. (G) *Anoectochilus albolineata*. (H) *Erythrodes herpysmoides*, Seitenansicht mit Säule. (I) *Dicerostylis lanceolata*, Seitenansicht mit Säule. Maßstab: 3 mm (nach Seidenfaden 1978 a).

(2) Mit zwei deutlich erkennbaren Narbenflächen: *Anoectochilus*, *Chamaegastrodia*, *Cheirostylis*, *Eucosia*, *Gymnochilus*, *Hetaeria*, *Myrmechis*, *Tubilabium*, *Vrydagzynea*, *Zeuxine*.
Gattungshybriden: Berichten zufolge existieren künstliche Kreuzungen zwischen *Ludisia* und *Anoectochilus* sowie zwischen *Dossinia* und *Macodes*.

Diese Gruppe zeigt im tropischen Asien eine ziemlich große Formenvielfalt, vor allem was die Lippen- und Säulenstruktur (Abb. 8.2) anbelangt. Einige Autoren beharren darauf, die Gruppe als Physurinae zu bezeichnen, obwohl diese Bezeichnung auf einem ›nomen nudum‹ basiert und daher zu verwerfen ist. Ich habe die Gattungen in Anlehnung an Brieger (in Schlechter 1974) in zwei Serien eingeteilt, allerdings mit einer von Seidenfaden (1978a) angeregten Abänderung. Wie Seidenfaden gezeigt hat, bedürfen die Gattungen dieser Orchideengruppe einer Revision.
Literaturhinweise: Ackerman 1975 (Blütenbiologie von *Goodyera*); Garay 1977 (Abgrenzung der in Amerika vorkommenden Gattungen); Kallunki 1976 (nordamerikanische *Goodyera*-Arten).

Tribus Cranichideae Endlicher

Die Säulenstruktur der Cranichideae ist der der Erythrodeae ähnlich und als einheitliches Merkmal zu betrachten. Alle Cranichideae haben eine rosettenförmige Blattstellung und normalerweise gedrungene blatttragende Sprosse und Rhizome, so daß die Wurzeln dichtgedrängt stehen. Es gibt zwar auch einige wenige Ausnahmen mit länglichen Rhizomen, doch keine kommt der Wuchsform der Goodyerinae nahe. Die Pollinien dieser Gruppe sind niemals sektil und unterscheiden sich darin deutlich von den Goodyerinae. Brieger (Schlechter 1971–1974) verwendet für diese Orchideengruppe den Namen Spirantheae Endlicher; doch ich gebe hier der bereits von Dunsterville und Garay 1965 benutzten umfassenden Bezeichnung Cranichideae den Vorzug (Dunsterville und Garay 1959–76, Bd. 3).
Phylogenetische Tendenzen: Was die vegetativen Merkmale anbelangt, ist diese Tribus recht einheitlich, obwohl einige Spiranthinae und ein paar *Ponthieva*-Arten zur epiphytischen Lebensweise tendieren. Der Bau der Viscidien ist bei den Spiranthinae variabel. Diese Variationen sind wahrscheinlich teilweise auf Anpassung an verschiedene Bestäubertypen zurückzuführen, obwohl über die Bestäubungsbeziehungen nichts Genaues bekannt ist. Ebenso wie bei den Goodyerinae gibt es auch in dieser Gruppe Gattungen, deren Lippenbasis nur leicht sackförmig ausgebildet ist, und andere, die deutlich ausgeprägte Nektarien aufweisen. Bei einigen Gattungen ist das Nektarium mit dem Fruchtknoten verwachsen; man kann es kaum erkennen, ohne die Blüte zu zerschneiden. Das ist zum Beispiel bei der Gattung *Sarcoglottis* der Fall. Bei anderen Gattungen, wie zum Beispiel *Eltroplectis* und *Pelexia*, finden wir ein deutlich ausgebildetes externes Kinn oder einen Sporn. Bei den Cranichidinae, vor allem bei der Gattung *Cranichis* und deren Verwandten, variiert der Blütenbau stärker. Die Gattungen der *Altensteinia*-Verwandtschaft, die zum Teil in größeren Höhenlagen vorkommen, sind ziemlich einheitlich, aber einige Arten der Gattung *Myrosmodes* zeichnen sich durch einen langen »Hals« aus. Wahrscheinlich handelt es sich um ein in der Blüte befindliches Nektarium.
Innerhalb der *Cranichis*-Verwandtschaft sind zwei interessante Tendenzen zu

beobachten. Bei *Ponthieva* ist die Lippe teilweise mit der Säule verwachsen, ziemlich klein und unscheinbar, während die zwei Kronblätter eine Art »Pseudolippe« bilden. Dadurch erscheint die Blüte resupiniert, obwohl sie es nicht ist. *Pseudocentrum* und *Solenocentrum* besitzen gut ausgebildete Sporne – ähnliche Gebilde findet man bei einigen Arten der Gattung *Cranichis*. Die Gattung *Cryptostylis* hat sich an Pseudokopulation angepaßt und ist daher in ihrer Blütenstruktur ziemlich einzigartig.

Subtribus Spiranthinae Lindley

Terrestrische, selten epiphytische Pflanzen mit kurzem blatttragendem Sproß und Rhizom und dichtgedrängt stehenden, meist fleischigen Wurzeln. Die Blätter sind spiralig angeordnet, ebenfalls dichtgedrängt, in der Knospe gerollt, konduplikativ, in der Regel gestielt und nicht artikuliert. Der Blütenstand ist terminal und trägt mehrere bis viele spiralig angeordnete Blüten. Die Blüten sind klein bis mittelgroß, resupiniert, manchmal mit sackförmig ausgebildeter Lippenbasis; die Basis des Hauptlappens weist meist zwei zurückgebogene Lappen oder Anhängsel auf. Meist ist ein tief in der Blüte sitzendes, mit dem Fruchtknoten verwachsenes Nektarium vorhanden, manchmal auch ein deutlich hervortretendes Kinn oder ein Sporn. Die Säule steht meistens aufrecht. Der Staubbeutel ist dorsal und normalerweise aufrecht und nicht ganz so lang wie das Rostellum. Die Blüte bildet zwei oder vier weiche, mehlige Pollinien; das Viscidium ist terminal oder (selten) in der Mitte der Pollinien befestigt. In einigen Fällen sind schwach ausgebildete Caudiculae vorhanden. Die Narbe ist ein- oder zweilappig (vgl. Abb. 8.3).
Verbreitung: Hauptsächlich tropisches Amerika; einige Vertreter kommen jedoch in allen bewohnbaren Kontinenten außer dem tropischen Afrika und Südafrika vor.
Bestäubung: Berichten zufolge wird *Spiranthes* von Schmalbienen (Halictidae) Megachilidae und Hummeln bestäubt. Ich habe bei *Pelexia ekmanii* in Südbrasilien Hummelbestäubung beobachtet. Die Blüten von *Stenorrhynchus* weisen Anpassungsmerkmale an Kolibribestäubung auf. Die meisten Spiranthinae werden wahrscheinlich von Bienen bestäubt; die Bestäubung scheint unter natürlichen Bedingungen gut zu funktionieren.
Chromosomenzahlen: 24, 26, 30, 44.
Arten: Etwa 275.
Gattungen: 28; *Beadlea, Beloglottis, Brachystele, Buchtienia, Coccineorchis, Cybebus, Cyclopogon, Deiregyne, Discyphus, Eltroplectis, Eurystyles, Funkiella, Galeottiella, Gamosepalum, Hapalorchis, Lankesterella, Lyroglossa, Mesadenella, Mesadenus, Pelexia, Pseudogoodyera, Pteroglossa, Sarcoglottis, Sauroglossum, Schiedeella, Spiranthes, Stenorrhynchus, Synassa*.
Schlechter (1920) teilte diese Gruppe in 24 Gattungen ein. Seine Klassifikation basiert hauptsächlich auf unterschiedlichen Rostellum- und Viscidiummerkmalen. Seit Schlechter sind jedoch einige Gattungen hinzugekommen. Einige Autoren sind ins andere Extrem verfallen und ordnen fast alle Gattungen

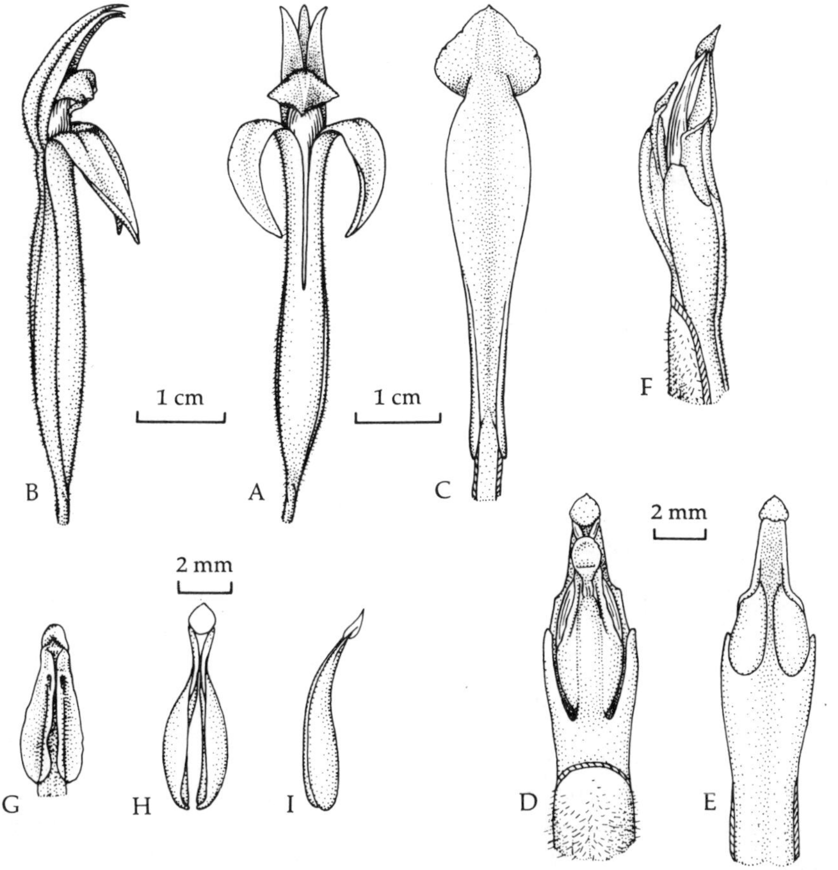

Abb. 8.3. *Sarcoglottis acaulis* (Spiranthoideae: Cranichideae). (A) Blüte, Vorderansicht. (B) Blüte, Seitenansicht. (C) Lippe, ausgebreitet. (D) Säule, dorsal. (E) Säule, ventral. (F) Säule, Seitenansicht. (G) Anthere. (H) Pollinarium, dorsal. (I) Pollinarium, Seitenansicht.

Spiranthes zu, was mir unrealistisch erscheint. Schlechters System ist allerdings in der Tat sehr fein aufgefächert. Diese Gruppe bedarf dringend einer genaueren Untersuchung, und die oben aufgelisteten Gattungen werden eine solche Revision vielleicht nicht alle überleben. Schlechter ordnet *Eurystyles* und *Lankesterella* aufgrund der Unterschiede in der Beschaffenheit des Rostellums in verschiedene Gruppen ein. Diese zwei Gruppen, die aus kleinen Epiphyten bestehen, haben in allen anderen Merkmalen jedoch große Ähnlichkeit miteinander; daher erscheint Schlechters Vierseriensystem ein wenig zweifelhaft. Obwohl ihre Blätter nicht so häufig gefleckt oder gestreift sind wie bei den Goodyerinae, weisen einige Spiranthinae doch interessante Blattfärbungen auf. In vielen

Fällen sind sie polymorph, das heißt, es kommen zwei oder noch mehr Muster innerhalb einer Population vor.
Literaturhinweise: Balogh 1979 (Pollinien); Schlechter 1920 (Gattungsklassifikation).

Subtribus Pachyplectroninae Schlechter

Terrestrische Pflanzen mit kurzem blatttragendem Sproß und kurzem Rhizom; die Wurzeln stehen dichtgedrängt oder etwas verteilt und sind fleischig. Die Blätter sind spiralig angeordnet und ebenfalls dicht gedrängt, in der Knospe gerollt, konduplikativ, gestielt und nicht artikuliert. Der Blütenstand ist terminal und trägt mehrere bis viele spiralig angeordnete, kleine, resupinierte Blüten, deren Lippe einen deutlich ausgebildeten basalen Sporn aufweist. An der Säule sitzen ausgeprägte Staminodien, die den Staubbeutel seitlich umhüllen. Der Staubbeutel steht aufrecht. Die Blüte bildet zwei weiche, mehlige Pollinien mit deutlich erkennbarem Viscidium. Die Narbe ist einlappig.
Verbreitung: Neukaledonien.
Bestäubung: Unbekannt.
Arten: 2.
Chromosomenzahlen: Unbekannt.
Gattung: *Pachyplectron*.
Kränzlin (1928) hielt diese Gattung für identisch mit *Erythrodes*, obwohl sie weder in der Wuchsform noch in der Säulenstruktur mit *Erythrodes* übereinstimmt. Außerdem sind die Pollinien von *Pachyplectron* nicht sektil. Die Stomata dieser Gattung weisen mesoperigenöse Nebenzellen auf, und die Pflanzen ähneln sowohl in der Wuchsform als auch im Blütenbau der Gattung *Manniella*, obwohl der Sporn von *Pachyplectron* nicht mit dem Nektarium von *Manniella* zu vergleichen ist. Aus diesen Gründen ordne ich die Pachyplectroninae in die Tribus Cranichideae ein, und zwar in die Nähe der Manniellinae.
Literaturhinweis: Hallé 1977 (Abbildungen und Beschreibungen).

Subtribus Manniellinae Schlechter

Terrestrische Pflanzen mit relativ kurzem blatttragendem Sproß und Rhizom. Die nicht sehr fleischigen Wurzeln stehen dichtgedrängt. Die spiralig angeordneten Blätter sind in der Knospe gerollt und später konduplikativ, gestielt und nicht artikuliert. Der terminale Blütenstand trägt zahlreiche kleine, spiralig angeordnete, resupinierte Blüten. Jede Blüte weist einen deutlich erkennbaren Cuniculus auf. Die Lippe ist einfach und hat zwei nach hinten geschlagene, basale Lappen. Die Säule ist erst scharf nach oben und dann wieder nach unten gebogen (wie ein Türriegel). Es sind zwei deutlich ausgebildete Staminodien vorhanden, die den Staubbeutel seitlich umklammern. Der Staubbeutel ist dorsal und steht aufrecht. Die zwei Pollinien sind weich und mehlig. Das Viscidium ist terminal, die Narbe einlappig.
Verbreitung: Tropisches Westafrika.

Bestäubung: Unbekannt.
Chromosomenzahlen: Unbekannt.
Arten: 1.
Gattung: *Manniella*.
Diese Gattung ist eindeutig mit den Spiranthinae verwandt und wurde von Mansfeld (1937a) in diese Gruppe eingeordnet. Die eigenartig gebogene Säule und die großen Staminodien sind jedoch ein charakteristisches Erkennungsmerkmal. Einige Arten anderer Gruppen wurden wegen der verwachsenen Kelch- und Kronblätter in die Gattung *Manniella* eingeordnet; doch das ist eine absurde »Ein-Merkmal-Taxonomie«, denn die anderen charakteristischen Merkmale der Gattung *Manniella* sind bei diesen Arten nicht vorhanden. Hallés hervorragenden Zeichnungen von *Manniella* ist leider nicht zu entnehmen, ob die Kelch- und Kronblätter dieser Gattung wirklich miteinander verwachsen sind. Die Basis der Blütenhülle ist – ebenso wie bei *Pachyplectron* und vielen Spiranthinae – stark schräggeneigt. Außerdem findet man (wie bei *Sarcoglottis*) ein cuniculus-ähnliches Nektarium, das deutlich über die Lippenbasis hinausragt. Der »Hals« zwischen dem Fruchtknoten und den freien Blütenhüllenteilen ist genaugenommen eine Blütenröhre, die auf einer Seite mit der Säule verwachsen ist. Die Basis der Kelch- und Kronblätter, wie wir sie normalerweise deuten, scheint am oberen Ende (oder in der Nähe des oberen Endes) dieses »Halses« zu liegen. Kelch- und Kronblätter sind nur insoweit verwachsen wie zum Beispiel bei *Brassavola*.
Literaturhinweis: Hallé 1965 (Abbildung).

Subtribus Cranichidinae Lindley

Terrestrische oder lithophytische, selten epiphytische Pflanzen mit kurzem blatttragendem Sproß und Rhizom und dichtgedrängt stehenden, ziemlich fleischigen Wurzeln. Die Blätter sind spiralig angeordnet, dichtgedrängt, in der Knospe gerollt, konduplikativ oder doppelt gefaltet, meist gestielt und nicht artikuliert. Der Blütenstand ist im allgemeinen terminal, selten lateral. Er trägt mehrere bis viele kleine bis mittelgroße Blüten, die nicht resupiniert sind. Die Lippe ist häufig sackförmig und manchmal mit der Säule verwachsen oder gespornt. Die Säule ist gerade oder gebogen. Der Staubbeutel ist dorsal und fast ebenso lang wie das Rostellum und steht aufrecht. Die vier Pollinien sind weich und mehlig, manchmal auch ziemlich hart und weisen gelegentlich zwei oder vier terminale Caudiculae auf. Das Viscidium ist terminal, die Narbe einlappig.
Verbreitung: Tropisches Amerika; es kommen auch einige Arten in Nordamerika und eine Art in Neukaledonien vor.
Bestäubung: Unbekannt. *Porphyrostachys pilifera* wird vermutlich von Kolibris bestäubt.
Chromosomenzahlen: Unbekannt.
Arten: Etwa 200.
Gattungen: 15 in zwei Allianzen:
(1) Säule stumpf; weiche Pollinien ohne Caudiculae; Lippe einfach, nicht mit

der Säule verwachsen: *Aa, Altensteinia, Gomphichis, Myrosmodes, Porphyrostachys, Prescottia, Stenoptera.*
(2) Säule spitz; harte Pollinien mit Caudiculae; Lippe häufig mit der Säule verwachsen: *Baskervilla, Coilostylis, Cranichis, Fuertesiella, Ponthieva, Pseudocentrum, Pterichis, Solenocentrum.*
Brieger teilt diese Gruppe nach einem anderen System auf. Sein System basiert auf einem Unterschied zwischen Säulen- und Staminodiumgewebe, den ich nicht zu erkennen vermag.
Literaturhinweis: Renz 1948 (Taxonomie).

Subtribus Cryptostylidinae Schlechter

Terrestrische oder saprophytische Pflanzen mit kurzem blatttragendem Sproß und Rhizom und fleischigen, dichtgedrängt stehenden Wurzeln. Die wenigen Blätter sind spiralig angeordnet und dicht gedrängt, in der Knospe gerollt, konduplikativ, nicht artikuliert und mehr oder weniger deutlich gestielt. Der unverzweigte, terminale Blütenstand trägt wenige bis viele, kleine bis mittelgroße, spiralig angeordnete, nicht resupinierte Blüten. Die Lippe ist einfach, die Säule sehr kurz mit dorsalem, aufrecht stehendem Staubbeutel, der fast ebenso lang ist wie das Rostellum. Die vier Pollinien sind weich und mehlig, das Viscidium ist terminal. Es sind keine Caudiculae vorhanden. Die Narbe ist einlappig.
Verbreitung: Australasien und tropisches Asien.
Bestäubung: *Cryptostylis* ist eine der bekanntesten Gattungen, bei denen Pseudokopulation vorkommt. Interessanterweise werden – soweit bekannt – alle *Cryptostylis*-Arten von derselben Schlupfwespenart bestäubt.
Bei einigen Arten berührt der Bestäuber (ebenso wie bei *Ophrys*) das Viscidium mit den Kopf; andere Arten sind so gebaut, daß das Insekt seinen Unterleib gegen die Säule drückt. Die Hauptfortpflanzungsbarriere zwischen diesen Arten scheint eine Form zwischenartlicher Unverträglichkeit zu sein.
Chromosomenzahlen: 42.
Arten: Etwa 15.
Gattung: *Cryptostylis.*
Einige Autoren ordnen diese Gattung den Cranichidinae zu, wo man sie als dritte Allianz einreihen könnte.
Literaturhinweis: Cady 1967 (Taxonomie der in Australien vorkommenden Arten).

Unterfamilie Orchidoideae

Charakteristische Merkmale dieser Gruppe sind der im allgemeinen aufrecht stehende, über die Narbe hinausragende Staubbeutel, die fehlenden Stomata-

Nebenzellen, die Wuchsform und die einzigartigen Sproßwurzelknollen, die die meisten Arten der Triben Diurideae, Orchideae und Diseae aufweisen.
Die meisten Klassifikationssysteme behandeln die Orchideae und die Diseae als Gruppen, die keine engen Verwandten haben; doch einige Merkmale deuten auf eine phylogenetische Beziehung zwischen den Diurideae und den Orchideae bzw. den Diseae hin. Diese drei Gruppen bilden zusammen mit den Neottieae eine sinnvolle phylogenetische Einheit. Das Rostellum der Orchideae ist homolog zu dem Rostellum der anderen monandrischen Orchideen, obwohl das Viscidium dieser Tribus im Grunde zweiteilig ist. Einige der Merkmale, die herangezogen werden, um die Sonderstellung der Orchideae und Diseae zu begründen – die Sproßwurzelknollen, die sektilen Pollinien und die Basitonie – kommen auch bei verschiedenen Angehörigen der Diurideae vor. Die interlokulären Caudiculae und das doppelte Viscidium fehlen bei den Diurideae (und auch bei einigen Orchideae); aber diese Merkmale sprechen eher dafür, daß die Orchideae-Blüte höherentwickelt und spezialisierter ist, als gegen eine phylogenetische Verwandtschaft. Auch die Existenz einer möglichen Hybride zwischen *Epipactis* und *Gymnadenia* deutet darauf hin, daß die Beziehung zwischen den Neottieae und den Orchideae enger ist, als sie in den meisten taxonomischen Systemen dargestellt wird. Ich deute die Neottieae als nördliche Reliktgruppe. Die Orchideae sind in erster Linie eine afrikanische Gruppe, die sich nach Eurasien und in geringerem Maße auch auf andere Kontinente ausgedehnt hat. Die Diurideae betrachte ich grundsätzlich als südliche Gruppe, die im frühen Tertiär bei der Trennung Afrikas und Südamerikas von dem Orchideae-Diseae-Komplex abgespalten wurde. Die Pflanzen, die in Südamerika verblieben, bildeten die Subtribus Chloraeinae, während andere über die Antarktis (die damals wesentlich bessere Lebensbedingungen bot) nach Australien gelangten und sich dort viel intensiver verbreiteten und aufspalteten als ihre in Südamerika verbliebenen Verwandten. Wahrscheinlich konnten auf der antarktischen Landbrücke bis ins mittlere Tertiär hinein einige Pflanzen gedeihen. Die viel größere Diversität der Diurideae in Australien deutet darauf hin, daß die Gruppe sich vielleicht von Australien aus bis nach Südamerika ausgedehnt hat – was in der Tat möglich wäre, obwohl man annimmt, daß Australien schon lange Zeit vor der Trennung Südamerikas und Afrikas von Afrika getrennt war.
Verwandtschaften: Diese eigenständige Gruppe stellt eine der Hauptlinien der Orchideenevolution dar. Trotzdem scheinen die Neottieae eng mit den Frauenschuhorchideen verwandt zu sein. Außerdem sind die Orchidoideae mit den Epidendroideae und den Vandoideae verwandt (diese Verwandtschaft tritt allerdings nicht sehr deutlich zutage).

I. **Tribus Neottieae** Lindley

Zu dieser Tribus gehören die primitivsten Gattungen der orchidoiden Evolutionslinie. Die Limodorinae haben in der Wuchsform ziemlich große Ähnlichkeit mit *Cypripedium* und einigen anderen sehr primitiven Orchideen.

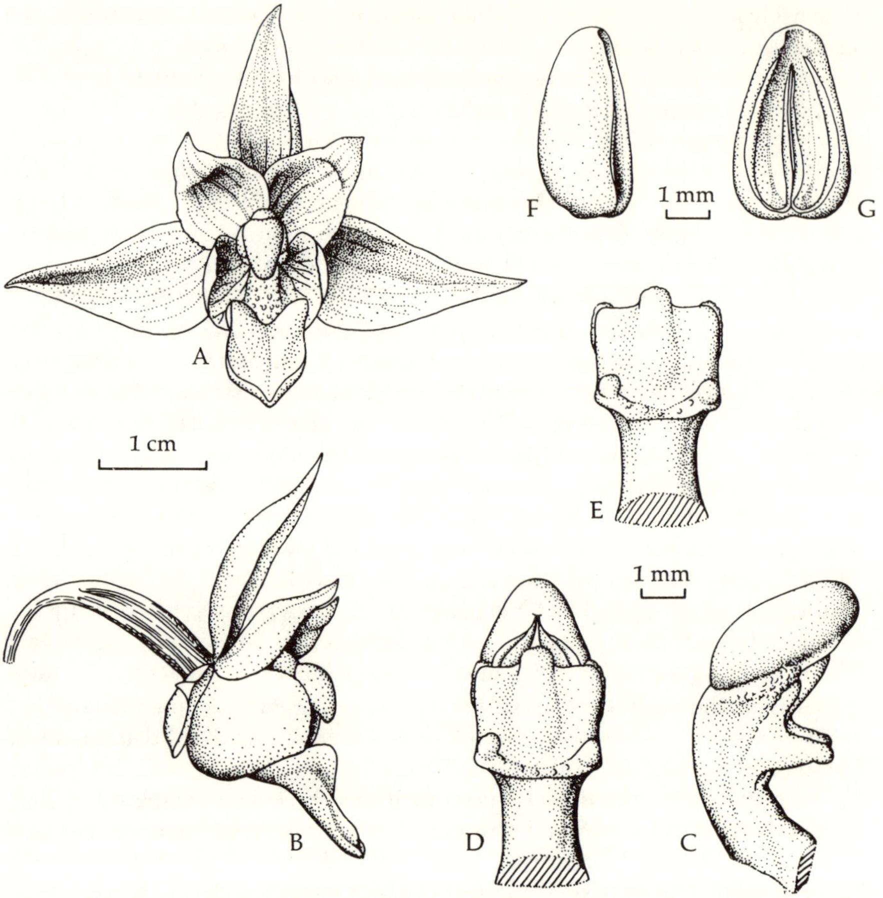

Abb. 8.4. *Epipactis gigantea* (Orchidoideae: Neottieae). (A) Blüte, Vorderansicht. (B) Blüte, Seitenansicht. (C) Säule, Seitenansicht. (D) Säule mit Anthere, ventral. (E) Säule nach Entfernen der Anthere, ventral. (F) Anthere, Seitenansicht. (G) Anthere, ventral (nach Alkoholmaterial gezeichnet).

Phylogenetische Tendenzen: Etliche Angehörige der Neottieae sind Saprophyten. Vor allem die Limodorinae sind in Wuchsform und Blütenbau verhältnismäßig primitiv. Die Listerinae sind höher entwickelt, was sich sowohl in der dichtgedrängten vegetativen Wuchsform als auch in der Beschaffenheit des Rostellums äußert.

Subtribus Limodorinae Bentham

Terrestrische oder saprophytische Pflanzen mit länglichen Sprossen und mehr oder weniger dichtgedrängt stehenden, schmalen, etwas fleischigen Wurzeln.

Die spiralig angeordneten Blätter sind über den Sproß verteilt. Die Blätter sind in der Knospe gerollt, später mehrfach gefaltet und nicht artikuliert. Der unverzweigte Blütenstand ist terminal und trägt mehrere bis viele spiralig angeordnete Blüten. Die Blüten sind klein bis mittelgroß; der Mittellappen der Lippe ist oft mit einem Scharnier an einer mehr oder weniger sackförmigen Lippenbasis befestigt, oder die Lippe ist gespornt. Die Säule ist kurz oder lang. Der dorsale Staubbeutel steht aufrecht und überragt die Narbe oder das Rostellum. Die zwei Pollinien sind weich und mehlig und haben kein deutlich ausgebildetes Viscidium. Die Narbe ist einlappig (vgl. Abb. 8.4).

Verbreitung: Tropisches Asien, nördliche Hemisphäre, tropisches Afrika.

Bestäubung: Über die Bestäubung einiger in Europa vorkommender Limodorinae-Gattungen liegen uns zahlreiche Informationen vor. Berichten zufolge werden *Cephalanthera* und *Limodorum* von Bienen bestäubt, während die meisten *Epipactis*-Arten »Wespenblüten« haben. Es gibt jedoch auch Ausnahmen: *Epipactis gigantea* wird angeblich von Schwebfliegen bestäubt, und die Bestäuber von *E. atrorubens* und *E. palustris* sind in der Regel Bienen (vgl. Wiefelspütz in Senghas und Sundermann 1970). All diese Blüten scheinen ihren Bestäubern Nektar in offenen Nektarien anzubieten. Ivri und Dafni (1977) haben beobachtet, daß *E. consimilis* von Schwebfliegen bestäubt wird. Sie vermuten, daß die Warzen auf der Lippe dieser Orchidee Blattläuse nachahmen und auf diese Weise die Schwebfliegenweibchen anlocken, die normalerweise ihre Eier zwischen Blattläusen ablegen.

Chromosomenzahlen: 32, 34, 36, 40, 48, 64.

Arten: Etwa 60.

Gattungen: 5; *Aphyllorchis, Cephalanthera, Epipactis, Limodorum, Thaia.*

Gattungshybriden: Obwohl *Cephalanthera* und *Epipactis* sich in der Säulenstruktur voneinander unterscheiden, existieren Berichten zufolge mehrere natürliche Gattungshybriden.

Diese ziemlich primitive Gruppe zeigt eine ausgeprägte Tendenz zur saprophytischen Lebensweise und zur Selbstbestäubung. Die *Aphyllorchis*-Arten sollten kritisch untersucht werden, da in dieser Gattung einige Saprophyten anderer Gruppen verborgen sein könnten. Die in Australien vorkommende Art *Aphyllorchis anomala* zum Beispiel weist nicht nur eine für die Gattung atypische Lippenstruktur, sondern auch eine anscheinend völlig abweichende Staubbeutelstruktur auf. Es ist durchaus möglich, daß diese Art zu einer anderen Gruppe gehört. 1965 beschrieb Chen eine chinesische Orchidee, die er als *Tangtsinia* bezeichnete. Er betrachtet sie als eine primitive Gattung. Ich hingegen halte diese Pflanze eher für eine pelorische Mutante von *Cephalanthera.*

Literaturhinweise: Chen 1965 (*Tangtsinia*); Senghas und Sundermann 1970 (*Epipactis*).

Subtribus Listerinae Lindley

Terrestrische oder saprophytische kleine Krautpflanzen mit schmalen Sprossen, fleischigen, aber schlanken Wurzeln und meist zwei einander versetzt

gegenüberstehenden, in der Knospe gerollten, konduplikativen, nicht artikulierten Blättern. Der unverzweigte, terminale Blütenstand trägt mehrere bis viele kleine, spiralig angeordnete, meist grünliche Blüten. Die Lippe weist ein flaches, basales Nektarium auf. Die Säule ist kurz, der Staubbeutel steht etwas schräg und ist fast ebenso lang wie der Schnabel. Die zwei Pollinien sind weich und mehlig, die bei Narbe ist einlappig. Das reizempfindliche Rostellum sondert bei Berührung einen Tropfen »Klebstoff« ab.
Verbreitung: Nördliche Hemisphäre.
Bestäubung: Die Gattung *Listera* wird hauptsächlich von nektarsuchenden Wespen und primitiven Fliegen bestäubt.
Chromosomenzahlen: 34, 36, 38, 40, 42, 56.
Arten: Etwa 38.
Gattungen: 2; *Listera, Neottia.*
Literaturhinweise: Ackerman und Mesler 1979 (Bestäubung von *Listera*); Ackerman und Williams, im Druck a (Pollenstruktur); Ramsey 1950 (Rostellum).

II. **Tribus Diurideae** Endlicher

Diese hauptsächlich in Australien vorkommende Gruppe hat mehrere verschiedene Wuchsformen und Blütenstrukturen entwickelt, ist aber dennoch als natürliche Gruppe anzusehen, deren charakteristisches Merkmal die (bei den meisten australischen Gattungen vorhandenen) Sproßwurzelknollen sind. Es gibt eine sehr gute Abhandlung über diese Gruppe von Lavarack (1970, 1976). Ich lehne mich bei meiner Einteilung der Diurideae in Subtriben größtenteils an Lavarack an, habe der Gruppe jedoch die südamerikanischen Chloraeinae hinzugefügt und die Subtriben so umgeordnet, daß die Caladeniinae nach den Chloraeinae und vor den höherentwickelten Gruppen stehen. Lavarack merkt an, daß diese Tribus in den nichttropischen Teilen Australiens am verbreitetsten ist und daß die Pflanzen für offenes, relativ trockenes Gelände typisch sind. Die australischen Gattungen scheinen zwei Hauptkomplexe zu bilden: Die Diuridinae und Prasophyllinae zeichnen sich durch eine kurze Säule, hervortretende Staminodien und normalerweise schmale Blätter aus; die restlichen Subtriben hingegen haben meist eine längere Säule, keine hervortretenden Staminodien und breitere Blätter. Barthlott (pers. Mitteilung) berichtet, daß diese zwei Komplexe sich auch in der Samenstruktur voneinander unterscheiden. Brieger (in Schlechter 1974, 1975) ordnet die Chloraeinae wegen ihres Wurzelbaues (dichtgedrängte, fleischige Wurzeln statt Sproßwurzelknollen) den Spirantheae (= Cranichideae) zu. Ich bin jedoch der Meinung, daß Säulenbau, Pollenstruktur und allgemeine Blütenmorphologie allesamt auf eine enge Verwandtschaft der Chloraeinae mit den australischen Gattungen hindeuten.
Phylogenetische Tendenzen: Die Diurideae sind ziemlich vielgestaltig, wobei die Chloraeinae relativ primitiv sind und den Neottieae ähneln. Viele australische Diurideae haben sich an Pseudokopulation und eine stark jahreszeitlich geprägte Umgebung angepaßt. Das hat dazu geführt, daß diese Pflanzen in

ihren vegetativen Merkmalen sehr vielgestaltig sind und spezialisierte Blüten aufweisen. Viele Diurideae besitzen Viscidien; bei *Prasophyllum* ist sogar ein Stipes vorhanden. Einige Gattungen haben bewegliche Lippen entwickelt, die den Bestäuber einschließen oder gegen die Säule schleudern.
Literaturhinweise: Ackerman und Williams, im Druck b (Pollenstruktur); Lavarack 1970, 1976 (Klassifizierung der australischen Arten und Gattungen).

1. **Subtribus Chloraeinae** Reichenbach

Terrestrische, selten epiphytische Pflanzen mit fleischigen Wurzeln oder Sproßwurzelknollen (*Codonorchis*) und schmalen Sprossen. Die spiralig angeordneten Blätter stehen dichtgedrängt oder sind über den Sproß verteilt; bei *Codonorchis* sind sie in einem Kreis in der Mitte des Sprosses angeordnet. Die in der Knospe gerollten Blätter sind konduplikativ und nicht artikuliert. Der unverzweigte, terminale Blütenstand trägt eine bis viele mittelgroße, spiralig angeordnete Blüten, die an den seitlichen Kelchblättern häufig Osmophoren aufweisen. Die Lippe ist meist mit Warzen oder Kallussen überzogen. Die Blüte weist am Grund manchmal zwei schmale Nektarien auf (*Chloraea*). Die schlanke, meist gewölbte Säule trägt einen dorsalen aufrecht stehenden Staubbeutel, der über das Rostellum hinausragt. Die Blüte bildet zwei aus Tetraden oder Monaden bestehende, weiche, mehlige Pollinien ohne Viscidium. Die Narbe ist einlappig (vgl. Abb. 8.5).
Verbreitung: Südliches Südamerika (im Norden bis Peru) und Neukaledonien.
Bestäubung: Gumprecht (1975) berichtet, daß *Chloraea* von *Colletes* – einer ziemlich primitiven Bienenart – bestäubt wird.
Chromosomenzahlen: Unbekannt.
Arten: Etwa 100.
Gattungen: 6; *Bipinnula, Chloraea, Codonorchis, Gavilea, Geoblasta, Megastylis.*
Da Lavarack kein südamerikanisches Material zur Verfügung stand, konnte er die verwandtschaftlichen Beziehungen dieser Subtribus zu den australischen Gattungen nicht beurteilen. Die Sproßwurzelknollen, die für fast alle australischen Gattungen typisch sind, fehlen bei den meisten Chloraeinae, sind jedoch bei *Codonorchis* vorhanden. Außerdem ähneln die südamerikanischen Gattungen den australischen Gruppen im Blütenbau sehr stark. Die *Chloraea*-Säule hat zum Beispiel große Ähnlichkeit mit der von *Burnettia, Lyperanthus* und *Rimacola.* Eine neue Untersuchung der Pollenstruktur durch Ackerman und Williams (im Druck b) deutet auf enge Verwandtschaft zwischen den Chloraeinae und den australischen Angehörigen dieser Tribus hin. *Codonorchis* unterscheidet sich sowohl in der Wuchsform als auch im Blütenbau. Pfitzer (1887) ordnet diese Gattung den Caladeniinae zu; doch ich bin der Auffassung, daß *Chloraea* selbst näher mit den Caladeniinae verwandt ist als *Codonorchis.* Brieger (in Schlechter 1975) vertritt die Ansicht, daß *Codonorchis* als eigenständige Subtribus behandelt werden sollte, aber ich bezweifle die Notwendigkeit einer solchen Abspaltung. Die Lippenstruktur deutet darauf hin, daß *Codonorchis* mit *Gavilea* verwandt ist. Die neukaledonische Gattung *Megastylis* wurde von

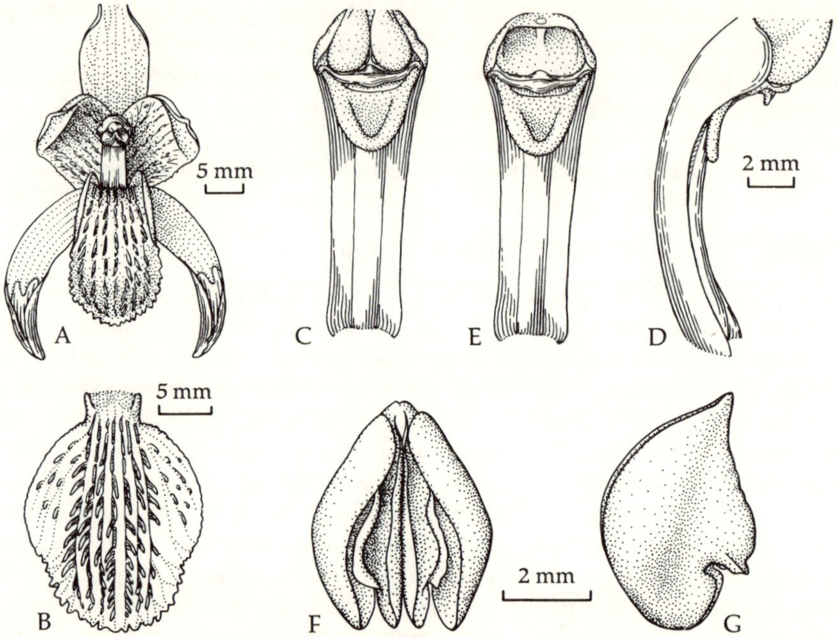

Abb. 8.5. *Chloraea lamellata* (Orchidoideae: Diurideae) (A) Blüte, Vorderansicht. (B) Lippe, ausgebreitet. (C) Säule, ventral. (D) Säule, Seitenansicht. (E) Säule nach Entfernen der Anthere. (F) Anthere, ventral. (G) Anthere, Seitenansicht (nach Alkoholmaterial gezeichnet).

Schlechter (1926) als eigenständige Subtribus behandelt, scheint jedoch in all ihren Merkmalen den südamerikanischen Gattungen nahezustehen. *Gavilea odoratissima* wächst meist epiphytisch und ist somit die einzige in Chile bekannte epiphytische Orchidee (Riveros und Ramirez 1978).
Literaturhinweise: Correa 1968 (*Geoblasta*), 1969 (taxonomische Revision von *Chloraea*); Gumprecht 1975 (Allgemeines und Bestäubung).

Subtribus Caladeniinae Pfitzer

Terrestrische Pflanzen mit Sproßwurzelknollen. Die wenigen Blätter sind grundständig, in der Knospe gerollt und konduplikativ und nicht artikuliert. Der Blütenstand ist terminal und unverzweigt und trägt eine bis viele Blüten. Die Blüten sind resupiniert und klein bis mittelgroß; die Lippe weist meist Warzen, Haare oder Kallusse auf und ist manchmal mit einem Scharnier versehen oder berührungsempfindlich. Die Säule ist gebogen und hat an der Oberseite häufig breite Säulenflügel. Der dorsale Staubbeutel ist kegelförmig, steht aufrecht und ragt über das Rostellum hinaus. Die Blüte bildet vier oder acht aus

Monaden oder Tetraden bestehende, weiche, mehlige Pollinien. Die Narbe ist einlappig. Ein deutlich ausgebildetes Viscidium kann vorhanden sein oder auch fehlen.
Verbreitung: Australasien, bis ins tropische Asien hinein.
Bestäubung: Die Gattungen *Caladenia, Chiloglottis, Drakaea* und *Spiculeae* werden von männlichen thynniden Wespen bestäubt (Pseudokopulation; siehe Kapitel 4). Möglicherweise liegt bei *Caleana* und *Paracaleana* eine ähnliche Bestäubungsbeziehung vor. Wir haben keine weiteren Informationen über die Bestäubung der Orchideen dieser Subtribus.
Chromosomenzahlen: Unbekannt.
Arten: Etwa 100.
Gattungen: 16 in zwei Allianzen:
(1) Lippe unbeweglich: *Adenochilus, Aporostylis, Burnettia, Caladenia, Chiloglottis, Elythranthera, Eriochilus, Glossodia, Leporella, Lyperanthus, Rimacola.*
(2) Lippe mit Scharnier versehen und beweglich: *Arthrochilus, Caleana, Drakaea, Paracaleana, Spiculaea.*
Diese Subtribus zeichnet sich vor allem durch flache, mehr oder weniger grundständige Blätter und eine gebogene Säule aus, die an der Oberseite bereits geflügelt sein kann, aber keine staminodium-ähnlichen Flügel aufweist, wie sie bei den meisten Diuridinae zu finden sind. Die Lippe ist im allgemeinen von Warzen oder Kallussen bedeckt. Es ist zu vermuten, daß Gattungen wie *Burnettia, Lyperanthus* und *Rimacola,* so zierend ihre Blüten auch sein mögen, die primitive Gruppe dieser Subtribus darstellen. Durch die warzigen Lippenornamente war diese Gruppe von vornherein für die Entwicklung einer Pseudokopulationsbeziehung mit thynniden Wespen prädestiniert. Dieser Vorgang führte zu bizarren Blüten, wie sie bei *Spiculaea* und *Drakaea* zu finden sind.
Bei *Spiculaea* ist die Anpassung an trockene Standorte extrem ausgeprägt. Zumindest einige Arten sind in der Lage, mit Hilfe des im Sproß gespeicherten Wassers und Nährmaterials selbst dann reife Samen zu bilden, wenn die Pflanze zur Blütenzeit abgeschnitten oder aus dem Boden gezogen wird (Northen 1971). Wahrscheinlich verbleiben auch in den Sproßwurzelknollen dann noch genügend Reserven, um im nächsten Jahr einen neuen Trieb hervorzubringen.
Brieger (in Schlechter 1975) ordnet *Rimacola* aufgrund der fehlenden Sproßwurzelknollen den Chloraeinae zu. In allen anderen Merkmalen jedoch ähnelt *Rimacola* eher den anderen australischen Gattungen.
Literaturhinweise: Blaxell 1972 (Systematik der *Caleana*-Allianz); Cady 1962 (Systematik von *Spiculaea*); Northen 1971 (Überlebensstrategien bei *Spiculaea*); Rotherham 1968 (Bestäubung von *Spiculaea*).

Subtribus Pterostylidinae Pfitzer

Terrestrische Pflanzen mit Sproßwurzelknollen und mehreren spiralig geordneten Blüten, die dichtgedrängt stehen oder über den Sproß verteilt sind. Sie sind breit, in der Knospe gerollt, konduplikativ und nicht artikuliert. Der Blütenstand ist terminal und unverzweigt und trägt eine bis mehrere spiralig

angeordnete Blüten. Die Blüten sind klein bis mittelgroß, resupiniert, das dorsale Kelchblatt ist meist kappenförmig, die seitlichen Kelchblätter bilden häufig schmale Schwänzchen. Die Lippe ist schmal, mit Scharnier versehen, berührungsempfindlich und weist ein basales Anhängsel auf. Die Säule ist gebogen, unten schlank und oben geflügelt, wobei die Säulenflügel basale und zur Spitze hinzeigende Vorsprünge haben. Der Staubbeutel ist dorsal und mehr oder weniger aufrecht. Die Blüte bildet vier weiche, mehlige Pollinien aus Monaden ohne Viscidium. Die Narbe ist einlappig.
Verbreitung: Australasien.
Bestäubung: Die grünen Kappen fungieren als Fliegenfallen, die berührungsempfindlichen Lippen schleudern die kleinen Fliegen gegen die Säule.
Chromosomenzahlen: Unbekannt.
Arten: Etwa 71.
Gattungen: *Pterostylis.*
Die »Grünkappen« bilden die artenreichste der überwiegend australischen Gattungen. *Pterostylis* hat unverwechselbare Blütenmerkmale: Die Kelchblätter bilden in der Regel eine Kappe, an deren einer Seite die schmale Lippe hervorragt, bis sie von einer Mücke berührt wird. Die Pollinien sind ziemlich weich und mehlig, was wahrscheinlich eine Anpassung an die Bestäubung durch kleine Fliegen darstellt, obwohl Ackerman und Williams (im Druck b) diese Pollinien als primitives Merkmal gedeutet haben.
Literaturhinweise: Cady 1969 (Auflistung); Northen 1972 (Bestäubungsmechanismus).

Subtribus Acianthinae Schlechter

Terrestrische Pflanzen mit Sproßwurzelknollen. Die Blätter sind grundständig, einzeln stehend, breit und herzförmig oder gelappt, in der Knospe gerollt, konduplikativ oder mehrfach gefaltet, und nicht artikuliert. Der Blütenstand ist terminal und unverzweigt und trägt eine bis viele Blüten, die klein bis mittelgroß und resupiniert sind. Die Säule ist schmal und gebogen oder kurz und relativ dick und weist keine Säulenflügel auf. Der Staubbeutel ist terminal. Die Blüte bildet vier aus Monaden oder Tetraden bestehende Pollinien, in zwei Paaren mit Viscidium. Die Narbe ist einlappig.
Verbreitung: Australasien und tropisches Asien.
Bestäubung: Sowohl *Acianthus* als auch *Corybas* werden Berichten zufolge von Pilzfliegen bestäubt. Die Gattung *Acianthus* bietet ihren Bestäubern in beispielhafter Weise einen (für die menschliche Nase) unangenehm riechenden Nektar an (D. L. Jones 1974). Vogel (1978) ist der Meinung, daß die *Corybas*-Blüten Pilze nachahmen.
Chromosomenzahlen: Unbekannt.
Arten: Etwa 100.
Gattungen: 4; *Acianthus, Corybas, Stigmatodactylus, Townsonia.*
Die eigenartige, *Asarum*-ähnliche Blüte der Gattung *Corybas* besteht hauptsächlich aus der Lippe und dem dorsalen Kelchblatt. Die anderen Blütenblätter sind

viel kleiner oder rudimentär. Diese Gattung scheint (mehr als andere Gruppen der Diurideae) in nassen Wäldern eine ökologische Nische gefunden zu haben und ist in Asien weit verbreitet. Vor kurzem wurde entdeckt, daß *Corybas macrantha* auf der subantarktischen Macquarie-Insel vorkommt; sie ist damit die südlichste Orchidee (Brown et al. 1978). In den vegetativen Merkmalen haben *Acianthus* und *Townsonia* große Ähnlichkeit mit *Corybas*, vor allem wegen des einzelnen, herzförmigen Blattes. Blütenbau und Pollenstruktur sind jedoch so unterschiedlich, daß man versucht ist, Schlechter (1926) zu folgen und die Gattung *Corybas* aus dieser Subtribus auszuklammern. Bei einigen *Acianthus*-Arten ist der Staubbeutel kegelförmig und ragt wie bei den meisten Chloraeinae und Caladeniinae über das Rostellum hinaus. Bei den meisten Arten jedoch ist der Staubbeutel mehr oder weniger terminal, kurz, fest mit der Säule verbunden und öffnet sich vom Klinandrium weg wie bei den Orchideae oder den Sunipiinae. *Stigmatodactylus* ist eine saprophytische Art, deren Verbreitung bis nach Asien hineinreicht. Die in der Literatur auffindbaren Abbildungen von *Stigmatodactylus* deuten darauf hin, daß die Pollinien übereinanderliegen; doch ich habe kein gutes Material gesehen und bin mir daher nicht sicher, welche verwandtschaftliche Beziehung diese Gattung zu *Acianthus* hat.
Literaturhinweis: D. L. Jones 1974 (Bestäubung von *Acianthus*).

Subtribus Diuridinae Lindley

Terrestrische Pflanzen mit Sproßwurzelknollen und wenigen bis mehreren meist grundständigen Blättern, die in der Knospe gerollt, konduplikativ, meist schmal oder ziemlich fleischig und nicht artikuliert sind. Der Blütenstand ist terminal, unverzweigt und trägt mehrere bis viele spiralig angeordnete, kleine bis mittelgroße Blüten. Die Säule ist kurz und weist meist vorstehende, armähnliche Säulenflügel oder Staminodien auf, die parallel zur Säule stehen oder sie sogar überragen. Der Staubbeutel ist kegelförmig, dorsal, aufrecht stehend oder ein wenig nach vorn gebogen und ragt etwas über das Rostellum hinaus. Die vier aus Monaden oder Tetraden bestehenden Pollinien sind weich und mehlig und weisen meist ein terminales Viscidium auf. Die Narbe ist einlappig.
Verbreitung: Australasien, bis ins tropische Asien hinein.
Bestäubung: Die Gattung *Diuris* wird von kleinen Bienen, *Calochilus* durch Pseudokopulation von männlichen Wespen bestäubt. Erkenntnisse über die Bestäubungsvorgänge bei den anderen Gattungen liegen nicht vor.
Chromosomenzahl: 26.
Arten: Etwa 90.
Gattungen: 5; *Calochilus, Diuris, Epiblema, Orthoceras, Thelymitra*. Die Gruppe zeichnet sich durch eine kurze und meist stark verzierte Säule aus. Das Viscidium ist bei dieser Gruppe ziemlich terminal an den Pollinien angebracht. Die Gattung *Diuris* weist ein besonders interessantes Merkmal auf: Bei ihr kann man eigentlich kaum von einer Säule sprechen. Es existiert praktisch keine Verbindung zwischen dem Griffel und dem sehr kurzen Staubfaden oder den Staminodien. Diese *Diuris*-Säule scheint ein primitives Merkmal zu sein; es ist

jedoch auch möglich, daß sie einfach nur sehr kurz ist. Auch die Blütenhülle ist ziemlich ungewöhnlich. Warum die natürliche Auslese die Entwicklung der nicht gerade »orchideenähnlichen« Blüten der Gattung *Thelymitra* begünstigt hat, darüber gibt es bis jetzt noch keinerlei Erkenntnisse.
Literaturhinweis: Jones und Gray 1974 (Bestäubungsvorgänge bei *Calochilus*).

Subtribus Prasophyllinae Schlechter

Terrestrische Pflanzen mit Sproßwurzelknollen und wenigen grundständigen oder fast grundständigen Blättern. Die Blätter sind schmal oder zylindrisch und nicht artikuliert. Der Blütenstand ist terminal und unverzweigt und trägt wenige bis viele kleine bis mittelgroße, spiralig angeordnete Blüten, die resupiniert oder nichtresupiniert sein können. Die Säule ist kurz und weist zwei große, staminodienähnliche Flügel auf. Der Staubbeutel ist dorsal und entweder kürzer oder länger als das Rostellum. Die Blüte bildet zwei oder vier sektile Pollinien, entweder mit einem basalen Viscidium oder mit einem terminalen Viscidium und einem Stipes; die Narbenfläche ist einlappig.
Verbreitung: Australasien, bis ins tropische Asien hinein.
Bestäubung: Die Art *Microtis parviflora* wird von Ameisen bestäubt; falls keine Ameisenbestäubung eintritt, bestäubt sie sich selbst (Jones 1975).
Chromosomenzahl: 44.
Arten: Etwa 90.
Gattungen: 3; *Genoplesium, Microtis, Prasophyllum.*
Ein kennzeichnendes Merkmal dieser Gruppe, die ziemlich zwiebelähnliche Blätter hat, sind die sektilen Pollinien. Aufgrund seiner sektilen Pollinien und seines basitonen Viscidiums ist *Microtis* den Orchideae viel ähnlicher als alle anderen australischen Gattungen. Dieses Phänomen ist aber eher als (von ähnlichen Vorfahren ausgehender) Parallelismus zu deuten und nicht als Hinweis auf eine besonders enge Verwandtschaft. Bei *Prasophyllum* ist die eigenständige Entwicklung eines hervorragenden Stipes von besonderem Interesse. Auf den ersten Blick scheinen diese beiden Gattungen sich in der Staubbeutelstruktur so sehr zu unterscheiden, daß man sie nicht in dieselbe Subtribus einordnen kann; doch die Variation in der Säulenstruktur von *Prasophyllum* scheint diese Unterschiede zu überbrücken.
Literaturhinweis: Jones 1975 (Bestäubung von *Microtis*).

Tribus Orchideae

Diese Orchideengruppe, zu der übrigens die Typusgattung der Familie gehört, ist in Europa sehr zahlreich vertreten. Daher wissen wir über diese Gruppe mehr als über die meisten anderen Orchideentriben. Dennoch sind die Orchideae grundsätzlich eine afrikanische Gruppe. Die Huttonaeinae kommen ausschließlich und die Habenariinae zum größten Teil in Afrika vor, obwohl einige Gattungen der Habenariinae weit verbreitet sind. Auch die Orchidinae sind in

Afrika vertreten, und die afrikanischen Gattungen dieser Subtribus sind in der Regel charakteristischer als die europäischen. Es ist zu vermuten, daß die Orchidinae sich schon ziemlich zu Beginn des Tertiärs nach Eurasien ausgebreitet haben; sonst wäre ihre Vielgestaltigkeit kaum zu erklären. Die Orchideae bilden zusammen mit den Diseae eine der am deutlichsten abgetrennten Gruppen der Familie; viele Autoren betrachten diesen Komplex als äußerst isoliert. Charakteristische Merkmale der Orchideae sind die Sproßwurzelknollen, die sektilen Pollinien mit ihren basalen, interlokulären Caudiculae, die vollständige Verschmelzung der Staubbeutelbasis mit der Säule und das im wesentlichen zweiteilige Viscidium. Bei den Orchideae steht der Staubbeutel aufrecht, während er bei den Diseae zurückgebogen ist oder sogar auf dem Kopf steht (vgl. Abb. 8.6). Ich ziehe es vor, die Diseae von den Orchideae zu trennen, obwohl ihre Zusammenfassung unter dem Namen »Orchideae« die Einheitlichkeit der Gruppe unterstreichen würde. In Anbetracht der uns heute vorliegenden Forschungsergebnisse wäre keine dieser beiden Klassifizierungen unnatürlich. Die Aufteilung der Orchideae in Subtriben ist nicht besonders befriedigend, und ich bin sicher, daß diese Gruppe noch eingehender weltweiter Untersuchungen bedarf.

Phylogenetische Tendenzen: Im Gegensatz zu den Diseae haben die Orchideae schon ziemlich früh in ihrer Entwicklungsgeschichte einen Sporn an der Lippenbasis gebildet. *Ophrys* hat ihren Sporn verloren, sofern sie überhaupt jemals einen besessen hat; die verhältnismäßig starke Trennung von Staubbeutel und Säule deutet darauf hin, daß die Gattung *Ophrys* einige ziemlich primitive Merkmale beibehalten hat. Eine andere Gattung, die eine generalisierte Orchidinae-Form andeutet, ist *Brachycorythis*. Eine der hervorstechendsten Entwicklungstendenzen war die Herausbildung eines ausgeprägten Sporns, gekoppelt mit der Entwicklung langstieliger Pollinien und langstieliger Narben.

Subtribus Orchidinae

Terrestrische, selten saprophytische Pflanzen, meist mit Sproßwurzelknollen. Die Sprosse sind schlank, die Blätter spiralig angeordnet und über den ganzen Sproß verteilt oder grundständig und dichtgedrängt. Sie sind konduplikativ, nicht artikuliert und in der Knospe gerollt. An dem terminalen, unverzweigten Blütenstand sitzen wenige bis viele, kleine bis über mittelgroße, resupinierte, spiralig angeordnete Blüten. Die Lippe weist meist einen basalen Sporn auf, die Säule ist kurz bis mittellang. Der aufrechte Staubbeutel ist an der Basis fest mit der Säule verwachsen. Die Blüte bildet zwei oder vier sektile Pollinien mit zwei basalen, interlokulären Caudiculae, die mit einem oder zwei basalen Viscidien verbunden sind. Die Narbenfläche ist einlappig und konkav.

Verbreitung: Hauptsächlich nördliche Hemisphäre, bis nach Afrika und ins tropische Asien hinein.

Bestäubung: Über die in Europa vorkommenden Arten liegen ziemlich viele Informationen vor. Abb. 8.7 ist besonders interessant; sie veranschaulicht die besondere Bedeutung der Bestäuberklassen für die Hybridisierung. Die mei-

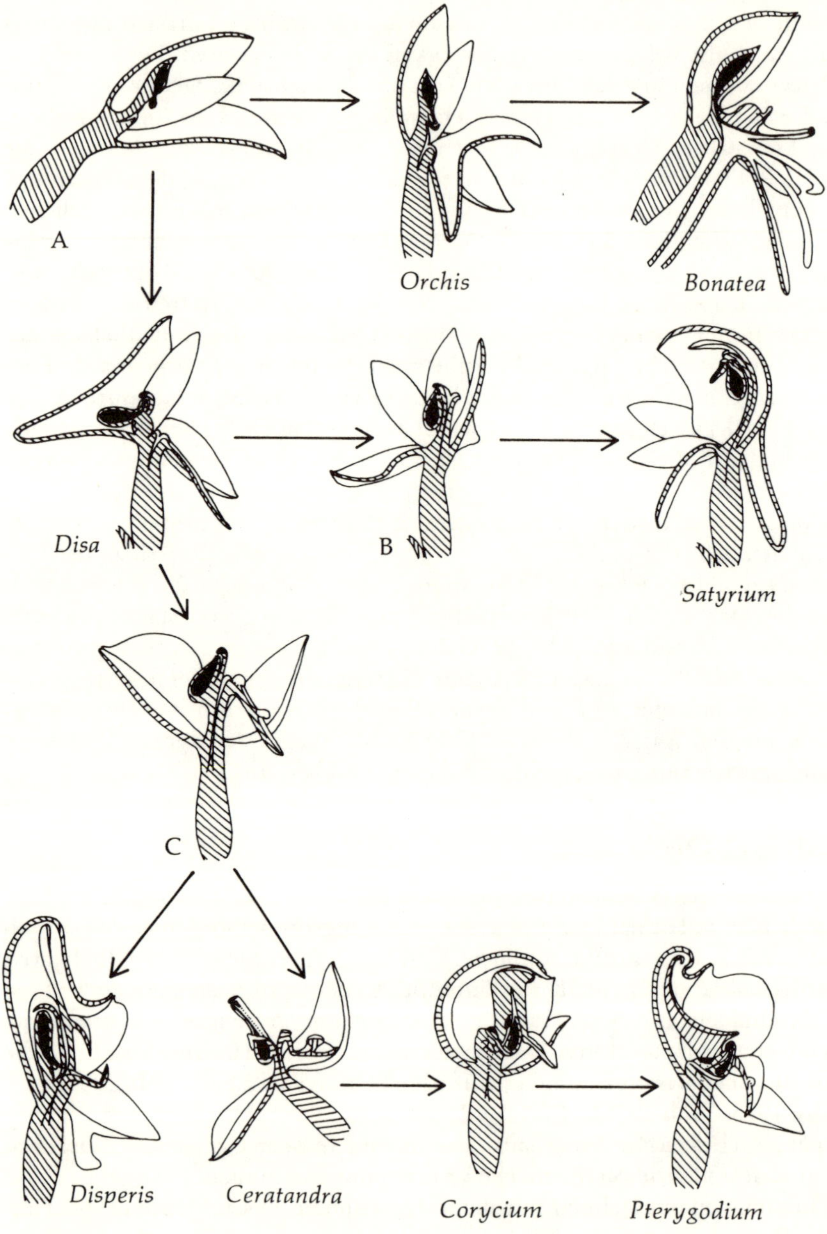

Abb. 8.6. Denkbare (wahrscheinliche) Verwandtschaften bei den Orchideae und den Diseae. (A) Hypothetischer Vorfahre. (B, C) Hypothetische Zwischenstufen (nach Vogel 1959).

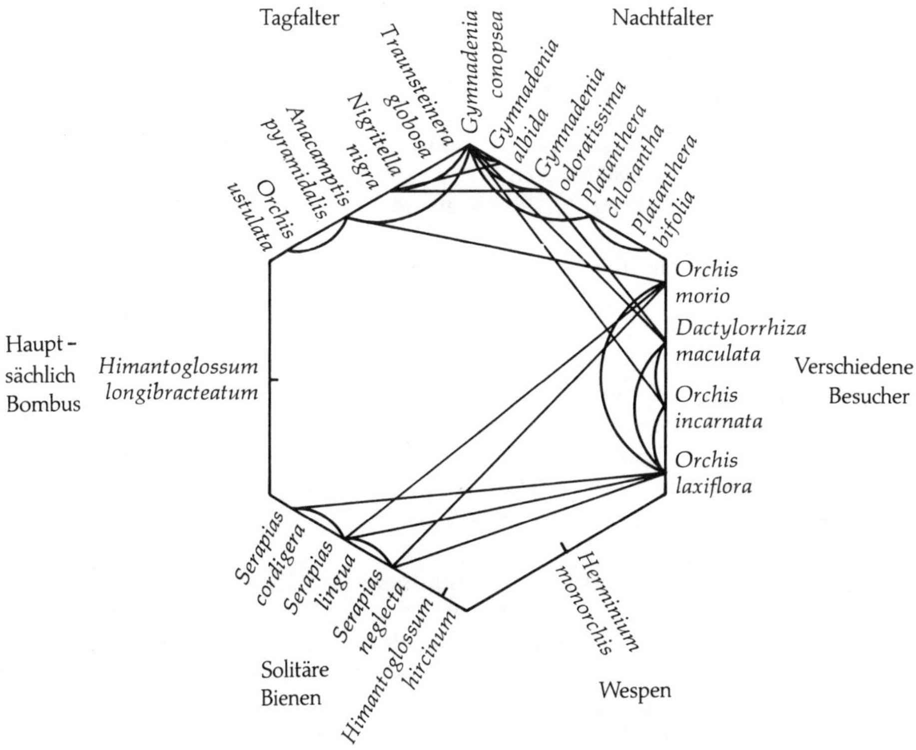

Abb. 8.7. Schema der Kreuzverwandtschaften zwischen den europäischen Orchidinae, nach Bestäubertypen gruppiert. Die Linien stellen die beschriebenen Hybriden dar (nach van der Pijl und Dodson 1966).

sten natürlichen Hybriden entstehen zwischen Arten, die dieselbe Bestäuberklasse haben, oder zwischen Arten der gemischten Bestäuberklasse und Arten einer anderen Klasse. Wie aus der Abbildung zu entnehmen ist, hat diese Subtribus viele verschiedene Bestäuber, wobei sowohl Bienen als auch Wespen, Nachtfalter und Schmetterlinge eine wichtige Rolle spielen. Die *Orchis*-Arten bieten normalerweise keinen Nektar an – mit Ausnahme von *O. coriophora*, die einen hohen Bestäubungsprozentsatz erzielt (Eberle 1974; Peisl und Forster 1975; Vöth 1975).

Die auf Elba heimische Art *O. papilionacea* wird von patrouillierenden (territorialen) *Eucera tuberculata*-Männchen (Anthophoridae) bestäubt, Vogel hat eine Bestäubung von ungefähr 50 Prozent festgestellt und ist der Meinung, daß eine solche Bestäubung bei der Entwicklung von nektarlosen Spornen eine Rolle gespielt haben könnte. Ein solches System könnte auch der erste Schritt in der Entwicklung zur Pseudokopulation sein, wie wir sie bei *Ophrys* kennen. Die *Platanthera*-Arten sind in der Regel an eine Bestäubung durch Schmetterlinge

(Lepidoptera) angepaßt; *P. obtusata* wird im nördlichen Teil ihres Verbreitungsgebiets von Mücken bestäubt. *Ophrys* wird durch Pseudokopulation von männlichen Bienen und Wespen bestäubt. Kullenberg und Bergström (1976) geben eine neue Übersicht über die *Ophrys*-Bestäubungssysteme und versuchen Korrelationen zwischen den verschiedenen *Ophrys*-Arten und der Evolution ihrer Bestäuber festzustellen.

Chromosomenzahlen: 30, 32, 36, 38, 40, 42.

Arten: Etwa 600.

Gattungen: 36 in vier möglichen Allianzen (nähere Erörterung der Klassifikation siehe unten):

(1) Ohne Sproßwurzelknollen: *Amerorchis, Aorchis, Chondradenia, Galearis.*

(2) Mit handförmigen oder spitz zulaufenden Sproßwurzelknollen: *Brachycorythis, Chusua, Coeloglossum, Dactylorhiza, Gymnadenia, Hemipilia, Nigritella, Platanthera, Pseudodiphryllum, Pseudorchis, Schwartzkopffia, Silvorchis.*

(3) Mit kugeligen Sproßwurzelknollen: *Aceras, Amitostigma, Anacamptis, Barlia, Chamorchis, Comperia, Himantoglossum, Neobolusia, Neotinea, Neottianthe, Ophrys, Orchis, Piperia, Schizochilus, Serapias, Steveniella, Symphyosepalum, Traunsteinera.*

(4) Behaarte Pflanzen mit flachen, grundständigen Blättern, Kronblätter und Lippe häufig gefranst; nur in Afrika vorkommend: *Bartholina, Holothrix.*

Gattungshybriden: Innerhalb dieser Subtribus sind besonders viele natürliche Hybriden bekannt (Abb. 8.8). Vermeulen (1947) hält alle *Orchis-Dactylorhiza*-Hybriden für fragwürdig. Andere Autoren geben an, daß × *Orchidactyla*-Hybriden zwar vorkommen, aber relativ selten sind (vgl. vor allem Peitz 1972; Potovek 1968). Leider läßt sich die relative Häufigkeit der Orchideenhybriden nicht immer leicht aus der Literatur entnehmen, da die meisten Autoren sich damit begnügen zu erwähnen, ob eine Hybride existiert oder nicht. Dennoch scheinen sich hier deutlich zwei Allianzen herauszukristallisieren: die *Orchis*-Allianz mit *Aceras, Anacamptis, Himantoglossum* und *Serapias* und die *Dactylorhiza*-Allianz mit *Coeloglossum, Gymnadenia, Nigritella, Platanthera* und *Pseudorchis*. Die Mitglieder der *Orchis*-Allianz zeichnen sich durch kugelige Sproßwurzelknollen aus, während die Gattungen der *Dactylorhiza*-Allianz alle handförmige Sproßwurzelknollen (Abb. 3.6) aufweisen. Hybriden zwischen diesen beiden Allianzen kommen zwar vor, sind aber wenig häufig und weniger fruchtbar, obwohl das Vorkommen von Rückkreuzungen bei × *Orchiaceras* und × *Gymnigritella* darauf hindeutet, daß sie verhältnismäßig fruchtbar sind. Obwohl wir zahlreiche Informationen über viele Aspekte der in Europa vorkommenden Gattungen und Arten dieser Gruppe haben, ist eine Synthese dringend notwendig. Es sind fast 40 Gattungen und ungefähr 600 Arten anerkannt; und man erstickt leicht in der Masse der Details und verliert den Gesamtüberblick. Einige Autoren teilen diese Gruppe in mehrere Subtriben ein, doch mir erscheint keine dieser Klassifikation wirklich überzeugend. Wenn natürliche Hybriden zwischen Arten unterschiedlicher Subtriben entstehen, muß man sich fragen, ob diese Subtriben-Einteilung wirklich sinnvoll ist und ob sie nicht vielleicht nur eine Klassifizierung von Viscidiumtypen ist, bei der

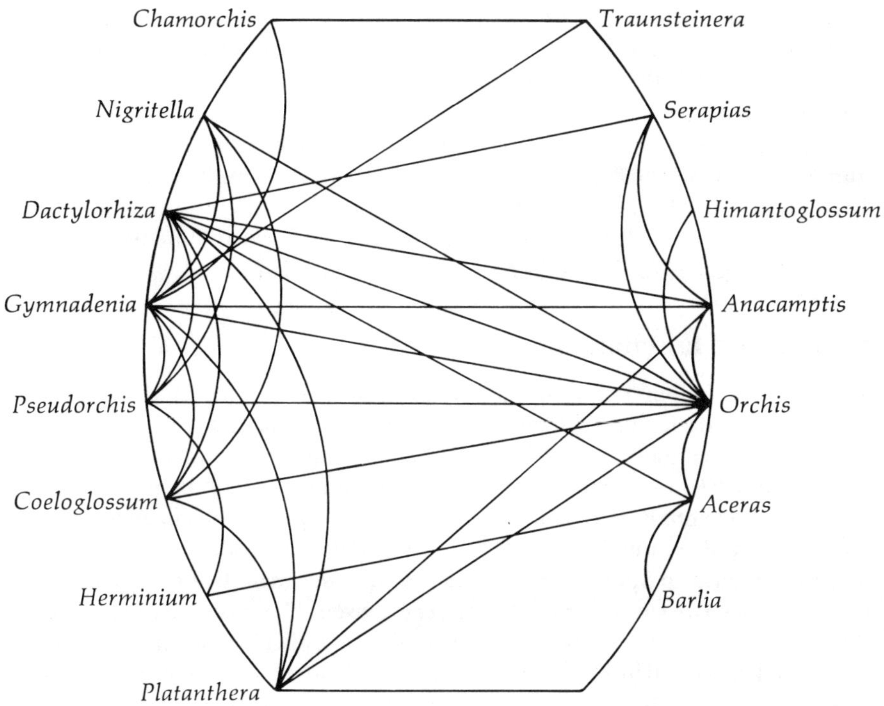

Abb. 8.8. Die bei den Orchidinae bekannten Hybriden. Alle sind als Naturhybriden bekannt.

die Pflanze als Ganzes nicht berücksichtigt wird. Ich habe Senghas' (1973–1974) Gruppen etwas umgeordnet und die ersten beiden Allianzen aufgrund der Unterschiede der Sproßwurzelknollen (und nicht der Blütenmerkmale) abgegrenzt, bin mir jedoch überhaupt nicht sicher, ob eines dieser beiden Systeme angemessen ist. Die Gattungen *Brachycorythis* und *Hemipilia* sollen Arten mit kugeligen Sproßwurzelknollen und Arten mit handförmigen Sproßwurzelknollen umfassen. Senghas meint, daß beide Gattungen einer Revision bedürfen. Die letzte Allianz, bestehend aus *Bartholina* und *Holothrix*, ist sehr eigenständig und könnte sicherlich auch als Subtribus behandelt werden.

Einige eurasische Gattungen scheinen zu fein aufgefächert zu sein. Ich habe den Eindruck, daß in den frühen Stadien der Klassifikation die falschen Unterscheidungsmerkmale ausgewählt worden sind und daß man dann, als mehr Informationen vorlagen, die einzelnen Gattungen einfach aufspaltete, um Ungereimtheiten auszuschalten, statt das ganze System zu reorganisieren. In manchen Fällen könnten vegetative Merkmale bedeutender sein als Blütendetails. Einige Arten haben kugelige, andere handförmige Sproßwurzelknollen. Die ältere Konzeption der Gattung *Orchis* umfaßte beide Typen; doch mittlerweile hat man die Arten mit handförmigen Sproßwurzelknollen in eine gesonderte

Gattung (*Dactylorhiza*) eingeordnet, und diese Abtrennung ist sicherlich begründet. Man könnte jedoch *Aceras* und andere Gattungen mit *Orchis* und *Gymnadenia* mit *Dactylorhiza* vereinigen.
Literaturhinweise: Ackerman 1977 (*Piperia*); Kullenberg und Bergström 1976 (Bestäubungsvorgänge bei *Ophrys*); Senghas 1973–74 (Allgemeines); Senghas und Sundermann 1968 (*Dactylorhiza*), 1972 (*Orchis*); Smith und Snow 1976 (Bestäubung bei *Platanthera*); Stoutamire 1974a (Bestäubung bei *Platanthera*); Summerhayes 1956 (Revision der Gattung *Brachycorythis*); Sundermann 1964 (*Ophrys*); Vogel 1972 (Bestäubung bei *Orchis papilionacea*).

Subtribus Habenariinae Bentham

Terrestrische, selten epiphytische Pflanzen mit kugeligen oder länglichen Sproßwurzelknollen und schlanken Sprossen. Die spiralig angeordneten Blätter sind über den ganzen Sproß verteilt oder grundständig und dichtgedrängt. Sie sind in der Knospe gerollt, konduplikativ und nicht artikuliert. Der terminale, unverzweigte Blütenstand trägt eine bis viele spiralig angeordnete Blüten, die klein bis über mittelgroß und meistens resupiniert sind. Die Lippe weist meist einen basalen Sporn auf; die Säule ist kurz; der Staubbeutel steht aufrecht und ist an der Basis fest mit der Säule verwachsen. Die zwei oder vier sektilen Pollinien haben an der Basis zwei interlokuläre Caudiculae, die mit einem oder zwei basalen Viscidien verbunden sind. Die Viscidien sitzen häufig an langen Rostellumstielen. Die Narbenfläche ist konvex und ein- oder zweilappig, wobei die Lappen oft gestielt sind (vgl. Abb. 8.9).
Verbreitung: Afrika und pantropisch, bis nach Eurasien hinein.
Bestäubung: Es liegen mehrere Berichte über die Bestäubung von *Habenaria* durch Nachtfalter und ein Bericht über die Bestäubung von *Bonatea* durch Schmetterlinge vor. *Herminium* wird von Wespen und Käfern bestäubt. Die meisten Gattungen dieser Subtribus werden Berichten zufolge von Schmetterlingen (Lepidoptera) bestäubt.
Chromosomenzahlen: 28, 32, 36, 40, 42.
Arten: Etwa 1100.
Gattungen: 21 in zwei möglichen Allianzen:
(1) Narben ungestielt oder sehr kurz gestielt, einteilig oder teilweise geteilt: *Androcorys (?), Benthamia, Diphylax, Gennaria, Herminium, Pecteilis, Peristylus, Smithorchis, Tylostigma.*
(2) 2 deutlich gestielte Narbenflächen: *Arnottia, Bonatea, Centrostigma, Cynorkis, Diplomeris, Habenaria, Megalorchis, Physoceras, Platycoryne, Roeperocharis, Stenoglottis, Tsaiorchis.*
Gattungshybriden: Es ist bekannt, daß *Herminium* sowohl mit *Aceras* als auch mit *Pseudorchis* (Orchideae) Hybriden bildet. Es ist auch eine künstliche Hybride zwischen *Habenaria* und *Pecteilis* registriert.
Die charakteristischen Merkmale dieser Subtribus sind die Rostellumarme, die langen Caudiculae und die gestielten Narbenflächen. Diese Eigenschaften sind bei *Bonatea* und einigen Arten der Gattung *Habenaria* am ausgeprägtesten. Die

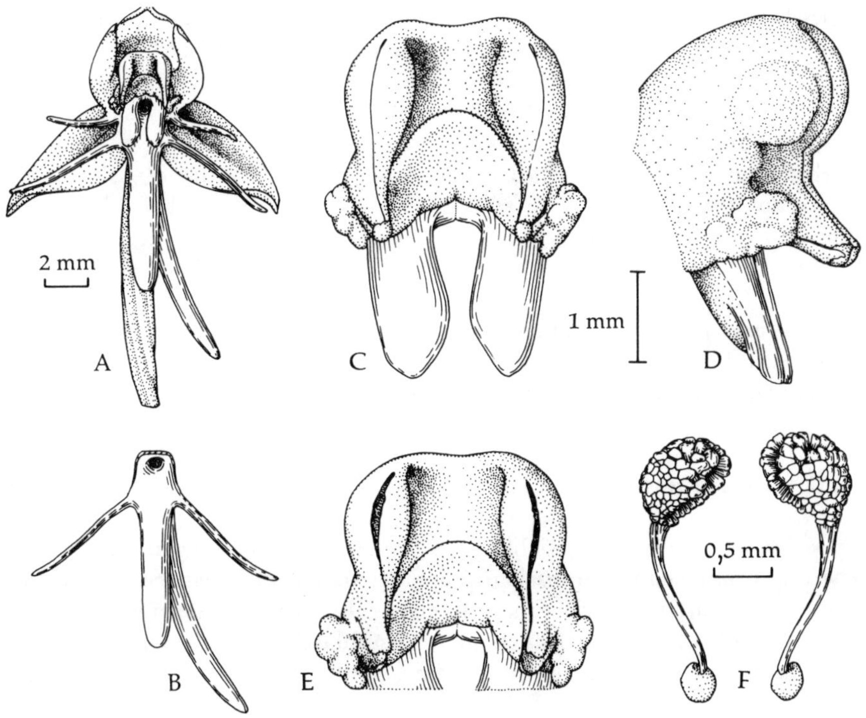

Abb. 8.9. *Habenaria entomantha* (Orchidoideae: Orchideae) (A) Blüte, Vorderansicht. (B) Lippe und Sporn. (C) Säule, Vorderansicht. (D) Säule, Seitenansicht. (E) Säule, nach Entfernen der Hemipollinarien. (F) Hemipollinarien.

Einordnung der Gattung *Herminium* ist ziemlich problematisch; vielleicht stellt sie einfach ein Bindeglied zwischen den Habenariinae und den Orchidinae dar. Vermeulen (in Landwehr 1977) ordnet *Herminium* in die *Platanthera*-Allianz ein, was sich sehr gut mit den bekannten natürlichen Hybriden vereinbaren läßt. Dennoch scheint *Herminium* eng mit *Peristylus* verwandt zu sein. Die Stellung von *Androcorys* gibt sogar noch mehr Probleme auf. Senghas ist der Ansicht, daß diese Gattung eng mit *Herminium* verwandt sein könnte; sie ist jedoch noch sehr unerforscht.
Literaturhinweise: Seidenfaden 1977 (in Thailand vorkommende Arten); Senghas 1973–74 (Allgemeines).

Subtribus Huttonaeinae Schlechter

Terrestrische Pflanzen mit kugeligen Sproßwurzelknollen und schlanken Sprossen. Die wenigen Blätter sind spiralig angeordnet, in der Knospe gerollt, konduplikativ und nicht artikuliert. An dem terminalen, unverzweigten Blütenstand sitzen mehrere mittelgroße, resupinierte, spiralig angeordnete Blüten.

Kelch- und Kronblätter sind gefranst. Die Lippe weist keinen Sporn auf; die Säule ist kurz; der Staubbeutel steht aufrecht, und die Pollenfächer sind apikal verbunden und streben basal aufeinander. Die Blüte bildet zwei sektile Pollinien mit zwei basalen, interlokulären Caudiculae und zwei Viscidien. Die Narbe ist einlappig.
Verbreitung: Südliches Afrika.
Bestäubung: Unbekannt.
Chromosomenzahl: Unbekannt.
Arten: 5.
Gattung: *Huttonaea*.
Ein unverkennbares Merkmal dieser Subtribus ist die Säulenform. Sie hat anscheinend keine engen Verwandten.
Literaturhinweis: Schelpe 1966 (Abbildung und Beschreibung).

Tribus Diseae Dressler 1979b

Diese Tribus besteht hauptsächlich aus afrikanischen Gattungen, obwohl *Disperis* und *Satyrium* im tropischen Asien vertreten sind. Diese Subtriben sind eng mit den Orchideae verwandt, unterscheiden sich von ihnen jedoch durch den von der Säule weg zurückgebogenen Staubbeutel. Bei einigen Arten ist der Staubbeutel im Vergleich zu den Orchideae vollständig umgedreht (vgl. Abb. 8.6).
Phylogenetische Tendenzen: Diese Gruppe zeigt ein komplexes Evolutionsmuster und ist sicherlich die höchstentwickelte der primär terrestrischen Orchideengruppen. Die gemeinsamen Vorfahren der Diseae hatten wahrscheinlich keinen Sporn. Die Disinae haben einen Sporn am dorsalen Kelchblatt entwikkelt. Bei ihnen kann man alle Entwicklungsstufen beobachten – vom bloßen sackförmigen Kelchblatt bis hin zum deutlich ausgeprägten Sporn. Bei den Satyriinae findet man paarige Lippensporne. Auch hier ist jedes Entwicklungsstadium vertreten – vom flachen, sackähnlichen Nektarium bis zu langen Spornen. Innerhalb der Subtribus Coryciinae scheint die Gattung *Ceratandra*, bei der die Lippe kein hervorragendes Anhängsel aufweist, am wenigsten spezialisiert zu sein, während die anderen drei Gattungen (alle auf unterschiedliche Weise) sehr hochentwickelt sind. Bei *Pterygodium* ist die vom dorsalen Kelchblatt und den Kronblättern gebildete Kappe zu einer spornähnlichen Verlängerung ausgezogen, und das Nektariumgewebe besteht aus einer Verlängerung des Lippenanhängsels. *Disperis* weist eine ähnliche Spornart auf, hat aber gleichzeitig auch noch einen kleineren Sporn an jedem lateralen Kelchblatt (vgl. Abb. 8.10).

Subtribus Disinae Bentham

Terrestrische Pflanzen mit Sproßwurzelknollen und schlanken Sprossen. Die Blätter sind spiralig angeordnet und über den ganzen Sproß verteilt oder

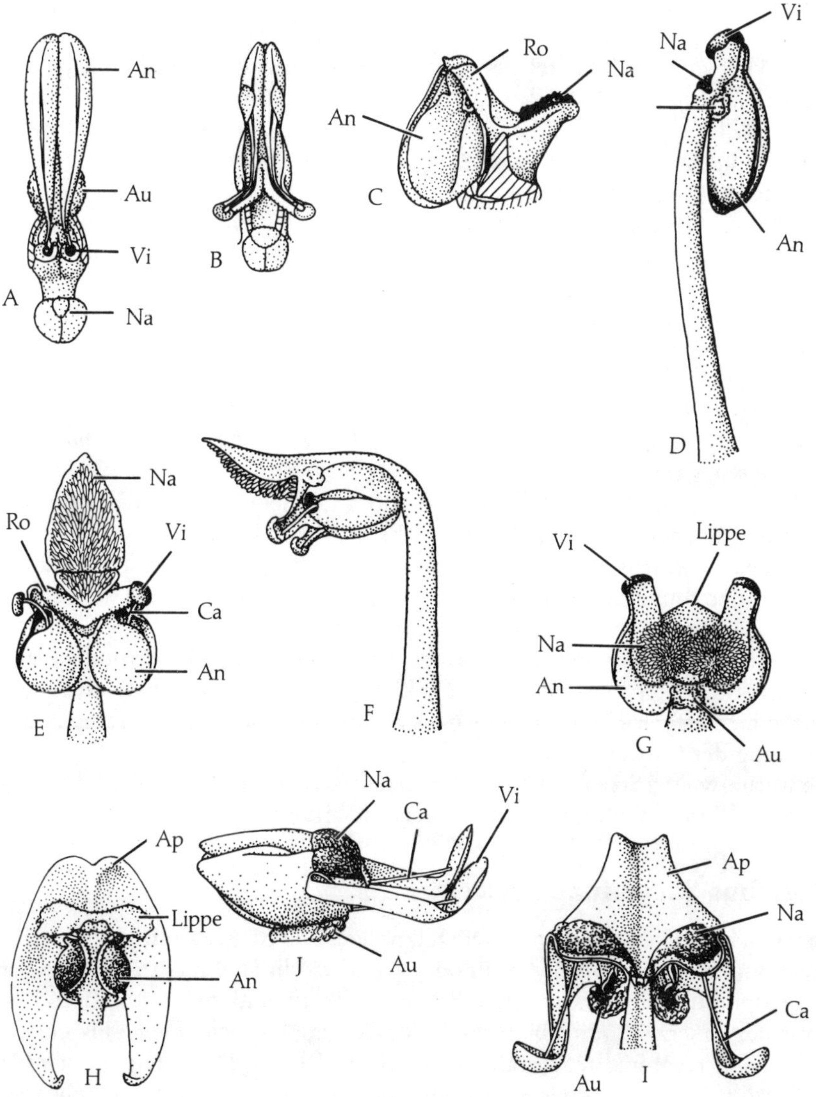

Abb. 8.10. Säulen der Diseae. (A) *Disa bivalvata.* (B) *Disa filicornis.* (C) *Disa draconis,* Seitenansicht. (D) *Satyrium rostratum,* Seitenansicht. (E, F) *Satyrium saxicolum,* Vorder- und Seitenansicht. (G) *Ceratandra globosa.* (H) *Corycium orobanchoides.* (I, J) *Disperis paludosa,* Vorder- und Seitenansicht. An = Anthere, Ap = Lippenanhängsel, Au = Auricula, Ca = Caudicula, Ro = Rostellum, Na = Narbe, Vi = Viscidium (nach Vogel 1959).

grundständig und dichtgedrängt. Sie sind konduplikativ, nicht artikuliert und in der Knospe gerollt. An dem terminalen, unverzweigten Blütenstand sitzen wenige bis viele, kleine bis mittelgroße, resupinierte, spiralig angeordnete Blüten. Das dorsale Kelchblatt ist sackförmig oder tief gespornt. Die Lippe ist meistens sehr klein oder schmal und kann gestielt oder gefranst sein. Die Säule ist sehr kurz; der Staubbeutel steht aufrecht oder meistens dorsal geneigt und basal vollständig mit der Säule verwachsen. Die zwei Pollinien sind sektil und weisen basale Caudiculae und ein oder zwei Viscidien auf. Die Narbenfläche ist einlappig und sitzt sehr nahe an der Basis der Blütenhülle.
Verbreitung: (insbesondere südliches) Afrika.
Bestäubung: Über die Bestäubungsvorgänge bei *Disa* gibt es nur wenige Berichte. Diese geben für verschiedene Arten Bestäubung durch Schmetterlinge, Wollschweber und Fliegen an. Außerdem gibt es eine detaillierte Untersuchung dieser Gruppe von Vogel (1959), die darauf hindeutet, daß die Disinae etliche verschiedene Bestäubungsmechanismen entwickelt haben.
Chromosomenzahlen: Unbekannt.
Arten: Etwa 190.
Gattungen: 9; *Amphigena, Brownleea, Disa, Forficaria, Herschelia, Monadenia, Orthopenthea, Penthea, Schizodium.*
Bei dieser Gruppe ist der Blütenaufbau von imponierender Mannigfaltigkeit. Bei allen Arten hat sich am dorsalen Kelchblatt ein Nektarium herausgebildet. Die Säulenstruktur ist unverwechselbar: Die Narbenfläche liegt sehr nahe an der Basis der Blütenhülle, und der Staubbeutel ist zurückgelehnt und steht in einigen Fällen sogar horizontal (senkrecht zur Blütenachse). Die Vielfältigkeit dieser Gruppe erlaubt keine fein säuberliche Einteilung in Gattungen, wie mancher Botaniker es vielleicht gern hätte; einige Autoren betrachten die meisten hier aufgelisteten Gattungen als Synonyme von *Disa*. Ich folge in der Auflistung der Gattungen Schelpe.
Literaturhinweise: Schelpe 1971 (Allgemeines); Senghas 1973–74 (Allgemeines); Vogel 1959 (Bau und Funktionsweise der Blüte).

Subtribus Satyriinae Schlechter

Terrestrische Pflanzen mit Sproßwurzelknollen. Die Blätter sind spiralig angeordnet und über den Sproß verteilt oder grundständig und mehr oder weniger dichtgedrängt, in der Knospe gerollt, konduplikativ und nicht artikuliert. Der terminale, unverzweigte Blütenstand trägt wenige bis viele, kleine bis mittelgroße, nicht resupinierte, spiralig angeordnete Blüten. Die Lippe weist zwei sackförmige Nektarien oder Sporne auf; die Säule ist verlängert und gebogen. Der Staubbeutel ist basal fest mit der Säule verwachsen und so zurückgebogen, daß die Basis oben steht; die zwei sektilen Pollinien besitzen zwei basale, interlokuläre Caudiculae und zwei Viscidien. Die Narbe ist leicht zweilappig und ragt ein wenig über den Staubbeutel hinaus.
Verbreitung: Hauptsächlich Afrika, wobei das Verbreitungsgebiet von *Satyrium* bis ins tropische und nichttropische Asien hineinreicht.

Bestäubung: Den wenigen vorliegenden Berichten zufolge wird diese Subtribus von Fliegen bestäubt. *Satyrium pumilum* weist das Aasfliegen-Bestäubungssyndrom auf. Einige Arten haben allerdings viel längere Sporne und werden wahrscheinlich von Schmetterlingen oder Bienen bestäubt.
Chromosomenzahlen: Unbekannt.
Arten: Etwa 110.
Gattungen: 3; *Pachites, Satyridium, Satyrium.*
Diese Gruppe ist zwar mit den Disinae verwandt, unterscheidet sich von ihnen jedoch eindeutig durch die nicht resupinierten Blüten, die nektariferöse Lippe mit zwei Vertiefungen oder Spornen und durch die schmale Säule mit umgekehrt stehendem Staubbeutel.
Literaturhinweise: Senghas 1973–74 (Allgemeines); Vogel 1959 (Bau und Funktionsweise der Blüte).

Subtribus Coryciinae Bentham

Terrestrische oder saprophytische Pflanzen mit Sproßwurzelknollen und schlanken Sprossen. Die Blätter sind spiralig angeordnet, subbasal oder rudimentär, in der Knospe gerollt, konduplikativ und nicht artikuliert. Der terminale, unverzweigte Blütenstand trägt eine bis viele kleine bis mittelgroße, resupinierte oder nicht resupinierte Blüten. Die lateralen Kelchblätter weisen häufig je einen kleinen Sporn auf. Die Kronblätter sind oft mit dem dorsalen Kelchblatt verwachsen. Die meist sehr kleine Lippe ist mit der Säule verwachsen und kann ein »Anhängsel« aufweisen, das größer ist als die Lippenplatte selbst. Die Säule ist relativ kurz. Der basale Staubbeutel ist fest mit der Säule verbunden und zurückgebogen, so daß die Spitze in Richtung Säulenbasis zeigt. Die Staubbeutelhälften stehen weit auseinander, ragen beide vor und weisen an der Spitze des Staubbeutels/Rostellumarms ein Viscidium auf. Die zwei Pollinien sind sektil und besitzen je eine große interlokuläre Caudicula und ein Viscidium. Die Narbe ist zweilappig und dorsal und liegt deutlich unterhalb der Viscidien (vgl. Abb. 8.11).
Verbreitung: Hauptsächlich Afrika. Das Verbreitungsgebiet der Gattung *Disperis* reicht auch noch bis ins tropische Asien hinein.
Bestäubung: Über die Bestäubung dieser bemerkenswerten Gruppe liegt nur ein einziger Bericht vor, dem zufolge eine *Disperis*-Art von einem Wollschweber bestäubt wird. Vogel (1959) zieht aus seinen blütenmorphologischen Studien den Schluß, daß die meisten Arten von Hautflüglern (wahrscheinlich Bienen) und manche Arten vielleicht von Fliegen bestäubt werden.
Chromosomenzahlen: Unbekannt.
Arten: Etwa 110.
Gattungen: 4; *Ceratandra, Corycium, Disperis, Pterygodium.*
Kennzeichnende Merkmale dieser Gruppe sind der auf dem Kopf stehende Staubbeutel und der hohe Verschmelzungsgrad von Lippe und Säule. Die Lippe selbst ist meistens sehr klein und weist manchmal ein Anhängsel auf, das größer ist als sie selbst. Diese Gruppe hat die höchstentwickelten Blüten der Unterfa-

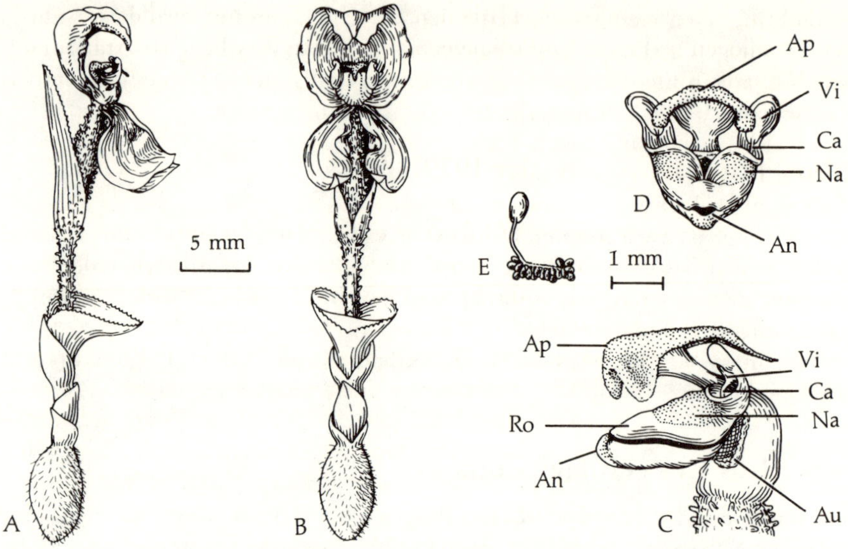

Abb. 8.11. *Disperis pusilla* (Orchidoideae: Diseae). (A) Wuchsform mit Seitenansicht der Blüte. (B) Wuchsform, Vorderansicht. (C) Lippe und Säule, Seitenansicht. (D) Lippe und Säule, Vorderansicht. (E) Hemipollinarium. An = Anthere, Ap = Lippenanhängsel. Ca = Caudiculae, Ro = Rostellum, Na = Narbe, Vi = Viscidium (nach Verdcourt 1968).

milie (vielleicht sogar des gesamten Pflanzenreiches). Ein Verständnis der Homologie dieser Blüten ist selbst mit Hilfe von Vogels hervorragender Untersuchung sehr schwierig. Einige *Disperis*-Arten sind anscheinend etwas saprophytisch. Diese scheinen reduziert zu sein. Sie besitzen nur eine Sproßwurzelknolle, eine bizarre Blüte, die größer ist als erstere, und gerade genügend Sproß, die beiden zu verbinden.
Literaturhinweis: Vogel 1959 (Bau und Funktionsweise der Blüte).

Anomale Triben

Wir haben die Orchideen in 6 Unterfamilien eingeteilt, die ich für natürliche Gruppen halte. Leider gibt es aber auch noch einige »Überbleibsel«, die nicht eindeutig in eine dieser sechs Unterfamilien hineinpassen. Man könnte diese Tatsache natürlich aus Gründen der Zweckmäßigkeit übergehen und diese »Nonkonformisten« einfach irgendwo einordnen; oder man könnte ins andere Extrem verfallen und jede dieser Gruppen zu einer eigenen Unterfamilie erheben. Beide Lösungen erscheinen mir unbefriedigend. Daher werde ich sie hier als das behandeln, was sie sind, nämlich als »Außenseiter«. Sobald wir mehr über sie wissen, werden sich vielleicht einige der Probleme, die sie aufwerfen, lösen lassen. Alle diese anomalen Triben gehören in die Kategorie der terrestrischen Orchideen mit weichen Pollinien; daher behandle ich sie als Anhängsel dieses Kapitels.

Tribus Triphoreae Dressler 1979b

Terrestrische oder saprophytische Pflanzen mit schlankem Sproß und häufig fleischigen Wurzeln oder knotigen Sproßwurzelknollen. Die Blätter sind zweireihig oder einzeln in der Mitte des Sprosses angeordnet, bei den »Fast-Saprophyten« ziemlich rudimentär, in der Knospe gerollt, mehrfach gefaltet oder konduplikativ und nicht artikuliert. Der terminale, unverzweigte Blütenstand trägt eine bis mehrere kleine, resupinierte oder nicht resupinierte, spiralig angeordnete Blüten. Die Säule ist schlank, und der Staubbeutel steht aufrecht. Die Pollenfächer (Theken) sind fast ebenso lang wie der Staubbeutel selbst oder auf den basalen Teil begrenzt; der Pollen ist weich und mehlig, tetradisch, mit oder ohne Viscidium; die Narbe ist einlappig (vgl. Abb. 8.12).
Verbreitung: Tropisches Amerika, bis nach Nordamerika hineinreichend.
Bestäubung: Einige Arten sind selbstbestäubend. Ansonsten liegen keine Daten vor. Der Blütenbau deutet auf eine Bestäubung durch kleine Bienen hin.
Chromosomenzahl: 44 ziemlich kleine Chromosomen.
Arten: Etwa 20.
Gattungen: 3; *Monophyllorchis, Psilochilus, Triphora.*
Diese Gattungen wurden den Pogoniinae zugeordnet; doch der aufrecht stehende Staubbeutel der Gattungen *Triphora* und *Psilochilus* paßt überhaupt nicht in die epidendroide Entwicklungslinie hinein (vgl. Abb. 8.12). Viele Autoren haben die Gattung *Triphora* nicht nur den Pogoniinae zugeordnet, sondern sie zusätzlich auch noch der Gattung *Pogonia* einverleibt. Ames (1922) und Baldwin und Speese (1957) haben jedoch genügend Unterschiede aufgezeigt, die einer solchen Klassifikation widersprechen. Die hier aufgelisteten drei Gattungen weisen eine interessante Serie verschiedener Staubbeutelformen auf: von dem fleischigen, deutlich aufrecht stehenden Staubbeutel bei *Triphora* bis zu dem fast deckelförmigen Staubbeutel der Gattung *Monophyllorchis*, wo die Pollenfächer auf den basalen Staubbeutelteil beschränkt sind. Die äußere Erscheinungsform von *Psilochilus* ist ungewöhnlich: Auf den ersten Blick sehen die Pflanzen aus wie Commelinaceae, die Wuchsart erinnert an die Goodyerinae. Alle drei Gattungen weisen deutlich erkennbare (perigenöse) Nebenzellen auf. Bei *Psilochilus* und *Triphora* (oder zumindest bei den nicht selbstbestäubenden Arten dieser Gattungen) tritt eine Massenblüte auf.
Verwandtschaften: In den allgemeinen Merkmalen zeigt diese Gruppe eine ziemlich starke Übereinstimmung mit den Neottieae und den primitiveren Diurideae; doch eine enge Verwandtschaft mit diesen Gruppen scheint ausgeschlossen zu sein. Die trapezförmigen Nebenzellen deuten auf eine engere Verwandtschaft mit den Epidendroideae und Vandoideae hin; auch der Staubbeutel der Gattung *Monophyllorchis* erinnert an den der Vandoideae. Dennoch

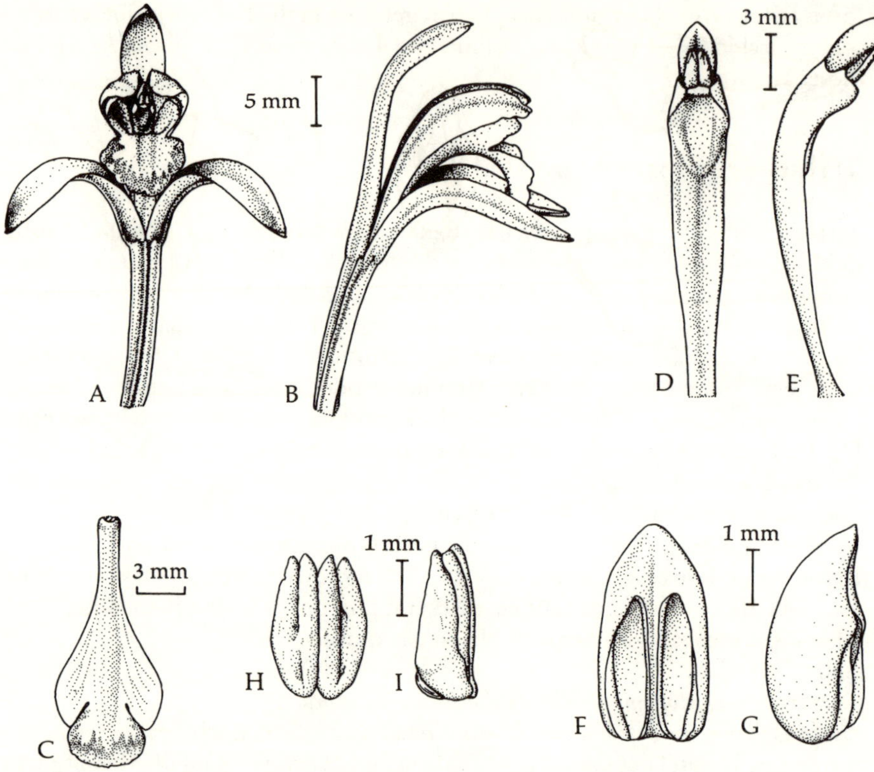

Abb. 8.12. *Psilochilus mollis* (Triphoreae). (A) Blüte, Vorderansicht. (B) Blüte, Seitenansicht. (C) Lippe, ausgebreitet. (D) Säule, ventral. (E) Säule, Seitenansicht. (F) Anthere, ventral. (G) Anthere, Seitenansicht. (H) Pollinien, dorsale Oberfläche. (I) Pollinien, Seitenansicht.

liegen diese Gruppe und die Vandoideae verwandtschaftlich weit auseinander. Die Triphoreae scheinen eine Reliktgruppe zu sein und keine engeren Verwandten zu haben. Aufgrund der heute vorliegenden Erkenntnisse könnte man diese Gruppe den Orchidoideae zuordnen – eine Deutung, die durch die neuesten (unveröffentlichten) Pollen- und Samenstrukturuntersuchungen gestützt wird.
Literaturhinweise: Ames 1922 (Vergleich von *Triphora* und *Pogonia*); Baldwin und Speese 1959 (Chromosomenuntersuchungen); Sweet 1969 (*Monophyllorchis*).

Tribus Wullschlaegelieae Dressler 1980a

Saprophytische, blattlose Pflanzen mit schlanken Sprossen und spindelförmigen Wurzeln. Die über der Erde stehenden Pflanzenteile sind mit zweigeteilten

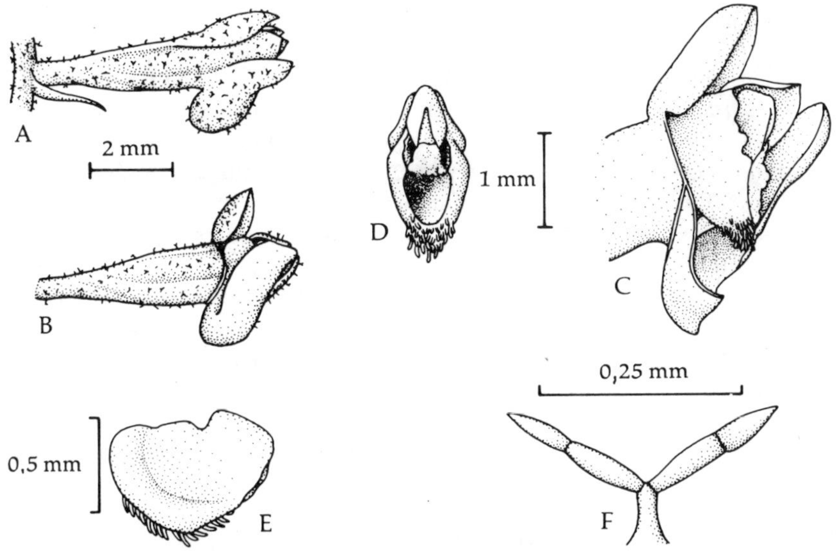

Abb. 8.13. *Wullschlaegelia calcarata* (Wullschlaegelieae). (A) Blüte, Seitenansicht. (B) Blüte, Seitenansicht ohne laterales Kelchblatt. (C) Säule, Seitenansicht mit Kelchblättern und Kronblättern. (D) Säule, Vorderansicht. (E) Anthere, Seitenansicht. (F) Verzweigtes Haar vom Blütenstand.

Haaren bedeckt. Der terminale Blütenstand trägt viele spiralig angeordnete Blüten; seine Spitze nickt während der Knospenentfaltung. Die Blüten sind winzig klein und resupiniert oder nicht resupiniert. Die Kelchblätter sind nicht verwachsen; die einfache Lippe ist an der Basis sackförmig. Die Säule ist kurz, der sehr fleischige Staubbeutel steht aufrecht, ist in die Säule eingebettet und weist gebogene Pollenfächer auf. Die Blüte bildet zwei sektile Pollinien mit sehr schmalen Massulae. Die Narbe ist einlappig und konkav und sitzt an der Säulenspitze. Das hervorragende Viscidium ist ventral mit den Pollinien verbunden (vgl. Abb. 8.13).
Verbreitung: Tropisches Amerika.
Bestäubung: Selbstbestäubend.
Chromosomenzahlen: Unbekannt.
Arten: 2
Gattung: *Wullschlaegelia.*
Ich halte es nicht für richtig, diese unbedeutende Gattung zu einer gesonderten Unterfamilie zu erheben (dies würde die Symmetrie meiner phylogenetischen Diagramme zerstören). Allerdings bin ich auch nicht in der Lage, sie mit einer der bisher vorhandenen Unterfamilien zu assoziieren. Man hat sie jahrelang den Cranichidinae zugeordnet; aber ihre Blüten sind so winzig, daß niemand sich die Mühe machte, ihre Merkmale näher zu untersuchen. Eine Art würde in die Cranichidinae hineinpassen, denn ihre Blüten sind nicht resupiniert; bei der

anderen Art jedoch findet eine Resupination statt. Die kurze Säule und der ins Säulengewebe eingebettete Staubbeutel sind ungewöhnlich. Der Staubbeutel ist sehr fleischig, die Pollenfächer sind stark gebogen. Die Pollinien sind sektil mit sehr schmalen Massulae und weisen keine Caudiculae, aber ein hervorragendes Viscidium auf. Da die Blüten sich selbst bestäuben, hat das Viscidium keine Funktion. Diese Orchideen zeichnen sich nicht nur durch eine unverwechselbare Blütenstruktur, sondern außerdem auch noch durch spindelförmige Wurzeln aus – eine Wurzelform, die bei keiner anderen mir bekannten Orchidee vorkommt.
Verwandtschaften: Der nickende Blütenstand dieser Orchidee erinnert an *Epipogium*, eine andere saprophytische Gattung. In vielen anderen Beziehungen sind diese beiden Gattungen jedoch sehr unterschiedlich. Ich erkenne keine eindeutigen verwandtschaftlichen Beziehungen zwischen *Wullschlaegelia* und irgendeiner anderen Orchideengruppe, obwohl weitere Untersuchungen über die Epipogieae (insbesondere über die Gattung *Stereosandra*) ergeben könnten, daß eine eindeutige Verbindung zwischen dieser Tribus und *Wullschlaegelia* besteht.
Literaturhinweis: Dressler 1980a (Allgemeines).

9 Die Epidendroideae

Man hält die vier in Kapitel 7 und 8 behandelten Unterfamilien meist für die primitiveren Gruppen, obwohl auch einige sehr hochentwickelte Orchideen zu ihnen gehören. In einigen Merkmalen sind die primitiven Epidendroideae primitiver als jedwede Spiranthoideae oder Orchidoideae. Das gilt insbesondere für Wuchsform, Früchte und Samen der Vanillinae.
Zahlenmäßig sind die Epidendroideae, die immerhin mehr als die Hälfte aller Orchideenarten umfassen, die größte Unterfamilie. Daher überrascht es nicht, daß diese Gruppe ziemlich vielgestaltig ist.

Unterfamilie Epidendroideae Lindley

Die meisten Orchideen dieser Unterfamilie haben harte, deutlich abgegrenzte Pollinien, obwohl man keine klare Trennungslinie zwischen den primitiven Arten mit weichem, mehligen Pollinien und den höherentwickelten Pflanzen mit eindeutig harten Pollinien ziehen kann. Die meisten Pflanzen dieser Gruppe haben ein Merkmal gemeinsam, nämlich die Entwicklung des Staubbeutels. Er steht bei den meisten Epidendroideae und bei allen primitiven Gattungen im Knospenstadium aufrecht, biegt sich aber im Laufe der weiteren Knospenentwicklung über die Spitze der Säule nach unten, bis er einen rechten Winkel zur Säulenachse bildet oder häufig sogar eine deutlich ventrale Position einnimmt. Hirmer (1920) hat dies anhand mikroskopischer Knospenschnitte gezeigt, und man kann es auch deutlich erkennen, wenn man Knospen in unterschiedlichen Entwicklungsstadien aufschneidet (Abb. 3.20). Bei den primitiven Epidendroideae funktioniert dieser »aufliegende« Staubbeutel hervorragend: Bei Berührung durch ein die Blüte verlassendes Insekt dreht er sich an seinem Aufhängepunkt und heftet dem Bestäuber den Pollen an (Abb. 3.21). Bei vielen Gruppen dieser Unterfamilie (hauptsächlich bei denjenigen, die Viscidien entwickelt haben) ist die primitive Ausrichtung des Staubbeutels verlorengegangen. In den meisten Fällen jedoch ist die Verwandtschaft dieser Gruppen mit den anderen Epidendroideae sehr eindeutig. Da der Staubbeutel im Knospenstadium aufrecht steht, kann er diese Stellung leicht beibehalten, wenn ein Viscidium entwickelt wird, das den primitiven Schwenkmechanismus des Staubbeutels überflüssig macht. Ich vermute, daß dieser Schwenkmechanismus für das Überleben der primitiven Epidendroideae eine wichtige Rolle gespielt hat. Verwandtschaften: Die Epidendroideae und die Vandoideae sind zwei Unterfamilien, bei denen verdickte unterirdische (Kormen) und verdickte oberirdische (Pseudobulben) Teile vorkommen. Außerdem haben sie ähnliche Nebenzellen. Es ist daher durchaus möglich, daß sie die gleichen Vorfahren haben, obwohl außer Zweifel steht, daß die epidendroide Linie sich schon früh in der Entwicklungsgeschichte von den anderen Linien abspaltete. Die Epidendroideae haben auch eine gewisse verwandtschaftliche Beziehung zu den Cypripedioideae und möglicherweise eine ähnliche Beziehung zu den Orchidoideae.

Tribus Vanilleae Blume

Die Vanilleae zeichnen sich durch weiche, mehlige, vollkommen ungeteilte Pollenmassen und in der Regel auch eine ziemlich starke Verschmelzung von Lippe und Säule aus. Diese Gruppe weist zahlreiche ziemlich primitive Merkmale auf. Die transozeanische Verbreitung von *Epistephium, Vanilla* und den Palmorchidinae deutet ebenfalls darauf hin, daß diese Gruppe entwicklungsgeschichtlich alt ist.
Verwandtschaften: Die heutigen Vanilleae sind natürlich nicht als Vorfahren irgendeiner anderen Orchideengruppe anzusehen. Sie geben uns jedoch eine Vorstellung davon, wie eine solche Ahnengruppe ausgesehen haben mag. Die Vanilleae sind eindeutig mit den Arethuseae verwandt, und es ist zu vermuten, daß alle anderen Triben dieser Unterfamilie aus Vanilleae-ähnlichen Pflanzen hervorgegangen sind.
Phylogenetische Tendenzen: Was die äußere Erscheinung anbetrifft, steht die Gattung *Vanilla* ziemlich allein da. *Galeola* ist als Saprophyt etwas stärker spezialisiert. Hinsichtlich der allgemeinen Merkmale sind *Epistephium* und *Palmorchis* wahrscheinlich die primitiveren Pflanzen dieser Tribus. Die Pogoniinae und *Lecanorchis* sind kleinere, krautige Pflanzen, weisen aber einen ziemlich ähnlichen Blütenbau auf.

Subtribus Vanillinae Lindley

Diese manchmal saprophytischen Sträucher oder Kletterranken haben einen holzigen oder fleischigen Sproß und nicht verdickte Wurzeln. Die Blätter sind spiralig oder mehr oder weniger zweireihig angeordnet, manchmal zu Schuppen zurückgebildet, in der Knospe gerollt, nicht artikuliert, konduplikativ und fleischig oder lederartig und mehr oder weniger netznervig. Der Blütenstand ist terminal oder axial und unverzweigt und trägt wenige bis viele spiralig angeordnete, kleine bis große, resupinierte Blüten. Zwischen Fruchtknoten und Blütenhülle befindet sich in der Regel eine Trennungsschicht. Die Lippe ist meist teilweise mit der Säule verwachsen und häufig mehr oder weniger trompetenförmig. Die Säule ist schlank, der Staubbeutel terminal, aufliegend und im allgemeinen etwas ventral. Der monadische Pollen ist weich und

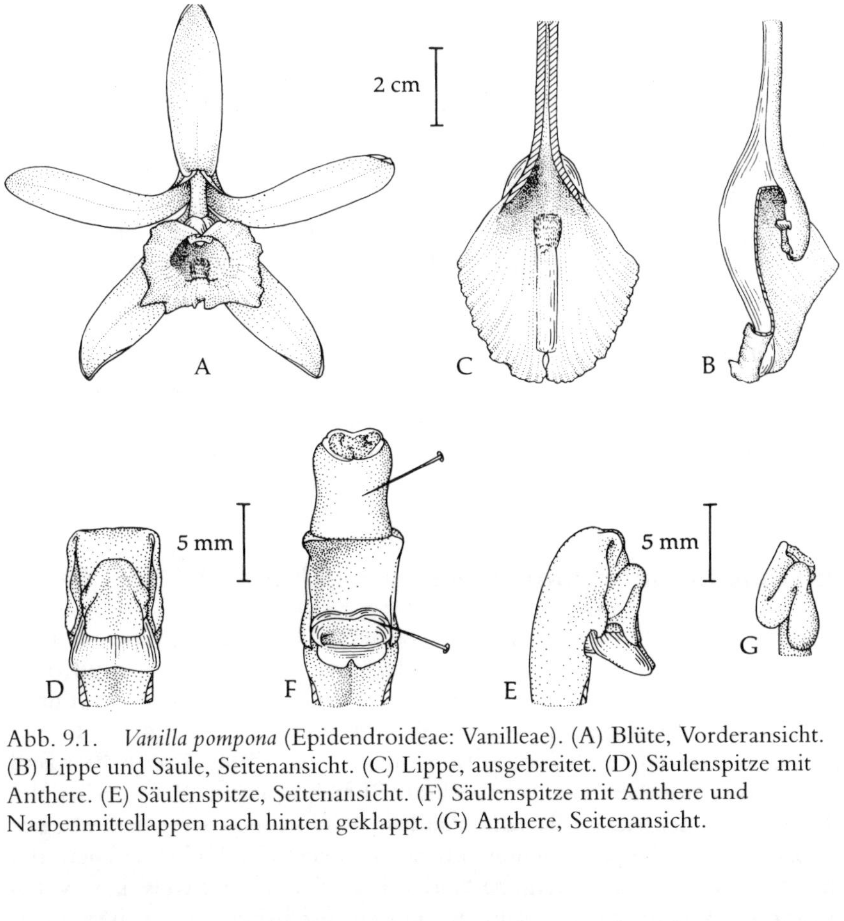

Abb. 9.1. *Vanilla pompona* (Epidendroideae: Vanilleae). (A) Blüte, Vorderansicht. (B) Lippe und Säule, Seitenansicht. (C) Lippe, ausgebreitet. (D) Säulenspitze mit Anthere. (E) Säulenspitze, Seitenansicht. (F) Säulenspitze mit Anthere und Narbenmittellappen nach hinten geklappt. (G) Anthere, Seitenansicht.

mehlig, die Narbe ein- oder dreilappig. Sie ragt in der Regel hervor und weist kein Viscidium auf. Die Frucht ist ein- oder dreikammerig, kapselförmig oder fleischig, häufig ist sie fleischig und öffnet sich in zwei ungleichen Hälften. Die kleinen Samen haben eine harte Schale und manchmal deutlich ausgebildete Flügel (vgl. Abb. 9.1).

Verbreitung: Pantropisch.

Bestäubung: In den meisten Publikationen über *Vanilla* wird erwähnt, daß diese Orchideengattung von der Bienenart *Melipona beechei* bestäubt wird; doch es steht außer Zweifel, daß die Autoren alle voneinander abgeschrieben haben und daß ihre Quelle verlorengegangen ist. In den amerikanischen Tropen wird Vanilla häufig von großen Bienen der Gattung *Eulaema* bestäubt, und ich bezweifle, daß eine kleine Biene wie *Melipona* sich als Bestäuber eignen würde. Bei *Eulaema*-Arten findet man manchmal ein flaches, dreieckiges, meiner Meinung nach von *Vanilla* stammendes Pollenpaket auf dem Scutellum. In den tropischen Gebieten der Alten Welt kommen keine Euglossini-Bienen vor; hier

(und möglicherweise auch im tropischen Amerika) übernehmen wahrscheinlich andere große Bienen die Bestäubungsrolle.
Über die Bestäubungsvorgänge bei den anderen Gattungen ist nichts bekannt; doch der Blütenbau deutet auch bei ihnen auf Bienenbestäubung hin.
Chromosomenzahlen: 28, 32.
Arten: Ungefähr 165.
Gattungen: 5; *Clematepistephium, Epistephium, Eriaxis, Galeola, Vanilla.*
In Wuchsform und Samenstruktur ähneln diese Gattungen der Pflanze, die (zumindest für diese Unterfamilie) die Urorchidee darstellte. Die Wuchsform von *Epistephium* und *Eriaxis* ist wahrscheinlich sehr primitiv. Ob die netznervigen Blätter ein nur in dieser Gruppe vorkommendes, primitives Merkmal oder eine neue Entwicklung darstellen, ist schwer zu sagen. Die (meist vorhandenen) Kletterranken der Gattung *Vanilla* sind sicherlich (ebenso wie bei *Clematepistephium*) eine Spezialisierung. Die Gattung *Galeola* ist in der Regel saprophytisch; zu ihr gehören die größten Saprophyten der Orchideenfamilie.
Literaturhinweise: Bouriquet 1954 (*Vanilla*); Garay 1961 (*Epistephium*).

Subtribus Lecanorchidinae Dressler 1979b

Saprophytische, blattlose Pflanzen mit schlankem, aus einem schuppigen Rhizom entspringenden Sproß. Der terminale, unverzweigte Blütenstand trägt wenige bis mehrere kleine bis fast mittelgroße, resupinierte oder nicht resupinierte (?) Blüten mit einem deutlich hervortretenden Calyculus und einer Trennungsschicht an der Basis der Blütenhülle. Kelch- und Kronblätter sind ähnlich und nicht miteinander verwachsen. Die Lippe ist ein- oder dreilappig, an der Basis mit der Säule verwachsen und am Mittellappen häufig behaart. Die Säule ist schlank, der Staubbeutel aufliegend. Die Blüte bildet weichen und mehligen, monadischen Pollen; die Narbe ist dreilappig und weist kein Viscidium auf. Die Frucht ist eine aus drei Kammern bestehende Kapsel, die winzigkleine Samen enthält.
Verbreitung: Tropisches Asien.
Bestäubung: Unbekannt; wahrscheinlich Bienen- oder Selbstbestäubung.
Chromosomenzahlen: Unbekannt.
Arten: Etwa 20.
Gattung: *Lecanorchis.*
Diese aus unscheinbaren Saprophyten bestehende Gattung wurde von einer Gruppe in die andere geschoben und paßt nirgends eindeutig hinein. Ackerman und Williams (im Druck a) vermuten aufgrund von Pollenuntersuchungen eine Verwandtschaft mit *Vanilla.* In der Erscheinungsform und vor allem in den winzigen Samen unterscheiden sie sich zwar eindeutig von den Vanillinae; aber die mit der Säule verwachsene Lippe und der an *Epistephium* erinnernde Calyculus deuten auf eine Verwandtschaft mit den Vanillinae hin. Es scheint daher am besten zu sein, diese Gruppe als gesonderte Subtribus innerhalb der Vanilleae zu behandeln.

Subtribus Palmorchidinae Dressler 1979 b

Terrestrische Pflanzen mit kräftigen, schilfähnlichen Sprossen, die bis zu 1 m hoch werden. Die Blätter sind spiralig oder zweireihig angeordnet, in der Knospe gerollt, mehrfach gefaltet und nicht artikuliert. An dem terminalen, unverzweigten Blütenstand sitzen wenige bis viele spiralig angeordnete, kleine, resupinierte Blüten. Die Lippe ist teilweise mit der Säule verwachsen. Die Säule ist schlank, der Staubbeutel terminal und aufliegend. Die Blüte bildet vier weiche, aber zusammenhängende Pollinien; die Narbe ist einteilig und hervorragend und weist kein Viscidium auf.
Verbreitung: Tropisches Amerika und tropisches Afrika.
Bestäubung: Unbekannt; vielleicht durch kleine Bienen.
Chromosomenzahlen: Unbekannt.
Arten: Etwa 12.
Gattungen: 2; *Diceratostele, Palmorchis.*
Schweinfurth und Correll (1940) haben vorgeschlagen, *Palmorchis* zu einer gesonderten Subtribus zu erheben; doch leider hielten sie sich nicht an die Vorschriften für die Beschreibung neuer Taxa. Einige Autoren ordneten diese Gattungen den Sobraliinae zu, doch die vier ungeteilten Pollinien widersprechen einer solchen Einordnung. Außerdem erinnern diese Gattungen im allgemeinen Blütenbau und in ihren nicht artikulierten Blättern sehr an *Vanilla* und *Lecanorchis.* Am besten scheint die kleine Gruppe an dieser Stelle aufgehoben zu sein.
Literaturhinweis: Schweinfurth und Correll 1940 (Revision der Gattung *Palmorchis*).

Anmerkung des Autors: Bei der Abfassung des englischen Textes lag mir die Arbeit von F. N. Rasmussen und H. Rasmussen 1979, Notes on the morphology and Taxonomy of *Diceratostele gabonensis* (Orchidaceae), Bull. Jard. Nat. Belg. 49: 139–148, nicht vor. Inzwischen jedoch habe ich mich eingehend mit dieser Arbeit befaßt, und mir ist klar geworden, daß *Diceratostele* nicht eng mit *Palmorchis* verwandt ist. Ich bin mir jedoch nicht darüber im klaren, wo man diese Gattung unterbringen könnte.

Subtribus Pogoniinae Pfitzer

Terrestrische oder saprophytische Pflanzen mit knotigen Sproßwurzelknollen oder aus rhizomähnlichen Wurzeln entspringendem Sproß. Die Blätter sind zweireihig oder spiralig (?) angeordnet, über den Sproß verteilt, grundständig-dichtgedrängt oder kreisförmig in der Mitte des Sprosses sitzend, in der Knospe gerollt, konduplikativ und nicht artikuliert. Der terminale, unverzweigte Blütenstand trägt eine oder mehrere spiralig angeordnete, recht kleine bis große Blüten mit einer Trennungsschicht zwischen Fruchtknoten und Blütenhülle. Die Säule ist schlank, der Staubbeutel terminal, aufliegend. Die Blüten bilden weichen, mehligen, monadischen oder tetradischen Pollen ohne Viscidien; die Narbe ist einlappig.
Verbreitung: Tropisches Amerika, Nordamerika und östliches Asien.
Bestäubung: Die *Pogonia*-Arten täuschen Bienen durch ein pollenähnliches

Haarbüschel auf der Lippe (Thien und Marcks 1972). Die anderen Gattungen haben Röhrenblüten, die ebenfalls auf Bienenbestäubung hindeuten.
Chromosomenzahlen: 18 große Chromosomen.
Arten: Etwa 40.
Gattungen: 5; *Cleistes, Duckeella, Isotria, Pogonia, Pogoniopsis.* Einige Autoren ordnen alle diese Gattungen den Vanillinae zu, von denen sie jedoch in mehreren Merkmalen abweichen. Dunsterville und Garay (1976). Ich folge in meiner Einordnung der Gattung *Duckeella* in die Subtribus Pogoniinae (Dunsterville und Garay 1976).
Literaturhinweise: Ames 1922 (nordamerikanische Arten); Baldwin und Speese 1957 (Chromosomen); Thien und Marcks 1972 (Bestäubung von *Pogonia*).

Tribus Gastrodieae Lindley

Bei dieser Gruppe ist die saprophytische Lebensweise noch ausgeprägter als bei der vorhergehenden. Die Pollinien sind immer sektil, weisen aber keine Caudiculae auf. Wie bei den meisten Saprophyten haben wir kaum ausreichende Informationen über die Blütendetails.
Verwandtschaften: Diese saprophytische Gruppe scheint von der frühesten epidendroiden Entwicklungslinie abzustammen und enger mit den Vanilleae verwandt zu sein als mit allen anderen Gruppen.
Phylogenetische Tendenzen: Die Gattung *Nervilia* hat grüne Blätter und ist autotroph; der Rest der Gruppe ist jedoch saprophytisch. Bei dieser Tribus sind zwei Hauptentwicklungsrichtungen festzustellen: die Tendenz zu einer stärkeren Verwachsung der Blütenhülle und die Neigung zu einer vollständig unterirdischen Lebensweise bei den australischen Rhizanthellinae.

Subtribus Nerviliinae Schlechter

Terrestrische Pflanzen mit kugeligem Kormus. Sie haben nur ein einziges, fast rundes, an der Basis abgestumpftes oder herzförmiges, in der Knospe gerolltes, mehrfach gefaltetes, nicht artikuliertes Blatt. An dem terminalen, unverzweigten Blütenstand sitzen eine bis mehrere spiralig angeordnete, recht kleine, resupinierte oder aufrechte Blüten. Die Säule ist schmal, der Staubbeutel aufliegend. Die Blüte bildet zwei sektile Pollinien ohne Caudiculae oder Viscidien; die Narbe ist einlappig.
Verbreitung: Tropisches Asien und Afrika.
Bestäubung: Unbekannt; die Blüten scheinen jedoch an eine Bestäubung durch kleine Bienen angepaßt zu sein.
Chromosomenzahlen: 54, 72, 108, 144.
Arten: Etwa 80.
Gattung: *Nervilia.*
Diese Gattung wurde lange Zeit als Synonym von *Pogonia* betrachtet. Diese beiden Gattungen haben – oberflächlich betrachtet – ähnliche Blüten, unter-

scheiden sich aber in der Wuchsform deutlich voneinander. Außerdem sind die Pollinien von *Nervilia* sektil.

Subtribus Gastrodiinae Lindley

Saprophytische, blattlose Pflanzen mit fleischigen Knollen oder/und einem korallenähnlichen unterirdischen Sproß (wobei beide Organe an ein und derselben Pflanze vorkommen können). Der terminale, unverzweigte Blütenstand trägt eine bis viele spiralig angeordnete, kleine oder recht kleine, fleischige, resupinierte oder nicht resupinierte (?) Blüten mit mehr oder weniger verwachsenen Kelch- und Kronblättern. Die Säule ist schmal und weist häufig Säulenflügel und in der Regel einen deutlich hervortretenden Säulenfuß auf. Der Staubbeutel ist terminal und aufliegend. Die Blüte bildet zwei sektile Pollinien mit oder ohne Viscidium; die Narbe ist einlappig und liegt manchmal in der Nähe der Säulenbasis (vgl. Abb. 9.2).

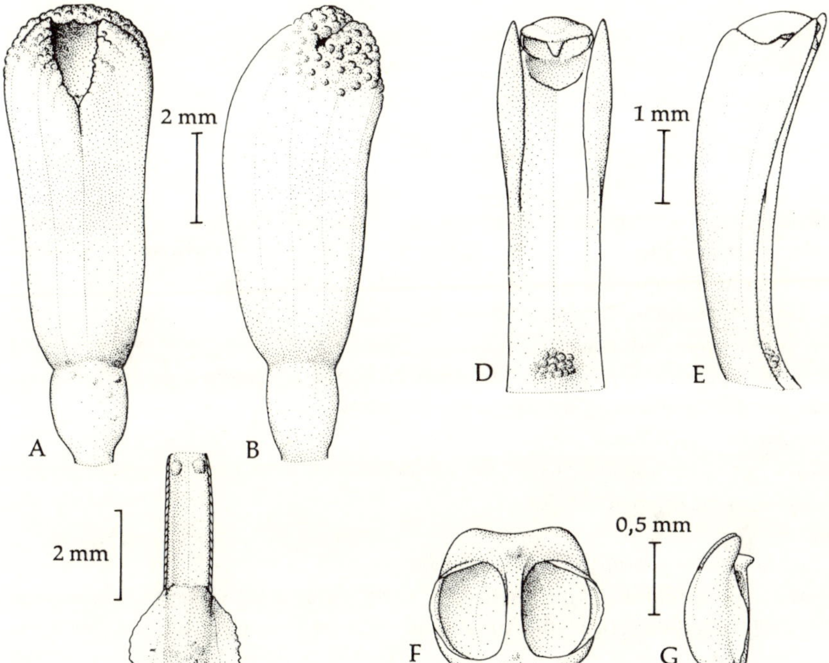

Abb. 9.2. *Gastrodia siamensis* (Epidendroideae: Gastrodieae). (A) Blüte, Vorderansicht. (B) Blüte, Seitenansicht. (C) Lippe, ausgebreitet. (D) Säule, ventral. (E) Säule, Seitenansicht. (F) Anthere, ventral. (G) Anthere, Seitenansicht (nach Alkoholmaterial gezeichnet).

Verbreitung: Pantropisch; hauptsächlich tropisches Asien und Australasien.
Bestäubung: Unbekannt.
Chromosomenzahlen: 16, 18, ± 36, 40, ± 150.
Arten: Etwa 50.
Gattungen: 6; *Auxopus, Didymoplexiella, Didymoplexis, Gastrodia, Neoclemensia, Uleiorchis.*
Diese Gruppe ist hauptsächlich in Asien verbreitet; außerdem gibt es noch ein paar afrikanische Arten und eine Art, die im tropischen Amerika beheimatet ist. Burgeff (1932) hat die Mykorrhizen der Gastrodieae eingehend untersucht, doch die anderen Aspekte ihrer Biologie sind kaum bekannt. Alle Arten sind saprophytisch, und ihre Kelch- und Kronblätter sind mehr oder weniger verwachsen, was ihnen ein für primitive Orchideen ungewöhnliches Aussehen verleiht. Die Pollinien sind, soweit ich feststellen konnte, immer sektil. Eine genaue, auf ausreichendem Material basierende Untersuchung würde vielleicht zeigen, daß einige hier zugeordnete Arten überhaupt nicht mit *Gastrodia* verwandt sind.
Literaturhinweis: Burgeff 1932 (saprophytische Lebensweise und Mykorrhizen).

Subtribus Rhizanthellinae Rogers

Saprophytische, unterirdische oder gerade bis an die Erdoberfläche heranreichende, blattlose Pflanzen mit fleischigem Sproß. Der kopfförmige Blütenstand ist dicht mit spiralig angeordneten Blüten besetzt, die von großen Brakteen umringt sind. Die Blüten sind klein, fleischig und aufrecht, die Kelch- und Kronblätter mehr oder weniger verwachsen. Die kleine Säule weist kleine Anhängsel auf; der Staubbeutel ist terminal und aufliegend. Der Pollen ist weich, mehlig und sektil (?); die Narbe einlappig.
Verbreitung: Australien.
Bestäubung: Wahrscheinlich selbstbestäubend.
Chromosomenzahlen: Unbekannt.
Arten: 2.
Gattungen: 2; *Cryptanthemis, Rhizanthella.*
Über diese hauptsächlich unterirdischen Orchideen wird viel geschrieben; sie sind jedoch selten zu sehen, und man weiß nicht viel über sie. Ich glaubte zwar einmal eine Ähnlichkeit zwischen diesen Pflanzen und den Diurideae zu erkennen (Dressler und Dodson 1960), doch mittlerweile muß ich zugeben, daß die ursprüngliche Ansicht Rogers' – nämlich, daß die Rhizanthellinae eng mit den Gastrodiinae verwandt sind – viel einleuchtender ist, und zwar vor allem wegen der fast vollständigen Verwachsung von Kelch- und Kronblättern bei der Gattung *Rhizanthella.*
Literaturhinweis: Hunt 1953 (Allgemeines).

III. Tribus Epipogieae Parlatore

Saprophytische, einem korallenähnlichen unterirdischen Sproß oder einer fleischigen Knolle entspringende, blattlose Pflanzen. Der unverzweigte Blütenstand ist am Grund häufig fleischig und dick und trägt wenige bis viele spiralig angeordnete, kleine bis übermittelgroße, resupinierte oder nicht resupinierte Blüten. Die Lippe ist einteilig und flach oder konkav mit einem deutlich ausgeprägten basalen Sporn. Die Säule ist kurz, der Staubbeutel fleischig und aufliegend oder mehr oder weniger aufrecht. Die Blüte bildet zwei sektile Pollinien mit zwei Caudiculae und einem Viscidium; die Narbe ist einlappig und befindet sich in der Nähe der Säulenbasis (vgl. Abb. 9.3).
Verbreitung: Eurasien, tropisches Afrika und tropisches Asien.
Bestäubung: Es liegen zwar Berichte vor, denen zufolge *Epipogium aphyllum* von Hummeln bestäubt wird; doch van der Pijl und Dodson (1966) haben Bedenken angemeldet. Die meisten anderen Arten sind selbstbestäubend.
Chromosomenzahl: 68.
Arten: 4 oder 5.
Gattungen: 2; *Epipogium, Stereosandra.*
Diese Gruppe ist ohne Zweifel ein Relikt; sie umfaßt zwei Gattungen mit vier oder fünf Arten. Alle Arten sind saprophytisch und zeichnen sich durch sektile Pollinien mit Caudiculae aus. Dressler und Dodson (1960) ließen sich durch die oberflächliche Ähnlichkeit täuschen und ordneten *Epipogium* den Orchideae zu. Vermeulen (1965) hat diese Gattung jedoch eingehend untersucht und überzeugend nachgewiesen, daß sie nicht zu den Orchideae gehört. Außerdem zeigte er, daß sie sich auch deutlich von den Neottieae und den meisten anderen Orchideengruppen mit weichen Pollinien unterscheidet. Der *Epipogium*-Staubbeutel ist zwar etwas aufliegend, aber mit keinem anderen Orchideenstaubbeutel vergleichbar.
Ich habe *Stereosandra* zusammen mit *Epipogium* in die Tribus Epipogieae eingeordnet; in Säulenstruktur, Staubbeutel, Pollinien und der ungespornten Lippe unterscheidet diese Gattung sich jedoch deutlich von *Epipogium.* Vermeulen (1966) berichtet, daß das Viscidium der Gattung *Stereosandra* sich aus der Säule entwickelt hat. Natürlich hat das Viscidium in einer selbstbestäubenden Blüte keine Funktion; aber es ist keine andere Orchidee bekannt, die ein solches Viscidium hat. Mir lag kein gutes Untersuchungsmaterial vor, doch es spricht vieles für Briegers Auffassung, daß *Stereosandra* eine eigene Subtribus bilden sollte. Der Staubbeutel ist aufrecht, doch das könnte bei einer selbstbestäubenden Population ein sekundäres Merkmal sein.
Verwandtschaften: Diese Gattungen scheinen mit den Gastrodieae verwandt zu sein; doch in der Form der Pollinien und des Staubbeutels unterscheiden sie sich eindeutig von ihnen. Die Verwandtschaft ist somit sicherlich nicht sehr eng.
Literaturhinweise: Docters van Leeuwen 1937 (Ökologie von *Epipogium roseum*); Tuyama 1967 *(Epipogium roseum)*; Vermeulen 1965 (Klassifikation von *Epipogium*).

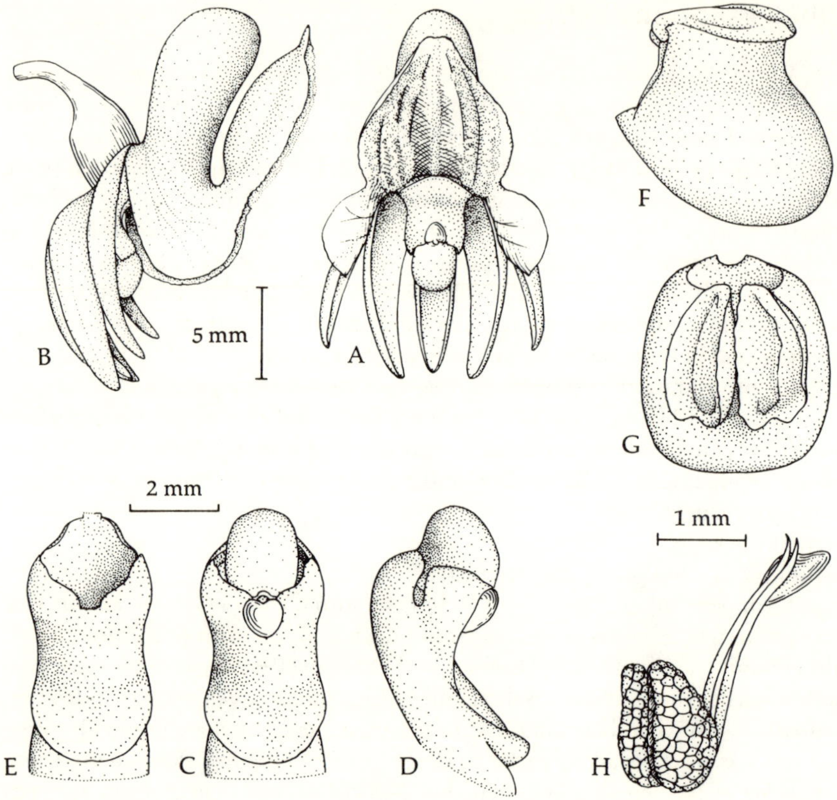

Abb. 9.3. *Epipogium aphyllum* (Epidendroideae: Epipogieae) (A) Blüte, Vorderansicht. (B) Blüte, Seitenansicht. (C) Säule, ventral. (D) Säule, Seitenansicht. (E) Säule nach Entfernen der Anthere. (F) Anthere, Seitenansicht. (G) Anthere, ventral. (H) Pollinarium (A–G nach Alkoholmaterial gezeichnet).

IV. **Tribus Arethuseae** Lindley

Die Arethuseae sind eine Schlüsseltribus der Epidendroideae. Sie zeigen deutliche verwandtschaftliche Beziehungen zu der primitiven Tribus Vanilleae; die meisten anderen Triben haben sich wahrscheinlich aus Vorfahren entwickelt, die man, wenn sie bekannt wären, vermutlich den Arethuseae zuordnen würde. Die meisten Arethuseae haben verdickte unterirdische Sprosse (Kormen); nur *Arundina* und *Dilochia* weisen schlanke Sprosse auf, die an der Basis mehr oder weniger verdickt sind. Die Blätter sind mehrfach gefaltet, manchmal auch konduplikativ, die Narbe ragt meistens etwas hervor; die Pollinien sind weich oder relativ hart und fast immer acht an der Zahl. Das liegt daran, daß jedes

Pollenfach durch eine Trennwand aufgeteilt ist, so daß acht Pollinien gebildet werden, die durch ventrale, intralokuläre Caudiculae verbunden sind. Die Gattungen *Arethusa* und *Calopogon* und einige Arten der Gattung *Bletilla* sind in dieser Hinsicht atypisch, da ihre Pollinien ziemlich weich und nicht deutlich geteilt sind.
Verwandtschaften: Diese Gruppe ist eindeutig mit den Vanilleae verwandt und könnte aus *Epistephium*-ähnlichen Vorfahren entstanden sein. Die Coelogyneae und die Malaxideae haben sich vielleicht aus Pflanzen entwickelt, die den heutigen Arethuseae sehr ähnlich waren. Die Epidendreae scheinen etwas isolierter zu sein, doch es ist nicht auszuschließen, daß auch sie aus *Arundina*-ähnlichen Pflanzen hervorgegangen sind.
Phylogenetische Tendenzen: Diese Gruppe zeigt eine geringere Formenvielfalt als viele andere Orchideentriben ähnlichen Umfangs. Die meisten Sobraliinae haben schlanke, schilfähnliche Sprosse, wie sie auch bei *Arundina* und *Dilochis* vorkommen. Die übrigen Gattungen besitzen im allgemeinen verdickte unterirdische Sprosse, und die meisten haben laterale Blütenstände. Die Arethuseae sind im Blütenbau nicht sehr spezialisiert, obwohl bei den meisten *Elleanthus*-Arten eine Anpassung an Vogelbestäubung festzustellen ist und die *Calanthe*-Arten Anpassungsmerkmale aufweisen, die auf eine Bestäubung durch Schmetterlinge hindeuten. Sowohl *Arethusa* als auch *Calopogon* locken ihre Bestäuber durch »Täuschungsmanöver« an und bieten ihnen keinerlei Belohnung. Ihre weichen, mehligen Pollinien sind vielleicht eher eine mit der Hummelbestäubung zusammenhängende Rückbildung als ein primitives Merkmal (Stoutamire 1971).

Subtribus Arethusinae Lindley

Terrestrische Pflanzen mit fleischigem Kormus. Das Blatt ist in der Knospe gerollt, mehrfach gefaltet und nicht artikuliert. Der terminale, unverzweigte Blütenstand trägt eine oder wenige spiralig angeordnete, übermittelgroße, resupinierte Blüten. Die Lippe ist gewölbt und weist eine gelbe, pollenähnliche Behaarung und eine basale Vertiefung auf, die keinen Nektar zu enthalten scheint. Die Säule ist schlank und gebogen, an der Spitze abgeflacht und kronblattartig (petaloid). Der Staubbeutel ist ventral und aufliegend. Die Blüte bildet vier weiche und mehlige, sektile Pollinien. Die Narbe ist einlappig und hervorragend und weist kein Viscidium auf.
Verbreitung: Nordamerika.
Bestäubung: Die Gattung *Arethusa* wird im zeitigen Frühjahr von »unerfahrenen« Hummelköniginnen bestäubt, die noch nicht gelernt haben, welche Blüten Belohnungen anbieten und welche nicht (Stoutamire 1971; Thien und Marcks 1972).
Chromosomenzahl: Unbekannt.
Arten: 1.
Gattung: *Arethusa*.
In den meisten Klassifikationen wird *Arethusa* mit einigen anderen Gattungen

zusammengefaßt, die weiche Pollinien haben; doch keine dieser Gattungen ist eng mit *Arethusa* verwandt, sie scheinen eher den Bletiinae nahezustehen.
Literaturhinweise: Stoutamire 1971 (Bestäubung); Tan 1969 (Vergleich mit *Bletilla* und *Calopogon*); Thien und Marcks 1972 (Bestäubung).

Subtribus Thuniinae Schlechter

Terrestrische Pflanzen mit dicken, fleischigen Sprossen. Die Blätter sind zweireihig angeordnet, in der Knospe gefaltet und artikuliert (?). An dem terminalen, unverzweigten, hängenden Blütenstand sitzen mehrere große, resupinierte, spiralig angeordnete Blüten. Die trompetenförmige Lippe steht parallel zur Säule und umschließt diese. Die Säule ist schmal und terminal etwas kronblattartig (petaloid), der Staubbeutel ventral, aufliegend und vierkammrig. Die Blüte bildet vier (?) weiche und mehlige Pollinien; die Narbe ist einlappig und hervorragend.
Verbreitung: Tropisches Asien.
Bestäubung: Unbekannt; der Blütenbau deutet auf Bienenbestäubung hin.
Chromosomenzahl: 42.
Arten: Etwa 6.
Gattung: *Thunia*.
Früher wurden ziemlich verschiedene Gattungen mit schlanken Sprossen zusammen mit *Thunia* (die eigentlich einen fleischigen Sproß hat) in eine Gruppe eingeordnet, obwohl keine dieser Gattungen in den einzelnen Merkmalen große Ähnlichkeit mit *Thunia* aufweist. *Claderia* paßt – den Blütenmerkmalen nach zu urteilen – in die Cymbidieae hinein, und *Arundina* und *Dilochia* sind sicherlich enger mit den Bletiinae verwandt als mit *Thunia*. Die weichen, länglichen Pollinien (die sich in der Form von denen verwandter Subtriben unterscheiden), der fleischige Sproß (Pseudobulbe) und die konduplikativen, graugrünen Blätter von *Thunia* sind ungewöhnlich. Diese Gattung hat sich an das stark jahreszeitlich geprägte Klima ihres Verbreitungsgebiets angepaßt und kann während der Ruhezeit extreme Trockenperioden überleben.

Subtribus Bletiinae Bentham

Terrestrische, epiphytische oder saprophytische Pflanzen mit schlanken Sprossen oder (meistens) mit verdicktem Kormus oder Pseudobulben aus mehreren Internodien. Die Blätter sind zweireihig, in der Knospe gerollt, mehrfach gefaltet, manchmal auch konduplikativ und meistens artikuliert. Der laterale, manchmal auch terminale, unverzweigte Blütenstand trägt mehrere bis viele spiralig angeordnete, recht kleine bis große, resupinierte oder nicht resupinierte Blüten. Die Lippe ist manchmal sackförmig oder weist einen großen Sporn auf; die Säule ist kurz oder lang und hat häufig einen deutlich ausgeprägten Säulenfuß. Der terminale, aufliegende Staubbeutel besteht meistens aus acht Kammern. Die Blüte bildet acht oder (selten) vier Pollinien, die hart oder relativ weich, seitlich abgeflacht oder keulenförmig sein können und ventrale oder terminale intralokuläre Caudiculae aufweisen. Die Narbe ist einlappig, hervorragend oder nicht hervorragend, bei einigen Gattungen mit einem Viscidium versehen (vgl. Abb. 9.4).

Verbreitung: Pantropisch; bis in die wärmeren Gegenden Chinas und Japans und bis nach Nordamerika hinein.

Bestäubung: Bei *Bletia, Arundina* und *Phaius* liegt Berichten zufolge Bienenbestäubung vor. Wahrscheinlich werden auch die anderen Gattungen von Bienenarten bestäubt. Die Blüten der Gattung *Calopogon* täuschen – ebenso wie die von *Arethusa* – unerfahrene Bienen. Bei ihnen ist die Lippe mit Scharnier versehen und beweglich, und das Gewicht des Bestäubers reicht aus, um den Bewegungsmechanismus in Gang zu setzen, so daß das Insekt gegen die Säule geschleudert wird. *Calopogon tuberosus,* die großblütigste Art, wird in der Regel von Hummelköniginnen und Holzbienen bestäubt; bei den anderen Arten sind

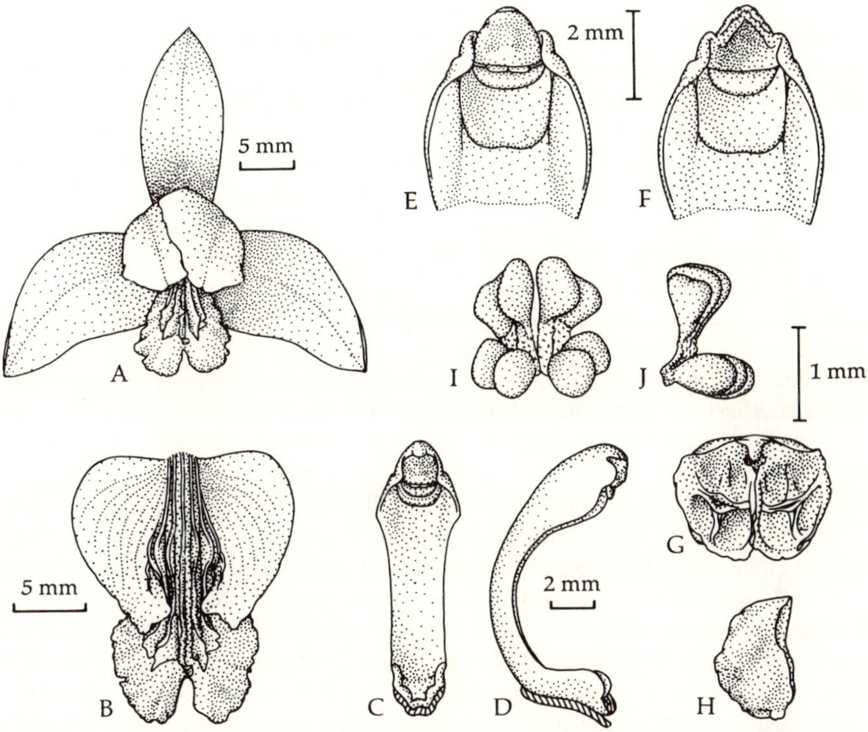

Abb. 9.4. *Bletia purpurea* (Epidendroideae: Arethuseae) (A) Blüte, Vorderansicht. (B) Lippe, ausgebreitet. (C) Säule, ventral. (D) Säule, Seitenansicht. (E) Säulenspitze mit Anthere. (F) Säulenspitze nach Entfernen der Anthere. (G) Anthere, ventral. (H) Anthere, Seitenansicht. (I) Pollinarium, von oben gesehen. (J) Pollinarium, Seitenansicht.

die Bestäuber kleine Bienen, zum Beispiel Schmalbienen (Halictidae). *Plocoglottis* wird laut Berichten von Fliegen bestäubt, während bei *Calanthe* wahrscheinlich Schmetterlingsbestäubung vorliegt.
Chromosomenzahlen: 32, 36, 38, 40, 42, 44, 48, 50, 58.
Arten: Etwa 380.
Gattungen: 26 in sieben möglichen Allianzen:
(1) *Arundina, Dilochia.*
(2) *Calopogon.*
(3) *Acanthephippium, Ancistrochilus, Anthogonium, Aulostylis, Bletia, Bletilla, Calanthe, Cephalantheropsis, Eleorchis, Gastrorchis, Hexalectris, Ipsea, Pachystoma, Phaius, Spathoglottis.*
(4) *Plocoglottis.*
(5) *Hancockia, Mischobulbon, Nephelaphyllum, Tainia, Tainiopsis (?).*
(6) *Coelia.*
(7) *Chysis.*
Gattungshybriden: Es sind künstliche Hybriden zwischen *Calanthe* und *Gastrorchis,* zwischen *Phaius* und *Gastrorchis* und zwischen *Phaius* und *Calanthe* registriert. Tanaka (1971) berichtet über Kreuzungen zwischen *Arundina* und *Bletilla* sowie zwischen *Bletilla* und *Eleorchis.*
Da in die Bletiinae immer wieder Gattungen eingeordnet wurden, die in die anderen Gruppen nicht hineinpaßten, haben sie sich zahlenmäßig stark vergrößert, ohne daß ihre Vielfalt entsprechend zugenommen hat. Weitere Untersuchungen werden möglicherweise zeigen, daß man einige der oben angeführten Allianzen besser in gesonderten Subtriben unterbringen sollte. *Bletilla, Eleorchis* und *Calopogon* haben zwar weiche Pollinien, passen aber ansonsten gut in die Bletiinae hinein (Tan 1969). Die Abbildung von *Bletilla formosana* (Journal of Geobotany, 14: 23, Abb. 115) zeigt, daß diese Pflanze typische *Bletia*-Pollinien hat. *Arundina* und *Dilochia* haben schlanke Sprosse und konduplikative Blätter, aber in den Blütenmerkmalen passen sie sehr gut zu den Bletiinae, und auch bei anderen Pflanzen dieser Subtribus kommen schlanke Sprosse und terminale Blütenstände vor. *Plocoglottis* ist vielleicht die abweichendste Gattung dieser Gruppe. Sie hat nur vier Pollinien mit langen Caudiculae und ein ausgeprägtes Viscidium. Die fünfte Allianz meiner Aufstellung wurde früher zusammen mit *Diglyphosa* in eine eigene Subtribus eingeordnet; doch innerhalb dieser vermeintlichen Subtribus kamen zwei sehr verschiedene Pollinientypen vor. Einige Pflanzen dieser Gruppe haben eine eigenartige Wuchsform: Einblättrige Pseudobulben wechseln sich mit blattlosen, zurückgebildeten Pseudobulben ab, die terminale Blütenstände tragen. Einige *Tainia*-Arten hingegen weisen eine typische Bletiinae-Wuchsform auf. *Coelia* hat kugelige, aus einem Internodium bestehende Pseudobulben und mehr oder weniger konduplikative Blätter, was für diese Gruppe ungewöhnlich ist; dennoch paßt sie besser in diese Subtribus als in irgendeine andere (Pridgeon 1978). Auch *Chysis* weist mit ihren keulenförmigen Pseudobulben und eigenartigen Pollinien eine ungewöhnliche Wuchsform auf, was Schlechter (1926) dazu veranlaßte, sie als selbständige Subtribus (Chysinae) zu behandeln. *Hexalectris* wurde früher zu den Corallor-

hizinae gerechnet, paßt aber aufgrund ihrer Blütenstruktur besser zu den Bletiinae. *Calanthe* hat keulenförmige Pollinien mit einem deutlich ausgeprägten Viscidium, und die Lippe ist bei dieser Gattung häufig mit der Säule verwachsen. Diese Merkmale und der geprägte Sporn deuten auf Schmetterlingsbestäubung hin und scheinen ziemlich analog zu denen von *Epidendrum* zu sein.
Literaturhinweise: Pridgeon 1978 *(Coelia)*; Seidenfaden 1975 a (thailändische *Calanthe-Arten*); Tan 1969 (*Bletilla* und *Calopogon*); Teoh und Lim 1978 (Chromosomen); Thien 1973; Thien und Marcks 1972 (Bestäubung von *Calopogon*).

Subtribus Sobraliinae Schlechter

Terrestrische oder epiphytische Pflanzen mit schlanken, meist verlängerten Sprossen. Die Blätter sind zweireihig oder fast zweireihig angeordnet, in der Knospe meistens gerollt, meist mehrfach gefaltet, manchmal auch duplikativ, bei *Arpophyllum* fleischig, artikuliert. Der terminale oder laterale Blütenstand trägt meist wenige bis viele spiralig oder zweireihig angeordnete, kleine bis große, häutige, resupinierte oder nicht resupinierte Blüten. Die Lippe ist einfach, häufig trompetenförmig, an der Basis manchmal sackförmig. Sie weist in der Regel deutlich hervorragende Kallusse auf und umhüllt die Säule mehr oder weniger stark. Die Säule ist kurz oder länglich und hat häufig armähnliche Flügel; der Staubbeutel ist terminal und besteht aus zwei bis acht Kammern. Die acht Pollinien sind weich und liegen entweder übereinander oder sind eiförmig; die Narbe ragt meistens hervor. In einigen Fällen ist ein ausgeprägtes Viscidium vorhanden.
Verbreitung: Tropisches Amerika.
Bestäubung: Die meisten *Sobralia*-Arten werden von verschiedenen Bienen-Arten bestäubt; einige jedoch haben sich eindeutig an Kolibribestäubung angepaßt. Auch *Arpophyllum, Elleanthus* und *Sertifera* weisen das Kolibrisyndrom auf. Man hat auch mehrfach beobachtet, daß die Gattung *Elleanthus* von Kolibris besucht wurde.
Chromosomenzahlen: Unbekannt.
Arten: Etwa 150.
Gattungen: 5; *Arpophyllum, Elleanthus, Sertifera, Sobralia, Xerorchis.*
Dies ist die eigenständigste Subtribus der Arethuseae. Sie ist möglicherweise nur weitläufig mit den Bletiinae verwandt. In dieser Gruppe findet man dünne, holzige Sprosse. Die Pollinien von *Sobralia* zeichnen sich in der Regel dadurch aus, daß die vier basalen (in bezug auf den Staubbeutel) übereinanderliegen, während die vier zur Spitze hin gebogenen Pollinien ineinander verknotet sind und die Funktion der Caudiculae übernehmen. Die Pollinien der von Kolibris bestäubten Arten jedoch sind – wie die von *Elleanthus* – rundlich. *Arpophyllum* hat eine eigentümliche Wuchsform, ähnelt im Blütenbau jedoch *Elleanthus* und paßt insgesamt besser in diese Subtribus als in die Laeliinae. *Xerorchis* wurde von einigen Autoren den Vanillinae zugerechnet, aber die acht Pollinien widersprechen einer solchen Einordnung. Wegen der dünnen, häutigen Blüten lassen sich aus den Pflanzen dieser Subtribus schlecht Herbarbelege herstellen; es ist

daher kaum verwunderlich, daß ihre Taxonomie nur unzureichend geklärt ist. Literaturhinweis: Garay 1974 a (Revision der Gattung *Arpophyllum*).

Tribus Coelogyneae Pfitzer

Diese Gruppe wurde in früheren Klassifikationen (auch in meinen eigenen) meistens den Epidendreae zugeordnet. Sie unterscheidet sich in ihren Merkmalen jedoch deutlich von dieser Tribus und zeigt eine engere Verwandtschaft zu den Arethuseae. Die Pseudobulben dieser Pflanzen bestehen jeweils aus einem einzigen Internodium, die Pollinien liegen übereinander oder sind rundlich und haben deutlich ausgeprägte, massive Caudiculae. Die Säule ist häufig mehr oder weniger kronblattartig (petaloid), und die Narbe ragt oft hervor.
Verwandtschaften: Ich bin der Meinung, daß die Coelogyneae am engsten mit den Arethuseae verwandt sind und wahrscheinlich von Arethuseae-ähnlichen Vorfahren abstammen. Die Pollinien der Gattung *Coelogyne* könnten sich ohne weiteres aus einem Gebilde entwickelt haben, wie wir es bei den meisten *Sobralia*-Arten finden.
Phylogenetische Tendenzen: Möglicherweise stellen die kleinblütigeren *Coelogyne*-Arten die primitive Gruppe dieser Tribus dar, während die anderen Gattungen sich durch Verkleinerung und Häufung der Blüten, Ausbildung von rundlichen oder etwas keulenförmigen Pollinien und Verwachsung von Lippe und Säule weiterentwickelt haben. *Otochilus,* eine Gattung, die an den Spitzen der älteren Pseudobulben neue bildet, ahmt die Wuchsform der amerikanischen *Scaphyglottis*-Arten nach.

Subtribus Coelogyninae Bentham

Epiphytische oder terrestrische Pflanzen mit Pseudobulben oder Kormen aus einem einzigen Internodium. Die Blätter sind in der Knospe gerollt oder gefaltet, später mehrfach gefaltet oder konduplikativ und artikuliert. Der terminale, unverzweigte Blütenstand wird häufig vor dem Wachstum der Pseudobulben ausgetrieben und trägt wenige bis viele spiralig oder zweireihig angeordnete, kleine bis große, resupinierte Blüten. Die Basis der Lippe ist manchmal sackförmig ausgebildet; die Säule ist kurz oder länglich. Die Säulenspitze ist häufig kronblattartig (petaloid) und bildet eine Kappe über dem terminalen oder ventralen, aufliegenden Staubbeutel. Die zwei oder vier übereinanderliegenden oder rundlichen Pollinien besitzen ausgeprägte Caudiculae; die Narbe ist einlappig und häufig hervorragend (vgl. Abb. 9.5).
Verbreitung: Tropisches Asien, bis nach China hinein.
Bestäubung: Der Blütenbau von *Coelogyne* deutet auf Bienenbestäubung hin. Tom Reeves (pers. Mitteilung) berichtet, daß *Coelogyne fragrans* von Wespen bestäubt wird.
Chromosomenzahlen: 40.
Arten: Etwa 440.

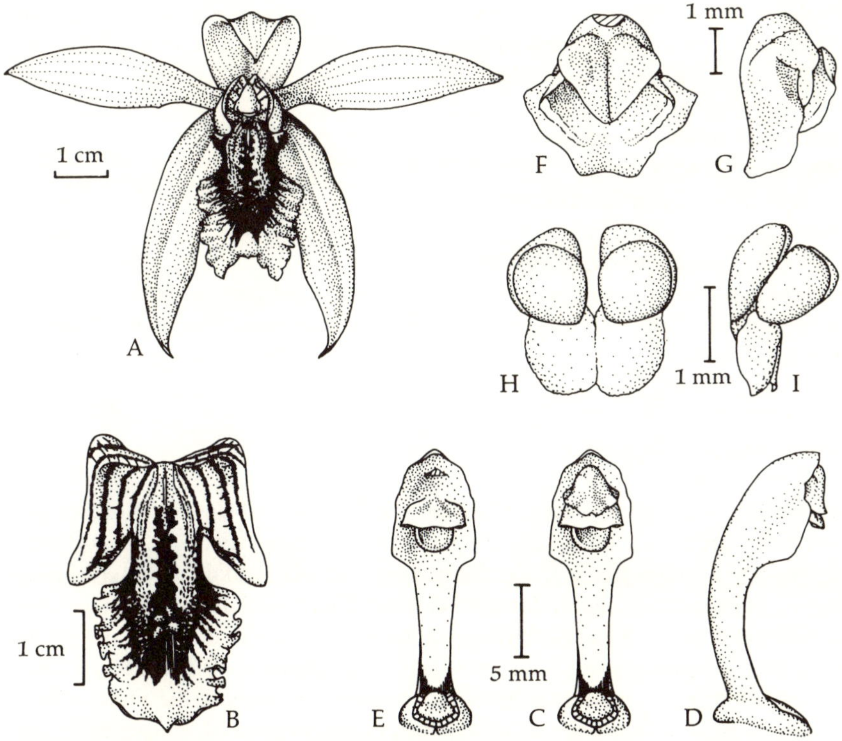

Abb. 9.5. *Coelogyne pandurata* (Epidendroideae: Coelogyneae) (A) Blüte, Vorderansicht. (B) Lippe, ausgebreitet. (C) Säule, ventral. (D) Säule, Seitenansicht. (E) Säule nach Entfernen der Anthere. (F) Anthere, ventral. (G) Anthere, Seitenansicht. (H) Pollinien, von oben gesehen. (I) Pollinien, Seitenansicht.

Gattungen: 16; *Acoridium, Basigyne, Bulleyia, Coelogyne, Dendrochilum, Dickasonia, Gynoglottis, Ischnogyne, Nabaluia, Neogyne, Otochilus, Panisea, Pholidota, Pleione, Pseudacoridium, Sigmatogyne.*

Die Coelogyninae sind eine ungewöhnlich deutlich abgegrenzte Gruppe, die man an Wuchsform und Blütenbau leicht erkennen kann. Obwohl der Blütenstand in vielen Fällen lateral zu sein scheint, sitzt er in Wirklichkeit (soweit mir bekannt ist) immer apikal auf einer sich später entwickelnden Pseudobulbe.

Literaturhinweise: Butzin 1974 (Schlüssel zu den in Kultur befindlichen Taxa); Pfitzer und Kränzlin 1907 (Revision); Seidenfaden 1975 c (thailändische *Coelogyne*-Arten).

Subtribus Adrorhizinae Schlechter

Kleine Epiphyten ohne Pseudobulben mit sehr fleischigen Wurzeln und sehr kurzen vegetativen Sprossen. Die Blätter sind in der Knospe gefaltet und

artikuliert. Der Blütenstand ist terminal (?) und trägt eine oder wenige spiralig angeordnete, kleine, resupinierte Blüten. Die Säule ist schlank, der Staubbeutel terminal und aufliegend. Die Blüte bildet vier übereinanderliegende Pollinien. Die Narbe ist einlappig.
Verbreitung: Tropisches Asien (südliches Indien und Ceylon).
Bestäubung: Unbekannt.
Chromosomenzahlen: Unbekannt.
Arten: 3.
Gattungen: 2; *Adrorhizon, Sirhookera.*
Diese kleinen Pflanzen haben eine ausgefallene Wuchsform; doch ihre übereinanderliegenden Pollinien haben große Ähnlichkeit mit denen der Gattung *Coelogyne.*

Tribus Malaxideae Lindley

Terrestrische oder epiphytische Pflanzen, mit Pseudobulben oder Kormen aus einem oder mehreren Internodien oder mit schlanken Sprossen. Die Blätter sind zweireihig angeordnet, in der Knospe gerollt oder gefaltet, später konduplikativ, mehrfach gefaltet oder seitlich abgeflacht und fleischig, artikuliert oder nicht artikuliert. Der Blütenstand ist terminal und unverzweigt mit wenigen bis vielen, spiralförmig oder zweireihig angeordneten Blüten. Die Blüten sind recht klein bis klein und resupiniert oder nicht resupiniert; die Säule ist kurz oder länglich. Der Staubbeutel ist terminal oder subdorsal, aufliegend oder mehr oder weniger aufrecht, und in zwei Staubbeutelkammern geteilt. Die vier Pollinien sind hart, länglich oder (meistens) etwas keulenförmig. Die einlappige Narbe weist häufig zwei kleine Viscidien auf (vgl. Abb. 9.6).
Verbreitung: Weltweit (außer Neuseeland).
Bestäubung: Über die Bestäubung liegen so gut wie gar keine Erkenntnisse vor. Bei *Liparis* wurde eine Fliegen- und eine Käferbestäubung beobachtet, doch lassen diese Hinweise keine sicheren Rückschlüsse auf die Blütenökologie dieser Gruppe zu.
Chromosomenzahlen: 20, 26, 28, 30, 38, 42, 44.
Arten: Etwa 890.
Gattungen: 6; *Hippeophyllum, Liparis, Malaxis, Oberonia, Orestias, Risleya.*
Ein charakteristisches Merkmal dieser Tribus sind die »nackten« Pollinien. In einer Familie, in der die gesamte Klassifikation traditionellerweise auf den Pollinienmerkmalen und den damit zusammenhängenden Eigenschaften basiert, ist das natürlich problematisch. Selbst die Trennungslinie zwischen *Malaxis* und *Liparis* ist nicht eindeutig. Wahrscheinlich gibt es in jeder »Gattung« Gruppen, die nicht so eng miteinander verwandt sind, wie dies in den Gattungen anderer Triben der Fall ist; doch diese Problematik läßt sich mit unserem jetzigen Wissensstand nicht lösen. Zwischen den Malaxideae und den Dendrobiinae gibt es natürlich keine befriedigende Trennlinie; obwohl sie unterschiedliche Gruppen zu sein scheinen und wahrscheinlich nur entfernt verwandt sind.

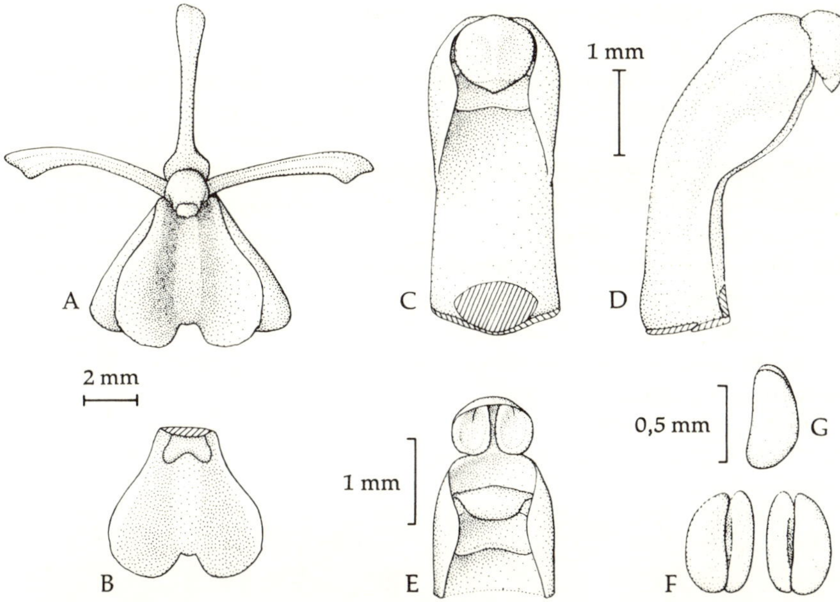

Abb. 9.6. *Liparis nervosa* (Epidendroideae: Malaxideae). (A) Blüte, Vorderansicht. (B) Lippe, ausgebreitet. (C) Säule, ventral. (D) Säule, Seitenansicht. (E) Säulenspitze mit nach hinten geklappter Anthere. (F) Pollinien. (G) Pollinien, Seitenansicht.

Die Malaxideae haben häufig mehrfach gefaltete Blätter; ihre Blüten weisen (wenn überhaupt) nur einen kleinen Säulenfuß auf, und die Pollinien laufen an der Rostellumseite häufig spitz zu, obwohl keine erkennbaren Caudiculae vorhanden sind. Diese Gruppe ähnelt den Listerinae, was aber wahrscheinlich eher auf Konvergenz als auf eine phylogenetische Verwandtschaft zurückzuführen ist.

Verwandtschaften: Man nimmt an, daß diese Tribus enger mit den Arethuseae als mit den Epidendreae verwandt ist, wie Lavarack (1971) andeutet. Die häufig auftretenden mehrfach gefalteten Blätter passen zu dieser Hypothese.

Phylogenetische Tendenzen: Ich nehme an, daß die verlängerte Säule bei *Liparis* ein primitiveres Merkmal ist als die kurze Säule und der fast aufrecht stehende Staubbeutel bei *Malaxis* oder *Oberonia*. Auch die »plissierten« Blätter sind als primitives Merkmal zu betrachten. Daraus kann man ohne weiteres schließen, daß die vielen asiatischen Epiphyten höher entwickelt sind als einige terrestrische Orchideen.

Literaturhinweise: Seidenfaden 1968 *(Oberonia)*, 1976 (thailändische *Liparis*-Arten), 1978 b (thailändische *Oberonia*- und *Malaxis*-Arten).

VII. **Tribus Cryptarrheneae** Dressler 1980 b

Epiphytische Pflanzen mit Pseudobulben oder kurzen, unverdickten Sprossen. Die Blätter sind zweireihig angeordnet, in der Knospe gefaltet, artikuliert. Der laterale unverzweigte Blütenstand trägt viele spiralig angeordnete, kleine, resupinierte Blüten. Die Lippe weist einen Nagel mit einem dicken Kallus auf und ist vierlappig; die Säule ist kurz, und über dem Staubbeutel befindet sich ein kappenförmiges Klinandrium. Der Staubbeutel ist terminal und aufliegend, weist aber einen aufrecht stehenden Schnabel auf. Er ist in zwei Staubbeutelkammern eingeteilt. Die vier übereinanderliegenden Pollinien besitzen zwei durchsichtige, zylindrische Caudiculae, die basal verbunden sein können, und ein deutlich ausgebildetes Viscidium. Die Narbe ist einlappig (vgl. Abb. 9.7).
Verbreitung: Tropisches Amerika.
Bestäubung: Unbekannt.
Chromosomenzahlen: Unbekannt.

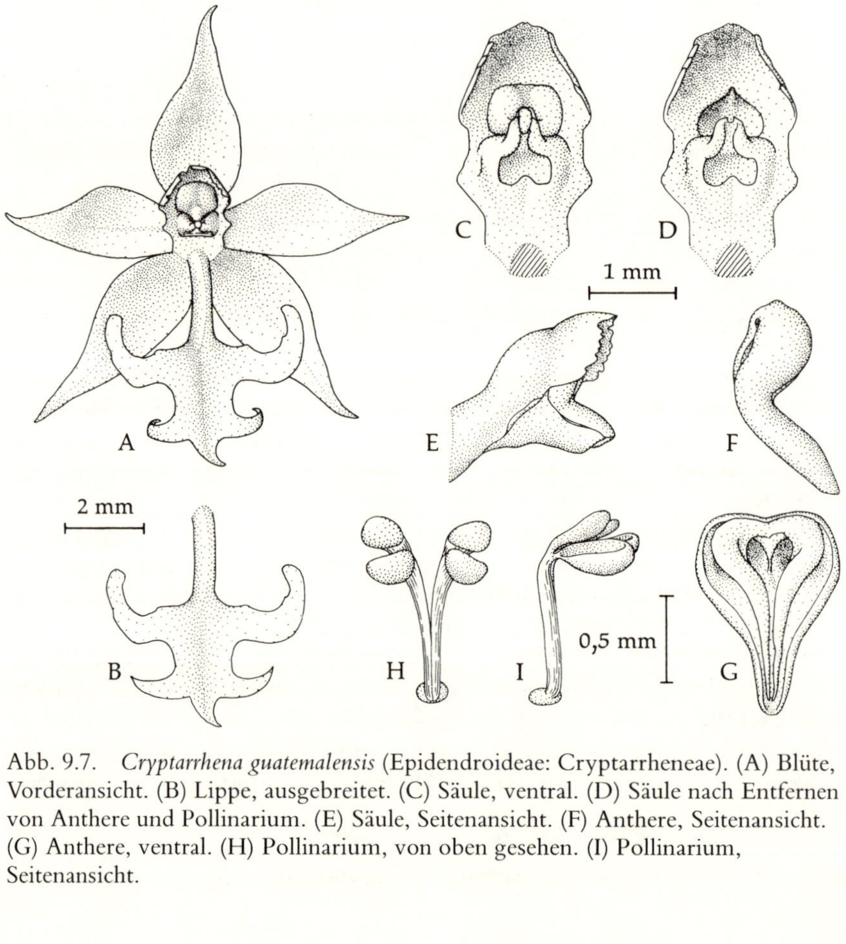

Abb. 9.7. *Cryptarrhena guatemalensis* (Epidendroideae: Cryptarrheneae). (A) Blüte, Vorderansicht. (B) Lippe, ausgebreitet. (C) Säule, ventral. (D) Säule nach Entfernen von Anthere und Pollinarium. (E) Säule, Seitenansicht. (F) Anthere, Seitenansicht. (G) Anthere, ventral. (H) Pollinarium, von oben gesehen. (I) Pollinarium, Seitenansicht.

Arten: 3 oder 4.
Gattung: *Cryptarrhena.*
Cryptarrhena ist eine sehr isolierte Orchideengattung, die in die Ornithocephalinae eingeordnet wurde, obwohl sie mit dieser Gruppe nur in der Pollinienzahl übereinstimmt. Es ist nicht einmal eindeutig geklärt, ob diese Gattung zu den Epidendroideae oder zu den Vandoideae gehört. Der größte Teil des Staubbeutels scheint aufliegend zu sein, aber der Staubbeutelschnabel steht ziemlich aufrecht, und es ist kein Stipes vorhanden; also ist es wohl am besten, die Gattung in die Epidendroideae einzureihen. Diese Pflanzen scheinen (wie andere Gruppen) den Coelogyneae ähnlich zu sein, ohne daß eine enge Verwandtschaft nachgewiesen werden konnte.
Literaturhinweis: Dressler 1980 b (Verwandtschaften).

Tribus Calypsoeae Dressler 1979 b

Terrestrische oder saprophytische Pflanzen, mit einem Blatt oder blattlos. Das Blatt ist in der Knospe gerollt, später mehrfach gefaltet, gestielt und nicht artikuliert. Der Blütenstand ist lateral (?) und unverzweigt und trägt wenige spiralig angeordnete, mittelgroße, resupinierte Blüten, mit deutlich sackförmiger Lippe und breiter Säule. Der ventrale Staubbeutel ist aufliegend und besteht aus undeutlich abgegrenzten Kammern; die Blüte bildet vier übereinanderliegende Pollinien in zwei Paaren auf einem deutlich ausgebildeten Viscidium. Die Narbe ist einlappig (vgl. Abb. 9.8).
Verbreitung: Nördlich-gemäßigte Regionen (Nordamerika und östliches Asien).
Bestäubung: Die Gattung *Calypso* wird meistens von Hummeln bestäubt. Bei einigen Populationen ist die Lippe gelb behaart; die Haare ahmen wahrscheinlich pollentragende Staubbeutel nach und locken dadurch unerfahrene Hummeln an.
Chromosomenzahlen: 28, 32.
Arten: 3.
Gattungen: 2; *Calypso, Yoania.*
Diese zwei Gattungen wurden in früheren Klassifikationen nie miteinander in Verbindung gebracht, obwohl sie sich im Blütenbau sehr ähneln. Brieger (in Schlechter 1970) ordnet die Calypsoinae in die Epidendroideae ein; da sie angeblich keinen Stipes aufweisen. Die Gattung *Calypso* hat zwar einen deutlich ausgebildeten Stipes; aber der aufliegende Staubbeutel und die hervorragende Narbe deuten darauf hin, daß sie zu Recht in die Epidendroideae eingereiht wurde. Sie scheint mit den Arethuseae und den Coelogyneae verwandt zu sein. Es ist durchaus möglich, daß auch noch andere Gattungen, die derzeit den Corallorhizinae zugeordnet werden (zum Beispiel *Dactylostalix*) zu den Calypsoeae gehören, obwohl sie nicht die breite, abgeflachte Säule haben, die bei *Calypso* und *Yoania* zu finden ist.
Verwandtschaften: Wahrscheinlich mit den Arethuseae und Coelogyneae.

Tribus Epidendreae Humboldt, Bonpland und Kunth

Die Blütenmerkmale mancher Epidendreae erinnern an einige Arethuseae. In den vegetativen Merkmalen unterscheiden diese beiden Gruppen sich jedoch deutlicher voneinander. Viele Epidendreae haben schlanke Sprosse mit zweireihig angeordneten, konduplikativen Blättern. Nur ganz wenige haben deutlich »plissierte« Blätter. Der Blütenstand ist meist terminal oder entspringt aus einer der oberen Achseln. Die primitiveren Angehörigen dieser Tribus haben acht entweder seitlich abgeflachte oder keulenförmige Pollinien. Man findet in den meisten Subtriben dieser Tribus Gattungen, die die primitive Pollinienzahl aufweisen; in der Regel ist eine Reduktionsreihe auf sechs, vier oder zwei Pollinien zu beobachten. In vielen Fällen (vor allem bei den Arten mit keulenförmigen Pollinien) haben sich Viscidien entwickelt (vgl. Abb. 9.9). Die Dendrobiinae und die Bulbophyllinae haben ebenso wie die Malaxideae nackte Pollinien, scheinen aber eng mit den Eriinae verwandt zu sein.

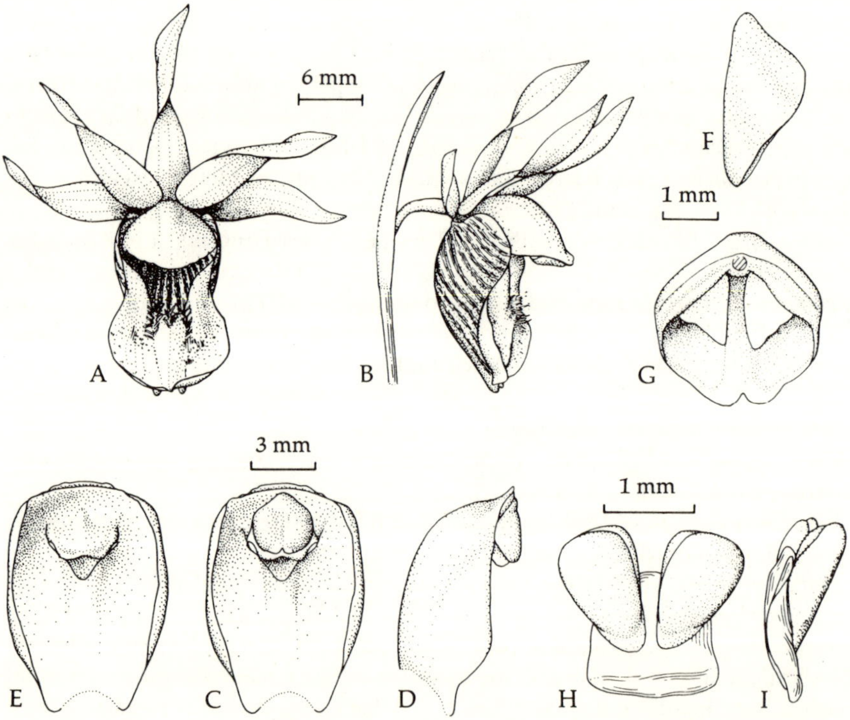

Abb. 9.8. *Calypso bulbosa* (Epidendroideae: Calypsoeae) (A) Blüte, Vorderansicht. (B) Blüte, Seitenansicht. (C) Säule, ventral. (D) Säule, Seitenansicht. (E) Säule nach Entfernen von Anthere und Pollinarium. (F) Anthere, Seitenansicht. (G) Anthere, ventral. (H) Pollinarium, von oben gesehen. (I) Pollinarium, Seitenansicht (mit Ausnahme von H und I nach Alkoholmaterial gezeichnet).

Brieger (in Schlechter 1975) trennt einige Subtriben ab und ordnet sie in eine gesonderte Tribus (Podochileae) ein, die sich durch das Vorhandensein eines Viscidiums auszeichnet. Es ist mir jedoch nicht gelungen, einen eindeutigen Unterschied zwischen den Podochileae und den Epidendreae (sensu Brieger) festzustellen, Brieger scheint die »Podochileae« aufgrund ihrer oberflächlichen Ähnlichkeit mit den Spiranthoideae als primitive Gruppe zu betrachten. Er vermutet, daß sowohl die Arethuseae als auch die »Podochileae« im Vergleich zu den Epidendroideae primitive Gruppen sind, sich aber unabhängig voneinander entwickelt haben. Ich kann mir die Evolution einer natürlichen Unterfamilie mit zwei nicht verwandten primitiven Gruppen jedoch nicht vorstellen.
Verwandtschaften: Die Epidendreae scheinen eindeutig mit den Arethuseae verwandt zu sein. Diese beiden Gruppen haben sicherlich gemeinsame Vorfahren.
Phylogenetische Tendenzen: In dieser Tribus sind verschiedene interessante Entwicklungsrichtungen zu beobachten, die meist parallel in mehreren Subtriben auftreten. Sicherlich wiesen ursprünglich alle Pflanzen dieser Gruppe acht Pollinien auf, doch die Pollinienzahl wurde teilweise reduziert (ganz gleichgültig, ob die Pollinien seitlich abgeflacht oder keulenförmig sind). Außerdem sind in den höherentwickelten Gruppen deutlich ausgebildete Caudiculae vorhanden, die den Stipes der vandoiden Orchideen nachahmen (Abb. 9.9). Bei den Dendrobiinae und Bulbophyllinae dagegen findet man meist ziemlich nackte Pollinien, obwohl einige *Bulbophyllum*-Arten Viscidien und die Gattungen *Monomeria* und *Sunipia* einen Stipes aufweisen. Die meisten Gruppen haben Pseudobulben entwickelt – meist schlanke Pseudobulben aus mehreren Internodien, manchmal aber auch aus einem Internodium. Bei den Pleurothallidinae haben sich keine solchen Pseudobulben herausgebildet, und bei einigen eher xerischen Vertretern sind die Blätter selbst sehr fleischig.

Subtribus Eriinae Bentham

Epiphytische, selten terrestrische Pflanzen mit schlanken Sprossen oder Pseudobulben, die meist aus mehreren Internodien bestehen. Die Blätter sind zweireihig (bei einigen Zwergarten sekundär spiralig) angeordnet, duplikativ (selten gerollt und mehrfach gefaltet) und artikuliert. Der Blütenstand ist terminal oder (meistens) lateral und entspringt häufig aus den oberen Achseln. Er ist unverzweigt und trägt mehrere bis viele spiralig angeordnete, resupinierte oder nicht resupinierte, kleine bis recht kleine Blüten mit freien oder verwachsenen Kelchblättern, die manchmal einen deutlich ausgebildeten Sporn aufweisen. Die Säule besitzt meist einen ausgeprägten Säulenfuß; der Staubbeutel ist terminal und aufliegend und besteht aus acht Kammern. Die acht Pollinien sind seitlich abgeflacht oder keulenförmig und besitzen intralokuläre Caudiculae; die Narbe ist einlappig oder undeutlich zweilappig und weist häufig ein deutlich erkennbares Viscidium auf.
Verbreitung: Tropisches Asien und Australasien; die Gattung *Stolzia* kommt in Afrika vor.

Bestäubung: Unbekannt; die Blütenmerkmale von *Cryptochilus, Mediocalcar* und *Porpax* lassen auf Vogelbestäubung schließen. Bei vielen *Eria*-Arten weist die Lippe Pseudopollen auf, was auf eine Bestäubung durch kleine Bienen hindeutet.
Chromosomenzahlen: 36, 38, 40, 44.
Arten: Etwa 500.
Gattungen: 8, in zwei möglichen Allianzen:
(1) *Cryptochilus, Eria, Mediocalcar, Porpax, Stolzia.*
(2) *Ceratostylus, Epiblastus, Sarcostoma.*
Diese Gruppe hat große Ähnlichkeit mit den amerikanischen Laeliinae. Der Hauptunterschied zwischen diesen beiden Gruppen scheint geographischer Natur zu sein. Die Eriinae haben jedoch in der Regel laterale Blütenstände und scheinen trotz ihrer Ähnlichkeit mit den Laeliinae eine echte phylogenetische Gruppe darzustellen. Brieger (in Schlechter 1975) ordnet *Cryptochilus* und *Mediocalcar* mit *Glomera* zusammen, da sie Viscidien aufweisen; Viscidien sind jedoch auch bei den meisten *Eria*-Arten (aber nicht bei *Glomera*) zu finden, und außerdem passen diese Gattungen wegen ihrer acht Pollinien nicht zu den Glomerinae, wohl aber zu den Eriinae. *Ceratostylus, Epiblastus* und *Sarcostoma* wurden früher immer zu *Glomera* gestellt, obwohl sie sich in der Wuchsform deutlich von *Glomera* unterscheiden und sowohl ihre Säulenstruktur als auch ihre Pollinien nicht zu den Glomerinae passen. Möglicherweise sollte man sie in eine eigene Subtribus einordnen. Schlechter (1926) hat die afrikanische Gattung *Stolzia* mit *Polystachya* verglichen, obwohl sie in den Säulen- und Pollinienmerkmalen genau zu den Eriinae paßt. In der Wuchsform unterscheidet sie sich jedoch etwas von ihnen.
Literaturhinweise: Cribb 1978 (Revision der Gattung *Stolzia*); Kränzlin 1911 (taxonomische Revision der Gattung *Eria;* unbefriedigend).

Subtribus Podochilinae Bentham und Hooker

Epiphytische oder terrestrische Pflanzen mit schlanken, schilfähnlichen Sprossen, manchmal auch mit Pseudobulben. Die Blätter sind zweireihig angeordnet, in der Knospe gefaltet, manchmal seitlich abgeflacht, artikuliert oder nicht artikuliert. An dem terminalen oder lateralen Blütenstand sitzen wenige bis viele spiralig angeordnete, kleine, resupinierte oder hängende Blüten. Die Lippe ist an der Basis oft sackförmig oder gespornt; die Säule ist kurz und weist häufig einen deutlichen Säulenfuß auf. Der Staubbeutel ist terminal und aufliegend oder dorsal und aufrecht stehend. Die acht, sechs oder vier keulenförmigen Pollinien weisen häufig ein oder zwei deutlich ausgeprägte Caudiculae oder verkümmerte Pollinien an der Basis auf. Die Narbe ist einlappig und besitzt ein oder zwei Viscidien.
Verbreitung: Tropisches Asien und Australasien; die Gattung *Agrostophyllum* kommt auf den Seychellen (Afrika) vor.
Bestäubung: Unbekannt.
Chromosomenzahlen: Unbekannt.

Arten: Etwa 230.
Gattungen: 7; *Agrostophyllum, Appendicula, Chilopogon, Chitonochilus, Cyphochilus, Poaephyllum, Podochilus.*
Die Glomerinae und die Podochilinae werden aufgrund ihrer Staubbeutelposition üblicherweise voneinander getrennt. Dieses Merkmal ist jedoch in beiden Gruppen nicht einheitlich. Die Beschaffenheit der Pollinien hingegen scheint für die Trennung in zwei deutlich unterschiedene Gruppen zu sprechen. Die Podochilinae, wie ich sie hier abgrenze, zeichnen sich durch keulenförmige Pollinien und eine quer verlaufende Platte an der Lippenbasis aus. Einige (aber bei weitem nicht alle) *Appendicula-* und *Podochilus-*Arten weisen sehr stipesähnliche Gebilde auf, bei denen es sich jedoch in Wirklichkeit um verkümmerte Pollinien handelt, die keineswegs als Stipites oder Caudiculae gedeutet werden sollten (Abb. 9.9).

3. **Subtribus Thelasiinae** Schlechter

Epiphytische Pflanzen mit oder ohne Pseudobulben: manchmal mit kurzen oder länglichen, schlanken Sprossen. Die Blätter sind zweireihig angeordnet, in der Knospe gefaltet, häufig seitlich abgeflacht und fleischig, artikuliert oder nicht artikuliert. Der laterale Blütenstand trägt wenige bis viele spiralig angeordnete, sehr kleine, resupinierte oder nicht resupinierte Blüten. Die kurze Säule weist manchmal einen Säulenfuß auf. Der Staubbeutel steht aufrecht und ist dorsal. Die acht eiförmigen Pollinien besitzen eine gemeinsame Caudicula, die manchmal sehr lang sein kann, die Narbe ist einteilig und weist ein Viscidium auf.
Verbreitung: Tropisches Asien und Australasien.
Bestäubung: Unbekannt.
Chromosomenzahlen: Unbekannt.
Arten: Etwa 270.
Gattungen: 7; *Chitonanthera, Octarrhena, Oxyanthera, Phreatia, Rhynchophreatia, Ridleyella, Thelasis.*
Typische Merkmale dieser Gattungen sind die eiförmigen, mit einer gemeinsamen Caudicula verbundenen Pollinien und die sehr kleinen Blüten. In einigen Fällen wurde die sehr lange Caudicula als Stipes gedeutet. *Ridleyella* wurde mit *Bulbophyllum* verglichen und in eine gesonderte Subtribus eingeordnet; doch die acht Pollinien dieser Gattung sind ziemlich spitz; ich bin der Meinung, daß sie zu den Thelasiinae gehört.
Literaturhinweis: Kränzlin 1911 (taxonomische Überarbeitung; unbefriedigend).

4. **Subtribus Glomerinae** Schlechter

Epiphytische oder terrestrische Pflanzen mit schlanken, schilfähnlichen Sprossen, manchmal auch mit Pseudobulben. Die Blätter sind zweireihig angeordnet, in der Knospe gefaltet, artikuliert. An dem terminalen Blütenstand sitzen

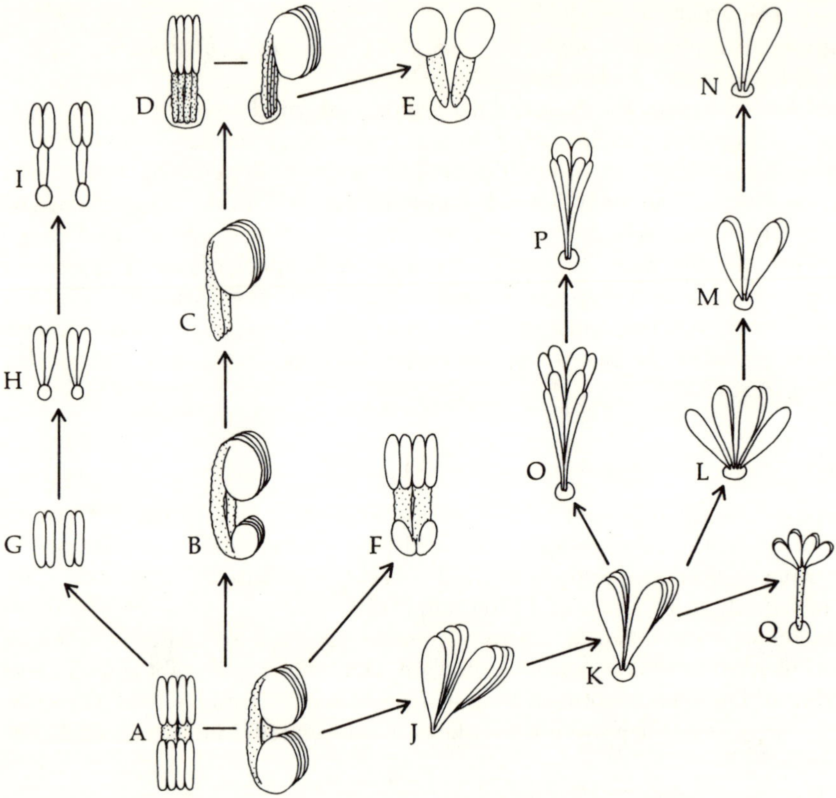

Abb. 9.9. Evolutionäre Pollinien-Entwicklungsmuster bei den Epidendreae. (A–I) Seitlich abgeflachte Pollinien. (J–Q) Keulenförmige Pollinien. (D, E, H, I, K–Q) Mit Viscidium. I Mit Stipes, wie bei *Sunipia;* O und P haben abortive Pollinien, wie bei den Podochilinae; Q hat lange Caudiculae, wie bei den Thelasiinae.

wenige bis viele spiralig angeordnete Blüten, die häufig dicht beieinanderstehen. Die Blüten sind klein bis mittelgroß und resupiniert oder nicht resupiniert; die Lippe ist an der Basis oft sackförmig ausgebildet oder gespornt. Die kurze Säule weist häufig einen ausgeprägten Säulenfuß auf. Der Staubbeutel ist terminal und aufliegend oder mehr oder weniger dorsal und aufrecht. Die Blüte bildet vier lateral abgeflachte Pollinien mit kleinen Caudiculae, mit oder ohne Viscidium; die Narbe ist einlappig.
Verbreitung: Tropisches Asien und Australasien.
Bestäubung: Unbekannt; bei einigen Arten deutet der Blütenbau auf eine Bestäubung durch Nachtfalter hin.
Chromosomenzahlen: Unbekannt.
Arten: Etwa 130.

Gattungen: 6; *Aglossorhyncha, Earina, Glomera, Glossorhyncha, Ischnocentrum, Sepalosiphon.*
Ein charakteristisches Kennzeichen dieser Gruppe sind die vier seitlich abgeflachten Pollinien mit unscheinbaren Caudiculae. Ich kann bei *Glomera* kein Viscidium feststellen, aber einige andere Gattungen weisen zweifellos ein undeutlich abgegrenztes (halbflüssiges) Viscidium auf. Diese Gruppe wurde häufig mit den Podochilinae verwechselt; doch die Podochilinae und die Glomerinae sind wahrscheinlich nur entfernt verwandt. Einige Arten der Gattung *Earina* bilden Pseudobulben und einen ungewöhnlichen verzweigten Blütenstand, wobei die Verzweigungen gedrungen sind und über einen längeren Zeitraum hinweg Blüten austreiben.

Subtribus Laeliinae Bentham

Epiphytische oder terrestrische Pflanzen mit schlanken Sprossen oder Pseudobulben, die meist aus mehreren Internodien bestehen. Die Blätter sind zweireihig angeordnet oder sitzen terminal an den Pseudobulben. Sie sind in der Knospe gefaltet, meistens artikuliert. Der Blütenstand ist terminal oder (selten) lateral, unverzweigt oder verzweigt und trägt eine bis mehrere winzige bis große, resupinierte oder nicht resupinierte Blüten, die spiralig oder zweireihig angeordnet sind und manchmal ein cuniculus-ähnliches Nektarium aufweisen. Die Säule ist kurz bis lang, häufig geflügelt und manchmal mit einem Säulenfuß versehen, der Staubbeutel ist terminal und aufliegend oder steht aufrecht. Die acht, sechs, vier oder zwei Pollinien sind seitlich abgeflacht oder eiförmig und weisen deutlich ausgebildete Caudiculae auf; die Narbe ist einlappig und manchmal mit einem Viscidium versehen (vgl. Abb. 9.10).
Verbreitung: Tropisches Amerika.
Bestäubung: Für diese Subtribus liegen uns bessere (aber immer noch unzureichende) Informationen über die Bestäubung vor, die auf eine beachtliche adaptive Radiation hindeuten. Die Blüten von *Cattleya, Laelia* (mit Ausnahme der Sektion *Parviflorae*), *Schomburgkia* und den meisten *Encyclia*-Arten lassen Bienenbestäubung vermuten – eine Annahme, die durch Beobachtungen bestätigt wurde. Einige *Encyclia*-Arten werden von Wespen bestäubt. Braga (1978) berichtet, daß *Caularthron* von Holzbienen *(Xylocopa)* bestäubt wird. Die Bestäuber von *Brassavola* und *Rhyncholaelia* sind meist Schwärmer (Sphingidae). *Isochilus, Laelia* (Sektion *Parviflorae*), *Alamania, Neocogniauxia, Sophronitis* und *Hexisea* sehen wie Kolibriblumen aus. *Epidendrum* wird hauptsächlich von Schmetterlingen bestäubt; es gibt jedoch auch ein paar an Fliegenbestäubung und mehrere an Kolibribestäubung angepaßte Arten. N. H. Williams (pers. Mitteilung) hat beobachtet, daß *Scaphyglottis* von stachellosen Bienen *(Trigona)* bestäubt wird.
Chromosomenzahlen: 24, 40, 56. Vierzig ist die normale Chromosomenzahl für diese Subtribus, doch die Angehörigen des *Epidendrum ibaguense-secundum*-Komplexes wiesen abweichende Zahlen auf. Dieser Komplex müßte noch eingehender untersucht werden.

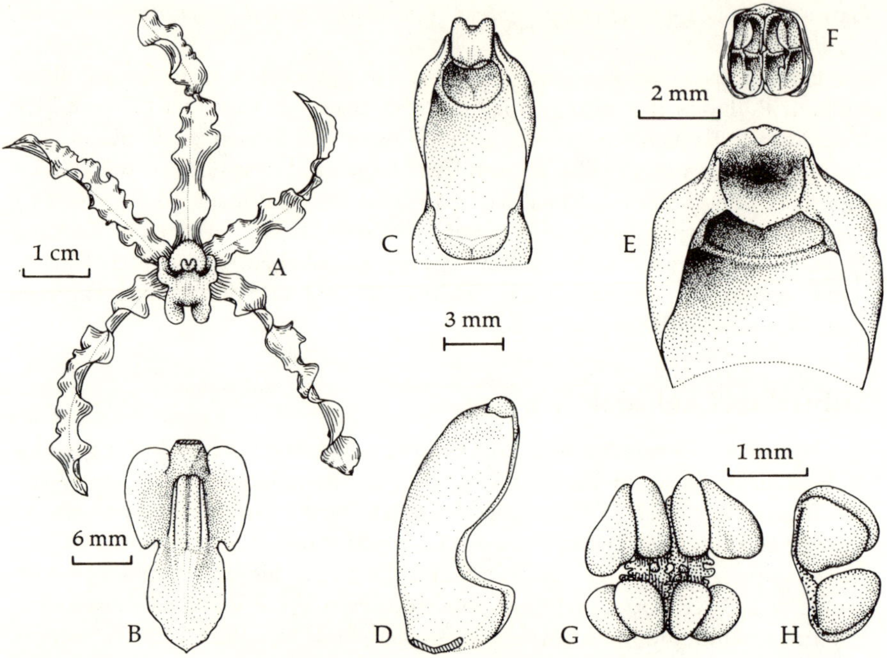

Abb. 9.10. *Schomburgkia lueddemannii* (Epidendroideae: Epidendreae). (A) Blüte, Vorderansicht. (B) Lippe, ausgebreitet. (C) Säule, ventral. (D) Säule, Seitenansicht. (E) Säulenspitze nach Entfernen von Anthere und Pollinien. (F) Anthere. (G) Pollinarium, von oben gesehen. (H) Pollinarium, Seitenansicht.

Arten: Etwa 830.

Gattungen: 43 in sechs möglichen Allianzen:

(1) *Helleriella, Hexisea, Isochilus, Nidema, Platyglottis, Ponera, Reichenbachanthus, Scaphyglottis.*

(2) *Artorima, Basiphyllaea, Brassavola, Broughtonia, Cattleya, Constantia, Encyclia, Hagsatera, Isabelia, Laelia, Pseudolaelia, Quisqueya, Rhyncholaelia, Schomburgkia, Sophronitis, Tetramicra.*

(3) *Barkeria, Caularthron, Orleanesia.*

(4) *Dimerandra, Diothonea, Epidanthus, Epidendrum, Jacquiniella, Neowilliamsia, Oerstedella.*

(5) *Alamania, Domingoa, Homalopetalum, Leptotes, Loefgrenianthus, Nageliella, Pinelia.*

(6) *Dilomilis, Neocogniauxia.*

Gattungshybriden: Innerhalb der Laeliinae sind etliche natürliche Hybriden bekannt. Einige davon sind nach heutigen Maßstäben als Gattungshybriden einzustufen (Abb. 9.11). Natürliche Hybriden zwischen *Cattleya* und *Brassavola* kommen zwar nicht häufig vor; doch es sind drei registriert. Hybriden zwi-

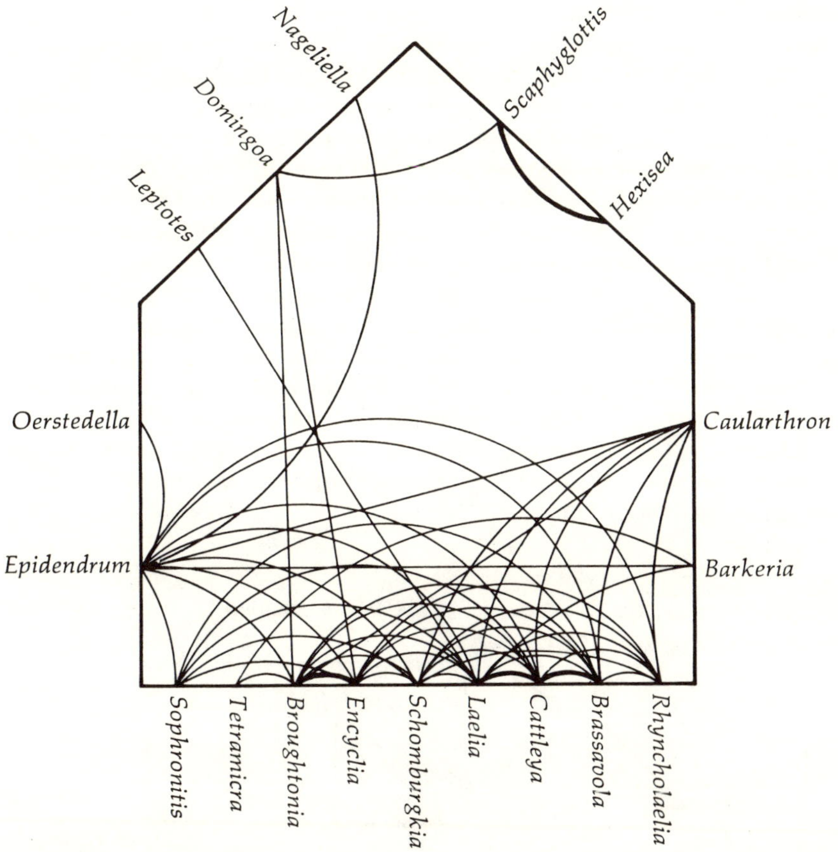

Abb. 9.11. Bei den Laeliinae bekannte Gattungshybriden. Die dicken Linien deuten die auch als Naturhybriden bekannten Kreuzungen an.

schen *Cattleya* und *Laelia* sind dagegen überraschend häufig; in freier Natur sind neunzehn verschiedene *Laeliocattleya*-Hybriden gefunden worden. Abgesehen von dem hohen Interfertilitätsgrad gibt es noch andere Gründe, die dafür sprechen, alle oder einige Sektionen der Gattung *Laelia* in die Gattung *Cattleya* einzureihen. Auf den Westindischen Inseln gibt es ein paar natürliche Hybriden zwischen *Broughtonia* und *Encyclia,* und in Panama wurde eine Hybride zwischen *Hexisea* und *Scaphyglottis* gefunden.

Die Zahl der künstlichen Gattungshybriden ist viel größer. Die meisten Gattungen der *Cattleya*-Allianz lassen sich ohne weiteres miteinander kreuzen, und in vielen Fällen sind die entsprechenden Hybriden ziemlich fruchtbar. *Caularthron* und *Epidendrum* wurden mit mehreren anderen Gattungen gekreuzt, wobei zumindest die meisten *Epidendrum*-Hybriden ziemlich steril sind. Auch *Domingoa, Leptotes* und *Nageliella* wurden mit anderen Gattungen gekreuzt, und es ist auch eine Hybride zwischen *Scaphyglottis (Hexadesmia)* und *Domingoa* registriert. Wahrscheinlich wird sich herausstellen, daß die meisten innerhalb dieser Subtribus entstehenden Gattungshybriden fruchtbar sind.

Pfitzer (1887) und Schlechter (1926) haben diese Gruppe in zwei Subtriben aufgeteilt – die *Scaphyglottis*-Gruppe (Ponerinae) mit gut ausgebildetem Säulenfuß und die Cattleya-Gruppe (Laeliinae) ohne Säulenfuß. Doch diese Abgrenzung ist nicht eindeutig, vor allem bei den Gattungen, die einen kleinen Säulenfuß haben oder haben könnten. (Zum Beispiel haben Schlechter und Brieger das sackförmige Nektarium der Gattung *Jacquiniella* als Säulenfuß gedeutet.) Die anatomischen Studien Bakers deuten auf komplexere Verwandtschaftsbeziehungen hin; wahrscheinlich existieren zwei verschiedene Gruppen mit deutlich ausgeprägtem Säulenfuß: der *Scaphyglottis*-Komplex und der *Domingoa*-Komplex (Abb. 9.12). Die hier aufgeführten Allianzen basieren hauptsächlich auf den Untersuchungen Bakers, wobei ich die Gattungen, über die am wenigsten Klarheit besteht, in die ohnehin nicht scharf umrissene *Cattleya*-Allianz aufgenommen habe. Die Klassifikation dieser Subtribus in der neuen Schlechter-Ausgabe ist äußerst künstlich.

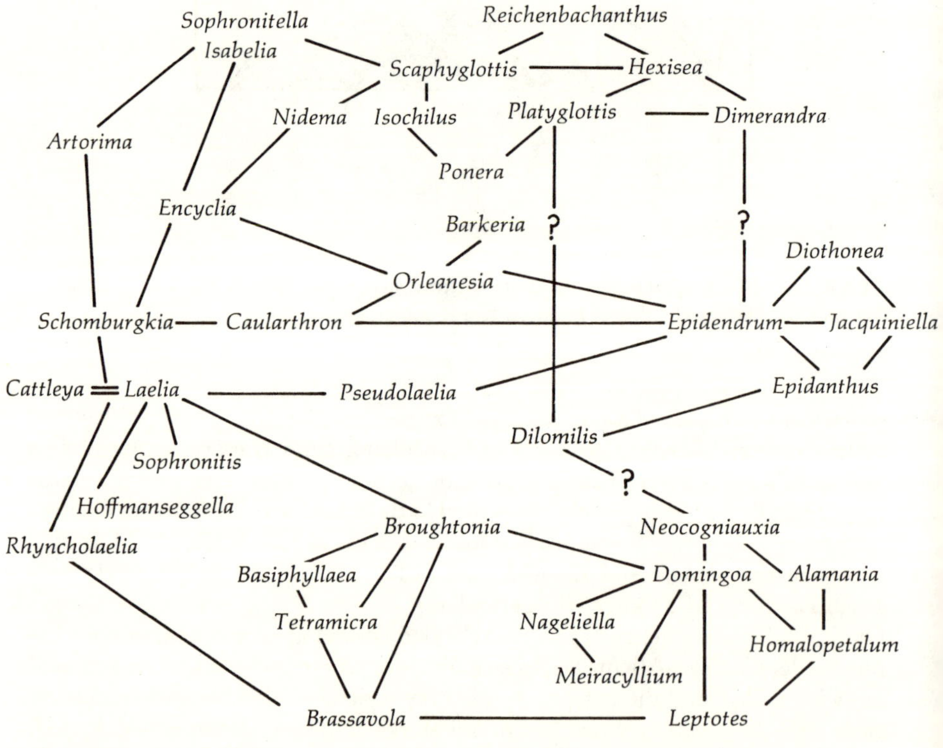

Abb. 9.12. Vermutliche anatomische Verwandtschaften bei den Laeliinae (nach Baker 1972).

Dilomilis, eine Gattung mit acht Pollinien und schlanken schilfähnlichen Sprossen, dürfte der primitivste lebende Vertreter dieser Subtribus sein.
In meinen früheren Klassifikationen habe ich *Isochilus* aufgrund ihrer Ähnlichkeit mit *Elleanthus* aus dieser Subtribus ausgeklammert; doch Bakers Untersuchungen deuten darauf hin, daß diese Gattung doch zu den Laeliinae gehört und daß die Ähnlichkeit mit *Elleanthus* auf eine Konvergenz durch Kolibribestäubung zurückzuführen ist.
Literaturhinweise: Baker 1972 (Anatomie); Fowlie 1977 (zweiblättrige *Cattleya*-Arten); Braem 1984 (brasilianische zweiblättrige *Cattleya*-Arten.

Subtribus Meiracylliinae Dressler

Epiphytische Pflanzen mit kurzen, leicht verdickten Sprossen. Die Blätter (ein Blatt pro Trieb) sind in der Knospe gefaltet, fleischig und artikuliert. Der terminale, unverzweigte Blütenstand trägt wenige kleine, resupinierte, spiralig angeordnete Blüten. Die Lippe ist an der Basis sackförmig ausgebildet; die Säule ist länglich, der Staubbeutel aufrecht und dorsal und besteht aus 8 Kammern. Die acht keulenförmigen Pollinien weisen ein ausgeprägtes Viscidium auf; die Narbe ist einlappig.
Verbreitung: Tropisches Amerika (Mexiko und Zentralamerika).
Bestäubung: Unbekannt; der Methylcinnamat-Duft deutet auf eine Bestäubung durch männliche Euglossini hin.
Chromosomenzahlen: Unbekannt.
Arten: 2.
Gattung: *Meiracyllium.*
Ich habe diese Gattung aufgrund der Untersuchungen Bakers (1972), der anatomische Übereinstimmungen nachwies, in die Laeliinae eingeordnet, obwohl ihr schnabelähnliches Rostellum und ihre langen, keulenförmigen Pollinien eigentlich nicht in diese Gruppe hineinpassen.
Literaturhinweis: Dressler 1960 (Verwandtschaften).

Subtribus Pleurothallidinae Lindley

Epiphytische oder terrestrische Pflanzen ohne Pseudobulben mit einblättrigen Sprossen. Die Blätter sind in der Knospe gefaltet, häufig fleischig und artikuliert. Der Blütenstand ist terminal (selten lateral), unverzweigt oder gebündelt und zweireihig. Die resupinierten oder nicht resupinierten Blüten weisen zwischen Fruchtknoten und Blütenstiel eine Nahtstelle auf. Die Säule ist kurz oder verlängert, und weist häufig einen ausgeprägten Säulenfuß auf. Der Staubbeutel ist apikal und aufliegend oder dorsal aufrecht stehend; die acht, sechs, vier oder zwei keulenförmigen Pollinien besitzen (bei aufrecht stehendem Staubbeutel) häufig ein kleines Viscidium. Die Narbe ist ein- oder zweilappig; die Fruchtkapsel weist manchmal zwei ungleiche Klappen auf.
Verbreitung: Tropisches Amerika.
Bestäubung: Diese Gruppe wird hauptsächlich von Fliegen bestäubt. Am häu-

figsten wurden *Drosophila*-ähnliche Fliegen beobachtet; und die Blüten der meisten Gattungen weisen das hierzu passende Bestäubungssyndrom auf. Einige *Masdevallia*-Arten werden von Aasfliegen, einige von Kolibris bestäubt. Vogel (1978) vermutet, daß es sich bei der auffallend pilzähnlichen Lippe der Gattung *Dracula* um eine Mimikry handelt und daß ihre Blüten von Pilzfliegen bestäubt werden.

Chromosomenzahlen: 32, 42, 44, 64; es sind nur wenige Zählungen bekannt.

Arten: Etwa 3800.

Gattungen: 26; *Acostaea, Andreettaea, Barbosella, Brachionidium, Chamelophyton, Cryptophoranthus, Dracula, Dresslerella, Dryadella, Lepanthes, Lepanthopsis, Masdevallia, Octomeria, Phloeophila, Physosiphon, Physothallis, Platystele, Pleurothallis, Porroglossum, Restrepia, Restrepiella, Restrepiopsis, Salpistele, Scaphosepalum, Stelis, Triaristella.*

Gattungshybriden: Es sind zwei künstliche Hybriden zwischen *Dracula* und *Masdevallia* registriert. Ich bezweifle, daß Versuche unternommen wurden, die anderen, kleinblütigen Gattungen dieser Subtribus untereinander zu kreuzen.

Diese Gruppe ist eindeutig an der eigenartigen Wuchsform und der Nahtstelle zwischen Fruchtknoten und Blütenstiel zu erkennen. Die Unterschiede in der Pollinienzahl scheinen ziemlich genau mit den Gattungsgrenzen übereinzustimmen. Trotzdem gibt es auch hinsichtlich der Klassifikation dieser Subtribus noch einige Probleme, die vielleicht durch weitere anatomische und blütenmorphologische Untersuchungen geklärt werden können.

Literaturhinweise: Garay 1974 c (Allgemeines); Kränzlin 1925 (Revision der Gattung *Masdevallia*); Misas und Arango 1974 (Allgemeines); Vogel 1978 (Bestäubung der Gattung *Dracula*); vgl. auch eine Reihe taxonomischer Arbeiten von Luer in den ersten Bänden der Zeitschrift Selbyana.

8. **Subtribus Dendrobiinae** Lindley

Epiphytische, manchmal auch terrestrische Pflanzen mit schlanken Sprossen oder Pseudobulben, meist aus mehreren Internodien, seltener aus einem Internodium. Die Blätter sind zweireihig angeordnet, in der Knospe gefaltet, manchmal seitlich abgeflacht und artikuliert. Der verzweigte oder unverzweigte Blütenstand ist lateral oder terminal (?) und entspringt meistens aus den oberen Achseln. Er trägt wenige bis viele spiralig angeordnete, kleine bis große, resupinierte Blüten. Die Lippe weist häufig ein basales Gelenk auf; an den Blüten ist oft ein Sporn zu finden, der vom Säulenfuß oder von Säulenfuß und Lippe gebildet wird. Die Säule besitzt einen ausgeprägten Säulenfuß; der Staubbeutel ist terminal und aufliegend und besteht aus zwei Kammern. Die Blüte bildet vier oder zwei nackte Pollinien in zwei Paaren. Die Pollinien weisen keine Caudiculae oder Viscidien auf.

Verbreitung: Tropisches Asien und Australasien.

Bestäubung: Die meisten Berichte über die Gattung *Dendrobium* geben Bienenbestäubung an; es werden jedoch auch Schwebfliegen und thynnide Wespen erwähnt. Vogelbestäubung wurde nur in einem einzigen Fall beobachtet, obwohl etliche der in höheren Lagen vorkommenden Arten das Vogelbestäubungssyndrom aufweisen. Bei zahlreichen Arten sind die Blüten nur einen Tag lang geöffnet, und es tritt eine Massenblüte auf.

Chromosomenzahlen: 38, 40.

Arten: Etwa 1650.

Gattungen: 6; *Cadetia, Dendrobium, Diplocaulobium, Ephemerantha, Epigeneium, Pseuderia.*

Die Pollinien dieser Tribus sind nackt; Caudiculae sind nicht einmal in Ansätzen vorhanden. Da die gesamte traditionelle Klassifikation der Orchideenfamilie auf den Pollinienmerkmalen und den damit zusammenhängenden Eigenschaften basiert, ist die Taxonomie einer Gruppe mit nackten Pollinien natürlich sehr unklar. Bei den Dendrobiinae findet man vier oder manchmal zwei mehr oder weniger elliptische Pollinien, die am Rostellumende nur selten etwas verschmälert sind. Nackte Pollinien scheinen der blütenmorphologischen Vielfalt eindeutig Beschränkungen aufzuerlegen und sind für eine Systematik, die in erster Linie auf den Pollinien basiert, sehr problematisch. Holttum (1952 b) erwähnt, daß viele intersterile Sektionen der Gattung *Dendrobium* in biologischer Hinsicht viel eindeutiger erkennbar und abgrenzbar sind als die sich schnell vermehrenden Gattungen der Sarcanthinae. Leider bedarf sogar die sektionale Klassifikation einer Überarbeitung. Die Gattung *Dendrobium* (so wie sie derzeit abgegrenzt wird) ist eine der größten Orchideengattungen; sie umfaßt ungefähr 1400 beschriebene Arten.

Dendrobium hat zwar kein deutlich ausgebildetes Viscidium; doch einige scheinbar von Vögeln bestäubte Arten, zum Beispiel *D. secundum* und *D. sophronites,* weisen ein Gebilde auf, das als vorletzter Schritt in der Viscidiumentwicklung zu deuten ist. Bei diesen Arten übernimmt ein nicht sehr deutlich abgegrenzter Teil des Rostellums eine viscidiumähnliche Funktion (Reichenbach 1884). Die Pollinien sind nicht mit dem Rostellum verbunden, werden aber von diesem klebrigen »Semiviscidium« festgehalten, wenn der Staubbeutel nach hinten klappt und die Pollinien diesen gerade abgerissenen Teil des Rostellums berühren.

Der Hauptunterschied zwischen dieser Subtribus und den meisten anderen Epidendreae ist derselbe, der auch die Malaxideae als eigenständige Tribus auszeichnet. Hier aber ähneln die Dendrobiinae den anderen Epidendreae und insbesondere den Eriinae in Chromosomenzahlen, Wuchsform, Samenstruktur und allgemeinem Blütenbau. Viele Autoren ordnen *Dendrobium* und *Eria* in dieselbe Subtribus ein. In der Pollinienstruktur unterscheiden diese beiden Gattungen sich deutlich voneinander, obwohl sie sicherlich eng verwandt sind.

Literaturhinweise: Holttum 19 52 b (Sektionen); Jones und Gray 1976 b, 1977 (Bestäubung); Kränzlin 1910 (Überarbeitung; unbefriedigend).

Subtribus Bulbophyllinae Schlechter

Epiphytische Pflanzen mit Pseudobulben aus einem Internodium, die am Rhizom häufig weit auseinander stehen und manchmal sehr klein sein können. Die

Blätter sind in der Knospe gefaltet, oft fleischig, artikuliert und manchmal zu Schuppen zurückgebildet. An dem lateralen, unverzweigten Blütenstand sitzen eine bis viele spiralig oder zweireihig angeordnete, kleine bis große resupinierte Blüten, deren Lippe an der Basis häufig mit Scharnier versehen und somit beweglich ist. Die Säule weist einen deutlich ausgebildeten Säulenfuß auf. Der Staubbeutel ist terminal und aufliegend und besteht aus zwei Kammern. Die vier oder zwei Pollinien sind meist nackt; manchmal besitzen sie jedoch auch ein Viscidium oder Viscidien oder sogar einen Stipes. Die Narbe ist einlappig.
Verbreitung: Pantropisch, vor allem in der Alten Welt.
Bestäubung: Die meisten *Bulbophyllum*-Arten scheinen sich an eine Bestäubung durch Fliegen angepaßt zu haben; in allen Berichten über asiatische Arten ist Fliegenbestäubung angegeben. Der Geruch einiger Arten weist eindeutig auf Aasfliegenbestäubung hin, obwohl einige Arten Nektar erzeugen (Jones und Gray 1976 a). Johansson (1974) hat jedoch überraschenderweise beobachtet, daß drei westafrikanische *Bulbophyllum*-Arten von Wespen, stachellosen Bienen und ctenuchiden Wespen besucht werden. Wenn diese Insekten wirklich die Bestäuber jener *Bulbophyllum*-Arten sind, beweist das wieder einmal, daß man die sogenannten Bestäubungssyndrome nicht überbewerten sollte.
Chromosomenzahlen: 36, 38, 40.
Arten: Etwa 1020.
Gattungen: 7; *Bulbophyllum, Chaseëlla, Drymoda, Monomeria, Pedilochilus, Saccoglossum, Trias.*
Auch diese Gruppe besitzt nackte Pollinien, und es besteht wenig Einigkeit darüber, welche Gruppen Gattungsstatus verdienen und welche nicht. Einige *Bulbophyllum*-Arten haben deutlich erkennbare Viscidien, aber anscheinend keine Caudiculae. Die Gattungen *Drymoda, Monomeria* und *Sunipia* wurden zusammen mit der afrikanischen Gattung *Genyorchis* in eine gesonderte Subtribus eingeordnet, da sie angeblich alle einen Stipes oder Stipites haben. Leider gehört die Gattung *Genyorchis* aufgrund ihrer Säulen- und Pollinienstruktur nicht in diese Gruppe, sondern in die Cymbidieae. *Drymoda* hat – ebenso wie einige *Bulbophyllum*-Arten – ein ausgeprägtes Viscidium, aber keinen Stipes. Die vegetativen Merkmale dieser Gattung erinnern an die Gattung *Porpax* (Eriinae) und deuten darauf hin, daß *Drymoda* wohl kaum eng mit *Monomeria* oder *Sunipia* verwandt ist. *Monomeria* besitzt einen Stipes und ähnelt ansonsten *Bulbophyllum*. *Sunipia* unterscheidet sich deutlicher von den hier aufgeführten Gattungen und wird untenstehend als gesonderte Subtribus beschrieben.
Literaturhinweise: Jones und Gray 1976 a (Bestäubung); Seidenfaden 1973 (Sektion *Cirrhopetalum*).

Subtribus Sunipiinae Dressler 1979 b

Epiphytische Pflanzen mit Pseudobulben aus einem einzigen Internodium, die am Rhizom meist weit auseinander stehen. Die Blätter sind in der Knospe gefaltet, fleischig und artikuliert. Der laterale, unverzweigte Blütenstand trägt eine bis viele spiralig oder zweireihig angeordnete, kleine bis mittelgroße,

resupinierte Blüten mit ungeteilter Lippe. Die Säule weist einen kurzen Säulenfuß auf. Der Staubbeutel ist terminal und mit dem Klinandrium verwachsen, öffnet sich vom Klinandrium weg und besteht aus zwei Kammern. Die Blüte bildet vier seitlich etwas abgeflachte Pollinien; jedes Paar sitzt an einem eigenen Stipes mit Viscidium. Die Narbe ist einlappig.
Verbreitung: Nördliches tropisches Asien.
Bestäubung: Unbekannt.
Arten: Etwa 25.
Gattung: *Sunipia.*
Diese Gattung hat in der Wuchsform große Ähnlichkeit mit der Gattung *Bulbophyllum.* Diese beiden Gattungen sind wahrscheinlich verwandt, aber in den Blütenmerkmalen sehr unterschiedlich. Die Staubbeutelstruktur und die paarigen Stipites kommen bei keiner anderen Gattung dieser Unterfamilie vor.
Literaturhinweise: Seidenfaden 1969 (taxonomische Überarbeitung).

10 Die Vandoideae

Die vandoide Orchideengruppe wurde von den meisten Autoren als Einheit anerkannt – entweder als Tribus oder als Unterfamilie oder als Entwicklungsstufe. Allerdings besteht kaum Einigkeit darüber, wo man die Trennlinie zwischen epidendroiden und vandoiden Orchideen ziehen soll. Es gibt zwar etliche Merkmale, die für gewöhnlich mit den vandoiden Orchideen in Verbindung gebracht werden: laterale Blütenstände, Staubbeutel mit zurückgebildeten Trennwänden, übereinanderliegende Pollinien, Viscidium und Stipes. Die Wechselbeziehungen zwischen jenen Merkmalen sind aber nicht immer dieselben, und man findet auch viele epidendroide Orchideen mit lateralen Blütenständen und mehrere eindeutig vandoide Orchideen mit terminalen Blütenständen. Die Staubbeutel der Gattungen *Sobralia* und *Coelogyne* haben überraschend vandoiden Charakter, ebenso wie die Pollinien der Gattung *Coelogyne* (sie weisen aber keinen Stipes und kein Viscidium auf). Viscidien sind bei vielen Orchideengruppen zu finden; die Entwicklung dieses Blütenorgans hat sich sicherlich mehrmals unabhängig voneinander vollzogen. *Prasophyllum, Sunipia* und *Monomeria* weisen einen Stipes auf, obwohl diese drei Gattungen mit Sicherheit keine vandoiden Orchideen sind. Ebenso halte ich die Gattung *Calypso* für ein Mitglied der Epidendroideae, das unabhängig einen Stipes und in der Tat ziemlich vandoide Pollinarien herausgebildet hat. Die meisten vandoiden Orchideen besitzen einen Stipes oder Stipites; doch bei einigen *Maxillaria*-Arten und einigen Mitgliedern der Corallorhizinae und Cyrtopodiinae sind die Stipes sehr klein oder gar nicht vorhanden. Brieger (in Schlechter 1970) ordnet die Corallorhizinae in die Epidendroideae ein, da sie angeblich keinen Stipes haben (siehe Calypsoeae).

Ich bin der Meinung, daß die Staubbeutelentwicklung das einzige Merkmal ist, das eine befriedigende Abgrenzung der Epidendroideae von den Vandoideae zuläßt. Obwohl Hirmer diesem Thema bereits 1920 eine Publikation widmete, mißdeutete er – ebenso wie alle anderen Botaniker nach ihm – seine Beobachtungen. In der Tat sieht ein deckelförmiger Staubbeutel auf der Säulenspitze bei *Cattleya* ziemlich ähnlich aus wie bei *Cymbidium;* es ist gar nicht so einfach, sich davon zu überzeugen, daß hier trotzdem ein fundamentaler Unterschied vorliegt. Aber bei *Cattleya* biegt sich der Staubbeutel im Laufe seiner Entwicklung nach unten, während das bei *Cymbidium* nicht der Fall ist. Hirmer meinte, daß der *Cymbidium*-Staubbeutel bereits während der frühesten Entwicklungsstadien gebogen war. Ich habe die Entwicklung vieler vandoider und anderer Orchideen verglichen und bin zu der Auffassung gelangt, daß der Staubbeutel von *Cymbidium* und anderen vandoiden Orchideen sehr kurz ist, aufrecht steht und sich basal und nicht ventral öffnet. Dies ist bei den Blüten der Gattung *Neobenthamia* am deutlichsten zu beobachten. Wenn man dieses Merkmal zusätzlich zu den anderen als Klassifikationskriterium heranzieht, kann man eine klare Trennlinie zwischen den Epidendroideae und den Vandoideae ziehen und, da man einmal den fundamentalen Unterschied begreift, diese beiden Gruppen ohne Schwierigkeiten als gesonderte Unterfamilien beschreiben.

Unterfamilie Vandoideae Endlicher

Die Vandoideae werden üblicherweise als die am höchsten entwickelten Orchideen betrachtet. Ihr Staubbeutel ist im Vergleich zu anderen Gruppen stark modifiziert, die Pollinien sind ziemlich hart und bilden in Verbindung mit dem Rostellum- und Säulengewebe ein ziemlich komplexes »Pollinarium«, das so unverwechselbare Eigenschaften aufweist, daß man viele vandoide Orchideengattungen bereits an ihren Pollinarien erkennen kann. Andererseits haben alle Gruppen dieser Unterfamilie einen sehr ähnlichen Blütenbau; daher läßt es sich nicht vermeiden, daß die Einteilung in Triben etwas willkürlich ist. Ich teile diese Unterfamilie in vier Triben auf, obwohl man einige Subtriben ohne weiteres als gesonderte Triben anerkennen könnte. Es ist in der Tat schwierig, ohne nähere Informationen über Anatomie, Cytologie und Biochemie eindeutig zu entscheiden, welches Klassifikationssystem das beste ist.
Bei dieser Unterfamilie scheint die Zahl der Pollinien von etwas größerer Bedeutung zu sein als bei den anderen; aber die Pollinarien müssen genau untersucht werden. Wenn nur zwei Pollinien vorhanden sind, ist jedes Pollinium auf einer oder auf beiden Seiten tief gespalten und nur auf einer Seite fest, so daß der Eindruck entsteht, daß es sich um ein Paar übereinanderliegender Pollinien handelt. Ich bin der Meinung, daß in dieser Unterfamilie vier Pollinien als primitives Merkmal zu betrachten sind und daß die Reduktion der Pollinienzahl auf zwei mehrmals unabhängig stattgefunden hat. Diese Frage ist sehr kritisch, und ich will versuchen anzugeben, welche Gruppen mir zweifelhaft erscheinen.
Verwandtschaften: Die Vandoideae weisen einige Ähnlichkeiten mit den Epidendroideae und den Orchidoideae auf; doch die Vandoideae und deren engste Verwandte (welche Gruppe auch immer das sein mag) sind durch eine weite Kluft voneinander getrennt.

Tribus Polystachyeae Pfitzer

Epiphytische oder terrestrische Pflanzen mit schlanken Sprossen oder Pseudobulben, die meist aus mehreren Internodien, manchmal aber auch nur aus

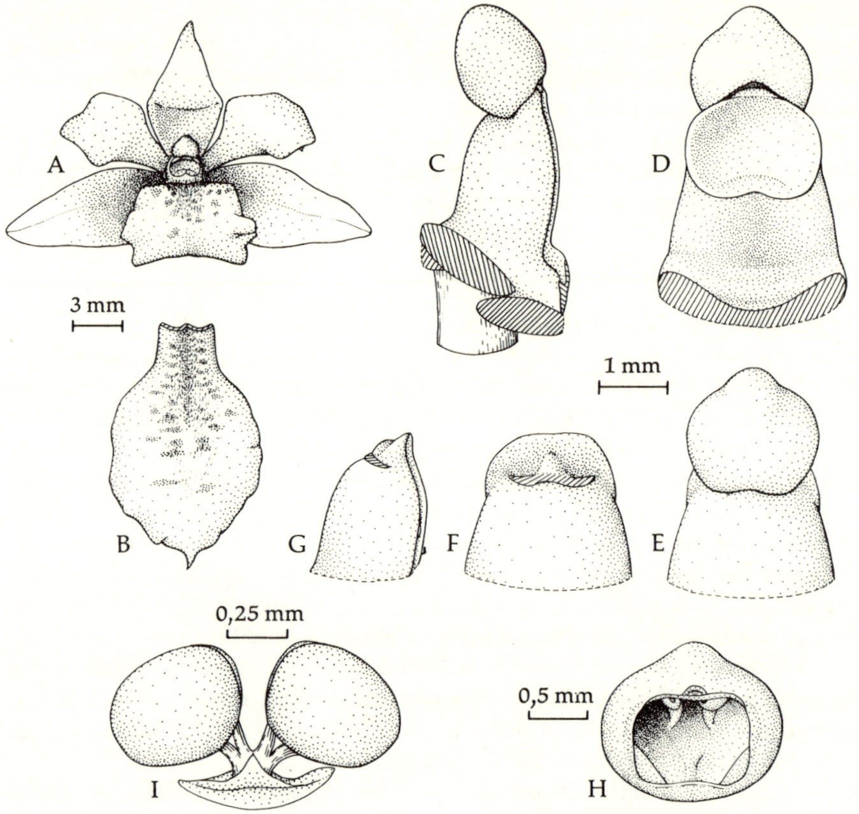

Abb. 10.1. *Neobenthamia gracilis* (Vandoideae: Polystachyeae). (A) Blüte. (B) Lippe, ausgebreitet. (C) Säule, Seitenansicht. (D) Säule, ventral. (E) Säulenspitze mit Anthere, dorsal. (F) Säulenspitze nach Entfernen von Anthere und Pollinarium, dorsal. (G) Säulenspitze nach Entfernen von Anthere und Pollinarium, Seitenansicht. (H) Anthere, basale Sicht. (I) Pollinarium.

einem einzigen Internodium bestehen. Die Blätter sind zweireihig angeordnet, in der Knospe gefaltet, artikuliert. Der terminale oder laterale, verzweigte oder unverzweigte Blütenstand trägt mehrere bis viele spiralig angeordnete, kleine bis ziemlich kleine, resupinierte oder nicht resupinierte Blüten. Die Lippe weist an der Oberseite meist eine mehlähnliche Behaarung (Pseudopollen) auf. Die Säule ist kurz bis mittellang und besitzt einen deutlich erkennbaren Säulenfuß; der Staubbeutel ist terminal und deckelförmig und hat zurückgebildete Trennwände. Die vier übereinanderliegenden Pollinien besitzen einen kleinen, aber ausgeprägten Stipes und ein Viscidium; die Narbe ist einlappig (vgl. Abb. 10.1).

Verbreitung: Pantropisch, hauptsächlich Afrika; sekundäres Zentrum im tropischen Amerika.

Bestäubung: Die Gattung *Polystachya* wird bekanntlich von kleinen Bienen bestäubt, die den Pseudopollen sammeln. Das gilt wahrscheinlich für die meisten Arten dieser Subtribus.
Chromosomenzahlen: 40.
Arten: Etwa 220.
Gattungen: 4; *Hederorkis, Imerinaea, Neobenthamia, Polystachya.*
Der taxonomische Wandel, dem diese Gruppe unterworfen war, ist ein anschauliches Beispiel für die Probleme, die sich bei der systematischen Bearbeitung der vandoiden Orchideen ergeben. Pfitzer (1887) und Schlechter (1926) ordneten die meisten Cyrtopodiinae-Gattungen mit terminalen Blütenständen *Polystachya* zu, während Dressler und Dodson (1960) und Garay (1960) die Gattung *Polystachya* sogar aus der vandoiden Orchideengruppe ausklammerten. Viscidium und Stipes der Polystachyeae sind zwar sehr klein, aber ziemlich ausgeprägt; dieses und andere Merkmale deuten darauf hin, daß diese Gruppe doch eindeutig vandoid ist. Der verlängerte, deutlich aufrecht stehende Staubbeutel und der eigenartige Calyculus der Gattung *Neobenthamia* lassen vermuten, daß diese Gattung eine der primitivsten Gruppen der Unterfamilie Vandoideae ist.
Verwandtschaften: Die Polystachyeae sind vielleicht enger mit den Vandeae verwandt als mit den hauptsächlich kormösen Maxillarieae und Cymbidieae, obwohl ich für diese Vermutung keinen eindeutigen Beweis habe.
Literaturhinweis: Bosser 1976 *(Hederorkis)*; Goss 1977 (Bestäubung); Kränzlin 1926 (Taxonomie der Gattung *Polystachya*; unbefriedigend).

Tribus Vandeae Lindley

Die monopodiale Wuchsform hat sich in mehreren verschiedenen Gruppen (vor allem bei den kleinen Zweigepiphyten) unabhängig voneinander entwikkelt; aber die Vandeae sind die einzige Hauptgruppe der Orchideen, deren Mitglieder alle monopodial sind. Es ist daher anzunehmen, daß die Entwicklung der monopodialen Wuchsform in dieser Gruppe bereits sehr früh in der Evolutionsgeschichte stattgefunden hat. Diese Wuchsform ermöglicht in mancher Hinsicht eine große Flexibilität; die Ausbildung von Pseudobulben ist bei ihr jedoch nicht möglich. Die Blätter dieser Gruppe sind daher sehr fleischig; man findet hier die dicksten Luftwurzeln, die bei den Orchideen bekannt sind. Abgesehen von der einheitlichen monopodialen Wuchsform zeichnet sich diese Gruppe auch noch durch ein deutlich dorsiventrales Protokorm und relativ einheitliche Chromosomenzahlen aus.
Verwandtschaften: Ich bin der Meinung, daß diese Tribus enger mit den Polystachyeae verwandt ist als mit anderen Orchideengruppen. Man kann sich durchaus vorstellen, daß die monopodiale Wuchsform durch die Ausbildung von lateralen Blütenständen und die Beibehaltung des apikalen Wachstums bei *Hederorkis*- oder *Neobenthamia*-ähnlichen Pflanzen entstanden ist; doch es ist

ebenso gut möglich, daß die Vandeae mit keiner lebenden Pflanze nah verwandt sind.

Phylogenetische Tendenzen: Was die vegetativen Merkmale anbelangt, so ist eine Stauchung des Sprosses festzustellen, durch die *Phalaenopsis*-ähnliche Pflanzen und sehr fleischige, manchmal zylindrische oder seitlich abgeflachte Blätter entstanden sind. Die auffallendste Tendenz ist die Entwicklung von blattlosen Pflanzen, bei denen die Wurzeln die Photosynthesetätigkeit übernehmen. Diese Tendenz ist in allen drei Subtriben zu beobachten: bei zwei oder drei verschiedenen Gruppen der Sarcanthinae, bei den Angraecinae und anscheinend zwei- oder mehrmals bei den Aerangidinae. Johansson (1977) vermutet, daß diese blattlosen Pflanzen teilweise indirekte Parasiten sein könnten. Einige Entwicklungstendenzen der Blütenmerkmale sind klar; doch eine allgemeine Evolutionsrichtung ist noch nicht herausgearbeitet worden. Ich bin der Ansicht, daß vier Pollinien den primitiven Zustand darstellen und daß die Reduktion auf zwei Pollinien innerhalb dieser Tribus mehrere Male unabhängig stattgefunden hat. Außerdem haben sich – vor allem bei den Angraecinae und Aerangidinae – zwei getrennte Stipites und Viscidien entwickelt, so daß jedes Pollinium seinen eigenen Stipes und sein eigenes Viscidium hat. Bei einigen kleinblütigen Gruppen haben sich vier gleiche rundliche oder eiförmige Pollinien herausgebildet, und es ist anscheinend mindestens einmal vorgekommen, daß die Reduktion auf zwei Pollinien durch den Verlust eines Pollinienpaares und nicht durch Verschmelzung entstand (Holttum 1959). Eine deutliche Tendenz der Blütenentwicklung ist die Ausbildung eines ausgeprägten Sporns. Bei den Angraecinae und Aerangidinae steht dieser Sporn meist im Zusammenhang mit dem Nachtfalter-Bestäubungssyndrom; und bei den Gattungen *Amesiella* und *Neofinetia* (Sarcanthinae) hat sich dieses Syndrom parallel entwickelt. Es existieren sicherlich auch noch andere Blütenevolutionstendenzen; doch da nicht geklärt ist, welches die primitive Blütenstruktur ist, fällt es schwer, diese Tendenzen herauszuarbeiten.

Holttum hat für die Vandeae ein interessantes Evolutionsmuster entworfen. Er hält die zwei gespaltenen Pollinien für das primitive Merkmal; doch ich bin wie Garay (1972 b) der Auffassung, daß eine Reduktion von vier auf zwei wahrscheinlicher ist. Das würde nur eine geringfügige Abänderung des Holttumschen Schemas (Abb. 10.2) erfordern. Holttum vertritt die Meinung, daß die mit *Vanda, Vandopsis* und *Arachnis* verwandten großblütigen Gattungen dem Grundmuster dieser Tribus sehr nahestehen. Diese Gattungen lassen sich relativ leicht miteinander kreuzen, während die kleinblütigen Gattungen, von denen Holttum annimmt, daß sie von den großblütigen abgeleitet sind, zumindest in einigen Fällen intersteril sind. Das ist ein eigenartiges Muster; aber wir haben natürlich nur wenige Informationen über die Kreuzbarkeit der kleinblütigen Gattungen. Trotzdem sollten wir auch die Möglichkeit in Betracht ziehen, daß einige der kleinblütigen Gruppen primitiv sind und daß der großblütige Komplex nur eine oder mehrere gruppeninterne Entwicklungslinien darstellt.

Literaturhinweis: Holttum 1959 (Evolutionsschema).

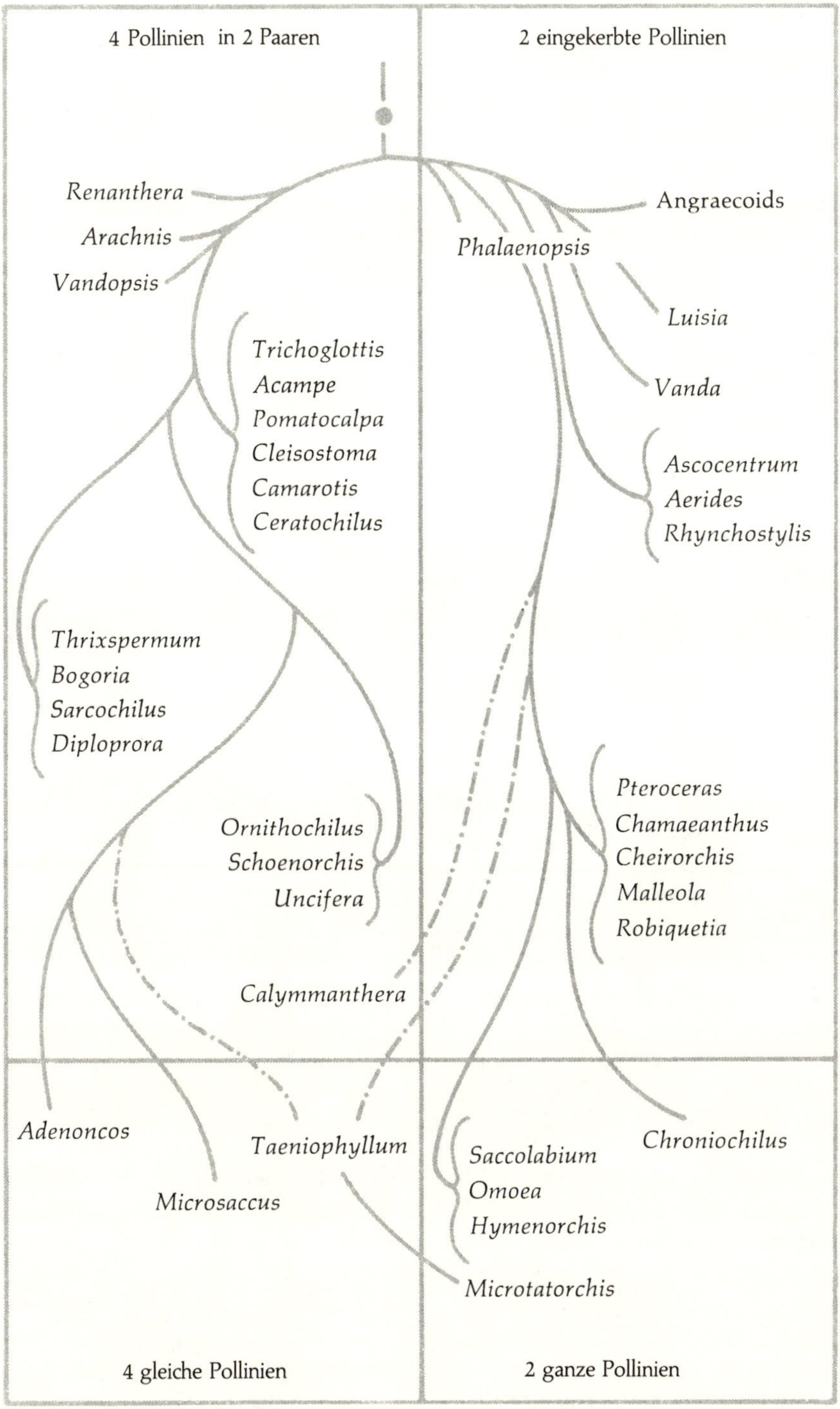

Abb. 10.2. Schema der möglichen Verwandtschaften zwischen einigen wichtigen Gattungen der Vandeae, nach Form und Zahl ihrer Pollinien (nach Holttum 1959).

Subtribus Sarcanthinae Bentham

Monopodiale Pflanzen mit kurzen oder länglichen Sprossen. Die Blätter sind zweireihig, selten sekundär spiralig angeordnet, in der Knospe gefaltet, manchmal zylindrisch, seitlich abgeflacht oder gar nicht vorhanden. Der laterale, verzweigte oder unverzweigte Blütenstand trägt eine bis mehrere spiralig, manchmal auch zweireihig angeordnete Blüten. Die Blüten sind sehr klein bis sehr groß, die Lippe manchmal mit einem Gelenk versehen, sackförmig oder tief gespornt. Die Säule besitzt gelegentlich einen großen Säulenfuß. Der Staubbeutel ist terminal und deckelförmig und hat zurückgebildete Trennwände. Die vier oder zwei Pollinien besitzen einen ausgeprägten Stipes und ein Viscidium; die Narbe ist einlappig (vgl. Abb. 10.3).
Verbreitung: Tropisches Asien, einige *Acampe*- und *Taeniophyllum*-Arten kommen in Afrika vor.
Bestäubung: Einem Bericht zufolge wird die Gattung *Phalaenopsis* von Holzbienen bestäubt. Auch bei der Gattung *Vanda* wurde zweimal Holzbienenbestäubung beobachtet. Es ist anzunehmen, daß *Amesiella* und *Neofineta* von Nachtfaltern bestäubt werden. Bei *Ascocentrum* und *Renanthera* liegt möglicherweise Vogelbestäubung vor; doch wir haben nur drei gesicherte Beobachtungen für diese große und komplexe Gruppe.

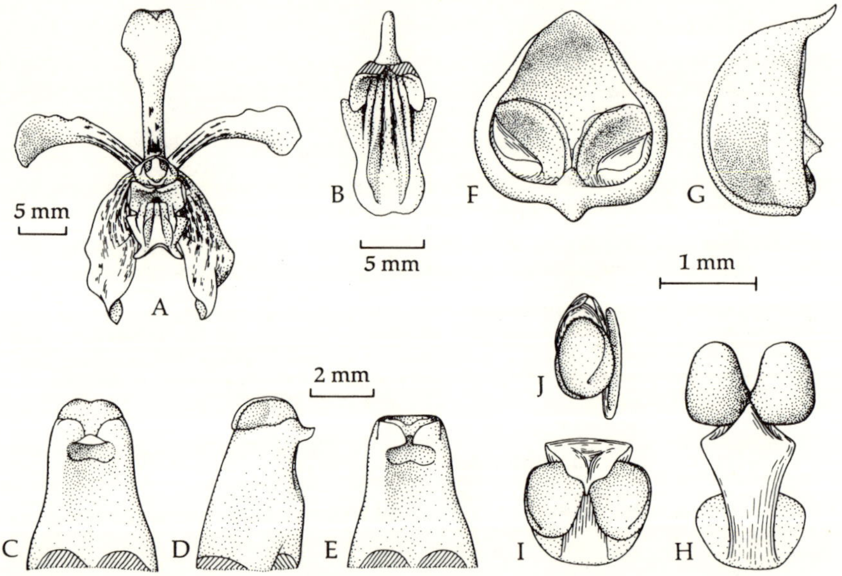

Abb. 10.3. *Vanda lamellata* (Vandoideae: Vandeae). (A) Blüte, Vorderansicht. (B) Lippe und Sporn. (C) Säule, ventral. (D) Säule, Seitenansicht. (E) Säule nach Entfernen von Anthere und Pollinarium. (F) Anthere, ventral. (G) Anthere, Seitenansicht. (H) Pollinarium, kurz nach Entfernen. (I) Pollinarium nach Aufrollen des Stipes, von oben gesehen. (J) Pollinarium, nach Aufrollen des Stipes, Seitenansicht.

Chromosomenzahlen: 38, 40. Laut einer anscheinend zuverlässigen Zählung besitzt *Taeniophyllum* 24 Chromosomen, was darauf hindeutet, daß bei dieser Mini-Orchidee eine Reduktion der Chromosomenzahl vorliegt. Einem Bericht zufolge ist das auch bei *Psygmorchis* (Oncidiinae) der Fall.
Arten: Etwa 1000.
Gattungen: 86 in 3 möglichen Allianzen:
(1) *Aerides, Ascochilus, Biermannia, Bogoria, Calymmanthera, Chamaeanthus, Cheirorchis, Chiloschista, Chroniochilus, Cordiglottis, Cryptophylos, Doritis, Drymoanthus, Grosourdya, Kingidium, Macropodanthus, Ornithochilus, Papillalabium, Peristeranthus, Phalaenopsis, Pteroceras, Rhinerrhiza, Rhynchostylis, Sarcochilus, Sedirea, Seidenfadenia, Thrixspermum.*
(2) *Adenoncos, Arachnis, Armodorum, Ascocentrum, Ascoglossum, Cleisocentron, Cottonia, Dimorphorchis, Diploprora, Esmeralda, Luisia, Papilionanthe, Paraphalaenopsis, Renanthera, Renantherella, Smitinandia, Vanda, Vandopsis.*
(3) *Abdominea, Acampe, Amesiella, Ascochilopsis, Brachypeza, Ceratochilus, Cleisomeria, Cleisostoma, Diplocentrum, Dryadorchis, Eparmatostigma, Gastrochilus, Holcoglossum, Hymenorchis, Loxoma, Malleola, Micropera, Microsaccus, Microtatorchis, Mobilabium, Neofinetia, Omoea, Pelatantheria, Pennilabium, Phragmorchis, Plectorhiza, Pomatocalpa, Porrorhachis, Porphyrodesme, Robiquetia, Saccolabiopsis, Saccolabium, Staurochilus, Stauropsis, Stereochilus, Taeniophyllum, Trachoma, Trichoglottis, Tuberolabium, Uncifera, Ventricularia, Xenikophyton.*
Gattungshybriden: Es sind mir innerhalb dieser Subtribus keine natürlichen Gattungshybriden bekannt; es gibt jedoch viele künstliche (vgl. Abb. 10.4). In dieser Gruppe werden auch die meisten Gattungshybriden registriert. Bislang haben sich die Gärtner hauptsächlich auf den *Vanda*-Komplex konzentriert und auch dem *Aerides*-Komplex einige Aufmerksamkeit gewidmet. Eigenartigerweise sind keine Gattungshybriden aus dem *Acampe*-Komplex, dafür aber etliche zwischen Gattungen dieses Komplexes und Gattungen des *Aerides*- und *Vanda*-Komplexes registriert. Wahrscheinlich ist diese Tatsache auf das gärtnerische Interesse an größeren Blüten zurückzuführen.
Mittlerweile sind Hybriden zwischen *Aerangis* und *Aeranthes* sowie zwischen diesen Gattungen und *Cyrtorchis* und *Angraecum* registriert. Noch überraschender sind die Kreuzungen zwischen *Eurychone* und *Phalaenopsis* sowie zwischen *Angraecum* und *Ascocentrum.*
Leider liegt keine befriedigende Überarbeitung dieser großen, komplexen Gruppe vor. Die Wissenschaftler des Royal Botanic Garden in Kew haben für diese Gruppe mehrere Subtribusnamen verwendet. Die hier vorgenommene Aufteilung in drei Allianzen beruht auf einer Liste, die diese Wissenschaftler aufgestellt haben; allerdings habe ich nirgends eine Begründung für diese Gruppen gefunden. Ein Student der Orchideentaxonomie hat diese Gruppe treffend als »schwarzes Loch« bezeichnet; in der Tat muß man sich jahrelang eingehend mit ihr beschäftigen, ehe man in der Lage ist, etwas wirklich Sinnvolles über sie aussagen zu können. Ich habe mich nur kurz mit den Sarcanthinae befaßt und den ersten Eindruck gewonnen, daß diese Gattungen zu fein aufgegliedert sein könnten. Garay (1972 b) rechtfertigt die Klassifikation mit

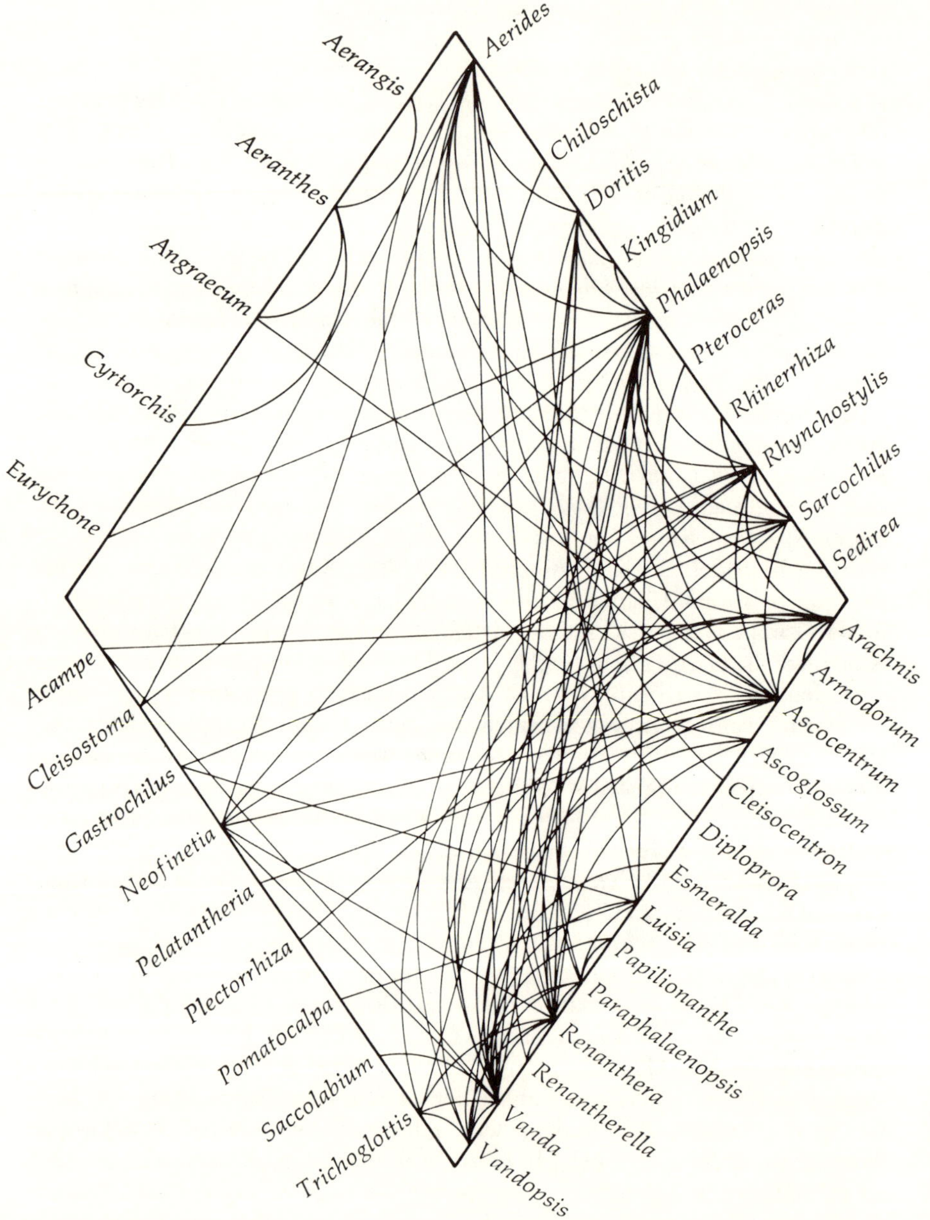

Abb. 10.4. Bei den Vandeae bekannte Gattungshybriden. Sie sind ausnahmslos anthropogen.

dem Hinweis, daß die Blütenmerkmale für die Bestäubung sehr wichtig sind; aber wir wissen kaum etwas über die Bestäubung dieser Gruppe, so daß wir nur raten können, welche Details ausschlaggebend sind. Schlechter (1926) hielt das Vorhandensein oder Fehlen eines Säulenfußes für sehr wichtig; aber seine Beobachtungen waren nur flüchtig und oberflächlich. Neuere Autoren halten die Pollinienzahl und die Lippenstruktur für wichtigere Merkmale.

In manchen Aspekten erinnern die Sarcanthinae an die Orchideae; und eine konsequente Revision könnte die Gattungszahl etwas reduzieren. In der Vergangenheit, als die Botaniker ihr Hauptaugenmerk auf die Blütenmerkmale richteten, wurden die Arten mit zylindrischen Blättern *Aerides, Phalaenopsis* und *Vanda* zugeordnet. Diese Arten ließen sich zwar leicht miteinander, aber nicht oder nur schwer mit ihren vermeintlichen Verwandten kreuzen. Mittlerweile werden die zylinderblättrigen *Phalaenopsis*-Arten als *Paraphalaenopsis* und die entsprechenden *Vanda*- und *Aerides*-Arten als *Papilionanthe* behandelt (Garay 1974 b). Der Eindruck der übermäßigen taxonomischen Aufteilung wird durch die große Anzahl künstlicher Gattungshybriden noch verstärkt, obwohl Holttum (1952 a) versichert, daß die meisten dieser Gattungshybriden steril sind. Somit dürfte die Klassifikation auf den zweiten Blick doch etwas besser abschneiden. Der von Garay (1972 b) angekündigten systematischen Überarbeitung mit Bestimmungsschlüssel sehen wir mit Spannung entgegen.

Literaturhinweise: Garay 1972 b, 1974 b (neue Gattungseinteilungen); Holttum 1952 a (Hybridisierung), 1959 (Evolutionstendenzen); Seidenfaden 1971 *(Luisia),* 1975 b (thailändische *Cleisostoma*-Arten); Sweet 1968–69 (Revision der Gattung *Phalaenopsis*); Tan 1975–76 (*Arachnis* und verwandte Gattungen).

Subtribus Angraecinae Summerhayes

Monopodiale Pflanzen mit kurzen bis langen Sprossen. Die Blätter sind zweireihig angeordnet, in der Knospe gefaltet, manchmal zylindrisch, seitlich abgeflacht oder gar nicht vorhanden. Der laterale, unverzweigte Blütenstand trägt eine bis viele spiralig, einseitig oder manchmal zweireihig(?) angeordnete Blüten. Die Blüten sind sehr klein bis groß, resupiniert oder nicht resupiniert und haben eine tief sackförmige oder gespornte Lippe. Die Säule ist kurz; der Staubbeutel ist terminal und deckelförmig und hat zurückgebildete Trennwände. Die Blüte bildet zwei Pollinien mit einem Stipes oder zwei Stipites und Viscidien. Die Narbe ist einlappig, das Rostellum tief gekerbt.

Verbreitung: Tropisches Afrika und tropisches Amerika.

Bestäubung: In dieser Gruppe überwiegt das Nachtfalter-Bestäubungssyndrom; es liegen aber keine Informationen über tatsächliche Bestäubungsbeobachtungen vor. Über die Bestäubung dieser und der nachfolgenden Gruppen könnte man interessante Informationen erhalten, indem man Nachtfalter fängt und die Pollinien auf ihrer Zunge untersucht.

Chromosomenzahlen: 38, 40, 42.

Arten: Etwa 400.

Gattungen: 16;

(1) Afrikanische Gattungen: *Aeranthes, Ambrella, Angraecum, Bonniera, Cryptopus, Jumellea, Lemurella, Neobathiea, Oeonia, Oeoniella, Perrierella, Sobennikoffia.*
(2) Amerikanische Gattungen: *Campylocentrum, Dendrophylax, Harrisella, Polyradicion.*
Diese Gruppe ist hauptsächlich auf Madagaskar heimisch, hat jedoch auch einige Vertreter auf dem afrikanischen Festland und ein paar »Ausläufer« in Amerika.
Die Gattung *Campylocentrum* umfaßt sowohl beblätterte als auch blattlose Arten, während die anderen amerikanischen Gattungen durchweg blattlos sind. Das deutet darauf hin, daß die Art, die sich von Afrika aus nach Amerika ausdehnte, eine beblätterte, kleinblütige Pflanze war und daß sich die großblütigen Arten auf den Antillen entwickelt haben, wo die Evolutionsmöglichkeiten natürlich ganz anders waren als auf dem Festland.
Literaturhinweise: Jones 1967 (Chromosomenzahlen); Stewart 1976 (Allgemeines); Summerhayes 1966 (Abgrenzung der Subtribus).

Subtribus Aerangidinae Summerhayes

Monopodiale Pflanzen mit kurzen bis langen Sprossen. Die Blätter sind zweireihig angeordnet, in der Knospe gefaltet, artikuliert, manchmal zylindrisch oder seitlich abgeflacht oder nicht vorhanden. Der laterale, unverzweigte Blütenstand trägt eine bis viele spiralig, einseitig oder zweireihig (?) angeordnete Blüten, die sehr klein bis groß und resupiniert sind. Die Lippe ist tief sackförmig oder gesport, die Säule kurz, der Staubbeutel terminal und deckelförmig. Die zwei Pollinien weisen einen Stipes oder zwei Stipites und Viscidien auf. Die Narbe ist einlappig, das Rostellum lang geschnäbelt (siehe Abb. 10.5).
Verbreitung: Tropisches Afrika.
Bestäubung: Johansson (1974) berichtet, daß die Blüten von *Diaphananthe* häufig von einem Nachtfalter *(Euchromia)* besucht werden. Wahrscheinlich liegt bei vielen angraecoiden Orchideen Nachtfalterbestäubung vor. Johansson hat auch beobachtet, daß die Blüten der Gattungen *Cyrtorchis* und *Tridactyle* oft von Blattkäfern (Chrysomelidae) besucht werden; doch diese könnten vielleicht gar nicht die Bestäuber sein.
Chromosomenzahlen: 46, 50, Fünfzig ist die häufigere Zahl.
Arten: Etwa 300.
Gattungen: 34; *Aerangis, Ancistrorhynchus, Angraecopsis, Barombia, Beclardia, Bolusiella, Calyptrochilum, Cardiochilus, Chamaeangis, Chauliodon, Cyrtorchis, Diaphananthe, Dinklageella, Distylodon, Eggelingia, Encheiridion, Eurychone, Lemurorchis, Listrostachys, Microcoelia, Mystacidium, Nephrangis, Plectrelminthus, Podangis, Rangaeris, Rhaesteria, Rhipidoglossum, Solenangis, Sphyrarhynchus, Summerhayesia, Taeniorrhiza, Triceratorhynchus, Tridactyle, Ypsilopus.*
Diese Gruppe ist zwar eng mit den Angraecinae verwandt, scheint aber sowohl durch die Blütenmerkmale als auch durch die Chromosomenzahlen deutlich von ihr abgegrenzt zu sein. Die Angraecinae haben ihre höchste Entwicklungs-

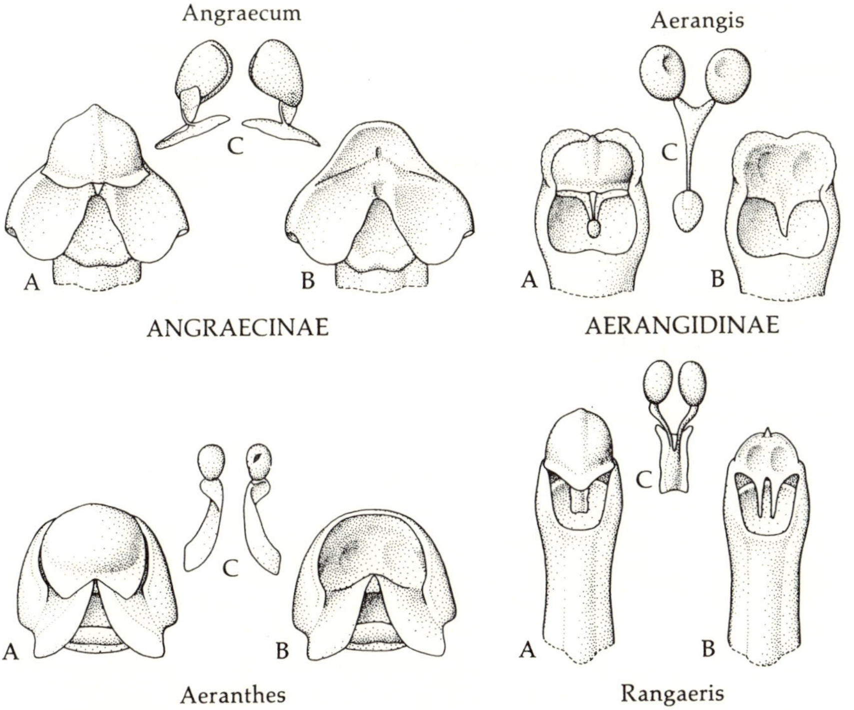

Abb. 10.5. Vergleich zwischen den Angraecinae und den Aerangidinae. (A) Säule mit Anthere. (B) Säule nach Entfernen von Anthere und Pollinarium. (C) Pollinarium (oder Hemipollinarium) (nach Stewart 1974).

stufe auf Madagaskar erreicht, die Aerangidinae hingegen haben sich auf dem afrikanischen Festland am weitesten entwickelt.
Literaturhinweise: Stewart 1976 (Allgemeines); Summerhayes 1966 (Abgrenzung der Subtribus).

Tribus Maxillarieae Pfitzer

Diese Gruppe umfaßt alle vandoiden Orchideen mit vier Pollinien mit Ausnahme der Vandeae und der Polystachyeae. Die Maxillarieae, wie sie hier abgegrenzt sind, scheinen eine ziemlich natürliche Gruppe zu sein. Sie sind in erster Linie in Amerika heimisch, obwohl die primitivste Subtribus, die Corallorhizinae, nicht nur auf dem amerikanischen Kontinent, sondern auch in Eurasien vertreten ist. Die primitivsten Gruppen haben grundsätzlich einen Kormus und mehrfach gefaltete Blätter und bilden somit einen Gegensatz zu den Polystachyeae, die ziemlich primitive Merkmale, schilfähnliche Sprosse und konduplikative Blätter haben. Die höherentwickelten Gruppen sind in allen Merkmalen sehr vielfältig. Das Variationsmuster innerhalb dieser Tribus ist ziemlich verwirrend. Bei den Maxillariinae und Dichaeinae findet man nur einblütige Blütenstände, und auch innerhalb der Zygopetalinae, Bifrenariinae und Lycastinae gibt es einige Gattungen mit einblütigen Blütenständen. Andere Merkmale deuten jedoch darauf hin, daß diese Gattungen mit einblütigen Blütenständen nicht sehr eng miteinander verwandt sind. Allerdings besteht kein Zweifel daran, daß all diese Subtriben eng verwandt sind; vielleicht wird sich eines Tages herausstellen, daß das ganze System einer Überarbeitung bedarf (siehe Abb. 10.6).

Verwandtschaften: Diese Tribus ist wahrscheinlich enger mit den Cymbidieae verwandt als mit den anderen vandoiden Triben.

Phylogenetische Tendenzen: Was die vegetativen Merkmale anbetrifft, finden wir bei den Maxillarieae die für die Orchideenfamilie charakteristischen Tendenzen – vom Kormus aus mehreren Internodien und mehrfach gefalteten Blättern bis zur Pseudobulbe aus einem einzigen Internodium und konduplikativen Blättern. Einige Gruppen weisen eine monopodiale Wuchsform oder zylindrische oder seitlich abgeflachte Blätter auf.

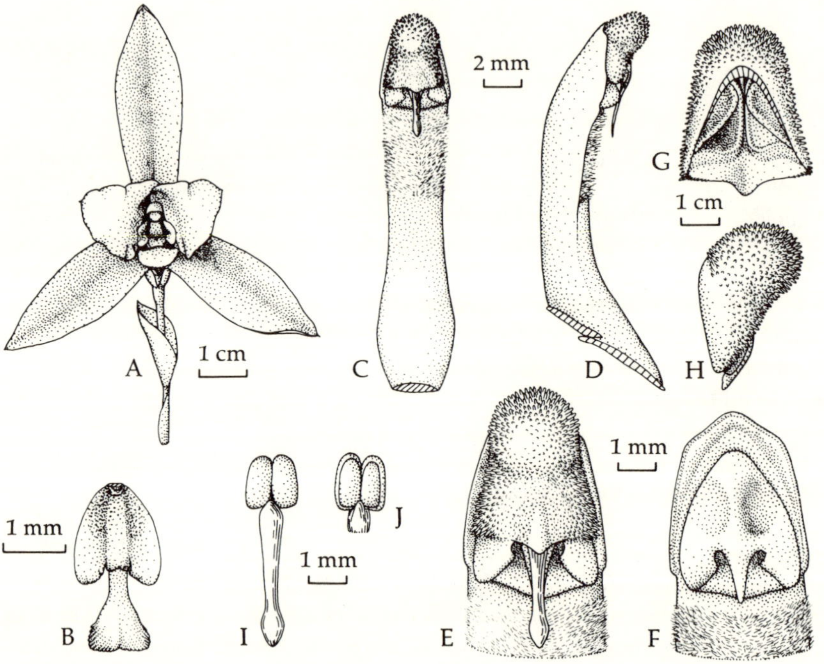

Abb. 10.6. *Lycaste tricolor* (Vandoideae: Maxillarieae). (A) Blüte, Vorderansicht. (B) Lippe, ausgebreitet. (C) Säule, ventral. (D) Säule, Seitenansicht. (E) Säulenspitze mit Anthere. (F) Säulenspitze nach Entfernen von Anthere und Pollinarium. (G) Anthere, ventral. (H) Anthere, Seitenansicht. (I) Pollinarium. (J) Pollinien, ventral.

Im Blütenbau findet man weniger extreme Unterschiede. *Tipularia* und einige Maxillariinae bilden Sporne, die jedoch selten vorkommen. Die meisten Pflanzen des *Zygopetalum*-Komplexes scheinen sich an die Bestäubung durch Euglossini angepaßt zu haben, ohne solch bizarre Mechanismen jedoch, wie man sie bei den Stanhopeinae findet. Viele (vielleicht sogar alle) Telipogoninae werden durch Pseudokopulation bestäubt, während die Ornithocephalinae (oder zumindest einige Pflanzen dieser Gruppe) Öl produzieren und von *Paratetrapedia* und möglicherweise auch von anderen ölsammelnden Bienen bestäubt werden. Bei den Ornithocephalinae findet man eine größere Blütenvielfalt. Sie haben vier gleiche, rundliche Pollinien entwickelt.

Subtribus Corallorhizinae Camus, Bergan und Camus

Terrestrische oder saprophytische Pflanzen mit Sprossen aus mehreren Internodien. Die Blätter sind in der Knospe gerollt, mehrfach gefaltet, artikuliert und manchmal gestielt. Der laterale, unverzweigte Blütenstand trägt wenige bis viele spiralig angeordnete, kleine bis mittelgroße Blüten. Auf der Lippe kann ein Sporn vorhanden sein; er kann jedoch auch fehlen. Die Säule weist manchmal einen ausgeprägten Säulenfuß auf. Der Staubbeutel ist terminal und deckelförmig und besitzt nur schwach ausgebildete Trennwände; die vier übereinanderliegenden Pollinien weisen ein deutlich erkennbares Viscidium und manchmal einen kleinen Stipes auf. Die Narbe ist einlappig.
Verbreitung: Nördlich-gemäßigtes und tropisches Amerika.

Bestäubung: Die Gattung *Tipularia* wird von Eulen (Noctuidae) bestäubt. Die Blütenasymmetrie ermöglicht das Absetzen der Pollinarien auf den Augen dieser schuppigen Insekten (das ist wahrscheinlich die einzige Stelle, an der die Viscidien kleben bleiben). Bei *Corallorhiza* wurde Schwebfliegenbestäubung beobachtet.
Chromosomenzahlen: 36, 40, 42, 46, 48, 50.
Arten: Etwa 60.
Gattungen: 9; *Aplectrum, Corallorhiza, Cremastra, Dactylostalix, Didiciea(?), Ephippianthus, Govenia, Oreorchis, Tipularia.*
In früheren Klassifikationen wurden diese Gattungen in völlig unterschiedliche Gruppen eingeordnet. *Corallorhiza* wurde mit *Hexalectris* in Verbindung gebracht, obwohl sie sich sehr stark von dieser Gattung unterscheidet und im Blütenbau praktisch mit *Oreorchis* identisch ist. Einige Gattungen wurden in die Cyrtopodiinae eingeordnet, obwohl diese Gattungen vier statt zwei Pollinien haben und sich auch in ihrer äußeren Erscheinungsform von den Cyrtopodiinae unterscheiden. Mehrere Gattungen wurden in die Malaxideae eingereiht, doch diese haben übereinanderliegende Pollinien, und ich glaube, wenn man genügend gutes Material untersucht, wird sich herausstellen, daß alle ein Viscidium und möglicherweise auch einen Stipes haben. *Govenia,* die einzige im tropischen Amerika beheimatete Gattung dieser Gruppe, unterscheidet sich in Wuchsform und Blütenbau von den anderen Gattungen und ist möglicherweise nur weitläufig mit ihnen verwandt. Eingehendere Untersuchungen der Säule

und der Entwicklung einiger asiatischer Gattungen (zum Beispiel *Dactylostalix*) werden vielleicht zeigen, daß diese in die Calypsoeae eingeordnet werden müssen.
Literaturhinweis: Stoutamire 1978 (Bestäubung von *Tipularia*).

Subtribus Zygopetalinae Schlechter

Terrestrische epiphytische Pflanzen mit Pseudobulben aus einem oder mehreren Internodien oder schlanken, meist kurzen Sprossen. Die Blätter sind in der Knospe gerollt oder gefaltet, später konduplikativ oder mehrfach gefaltet, meist zweireihig angeordnet und artikuliert. Der laterale Blütenstand trägt eine bis mehrere spiralig angeordnete Blüten, die häufig aus einem jungen, nicht ausgereiften Sproß entspringen. Die Blüten sind klein bis groß und resupiniert oder nicht resupiniert; die Säule kurz oder lang, oft geflügelt oder abgeflacht und weist meistens einen deutlichen Säulenfuß auf. Der Staubbeutel ist terminal oder ziemlich ventral und deckelförmig und hat zurückgebildete Trennwände. Die vier übereinanderliegenden Pollinien besitzen ein deutlich ausgebildetes Viscidium und meist auch einen ausgeprägten Stipes; die Narbe ist einlappig.
Verbreitung: Tropisches Amerika.
Bestäubung: Alle vorliegenden Berichte deuten darauf hin, daß diese Orchideen von Euglossini bestäubt werden. In den einfachsten Fällen setzen sie als Röhrenblüten die Pollinien auf den Rücken des Insektes oder (meistens) hinter den Kopf. Beim *Chondrorhyncha*-Komplex jedoch ist die Angelegenheit komplizierter. Zum Beispiel hat man *Eulaema*-Weibchen entdeckt, die mit Pollinarien der Gattung *Cochleanthes* behaftet waren. Wir wissen nicht, wie die Pflanzen diese weiblichen Bienen anlocken. *Kefersteinia* setzt seine Pollinarien auf das basale Segment des Bienenfühlers, *Chaubardiella* dagegen auf den Trochanter.
Chromosomenzahlen: 46, 48 (es sind nur wenige Zählungen bekannt).
Arten: Etwa 150.
Gattungen: 26 in vier eng verwandten Allianzen:
(1) Kormen oder Pseudobulben aus mehreren Internodien; *Otostylis, Warrea, Warreella, Warreopsis.*
(2) Pseudobulben aus einem einzigen Internodium oder verlängerte Sprosse, Blütenstand meist mehrblütig:
Aganisia, Batemannia, Cheiradenia, Koellensteinia, Mendoncella, Neogardeneria, Pabstia, Paradisianthus, Promenaea, Zygopetalum, Zygosepalum.
(3) Pseudobulben zurückgebildet oder nicht vorhanden, Blütenstand einblütig: *Bollea, Chaubardia, Chaubardiella, Chondrorhyncha, Cochleanthes, Hoehneella, Huntleya, Kefersteinia, Pescatorea, Stenia.*
(4) Schlanke, monopodiale Pflanzen, deren verwandtschaftliche Beziehungen nicht geklärt sind: *Vargasiella.*
Gattungshybriden: Es wurden eine natürliche Gattungshybride zwischen *Pabstia* und *Zygopetalum* und mehrere natürliche Hybriden zwischen *Bollea* und *Pescatorea* beschrieben. Obwohl die Gärtner dieser Subtribus relativ wenig

Aufmerksamkeit geschenkt haben, scheinen die meisten Gattungen untereinander kreuzbar zu sein (vgl. Abb. 10.7). Eine Zeitlang wurden in der Literatur viele *Zygopetalum*-Gattungshybriden erwähnt; doch bei den meisten handelte es sich um Nachkommen eines apomiktischen *Zygopetalum*-Klons. Diese Pflanzen bildeten nach einer Reizung der Narbe durch fremde Pollinien Samen; doch alle Sämlinge erwiesen sich als *Zygopetalum*. Trotzdem sind einige wenige Hybriden zwischen *Zygopetalum* und *Lycaste* registriert, und diese Hybriden sind, soweit mir bekannt ist, authentisch.
Diese Gruppe ist hinsichtlich ihrer Schlüsselmerkmale etwas variabel; aber ihre Kreuzbarkeit untereinander und ihre ausgeprägte Ähnlichkeit beweisen, daß sie zusammengehört. Die erste Serie – also die Gattungen mit mehrfach gefalteten Blättern, Kormen oder Pseudobulben aus mehreren Internodien und terminalen Staubbeuteln – erinnern stark an die Corallorhizinae und sind sicherlich das primitive Element dieser Subtribus. Zwischen dieser und der zweiten Serie, in der *Mendoncella, Zygopetalum* und *Zygosepalum* mit ihrem ventral an der Säule angebrachten Staubbeutel eingeordnet sind, gibt es keine scharfe Trennlinie. Die dritte Serie, in der wir Pflanzen mit zurückgebildeten oder fehlenden Pseudobulben, mehr oder weniger konduplikativen Blättern und einblütigen Blütenständen finden, ist zwar deutlich abgegrenzt und leicht zu erkennen, aber dennoch eng mit den vorhergehenden Gruppen verwandt. Die in den Anden vorkommende Gattung *Vargasiella* hat angeblich nackte, aber übereinanderliegende Pollinien, und ich vermute, daß sie enger mit den Zygopetalinae verwandt ist als mit allen anderen Gruppen. Um dies klarstellen zu können, benötigen wir jedoch besseres Material, vor allem lebende Pflanzen.
Literaturhinweise: Garay 1969 (*Chondrorhyncha*-Komplex); 1973 (*Zygopetalum*-Komplex).

Subtribus Bifrenariinae Dressler 1979 b

Epiphytische oder lithophytische Pflanzen mit Pseudobulben aus einem einzigen Internodium, die manchmal von harten Hüllblättern umgeben sind. Die Blätter sind in der Knospe gerollt, später mehrfach oder einfach gefaltet, terminal oder zweireihig angeordnet und artikuliert. Der laterale Blütenstand trägt eine bis mehrere spiralig angeordnete, kleine bis große, meistens resupinierte Blüten. Die kurze oder lange Säule weist meistens einen deutlich ausgeprägten Säulenfuß auf. Der Staubbeutel ist terminal und deckelförmig und hat zurückgebildete Trennwände. Die vier übereinanderliegenden Pollinien besitzen ein deutlich erkennbares Viscidium. Sie sitzen auf dem Viscidium oder weisen einen Stipes oder (meistens) zwei Stipites auf. Die Narbe ist einlappig.
Verbreitung: Tropisches Amerika.
Bestäubung: Man hat an männlichen Insekten der Art *Eufriesea violacea* (Euglossini) Pollinarien der Gattung *Bifrenaria* entdeckt. Das ist allerdings die einzige Information, die wir über die Bestäubung dieser Gattung haben. Zwei Berichten zufolge wird *Xylobium* von stachellosen Bienen *(Trigona)* bestäubt. Die

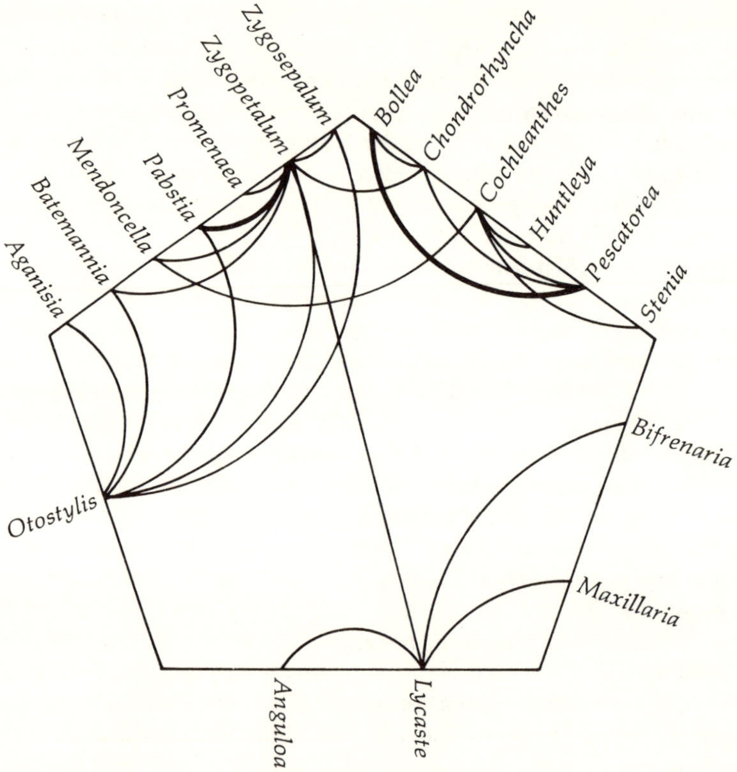

Abb. 10.7. Bei den Maxillarieae bekannte Gattungshybriden. Die dicken Linien deuten Naturhybriden an.

Blütenähnlichkeiten zwischen *Xylobium* und *Maxillaria* könnten auf eine durch das Bestäubungssystem bedingte Konvergenz zurückzuführen sein.
Chromosomenzahlen: 38, 40.
Arten: Etwa 50.
Gattungen: 5; *Bifrenaria, Horvatia, Rudolfiella, Teuscheria, Xylobium.*
Gattungshybriden: Es sind nur wenige Kreuzungen zwischen *Bifrenaria* und *Lycaste* registriert oder bekannt. Über ihre Fruchtbarkeit liegen mir keine Informationen vor.
Dieser kleine Komplex ist eindeutig mit den Lycastinae und den Zygopetalinae verwandt, ohne jedoch in eine dieser zwei Gruppen hineinzupassen.

Subtribus Lycastinae Schlechter

Epiphytische oder terrestrische Pflanzen mit Pseudobulben aus einem einzigen Internodium. Die Blätter sind in der Knospe gerollt, mehrfach gefaltet, zweireihig angeordnet oder terminal und artikuliert. Der laterale Blütenstand trägt

eine bis viele spiralig angeordnete, mittelgroße bis große, resupinierte oder aufrechte Blüten. Die Säule ist länglich mit deutlich ausgeprägtem Säulenfuß. Der Staubbeutel ist terminal und deckelförmig und hat zurückgebildete Trennwände. Die vier übereinanderliegenden Pollinien weisen ein gut ausgebildetes Viscidium und einen langen, schmalen Stipes auf. Die Narbe ist einlappig.
Verbreitung: Tropisches Amerika.
Bestäubung: *Anguloa* und *Lycaste* werden von Euglossini bestäubt; doch manchmal entdeckt man auch Pollinarien von *Lycaste* an weiblichen Bienen, was darauf hindeutet, daß diese Blüten außer dem Duftstoff auch noch eine andere Belohnung anbieten. *Anguloa* dagegen weist das typische Euglossini-Bestäubungssyndrom auf und lockt nur männliche Bienen an, die dann von der beweglichen Lippe an die Säule gedrückt werden.
Chromosomenzahlen: 40.
Arten: Etwa 40.
Gattungen: 3; *Anguloa, Lycaste, Neomoorea.*
Gattungshybriden: Es gibt etliche künstliche Hybriden zwischen *Anguloa* und *Lycaste;* außerdem wurden einige Kreuzungen zwischen *Lycaste* und *Bifrenaria, Zygopetalum* und *Maxillaria* registriert.
Die Gattung *Neomoorea* wurde häufig den Stanhopeinae zugeordnet, zu denen sie aber eindeutig nicht gehört. Das *Neomoorea*-Pollinarium hat große Ähnlichkeit mit dem der Gattung *Lycaste,* aber der Blütenstand ist mehrblütig.
Literaturhinweis: Fowlie 1970 (Revision der Gattung *Lycaste*).

Subtribus Maxillariinae Bentham

Epiphytische oder terrestrische Pflanzen mit Pseudobulben aus einem einzigen Internodium oder schlanken, kurzen oder langen Sprossen. Die Blätter sind zweireihig oder sekundär spiralig angeordnet, in der Knospe gefaltet, artikuliert. Der Blütenstand ist lateral und einblütig, die Blüten sind klein bis groß. Die Lippe ist meist beweglich und bildet manchmal mit dem Säulenfuß ein sackförmiges Nektarium. Gelegentlich besitzt sie einen ausgeprägten Sporn. Die Säule ist schlank oder kurz, der Staubbeutel ist terminal und deckelförmig und hat zurückgebildete Trennwände. Die vier übereinanderliegenden Pollinien weisen ein Viscidium und einen mehr oder weniger ausgeprägten Stipes auf; die Narbe ist einlappig.
Verbreitung: Tropisches Amerika.
Bestäubung: Die vorliegenden Berichte deuten darauf hin, daß *Maxillaria* von verschiedenen nahrungssuchenden Bienen bestäubt wird. Einige brasilianische Arten werden offensichtlich von Bienen bestäubt, die Wachs an der Blütenlippe sammeln. Braga (1978) berichtet, daß *Maxillaria pendens* von *Stelopolybia* bestäubt wird – einer Wespe (Vespidae), die offensichtlich ebenfalls Wachs sammelt. Die matte Blütenfarbe und die tiefen Sporne von *Cryptocentrum* deuten stark auf Nachtfalterbestäubung hin.
Chromosomenzahlen: 40, 48.
Arten: Etwa 485.

Gattungen: 9; *Anthosiphon, Chrysocycnis, Cryptocentrum, Cyrtidium, Maxillaria, Mormolyca, Pityphyllum, Scuticaria, Trigonidium.*
Gattungshybriden: Man hat schon mehrfach versucht, *Maxillaria* mit *Lycaste* zu kreuzen. Soweit mir bekannt ist, sind einige dieser Kreuzungen gelungen. Zwei der entstandenen Hybriden sind registriert worden.
Diese Gruppe ist zwar eindeutig mit den Zygopetalinae verwandt, zeichnet sich jedoch durch die eindeutig konduplikativen Blätter und den einblütigen Blütenstand aus. *Cryptocentrum* unterscheidet sich von den anderen Gattungen durch die langgespornten Blüten, gehört aber trotzdem hierher. Brieger (1977) hat sich mit *Cryptocentrum* und anderen Gattungen mit hervorragenden Nektarien befaßt und hält sowohl *Sepalosaccus* als auch *Pseudomaxillaria* für gültige Gattungen. Der ganze »*Ornithidium*-Komplex« bedarf einer eingehenden Überarbeitung. Viele Arten haben (ebenso wie *Pseudomaxillaria*) eine mehr oder weniger starre Lippe, und *Sepalosaccus* scheint nur ein Teil des Komplexes zu sein.
Literaturhinweis: Brieger 1977 (Gattungen mit ausgeprägten Nektarien).

Subtribus Dichaeinae Schlechter

Monopodiale Pflanzen mit zweireihig angeordneten, in der Knospe gefalteten, artikulierten oder nicht artikulierten Blättern. Der laterale, einblütige Blütenstand entspringt gegenüber der Blattachsel. Die Blüten sind klein bis ziemlich klein und resupiniert; die Säule ist kurz, und weist manchmal einen kleinen Säulenfuß auf. Der Staubbeutel ist terminal und deckelförmig und hat zurückgebildete Trennwände. Die vier übereinanderliegenden Pollinien besitzen ein deutlich ausgeprägtes Viscidium und einen Stipes; die Narbe ist einlappig.
Verbreitung: Tropisches Amerika.
Bestäubung: Bei dieser Subtribus wurde mehrfach Euglossini-Bestäubung beobachtet. Man findet häufig Pollinarien der Gattung *Dichaea* auf dem Gesicht der Bienen; die Pollinarien sind jedoch sehr zart und gehen im Netz oder Fixierglas meist verloren.
Chromosomenzahl: 52.
Arten: Etwa 45.
Gattung: *Dichaea.*
Diese eigenständige Gattung erinnert an den *Chondrorhyncha*-Komplex und stammt möglicherweise von *Zygopetalum*-ähnlichen Vorfahren ab. Die Stellung des Blütenstandes gegenüber der Blattachsel ist erstaunlich und wirft etliche Fragen auf. Diese Wuchsform könnte eine extreme Form sympodialer Verzweigung darstellen, wobei jeder Blütenstand terminal an einem Sproß aus einem einzigen Internodium sitzt. Über diese Gruppe ist leider wenig bekannt; es ist durchaus möglich, daß die Artenzahl doppelt so groß ist wie bisher angegeben.
Literaturhinweis: Kränzlin 1923 (Revision; unbefriedigend).

Subtribus Telipogoninae Schlechter

Epiphytische Pflanzen mit Pseudobulben aus einem einzigen Internodium oder mit schlanken Sprossen. Die Blätter sind zweireihig angeordnet, in der Knospe gefaltet, artikuliert; manchmal fehlen sie. Der terminale oder laterale Blütenstand trägt wenige bis viele spiralig oder zweireihig angeordnete, sehr kleine bis über mittelgroße, resupinierte oder aufrechte Blüten. Die Säule ist kurz und meistens rauh oder stachelig; der Staubbeutel ist dorsal, steht aufrecht und hat zurückgebildete Trennwände. Die vier übereinanderliegenden Pollinien besitzen einen langen Stipes und ein hakenförmiges Viscidium; die Narbe ist einlappig.
Verbreitung: Tropisches Amerika.
Bestäubung: *Trichoceros* wird durch Pseudokopulation von borstigen Raupenfliegen (Tachinidae) bestäubt. Ähnliche Beobachtungen liegen auch über *Telipogon* vor (Andrés Maduro, pers. Mitteilung).
Chromosomenzahlen: Unbekannt.
Arten: Etwa 60.
Gattungen: 4; *Dipterostele, Stellilabium, Telipogon, Trichoceros.*
Die Gattung *Telipogon* unterscheidet sich von den anderen Mitgliedern der Gruppe durch ihren terminalen Blütenstand – ein Merkmal, das man bei einem so hochentwickelten Mitglied der Tribus kaum erwartet. *Stellilabium* ähnelt den blattlosen Vandeae und ist während der Blütezeit häufig blattlos, weist aber einen abgeflachten grünen Blütenstand und grüne Wurzeln auf.

Subtribus Ornithocephalinae Schlechter

Kleine Epiphyten mit oder ohne Pseudobulben. Die Sprosse sind kurz, die Wuchsform ist sympodial oder monopodial. Die Blätter sind zweireihig oder sekundär spiralig angeordnet, in der Knospe gefaltet, manchmal seitlich abgeflacht, artikuliert oder nicht artikuliert. Der laterale, unverzweigte Blütenstand trägt wenige bis viele spiralig, einreihig oder zweireihig (?) angeordnete Blüten. Die Blüten sind klein; ihre Lippe weist eine deutlich ausgeprägte ölabsondernde Drüse auf oder ist tief sackförmig bis etwas gespornt. Die Säule ist schlank, der Staubbeutel terminal, deckelförmig und geschnäbelt und hat zurückgebildete Trennwände. Die vier übereinanderliegenden oder eiförmigen Pollinien besitzen ein Viscidium und einen langen Stipes; die Narbe ist einlappig und sitzt tendenziell basal an der Säule. Das Rostellum ist geschnäbelt und kurz bis sehr lang.
Verbreitung: Tropisches Amerika.
Bestäubung: Mehreren Berichten zufolge wird *Ornithocephalus* von Bienen der Gattung *Paratetrapedia* bestäubt. Vogel (1974) stellte als erster fest, daß es sich bei der Lippendrüse um eine ölabsondernde Drüse handelt.
Chromosomenzahlen: Unbekannt.
Arten: Etwa 70.
Gattungen: 14; *Centroglossa, Chytroglossa, Dipteranthus, Dunstervillea, Eloyella,*

Hintonella, Hofmeisterella, Ornithocephalus, Phymatidium, Platyrhiza, Rauhiella, Sphyrastylis, Thysandoglossa, Zygostates.

Diese kleinen Mini-Orchideen können mit den Telipogoninae verwandt sein. Ich vermute, daß *Hintonella* und *Dunstervillea* die primitiveren Gattungen der Gruppe sind, während *Ornithocephalus* und *Sphyrastylis* ziemlich spezialisiert sind.

Tribus Cymbidieae Pfitzer

In dieser Gruppe habe ich alle vandoiden Orchideen mit zwei Pollinien (mit Ausnahme der Vandeae) zusammengefaßt. Der mögliche schwache Punkt dieses Systems ist offenkundig. Wir wissen, daß die Reduktion von vier auf zwei Pollinien sich innerhalb der Vandeae mindestens zweimal unabhängig voneinander vollzogen hat. Woher wissen wir, ob diese Reduktion bei den hier als Gruppe zusammengefaßten Orchideen nicht auch zwei- oder dreimal eingetreten ist? Derzeit ist dies nicht mit Bestimmtheit zu sagen, und ich erwog, jeder der letzten drei Subtriben Tribusstatus zu geben. Trotzdem bin ich nicht sicher, daß dieser Komplex polyphyletisch ist. Am zweifelhaftesten sind sicherlich die Stanhopeinae und die Pachyphyllinae, die keine deutlichen Verbindungen zu irgendeiner anderen Gruppe aufweisen. Die Catasetinae gehören eindeutig zu den Cyrtopodiinae, und ich glaube, daß dies auch für die Oncidiinae gilt, obwohl sie zu den am besten abgegrenzten Orchideensubtriben gehören.

Verwandtschaften: Ich glaube, daß die Cymbidieae und die Maxillarieae (vor allem die Corallorhizinae) gemeinsame Ahnen haben. Ich vermute sogar, daß die Corallorhizinae diesen gemeinsamen Vorfahren sehr ähnlich sind.

Phylogenetische Tendenzen: Die vegetativen Tendenzen dieser Gruppe sind ähnlich wie die der Maxillarieae. Die blütenbiologischen Tendenzen der beiden Gruppen sind jedoch sehr unterschiedlich. Einige Gattungen der Cyrtopodiinae haben eine ziemlich einfache Röhrenblüte, während andere einen ausgeprägten Sporn entwickelt haben. Bei den Catasetinae hat sich ein elastischer Stipes herausgebildet, das Viscidium wird explosionsähnlich abgeschleudert. Gleichzeitig haben sich eingeschlechtige Blüten entwickelt – ein Phänomen, das in keiner anderen Orchideengruppe vorkommt. Bei den Stanhopeinae findet man zwar auch kleine Röhrenblüten, aber die Entwicklung der Euglossini-Bestäubung hat zu einer Reihe eindrucksvoller, bizarrer Mechanismen geführt, auf die ich unten bei der Besprechung der Stanhopeinae näher eingehen werde. Die Pachyphyllinae sind eine kleinere Gruppe. Hier finden wir die Gattung *Fernandezia,* deren Evolution eindeutig durch die Vogelbestäubung geprägt ist. Bei den Oncidiinae stellt der Sporn meines Erachtens ein primitives Merkmal dar, das viele Gruppen im Zuge der Evolution verloren haben, als sie sich an die Bestäubung durch Euglossini und Pelzbienen (Anthophora) oder an die »Täuschung« anderer großer Bienen anpaßten.

Subtribus Cyrtopodiinae Bentham

Terrestrische, epiphytische, selten saprophytische Pflanzen mit Kormen oder Pseudobulben aus mehreren Internodien, selten mit schilfähnlichen Sprossen oder Pseudobulben aus einem einzigen Internodium. Die Blätter sind spiralig oder zweireihig angeordnet, in der Knospe gerollt oder gefaltet, später konduplikativ oder mehrfach gefaltet, artikuliert und häufig über die Pseudobulbe verteilt. Der laterale, selten terminale, verzweigte oder unverzweigte Blütenstand trägt wenige bis viele spiralig angeordnete, kleine bis große, resupinierte Blüten. Die Lippe ist manchmal sackförmig oder gespornt, manchmal beweglich; die Säule weist meist einen deutlich ausgeprägten Säulenfuß auf und ist gelegentlich geflügelt. Der Staubbeutel ist terminal und deckelförmig und hat zurückgebildete Trennwände. Die zwei gekerbten oder gespaltenen Pollinien besitzen ein Viscidium und meistens auch einen Stipes; die Narbe ist einlappig (vgl. Abb. 10.8).
Verbreitung: Pantropisch.
Bestäubung: Laut Beobachtungen wird die Gattung *Eulophia* von Holzbienen, die Gattung *Cymbidium* von Holzbienen, Honigbienen *(Apis)* und einer Wespenart bestäubt. *Cyrtopodium* wird von *Euglossa* bestäubt, und man hat Pollinarien der Gattung *Galeandra* an *Euglossa* und großen Pelzbienen (Anthophora) entdeckt. Es ist anzunehmen, daß die meisten Angehörigen dieser Subtribus von Bienen entsprechender Größe bestäubt werden.
Chromosomenzahlen: 32, 36, 38, 40, 42, 54, 56.
Arten: Etwa 425.
Gattungen: 24 in fünf möglichen Allianzen:
(1) *Bromheadia, Claderia.*
(2) *Chrysoglossum, Cyanaeorchis, Diglyphosa, Eulophia, Eulophiella, Geodorum, Oecoclades, Pteroglossaspis.*
(3) *Acrolophia, Cymbidiella, Cyrtopodium, Eriopsis, Galeandra, Grammangis, Graphorkis, Grobya.*
(4) *Ansellia, Cymbidium, Grammatophyllum, Poicilanthe (?), Porphyroglottis (?).*
(5) *Dipodium.*
Gattungshybriden: Die Gattung *Cymbidium* wurde erfolgreich mit *Ansellia* und *Grammatophyllum* gekreuzt; doch die Hybriden wachsen angeblich langsam und blühen schlecht. Versuche, *Cymbidium* und *Grammangis* mit anderen Gattungen zu kreuzen, waren erfolglos.
Diese Gruppe ist sehr variabel, keine der bekannten Klassifikationen ist völlig befriedigend. Die von mir vorgeschlagene Aufteilung in fünf Allianzen ist möglicherweise ebenso unbefriedigend. Sie wird jedoch der Mannigfaltigkeit der Gruppe gerecht, ohne neue Namen einzuführen. *Bromheadia* und *Claderia* haben schlanke, schilfähnliche Sprosse und sind somit Außenseiter in dieser Gruppe, deren Mitglieder meist Kormen und Pseudobulben aufweisen. Sie unterscheiden sich auch sehr voneinander. *Ansellia* und *Grammatophyllum* haben die gleichen oder fast die gleichen Chromosomenzahlen wie *Cymbidium*, und diese Gattungen wurden erfolgreich untereinander gekreuzt. Andere ähn-

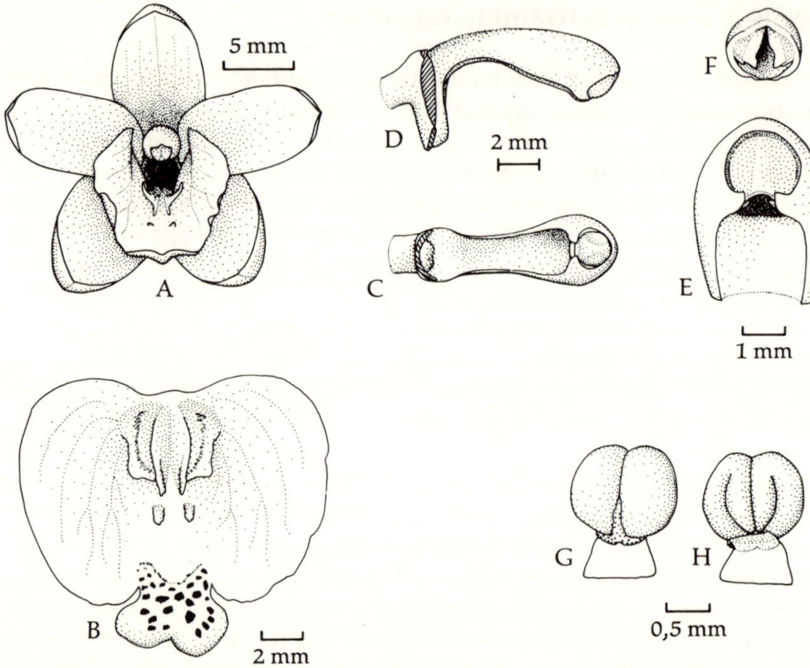

Abb. 10.8. *Eriopsis biloba* (Vandoideae: Cymbidieae). (A) Blüte, Vorderansicht. (B) Lippe, ausgebreitet. (C) Säule, ventral. (D) Säule, Seitenansicht. (E) Säulenspitze nach Entfernen von Anthere und Pollinarium. (F) Anthere. (G) Pollinarium, dorsal. (H) Pollinarium, ventral.

lich aussehende Gattungen haben ziemlich abweichende Chromosomenzahlen und sind anscheinend nicht mit *Cymbidium* kreuzbar. Ich habe *Grammangis* und *Cymbidiella* daher vorläufig in den *Cyrtopodium*-Komplex eingeordnet, obwohl sie der Gattung *Cymbidium* in der allgemeinen Wuchsform sehr ähneln. Die Angehörigen des *Cyrtopodium*-Komplexes haben meist Pseudobulben und, soweit uns bekannt ist, höhere Chromosomenzahlen. Es ist aber durchaus möglich, daß die Unterscheidung zwischen dieser Gruppe und dem *Eulophia*-Komplex, der hauptsächlich Kormen aufweist, einer kritischen Überprüfung nicht standhält. Die Gattung *Dipodium* wird im allgemeinen zur Gattung *Cymbidium* gestellt, obwohl sie sich im Blütenbau eindeutig von ihr unterscheidet. Clifford und Smith (1969) sind der Ansicht, daß die Samenstruktur von *Dipodium* der des *Cyrtopodium*- und *Eulophia*-Komplexes sehr ähnlich ist. Außerdem hat *Dipodium* deutlich ausgeprägte, durchsichtige Caudiculae, die sich sehr stark von denen der verwandten Gattungen unterscheiden.

Literaturhinweise: Garay und Taylor 1976 *(Oecoclades)*; Lock und Profita 1975 (Bestäubung der Gattung *Eulophia*).

2. **Subtribus Genyorchidinae** Schlechter

Epiphytische Pflanzen mit Pseudobulben aus einem Internodium, die über ein langes Rhizom verteilt sind. Die Blätter sitzen terminal an der Pseudobulbe, in der Knospe gefaltet, artikuliert. Der laterale Blütenstand trägt mehrere spiralig angeordnete, kleine, nicht resupinierte Blüten. Die Lippe ist dreilappig und beweglich; die kurze, nicht geflügelte Säule hat einen sehr langen Säulenfuß. Der Staubbeutel ist terminal und deckelförmig und hat zurückgebildete Trennwände. Die zwei fast kugelförmigen ungerillten Pollinien weisen Stipes und Viscidium auf; die Narbe ist einlappig.
Verbreitung: Tropisches Afrika.
Bestäubung: Unbekannt.
Chromosomenzahlen: Unbekannt.
Arten: Etwa 6.
Gattungen: *Genyorchis.*
Diese kleine Gattung wurde häufig mit den *Bulbophyllum*-ähnlichen Gruppen in Verbindung gebracht, die einen Stipes haben oder haben sollen. *Genyorchis* ist aber überhaupt nicht eng mit diesen asiatischen Gattungen verwandt. Ihre Wuchsform erinnert an *Bulbophyllum,* ihre Blüten haben auf den ersten Blick Ähnlichkeit mit den *Polystachya*-Blüten. *Genyorchis* hat jedoch nur zwei ungeteilte (also keine Rille oder Kerbe aufweisende) Pollinien und ist wahrscheinlich am engsten mit den *Cyrtopodiinae* verwandt. Bei Laboruntersuchungen fällt der Stipes häufig auseinander, was Schlechter (1926) dazu bewogen haben mag, *Genyorchis* mit *Sunipia* zu vergleichen.

3. **Subtribus Thecostelinae** Schlechter

Epiphytische Pflanzen mit Pseudobulben aus einem einzigen Internodium. Die terminal an der Pseudobulbe sitzenden Blätter sind in der Knospe gefaltet, artikuliert. Der laterale Blütenstand trägt mehrere bis viele spiralig angeordnete, ziemlich kleine, nicht resupinierte Blüten. Die Lippe ist tief sackförmig und mit der Säule verwachsen; die Säule ist mehr oder weniger (sigmoid) halbmondförmig und geflügelt. Der terminale, deckelförmige Staubbeutel hat zurückgebildete Trennwände. Die zwei gekerbten Pollinien besitzen ein Viscidium und einen breiten Stipes; die Narbe ist einlappig.
Verbreitung: Tropisches Asien.
Bestäubung: Unbekannt.
Chromosomenzahlen: Unbekannt.
Arten: Etwa 5.
Gattung: *Thecostele.*
Der Blütenbau dieser Gattung ist so bizarr, daß es gerechtfertigt erscheint, sie als gesonderte Subtribus anzuerkennen, obwohl sie in bezug auf die Säulenform eine gewisse Ähnlichkeit mit *Porphyroglottis* hat.

Subtribus Acriopsidinae Dressler 1979 b

Epiphytische Pflanzen mit Pseudobulben aus mehreren Internodien. Die Blätter sind terminal, in der Knospe gefaltet, über der Blattbasis artikuliert. Der laterale, unverzweigte Blütenstand trägt mehrere bis viele spiralig angeordnete, kleine, resupinierte Blüten. Die Lippe ist größtenteils mit der Säule verwachsen; die Säule weist armähnliche Flügel und ein überkapptes Klinandrium auf. Der Staubbeutel ist fast aufrecht und hat zurückgebildete Trennwände. Die zwei seitlich abgeflachten, klingenförmigen Pollinien haben einen schlanken Stipes und ein Viscidium. Die Narbe ist einlappig und schmal elliptisch.
Verbreitung: Tropisches Asien.
Bestäubung: Unbekannt.
Chromosomenzahlen: Unbekannt.
Arten: Etwa 12.
Gattung: *Acriopsis.*
Diese Gattung wurde früher in die Thecostelinae eingereiht, obwohl *Acriopsis* und *Thecostele* nur entfernt miteinander verwandt sind. *Acriopsis* ist sicherlich viel isolierter als *Thecostele.* Ich bin davon überzeugt, daß *Acriopsis* mit den Cyrtopodiinae verwandt ist, aber ich weiß nicht, speziell mit welcher Gattung.

Subtribus Catasetinae Schlechter

Epiphytische Pflanzen mit Pseudobulben aus mehreren Internodien. Die Blätter sind zweireihig und unregelmäßig über die Pseudobulben verteilt, in der Knospe gerollt, später mehrfach gefaltet, artikuliert. An dem lateralen, unverzweigten Blütenstand sitzen wenige bis viele spiralig angeordnete, ziemlich kleine bis ziemlich große, resupinierte oder nicht resupinierte, oft eingeschlechtige Blüten. Die Säule weist meist einen elastischen Viscidium-Schleudermechanismus auf. Der Staubbeutel ist ziemlich ventral und hat zurückgebildete Trennwände. Die zwei Pollinien besitzen ein Viscidium und einen elastischen Stipes; die Narbe ist einlappig.
Verbreitung: Tropisches Amerika.
Bestäubung: Diese Orchideen werden alle von männlichen Euglossini bestäubt. *Clowesia* hat eine einfache Röhrenblüte, bei der ein Auslösemechanismus dafür sorgt, daß das Viscidium lediglich ein wenig nach unten fällt und am Scutellum der Biene (bei den meisten Arten) hängenbleibt. Die anderen Gattungen haben unterschiedliche, kompliziertere Bestäubungsmechanismen entwickelt.
Chromosomenzahlen: 54, 64, 68.
Arten: Etwa 145.
Gattungen: 5; *Catasetum, Clowesia, Cycnoches, Dressleria, Mormodes.*
Gattungshybriden: Es sind künstliche Hybriden zwischen *Catasetum* und *Clowesia, Cycnoches, Mormodes* sowie zwischen *Cycnoches* und *Mormodes* registriert. Wahrscheinlich sind innerhalb dieser Subtribus alle Kombinationen möglich.
Diese Gruppe ist zwar deutlich abgegrenzt, aber offensichtlich mit der *Cyrtopodium-Galeandra*-Allianz der Cyrtopodiinae verwandt.

Literaturhinweise: Allen 1952 (Revision der Gattung *Cycnoches*); Dodson 1975 (Klassifikation der Gattungen); Jones und Daker 1968 (Chromosomenzahlen); Mansfield 1932 (Taxonomie der Gattung *Catasetum*); Pabst 1978 (Bestimmungsschlüssel für die Gattung *Mormodes*).

Subtribus Stanhopeinae Bentham

Epiphytische Pflanzen mit Pseudobulben, die meist aus einem einzigen Internodium bestehen. Die Blätter sind terminal, in der Knospe gerollt, später mehrfach gefaltet, artikuliert und in der Regel gestielt. Der laterale Blütenstand trägt eine bis mehrere spiralig angeordnete, kleine bis sehr große, resupinierte oder nicht resupinierte, manchmal hängende Blüten. Die Säule ist geflügelt oder ungeflügelt, der Staubbeutel terminal oder ventral und deckelförmig, und er hat zurückgebildete Trennwände. Die zwei gespaltenen Pollinien besitzen ein Viscidium und meist auch einen deutlich ausgeprägten Stipes; die Narbe ist einlappig.
Verbreitung: Tropisches Amerika.
Bestäubung: Diese Orchideen werden immer von Euglossini-Männchen bestäubt. Die primitiveren Gattungen, wie zum Beispiel *Acineta* und *Lycomormium,* haben einfache Röhrenblüten, während die anderen Gattungen äußerst komplizierte Bestäubungssysteme entwickelt haben (vgl. Abb. 4.10). *Sievekingia* hat im wesentlichen eine Röhrenblüte; aber die eindringende Biene steht in bezug auf die Säulenstellung auf dem Kopf. *Coeliopsis* hat eine Schlüssellochblüte, *Peristeria* eine Fallenblüte. Es gibt auch Scharnierblüten, bei denen das Gewicht der Biene die Lippe gegen die Säule drückt, wie zum Beispiel bei *Kegeliella, Paphinia* und *Polycycnis. Gongora, Lacaena* und *Stanhopea* haben Durchfallblüten. Die Fallenblüten der Gattung *Coryanthes* bilden eindeutig eine eigene Blütenklasse. Die meisten Gattungen setzen ihre Pollinien unter das Scutellum oder auf den Thorax der Biene; *Kegeliella* und *Lacaena* jedoch bringen die Pollinien hinter dem Kopf und *Coeliopsis* sogar auf dem Gesicht der Biene an. *Cirrhaea, Sievekingia* und wahrscheinlich auch *Houlletia* (Sektion *Neohoulletia*) heften ihre Pollinien an die Beine der Bienen. *Schlimmia* besitzt eine Röhrenblüte, die sich aber – vielleicht in Anpassung an einen kleineren Bestäuber – sicherlich sekundär aus einer *Trevoria*-ähnlichen Blüte entwickelt hat (vgl. Abb. 10.9).
Chromosomenzahlen: 38, 40, 42.
Arten: Etwa 190.
Gattungen: 17; *Acineta, Cirrhaea, Coeliopsis, Coryanthes, Gongora, Houlletia, Kegeliella, Lacaena, Lueddemannia, Lycomormium, Paphinia, Peristeria, Polycycnis, Schlimmia, Sievekingia, Stanhopea, Trevoria.*
Gattungshybriden: Es sind künstliche Hybriden zwischen *Stanhopea* und *Acineta* sowie zwischen *Stanhopea* und *Polycycnis* registriert. Die Gattungen sind ziemlich unterschiedlich, und es ist daher vorauszusehen, daß viele andere Kombinationen möglich sind.

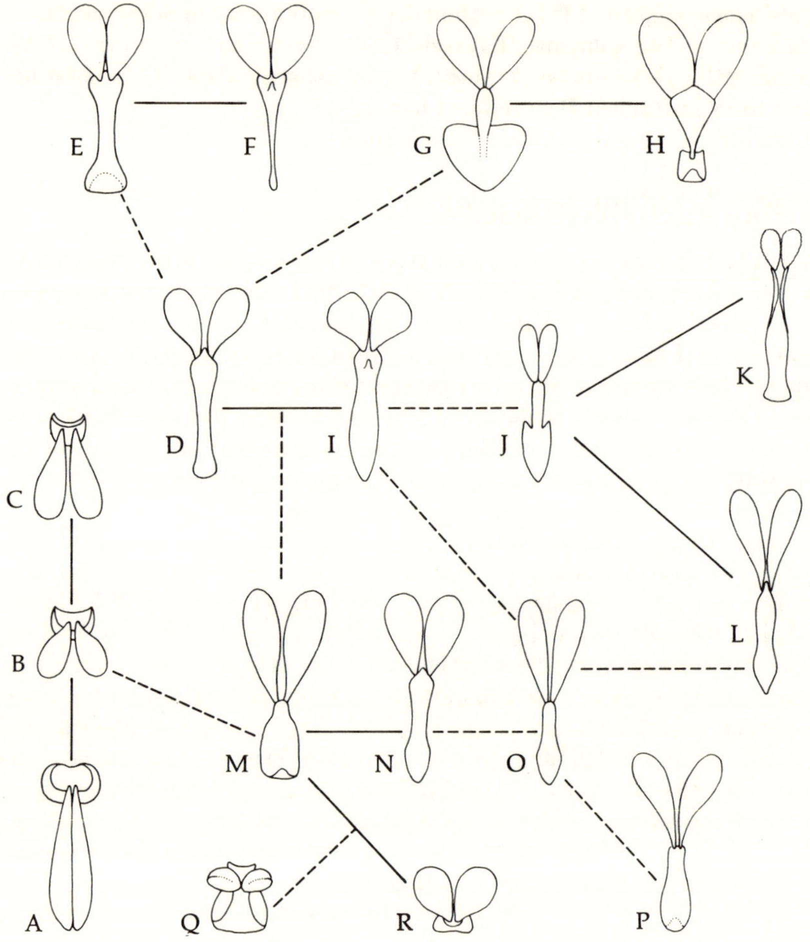

Abb. 10.9. Pollinarien der Subtribus Stanhopeinae, nach einem wahrscheinlichen Evolutionsschema geordnet. (A) *Lycomormium*. (B) *Peristeria*. (C) *Coeliopsis*. (D) *Houlletia* Sektion *Neohoulletia*. (E) *Trevoria*. (F) *Schlimmia*. (G) *Stanhopea*. (H) *Sievekingia*. (I) *Houlletia* Sektion *Houlletia*. (J) *Kegeliella*. (K) *Paphinia*. (L) *Polycycnis*. (M) *Acinete*. (N) *Lacaena*. (O) *Gongora*. (P) *Cirrhea*. (Q) *Coryanthes*. (R) *Lueddemannia* (nach Dressler 1976 b).

Diese Gruppe zeichnet sich durch relativ primitive vegetative Merkmale und extrem spezialisierte Blütenstrukturen aus. Es ist aber möglich, daß der natürliche Auslesedruck, der die Entwicklung konduplikativer Bläter förderte, in diesem Fall nicht sehr stark ist, da nur ein oder zwei Blätter vorhanden sind, die außerdem auch noch terminal an der Pseudobulbe sitzen. Die Gruppe wurde häufig mit den Zygopetalinae verglichen, aber die primitiven Gattungen wie

Acineta, Lycomormium und *Peristeria* sind den Cyrtopodiinae mindestens ebenso ähnlich wie den Zygopetalinae. Es erscheint also vertretbar, sie in die Cymbidieae einzuordnen – zumindest so lange, bis wir konkretere Informationen über die verwandtschaftlichen Beziehungen haben.
Literaturhinweis: Dressler 1976 b (Pollinarium).

Subtribus Pachyphyllinae Pfitzer

Epiphytische, monopodiale, zwergwüchsige Pflanzen. Die Blätter sind zweireihig angeordnet, in der Knospe gefaltet, artikuliert oder nicht artikuliert. Der laterale Blütenstand trägt wenige spiralig angeordnete, sehr kleine bis kleine, resupinierte oder nicht resupinierte Blüten. Die Säule ist geflügelt und bildet eine Kappe über dem Staubbeutel. Der Staubbeutel ist terminal oder ventral und deckelförmig und hat zurückgebildete Trennwände. Die zwei fast kugelförmigen Pollinien besitzen Viscidium und Stipes und manchmal auch deutlich ausgeprägte, durchsichtige Caudiculae; die Narbe ist einlappig.
Verbreitung: Tropisches Amerika (in großen Höhen).
Bestäubung: Unbekannt; *Fernandezia* wird wahrscheinlich von Kolibris bestäubt.
Chromosomenzahlen: Unbekannt.
Arten: Etwa 25.
Gattungen: 2; *Fernandezia, Pachyphyllum.*
Diese kleine Gruppe steht sehr isoliert da; es ist kaum möglich, eine eindeutige Aussage über ihre verwandtschaftlichen Beziehungen zu machen. Die Pollinarien der Gattung *Fernandezia* ähneln denen von *Lockhartia;* doch in anderen wichtigen Merkmalen unterscheiden die beiden Gattungen sich eindeutig voneinander.
Literaturhinweis: Kränzlin 1923 (Taxonomie; unbefriedigend).

Subtribus Oncidiinae Bentham

Epiphytische oder terrestrische Pflanzen, meist mit Pseudobulben aus einem einzigen Internodium, manchmal mit kurzen oder länglichen, schlanken Sprossen, manchmal monopodial. Die Blätter sind zweireihig angeordnet, in der Knospe gefaltet, artikuliert oder nicht artikuliert, manchmal zylindrisch oder lateral abgeflacht. Der laterale, verzweigte oder unverzweigte Blütenstand trägt eine bis viele spiralig oder zweireihig angeordnete, sehr kleine bis sehr große, resupinierte oder nicht resupinierte (?) Blüten. Die Lippe ist manchmal gespornt oder weist basale, nektartragende Anhängsel auf, die in einem sepalinen Sporn enden. Häufig befindet sich auf der Lippe ein großer Kallus. Die Säule ist geflügelt oder ungeflügelt; der Staubbeutel ist terminal oder aufrecht und dorsal, deckelförmig und hat zurückgebildete Trennwände. Die zwei Pollinien weisen Viscidium und Stipes auf, die sich in Farbe und Oberflächenstruktur häufig voneinander unterscheiden; die Narbe ist ein- oder zweilappig.
Verbreitung: Tropisches Amerika.

Bestäubung: In dieser Gruppe kommen etliche verschiedene Bestäubungssysteme vor. *Ada, Brassia* und *Leochilus* werden von Wespen, *Rodriguezia lanceolata* von Kolibris und Schmetterlingen bestäubt (van der Pijl und Dodson 1966; Braga 1978). Auch bei der Gattung *Comparettia* – und wahrscheinlich auch noch bei einigen anderen Gattungen und einer *Ada*-Art – liegt Kolibribestäubung vor. *Gomesa* und *Miltoniopsis* werden von Bienen bestäubt; dasselbe gilt wahrscheinlich auch für *Oncidium* und *Odontoglossum.* Oncidium scheint vor allem von Bienen der Gattung *Centris* bestäubt zu werden, die wahrscheinlich durch Nahrung oder irgendein »Täuschungsmanöver« angelockt werden. Für zwei abweichende *Oncidium*-Gruppen liegen jedoch Berichte über Hummel- und Holzbienenbestäubung vor.

Die Lippe von *Sigmatostalix* weist ölabsondernde Drüsen auf und lockt – ebenso wie einige *Oncidium*-Gruppen – ölsammelnde Bienen an, die allerdings sehr klein sein müssen. Es ist bekannt, daß Euglossini eine Rolle bei der Bestäubung von *Aspasia, Lockhartia, Notylia, Rodriguezia, Trichocentrum* und *Trichopilia* spielen. Das bedeutet aber nicht, daß ein großer Teil dieser Subtribus von diesen Bienen bestäubt wird, sondern lediglich, daß uns mehr Material von Pflanzen vorliegt, die von Euglossini bestäubt werden, als von anderen Bestäubungsklassen (vgl. Abb. 10.10).

Chromosomenzahlen: 10, 14, 24, 26, 28, 30, 36, 38, 40, 42, 44, 48, 50, 56, 60. Sowohl die Zahl fünf als auch die Zahl sieben sind als haploide Grundzahl genannt worden. Ich stehe diesen Angaben etwas skeptisch gegenüber, da diese Zahlen für Orchideen sehr niedrig sind und bei so hochentwickelten Pflanzen wie *Psygmorchis* kaum als primitives Merkmal zu vermuten sind. Es ist wahrscheinlicher, daß die niedrigen Chromosomenzahlen der Gattung *Psygmorchis* auf eine Reduktion zurückzuführen sind. Dies würde auch mit Beobachtungen an anderen kurzlebigen Pflanzen übereinstimmen.

Arten: Etwa 950.

Gattungen: 57 in fünf Allianzen (Abb. 10.11), wobei die erste sehr heterogen ist:

(1) *Ada, Amparoa, Aspasia, Brachtia, Brassia, Capanemia, Caucaea, Cochlioda, Erycina, Gomesa, Hybochilus, Leochilus, Mesospinidium, Mexicoa, Miltonia, Miltoniopsis, Neodryas, Odontoglossum,* die meisten Sektionen von *Oncidium, Ornithophora, Palumbina, Papperitzia, Psygmorchis, Quekettia, Rusbyella, Sanderella, Saundersia, Sigmatostalix, Solenidium, Symphyglossum, Trizeuxis.*

(2) *Lophiaris, Trichocentrum.*

(3) *Antillanorchis, Comparettia, Diadenium, Ionopsis, Neokoehleria, Oncidium* Sektion *Oncidium* (die Gruppe der »Variegaten«), *Plectrophora, Polyotidium, Pterostemma, Rodriguezia, Rodrigueziopsis, Scelochilus.*

(4) *Cischweinfia, Cypholoron, Helcia, Macradenia, Notylia, Oliveriana, Otoglossum, Psychopsis, Rossioglossum, Systeloglossum, Trichopilia, Warmingia.*

(5) *Lockhartia.*

Gattungshybriden: Innerhalb dieser Gruppe sind drei natürliche Gattungshybriden bekannt, die allesamt aus Brasilien stammen: zwischen *Oncidium* und *Ornithophora,* zwischen *Oncidium* und *Miltonia* und zwischen *Aspasia* und *Miltonia.* Es gibt auch etliche interspezifische *Miltonia*-Hybriden, von denen einige

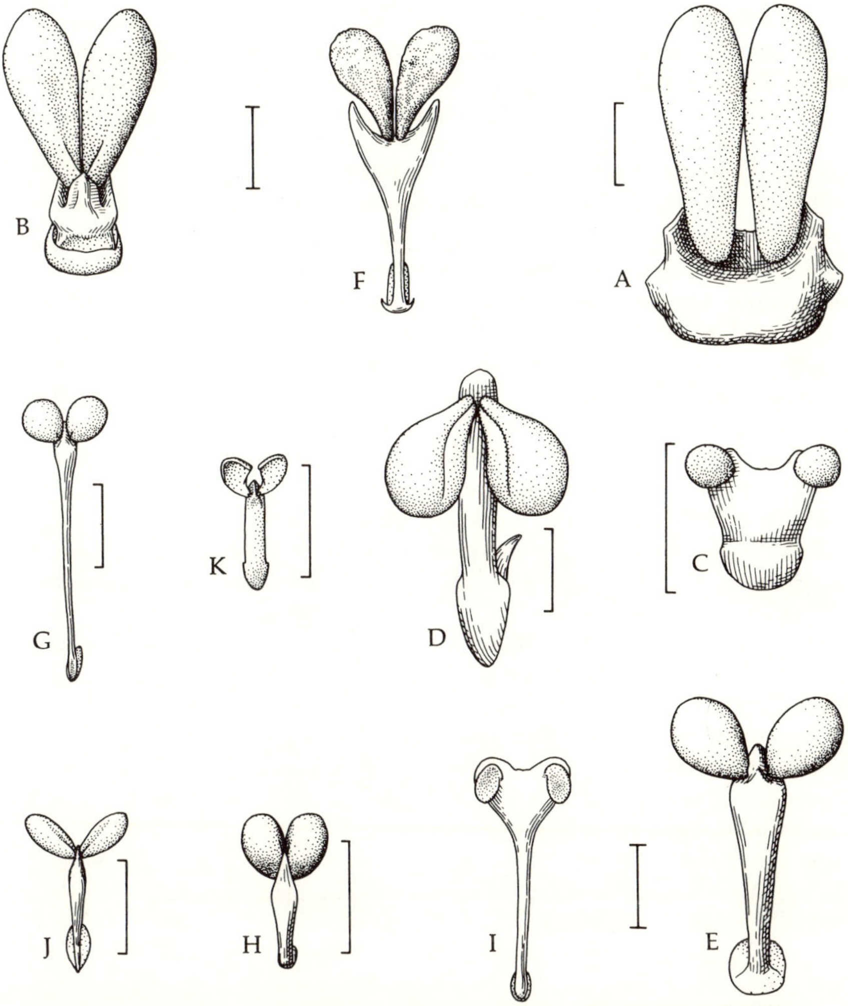

Abb. 10.10. Repräsentative Auswahl von Pollinien der Subtribus Oncidiinae. (A) *Oncidium (Lophiaris) cavendishianum*. (B) *Brassia arcuigera*. (C) *Systeloglossum costaricense*. (D) *Odontoglossum maculatum*. (E) *Comparettia macroplectron*. (F) *Trichopilia turialbae*. (G) *Oncidium cheirophorum*. (H) *Oncidium ansiferum*. (I) *Notylia bicolor*. (J) *Sigmatostalix guatemalense*. (K) *Hybochilus inconspicuus*. Maßstab: 1 mm.

den Status einer Gattungshybride erhielten, wenn man *Miltonia* in zwei oder noch mehr Gattungen aufspalten würde, wie manche Autoren vorschlagen. Eine solche Aufteilung würde aber nur auf der Lippenform basieren; die natürlichen Hybriden deuten darauf hin, daß sie keine Verbesserung der vorliegenden Klassifikation darstellen würde. Es sind verschiedene künstliche Gattungs-

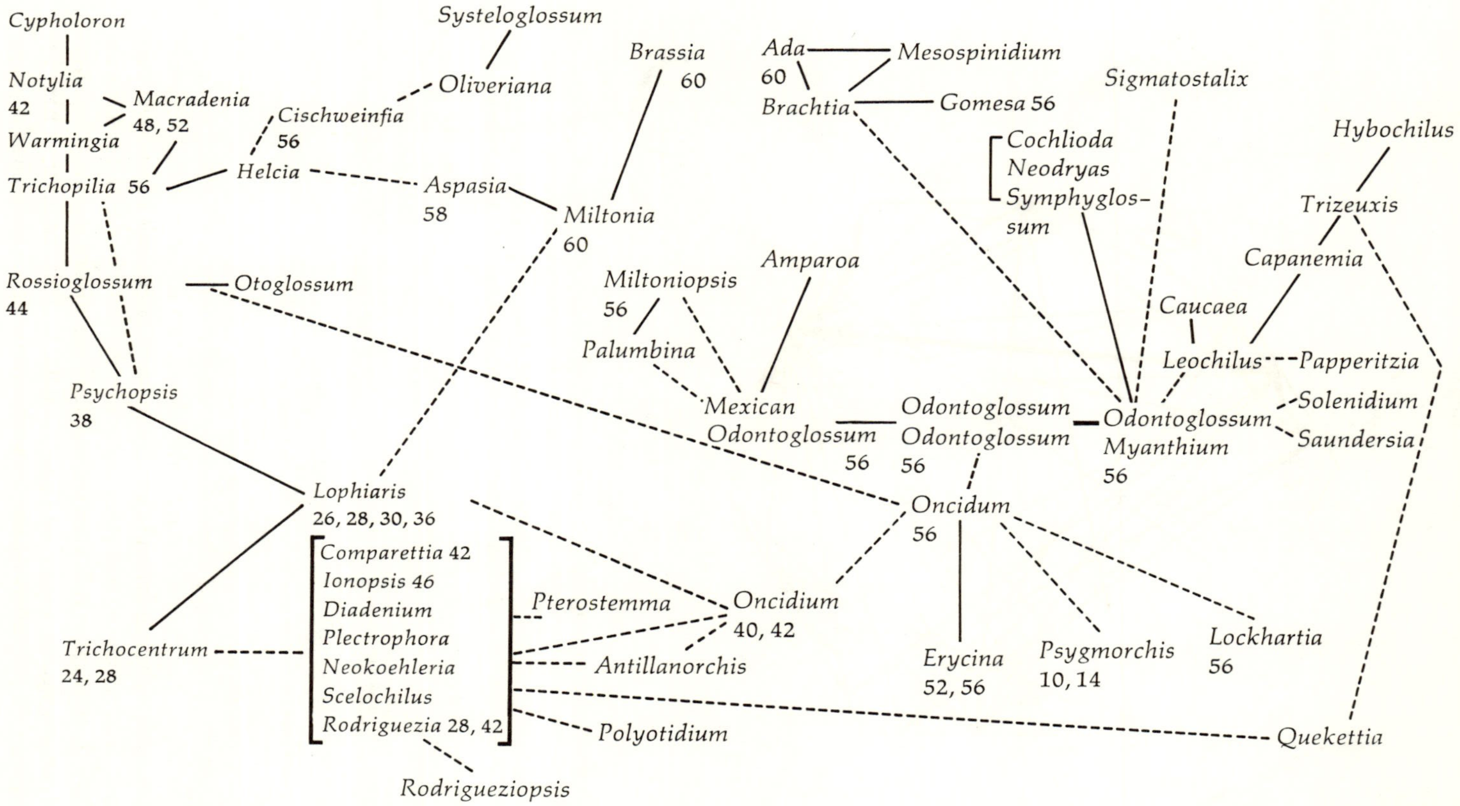

Abb. 10.11. Schematische Darstellung der möglichen Verwandtschaften bei den Oncidiinae. Dicke Linien: sehr enge, gesicherte Verwandtschaften. Volle Linien: gesicherte, relativ enge Verwandtschaften. Unterbrochene Linien: nicht so enge oder weniger gesicherte Verwandtschaften.

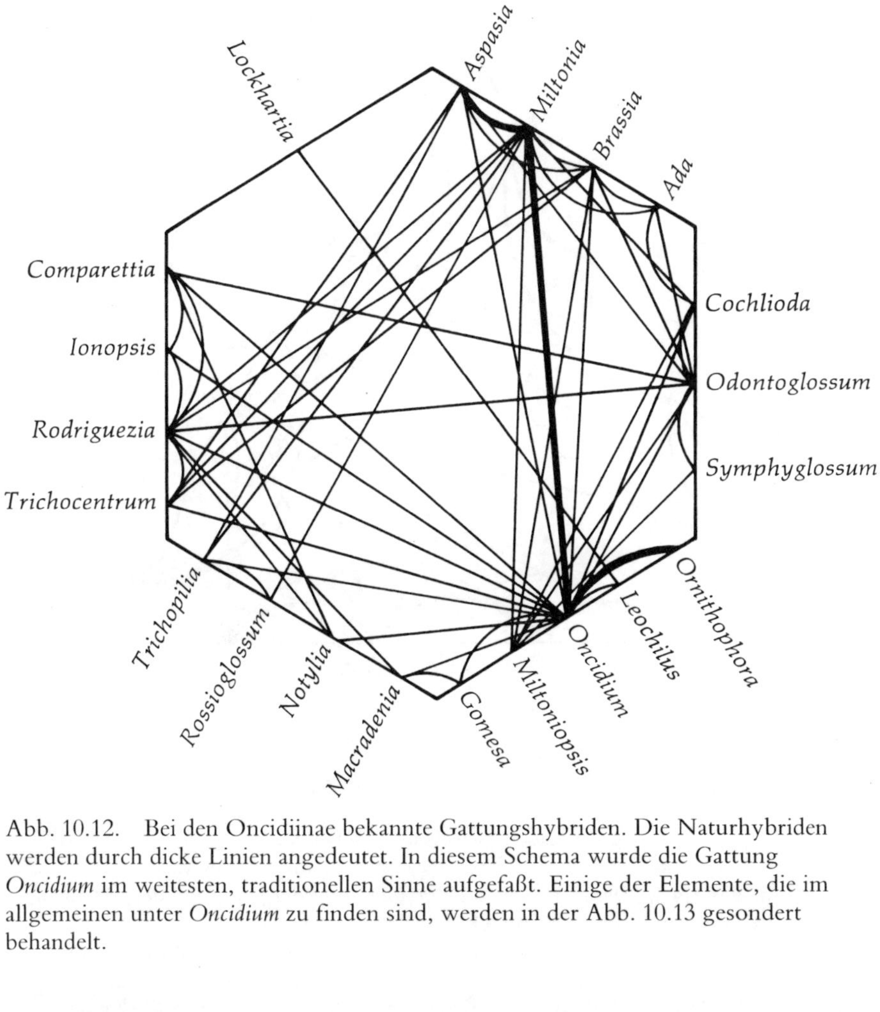

Abb. 10.12. Bei den Oncidiinae bekannte Gattungshybriden. Die Naturhybriden werden durch dicke Linien angedeutet. In diesem Schema wurde die Gattung *Oncidium* im weitesten, traditionellen Sinne aufgefaßt. Einige der Elemente, die im allgemeinen unter *Oncidium* zu finden sind, werden in der Abb. 10.13 gesondert behandelt.

hybriden registriert (vgl. Abb. 10.12 und 10.13). Kreuzungen zwischen Gattungen mit unterschiedlichen Chromosomenzahlen sind häufig schwerer durchzuführen als solche zwischen enger verwandten, und die entstehenden Hybriden sind oft steril; aber wahrscheinlich können die meisten Gattungen dieser Subtribus direkt untereinander gekreuzt werden, oder es kann durch Kreuzungen eine indirekte Beziehung hergestellt werden.

Diese Gruppe ist in fast all ihren Merkmalen sehr vielfältig; aber ihre Angehörigen sind durch Interfertilität miteinander verbunden, und keine der vorgeschlagenen Unterteilungen hält einer kritischen Prüfung stand. N. H. Williams und ich interessieren uns seit Jahren besonders für diese Gruppe; unser Verwandtschaftsschema ist in Abb. 10.11 abgedruckt. In der Gattungsliste habe ich einige deutlicher abgegrenzte Komplexe aufgeführt. Doch da diese Komplexe

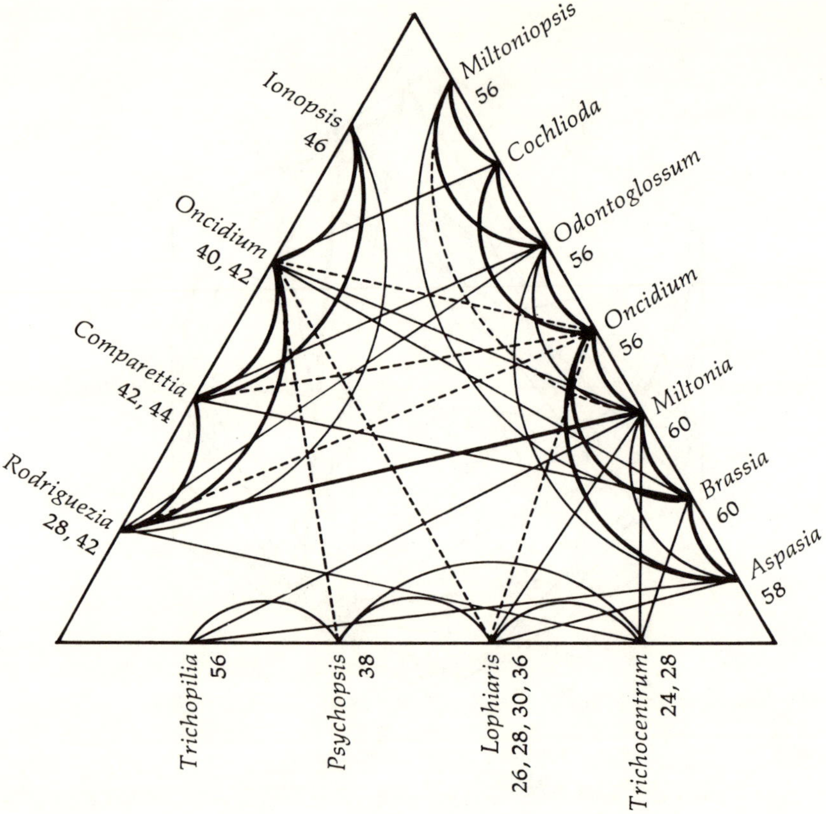

Abb. 10.13. Die Gattungshybriden zwischen *Oncidium* und einigen verwandten Gattungen. In diesem Diagramm werden *Lophiaris, Psychopsis,* der karibische Variegatum-Komplex (*Oncidium* Sektion *Oncidium*) und der Hauptteil der Oncidien mit 56 Chromosomen einzeln behandelt. Die dicken Linien deuten die Kombinationen an, die einige fertile Pflanzen hervorbrachten, die unterbrochenen Linien zeigen die Kreuzungen an, die, soweit bekannt, steril sind, und die dünnen durchgehenden Linien stehen für die Kreuzungen, von denen mir nicht bekannt ist, ob sie sterile oder fertile Pflanzen hervorbringen. Wo bekannt, sind die diploiden Chromosomenzahlen aufgeführt.

häufig ineinander übergehen, ist es kaum möglich, sie als eigenständige Subtriben voneinander abzugrenzen. *Lockhartia* hat einen sehr ungewöhnlichen Blütenstand und eine eigenartige Pollinarienstruktur; aber unlängst ergab eine cytogenetische Untersuchung, daß diese Gattung 56 Chromosomen besitzt. Außerdem wurde sie erfolgreich mit *Leochilus* gekreuzt, was beweist, daß sie zu Recht in diese Subtribus eingereiht wurde.

Die Oncidiinae sind häufig sehr willkürlich klassifiziert worden. Bis vor kurzem wurden *Oncidium, Odontoglossum* und *Miltonia* in erster Linie aufgrund ihrer Blütenform und des Winkels zwischen Lippe und Säule beschrieben. Dies ergab eine unnatürliche Gattungsabgrenzung. Neuerdings haben einige Autoren die in den Anden vorkommenden *Miltonia*-Arten von den brasilianischen Arten abgetrennt und als *Miltoniopsis* bezeichnet. Einige andere Arten wurden *Oncidium* zugeordnet. Außerdem wurden *Rossioglossum* und *Otoglossum* von *Odontoglossum* abgespalten. Auch die *Osmoglossum*-Gruppe wurde wiederum von *Odontoglossum* abgetrennt; es wäre aber besser, diese Pflanzen *Palumbina* zuzuordnen (Ayensu und Williams 1972).

Die Gattung *Oncidium* ist besonders problematisch. Solange Blütenform und Lippen-Säulen-Winkel die Haupterkennungsmerkmale bleiben, ist die Gruppe in ihren vegetativen Merkmalen und Chromosomenzahlen äußerst vielfältig. Dodson (1962 b) hat darauf hingewiesen, daß die Anpassung an den gleichen Bestäuber bei einer Reihe von verwandten Gruppen zu ähnlichen Blütenstrukturen geführt hat, die sich in jeder Gruppe unabhängig voneinander entwickelt haben. Das trifft wahrscheinlich auch auf die Gattung *Oncidium* zu. Die Sektionen *Plurituberculata* und *Cebolletae* (2 n = 28, 30, 32, 34, 36,) scheinen enger mit *Trichocentrum* (2 n = 24, 28) verwandt zu sein als mit anderen Gattungen und könnten als Gattung *Lophiaris* abgetrennt werden. Ein naher Verwandter von *Lophiaris* und auch von *Rossioglossum* ist die Sektion *Glanduligera* (2 n = 38), die auch *Psychopsis* genannt wird. Die meisten Sektionen der »Gattung *Oncidium*« haben die Chromosomenzahl 2 n = 56 und lassen sich leichter mit *Odontoglossum, Miltoniopsis* und anderen Gattungen mit dieser Chromosomenzahl kreuzen als mit *Lophiaris, Psychopsis* oder *Oncidium* Sektion *Oncidium*. Die Typussektion der Gattung *Oncidium* ist eine karibische Pflanzengruppe mit 2 n = 40, 42, deren vegetative Merkmale denen von *Ionopsis* sehr ähnlich sind. Die Arten dieser Sektion lassen sich ohne weiteres mit *Ionopsis* und anderen Mitgliedern des *Comparettia*-Komplexes kreuzen, und die Hybriden sind einigermaßen fruchtbar (vgl. Abb. 10.13). Hybriden zwischen *Oncidium* Sektion *Oncidium* und den *Oncidum*-Sektionen mit der Chromosomenzahl 2 n = 56 sind dagegen meist steril (Moir 1978 b). Es scheint festzustehen, daß der karibische Komplex von den anderen »Oncidien« abgetrennt werden müßte. Leider jedoch ist der gültige Typus für die Gattung *Oncidium* eine Pflanze des karibischen Komplexes (*Oncidium variegatum*), so daß der Name *Oncidium* als Gattungsname für diesen Komplex erhalten bleiben muß. Denn das bedeutet, daß man die große Mehrheit der Arten, die derzeit als *Oncidium* bezeichnet werden (die mit den 56 Chromosomen) umbenennen müßte.

Literaturhinweise: Charanasri, Kamemoto und Takeshita 1973 (Chromosomenzahlen); Dod 1976 (Bestäubung von *Oncidium*); Garay und Stacy 1974 (Synopse der Gattung *Oncidium*); Kränzlin 1922 (Revision einiger Gattungen); Williams 1970 (Pollinarien); Williams und Dressler, in Vorbereitung (Klassifikationen).

11 Schlüssel zu den Unterfamilien, Triben und Subtriben

Diese Bestimmungsschlüssel sind eine Zusammenfassung der vorangegangenen Klassifikation. Ehrlicherweise möchte ich jedoch klarstellen, daß man nicht alle Orchideen eindeutig anhand dieser Schlüssel bestimmen kann. Für Pflanzenbestimmungen ist es immer besser, einen mehr oder weniger »künstlichen« Schlüssel zu benutzen, der Merkmale wie endständiger versus lateraler Blütenstand oder mehrfach gefaltete versus konduplikative Blätter anführt. Bei einem solchen Schlüssel muß man viele der natürlichen Gruppen mehrmals aufschlüsseln. Trotzdem wird er bei fachkundiger Erstellung zum Ziel führen. Ein weltweit gültiger Schlüssel ist noch nie erstellt worden; er wäre wahrscheinlich so umfangreich wie dieses Buch. Wer Orchideen bestimmen möchte, sollte einen für das betreffende Gebiet erstellten Schlüssel benutzen. Falls dieser Schlüssel auf dem Schlechterschen Schlüssel (oder auf diesem hier) beruht, wird er »nur« für einen Teil der Orchideenfamilie verwendbar sein. Ein Schlüssel, der versucht, Unterfamilien, Triben und Subtriben anhand einfacher, deutlich abgrenzbarer Merkmale aufzuschlüsseln, kann unmöglich für alle Orchideen gültig sein.

Wer eine Pflanze anhand dieser Schlüssel bestimmen will, sollte mit dem ersten Alternativpaar anfangen, beide Möglichkeiten eingehend abwägen, ehe er sich entscheidet, und dann bei der entsprechenden Ziffer fortfahren. Diese Prozedur ist so lange fortzusetzen, bis man beim Namen einer Unterfamilie, einer Tribus oder einer Subtribus angelangt ist.

Schlüssel zu den Unterfamilien und den anomalen Triben

1. Normalerweise zwei oder drei Staubbeutel pro Blüte: 2
   – Normalerweise nur ein fruchtbarer Staubbeutel pro Blüte: 3
2. Lippe ausgebildet; zwei fruchtbare Staubbeutel, schildförmige Staminodien: **Cypripedioideae**
   – Lippe nur etwas größer als Kronblätter, nicht deutlich sackförmig ausgebildet; zwei oder drei fruchtbare Staubbeutel, Staminodien fingerförmig oder fehlend: **Apostasioideae**
3. Pollen meist weich und mehlig, sektil oder nicht sektil; Blätter meistens

spiralig angeordnet, in der Knospe gerollt, ohne Trennungsschicht an der Basis: 4
– Pollinien meist hart und wachsähnlich, zwei bis acht; Blätter zweireihig angeordnet, meist mit einer Trennungsschicht an der Basis: 8

4. Staubbeutel in der jungen Knospe aufrecht, sich später über die Säulenspitze nach unten biegend, deckelartig auf der Säulenspitze sitzend: **Epidendroideae** (Schlüssel III)
– Staubbeutel aufrecht bleibend (oder sich zurückbiegend), nicht kurz und nicht deckelartig auf der Säulenspitze sitzend: 5
5. Staubbeutel mehr oder weniger in die Säule eingebettet; Saprophyten mit sektilen, aus vielen schmalen, elliptischen Massulae bestehenden Pollinien; Wurzeln elliptisch; im tropischen Amerika heimisch: **Wullschlaegelieae** (anomale Tribus)
– Staubbeutel nicht von Säulengewebe umgeben; ohne die oben erwähnte Merkmalskombination: 6
6. Rostellum fast ebenso lang wie Staubbeutel, Viscidium an der Staubbeutelspitze befindlich und mit der Pollinienspitze oder den Caudiculae verbunden; Pflanze niemals mit Sproßwurzelknollen: **Spiranthoideae** (Schlüssel I)
– Rostellum in der Regel kürzer als Staubbeutel; Staubbeutel meist über Rostellum hinausragend; Viscidium, wenn vorhanden, meistens an der Basis oder der Mitte der Pollinien befestigt oder fehlend; Pflanze weist häufig Sproßwurzelknollen auf: 7
7. Dichtgedrängte, fleischige Wurzeln oder Sproßwurzelknollen; Blätter spiralig angeordnet, häufig eine Rosette bildend, selten mehrfach gefaltet: **Orchidoideae** (Schlüssel II)
– Knotige Knollen oder über ein horizontales Rhizom verteilte Wurzeln; Blätter über den Sproß verteilt und zweireihig angeordnet oder mehrfach gefaltet: **Triphoreae** (anomale Tribus)
8. Staubbeutel in der jungen Knospe aufrecht, sich später über die Säulenspitze nach unten biegend, deckelartig auf der Säulenspitze sitzend; zwei, vier, sechs oder acht meist seitlich abgeflachte oder keulenförmige Pollinien mit oder ohne Caudiculae, mit oder ohne Viscidien, meist ohne Stipes: **Epidendroideae** (Schlüssel III)
– Staubbeutel meist deckelartig auf der Säulenspitze sitzend, sich jedoch während der Entwicklung nicht nach unten biegend; zwei oder vier Pollinien (wenn vier Pollinien vorhanden sind, sind diese meist dorsiventral abgeflacht), mit zurückgebildeten Caudiculae, immer mit einem Viscidium und meistens mit einem (oder mehr) Stipes: **Vandoideae** (Schlüssel IV)

Schlüssel I: Spiranthoideae

1. Wurzel meist über ganzes Rhizom verteilt; Pollinien sektil: (Erythrodeae) 2
– Wurzeln meist dichtgedrängt; Pollinien nicht sektil: (Cranichideae) 3

2. Sprosse holzig; Blätter mehrfach gefaltet; Blütenstand terminal oder lateral: **Tropidiinae**
   – Sprosse krautig; Blätter konduplikativ; Blütenstand terminal: **Goodyerinae**
3. Blüten resupiniert: 4
   – Blüten nicht resupiniert: 6
4. Staminodien breit, auffallend, den Staubbeutel umklammernd und über die Mitte des Staubbeutels hinausragend: 5
   – Staminodien klein, unauffällig, nur die Basis des Staubbeutels umklammernd: **Spiranthinae**
5. Säule erst deutlich nach oben und dann deutlich nach unten gebogen; Blüten weisen keinen von außen sichtbaren Sporn auf; in Afrika heimisch: **Manniellinae**
   – Säule gerade; Blüte weist einen deutlich sichtbaren Sporn auf. In Neukaledonien heimisch: **Pachyplectroninae**
6. Säule sehr kurz; Lippe frei (nicht mit der Säule verwachsen) und viel größer als Kelch- und Kronblätter, die alle ähnlich gestaltet und dünn sind. In Australasien und im tropischen Asien heimisch: **Cryptostylidinae**
   – Pflanzen ohne obige Merkmalskombination; in Amerika oder Neukaledonien heimisch: **Cranichidinae**

Schlüssel II: Orchidoideae

1. Ohne Sproßwurzelknollen; Blätter konduplikativ oder mehrfach gefaltet; Staubbeutel in der Regel länglich: (Neottieae) 2
   – Meist mit Sproßwurzelknollen; Blätter konduplikativ, Staubbeutel häufig kegelförmig: 3
2. Blätter, falls vorhanden, mehrfach gefaltet, über den Sproß verteilt; mit oder ohne Viscidium: **Limodorinae**
   – Blätter (falls vorhanden) konduplikativ, mehr oder weniger gegenüberständig; reizempfindliches Rostellum, das bei Berührung einen Tropfen Klebstoff absondert: **Listerinae**
3. Viscidium meist doppelt; Pollinien sektil, meist mit deutlich ausgeprägten Caudiculae; Staubbeutel fest mit der Säule verwachsen (weitverbreitet): 9
   – Viscidium einfach oder fehlend; Pollinien sektil oder nicht sektil, meistens ohne Caudiculae; zwischen Staubbeutel und Säule befindet sich eine Einschnürung. In Südamerika oder Australien heimisch: (Diurideae) 4
4. In der Regel kein Viscidium und keine Sproßwurzelknollen vorhanden. In Südamerika und Neukaledonien heimisch: **Chloraeinae**
   – Mit oder ohne Viscidium; meist mit Sproßwurzelknollen; in Australasien heimisch: 5
5. Pollinien sektil; Blätter zwiebelartig, zylindrisch und hohl: **Prasophyllinae**

– Pollinien nicht sektil; Blätter verschiedenartig: 6

6. Mit einem einzigen herzförmigen oder gelappten Blatt: **Acianthinae**
   – Blätter verschiedenartig, aber nicht einzeln und herzförmig: 7
7. Säule kurz, dick, meist mit arm- oder bürstenähnlichen Flügeln, die parallel zur Säule stehen und manchmal über den Staubbeutel hinausragen; Blätter meist sehr schmal: **Diuridinae**
   – Säule länglich, häufig gebogen, meist mehr oder weniger abgeflacht und mit auseinanderstrebenden Flügeln; Bläter meist breiter: 8
8. Säule mit nach hinten zeigenden Flügeln; Kelchblätter kappenförmig über die Säule geklappt; Lippe beweglich: **Pterostylidinae**
   – Pflanzen ohne obige Merkmalskombination: **Caladeniinae**
9. Staubbeutel aufrecht stehend; Lippe ungespornt oder mit einem einzigen basalen Sporn: (Orchideae) 10
   – Staubbeutel (von der Säule weg) zurückgebogen oder aufliegend, Basis nach oben zeigend; verschiedenartige Sporne, Lippensporne doppelt; (Diseae) 12
10. Staubbeutelkammern oben vereint, unten auseinanderstrebend; Kronblätter fein gefranst und mit einem deutlichen Nagel versehen; in Afrika heimisch: **Huttonaeinae**
    – Pflanzen ohne obige Merkmalskombination: 11
11. Narben konvex oder gestielt: **Habenariinae**
    – Narbe(n) konkav: **Orchidinae**
12. Lippe stehend, mit der Vorderseite der Säule verwachsen, meist mit einem über die Säule hinausragenden Anhängsel; dorsale Kelch- und Kronblätter meist eine Art »Kappe« bildend: **Coryciinae**
    – Lippe nicht mit der Säule verwachsen: 13
13. Blüten resupiniert; Sporn, falls vorhanden, vom dorsalen Kelchblatt gebildet; Säule relativ kurz; Staubbeutel fast aufrecht oder zurückgebogen: **Disinae**
    – Blüten nicht resupiniert; Sporne, falls vorhanden, von der Lippe gebildet; Säule meist länglich, Staubbeutel aufliegend: **Satyriinae**

Schlüssel III: Epidendroideae

1. Zwei oder vier mehlige oder sektile Pollinien; oder Pollen zu weich, um deutlich abgrenzbare Pollinien zu bilden, ohne Caudiculae, Blätter (falls vorhanden) nicht artikuliert: 2
   – Pollinien entweder mehlig oder hart; falls mehlig, meist acht mit Caudiculae; Blätter meist artikuliert: 9
2. Pollinien weich und mehlig: (Vanilleae) 3
   – Pollinien sektil: 6
3. Blätter deutlich mehrfach gefaltet; Pollinien zusammenhängend: **Palmorchidinae**

– Blätter fleischig, netznervig oder fehlend; Pollinien sehr weich: 4

4. Meist fleischige, kletternde, strauchähnliche oder saprophytische Pflanzen; Narbe oft hervorragend; Samenschale hart: **Vanillinae**
   – Krautige Pflanzen; Narbe nicht hervorragend; Samenschale dünn und papierähnlich: 5
5. Saprophytische Pflanzen mit deutlich ausgeprägtem Calyculus unterhalb der Blütenhülle; im tropischen Asien heimisch: **Lecanorchidinae**
   – Autotrophe oder saprophytische Pflanzen ohne deutlich erkennbaren Calyculus; in Amerika und im nördlichen Asien heimisch: **Pogoniinae**
6. Blätter schmal, mehrfach gefaltet: **Arethusinae**
   – Blätter breit, mehr oder weniger fächerförmig; oder saprophytische Pflanzen: (Gastrodieae) 7
7. Blattpflanzen, nicht saprophytisch; Kelchblätter nicht verwachsen: **Nerviliinae**
   – Blattlose Saprophyten; Kelchblätter häufig verwachsen: 8
8. Blüten in einer Traube oder einzeln stehend, meist oberirdisch: **Gastrodiinae**
   – Blüten dicht zusammengedrängt, meist unterirdisch oder an der Bodenoberfläche; in Australien heimisch: **Rhizanthellinae**
9. Saprophyten mit sektilen Pollinien und Caudiculae: **Epipogieae**
   – Pflanzen ohne obige Merkmalskombination: 10
10. Zwei oder vier ziemlich nackte Pollinien ohne Caudiculae, selten mit Viscidien oder Stipes: 11
    – Zwei bis acht Pollinien mit deutlich ausgeprägten Caudiculae (die aber sehr klein sein können): 14
11. Blüten mit deutlich erkennbarem Säulenfuß; Blätter immer konduplikativ; Pollinien nicht keulenförmig: 12
    – Blüten ohne oder mit kurzem Säulenfuß; Blätter konduplikativ oder mehrfach gefaltet; Pollinien häufig keulenförmig: **Malaxideae**
12. Pseudobulben in der Regel aus mehreren Internodien bestehend; Blütenstand meist aus den oberen Achseln entspringend oder terminal; Pollinien ohne Viscidien: **Dendrobiinae**
    – Pseudobulben aus einem einzigen Internodium; Blütenstand lateral oder aus dem Rhizom entspringend; Pollinien manchmal mit Viscidien oder Stipes: 13
13. Pollinien meist ohne Viscidien oder Stipes; selten mit Stipes; Staubbeutel deckelförmig, abfallend: **Bulbophyllinae**
    – Pollinien mit zwei deutlich ausgebildeten Stipites; Staubbeutel fest mit der Säule verbunden, vom Klinandrium weg aufklappend: **Sunipiinae**
14. Meistens acht ziemlich weiche Pollinien; Pflanzen besitzen in der Regel Kormen; meist mehrfach gefaltete Blätter und lateraler Blütenstand: (Arethuseae) 15
    – Zwei bis acht meist ziemlich harte Pollinien; Pseudobulben, Kormen aus einem Internodium oder schlanke Sprosse; Blätter in der Regel konduplikativ; Blütenstand meist terminal: 17

15. Pflanzen mit schlanken Sprossen; im tropischen Amerika heimisch: **Sobraliinae**
– Pflanzen besitzen meist Kormen oder dicke, fleischige Pseudobulben: 16
16. Pollinien sektil; Blätter nicht artikuliert: **Arethusinae**
– Pollinien nicht sektil; Blätter meist artikuliert: **Bletiinae**
17. Vier (?) weiche, mehlige Pollinien; Pflanzen besitzen verlängerte, blatttragende Pseudobulben und terminale Blütenstände; in Asien heimisch: **Thuniinae**
– Pflanzen ohne obige Merkmalkombination: 18
18. Pollinien übereinanderliegend, mit zylindrischen, durchscheinenden Caudiculae oder gut ausgeprägtem Stipes: 19
– Pollinien übereinanderliegend oder nicht übereinanderliegend, mit mehligen Caudiculae, stets ohne Stipes: 20
19. Pollinien mit zylindrischen, durchscheinenden Caudiculae: **Cryptarrheneae**
– Pollinien mit ausgeprägtem, breitem Stipes: **Calypsoeae**
20. Vier übereinanderliegende oder rundliche Pollinien, Pflanzen besitzen meist Pseudobulben aus einem einzigen Internodium, terminale Blütenstände; in Asien heimisch: (Coelogyneae) 21
– Pollinien verschiedenartig, aber nicht übereinanderliegend; Pflanzen besitzen meist Pseudobulben aus mehreren Internodien oder keine Pseudobulben: (Epidendreae) 22
21. Pflanzen ohne Pseudobulben: **Adrorhizinae**
– Pflanzen mit Pseudobulben: **Coelogyninae**
22. Trennungsschicht zwischen Blütenstiel und Fruchtknoten; Blütenstiel nicht abfallend; keine Pseudobulben; in Amerika heimisch: **Pleurothallidinae**
– Zwischen Blütenstiel und Fruchtknoten befindet sich niemals eine Trennungsschicht: 23
23. Blütenstand meist terminal; in Amerika heimisch: 24
– Blütenstand häufig lateral; in der Alten Welt heimisch: 25
24. Acht lange, keulenförmige Pollinien; einzelnstehende, fleischige Blätter: **Meiracylliinae**
– Zwei bis acht meist seitlich abgeflachte oder eiförmige Pollinien; Wuchsform verschiedenartig: **Laeliinae**
25. Vier seitlich abgeflachte Pollinien; terminaler Blütenstand: **Glomerinae**
– Pollinien acht an der Zahl oder deutlich keulenförmig; Blütenstand meist lateral: 26
26. Zwei bis acht länglich-keulenförmige Pollinien; Sprosse meist schlank: **Podochilinae**
– Acht eiförmige, seitl. abgeflachte oder kurz-keulenförmige Pollinien: 27
27. Pollinien eiförmig, mit einer gemeinsamen Caudicula verbunden, die häufig sehr lang ist; sehr kleine Blüten: **Thelasiinae**
– Pollinien seitlich abgeflacht oder kurz-keulenförmig, nicht mit einer gemeinsamen Caudicula verbunden; Blüten meist größer: **Eriinae**

Schlüssel IV: Vandoideae

1. Wuchsform stets monopodial: (Vandeae) 2
   – Wuchsform meist sympodial: 4
2. Lippe sackförmig, aber nur selten tief gespornt; zwei oder vier Pollinien; hauptsächlich in Asien heimisch: **Sarcanthinae**
   – Lippe meist tief gespornt; zwei Pollinien; hauptsächlich in Afrika und Amerika heimisch: 3
3. Rostellum tief gekerbt: **Angraecinae**
   – Rostellum geschnäbelt: **Aerangidinae**
4. Vier Pollinien: 5
   – Zwei (meistens gespaltene) Pollinien: 13
5. Pseudobulben aus mehreren Internodien oder längliche Sprosse; Blütenstand meist terminal; hauptsächlich in Afrika heimisch: **Polystachyae**
   – Wuchsform unterschiedlich; Blütenstand in der Regel lateral; hauptsächlich in Amerika heimisch: (Maxillarieae) 6
6. Terrestrische Pflanzen, meist mit Kormus; Lippe dünn, manchmal gespornt; größtenteils in nördlichen Gebieten heimisch: **Corallorhizinae**
   – Wuchsform unterschiedlich, meist epiphytisch oder ohne Pseudobulben; Lippe weist in der Regel einen ausgeprägten Kallus auf und ist selten gespornt: 7
7. Schmale, monopodiale Pflanzen mit einblütigem Blütenstand, der gegenüber der Blattachsel entspringt; Säule weist unter der Narbe meist ein Anhängsel auf: **Dichaeinae**
   – Pflanzen ohne obige Merkmalskombination: 8
8. Pollinien abgeflacht und übereinanderliegend; meist größere Pflanzen: 9
   – Pollinien meist eiförmig oder keulenförmig, nicht deutlich übereinanderliegend; kleine Pflanzen: 12
9. Stipes lang und schmal; Blätter eindeutig mehrfach gefaltet: **Lycastinae**
   – Stipes kurz und breit oder fehlend; Blätter entweder mehrfach gefaltet oder konduplikativ: 10
10. Blätter konduplikativ, meist lederartig oder fleischig; Viscidium breit, meist halbmondförmig; Blütenstand immer einblütig: **Maxillariinae**
    – Blätter konduplikativ oder mehrfach gefaltet, meistens dünn, Viscidium abgeflacht, meist länger als breit; Blütenstand verschiedenartig: 11
11. Kallus meist deutlich ausgeprägt und mit Längsrillen oder -kielen versehen; Pseudobulben (manchmal aus mehreren Internodien) vorhanden oder fehlend: **Zygopetalinae**
    – Kallus meist niedrig, glatt oder ungekielt; immer mit Pseudobulben aus einem einzigen Internodium: **Bifrenariinae**
12. Säule borstig; Viscidium mit Haken versehen: **Telipogoninae**
    – Säule nicht borstig; Viscidium ohne Haken; Narbe meist an der Säulenbasis sitzend; Staubbeutel häufig lang geschnäbelt: **Ornithocephalinae**

13. Pflanzen meist mit Kormen oder Pseudobulben aus mehreren Internodien; Blätter in der Regel mehrfach gefaltet: 14
– Pflanzen meist mit Pseudobulben aus einem einzigen Internodium oder keine Pseudobulben; Blätter konduplikativ oder mehrfach gefaltet: 16
14. Pollinien seitlich abgeflacht: **Acriopsidinae**
– Pollinien dick oder dorsiventral abgeflacht: 15
15. Reizempfindliches Rostellum, das bei Berührung die Viscidien freisetzt; Blüten ein- oder zweigeschlechtig; **Catasetinae**
– Rostellum nicht berührungsempfindlich; Blüten zweigeschlechtig: **Cyrtopodiinae**
16. Blätter mehrfach gefaltet: **Stanhopeinae**
– Blätter konduplikativ: 17
17. In der Alten Welt heimisch: 18
– In Amerika heimisch: 19
18. Lippe und Säule stark verwachsen; Säule s-förmig; in Asien heimisch: **Thecostelinae**
– Lippe nicht mit der Säule verwachsen; Säule kurz, mit langem Säulenfuß; in Afrika heimisch: **Genyorchidinae**
19. Wuchsform monopodial; Pollinien häufig mit zwei durchscheinenden, zylindrischen Caudiculae, die länger sind als der Stipes: **Pachyphyllinae**
– Pflanzen ohne obige Merkmalskombination: **Oncidiinae**

12 Viele Fragen sind noch offen

In den vorangegangenen Kapiteln sind wir auf verschiedene Aspekte der Orchideenkunde eingegangen und haben alles zusammengetragen, was wir über diese Aspekte wissen. Dabei hat sich deutlich gezeigt, daß unsere Kenntnisse über diese Pflanzen noch sehr lückenhaft sind. Zum Beispiel sind die Chromosomenzahlen etlicher Gruppen noch nicht bekannt; bei anderen großen Gruppen liegen zu wenige Zählungen vor. Für die *Cattleya*-Allianz und die meisten Sarcanthinae brauchen wir keine Chromosomenzählungen mehr vorzunehmen, bei diesen Pflanzen sind die Chromosomenzahlen ohnehin immer gleich. Bei vielen anderen Gruppen – insbesondere bei kleinblütigen Pflanzen und den terrestrischen Orchideen der südlichen Hemisphäre – sind jedoch noch weitere Zählungen vonnöten.

Wir haben immer noch zu wenige exakte Informationen über den Blütenbau der Orchideen. Zum Beispiel wissen wir nichts Genaues über die Stipesstruktur bei den Spiranthoideae und den Epidendroideae. Staubbeutelstruktur und -entwicklung sind zweifellos entscheidende Merkmale für die Orchideenklassifikation; aber die einzige Untersuchung auf diesem Gebiet ist sechzig Jahre alt. Hier sind unbedingt noch weitere Nachforschungen erforderlich. Ich habe versucht, bei meinen Pollinarienuntersuchungen sehr präzise und sorgfältig vorzugehen; aber die Ergebnisse sind immer noch zu oberflächlich und zu ungenau. Biochemische Kriterien haben sich bei der Klassifikation einiger Pflanzengruppen als sehr brauchbar erwiesen. Bis jetzt liegen uns jedoch nur sehr wenige biochemische Daten über Orchideen vor. Es gibt einige Arbeiten über Alkaloide bei den Orchidaceae, die aber bisher kaum für die Orchideenklassifikation verwendbar sind.

Bei den meisten dieser Aspekte wäre es wohl am sinnvollsten und erfolgversprechendsten, sich auf eine oder einige wenige Triben oder Subtriben zu konzentrieren und möglichst umfassende Daten über diese Gruppe zusammenzutragen. Die vielen Gattungshybriden, die die Orchideenzüchter »kreiert« haben, sind ein immenses Forschungspotential für den Botaniker; doch die wenigsten Wissenschaftler machen von dieser Möglichkeit Gebrauch, und daher wissen wir nur wenig über die Fruchtbarkeit dieser Hybriden. Einige Gebiete der Orchideenkunde sind nur mit technischen Hilfsmitteln erforschbar und daher hauptsächlich für Berufsbotaniker oder für Leute interessant, die ein Mikroskop und Labormaterial zur Verfügung haben. Dennoch könnten Orchideenliebhaber – vor allem diejenigen, die in tropischen Gebieten leben – noch viele interessante Aspekte der Orchideenkunde erforschen. Man muß nicht unbedingt in der Lage sein, »warscewiczii« genau auszusprechen, oder ein botanisches Studium absolviert haben, um einen wertvollen Beitrag zur Orchideenkunde leisten zu können. Ehrlich gesagt, stammen viele gute botanische Arbeiten von Autoren, die keine Botaniker waren, und die Arbeiten etlicher Wissenschaftler mit akademischem Grad sind ausgesprochen schlecht.

Taxonomische Untersuchungen

Zur Zeit versuchen die meisten Botaniker, die sich mit Orchideen beschäftigen, Orchideenfloren für begrenzte geographische Regionen zu verfassen. Solche Florenwerke sind sicherlich notwendig, aber nicht ausreichend. Wer floristisch arbeitet, muß sich auf ein bestimmtes Gebiet spezialisieren; wir können nicht sicher sein, ob die unterschiedlichen Namen, die in den verschiedenen Regionen verwendet werden, sich auch wirklich auf unterschiedliche Arten beziehen. Manchmal wird dagegen in verschiedenen Gebieten ein und derselbe Name für unterschiedliche Arten verwendet.

Um dieses Problem zu lösen, muß man bei der systematischen Arbeit anders vorgehen, nämlich sich auf eine bestimmte Gattung oder Gattungssektion oder irgendeine andere taxonomische Gruppe konzentrieren und diese Gruppe in ihrem gesamten Verbreitungsgebiet untersuchen. Solche Arbeiten geben uns einen ziemlich guten Überblick über die Artenzahl der Gruppen und über das Verbreitungsgebiet und die gültigen Namen der einzelnen Arten. Um solche Arbeiten richtig ausführen zu können, muß man allerdings die Möglichkeit haben, alle vorhandenen Museumsexemplare der zu untersuchenden Gruppen auszuleihen, da Zeichnungen und Fotografien kein ausreichender Ersatz für richtige Exemplare sind. (Wenn die entsprechenden Exemplare verlorengegangen oder vernichtet worden sind, muß man sich natürlich mit solchem Ersatz zufriedengeben.) Nachdem man das gesamte Material – einschließlich lebende Pflanzen und in Alkohol konservierte Blüten – untersucht und die Arten identifiziert hat, kann man entscheiden, welche Namen sich auf welche Arten beziehen. Für diese Arbeit sind die »Typusbelege« von entscheidender Bedeutung. Das sind Exemplare, die neuen Arten zugrunde liegen. Solche »Typusbelege« sind nicht unbedingt »typisch«; aber da neue Artnamen auf ihnen basieren, sind sie von historischem Wert und helfen uns bei unseren Entscheidungen über die Verwendung von Namen. Das zuerst gesammelte und benannte Exemplar kann sich als sehr ungewöhnlich erweisen, doch das mindert keineswegs seinen Status als »Typusbeleg«.

Sammeln von Belegexemplaren

Wer in tropischen Gebieten Orchideen sammelt, kann der Wissenschaft einen enormen Dienst erweisen, indem er von den gesammelten Pflanzen Herbarbelege anfertigt. Zwar werden für etliche Gebiete floristische Arbeiten durchgeführt, doch die Orchideensammlungen sind nicht vollständig. Im allgemeinen befassen sich die Pflanzensammler kaum mit diesem Problem, und vielen Orchideenliebhabern widerstrebt es, eine Blüte abzuschneiden, um einen Beleg anzufertigen. In den Gewächshäusern und Vitrinen der Liebhaber befindet sich viel interessantes Material, das aber kaum zu unserem generellen Wissen über die Orchideen beiträgt, da es niemals registriert worden ist. In den meisten Fällen kann man einen guten Herbarbeleg herstellen, ohne die Pflanze zu beschädigen; schon ein paar getrocknete Blüten mit einer Pflanzenskizze können sehr brauchbar sein. Wenn man Orchideen für wissenschaftliche Untersuchungen sammelt, ist die Registrierung ungeheuer wichtig. Die Pflanze muß nicht unbedingt ein Namensschild erhalten, viel wichtiger ist es, sofort nach dem Sammeln den Standort zu vermerken.

Herbarexemplare sind zwar nicht sehr attraktiv, aber sie sind relativ haltbar (wenn man die Schädlinge regelmäßig bekämpft). Lebende Pflanzen sind hervorragendes, aber leider recht kurzlebiges Material. Sie gehen ein oder Etiketten gehen verloren, und fast alle Lebendsammlungen werden irgendwann aufgeteilt oder aufgelöst. In Alkohol oder in einem Formaldehyd-Essigsäure-Alkohol-Gemisch (FAA) konservierte Blüten sind sehr brauchbar; aber sie trocknen schnell aus. Eine Alkoholsammlung bedarf ständiger Pflege (oder man bräuchte dafür Gläschen einer Qualität, die im Handel nicht erhältlich ist). Fotografien sind ausgezeichnetes Untersuchungsmaterial; doch sollten zusätzlich immer einige getrocknete Blüten zur Verfügung stehen. Erstaunlich häufig muß man die Rückseite eines Kronblattes oder der Lippe untersuchen, und es ist einfach nicht möglich, eine Fotografie biologisch wirkungsvoll zu zerlegen. Ein gutes Beispiel für dieses Problem sind die Bilder von *Kefersteinia deflexipetala* und *K. parvilabris* im Orchid Digest (34:125, 1970). Ein Foto zeigt eine junge Blüte; die andere Fotografie stellt eine viel ältere Blüte aus einem anderen Blickwinkel gesehen dar. Solche Abbildungen kann man einfach nicht miteinander vergleichen. Zeichnungen sind sehr wichtig, da sie häufig Einzelheiten zeigen, die beim Trocknen der Pflanzen verlorengehen können; aber auch hier sollten einige getrocknete Blüten beigelegt werden.

Hágsater (1978) hat genau beschrieben, wie man Herbarexemplare anfertigen sollte. Im allgemeinen preßt man die Pflanze oder Pflanzenteile in Zeitungspapier zwischen Pappdeckeln und läßt heiße Luft durchfließen, bis das Exemplar getrocknet ist. Man sollte stets Standort und Sammeldatum der einzelnen Exemplare notieren und das Etikettieren niemals auf später verschieben. Am besten macht man sich auch einige Notizen über die Blütenfarbe und andere Einzelheiten, die nach dem Trocknen nicht mehr zu erkennen sind. Die Herbarmaterialien müssen trocken gehalten werden, und man sollte, insbesondere in den Tropen, für einen wirksamen Insektenschutz sorgen. Manchmal kann man das Herbarexemplar nicht sofort identifizieren, und es steht auch kein Botaniker zur Verfügung, der mit dem Material etwas anfangen kann; aber solche Trockenexemplare sind lange haltbar und somit für wissenschaftliche Arbeiten verfügbar, wenn sie gut aufbewahrt werden.

Untersuchungen in freier Natur

Viele Aspekte der Orchideenbotanik lassen sich am besten in freier Natur untersuchen. Wir brauchen noch viele Informationen darüber, welche Tiere die Orchideen in freier Natur bestäuben. Wenn Sie das Glück haben, einen Bestäubungsvorgang beobachten zu können, sollten Sie einige Blüten pressen und wenn möglich auch einige Insekten konservieren. Dann kann man im Zweifelsfall jederzeit überprüfen, um welche Arten es sich handelt. Wir brauchen auch noch mehr Informationen über Fruchtansatz, Populationsstruktur und die Verbreitung innerhalb und zwischen Vegetationstypen unter natürlichen Bedingungen, und zwar vor allem in den tropischen Gebieten. Mitidieris interessante Untersuchung über *Oncidium flexuosum* (1956) ist ein gutes Beispiel dafür, welche Arbeit in diesem Bereich geleistet werden kann. Unlängst hat auch Braga (1978) einen guten Beitrag geliefert. Ferner brauchen wir noch mehr Daten über die Keimung in freier Natur; wer gern technische Probleme in Angriff nimmt, sollte Mykorrhizen unter natürlichen Bedingungen erforschen. Auch über dieses Gebiet wissen wir längst noch nicht genug.

Wenn es Ihnen gelungen ist, etwas Neues über diese Aspekte der Orchideenkunde in Erfahrung zu bringen, so lautet das erste Gebot: *»Veröffentliche!«*. Teilen Sie Ihre Kenntnisse mit anderen! Vor kurzem starb ein Orchideenforscher, der enorme Kenntnisse über die Orchideenflora seiner Wahlheimat hatte. Leider nahm er die meisten dieser Informationen mit ins Grab. Ich kenne einen anderen, der sehr viele Exemplare gesammelt hat und das sehr gern von der Wissenschaft anerkannt sehen möchte. Doch als ich ihm vorschlug, Herbarexemplare anzufertigen, antwortete er: »Nein! Das Pressen einer Orchidee ist wie das Pressen einer Wassermelone.« Wenn er von jeder blühenden Mini-Orchidee, die er gesehen hat, einige Herbarexemplare angefertigt hätte, hätte er inzwischen einen enormen Beitrag zu unserem Wissen über Orchideen geleistet. Statt dessen hat er Tausende von Exemplaren an botanische Gärten versandt. Viele dieser Exemplare (auch die, die er in Blüte gesammelt hatte) kamen vertrocknet oder verfault an ihrem Bestimmungsort an, und die meisten Überlebenden sind inzwischen ebenfalls eingegangen, ohne für die Wissenschaft von großem Nutzen gewesen zu sein.

Auf der Haben-Seite können wir vermerken, was Eric Östlund zu unseren Kenntnissen über die mexikanischen Orchideen beigetragen hat. Er hat Aufzeichnungen gemacht, detaillierte Skizzen angefertigt und sein Material mit Herbarexemplaren belegt. Dieses Material war die Grundlage für L. O. Williams »Orchidaceae of Mexico« (1951). Später hat auch Glenn Pollard einen echten Beitrag zu unseren Kenntnissen über die mexikanischen Orchideen geleistet, der in einer Nachrufausgabe der Zeitschrift *Orquidea* (Mex., Bd. 7, Nr. 1) gewürdigt wurde. Mittlerweile gibt es in Mexiko eine sehr aktive Gruppe von Orchideenfreunden; einige leisten hervorragende botanische Arbeit. Sehr wertvoll ist auch der Beitrag von »Stalky« und Nora Dunsterville. Sie wissen mehr über die Orchideen Venezuelas als die meisten professionellen

Botaniker. Zuletzt möchte ich noch die Sociedad Colombiana de Orquideología in Medellín erwähnen. Viele ihrer Mitglieder interessieren sich mehr für die unendliche Vielfalt der heimischen Arten als für die eingeführten Hybriden. Sie haben vereinbart, daß jeder sich auf eine bestimmte Gattung oder Subtribus spezialisiert und Herbarbelege dieser Pflanzengruppe anfertigt. Diese sehr engagierte Orchideengesellschaft ist innerhalb der letzten acht oder zehn Jahre entstanden, und einige Mitglieder leisten bereits wertvolle Beiträge zur Orchideenbotanik. Wenn es in jedem tropischen Land ein paar solcher Gesellschaften gäbe, wüßten wir schon bald erheblich mehr über diese faszinierende Pflanzenfamilie.

Literaturverzeichnis

Zitierte Publikationen

Ackerman, J. D. (1975): Reproductive biology of *Goodyera oblongifolia* (Orchidaceae). Madroño 20: 191–198.

– (1977): Biosystematics of the genus *Piperia* Rydb. (Orchidaceae). Botanical Journal of the Linnaean Society 75: 245–270.

Ackerman, J. D., und M. R. Mesler (1979): Pollination biology of *Listera cordata* (Orchidaceae). American Journal of Botany 66: 820–824.

Ackerman, J. D., und N. H. Williams (im Druck a): Pollen morphology of the tribe Neottieae and its impact on the classification of the Orchidaceae. Grana.

– (im Druck b): Pollen morphology of the Chloraeinae (Orchidaceae: Duirideae) and related subtribes.

Adams, C. D. (1972): Orchidaceae. In Flowering plants of Jamaica. Mona, Jamaica: University of the West Indies.

Adams, R. M., und G. J. Goss (1976): The reproductive biology of the epiphytic orchids of Florida. Teil 3: *Epidendrum anceps* Jacquin, American Orchid Society Bulletin 45: 488–492.

Allen, P. H. (1952): The swan orchids: a revision of the genus *Cycnoches*. Orchid Journal 1: 173–184, 225–230, 249–254, 273–276, 297–303.

– (1959a): Orchid hosts in the tropics. American Orchid Society Bulletin 28: 243–244.

– (1959b): *Mormodes lineatum:* a species in transition. American Orchid Society Bulletin 28: 411–414.

Alphonso, A. G. (1976): The role of the botanic gardens in the conservation of orchid species. Proceedings of the Eighth World Orchid Conference, 323–325.

Ames, O. (1910): The genus *Habenaria* in North America. Orchidaceae 4: 1–288.

– (1922): A discussion of *Pogonia* and its allies in the northern United States. Orchidaceae 7: 3–44.

Ames, O., und D. S. Correll (1952–1953): Orchids of Guatemala. Fieldiana: Botany 26: 1–727.

Arditti, J. (1966a): The production of fungal growth regulating compounds by orchids. Orchid Digest 30: 88–90.

– (1966b): Flower induction in orchids. Orchid Review 74: 208–217.

Arp, G. K. (1977): The conservation of tropical orchids in the temperate zone greenhouse. American Orchid Society Bulletin 46: 809–812.

Ayensu, E. S., und N. H. Williams (1972): Leaf anatomy of *Palumbina* and *Odontoglossum* subgenus *Osmoglossum*. American Orchid Society Bulletin 41: 687–696.

Baker, H. G. (1959): Reproductive methods as factors in speciation in flowering plants. Cold Spring Harbor Symposia on Quantitative Biology 24: 177–191.

Baker, R. K. (1972): Foliar anatomy of the Laeliinae (Orchidaceae). Ph.D. diss., Washington University, St. Louis.

Baldwin, J. T., Jr., und B. M. Speese (1957): Chromosomes of *Pogonia* and of its allies in the range of Gray's Manual. American Journal of Botany 44: 651–653.

Ball, J. S. (1978): Southern African epiphytic orchids. Johannesburg: Conservation Press.

Balogh, P. (1979): Morfología del polen de la tribu Cranichideae Endlicher subtribu Spiranthinae Bentham (Orchidaceae). Orquídea (Mexico) 7: 241–260.

Barthlott, W. (1976a): Struktur und Funktion des Velamen Radicum der Orchideen. Proceedings of the Eighth World Orchid Conference, 438–443.

– (1976b): Morphologie der Samen von Orchideen im Hinblick auf Taxonomische und Funktionelle Aspekte. Proceedings of the Eighth World Orchid Conference, 444–453.

Barthlott, W., und B. Ziegler (1980): Über ausziehbare helicale Zellwandverdickungen als Haft-Apparat der Samenschalen von *Chiloschista lunifera* (Orchidaceae). Berichte der Deutschen Botanischen Gesellschaft 93: 391–403

Beer, J. G. (1863): Beiträge zur Morphologie und Biologie der Familie der Orchideen. Verlag Carl Gerold Sohn, Wien

Benzing, D. H. (1973): Mineral nutrition and related phenomena in Bromeliaceae and Orchidaceae. Quarterly Review of Biology 48: 277–290.

– (1978): The life history profile of *Tillandsia circinnata* (Bromeliaceae) and the rarity of extreme epiphytism among the Angiosperms. Selbyana 2: 325–337.

Benzing, D. H., und J. Seemann (1978): Nutritional piracy and host decline: a new perspective on the epiphyte-host relationship. Selbyana 2: 133–148.

Blaxell, D. F. (1972): *Arthrochilus* F. Muell. and related genera (Orchidaceae) in Australasia. Contributions from the New South Wales National Herbarium 4: 275–283.

Blossfeld, H. (1974): Der Tau als Lebensfaktor der Epiphyten. Die Orchidee 25: 118–123.

Bosser, J. (1976): Le genre *Hederorkis* Thou. (Orchidaceae) aux Mascareignes et aux Seychelles. Adansonia 16: 225: 228.

Bouriquet, G. (1954): Le Vanillier et la Vanille dans le monde. In Encyclopédie biologique, vol. 46. Paris: Paul Lechavelier.

Braga, P. I. S. (1978): Aspectos biológicos das Orchidaceae de uma campina de Amazonia Central. Acta Amazonica 7 (supplement 2): 1–89.

Breddy, N. C., und W. H. Black (1954): Orchid mycorrhiza and their application to seedling raising. Orchid Journal 3: 57–61.

Bremer, K., und H.-E. Wanntorp (1978): Phylogenetic systematics in botany. Taxon 27: 317–329.

Brieger, F. G (1977): On the maxillariinae (Orchidaceae) with sepaline spur. Botanische Jahrbücher für Systematik, Pflanzengeschichte und Pflanzengeographie 97: 548–574.

– siehe auch Schlechter, 1970 –.

Brown, M. J., J. F. Jenkin, N. P. Brothers und G. R. Copson (1978): *Corybas macranthus* (Hook.f.) Reichb.f. (Orchidaceae), a new record for Macquarie Island. New Zealand Journal of Botany 16: 405–407.

Burgeff, H. (1932): Saprophytismus und Symbiose: Studien an tropischen Orchideen. Jena: Gustav Fischer.

– (1936): Die Samenkeimung der Orchideen. Jena: Gustav Fischer.

– (1959): Mycorrhiza of orchids. In: The orchids: a scientific survey. Hrsg. C. L. Withner. New York: Ronald Press.

Burns, W. (1961): *Sophronitis* hybridizing. Orchid Digest 25: 5–15.
Butzin, F. (1971): Die Namen der supragenerischen Einheiten der Orchidaceae. Willdenowia 6: 301–340.
– (1974): Bestimmungsschlüssel für die in Kultur genommenen Arten der Coelogyninae (Orchidaceae). Willdenowia 7: 245–260.
Cady, L. (1962): Genus *Spiculaea* Lindl. in Australia. Australian Plants 1 (10): 11–13.
– (1967): The genus *Cryptostylis* in Australia. Australian Plants 4: 75–77, 91.
– (1969): An illustrated check-list of the genus *Pterostylis*. Australian Plants 5: 60–74.
Capesius, I., und W. Barthlott (1975): Isotopen-Markierungen und Rasterelektronenmikroskopische Untersuchungen des Velamen radicum der Orchideen. Zeitschrift für Pflanzenphysiologie 75: 436–448.
Charanasri, U., H. Kamemoto und M. Takeshita (1973): Chromosome numbers in the genus *Oncidium* and some allied genera. American Orchid Society Bulletin 42: 518–524.
Chen, S. C. (1965): A primitive new orchid genus *Tangtsinia* and its meaning in phylogeny. Acta Phytotaxonomica Sinica 10: 193–206.
Clifford, H. T., und W. K. Smith (1969): Seed morphology and classification of Orchidaceae. Phytomorphology 19: 133–139.
Correa, M. N. (1968): Rehabilitación del género *Geoblasta* Barb. Rodr. Revista del Museo de la Plata, Sección Botánica 11: 69–74.
– (1969): Chloraea, género sudamericano de Orchidaceae. Darwiniana 15: 374–500.
Corell, D. S. (1950): Native orchids of North America north of Mexico. Waltham: Chronica Botanica Company; rpt. Stanford: Stanford University Press, 1978.
Coster, C. (1926): Periodische Blüteerscheinungen in den Tropen. Annales du Jardin Botanique de Buitenzorg 35: 125–162.
Crepet, W. L. (1979): Insect pollination: a paleontological perspective. Bioscience 29: 102–108.
Cribb, F. J. (1978): A revision of *Stolzia* (Orchidaceae). Kew Bulletin 33: 79–89.
Cruden, R. W. (1972): Pollinators in high-elevation ecosystems: relative effectiveness of birds and bees. Science 176: 1439–1440.
Curtis, J. T. (1939): The relation of the specificity of orchid mycorrhizal fungi to the problem of symbiosis. American Journal of Botany 26: 390–399.
Danesch, E., und O. Danesch (1969–1972): Orchideen Europas. 3 Bände (Südeuropa, Mitteleuropa und Ophryshybriden). Bern: Hallwag Verlag.
Daniels, G. S., und R. L. Rodríguez Caballero (1972): Sobre la morfología del *Oncidium globuliferum*. Orquideología 7: 79–84.
Darwin, C. (1888): The Various contrivances by which orchids are fertilised by insects. 2. Aufl. London: John Murray.
Das, S. (1976): Flowering calendar of Coelogynes. Orchid Review 84: 210–211.
Davis, P. H. (1978): The moving staircase: a discussion on taxonomic rank and affinity. Notes from the Royal Botanic Garden Edinburgh 36: 325–340.
Davis, P. H., und V. H. Heywood (1964): Principals of angiosperm taxonomy. Edinburgh: Oliver & Boyd.
Dockrill, A. W. (1969): Australian indigenous orchids. Band 1: The epiphytes and tropical terrestrial species. Sydney: Society for Growing Australian Plants.
Docters van Leeuwen, W. M. (1929): Kurze Mitteilung über Ameisen-Epiphyten aus Java. Berichte der Deutschen Botanischen Gesellschaft 47: 90–99.
– (1936): Krakatau, 1833–1933. Annales du Jardin Botanique de Buitenzorg 46–47: 1–506.

– (1937): The biology of *Epipogium roseum* (D. Don) Lindl. Blumea, supplement 1: 57–65.

Dod, D. D. (1976): *Oncidium henekenii* – bee orchid pollinated by bee. American Orchid Society Bulletin 45: 792–794.

Dodson, C. H. (1962a): Pollination and variation in the subtribe Catasetinae (Orchidaceae). Annals of the Missouri Botanical Garden 49: 35–56.

– (1962b): The importance of pollination in the evolution of the orchids of tropical America. American Orchid Society Bulletin 31: 525–534, 641–649, 731–735.

– (1966): Studies in orchid pollination – *Cypripedium, Phragmipedium* and allied genera. American Orchid Society Bulletin 35: 125–128.

– (1975): *Dressleria* and *Clowesia:* a new genus and an old one revived in the Catasetinae (Orchidaceae). Selbyana 1: 130–137.

Dodson, C. H., R. L. Dressler, H. G. Hills, R. M. Adams und N. H. Williams (1969): Biologically active compounds in orchid fragrances. Science 164: 1234–1249.

Dressler, R. L. (1957): The vegetation about Laguna Ocotal. Bulletin of the Museum of Comparative Zoology 116: 200–203.

– (1960): The relationships of *Meiracyllium* (Orchidaceae). Brittonia 12: 222–225.

– (1961): The structure of the orchid flower. Missouri Botanical Garden Bulletin 49: 60–69.

– (1968a): Observations on orchids and euglossine bees in Panama and Costa Rica. Revista de Biología Tropical 15: 143–183.

– (1968b): Pollination by euglossine bees. Evolution 22: 202–210.

– (1971): Dark pollinia in hummingbird-pollinated orchids, or do hummingbirds suffer from strabismus? American Naturalist 105: 80–83.

– (1974): Classification of the orchid family. Proceedings of the Seventh World Orchid Conference, 259–279.

– (1976a): How to study orchid pollination without any orchids. Proceedings of the Eighth World Orchid Conference, 534–537.

– (1976b): The use of pollinia in orchid systematics. First Symposium on Scientific Aspects of Orchids (Detroit), 1–15.

– (1979a): Une Enorme *Scaphyglottis* del Occidente de Panamá. Orquídea (Mexico) 7: 227–234.

– (1979b): The subfamilies of Orchidaceae. Selbyana 5: 197–206.

– (1980a): Orquídeas huérfanas. Teil 1: *Wullschlaegelia*. Orquídea (Mexico) 7: 277–282.

– (1980b): Orquídeas huérfanas. Teil 2: *Cryptarrhena*. Orquídea (Mexico) 7: 283–288.

– (1986): Recent advances in orchid phylogeny. Lindleyana 1 (1): 5–20.

Dressler, R. L., und C. H. Dodson (1960): Classification and phylogeny in the Orchidaceae. Annals of the Missouri Botanical Garden 47: 25–68.

Dunsterville, G. C. K. (1961): How many orchids on a tree? American Orchid Society Bulletin 30: 362–363.

Dunsterville, G. C. K., und E. Dunsterville (1967): The flowering seasons of some Venezuelan orchids. American Orchid Society Bulletin 36: 790–797.

Dunsterville, G. C. K., und L. A. Garay (1959–1976): Venezuelan orchids illustrated. 6 Bände. London: André Deutsch.

Duperrex, A. (1961): Orchids of Europe. London: Blandford Press.

Eberle, G. (1974): Nektarausscheidung im Sporn des Wanzenknabenkrautes (*Orchis coriophora* L.)? Die Orchidee 25: 222–225.

Fawcett, W., und A. B. Rendle (1910): Orchidaceae. In Flora of Jamaica, Band 1. London: British Museum.

Foldats, E. (1969–1970): Orchidaceae. In Flora de Venezuela, Band 15, Hrsg. T. Lasser. Caracas: Instituto Botánico.

Fowlie, J. A. (1967): Observations on *Cattleya skinneri* and *C. deckeri*. American Orchid Society Bulletin 36: 777–780.

– (1970): The genus *Lycaste*. Pomona: Azul Quinta Press.

– (1977): The Brazilian bifoliate Cattleyas and their color varieties. Pomona: Azul Quinta Press.

Frankie, G. W., P. A. Opler und K. S. Bawa (1976): Foraging behaviour of solitary bees: Implications for outcrossing of a Neotropical tree species. Journal of Ecology 64: 1049–1057.

Frei, J. K. (1973a): Orchid ecology in a cloud forest in the mountains of Oaxaca, Mexico. American Orchid Society Bulletin 42: 307–314.

– (1973b): Effect of bark substrate on germination and early growth of *Encyclia tampensis* seeds. American Orchid Society Bulletin 42: 701–708.

Fryxell, P. A. (1957): Mode of reproduction of higher plants. Botanical Review 23: 135–233.

Garay, L. A. (1960): On the origin of the Orchidaceae. Bot. Museum Leaflets 19: 57–95.

– (1961): Notes on the genus *Epistephium*. American Orchid Society Bulletin 30: 496–500.

– (1964): Evolutionary significance of geographical distribution of orchids. Proceedings of the Fourth World Orchid Conference, 170–187.

– (1969): El Complejo Chondrorhyncha. Orquideología 4: 139–152.

– (1972a): On the origin of the Orchidaceae. Teil 2. Journal of the Arnold Arboretum 53: 202–215.

– (1972b): On the systematics of the monopodial orchids. Teil 1. Botanical Museum Leaflets 23: 149–212.

– (1973): El Complejo *WZygopetalum*. Orquideología 8: 15–34.

– (1974a): Sinopsis des Género *Arpophyllum*. Orquídea (Mexico) 4: 3–19.

– (1974b): On the systematics of the monopodial orchids. Teil 2. Botanical Museum Leaflets 23: 369–376.

– (1974c): *Acostaea* Schltr. y los Géneros del complejo *Pleurothallis*. Orquideología 9: 103–124.

– (1977): Systematics of the Physurinae (Orchidaceae) in the New World. Bradea 2: 191–208.

– (1979): Orchidaceae. Teil 1. In Flora of Ecuador, Band 9, Hrsg. G. Harling und B. Sparre. Gothenburg: Department of Systematic Botany, Universität Göteborg.

– (1979): The genus *Phragmipedium*. Orchid Digest 43: 133–148.

Garay, L. A., und J. E. Stacy (1974): Synopsis of the genus *Oncidium*. Bradea 1: 393–424.

Garay, L. A., und H. R. Sweet (1974a): Orchids of Southern Ryukyu Islands. Cambridge: Botanical Museum.

– (1974b): Orchidaceae. In Flora of the Lesser Antilles, Hrsg. R. A. Howard. Jamaica Plain, Mass.: Arnold Arboretum.

Garay, L. A., und P. Taylor (1976): The genus *Oecoclades* Lindl. Botanical Museum Leaflets 24: 249–274.

Gentry, A. H. (1974): Flowering phenology and diversity in tropical Bignoniaceae. Biotropica 6: 64–68.

Goss, G. J. (1977): The reproductive biology of the epiphytic orchids of Florida. Teil 6: *Polystachya flavescens* (Lindley) J. J. Smith. American Orchid Society Bulletin 46: 990–994.

Grant, V. (1949): Pollination systems as isolating mechanisms in angiosperms. Evolution 3: 82–97.

– (1958): The regulation of recombination in plants. Cold Spring Harbor Symposia on Quantitative Biology 23: 337–363.

– (1971): Plant speciation. New York: Columbia University Press.

Gregg, K. B. (1975): The effect of light intensity on sex expression in species of *Cycnoches* and *Catasetum* (Orchidaceae). Selbyana 1: 101–113.

Grime, J. P. (1977): Evidence for the existence of three primary strategies in plants and its relevance to ecological and evolutionary theory. American Naturalist 111: 1169–1194.

Gumprecht, R. (1975): Orchideen in Chile. Die Orchidee 26: 127–132.

Hágsater, E. (1978): Preparación de especímenes para el herbario de orquídeas. Orquídea (Mexico) 6: 369–394.

Hall, A. V. (1965): Studies of South African species of *Eulophia*. Journal of South African Botany. Ergänzung 5: 1–248.

Hallé, N. (1965): Deux Orchidées gabonaises présentées d'apres des sujets vivants: *Phaius mannii* Reichb. f. et *Manniella gustavi* Reichb. f. Adansonia 5: 415–419.

– (1977): Orchidacées. In Flore de la Nouvelle Caledonie et dépendances. Hrsg. A. Aubreville und J.-F. Leroy. Paris: Museum National d'histoire Naturelle.

Hamer, F.: (1974): Las orquídeas des El Salvador. 2 Bände. San Salvador: Ministerio de Educación.

Harley, J. L. (1959): The biology of mycorrhiza. London. Leonard Hall.

Heinrich, B., und P. H. Raven (1972): Energetics and pollination ecology. Science 1976: 597–602.

Hennig, W. (1965): Phylogenetic systematics. Annual Review of Entomology 10: 97–116.

Heusser, K. (1914): Die Entwicklung der generativen Organe von *Himantoglossum hircinum*. Dissertation, Dresden.

Heywood, V. H., J. B. Harborne und B. L. Turner (1978): The biology and chemistry of the Compositae. 2 Bände. London: Academic Press.

Hickey, L. J., und J. A. Doyle (1977): Early Cretaceous fossil evidence for angiosperm evolution. Botanical Review 43: 3–104.

Hills, H. G., N. H. Williams und C. H. Dodson (1968): Identification of some orchid fragrance components. American Orchid Society Bulletin 37: 967–971.

Hirmer, M. (1920): Beiträge zur Organographie der Orchideenblüte. Flora 13: 213–309.

Holman, R. T., und W. H. Heimermann (1973): Identification of components of orchid fragrances by gas chromatography – mass spectrometry. American Orchid Society Bulletin 42: 678–682.

Holttum, R. E. (1949): Gregarious flowering of the terrestrial orchid *Bromheadia finlaysonianum*. The Garden's Bulletin (Singapore) 12: 295–302.

– (1952a): Hybridization in Sarcanthinae. Orchid Journal 1: 58–60.

– (1952b): The subdivision of the genus *Dendrobium*. Orchid Journal 1: 163–165.

– (1955a): Growth habits of monocotyledons: variations on a theme. Phytomorphology 5: 399–413.

– (1955b): Notes on pollination of orchids of the genus *Plocoglottis*. Malayan Nature Journal 9: 111–115.

– (1957): Orchids of Malaya. 2. Aufl. Singapore: Government Printing Office.

– (1959): Evolutionary trends in the Sarcanthine orchids. American Orchid Society Bulletin 28: 747–754 (auch: Proceedings of the Second World Orchid Conference).

– (1960): The ecology of tropical epiphytic orchids. Proceedings of the Third World Orchid Conference, 196–203.

Hu, S. Y. (1977): The genera of Orchidaceae in Hong Kong. Hong Kong: Chinese Unversity Press.

– (1971–1975): The Orchidaceae of China. Quarterly Journal of the Taiwan Museum 24–28.

Huber, H. (1969): Die Samenmerkmale und Verwandtschaftsverhältnisse der Liliifloren. Mitteilungen der Botanischen Staatssammlung München 7: 219–538.

– (1977): The treatment of the monocotyledons in an evolutionary sytem of classification. Plant Sytematics and Evolution. Ergänzung 1: 284–298.

Hunt, T. E. (1953): Australia's suberranean orchids. Orchid Journal 2: 303–305.

Ivri, Y., und A. Dafni (1977): The pollination ecology of *Epipactis consimilis* Don (Orchidaceae) in Israel. New Phytologist 79: 173–177.

Janzen, D. H. (1974): Epiphytic Myrmecophytes in Sarawak: mutualism through the feeding of plants by ants. Biotropica 6: 237–259.

Johansson, D. R. (1974): Ecology of vascular epiphytes in West African rain forest. Acta Phytogeographica Suecica 59: 1–129.

– (1975): Ecology of epiphytic orchids in West African rain forests. American Orchid Society Bulletin 44: 125–136.

– (1977): Epiphytic orchids as parasites of their host trees. American Orchid Society Bulletin 46: 703–707.

Jones, D. L. (1974): The pollination of *Acianthus caudatus* R. Br. Victorian Naturalist 91: 272–274.

– (1975): The pollination of *Microtis parviflora* R. Br. Annals of Botany 39: 585–589.

Jones, D. L., und B. Gray (1974): The pollination of *Calochilus holtzei* F. Muell. American Orchid Society Bulletin 43: 604–606.

– (1976a): The pollination of *Bulbophyllum longiflorum* Thouars. American Orchid Society Bulletin 45: 15–17.

– (1976b): The pollination of *Dendrobium lichenastrum* (F. Muell.) Krzl. American Orchid Society Bulletin 45: 981–983.

– (1977): The pollination of *Dendrobium ruppianum* A. D. Hawkes. American Orchid Society Bulletin 46: 54–57.

Jones, K. (1967): The chromosomes of orchids. Teil 2: Vandeae Lindl. Kew Bulletin 21: 151–156.

– (1974): Cytology and the study of orchids. In The orchids: scientific studies. Hrsg. C. L. Withner. New York: John Wiley & Sons.

Jones, K., und M. G. Daker (1968): The chromosomes of orchids. Teil 3: Catasetinae Schltr. Kew Bulletin 22: 421–427.

Kallunki, J. A. (1976): Population studies in *Goodyera* (Orchidaceae) with emphasis on the hybrid origin of *G. tesselata*. Brittonia 28: 53–75.

Karasawa, K. (1979): Karyomorphological studies in *Paphiopedilum,* Orchidaceae. Bulletin of the Hiroshima Botanical Garden 2: 1–149.

Kerr, A. D. (1971): A »trapdoor« *Eria*. American Orchid Society Bulletin 40: 510–511.

Kleinfeldt, S. E. (1978): Ant-gardens: the interaction of *Codonanthe crassifolia* (Gesneriaceae) and *Crematogaster longispina* (Formicidae). Ecology 59: 449–456.

Knudson, L. (1922): Non-symbiotic germination of orchid seeds. Botanical Gazette 73: 1–25.

Kränzlin, F. (1910): Orchidaceae-Monandrae-Dendrobiinae. Teil 1. Das Pflanzenreich 45: 1–382.

– (1911): Orchidaceae-Monandrae-Dendrobiinae. Teil 2: Orchidaceae-Monandrae-Thelasiinae. Das Pflanzenreich 50: 1–222.
– (1922): Orchidaceae-Monandrae-Tribus Oncidieae-Odontoglosseae. Teil 2. Das Pflanzenreich 80: 1–344.
– (1923): Orchidaceae-Monandrae-Pseudomonopodiales. Das Pflanzenreich 83: 1–66.
– (1925): Monographie der Gattungen *Masdevallia, Lothiana, Scaphosepalum, Cryptophoranthus* and *Pseudoctomeria*. Repertorium Specierum Novarum Beiheft 34: 1–240.
– (1926): Monographie der Gattung *Polystachya* Hook. Repertorium Specierum Novarum Beiheft 39: 1–136.
– (1928): Quelques orchidees nouvelles de la Nouvelle-Caledonie. Notulae Systematicae (Paris) 4: 132–146.
Kullenberg, B. (1961): Studies on *Ophrys* pollination. Zoologiska Bidrag Från Uppsala 34: 1–340.
Kullenberg, B., und G. Bergström (1976): Hymenoptera Aculeata males as pollinators of *Ophrys* orchids. Zoologica Scripta 5: 13–23.
Kumazawa, M. (1958): The sinker of *Platanthera* and *Perularia:* its morphology and development. Phytomorphology 8: 137–145.
Landwehr, J. (1977): Wilde Orchideën van Europa. 2 Bände. Amsterdam: Verenigung tot Behoud van Natuurmonumenten in Nederland.
Larsen, K. (1969): Brief note on *Neuwiedia singapureana* in Thailand. Natural History Bulletin of the Siam Society 22: 330–331.
Lavarack, P. S. (1971): The taxonomic affinities of the Neottioideae. 2 Bände, Dissertation, University of Queensland.
– (1976): The taxonomic affinities of the Australian Neottioideae. Taxon 25: 289–296.
León, Pater (1946): Orquídeas. In Flora de Cuba, Band 1, Contribuciones Ocasionales del Museo de Historia Naturals des Colegio de La Salle.
Levin, D. A. (1978): The origin of isolating mechanisms in flowering plants. Evolutionary Biology 11: 185–317.
Lin, T. P. (1975–): Native orchids of Taiwan. 2 Bände (von 4). Chiayi: Ji-Chyi Wang.
Lindley, J. (1826): Orchidearum sceletos. London.
Lock, J. M., und J. C. Profita (1975): Pollination of *Eulophia cristata* (Sw.) Stud. (Orchidaceae) in southern Ghana. Acta Botanica Neerlandica 24: 135–138.
Luer, C. A. (1972): The native orchids of Florida. New York: New York Botanical Garden.
– (1975): The native orchids of the United States and Canada, excluding Florida. New York: New York Botanical Garden.
McKenna, M. C. (1975): Fossil mammals and early Eocene North Atlantic land continuity. Annals of the Missouri Botanical Garden 62: 335–353.
McWilliams, E. L. (1970): Comparative rates of dark CO_2 uptake and acidification in the Bromeliaceae, Orchidaceae, and Euphorbiaceae. Botanical Gazette 131: 285–290.
Madison, M. (1977): Vascular epiphytes: their systematic occurence and salient features. Selbyana 2: 1–13.
Maekawa, F. (1971): The wild orchids of Japan in colour. Tokyo: Seibundo Shinkosha.
Malguth, R. (1901): Biologische Eigenthümlichkeiten der Früchte epiphytischer Orchideen. Dissertation, Breslau.
Mansfeld, R. (1932): Die Gattung *Catasetum* L. C. Rich. Repertorium Specierum Novarum Regni Vegetabilis 30: 257–275, 31: 99–125.
– (1934): Zur Terminologie der Pollinienanhängsel der Orchideen. Repertorium Specierum Novarum Regni Vegetabilis 38: 199–205.

– (1937a): Über das System der Orchidaceae-Monandrae. Notizblatt des Botanischen Gartens und Museums zu Berlin-Dahlem 13: 666–676.
– (1937b): Über das System der Orchidaceae. Blumea, Ergänzung 1: 25–37.
– (1954): Über die Verteilung der Merkmale der Orchidaceae-Monandrae. Flora 142: 65–80.
Mayr, E. (1965): Numerical phenetics and taxonomic theory. Systematic Zoology 14: 73–97.
– (1969): Principles of systematic zoology. New York: McGraw-Hill.
– (1974): Cladistic analysis or cladistic classification? Zeitschrift für Zoologische und Systematische Evolutionsforschung 12: 94–128.
Millar, A. (1978): Orchids of Papua New Guinea: an introduction. Seattle: University of Washington Press.
Misas, U., G., und O.J. Arango T. (1974): Introducción al conocimiento de una subtribu. Orquideología 9: 47–60.
Mitidieri, J. (1956): Indice de sobrevivencia natural no *Oncidium flexuosum*. Orquidea 18: 12–15.
Moir, W. W. G. (1974): Intergenerics in the Oncidiinae. Orchid Review 82: 156–160.
– (1975a): Intergenerics of the Lesser Laeliinae. Florida Orchidist 18: 61–64.
– (1975b): The wasted efforts in breeding. Orchid Review 83: 298–302.
– (1978a): Surprises in breeding orchids. Orchid Review 86: 161–164.
– (1978b): Breeding the *Oncidium* sect. *Oncidium* (erroneously the Equitant-Variegata Oncidiums). Orchid Digest 42: 85–91.
Morris, B. (1970): The epiphytic orchids of Malawi. Blantryre: Society of Malawi.
Mulay, B. N., und B. D. Deshpande (1959): Velamen in terrestrial monocots. Teil 1: Ontogeny and morphology of velamen in the Liliaceae. Journal of the Indian Botanical Society 38: 383–390.
Mulay, B. N., B. D. Deshpande, und H. B. Williams (1958): Study of velamen in some epiphytic and terrestrial orchids. Journal of the Indian Botanical Society 37: 123–127.
Mulay, B. N., und T. K. B. Panikar (1956): Origin, development and structure of velamen in the roots of some species of terretrial orchids. Proceedings of the Rajasthan Academy of Science 6: 31–48.
Neales, T. F., und C. S. Hew (1975): Two types of carbon fixation in tropical orchids. Planta (Berlin) 123: 303–306.
Newton, G. D., und N. H. Williams (1978): Pollen morphology of the Cypripedioideae and Apostasioideae (Orchidaceae). Selbyana 2: 169–182.
Nicholls, W. H. (1969): Orchids of Australia. Melbourne: Nelson.
Nierenberg, L. (1972): The mechanism for the maintenance of species integrity in sympatrically occuring equitant Oncidiums in the Caribbean. American Orchid Society Bulletin 41: 873–882.
Northen, R. T. (1952): Pollen-shooting mechanism of *Catasetum*. American Orchid Society Bulletin 21: 859–862.
– (1970): The mysterious movements of pollinaria. Orchid Digest 34: 87–88.
– (1971): The remarkable thrift of *Spiculaea ciliata*. American Orchid Society Bulletin 40: 898–899.
– (1972): *Pterostylis* and its sensitive gnat trap. American Orchid Society Bulletin 41: 801–806.
Nuernbergk, E. L. (1963): On the carbon dioxide metabolism of orchids and its ecological aspect. Proceedings of the Fourth World Orchid Conference, 158–169.

Ogura, T. (1953): Anatomy and morphology of the subterranean organs in some Orchidaceae. Journal of the Faculty of Science of the University of Tokyo: Botany 6: 135–157.

Ospina, H. M. (1969): Los Antipolinizadores. Orquideología 4: 23–27.

Ortiz Valdivieso, P. (1976): Orquídeas de Colombia. Bogotá: Colciencias.

Pabst, G. F. J. (1978): An illustrated key to the species of the genus *Mormodes* Lindl. (Orchidaceae). Selbyana 2: 149–155.

Pabst, G. F. J., und F. Dungs (1975–1977): Orchidaceae Brasilienses. 2 Bände. Hildesheim: Kurt Schmersow.

Peisl, P., und J. Forster (1975): Zur Bestäubungsbiologie des Knabenkrautes *Orchis coriophora* L. ssp. *fragrans*. Die Orchidee 26: 172–173.

Peitz, E. (1972): Zusammenstellung aller bisher bekannte Bastarde der in Deutschland verbreiteten Orchideen. In Probleme der Orchideengattung *Orchis*. Hrsg. K. Senghas und H. Sundermann. Die Orchidee, Sonderheft.

Perrier de la Bathie, H. (1939–1941): Orchidées. In Flore de Madagascar, Hrsg. H. Humbert. 2 Bände. Tananarive: Imprimerie Officielle.

Perry, D. R. (1978): Factors influencing arboreal epiphytic phytosociology in Central America. Biotropica 10: 235–237.

Pfitzer, E. (1882): Grundzüge einer Vergleichenden Morphologie der Orchideen. Heidelberg: Carl Winter's Universitätsbuchhandlung.

– (1884): Beobachtungen über Bau und Entwicklung der Orchideen. Teil 9: Über Zwergartige Bulbophyllen mit Assimilationshöhlen im Innern der Knollen. Berichte der Deutschen Botanischen Gesellschaft 2: 472–480.

– (1887): Entwurf einer Natürlichen Anordnung der Orchideen. Heidelberg: Carl Winter's Universitätsbuchhandlung.

– (1903): Orchidaceae-Pleonandrae. Das Pflanzenreich 12: 1–132.

Pfitzer, E., und F. Kränzlin (1907): Orchidaceae-Monandrae-Coelogyninae. Das Pflanzenreich 32: 1–169.

Piers, F. (1968): Orchids of East Africa. 2. Aufl. (Deutschland): J. Cramer.

van der Pijl, L., und C. H. Dodson (1966): Orchid flowers: their pollination and evolution. Coral Gables: University of Miami Press.

Pollard, G. E. (1973): La Opinión de un Hombre. Orquídea (Mexico) 3: 184–190.

Porsch, O. (1909): Die Honigersatzmittel der Orchideenblüte. Botanische Wandtafeln, Tafeln 92, 111: 496–509.

Potuček, O. (1968): Intergenerische Hybriden der Gattung *Dactylorhiza*. In Probleme der Orchideengattung *Dactylorhiza*, Hrsg. K. Senghas und H. Sundermann. Die Orchidee, Sonderheft.

Pradhan, U. C. (1976): Indian orchids: guide to identification and culture. Band 1. Calcutta: Bharat Lithographing Company.

Pridgeon, A. M. (1978): Una Revisión de los Géneros *Coelia* y *Bothriochilus*. Orqúdea (Mexico) 7: 57–94.

Proctor, M., und P. Yeo (1972): The pollination of flowers. New York: Taplinger Publishing Company.

Ramsey, C. T. (1950): The triggered rostellum of the genus *Listera*. American Orchid Society Bulletin 19: 482–485.

Rao, V. S. (1969): The floral anatomy and relationship of the rare Apostasias. Journal of the Indian Botanical Society 48: 374–385.

– (1974): The relationship of the Apostasiaceae on the basis of floral anatomy. Botanical Journal of the Linnaean Society 68: 319–327.

Rasmussen, F. N. (1977): The genus *Corymborkis* Thou. (Orchidaceae): taxonomic revision. Botanisk Tidsskrift 71: 161–192.

Raven, P. H., und D. I. Axelrod (1974): Angiosperm biogeography and past continental movements. Annals of the Missouri Botanical Garden 61: 539–673.

Reichenbach, H. G. (1852): De Pollinis Orchidearum Genesi ac Structura et de Orchideis in Artem ac Systema Redigendis. Dissertation, Leipzig.

– (1884): Ueber das Sytem der Orchideen. Bulletin du Congres international de botanique et d'horticulture a St.-Petersbourg 1884: 39–58.

Rentoul, J. N. (1977): Australian bulbophyllums. Orchid Review 85: 261–262.

Renz, J. (1948): Beiträge zur Kenntnis der süd- und zentralamerikanischen Orchideen. Teil 1: Orchidaceae-Cranichidinae. Candollea 11: 243–276.

– (1978): Orchidaceae. In Flora Iranica. Hrsg. K. H. Rechinger. Graz: Akademische Druck- und Verlagsanstalt.

Ridley, H. N. (1910): Symbiosis of ants and plants. Annals of Botany 24: 457–483.

Riveros, M., und C. Ramírez (1978): Fitocenosis Epífitas de la Asociación Lapagerio-Aextoxiconetum en el Fundo San Martín (Valdivia, Chile). Acta Científica Venezolana 29: 163–169.

Rolfe, R. A. (1909–1912): The evolution of the Orchidaceae. Orchid Review 17–20.

Rosso, S. W. (1966): The vegetative anatomy of the Cypripedioideae (Orchidaceae). Journal of the Linnaean Society: Botany 59: 309–341.

Rotherham, E. R. (1968): Pollination of Spiculaea huntiana (elbow orchid). Victorian Naturalist 85: 7–8.

Rotor, G. B., Jr. (1952): Daylength and temperature in relation to growth and flowering of orchids. Cornell University Agricultural Experimental Station Bulletin 885: 1–47.

Ruinen, J. (1953): Epiphytosis: a second view on epiphytism. Annales Bogoriensis 1: 101–157.

Sanford, W. W. (1964): Sexual compatibility relationships in *Oncidium* and related genera. American Orchid Society Bulletin 33: 1035–1048.

– (1971): The flowering time of West African Orchids. Botanical Journal of the Linnean Society 65: 163–181.

– (1974): The ecology of orchids. In The orchids: scientific studies, Hrsg. C. L. Withner. New York: John Wiley & Sons.

Santapau, H., und Z. Kapadia (1966): The orchids of Bombay. Calcutta: Government of India Press.

Schelpe, E. (1966): An introduction of the South African orchids. London: Macdonald.

– (1970): Fire-induced flowering among indigenous South African orchids. South African Orchid Journal 1 (2): 21–22.

– (1971): The genus Disa and allied genera in South Afrika. Proceedings of the Sixth World Orchid Conference, 157–159.

Schill, R. (1978): Palynologische Untersuchungen zur systematischen Stellung der Apostasiaceae. Botanische Jahrbücher für Systematik, Pflanzengeschichte und Pflanzengeographie 99: 353–362.

Schill, R., und W. Pfeiffer (1977): Untersuchungen an Orchideenpollinien unter besonderer Berücksichtigung ihrer Feinskulpturen. Pollen et Spores 19: 5–118.

Schlechter, R. (1911): Die Polychondreae (Neottiinae Pfitz.) und ihre systematische Einteilung. Botanische Jahrbücher für Systematik, Pflanzengeschichte und Pflanzengeographie 45: 375–410.

– (1920): Versuch einer systematischen Neuordnung der Spiranthinae. Beiheft zum Botanischen Centralblatt 37 (2): 317–454.

– (1926): Das System der Orchidaceen. Notizblatt des Botanischen Gartens und Museums zu Berlin-Dahlem 9: 563–591.
– (1970–): Die Orchideen, 3. Aufl., Hrsg. F. G. Brieger, R. Maatsch und K. Senghas. Berlin: Paul Parey.
Schmid, R., und M. J. Schmid (1977): Fossil history of the Orchidaceae. In Orchid biology: reviews and perspectives, Band 1, Hrsg. J. Arditti. Ithaca: Comstock Publishing Associates.
Schultes, R. E. (1960): Native orchids of Trinidad and Tobago. Oxford: Pergamon Press.
Schweinfurth, C. (1958–1959): Orchids of Peru. Fieldiana: Botany 30: 1–531.
– (1959): Classification of orchids. In The orchids: a scientific survey. Hrsg. C. L. Withner. New York: Ronald Press.
Schweinfurth, C., und D. S. Correll (1940): The genus *Palmorchis*. Botanical Museum Leaflets 8: 109–119.
Seidenfaden, G. (1968): The genus *Oberonia* in mainland Asia. Dansk Botanisk Arkiv 25 (3): 1–125.
– (1969): Notes on the genus *Ione*. Botanisk Tidsskrift 64: 205–238.
– (1971): Notes on the genus *Luisia*. Dansk Botanisk Arkiv 27 (4): 1–101.
– (1973): Notes on Cirrhopetalum Lindl. Dansk Botanisk Arkiv 29 (1): 1–260.
– (1975a): Orchid genera in Thailand. Teil 1: *Calanthe* R. Br. Dansk Botanisk Arkiv 29 (2): 1–50.
– (1975b): Orchid genera in Thailand. Teil 2: *Cleisostoma* Bl. Dansk. Botanisk Arkiv 29 (3): 1–80.
– (1975c): Orchid genera in Thailand. Teil 3: *Coelogyne* Lindl. Dansk Botanisk Arkiv 29 (4): 1–94.
– (1976): Orchid genera in Thailand. Teil 4: *Liparis* L. C. Rich. Dansk Botanisk Arkiv 31 (1): 1–105.
– (1977): Orchid genera in Thailand. Teil 5: Orchidoideae. Dansk Botanisk Arkiv 31 (3): 1–149.
– (1978a): Orchid genera in Thailand. Teil 6: Neottioideae Lindl. Dansk Botanisk Arkiv 32 (2): 1–195.
– (1978b): Orchid genera in Thailand. Teil 7: *Oberonia* Lindl. und *Malaxis* Sol. ex Sw. Dansk Botanisk Arkiv 33 (1): 1–94.
Seidenfaden, G., und T. Smitinand (1959–1965): The orchids of Thailand: a preliminary list. Bangkok: The Siam Society.
Senghas, K. (1973): Unterfamilie: Orchidoideae. In R. Schlechter, Die Orchideen, 3. Aufl., Band 1, Hrsg. F. G. Brieger, R. Maatsch und K. Senghas. Berlin: Paul Parey.
Senghas, K., und H. Sundermann (1968): Probleme der Orchideengattung *Dactylorhiza*. Die Orchidee, Sonderheft.
– (1970): Probleme der Orchideengattung *Epipactis*. Die Orchidee, Sonderheft.
– (1972): Probleme der Orchideengattung *Orchis*. Die Orchidee, Sonderheft.
Sharman, B. C. (1939): The development of the sinker of *Orchid mascula* Linn. Botanical Journal of the Linnean Society 52: 145–158.
Sheviak, C. J. (1974): An introduction to the ecology of the Illinois Orchidaceae. Illinois State Museum Science Papers 14: 1–89.
Siebe, M. (1903): Ueber den anatomischen Bau der Apostasiinae. Dissertation, Heidelberg.
Simpson, G. G. (1961): Principles of animal taxonomy. New York: Columbia University Press.

Smith, A. G., und J. C. Briden (1977): Mesozoic and Cenozoic paleocontinental maps. Cambridge: Cambridge University Press.
Smith, G. R., und G. E. Snow (1976): Pollination ecology of *Platanthera (Habenaria) ciliaris* and *P. blephariglottis* (Orchidaceae). Botanical Gazette 137: 133–140.
Smith, J. J. (1925): Ephemeral orchids. Annales du Jardin Botanique du Buitenzorg 35: 55–70.
Stebbins, G. L. (1970): Adaptive radiation of reproductive characteristics in angiosperms. Teil 1: Pollination mechanisms. Annual Reviews of Ecology and Systematics 1: 307–326.
– (1974): Flowering plants: evolution anbove the species level. Cambridge: Belknap Press of Harvard University Press.
Stabbins, G. L., und L. Ferlan (1956): Population variability, hybridization, and introgression in some species of *Ophrys*. Evolution 10: 32–46.
Stewart, J. (1976): The Vandaceous group in Africa and Madagascar. Proceedings of the Eighth World Orchid Conference, 239–248.
Stewart, J., und B. Campbell (1970): Orchids of tropical Africa. London: W. H. Allen.
Stojanow, N. (1916): Über die vegetative Fortpflanzung der Ophrydineen. Flora 109: 1–39.
Stoutamire, W. P. (1963): Terrestrial orchid seedlings. Australian Plants 2: 119–122.
– (1964): Seeds and seedlings of native orchids. Michigan Botanist 3: 107–119.
– (1967): Flower biology of the Lady's-slippers (Orchidaceae: *Cypripedium*). Michigan Botanist 6: 159–175.
– (1971): Pollination in temperate American orchids. Proceedings of the Sixth World Orchid Conference, 233–243.
– (1974a): Relationships of the purple-fringed orchids *Platanthera psycodes* and *P. grandiflora*. Brittonia 26: 42–58.
– (1974b): Terrestrial orchid seedlings. In The orchids: scientific studies, Hrsg. C. L. Withner. New York: John Wiley & Sons.
– (1975): Pseudocopulation in Australian orchids. American Orchid Society Bulletin 44: 226–233.
– (1978): Pollination of *Tipularia discolor*, an orchid with modified symmetry. American Orchid Society Bulletin 47: 413–415.
Summerhayes, V. S. (1951): Wild orchids of Britain. London: Collins.
– (1956): A revision of the genus *Brachycorythis*. Kew Bulletin 1956: 221–264.
– (1957): The genus *Eulophidium* Pfitz. Bulletin du Jardin Botanique d'l'Etat (Brussels) 27: 391–403.
– (1966): African orchids. Kew Bulletin 20: 165–199.
– (1968): Orchidaceae. Teil 1. In Flora of tropical East Africa. Hrsg. F. Milne-Redhead und R. M. Polhill. London: Crown Agents for Oversea Governments and Administrations.
Sundermann, H. (1964): Probleme der Orchideengattung *Ophrys*. Die Orchidee, Sonderheft.
– (1975): Europäische und mediterrane Orchideen. 2. Aufl. Hildesheim: Kurt Schmersow.
Swamy, B. G. L. (1948): Vascular anatomy of orchid flowers. Botanical Museum Leaflets 13: 61–95.
Sweet, H. R. (1968–1969): A revision of the genus *Phalaenopsis*. American Orchid Society Bulletin 37: 867–877, 1089–1104; 38: 33–42, 225–239, 321–336, 505–519, 681–694, 888–901.

– (1969): Orquídeas Andinas poco conocidas. Teil 1: *Monophyllorchis*. Orquideología 4: 179–181.

– (1972): The genus *Porroglossum*. American Orchid Society Bulletin 41: 513–524.

Tan, K. W. (1969): The systematic status of the genus *Bletilla* (Orchidaceae). Brittonia 21: 202–214.

– (1975–1976): Taxonomy of *Arachnis, Armodorum, Esmeralda* and *Dimorphorchis* (Orchidaceae). Selbyana 1: 1–15, 365–373.

Tanaka, R. (1976): Cytological studies on the wide-crossing in Orchidaceae (japanisch). Recent Advances in Breedings 12: 95–112.

Tanaka, R., und H. Kamemoto (1961): Meiotic chromosome behavior in some intergeneric hybrids of the *Vanda* alliance. American Journal of Botany 48: 573–582.

Teoh, S. B., und S. N. Lim. (1978): Cytological studies in Malayan members of the *Phaius* tribe (Orchidaceae). Teil 1: Somatic chromosomes. Malaysian Journal of Science 5 (A) (978): 1–11.

Thien, L. B. (1973): Isolating mechanisms in the genus *Calopogon*. American Orchid Society Bulletin 42: 794–797.

Thien, L. B., und B. G. Marcks (1972): The floral biology of *Arethusa bulbosa, Calopogon tuberosus* and *Pogonia ophioglossoides* (Orchidaceae). Canadian Journal of Botany 50: 2319–2325.

Thien, L. B., und F. Utech (1970): The mode of pollination in *Habenaria obtusata* (Orchidaceae). American Journal of Botany 57: 1031–1035.

Tuyama, T. (1967): On *Epipogium roseum* (D. Don) Lindl. in Japan and its adjacent regions, with remarks on other species of the genus. Journal of Japanese Botany 42: 295–311.

Ule, E. (1904): Ameisengärten im Amazonasgebiet. Engler's Botanische Jahrbücher 30 (Beiblatt): 45–52.

Vareschi, V. (1976): Orchideen und ihre ökologischen Nischen in den Tropen. Proceedings of the Eighth World Orchid Conference, 516–527.

Verdcourt, B. (1968): African Orchids. Teil 31: New taxa of Disperis from East and Central Africa. Kew Bulletin, 22: 93–99.

Vermeulen, P. (1947): Studies on Dactylorchids. Dissertation, University of Amsterdam.

– (1959): The different structure of the Rostellum in Ophrydeae and Neottieae. Acta Botanica Neerlandica 8: 338–355.

– (1965): The place of *Epipogium* in the system of the Orchidales. Acta Botanica Neerlandica 14: 230–241.

– (1966): The system of the orchidales. Acta Botanica Neerlandica 15: 224–253.

Veyret, Y. (1965): Embroyogénie comparée et blastogénie chez les Orchidaceae-Monandrae. Memoires Office de la Recherche Scientifique et Technique Outre-Mer 12: 1–106.

de Vogel, E. F. (1969): Monograph of the tribe Apostasieae (Orchidaceae). Blumea 17: 313–350.

Vogel, S. (1954): Blütenbiologische Typen als Elemente der Sippengliederung, dargestellt anhand der Flora Südafrikas. Botanische Studien 1: 1–338. Jena: Gustav Fischer Verlag.

– (1959): Organographie der Blüten Kapländischer Ophrydeen. Abhandlungen der Akademie der Wissenschaften und der Literatur, Mathematisch-Naturwissenschaftliche Klasse (Mainz) 1959: 268–532.

– (1962): Duftdrüsen im Dienste der Bestäubung. Abhandlungen der Akademie der

Wissenschaften und der Literatur, Mathematisch-Naturwissenschaftliche Klasse (Mainz) 1962: 602–763.
– (1972): Pollination von *Orchis papilionacea* L. in den Schwarmbahnen von *Eucera tuberculata* F. Die Orchidee, Sonderheft.
– (1974): Ölblumen und ölsammelnde Bienen. Tropische und subtropische Pflanzenwelt 7: 1–267.
– (1978): Pilzmückenblumen als Pilzmimeten. Flora 167: 329–398.
Vöth, W. (1975: *Trielis villosa* var. *rubra,* Bestäuber von *Orchis coriophora*. Die Orchidee 26: 170–172.
Warcup, J. H. (1975): Factors affecting symbiotic germination of orchid seed. In Endomycorrhiza. Hrsg. F. E. Sanders, B. Mosse und P. B. Tinker. London: Academic Press.
Waters, V. H., und C. C. Waters (1973): A survey of the slipper orchids. Shelby: Carolina Press.
Weber, N. A. (1943): Parabiosis in neotropical »ant gardens«. Ecology 24: 400–404.
Went, F. W. (1940): Soziologie der Epiphyten eines tropischen Urwaldes. Annales du Jardin Botanique de Buitenzorg 50: 1–98.
Wheeler, W. M. (1921): A new case of parabiosis and the »ant gardens« of British Guiana. Ecology 2: 89–103.
Whittaker, R. H. (1969): New concepts of kingdoms of organisms. Science 163: 150–160.
Williams, L. O. (1951): The Orchidaceae of Mexico. Ceiba 2: 1–321.
– (1956): An enumeration of the Orchidaceae of Central America, British Honduras and Panama. Ceiba 5: 1–256.
Williams, L. O., und P. A. Allen (1946–1949): Orchidaceae. In Flora of Panama. Hrsg.R. E. Woodson und R. W. Schery. Annals of the Missouri Botanical Garden 33 (1, 4), 36 (1, 2).
Williams, N. H. (1970): Some observations on pollinaria in the Oncidiinae. American Orchid Society Bulletin 39: 32–43, 207–220.
– (1975): Stomatal development in *Ludisia discolor* (Orchidaceae): mesoperigenous subsidiary cells in the monocotyledons. Taxon 24: 281–288.
– (1979): Subsidiary cells in the Orchidaceae: their general distribution with special reference to development in the Oncidieae. Botanical Journal of the Linnean Society 78: 41–66.
Williams, N. H., und C. R. Broome (1976): Scanning electron microscope studies of orchid pollen. American Orchid Society Bulletin 45: 699–707.
Williams, N. H., und C. H. Dodson (1972): Selective attraction of male euglossine bees to orchid floral fragrances and its importance in long distance pollen flow. Evolution 26: 84–95.
Williams, N. H., und R. L. Dressler (in Vorbereitung): Generic considerations in the Oncidiinae (Orchidaceae).
Williamson, G. (1977): The orchids of south Central Africa. New York: David McKay Company.
Willis, J. C. (1973): A dictionary of the flowering plants and ferns. 8. Aufl. Cambridge: Cambridge University Press.
Wilson, E. O., F. M. Carpenter und W. L. Brown, Jr. (1967): The first Mesozoic ants, with the description of a new subfamily. Psyche 74: 1–19.
Wilson, W. W. (1961): Selenocypripedium confusion. American Orchid Society Bulletin 30: 806–807.

Winkler, H. (1906): Ueber den Blütendimorphismus von *Renanthera Lowii* Rchb. fil. Annales du Jardin Botanique de Buitenzorg 20: 1–12.

Wirth, M. (1964): Supraspecific variation and classification in the Oncidiinae (Orchidaceae). Dissertation. Washington University, St. Louis.

Wirth, M., G. F. Estabrook und D. J. Rogers (1966): A graph theory model for systematic biology, with an example for the Oncidiinae (Orchidaceae). Systematic Zoology 15: 59–69.

Yong, H.-S. (1976): Flower mantis. Nature Malaysiana 1 (1): 32–35.

Zeuner, F. E., und F. J. Manning (1976): A monograph on fossil bees (Hymenoptera: Apoidea). Bulletin of the British Museum of Natural History: Geology 27: 149–268.

Florenwerke (mit Kommentaren)

Hier sind Bücher aufgelistet, die sich in erster Linie mit Orchideen befassen. Manchmal handelt es sich um Teile oder Bände größerer Floren. Es wurden hauptsächlich die in den letzten Jahrzehnten erschienenen Arbeiten aufgeführt, sofern sie immer noch für die Bestimmung von Orchideen verwendbar sind. Einfache Auflistungen wurden in der Regel nicht berücksichtigt. Genauere Angaben über die hier genannten Werke sind in der Bibliographie zu finden.

USA und Kanada

Correll, D. S. (1950): Native orchids of North America north of Mexico. (Eine sehr gute Flora, vor kurzer Zeit als Reprint neu aufgelegt; mit guten Zeichnungen.)

Luer, C. A. (1972): The native orchids of Florida.

– (1975): The native orchids of the United States and Canada, excluding Florida. (Eine hervorragende Bearbeitung dieses Verbreitungsgebiets. Alle Arten sind mit in freier Natur aufgenommenen Farbfotografien illustriert.)

Mexiko und Zentralamerika

Ames, O., und D. S. Correll (1952–1953): Orchids of Guatemala. Fieldiana: Botany 26: 1–727. (Immer noch eine der besten Floren für diese Region, mit gutem Schlüssel und einigen Zeichnungen.)

Hamer, F. (1974): Las orquídeas de El Salvador, 3 Bde. (Englisch, spanisch und deutsch. Eine gute Flora mit vielen Zeichnungen und einigen Farbfotos.)

Williams, L. O. (1951): The Orchidaceae of Mexico. Ceibe 2: 1–321. (Ohne Zeichnungen und Beschreibungen – nach heutigem Maßstab ziemlich unvollständig.)

Williams, L. O. (1956): An enumeration of the Orchidaceae of the Orchidaceae of Central America, British Honduras and Panama. Ceiba 5: 1–256. (Eine Auflistung.)

Williams, L. O., und P. A. Allen (1946–1949): Orchidaceae. In Flora of Panama. (Mit Beschreibungen und einigen Zeichnungen, aber sehr unvollständig. Diese Flora behandelt nur etwa die Hälfte der heute bekannten Orchideen Panamas.)

Karibische Inseln (mit Ausnahme von Trinidad)

Adams, C. D. (1972): Orchidaceae. In Flowering plants of Jamaica.

Fawcett, W., und A. B. Rendle (1910): Orchidaceae. In Flora of Jamaica. (Ein altes Florenwerk, das aber immer noch zu den besten gehört, da die Autoren mit lebenden Pflanzen gearbeitet haben; mit einigen Zeichnungen. Die oben genannte Arbeit von C. D. Adams kann als Vervollständigung dieser Flora angesehen werden.)

Garay, L. A., und H. R. Sweet (1974): Orchidaceae. In Flora of the Lesser Antilles. (Eine gute Flora mit einigen Zeichnungen.)

Leon, Pater (1946): Orquídeas. In Flora de Cuba. (Spanisch. Es gibt leider keine guten modernen Orchideenfloren für die Inseln Kuba, Hispaniola und Puerto Rico.)

Südamerika

Dunsterville, G. C. K., und L. A. Garay (1959–1976): Venezuelan Orchids illustrated. 6 Bände. (Keine eigentliche Flora; enthält aber hervorragende Zeichnungen der meisten venezuelanischen Arten.)

Foldats, E. (1969–1970): Orchidaceae. In Flora de Venezuela. 5 Teile. (Spanisch. Eine sehr gute Flora mit vielen Zeichnungen und einem hervorragenden, illustrierten Schlüssel.)

Garay, L. A. (1978): Orchidaceae, Teil 1. In Flora of Ecuador. (Dieser Teil behandelt alle Orchideen mit weichen, mehligen Pollinien. Das Werk enthält Schlüssel, Beschreibungen und einige Zeichnungen.)

Ortiz Valdivieso, P. (1976): Orquideas de Colombia. (Spanisch. Diese Arbeit enthält Gattungsschlüssel, und jede kolumbianische Gattung ist mit einer einfachen Strichzeichnung illustriert. Außerdem enthält das Werk kurze Beschreibungen und einige Farbfotografien.)

Pabst, G. F. J., und F. Dungs (1975–1977): Orchidaceae Brasiliensis. 2 Bände. (Portugiesisch, englisch und deutsch. Enthält keine Beschreibungen, aber Strichzeichnungen von allen Arten [nach Herbarmaterialien] und einige Aquarellzeichnungen.)

Schultes, R. E. (1960): Native Orchids of Trinidad and Tobago. (Eine einigermaßen vollständige Flora mit einigen Zeichnungen und guten Schwarzweißfotos.)

Schweinfurth, C. (1958–1959): Orchids of Peru. Fieldiana: Botany 30: 1–531. (Recht unvollständig; sehr schwer verwendbare Schlüssel.)

Europa und Nahost

Danesch, E., und O. Danesch (1969–1972): Orchideen Europas. 3 Bände. (Deutsch, sehr gut mit prächtigen Fotos illustriert.)

Duperrex, A. (1961): Orchids of Europa. (Englisch, auch in französischer Sprache erhältlich, gut illustriert. Eine sehr brauchbare Exkursionsflora.)

Landwehr, J. (1977): Wilde Orchideeën von Europa. 2 Bände. (Niederländisch. Eine komplette Flora für ganz Europa. Jede Art ist mit einer Farbtafel illustriert, und das Werk enthält auch viele Zeichnungen und Vignetten. Hoffentlich wird es bald in andere europäische Sprachen übersetzt.)

Renz, J. (1978): Orchidaceae. In Flora Iranica. (Englisch. Eine ausgezeichnete Flora mit etlichen sehr guten Farbfotos für ein relativ orchideenarmes Gebiet.)

Summerhayes, V. S. (1951): Wild Orchids of Britain. (Eine sehr vollständige Flora mit vielen guten Fotografien.)

Sundermann, H. (1975): Europäische und mediterrane Orchideen. (Deutsch. Eine kleine Flora, fast im Taschenbuchformat; sehr gut mit Fotos illustriert.)

Afrika

Ball, J. S. (1978): Southern African epiphytic orchids. (Ein großformatiges Buch mit Verbreitungskarten und farbigen Abbildungen für alle Arten.)

Morris, B. (1970): The epiphytic orchids of Malawi. (Mit Schlüsseln, Beschreibungen und einigen Zeichnungen.)

Perrier de la Bathie, H. (1939–1941): Orchidées. In Flore de Madagascar. (Französisch. Enthält Schlüssel, Beschreibungen und einige Zeichnungen.)

Piers, F. (1968): Orchids of East Africa. (Keine Flora; dennoch ein brauchbares Werk.)

Schelpe, E. (1966): An introduction to the South African Orchids. (Mit Zeichnungen und Farbfotos der einzelnen Gattungen.)

Stewart, J., und B. Campbell (1970): Orchids of tropical Africa. (Kein vollständiges Florenwerk; enthält aber ausgezeichnete Farbfotos einzelner Orchideen.)

Summerhayes, V. S. (1968): Orchidaceae, Teil 1. In Flora of Tropical East Africa. (Behandelt die Orchideae [einschließlich Diseae] und enthält Schlüssel, Beschreibungen und einige Zeichnungen.)

Williamson, G. (1977): The orchids of South Central Africa. (Gut, mit vielen Zeichnungen und einigen guten Farbfotos.)

Nördliches Asien

Garay, L. A., und H. R. Sweet (1974): Orchids of Southern Ryukyu Islands. (Eine komplette Flora mit einigen Zeichnungen.)

Hu, S. Y. (1977): The genera of Orchidaceae in Hong Kong. (Enthält Schlüssel zu den Arten und einige Zeichnungen.)

Lin, T. P. (1975–): Native Orchids of Taiwan. 2 Bände. (Chinesisch und englisch. Nicht als Flora konzipiert, aber mit guten Zeichnungen und vielen Fotos; recht brauchbar.)

Maekawa, F. (1971): The wild orchids of Japan in colour. (Japanisch mit englischer Zusammenfassung. Ein sehr gutes Werk, mit ausgezeichneten Illustrationen. Sehr schwer zu bekommen.)

Tropisches Asien

Holttum, R. E. (1957): Orchids of Malaya. (Eine der besten Floren; enthält Schlüssel, Beschreibungen und einige Zeichnungen.)

Millar, A. (1978): Orchids of Papua New Guinea: an introduction. (Wie der Titel sagt, nur eine Einführung, aber sehr brauchbar, mit vielen guten Farbfotos.)

Pradhan, U. C. (1976): Indian orchids: guide to identification and culture. Band 1. (Enthält Schlüssel, Beschreibungen und einige Zeichnungen.)

Santapau, H., und Z. Kapadia (1966): The orchids of Bombay. (Billigausgabe, schlecht gebunden, aber ansonsten recht gut; enthält Schlüssel, Beschreibungen und einige Zeichnungen.)

Seidenfaden, G., und T. Smitinand (1958–1965): The orchids of Thailand: a preliminary list. 6 Teile. (Eine sehr brauchbare Flora, die keinen Anspruch auf Vollständigkeit erhebt; enthält Schlüssel, Zeichnungen und einige farbige Abbildungen. Seidenfaden hat Teile der Flora auf regionaler Basis überarbeitet.)

Ozeanien (Australasien)

Dockrill, A. W. (1969): Australian indigenous orchids. Band 1: The epiphytes and tropical terrestrial species. (Eine sehr gute Flora; alle Arten sind anhand von guten Zeichnungen illustriert.)

Hallé, N. (1977): Orchidacées. In Flore de la Nouvelle Caledonie et dependances. (Französisch. Eine der besten modernen Orchideenfloren; jede Art ist mit einer ausgezeichneten Strichzeichnung illustriert und auf einer Standortkarte vermerkt, die auch Blütezeiten und Höhenlagen angibt.)

Nicholls, W. H. (1969): Orchids of Australia. (Ein sehr schönes Buch; jede Art ist mit einer Farbtafel illustriert.)

Anhang: Neue Erkenntnisse in der Orchideen-Phylogenie*

Von Robert L. Dressler**

Ich bin sehr dankbar für diese Gelegenheit, hier Erkenntnisse auf dem Gebiet der Orchideenphylogenie darlegen zu können. Mit »neueste Erkenntnisse« sind hier alle nach 1980 erschienenen Publikationen gemeint, denn 1981 gab ich in meinem Buch einen Überblick über den damaligen Forschungsstand der Orchideensystematik. Glücklicherweise sind inzwischen etliche neue, wertvolle Veröffentlichungen zu diesem Thema erschienen, so daß ich gezwungen bin, meine damaligen Ideen zur Orchideenphylogenie und -klassifikation nochmals zu überdenken. Doch kann ich leider immer noch nicht mit endgültigen Forschungsergebnissen aufwarten, denn unsere Kenntnisse über die Orchideenphylogenie sind nach wie vor sehr lückenhaft, und es ist durchaus möglich, daß sich gerade in diesem Augenblick interessante neue Daten zu diesem Thema im Druck befinden. Ehe ich den Versuch unternehme, neuere Werke zur Orchideensystematik und -phylogenie zu betrachten, möchte ich zunächst ein paar allgemeinere Überlegungen anstellen.

Verschiedene Methoden der Systematik

Als die botanische Systematik noch in den Kinderschuhen steckte, befaßte man sich weniger mit der Theorie der Klassifikation als heute (was manchen Botanikern vielleicht auch recht lieb war). Im nachhinein jedoch ist deutlich erkennbar, daß die taxonomischen Systeme, die früher erstellt wurden, sich hinsichtlich ihrer Qualität stark voneinander unterscheiden; man hat in letzter Zeit mehrere Versuche unternommen, allgemeingültige Formeln zu entwickeln, mit deren Hilfe jedermann ein guter Systematiker werden kann. Vor einigen Jahrzehnten nahm die Phänetik-Debatte in vielen Fachzeitschriften einen brei-

* Aus der Zeitschrift »Lindleyana« 1(1), 5–20, 1986. Ins Deutsche übersetzt von Marion Zerbst, Leonberg. Seit Erscheinen der Originalausgabe dieses Buches sind einige Jahre vergangen. Trotz aller Vorbehalte, die R. Dressler selbst äußert (siehe die Erklärung im ersten Absatz dieses Anhangs), hielt es der Verlag der deutschen Ausgabe im Einvernehmen mit dem Verfasser für nützlich, die in »Lindleyana« 1986 von R. Dressler angestellten Überlegungen hier noch einmal im Wortlaut wiederzugeben.

** Der Verfasser möchte an dieser Stelle allen danken, die ihm Vorabdrucke oder Manuskripte von Artikeln geliehen haben, die sich noch in Vorbereitung befinden. Er verdankt der freundlichen Mithilfe von P. Burns-Balogh, V. A. Funk, A. Pridgeon und H. Rasmussen viele wertvolle Informationen. Außerdem bedankt er sich bei den Studenten von Biologia 350 an der Universidad de Costa Rica für ihre Geduld. Da er gerade an diesem Aufsatz arbeitete, während er diesen Kurs unterrichtete, veränderte die Klassifikation sich praktisch von Tag zu Tag. Die Studenten hatten Verständnis dafür und erkannten häufig die gleichen verwandtschaftlichen Beziehungen wie der Verfasser.

ten Raum ein. Einige extreme Phänetiker versuchten die Klassifikation völlig von der Phylogenie zu trennen; sie ordneten die biologische Klassifikation quasi in die gleiche Kategorie ein wie das Sortieren von Briefmarken oder Tellern oder das Bestimmen von Fahrradtypen. Wenn man die Phylogenie ablehnt, ergibt sich daraus die logische Schlußfolgerung, daß praktisch jede Klassifikation für irgendeinen Zweck Gültigkeit beanspruchen kann. Es ist aber die Phylogenie, anhand derer sich die einen nur aufgrund phylogenetischer Kriterien Klassifikationen als »natürlich«, andere als »künstlich« erweisen. Dennoch hat die Phänetik einen wichtigen Beitrag zur biologischen Systematik geleistet. Ihr größtes Verdienst besteht meines Erachtens darin, daß sie den Botaniker zwingt, die Merkmale der Pflanzengruppe, mit der er sich beschäftigt, systematisch und unvoreingenommen zu betrachten. Doch man kann nicht allen untersuchten Merkmalen völlig gleiche Bedeutung zumessen, sondern muß zwangsläufig eine gewisse Auslese und Gewichtung vornehmen; andernfalls wird man mit Hilfe der phänetischen Methode nur selten zu einer phylogenetischen Klassifikation gelangen.

Während die Phänetik ihr Hauptaugenmerk auf den Ähnlichkeitsgrad richtet, ohne phylogenetische Kriterien zu berücksichtigen, verfällt die Kladistik ins andere Extrem: Sie legt das Schwergewicht auf phyletische Verzweigungsmuster und ignoriert Ähnlichkeiten und Divergenzen, es sei denn sie lieferten irgendeinen Hinweis. Der Hauptvorteil der kladistischen Methode besteht darin, daß sie den Botaniker zwingt, sich über die untersuchte Pflanzengruppe und deren Merkmale Gedanken zu machen; doch leider muß man befürchten, daß an die Stelle der Überlegung zu häufig die Formel tritt. Im Idealfall – das heißt, wenn wirklich »einzigartig abgeleitete« Merkmale vorliegen – ist diese Methode sehr effektiv; jedenfalls führt sie zu interessanten Hypothesen über die Phylogenie einer Pflanzengruppe. Ob man diese Hypothesen direkt in Klassifikationen umwandeln sollte, das wird vielleicht noch etliche Jahrzehnte lang ein strittiger Punkt bleiben. Dahlgren und Rasmussen (1984) sind der Ansicht, die kladistische Analyse eigne sich eher zur Beurteilung bereits bestehender als zur Erstellung neuer Klassifikationen. Die Kladistik scheint – ebenso wie die Phänetik – zur Anwendung von Formeln oder Algorithmen zu tendieren, das heißt, bei ihren Daten weder eine Auslese noch eine bestimmte Gewichtung vorzunehmen – Hauptsache, die Merkmale lassen sich als Alternativen einander gegenüberstellen. Doch eigentlich läßt sich eine gewisse Auswahl der Merkmale, die man analysiert, gar nicht völlig vermeiden. Letzten Endes müssen wir zugestehen, daß manche Merkmale wichtiger sind als andere und daß man ihnen folglich auch größere Bedeutung beimessen sollte – auch wenn es für eine solche Gewichtung vielleicht keine einfachen Formeln gibt.

Die Botaniker sind sich darüber einig, daß es sich bei den gemeinsamen Merkmalen der »Amentiferae« um adaptive Parallelismen handelt und daß die Gruppe als solche sehr unnatürlich ist. Eine kladistische Analyse, die keinerlei Unterschiede macht, könnte jedoch die Amentiferae als sehr einfach zu umgrenzende Gruppe durchaus wieder zu Ehren bringen (siehe Dahlgrens und Rasmussens Anmerkungen zu den Typhales, 1984). Bei den Orchidaceae liegen ebenfalls zahlreiche Hinweise auf Parallelentwicklungen vor. Man könnte auf der Grundlage eindeutig polyphyletischer Merkmale einfachste logisch ausreichende Kladogramme erstellen; doch die Resultate würden wahrscheinlich in keiner Weise der Realität entsprechen. Es muß nämlich an dieser Stelle hervorgehoben werden, daß jede Analyse sich notwendigerweise auf die Informationen beschränken muß, die zum entsprechenden Zeitpunkt verfügbar sind. Eines der effektivsten »Werkzeuge« der systematischen Biologie ist die Anwendung neuer Informationen oder die sorgfältige Analyse von Merkmalen, die vorher nicht gründlich genug überprüft worden waren. Neue Daten können unsere phyletischen Hypothesen entweder erhärten oder ihnen widersprechen. Ich glaube nicht, daß wir jemals zu völlig stabilen Klassifikationen gelangen werden; doch mit der ständigen Zunahme unseres Wissens werden wir wenigstens immer wieder neu in die Lage versetzt, unsere früheren Hypothesen zu revidieren.

Auf vielen Gebieten der Biologie kann man ein mathematisches Modell erstellen, das sich mit einem biologischen System vergleichen läßt. Modell und System sind jedoch zwei verschiedene Dinge, die nie miteinander verwechselt werden sollten. Mathematische Systeme müssen die Postulate respektieren, auf denen sie basieren; biologische Systeme dagegen zeichnen sich durch eine gewisse Skepsis gegenüber Postulaten aus – selbst wenn diese noch so logisch oder zweckmäßig sind. Die kladistische Analyse kann äußerst sinnvoll sein; doch Kladogramme in Klassifikationen umzuwandeln, käme der Forderung gleich, daß biologische Systeme Postulate anerkennen sollen, die eigentlich eher dem mathematischen Modell angemessen sind.

Eindeutig polyphyletische Taxa sind schon lange eine Crux der botanischen Systematik; an paraphyletischen Taxa dagegen störe ich mich weniger. Die Ablehnung der Paraphylie scheint mir sehr stark von der Verfahrensweise und dem mathematischen Standpunkt der Kladistik abzuhängen und entspricht – zumindest auf der Artebene – sicherlich nicht der biologischen Realität. Wenn Arten paraphyletisch sein können, halte ich es durchaus für möglich, daß auch Artengruppen paraphyletisch sein können. Dieses Problem müßte sorgfältig durchdacht werden; doch überlasse ich dies lieber einem Wissenschaftler, der bessere Voraussetzungen dafür mitbringt als ich.

Ich möchte an dieser Stelle ausdrücklich betonen, daß die Kladistik einen wichtigen Beitrag zum biologischen Denken leistet; doch ich habe nicht den Eindruck, daß die kladistische Klassifikation, so wie sie derzeit betrieben wird, die endgültige Lösung darstellt (eine solche Lösung wird es vermutlich niemals geben). Im allgemeinen sympathisiere ich sehr mit dem Standpunkt der Kladisten. Wir müssen die Wege der Stammesgeschichte entdecken und – soweit möglich – in unseren Klassifikationen nachvollziehen. Doch selbst wenn unser Wissen auf diesem Gebiet vollständig wäre, könnten wir in unseren Klassifikationen nicht jede einzelne phylogenetische Wendung aufzeigen und sollten es auch gar nicht versuchen. Es ist viel leichter, die Phylogenie in Worten und Diagrammen zu erörtern, und vielleicht wäre es besser, wenn wir weniger Klassifikationen und mehr eindeutige Hypothesen über Phylogenie hätten.

Vom phylogenetischen Standpunkt aus betrachtet liegt es auf der Hand, daß höhere natürliche Kategorien verschiedenartig und schwer definierbar sein können. In dieser Hinsicht ist die kladistische Methode eindeutig im Vorteil, denn von einem Schlüsselmerkmal erwartet man, daß es relativ beständig, d. h. vergleichbar (übereinstimmend) ist, während es bei einer Apomorphie zahlreiche Ausnahmen geben kann, ohne daß diese ihrer Bedeutung Abbruch tun.

Rasmussen geht in einer neueren Veöffentlichung (1982), auf die ich später noch einmal zurückkommen werde, vom kladistischen Standpunkt aus. Außerdem befindet sich eine kladistische Analyse der Orchidaceae von Burns-Balogh und Funk im Druck. Für eine ausführliche Erörterung ihres 100 Seiten umfassenden Manuskripts bräuchte ich mindestens 200 Seiten; doch ich werde an geeigneter Stelle auf die Hauptpunkte eingehen, in denen ich nicht mit Burns-Balogh und Funk übereinstimme. An sich versucht die Kladistik Weitschweifigkeit zu vermeiden; doch man wundert sich über Sätze wie: »In der kladistischen Analyse wurden nur Merkmale berücksichtigt, die sich als vergleichbar, d. h. übereinstimmend erwiesen. Konstante Merkmale sind solche, die innerhalb der untersuchten Taxa nicht variieren.« Die untersuchten Taxa sind vermutlich Taxa, die vergleichbare Merkmale aufweisen.

Eine der ungelösten Fragen der Systematik ist das Problem der »fundamentalen« Merkmale. Die meisten Botaniker sind sich wohl darüber einig, daß der Bau der Samenschale ein grundlegenderes Merkmal darstellt als die Blütenfarbe; dennoch wäre es ein hoffnungsloses Unterfangen, fundamentale (wesentliche) und nicht fundamentale (unwesentliche) Merkmale auflisten und einander gegenüberstellen zu wollen. »Fundamental« ist ein relativer Begriff; in einer bestimmten Pflanzengruppe ist Merkmal X vielleicht von viel größerer Bedeutung als Merkmal Y, in einer anderen Gruppe dagegen kann es völlig belanglos sein. Vor allem bei eindeutigen Anpassungsmerkmalen und Merkmalskomplexen, zwischen denen eine funktionale Korrelation besteht (wie bei den Amentiferae), müssen wir mißtrauisch sein. Ein fundamentales Merkmal läßt sich vielleicht am besten dadurch definieren, daß es innerhalb einer gegebenen Pflanzengruppe stark mit anderen Merkmalen korreliert, zu denen es scheinbar gar keine Beziehung hat. Bei einem Merkmal mit mosaikartiger Verteilung könnte man annehmen, daß es sich im Laufe der Evolution mehr als einmal entwickelt hat; doch die Distribution der Samentypen bei den Bletiinae und Caladeniinae legt eine dritte Möglichkeit nahe. Diese Pflanzen können leicht von einer Alternative zur anderen umschalten (eine Art Polyphylese).

Eine andere immer wiederkehrende Frage, über die schon viel diskutiert worden ist, ist das Problem des phyletischen »Atavismus«. Es besteht allgemein Einigkeit darüber, daß größere stammesgeschichtliche Rückentwicklungen (Umkehrungen) wahrscheinlich stets irgendwelche Spuren in den Merkmalen der betreffenden Organismen hinterlassen; weniger einschneidende Rückschläge jedoch können meiner Ansicht nach leichter eintreten und sind im nachhinein auch schwieriger festzustellen. Um ein Beispiel aus der Orchideenevolution zu nennen: Es ist nicht zu erwarten, daß eine Orchidee mit weichen, mehligen Pollinien sich von Vorfahren mit harten, knochenartigen Pollinien entwickelt hat; doch eine Orchidee mit ziemlich weichen Pollinien kann sich durchaus zu einer mit weicheren Pollinien zurückentwickeln, wie Stoutamire (1983) es bei *Arethusa* und *Calopogon* annimmt. Die im Gegensatz zum typischen Verhalten der Vanilloideae und Epidendroideae nicht überkippte, sondern aufrechte Stellung der Anthere bei manchen Vertretern dieser Gruppen kann sehr leicht durch ein Beibehalten der in den Anfangsstadien der Ontogenie aufrechten Position, also durch eine Art Neotenie erklärt werden. Dieser Gesichtspunkt legt die Vermutung nahe, daß Merkmale oder Gebilde in den frühen Stadien ihrer Evolution viel leichter spurlos verlorengehen können.

Neueste Beiträge

Viele besonders interessante neuere Veröffentlichungen zu unserem Thema befassen sich mit dem Bau der Orchideen. Daher will ich die folgenden Anmerkungen den einzelnen Orchideenorganen entsprechend ordnen. Ich werde bei den Wurzeln beginnen und mich dann allmählich bis zu den Blüten »emporarbeiten«. Anschließend möchte ich noch auf ein paar Themen eingehen, die nicht in dieses Schema passen.

Velamen (Wurzelhülle). Das Velamen radicum (das heute einfach als »Velamen« bezeichnet wird) ist ein charakteristisches Merkmal vieler Orchideen, und Pridgeons derzeit im Druck befindliche Erörterung dieses Merkmals kommt daher sehr gelegen. Die Wurzelhülle wird häufig als »mehrreihige Epidermis« bezeichnet; sie kann jedoch auch einreihig sein, wenn die bei der Reife toten Zellen an eine Exodermis mit Durchlaßzellen angrenzen. Eine deutlich erkennbare, vierschichtige Wurzelhülle ist für viele Epiphyten charakteristisch; bei den terrestrischen Orchideen und zahlreichen anderen Liliiflorae findet man dagegen häufig ein Velamen, das nur aus einer Schicht oder einigen wenigen Schichten besteht. Es gibt zwar auch viele terrestrische Orchideen, die eine deutlich erkennbare Wurzelhülle aufweisen; doch die meisten dieser Arten sind wahrscheinlich sekundär terrestrisch.

Tilosomen. Diese auch unter der Bezeichnung »Faserkörnchen« bekannten Gebilde sind in der inneren Velamenschicht über den Durchlaßzellen zu finden und wurden schon vor vielen Jahren entdeckt. Pridgeon, Stern und Benzing (1983) geben einen Überblick über ihr Vorkommen. Sie haben etliche Orchideenarten auf dieses Merkmal hin überprüft und mehrere verschiedene Tilosomentypen beschrieben. Verbreitung und Art der Tilosomen stimmen in vielen Fällen eindeutig mit der Klassifikation überein; doch von ein paar Ausnahmen abgesehen, sind Tilosomen charakteristisch für die Orchideen der Neuen Welt – eine merkwürdige und unerwartete Merkmalsverbreitung.

Stegmata (Deckzellen). Stegmata (Längsreihen von Siliciumzellen, die Leit- oder Faserbündel bekleiden) kommen bei Palmen, Restionaceae und vielen Zingiberales vor; innerhalb der Liliiflorae wurden sie dagegen nur bei den Orchideen festgestellt. Møller und Rasmussen (1984) haben beobachtet, daß Stegmata bei den krautigen terrestrischen Orchideen und den Saprophyten in der Regel fehlen, in anderen Gruppen (z. B. den Apostasioideae und den

Cypripedioideae) dagegen sehr verbreitet sind. In den meisten Gruppen sind die Siliciumzellen kegelförmig; bei den Eriinae, Podochilinae, Dendrobiinae und Vandeae findet man dagegen kugelige Siliciumzellen. Bei *Agrostophyllum* sind die Siliciumzellen kegelförmig – ein Hinweis darauf, daß man diese Gattung lieber in die Glomerinae als in die Podochilinae einreihen sollte. Bei den Polystachyeae sind keine Stegmata festgestellt worden; alle anderen »vandoiden« Gruppen mit Ausnahme der Vandeae weisen kegelförmige Siliciumzellen auf. Anscheinend sind die Stegmata mit kegelförmigen Siliciumzellen bei den frühesten Orchideen (oder einer Ahnengruppe) entstanden, die kugeligen Siliciumzellen dagegen innerhalb des Eriinae-Komplexes, von dem sich sowohl die Dendrobieae als auch die Vandeae ableiten lassen. Bei einigen Gruppen sind die Stegmata verlorengegangen; wahrscheinlich sind sie innerhalb der Orchideen jedoch nur ein einziges Mal entstanden, und auch der Wandel von kegelförmigen zu kugeligen Siliciumzellen hat sich vielleicht nur einmal vollzogen. Wenn man Stegmata bei den Polystachyeae fände, würde diese Entdeckung vielleicht die verwandtschaftliche Beziehung zwischen den Polystachyeae und den Vandeae klären; und die Entdeckung von Stegmata bei anderen Liliiflorae gäbe vielleicht einen Hinweis auf die mit den Orchideen zu vergleichende Schwestergruppe.

Idioblasten. Bei einer Untersuchung der Anatomie der Pleurothallidinae entdeckte Pridgeon (1982), daß spiralig verdickte Idioblasten in der Hypodermis und im Mesophyll vieler Pleurothallidinae-Blätter häufig vorkommen. Er vermutet (persönlicher Kommentar), daß diese Zellen vielleicht der Wasserspeicherung dienen, wobei die spiraligen Verdickungen ein Zusammenfallen der Speicherbehälter verhindern, wenn die Blätter in Dürreperioden Wasser verlieren.

Entwicklung der Stomata. Im Jahre 1980 schienen die stomatären Entwicklungsmuster noch gut mit der Klassifikation übereinzustimmen. Inzwischen hat Rasmussen (1981) jedoch bei *Disa* und allen untersuchten Orchideae-Arten zweierlei stomatäre Entwicklung festgestellt. Sie ist der Ansicht, diese Merkmale seien so variabel und so unzureichend erforscht, daß man ihnen bei der Klassifikation keine allzu große Bedeutung beimessen sollte.

Ontogenie der Säule (Columna). Ganz gleichgültig, welche phyletische Bedeutung die Ontogenie haben mag – auf jeden Fall erleichtert sie das Verständnis des reifen Organismus oder Pflanzenorgans. Rasmussen (1982) befaßt sich in einer neueren Untersuchung mit der Entwicklung der Säule bei den »neottioiden« Orchideen im weiten Sinn, das heißt, den monandrischen (einmännigen) Orchideen mit weichen Pollinien mit Ausnahme der Orchideae und Diseae. Rasmussen bietet zahlreiche Informationen über diese kritische Gruppe und stellt Hypothesen hinsichtlich der möglichen Phylogenie etlicher Merkmale auf. Sie stellt – ebenso wie ich – fest, daß konvergente Evolution bei den Orchideen recht häufig ist, was eindeutig phyletische Hypothesen erschwert. Hubert Kurzweil (Wien) untersucht die Säulenontogenie derzeit mit Hilfe des Rasterelektronenmikroskops. Seine Ergebnisse sind noch nicht veröffentlichungsreif; in einem Vorbericht (persönlicher Kommentar) äußerte er die Vermutung, daß es sich bei »Säulenflügeln« (Stelidia) in manchen Gruppen um Staminodien handeln kann, in anderen dagegen nicht.

Stipes. Rasmussens wichtigste Erkenntnis ist wohl die Feststellung, daß es mindestens zwei verschiedene Stipes-Arten gibt. Bei den bekannten »vandoiden« Orchideen ist der Stipes eine von der Säulenoberfläche getrennte Gewebeschicht. Rasmussen bezeichnet diesen Stipes als »Tegula« und hat bei den Goodyerinae ein ähnliches Gebilde entdeckt. Bai *Prasophyllum, Microtis,* den Tropidieae und Cranichidinae (sensu stricto) hat Rasmussen festgestellt, daß die Spitze des Rostellums einen verbindenden Stiel zwischen Viscidium und Pollinien bildet. Dieser wird als »Hamulus« bezeichnet.

Viscidium (Klebscheibe). Greenwood (1982) berichtet von einem ungewöhnlichen Viscidiumtypus (einem »removable = ablösbaren Viscidium«) bei den Spiranthinae. Bei *Pelexia, Sarcoglottis* und *Cyclopogon* (oder *Beadlea*) ist das Viscidium keilförmig und nicht klebrig. Balogh (1982) vermutet, daß es von einer Membran bedeckt ist, die der Bestäuber zerreißen muß. Unsere wenigen Beobachtungen legen die Vermutung nahe, daß dieses keilförmige Gebilde sich irgendwie hinter den Mundwerkzeugen der Biene verfängt. Es ist durchaus möglich, daß das Viscidium bei *Aspidogyne* (Goodyerinae) eine ähnliche Funktion hat.

Struktur des Staubbeutels. Dieses Gebiet bedarf meiner Ansicht nach dringend einer ausführlicheren Untersuchung. Der Staubbeutel nimmt bei verschiedenen Orchideengruppen unterschiedliche Positionen im Verhältnis zur Säule ein, und die Homologien sind noch nicht hinreichend analysiert worden. Hirmer (1920) und andere Autoren haben auf Unterschiede in der Entwicklung der »epidendroiden« und der »vandoiden« Gruppen hingewiesen. Bei den epidendroiden Orchideen steht fest, daß der Staubbeutel zu Beginn der Ontogenie aufrecht ist und sich im späteren Verlauf seiner Entwicklung nach unten oder sogar etwas zum Säulengrund hin krümmt. Bei den typischen vandoiden Orchideen läßt sich eine solche Krümmung nicht feststellen; doch Hirmer hat die Vermutung geäußert, daß der vandoide Staubbeutel bereits in seinen frühesten Enwicklungsstadien gekrümmt war. Dressler (1981) dagegen nahm an, daß der vandoide Staubbeutel nicht gekrümmt, sondern ziemlich aufrecht und verkürzt war. Rasmussen (1982; persönlicher Kommentar) unterstützt Hirmers Deutung, und auch ich muß mittlerweile zugestehen, daß die Homologien viel eher einen Sinn ergeben, wenn man sie im Lichte von Hirmers Theorie betrachtet, daß der vandoide Staubbeutel in der Regel nach innen gekrümmt ist, daß diese Krümmung jedoch schon sehr zeitig in der Ontogenie der Pflanze stattfindet.

Es ist schon vor langer Zeit festgestellt worden, daß die Pollinien bei den vandoiden Orchideen paarweise übereinanderliegen und nicht flach Seite an Seite liegen wie bei den meisten epidendroiden Orchideen. Ich habe die Staubbeutel einiger *Coelogyne*-Arten untersucht und vermute, daß dies durch eine Art Divergenz der Theken zustande kommt (siehe Abb. 1); das heißt, der Staubbeutel wird im Laufe der Stammesentwicklung flacher, so daß die Theken an beiden Seiten divergieren und eine Parallele zur Oberfläche des Klinan-

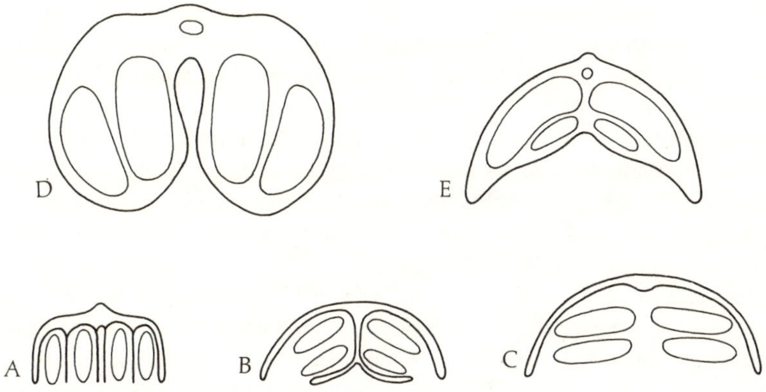

Abb. 1. Dieses Diagramm zeigt die Divergenz der Staubbeutelzellen bei »vandoiden« Orchideen. A. Diagrammatischer Schnitt durch einen »epidendroiden« Staubbeutel mit parallelen Staubbeutelzellen (und Pollinien). B. Diagrammatischer Schnitt durch einen *Coelogyne*- oder *Zygopetalum*-Staubbeutel; die Staubbeutelzellen sind divergent (Pollinien paarweise übereinanderliegend), und die inneren Staubbeutelwände sind unterhalb der Pollinien zu sehen (parallel zur Oberfläche des Klinandriums in der Blüte). C. Diagrammatischer Schnitt durch einen völlig »vandoiden« Staubbeutel, wie er etwa bei *Vanda* oder *Oncidium* vorkommt, mit paarweise übereinanderliegenden Pollinien und nur rudimentär ausgebildeten Wänden innerhalb des Staubbeutels. D. Querschnitt durch einen in der Entwicklung begriffenen *Encyclia*-Staubbeutel (Caudiculae nicht abgebildet). E. Querschnitt durch einen in der Entwicklung begriffenen *Angraecum*-Staubbeutel. D und E nach Hirmer (1920).

driums bilden. Bei *Coelogyne* werden die »inneren« Thekenwände ventral und liegen auf der Oberfläche des Klinandriums auf. In solchen Fällen werden die Pollinien durch die Spitze des Staubbeutels entfernt. Bei den meisten vandoiden Staubbeuteln sind die inneren (oder ventralen) Wände zu einem Rudiment am einen Ende des Staubbeutels reduziert, und die äußeren Wände bilden ein kappenähnliches Gebilde, das dem der epidendroiden Orchideen sehr ähnelt, aber keine inneren Scheidewände aufweist.

Struktur des Pollens. Die Orchideenpollinien sind in der Forschung jahrelang stiefmütterlich behandelt worden. Die Palynologen konzentrierten sich hauptsächlich auf einzelne Pollenkörner und befaßten sich kaum mit Pollinien; und auch andere Botaniker beschäftigten sich viel zu wenig mit diesem interessanten Gebiet. Die Erfindung des Rasterelektronenmikroskops hat die Untersuchung von Objekten dieser Größenordnung jedoch sehr erleichtert, und daher wissen wir inzwischen viel mehr über die Struktur des Orchideenpollens (allerdings immer noch nicht genug). Burns-Balogh (1983) hat eine Theorie über die Evolution der Orchideenexine aufgestellt; sie vermutet, daß die über den Pollen zweikeimblättriger Pflanzen gewonnenen Erkenntnisse nicht so ohne weiteres auf einkeimblättrige Arten zutreffen, und weist darauf hin, daß die Pollenmerkmale bei mehreren Gruppen vielleicht Parallelismen aufweisen.

Ein Diagramm der Exine-Evolution legt den Schluß nahe, daß die Cypripedioideae eine ziemlich isolierte Gruppe sind; doch eine einfachere Version desselben Diagramms würde sie vielleicht in die Nähe der Neottioideae oder Epidendroideae rücken.

Caudiculae. Orchideen-Caudiculae enthalten eine klare, sehr elastische Substanz, die man als »Viscin« oder »Elastoviscin« bezeichnet hat; doch bis vor kurzem wußte man noch nichts über die chemische Zusammensetzung dieses Stoffes. Blackman und Yeung (1983) haben festgestellt, daß das Elastoviscin bei *Epidendrum* ein Lipoidpolymer ist.

Samenstruktur. Bernhard Ziegler, der in Heidelberg mit Wilhelm Barthlott zusammenarbeitet, hat die Struktur der Orchideensamen mit Hilfe des Rasterelektronenmikroskops eingehend untersucht (1981). Zieglers Arbeit beinhaltet zahlreiche ausführliche Angaben zur Orchideensamenstruktur; daher kann ich hier nur auf ein paar Punkte eingehen. Bei einigen Apostasioideae, Cypripedioideae, Vanilleae und *Palmorchis* findet man sehr orchideentypisch anmutende Samen mit harter Samenschale. Weniger überraschende »Körnchensamen« – ebenfalls mit harter Schale – kommen bei den Diseae und Diurideae und vereinzelt bei den Eriinae, Pleurothallidinae, Vandeae, *Cryptocentrum, Oberonia* und *Sunipia* vor. Ziegler hält die »Körnchensamen« für polyphyletisch; meiner Ansicht nach handelt es sich jedoch eher um ein primitives Relikt, obwohl einige Einzelfälle (z. B. *Cryptocentrum*) wahrscheinlich sekundäre Entwicklungen darstellen. Warzige Skulpturierung, Zellgrenzleisten und Randleisten sind Merkmale, die nur bei den verhältnismäßig hochentwikkelten epidendroiden und vandoiden Triben vorkommen.

Ziegler berschreibt 20 Hauptsamentypen und einige Varianten. Natürlich gibt es Orchideen, deren Samen in keine der 20 Kategorien passen; doch etwa die Hälfte der Orchideentriben (in der hier verwendeten Klassifikation) sind im Samentypus ziemlich einheitlich. Auch in anderen, weniger einheitlichen Gruppen kann der Samentypus recht bedeutsame Hinweise auf phyletische Beziehungen liefern.

Zwei Orchideengruppen weisen ein interessantes Variationsmuster auf. Bei den Bletiinae kommt sowohl der *Bletia*-Samentypus als auch der *Eulophia-Corallorhiza*-Samentypus vor. Diese zwei Samentypen sind ziemlich unterschiedlich, so daß man zunächst auf den Gedanken kommt, es könnte sich hier um eine »problematische Gruppe« handeln – das heißt, daß man die Bletiinae vielleicht aufgrund der unterschiedlichen Samentypen in zwei natürliche Gruppen aufspalten kann. Doch auch innerhalb der – anscheinend natürlichen – Gattungen *Calanthe* und *Bletia* kommen beide Samentypen vor. Der *Corallorhiza-Eulophia*-Samentypus ist vielleicht von besonderer Bedeutung, da er eine Verbindung der Bletiinae mit den Corallorhizinae, Eulophiinae, Malaxideae und Calypsoeae darstellt; dennoch ist es wohl unmöglich, die Gruppe aufgrund der Samenstruktur in zwei Gruppen aufzuspalten. Bei den Diurideae liegt der Fall sehr ähnlich. Manche Arten weisen den *Disa-Diuris*-Samentypus auf, andere dagegen den *Goodyera*-Samentypus – anscheinend eine Verbindung zum »spiranthoiden« Komplex. Clements (persönlicher Kommentar) vermutet, daß bei manchen Gattungen ein Zusammenhang zwischen Samentypus und Blütezeit bestehen könnte, wobei die Arten, die ihre Samen in einer für die Keimung günstigen Jahreszeit bilden, den *Goodyera*-Samentypus aufweisen, während die Arten, die ihre Samen während oder vor einer ungünstigen Jahreszeit ansetzen, den *Disa-Diuris*-Typus haben, der besser an Samenruhe angepaßt ist. In allen soeben beschriebenen Fällen geben die Samentypen sicherlich wichtige Hinweise auf die phyletischen Beziehungen der betreffenden Gruppen; doch läßt sich das »Verhalten« dieser Merkmale nicht fein säuberlich in kladistische Dichotomien einordnen.

Chromosomenzahlen. Wir gewinnen immer mehr – in der Regel jedoch nicht überraschende – Erkenntnisse über die Chromosomenzahlen der Orchideen. Arends und van der Laan (1983) haben festgestellt, daß die in Afrika und Madagaskar heimischen Vandeae hinsichtlich ihrer Chromosomenzahl viel variabler sind, als man noch vor ein paar Jahren annahm. Ihrer Ansicht nach sollte man die Angraecinae und die Aerangidinae kritisch untersuchen. Sie vermuten, daß es sich bei *Angraecum* selbst vielleicht nicht um eine natürliche Gattung handelt.

Sexualität. Es wird oft behauptet, die Catasetinae seien die einzigen Orchideen mit eingeschlechtigen Blüten; Chen (1979) jedoch hat auch bei *Satyrium ciliatum* gesonderte männliche und weibliche Pflanzen und Zwitter gefunden. Diese drei Formen hatten insgesamt acht verschiedene Artnamen erhalten. Es wäre vielleicht interessant, die afrikanischen *Satyrium*-Arten unter diesem Gesichtspunkt noch einmal zu untersuchen.

Apologia pro Errores Meis

Wie bereits erwähnt, fürchte ich, daß ich die Ontogenie der vandoiden Säule in meinem Buch (1981) völlig falsch gedeutet habe. Dies ist jedoch nicht der einzige Punkt, in dem ich meine damalige Meinung aufgrund neuer Entdekkungen oder Überlegungen revidieren muß. Zum Beispiel behandelte ich die spiranthoiden Orchideen in meinem Buch als »clade« (Zweig), hob das terminale Viscidium hervor und vermutete, dieses terminale Viscidium sei der primitive Zustand dieser Gruppe. Doch mittlerweile kommt mir meine Erörterung der möglichen Ableitungen der Spiranthoideae ziemlich unklar vor. Es gibt keine monandrischen Orchideen ohne Viscidien, bei denen Staubbeutel und Narbe fast gleich sind, und ich kann mir auch nicht vorstellen, wie eine solche Orchidee »funktionieren« oder im Laufe der Evolution ein Viscidium entwickeln sollte (Dressler 1984). Das terminale Viscidium stellt eindeutig ein Anpassungsmerkmal dar; man kann sich leicht ausmalen, wie die natürliche Auslese ein solches Merkmal begünstigt haben mag, sobald sich erst einmal ein basales oder ventrales Viscidium entwickelt hatte. Die Entwicklung eines basalen aus einem terminalen Viscidium ist viel weniger wahrscheinlich, und der sekundäre Verlust des Viscidiums ist (abgesehen von Fällen, in denen Autogamie [Selbstbestäubung] vorkommt) sehr unwahrscheinlich. Burns-Balogh und Funk (im Druck) heben bei der Beschreibung der spiranthoiden

Orchideen die Insertion (Anheftungsstelle) des Staubbeutels im Verhältnis zum Narbengrund hervor und stellen fest, daß die Spiranthoideae sehr verschiedenartig und polyphyletisch sind. Ich vermute, daß die natürliche Auslese bei den spiranthoiden Orchideen sensu Dressler, bei *Diuris* und *Prasophyllum* ein terminales Viscidium begünstigt hat und daß die Narbe sich im Laufe der Stammesentwicklung im Verhältnis zum Staubbeutel nach oben bewegt hat, so daß die niedrigere Insertion des Staubbeutels bei den monandrischen Orchideen ein sekundäres Merkmal darstellt. Burns-Balogh und Funk deuten die Insertion des Staubbeutels bei der spiranthoiden Säule als primitiv im Vergleich zu den anderen monandrischen Orchideen und deuten an, daß das terminale Viscidium ebenfalls ein primitives Merkmal ist. Diesen Standpunkt scheint auch Brieger zu vertreten (Brieger et al. 1970–). Bei den Tropidieae ist das terminale Viscidium mit einem verhältnismäßig primitiven Habitus verbunden; in anderen Fällen jedoch weisen die »spiranthoiden« Orchidee nur verhältnismäßig wenige primitive Merkmale auf.

Ich legte bei meiner Klassifikation der vandoiden Triben 1981 eindeutig ein zu großes Schwergewicht auf die Anzahl der Pollinien. Es ging jedoch hoffentlich aus meiner Darstellung hervor, daß ich mich in Ermangelung anderer Anhaltspunkte verzweifelt »an jeden Strohhalm klammerte«. Inzwischen hat Seidenfaden (1983) innerhalb der Gattung *Cymbidium* sowohl Arten mit zwei als auch Arten mit vier Pollinien entdeckt, und die Anhaltspunkte, die wir über die Samenstruktur haben, lassen darauf schließen, daß man die vandoiden Orchideen ganz anders klassifizieren müßte.

Der Ursprung der Orchideen bzw. welche Schwestergruppe?

Es ist immer noch nicht geklärt, welche Gruppe der Liliiflorae man als Schwestergruppe der Orchidaceae betrachten soll. Dahlgren und Rasmussen (1983) leiten die Orchidaceae von den Liliales im engen Sinn ab, während Dressler (1983) eine engere Verbindung zwischen den primitiven Orchideen und den Asparagales sieht. Das Problem liegt teilweise in dem Mangel an absoluten Unterschieden zwischen den Asparagales und den Liliales. Dahlgren und Rasmussen führen folgende Merkmale an, die die Orchidaceae und die Liliales miteinander verbinden:

1. *Scheckige Tepalen.* Gefleckte und gestreifte Tepalen kommen bei den höherentwickelten Orchideen häufig vor; doch selbst da handelt es sich selten um die »schachbrett- oder tropfenartigen« Muster, die Huber (1961) als charakteristisches Merkmal der colchicoiden Liliiflorae (=Liliales sensu Dahlgren) anführt. Die Kelch- und Kronblätter der primitiveren Orchideen sind selten gefleckt; ich halte die Flecken innerhalb der Orchidaceae für ein abgeleitetes Merkmal.

2. *Perigonale Nektarien (Honigdrüsen).* Die primitivsten Orchideen weisen keine Nektarien auf; also ist davon auszugehen, daß die perigonalen Nektarien innerhalb der Familie der Orchidaceae wahrscheinlich ebenfalls sekundär abgeleitet sind.

3. *Endospermbildung nucleär.* Dieses Merkmal findet man auch bei den Asparagales mit fleischigen Früchten.

4. *Kein Phytomelan.* Bei den meisten Asparagales mit fleischigen Früchten fehlt Phytomelan. Da fleischige Früchte bei mehreren primitiven Orchideen vorkommen, ist ein Vergleich der Orchideen mit jenen Asparagales, die fleischige Früchte bilden, besonders interessant.

5. *Parietale (wandständige) Zelle nicht von der primären Archegoniumzelle abgetrennt.* Dieses Merkmal kommt bei den Asparagales vor und ist bei den Orchideen wegen der starken Reduktion des Samens ohnehin zu erwarten.

Die im folgenden aufgelisteten Merkmale deuten auf eine enge Verwandtschaft zwischen den Asparagales und den primitiven Orchidaceae hin. Die meisten dieser Merkmale wurden von Huber (1969) als charakteristisch für die asparagoiden Liliiflorae angeführt. Viele sind bei den Orchidaceae primitiv (diese habe ich mit dem Buchstaben p gekennzeichnet) und kommen nur in ein paar Gattungen vor. Die Korrelation dieser Merkmale miteinander und mit anderen zweifellos primitiven Merkmalen ist jedoch ziemlich ausgeprägt:

- Sehr zahlreiche Raphiden (Kristallnadeln).
- Wurzeln häufig spindelförmig (p).
- Strauchartige/staudenartige Wuchsform (p).
- Staubbeutel basifix und intrors (nach innen gewendet).
- Griffel einfach, dreilappig (p).
- Frucht fleischig (p).
- Trennungsschicht am Grund der Tepalen (p). (Ist bei den oberständigen =hypogynen Asparagales und den unterständigen = epigynen Orchidaceae vielleicht nicht homolog).
- Inneres Integument der Samenschale fällt zusammen (p).
- Gleichzeitige Mikrosporogenese (Mikrosporenbildung).

Noch eine Revision der Orchideen-Klassifikation

Ich kann gut verstehen, warum Rudolf Schlechter sein System der Orchideenklassifikation nicht zu seinen Lebzeiten veröffentlicht hat. Durch postume Veröffentlichung geht man etlichen peinlichen Problemen aus dem Weg – insbesondere der Neigung, sein System allmonatlich zu revidieren, weil man entweder neue Daten entdeckt oder neue Erkenntnisse und Einsichten gewonnen hat, für die man vorher aus unerfindlichen Gründen blind war.

Ich erstelle hier zwar auch einige Kladogramme (oder zumindest so etwas Ähnliches), bin jedoch nicht durch die Analyse nicht gewichteter Daten zu ihnen gelangt. Vielmehr habe ich mich bemüht, ein größeres Schwergewicht auf diejenigen Merkmale zu legen, die ich für grundlegender halte, und stehe Merkmalen, die sich allem Anschein nach mehrfach oder viele Male entwickelt haben, mit Skepsis gegenüber. Für besonders wichtig halte ich Zieglers Daten zu den Samen sowie Møllers und Rasmussens Informationen über die Stegmata. Die Abbildungen 2 und 3 basieren auf der Annahme, daß die *Diuris*-»Säule« (mit dem kaum mit dem Griffel verwachsenen Staubfaden und den hervorragenden Staminodien, die fast so lang sind wie der Staubbeutel) ein primitives Merkmal darstellt. Man könnte sie auch für ein abgeleitetes Merkmal halten; aber ich kenne keine Orchidee mit deutlicher erkennbarer Säule, die so hervorragende und deutlich sichtbare Staminodien besitzt. Säulenflügel (Stelidia) findet man bei vielen höherentwickelten Orchideen; doch in den meisten Fällen ist nicht eindeutig geklärt, ob es sich bei diesen Säulenflügeln um Staminodien handelt. Ich habe bereits die Vermutung geäußert, daß die Neottieae eng mit den Cypripedioideae verwandt sein könnte, was bedeuten würde, daß die Monandrie sich zweimal entwickelt hat. Wenn man den primitiven Charakter von *Diuris* und ihren engen Verwandten akzeptiert, besteht Grund zu der Vermutung, daß die Monandrie sich innerhalb der Familie Orchidaceae dreimal herausgebildet hat. Ich halte eine solche Annahme nicht für unbegründet, obwohl sie vielleicht nicht dem Prinzip der einfachsten Erklärung entspricht. Bei einem auf drei Staubbeutel reduzierten Andrözeum (Staubblattformation) – bei dem einer der Staubbeutel sich direkt über der Narbe befindet – wären die Bedingungen für den Verlust (oder das Sterilwerden) der lateralen (seitlichen) Staubbeutel sicherlich günstig. Die Verbreitung anderer Merkmale scheint sehr gut zu dieser Hypothese zu passen.

Leider bleiben immer noch einige Gattungen übrig, die ich nicht in dieses oder irgendein anderes Klassifikationssystem einordnen kann. Sobald mehr Informationen über Anatomie, Samen oder Pollen vorliegen, werden auch diese Gattungen – es handelt sich um *Claderia, Cryptarrhena, Diceratostele* und *Thecostele* – sich vielleicht ohne Schwierigkeiten in einem System unterbringen lassen. Andere Gruppen, über die nicht ganz so große Unklarheit besteht, habe ich mit einem Fragezeichen unter den Triben oder Subtriben aufgeführt, zu denen sie vermutlich gehören.

Apostasioideae

Manche Botaniker ziehen es vor, diese Gruppe als gesonderte Familie zu behandeln; doch alle neueren Autoren sind sich darüber einig, daß die apostasioiden Orchideen eine Schwestergruppe (oder Schwestergruppen) der übrigen Orchideen darstellen – eine Annahme, die durch das Vorhandensein von Stegmata erhärtet wird (Møller und Rasmussen 1984). Burns-Balogh und Funk (im Druck) ordnen *Apostasia* und *Neuwiedia* in verschiedene Unterfamilien ein und halten das mediane (mittlere) Staminodium bei *Apostasia* für kladistisch homolog* mit dem der Cypripedioideae. Das einzige andere abgeleitete Merkmal, das ihrer Ansicht nach *Apostasia* mit den Cypripedioideae verbindet, ist die stärkere Verschmelzung von Staubfaden und Griffel im Vergleich zu *Neuwiedia*. Das ist jedoch eine allgemeine Tendenz bei den Orchideen. Der Grad der

* Ich glaube, es ist klar, daß die Kladisten den Begriff »homolog« häufig anders verwenden als allgemein üblich. Merkmale weden hier nicht aufgrund ihrer eigenen Charakteristika als homolog erklärt, sondern aufgrund der kladistischen Analyse; und eine Analyse, die andere oder zusätzliche Merkmale benutzt, kann den betreffenden Merkmalen unter Umständen einen ganz anderen Status zuweisen.

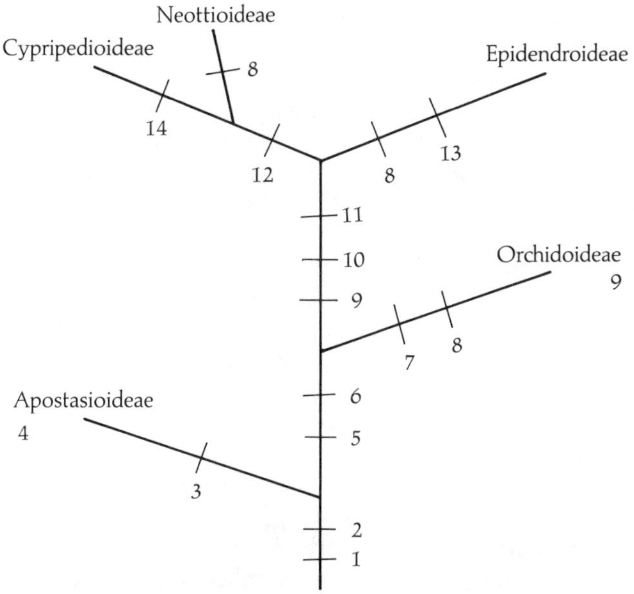

Abb. 2. Hypothetische verwandtschaftliche Beziehungen zwischen Orchideen-Unterfamilien. Ich habe hier nicht den Versuch unternommen, die cytologischen oder den Habitus betreffenden Ähnlichkeiten zwischen den Cypripedioideae und den Neottioideae zu zeigen. Die vegetativen Ähnlichkeiten könnten zweifellos in etliche Merkmale aufgegliedert werden. Zahlen neben Gruppennamen stehen für Merkmale, die nur in einem Teil der betreffenden Gruppe vorkommen und von denen angenommen wird, daß sie sich innerhalb der Gruppe entwickelt haben (das heißt, daß sie bei dem gemeinsamen Vorfahren fehlen). Zahlen, vor denen ein Minuszeichen (−) steht, beziehen sich auf Merkmale, die verlorengegangen sind. Abgeleitete Merkmale sind wie folgt numeriert: 1. Verlust der Septalnektarien; 2. Verlust der adaxialen Staubblätter; 3. *Apostasia*-Samentypus; 4. Verlust des medianen Staubbeutels (nur Staubfaden vorhanden); 5. klebriger Pollen; 6. breite, adaxial orientierte Narbe; 7. *Disa-Diuris*-Samentypus; 8. Monandrie (Verlust der lateralen Staubbeutel); 9. Verschmelzung von Staubfäden und Griffel (Säule); 10. *Vanilla-Selenipedium*-Samentypus; 11. Staubbeutel leicht nach innen gekrümmt; 12. *Limodorum*-Samentypus; 13. Staubbeutel völlig nach innen gekrümmt (operkulat); 14. medianer Staubbeutel steril.

Verschmelzung zwischen verwachsenen Teilen ist mit Sicherheit keine sehr überzeugende »Apomorphie«. Andererseits finden wir zwei wichtige abgeleitete Merkmale, die die Cypripedioideae mit den monandrischen Orchideen verbinden und beide eindeutig von den apostasioiden Orchideen trennen: nämlich die sehr asymmetrische, adaxial orientierte Narbe und den klebrigen Pollen. Beide Merkmale sind bei der Evolution der monandrischen Orchideen ausschlaggebend.

Abgesehen vom Verlust der adaxialen Staubbeutel weisen *Apostasia* und *Neuwiedia* wenige abgeleitete Merkmale auf; sie haben jedoch einige Merkmale gemeinsam. Bei *Neuwiedia* kommen ziemlich verschiedenartige Samentypen vor; doch die Arten mit fleischigen Früchten haben eine krustenartige, grubige Samenschale, die sehr an die von *Apostasia* erinnert und sich ziemlich stark von den *Vanilla*- und *Selenipedium*-Samen unterscheidet. Auch die länglichen, basal asymmetrischen lateralen Staubbeutel von *Apostasia* und *Neuwiedia* ähneln sich sehr. Die operkulaten Colpen (Keimfalten) des *Apostasia*-Pollens sind bei *Neuwiedia* zwar nicht eindeutig nachgewiesen; doch die Skulpturierung der Exine ist bei diesen beiden Gattungen ziemlich ähnlich und unterscheidet sich sehr stark von der Cypripedioideae (Newton und Williams 1978). Außerdem gibt es sehr bedeutende, grundlegende Unterschiede zwischen *Apostasia* und den cypripedioiden Orchideen. Bei *Apostasia* bilden die lateralen Staubbeutel und der Griffel eine Röhre, und die Bienen, die die Blüten besuchen, entfernen den Pollen durch Vibration (Vogel 1981). Es ist sehr wahrscheinlich, daß der Verlust des medianen Staubbeutels ein wesentlicher Bestandteil dieser Spezialisation war. Bei den Cypripedioideae dagegen ging der Staubbeutel nicht verloren, sondern wurde steril und verbreiterte sich zu einem schildähnlichen Staminodium, das Teil einer »Sackgassen«-Fallenblüte ist. *Apostasia* muß sich aus Orchideen entwickelt haben, die *Neuwiedia* sehr ähnlich waren; die sehr zygomorphen Cypripedioideae dagegen sind sehr weit von *Neuwiedia* entfernt. Wahrscheinlich haben sie sich aus einem triandrischen Verfahren entwickelt, der viel enger mit den monandrischen Orchideen verwandt war als mit *Neuwiedia*. *Apostasia* und *Cypripedium* haben zwar beide ein medianes Staminodium; doch sie aufgrund dieses einen Merkmals zusammenzuordnen, wäre ungefähr so sinnvoll wie die Annahme einer engen Verwandtschaft zwischen der Giraffe und dem Plesiosaurier, nur weil beide einen langen Hals haben.

Cypripedioideae

Die Cypripedioideae sind eine sehr natürliche, klar abgegrenzte Gruppe. Dahlgren und Mitarbeiter behandeln diese Gruppe als gesonderte Familie, erkennen jedoch an, daß sie den monandrischen Orchideen viel näher steht, als die apostasioiden Orchideen. Atwood (1984) befaßt sich ausführlich mit den Cypripedioideae und ihren Merkmalen und stellt fest, daß die meisten Angehörigen dieser Gruppe ganz und gar nicht »primitiv« sind.

Neottioideae

Die Neottioideae stellen innerhalb der monandrischen Orchideen eine ziemlich primitive Gruppe dar; sie sind in vieler Hinsicht mit den Chloraeinae und den Caladeniinae vergleichbar. Ob diese Ähnlichkeiten phyletische Beziehungen darstellen, ist nicht geklärt. In Samenstruktur und Wuchsform, in cytologischer Hinsicht und in dem leicht nach innen gekrümmten Staubbeutel ähneln die Neottioideae den Cypripedioideae sehr stark. Meiner Ansicht nach deutet vieles darauf hin, daß diese beiden Schwestergruppen sind, wobei die Monandrie bei den Vorfahren der Neottioideae unabhängig entstanden ist. Gleichzeitig deutet die mutmaßliche Hybride zwischen *Epipactis* und *Gymnadenia* auf eine enge Verwandtschaft zwischen den Neottieae und den Orchideae hin (siehe Dressler 1981). Man könnte die Neottieae also unter Umständen in die Orchidoideae einordnen, obwohl ich eine eng umgrenzte Unterfamilie Neottioideae vorziehe. Vom kladistischen Standpunkt aus könnte man die Neottieae auch als Untergruppe der Cypripedioideae behandeln. Ich halte diese Alternative für recht sinnvoll, doch andere Botaniker haben vielleicht eine intuitive Abneigung dagegen. Rasmussen (1982) tendiert dazu, *Neottia* und *Listera* den spiranthoiden Orchideen zuzuordnen, doch die Samenstruktur spricht gegen eine solche Klassifikation, und das terminale Viscidium hat sich zu oft entwikkelt, um ein sehr verläßlicher Hinweis auf phyletische Beziehungen sein zu können. Außerdem ist das »Viscidium« bei *Listera* und *Neottia* ziemlich einzigartig. Da die Namen »Neottieae« und »Neottioideae« mehrere verschiedene Bedeutungen haben, ist es vielleicht besser, für diese Gruppe (so wie ich sie umgrenze) die nicht streng wissenschaftliche Bezeichnung »limodoroid« zu verwenden.

Burns-Balogh und Funk (im Druck) halten die Hauptmerkmale der Neottieae für abgeleitet und nehmen auch einige Diurideae in ihr Konzept der Neottioideae auf.

Neottieae: Limodorinae, Listerinae.

Orchidoideae

Diese Unterfamilie umfaßt in der hier von mir verwendeten Klassifikation alle monandrischen Orchideen mit weichen Pollinien und aufrechten oder zurückgebogenen Staubbeuteln. Sie haben schraubig gewundene, immergrüne Blätter mit zusammengerollter Knospenlage und sind vorwiegend weichblättrige, ausdauernde Kräuter. Die Zusammenfassung all dieser Orchideen zu einer Unterfamilie ist eine recht zweckmäßige Klassifikation, die außerdem auch ziemlich natürlich zu sein scheint. Durch die Verwendung informeller, nicht streng definierter Bezeichnungen für die Hauptuntergruppen kann man die vielen möglichen Phylogenien erörtern und gleichzeitig eine gewisse Stabilität bei der Unterfamilien-Nomenklatur aufrechterhalten. Diese krautigen, terrestrischen Orchideen sind in vielerlei Hinsicht am schwierigsten zu klassifizieren. Sie sind etwas höher entwickelt als die primitivsten cypripedioiden und epidendroiden Orchideen; dennoch fehlen ihnen (wenn man von den orchidoiden Triben absieht) die vielen abgeleiteten Merkmale, die bei der Klassifikation der epidendroiden Orchideen eine Hilfe darstellen (oder umgekehrt Verwirrung stiften!).

Vieles spricht dafür, die spiranthoiden Orchideen als gesonderte Unterfamilie zu behandeln oder die Neottieae in die Orchidoideae aufzunehmen (je nach der Bedeutung, die man der oben erwähnten mutmaßlichen Hybride beimessen möchte).

Burns-Balogh und Funk (im Druck) halten die Sproßwurzelknollen für »zu variabel«, als daß man sie als Kriterium für die Klassifikation verwenden sollte, obwohl diese Wurzeln mit der hier verwendeten Klassifikation in beachtlichem Maße übereinstimmen. Manche Botaniker bezweifeln die Homologie der Sproßwurzelknollen beim australischen Komplex und bei den Orchideae; hier sind sicherlich noch eingehendere Nachforschungen erforderlich. Dennoch sind die Sproßwurzelknollen in beiden Gruppen häufig (aber nicht immer) polystel und in ihrer äußeren Struktur sehr ähnlich. Diejenigen, die die Homologie der Sproßwurzelknollen bezweifeln, können statt dessen den Begriff »dimorphe (zweigestaltige) Wurzeln« verwenden.

Spiranthoide Triben. Weder das terminale Viscidium noch die Insertion des Staubbeutels unterhalb des Narbengrundes reichen aus, um die spiranthoiden Triben als natürliche Gruppe abzugrenzen, und es bleiben Zweifel darüber, ob es sich um eine Stammeslinie (Zweig) oder eine Entwicklungsstufe handelt. Alle hier eingeordneten Gattungen weisen den *Goodyera*-Samentypus auf, was darauf hindeutet, daß es sich hier um eine natürliche Gruppe handeln könnte, die eng mit der Diurideae verwandt ist. Die für die spiranthoiden Orchideen typische Säulenstruktur könnte leicht von einem *Chloraea*-ähnlichen Vorfahren abgeleitet sein, und zwar durch die Bewegung der Narbe und des Viscidiums im Laufe der Stammesentwicklung. Die Tropidieae haben längliche, ziemlich holzige Stengel und deutlich mehrfach gefaltete Blätter – ein primitiver Habitus, der bei den Orchidoideae im weiten Sinn sonst nirgends vorkommt. Ob die Tropidieae eine Schwestergruppe der Cranichideae bilden oder nicht, ist nicht geklärt.

Tropidieae; Cranichideae: Goodyerinae, Spiranthinae, Pachyplectrinae, Manniellinae, Cranichidinae, Cryptostylidinae.

Diurideae: In Abbildung 3 habe ich die Diuridinae von den anderen Subtriben getrennt, um den primitiven Charakter des *Diuris*-Säulentyps hervorzuheben. Gleichzeitig legt das die Vermutung nahe, daß die Diurideae eine paraphyletische Gruppe sein könnten. Die Diuridinae weisen alle den *Disa-Diuris*-Samentypus auf und zeichnen sich durch hervorragende Staminodien und verhältnismäßig schmale Bläter aus. Hinsichtlich einiger anderer Merkmale sind sie verschiedenartig, und man könnte leicht auf den Gedanken kommen, daß es sich nicht um eine Subtribus, sondern um drei Subtriben handelt; doch ich verwende in meinen Klassifikationen nicht gern Subtriben mit nur zwei oder drei Gattungen, wenn ihre verwandtschaftlichen Beziehungen klar sind.

Burns-Balogh (1984) und Burns-Balogh und Funk (im Druck) ordnen sowohl *Diuris* als auch *Prasophyllum* unter die Spiranthoideae ein und stützen sich dabei auf die Insertion des Staubbeutels unterhalb des Narbengrundes. In Narbe und Rostellum unterscheidet sich *Diuris* sehr stark von den spiranthoiden Gattungen. Mit den anderen hier als Diuridinae behandelten Gattungen stimmt *Diuris* in den Sproßwurzelknollen, den hervorragenden, freien Säulenflügeln und dem *Disa-Diuris*-Samentypus überein. Es gibt viele abgeleitete Merkmale, die *Prasophyllum* und *Microtis* miteinander verbinden, beispielsweise die einzigartigen gewölbten, walzenförmigen Blätter. Burns-Balogh

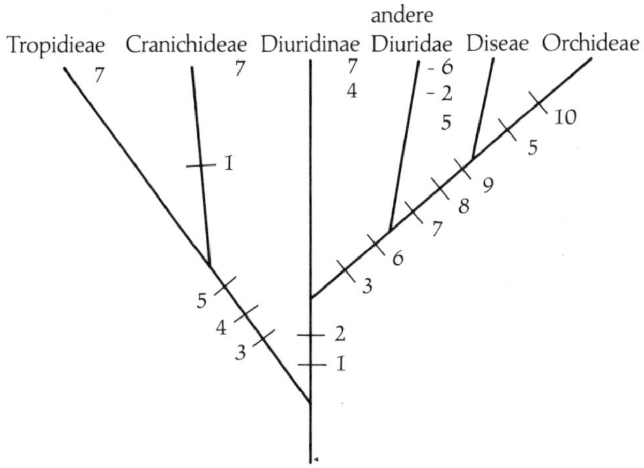

Abb. 3. Hypothetische verwandtschaftliche Beziehungen der Triben innerhalb der Unterfamilie Orchidoideae. 1. krautiger Habitus; 2. Sproßwurzelknollen; 3. Verschmelzung der Staminodien mit der Säule; 4. terminales Viscidium; 5. Verlust der harten Samenschale; 6. Auriculae (»Ohren«); 7. sektile Pollinien; 8. interlokuläre Caudiculae; 9. doppeltes Viscidium; 10. medianer Sporn auf der Lippe.

schlägt sogar vor, die traditionelle Gattung *Prasophyllum* aufzuspalten und jede Sektion in eine andere Unterfamilie einzuordnen. Es ist zwar durchaus gerechtfertigt, die beiden Sektionen voneinander zu trennen; doch ich finde, sie führt die Trennung ein wenig zu weit. Die Merkmale der Diuridinae sind eindeutig, und wenn man der Insertion des Staubbeutels keine allzu große Bedeutung beimißt, läßt sich die Gruppe durch das Diagramm in Abbildung 4 darstellen.

Die primitiveren Angehörigen der Chloraeinae und Caladeniinae sind den limodoroiden Orchideen im Blütenbau durchaus vergleichbar; dennoch sind sie vielleicht nicht eng mit ihnen verwandt. Manche Caladeniinae weisen den *Disa-Diuris*-Samentypus auf, andere dagegen haben – wie die meisten Chloraeinae – den *Goodyera*-Samentypus. Es gibt auch etliche Zwischenformen; ich nehme an, daß der *Goddyera*-Typus vom *Disa-Diuris*-Typus abgeleitet ist. Diese beiden Samentypen kommen bei eng verwandten Arten vor und korrelieren vielleicht eher mit ökologischen Faktoren (Samenruhe) als mit phyletischen Beziehungen. Die Sproßwurzelknollen fehlen bei den Chloraeinae mit Ausnahme von *Codonorchis;* ich vermute, daß dieses Merkmal bei den Angehörigen dieser Subtribus (möglicherweise als Reaktion auf die verhältnismäßig feuchten Lebensräume) verlorengegangen ist. Der Unterschied in der Samenstruktur ist vielleicht auf denselben Faktor zurückzuführen. Aber natürlich kann das Fehlen der Sproßwurzelknollen auch das primitive Merkmal darstellen; wenn das der Fall ist, sollte man *Codonorchis* nicht zu den Chloraeinae zählen. Die restlichen Diurideae besitzen – mit Ausnahme von *Rimacola* und saprophytischen Arten – Sproßwurzelknollen (oder dimorphe Wurzeln). Die

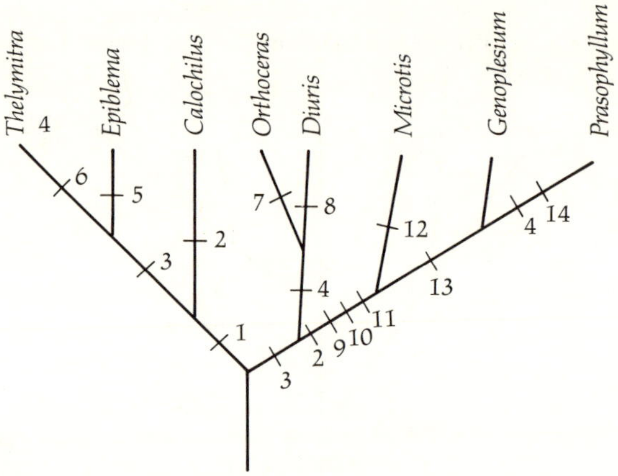

Abb. 4. Hypothetische verwandtschaftliche Beziehungen innerhalb der Diuridinae. Es ist zu beachten, daß zwischen den Merkmalen 4 und 14 bei *Prasophyllum* eine funktionale Korrelation besteht. 1. Staminodien mit medianem (mittlerem) Staubbeutel verwachsen (mehr oder weniger haubenförmig den Griffel umgebend); 2. Staminodien deutlich mit der Säule verwachsen; 3. Viscidium; 4. terminales Viscidium (Akrotonie); 5. Anhängsel am Lippengrund; 6. Spitzen der Staminodien verziert (falsche Staubbeutel?); 7. Kronblätter linealisch; 8. Kronblätter spatelig; 9. Blätter walzenförmig und gewölbt; 10. Hamulus; 11. sektile Pollinien; 12. Staminodien zurückgebildet; 13. Blüten nicht resupiniert; 14. langer Hamulus.

Tatsache, daß die Chloraeinae und die Caladeniinae sich in Blüten-, Samen- und Pollenstruktur sehr ähneln, sprechen für eine enge Verwandtschaft dieser beiden Subtriben. Die Gattungen der Diuridinae lassen sich sehr leicht klassifizieren; bei den anderen Subtriben dagegen herrscht in dieser Hinsicht weniger Klarheit. *Caladenia* scheint im Mittelpunkt dieses Komplexes zu stehen, und viele der anderen Gattungen (oder Subtriben) sind vielleicht von irgendeiner Gruppe innerhalb *Caladenia* abgeleitet. Durch weitere eingehende Untersuchungen werden wir vielleicht Klarheit über die Klassifikation dieses Komplexes gewinnen.

Diuridinae, Chloraeinae, Caladeniinae, Pterostylidinae, Acianthinae, Rhizanthellinae.

Orchidoide Triben: Die Orchideae und Diseae bilden zusammen eine der natürlichsten Gruppen der Familie. Diese Gruppe zeichnet sich durch Auriculae (»Ohren«), Sproßwurzelknollen, sektile Pollinien, interlokuläre Caudiculae und doppelte Viscidien aus. Es kommen zwar auch einzelne Viscidien vor, doch der oberhalb des Viscidiums hervorstehende Rostellumschnabel deutet darauf hin, daß es von einem doppelten Viscidium abgeleitet ist. Bei den höherentwickelten orchidoiden Gattungen kommen verschiedene andere abgeleitete Merkmale vor, die jedoch nicht zur Definition/Abgrenzung der Gruppe herangezogen werden können. Die Diseae weisen den primitiven *Disa-Diuris*-

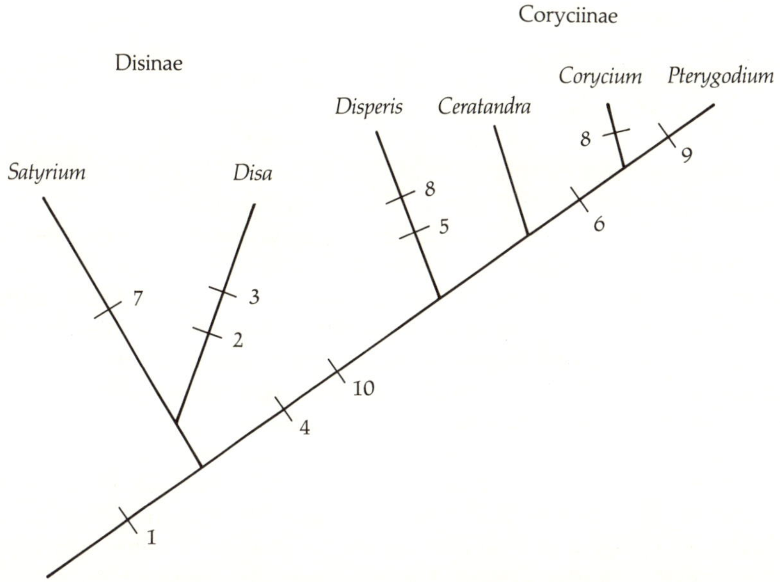

Abb. 5. Hypothetische verwandtschaftliche Beziehungen der Gattungen innerhalb der Diseae. 1. zurückgebogener Staubbeutel; 2. kurze Säule; 3. Sporn an dorsalem Kelchblatt; 4. Anhängsel an Lippe; 5. Sporne an lateralen Kelchblättern; 6. Drehung der Staubbeutelhälften; 7. zwei Lippensporne; 8. haubenförmige dorsale Kelchblätter; 9. von dorsalem Kelchblatt und Lippenanhängsel gebildeter Sporn; 10. Narbe deutlich zweilappig.

Samentypus auf, und die Samentypen der Orchideae sind wahrscheinlich vom *Dise-Diuris*-Typus (oder einem sehr ähnlichen Typ) abgeleitet. Diese Stammeslinie ist sicherlich von einem Vorfahren abgeleitet, der sich durch Sproßwurzelknollen, Auriculae und ein Rostellum auszeichnete, das zwischen den divergierenden Staubbeutelhälften hervorragte. Solche Pflanzen kommen innerhalb der Caladeniinae beispielsweise bei *Lyperanthus* vor. Viele Botaniker ordnen nur die Orchideae und die Diseae in die Unterfamilie Orchidoideae ein; doch das ist mit Sicherheit eine »horizontale« Klassifikation, durch die ihre Verwandtschaft mit den Diurideae undeutlich wird. Burns-Balogh und Funk (im Druck) erkennen die Satyrieae als von den Diseae gesonderte Tribus an; hierin schließen sie sich an Senghas (Brieger et al., 1970–,Teil 4 und 5) an. Die Position des Staubbeutels ist in beiden Gruppen variabel, und die von Vogel (1959) umrissenen Homologien weisen eindeutig darauf hin, daß *Satyrium* und *Disa* enger miteinander verwandt sind als mit den Coryciinae (Abb. 5).

Orchideae: Orchidinae, Habenariinae, Huttonaeinae.

Diseae: Disinae, Satyriinae, Coryciinae.

Epidendroideae

Die Epidendroideae sind zwar eine sehr natürliche Gruppe, haben aber nur wenige übereinstimmende Schlüsselmerkmale. Ich habe die Ansicht geäußert, daß der nach innen gebogene Staubbeutel das wichtigste Merkmal ist. Bei den vanilloiden und epidendroiden Orchideen ist der Staubbeutel zuerst aufrecht und ragt oberhalb der Narbe hervor, doch in späteren Stadien der Ontogenie krümmt er sich nach unten, bis er einen rechten Winkel zur Säulenachse bildet oder gar nach hinten zeigt. Bei vielen höherentwickelten Epidendroideae mit Viscidium ist dieses Merkmal verlorengegangen oder undeutlich geworden, und bei den meisten vandoiden Triben ist der Staubbeutel schon in den frühesten Stadien der Ontogenie gekrümmt. Bei ein paar primitiven Gruppen, die hinsichtlich anderer Merkmale in die Epidendroideae passen, bleibt der Staubbeutel aufrecht. Dieses Phänomen ist häufig mit Autogamie verbunden; es handelt sich dabei vermutlich um einfache Neotenie. Distiche abfallende Blätter kommen innerhalb der Epidendroideae sehr häufig vor; schraubig angeordnete, immergrüne Blätter findet man dagegen bei einigen verhältnismäßig primitiven Gattungen, und die Trennungsschicht kann in höher entwickelten Gruppen auch sekundär verlorengegangen sein. Kormen und Pseudobulben kommen in dieser Unterfamilie ebenfalls häufig vor. Burns-Balogh und Funk (im Druck) behandeln die Orchideae und Epidendroideae als Schwestergruppen und führen als Beweise die Insertion des Staubbeutels oberhalb des Narbengrundes und das Fehlen einer Foot-Layer-Schicht in den Pollenkörnern beider Gruppen an. Doch die Ontogenie der epidendroiden Säule unterscheidet sich sehr von der Säulenontogenie der Orchideae. Nach der Krümmung des Staubbeutels befindet sich der Grund zwar oberhalb der Narbengrundes, doch die Säule bleibt bis zu einem späten Stadium der Ontogenie ziemlich »limodoroid«; dieses Merkmal ist wohl kaum homolog mit dem der Orchideae (wo der Staubbeutel in der Regel bis zu einem gewissen Grad von der Säule weg- und zurückgekrümmt ist). Außerdem beweist das Vorhandensein einer Foot-Layer-Schicht in der Pollenkornwand der Vanilleae eindeutig, daß der Verlust dieses Gebildes bei den Epidendroideae ganz unabhängig von den Orchideae stattgefunden hat.

Vanilloide Triben. Die Epidendroideae mit vier verhältnismäßig weichen Pollinien könnte man als »vanilloid« klassifizieren:

Vanilleae. Die Vanillinae weisen etliche ziemlich primitive Merkmale auf und sind mit Sicherheit die primitivsten noch existierenden epidendroiden Orchideen. Die Pogoniinae haben mit den Vanillinae hauptsächlich primitive Merkmale gemeinsam, scheinen aber als abgeleitete Gruppe innerhalb der Vanilleae hier gut hereinzupassen. *Lecanorchis* hat mit den Vanillinae die vielporigen Pollenkörner gemeinsam und sollte daher wohl am besten auch hier eingeordnet werden.

Vanillinae, Pogoniinae, Lecanorchidinae.

Palmorchis. Diese tropische amerikanische Gattung unterscheidet sich durch folgende Merkmale deutlich von den Vanilleae: 1. die länglichen, grubigen

Samenkörner (die *Palmorchis*-Samen haben mit den grubigen *Apostasia*-Samen ebensowenig Ähnlichkeit wie mit den *Vanilla*- und *Selenipedium*-Samen); 2. die dünnen, gefalteten Blätter; 3. die deutlich abgegrenzten Pollinien; 4. das Fehlen einer Trennungsschicht am Grund der Blütenhülle. Diese primitive Gattung sollte wohl am besten in eine gesonderte Tribus eingeordnet werden, obwohl diese Tribus bis jetzt noch keinen botanischen Namen erhalten hat.

Triphoreae. Einige Angehörige dieser ziemlich verwirrenden Gruppe weisen nicht den für die Epidendroideae charakteristischen nach innen gekrümmten Staubbeutel auf; doch sowohl die distichen Blätter als auch Pollen- und Samenstruktur deuten eher auf eine Verwandtschaft mit den Epidendroideae als mit den Neottieae oder den Diurideae hin. Außerdem ist der Staubbeutel von *Monophyllorchis* deutlich nach innen gekrümmt – ein Hinweis darauf, daß der aufrechte Staubbeutel anderer Gattungen ein sekundäres Merkmal ist. Wenn das der Fall ist, passen die Triphoreae vielleicht sehr gut in die Nähe der Pogoniinae (ihre traditionelle Postition).

Gastrodieae. Die meisten Gattungen dieser Gruppe (darunter auch *Epipogium* und *Wullschlaegelia*) sind Saprophyten und weisen den *Gastrodia*-Samentypus auf. *Nervilia* hat mit vielen Gastrodieae die sektilen Pollinien gemeinsam, weist jedoch einen etwas anderen Samentypus auf als die Gastrodieae.

Nerviliinae, Gastrodiinae, Wullschlaegeliinae, Epipogiinae, Stereosandrinae?

Epidendroide Triben. Die Bezeichnung »epidendroid« ist insbesondere für die Epidendroideae mit zwei bis acht festen oder harten, keulenförmigen oder flach Seite an Seite liegenden Pollinien, mit oder ohne Viscidium und ohne deutlich abgegrenzten Stipes verwendet worden.

Epidendreae. Viele Epidendreae besitzen zwar Pseudodulben; das primitive Merkmal dieser Gruppe scheint jedoch eine langgestreckte Sproßachse mit distichen Blättern zu sein. Dieses Merkmal findet man bei den meisten Subtriben. Die amerikanischen Subtriben der Epidendreae scheinen aufgrund der Samenstruktur eindeutig zueinander in Beziehung zu stehen, und Samenstruktur und Habitus deuten darauf hin, daß zwischen dem *Elleanthus*-Komplex und den Epidendreae keine sehr deutliche Trennungslinie gezogen werden kann. Die Epidendreae der Alten Welt weisen eine ziemlich große Ähnlichkeit mit der amerikanischen Gruppe auf, insbesondere mit *Ponera* und dem *Scaphyglottis*-Komplex. Auch hier sprechen Ähnlichkeiten in der Samenstruktur für eine solche Verwandtschaft. Viele Epidendreae der Alten Welt haben laterale Blütenstände, doch stehen diese in der Nähe der Spitze der Hauptachse oder der Pseudobulben. Mit Ausnahme der Glomerinae heben sich die Epidendreae der Alten Welt deutlich durch ihre kugeligen Siliciumzellen ab. Bei den Thelasiinae wurden keine Siliciumzellen festgestellt, doch diese Gruppe ähnelt den Eriinae in anderen Merkmalen sehr stark. Es spricht sicherlich manches dafür, die Eriinae, Podochilinae und Thelasiinae als gesonderte Tribus abzugrenzen. Man sollte jedoch nicht vergessen, daß *Eria* selbst zwei verschiedene Samentypen und beträchtliche vegetative Variation aufweist. Eine gründliche Untersuchung könnte durchaus zur Aufspaltung der Eriinae (oder von *Eria* selbst) in zwei oder noch mehr Stammeslinien führen. Bis jetzt sind nur wenige *Eria*-Arten auf Stegmata hin überprüft worden, und es könnte innerhalb der Gattung *Eria,* so wie sie derzeit konzipiert ist, durchaus Arten mit kegelförmigen Siliciumzellen geben.

Subtriben der Neuen Welt: Laeliinae, Meiracylliinae, Pleurothallidinae
Subtriben der Alten Welt: Glomerinae, Eriinae, Thelasiinae, Podochilinae.

Dendrobieae. Die Angehörigen dieser Tribus weisen alle den *Coelogyne-Dendrobium*-Samentypus auf, und wenn Stegmata vorhanden sind, sind die Siliciumzellen kugelig. Außerdem besitzen diese Orchideen keine Caudiculae und haben in den meisten Fällen »nackte« Pollinien. *Sunipia, Monomeria* und einige *Bulbophyllum*-Arten besitzen jedoch Viscidien und können unter Umständen einen Hamulus oder ein anderes stipesähnliches Gebilde aufweisen. Die Pollinarien dieser Orchideen sind, oberflächlich betrachtet, »vandoid«, unterscheiden sich in ihren strukturellen Details jedoch sehr von den vandoiden Orchideen. Man könnte Diagramm 5 so auffassen, daß es die Dendrobieae und die Vandeae als Schwestergruppen behandelt. In Wirklichkeit jedoch scheinen beide Gruppen von Orchideen abgeleitet zu sein, die dem Eriinae-Komplex nahestehen. Ich bezweifle, daß diese beiden Triben einen unmittelbaren gemeinsamen Vorfahren haben.

Dendrobiinae, Bulbophyllinae, Sunipiinae.

Arethuseae: Die meisten Angehörigen dieser Gruppe zeichnen sich durch Kormen, gefaltete Blätter, laterale Blütenstände und acht feste (aber nicht sehr harte) Pollinien aus, doch gibt es hinsichtlich aller dieser Merkmale auch Ausnahmen. Die Ähnlichkeit zwischen den Bletiinae- und den Laeliinae-Blüten veranlaßte Reichenbach dazu, die Laeliinae mit acht Pollinien in die Gattung *Bletia* einzuordnen, und in neuerer Zeit wurde mehrfach die Hypothese aufgestellt, die Arethuseae und die Epidendreae seien ziemlich eng miteinander verwandt (Dressler 1981, 1984). Die Samenstruktur spricht jedoch nicht für eine solche enge Verwandtschaft, und ich vermute inzwischen ganz andere verwandtschaftliche Beziehungen. Da die Arethuseae in vielen Hypothesen über verwandtschaftliche Beziehungen eine kritische Position einnehmen und die Tribus möglicherweise aufgespalten werden sollte, möchte ich hier kurz auf die einzelnen Stubtriben eingehen.

1. Arethusinae. Zu dieser Subtribus, die sich durch einen terminalen Blütenstand, nicht gegliederter Blätter und vier weiche, leicht sektile Pollinien auszeichnet, gehört nur *Arethusa.* All diese Merkmale werden für primitiv gehalten, und man könnte dafür argumentieren, *Arethusa* von dem Rest dieser Tribus zu trennen, die dann einen neuen Namen erhalten müßte (vielleicht Bletiae Bentham).

2. Bletiinae. Diese Gruppe hat verhältnismäßig weiche Pollenmassen, die in der Regel in acht Pollinien aufgeteilt sind/werden. Diese Pollinien sind entweder keulenförmig oder liegen flach Seite an Seite. *Calopogon* und *Bletilla* hält man für atavistische »Rückentwicklungen« zu weicheren Pollinien. Diese Subtribus weist sowohl den *Bletia*- als auch den *Corallorhiza-Eulophia*-Samentypus

auf; manchmal kommen diese beiden Typen sogar innerhalb derselben Gattung vor. Der Samentypus allein reicht als Kriterium für die Aufgliederung der Bletiinae in natürlichere Gruppen zwar nicht aus; doch es ist durchaus möglich, daß diese Subtribus aufgrund weiterer Untersuchungen eines Tages aufgespalten wird. *Bletilla* und *Eleorchis* haben terminale Blütenstände und ziemlich weiche Pollinien. *Arundina* und *Dilochia* besitzen terminale Blütenstände und schmale, langgestreckte Sprosse mit distichen, konduplikativen Blättern. Sie verdienen vielleicht in eine gesonderte Subtribus eingeordnet zu werden, sind aber nicht eng mit *Thunia* verwandt, zu der sie früher geordnet wurden.

3. Chysinae. *Chysis* hebt sich sowohl durch den Habitus als auch durch die Form der Pollinien hervor; außerdem ist sie hinsichtlich der Samenstruktur anomal. Die Samenstruktur deutet darauf hin, daß man diese Gattung vielleicht lieber in die Epidendreae einordnen sollte.

4. Sobraliinae. Diese amerikanische Gruppe ist besonders interessant und verdient näher untersucht zu werden. Die meisten Sobraliinae haben schmale Sprosse, gefaltete Blätter und terminale Blütenstände. *Sobralia* weist – wie viele Bletiinae – den *Bletia*-Samentypus auf. Die meisten *Sobralia*-Arten haben ungewöhnliche Pollinien, doch einige besitzen acht verkehrt-eiförmige Pollinien. *Elleanthus* hat acht verkehrt-eiförmige Pollinien und ähnelt *Sobralia* im Habitus, obwohl einige Arten konduplikative Blätter aufweisen, die denen von *Ponera* oder *Isochilus* sehr ähneln. Auch die Samenstruktur deutet auf eine Verbindung zwischen *Elleanthus, Ponera* und *Isochilus* hin. Es scheint ziemlich klar zu sein, daß *Elleanthus* mit den Epidendreae verwandt ist, und vielleicht ist *Sobralia* in den Arethuseae fehl am Platze; doch es besteht auch die Möglichkeit, daß die Sobraliinae eigentlich in zwei Gruppen aufgegliedert werden müßten, wie Brieger (Brieger et al. 1970–) vorgeschlagen hat. Die über die Tilosomen vorliegenden Daten sprechen jedoch nicht für eine solche Aufspaltung (Pridgeon, Stern und Benzing 1983). Sowohl *Arpophyllum* als auch *Coelia* weisen hinsichtlich ihrer Blüten eine große Ähnlichkeit mit *Elleanthus* auf; es wird sich vielleicht noch herausstellen, daß sie in diesen Komplex gehören. Die nur wenig bekannte *Xerorchis* ist besonders interessant. Die acht verkehrt-eiförmigen Pollinien ähneln denen von *Elleanthus* sehr, die Samenstruktur dagegen erinnert an die Pogoniinae.

Coelogyneae. Wenn man die Thuniinae in diese Tribus aufnimmt, wird sie zu einer ziemlich unverwechselbaren Gruppe, die etliche charakteristische Merkmale aufweist: petaloide Säulen, hervorragende Narben, paarweise übereinanderliegende Pollinien, *Coelogyne-Dendrobium*-Samentypus und kegelförmige Siliciumzellen. Die Siliciumzellen sprechen gegen eine sehr enge Verwandtschaft mit den Dendrobieae und deuten darauf hin, daß der *Coelogyne-Dendrobium*-Samentypus zweimal entstanden ist. Doch man findet sowohl bei den Glomerinae als auch bei den Eriinae Samen, die diesem Typus sehr nahekommen. Im Blütenbau erinnern manche Coelogyneae sehr an die Bletiinae; diese Ähnlichkeiten stellen wahrscheinlich – ebenso wie die hervorragende Narbe – primitive Merkmale dar, die in beiden Gruppen persistieren.

Thuniinae, Coelogyninae, Adrorhizinae?

Malaxideae. Von den Vertretern dieser Tribus wird normalerweise angenommen, daß sie nackte Pollinien besitzen; zumindest *Malaxis* weist jedoch in der Regel an den schmalen Enden der Pollinien mikroskopisch kleine Viscidien auf. Bei den Malaxideae kommen ungewöhnlich verschiedenartige Samentypen vor, unter anderem auch der *Corallorhiza-Eulophia*-Samentypus. Die Chromosomenzahlen sind ebenfalls außergewöhnlich variabel. Die Gruppe weist ein breites Spektrum verschiedener vegetativer Merkmale auf, so daß man aufgrund künftiger Untersuchungen vielleicht in der Lage sein wird, diese Tribus in natürlichere Gruppen aufzuspalten – eine Einteilung, die möglicherweise nicht mit den gegenwärtigen Gattungsgrenzen übereinstimmen wird. Ich nehme an, daß zumindest ein Teil dieser »Tribus« mit den Bletiinae und den Corallorhizinae verwandt ist.

Vandoide Triben

Es gibt etliche typisch vandoide Merkmale: Viscidium, Tegula, paarweise übereinanderliegende Pollinien, reduzierte Staubbeutel-Scheidewände, Krümmung des Staubbeutels in einem frühen Stadium der Ontogenie etc.; doch keine zwei dieser Merkmale korrelieren vollständig miteinander, und es gibt inzwischen etliche Anhaltspunkte dafür, daß es sich hier eher um eine Entwicklungsstufe als um eine Stammeslinie handelt (Abb. 6).

Polystachyeae. Die Polystachyeae sind in ihren deutlich abgesetzten, wenngleich in der Regel sehr kleinen Stipites vandoid. Sie unterscheiden sich von anderen vandoiden Gruppen durch den terminalen Blütenstand und dadurch, daß ihre Pollinien im Staubbeutel nicht immer paarweise übereinanderliegen, sondern diese Stellung erst nachträglich einnehmen, und zwar dadurch, daß sie sich beim Entferntwerden ausbreiten. Bis jetzt gibt es nur wenige Anhaltspunkte, die meine Vermutung einer Verwandtschaft mit den Vandeae erhärten (Dressler 1981). Sowohl der terminale Blütenstand als auch die parallelen Pollinien deuten auf eine Ableitung von Orchideen hin, die eher den Glomerinae ähneln. Barthlott (persönlicher Kommentar) stellt fest, daß die Samen von *Genyorchis* denen von *Polystachya* gleichen; es ist bei Betrachtung aller Umstände wahrscheinlich am besten, *Genyorchis* – trotz des basalen Blütenstandes – hier einzuordnen.

Vandeae. Diese Tribus hebt sich eindeutig durch das monopodiale Wachstum ab (das bei anderen Gruppen selten ist). Sie weist keine engen Verbindungen zu den anderen vandoiden Gruppen auf. Die kugeligen Siliciumzellen in den Stegmata dieser Gruppe (während die Cymbidieae und Maxillarieae kegelförmige Siliciumzellen besitzen) sprechen dafür, daß die vandoiden Orchideen eine Entwicklungsstufe sind, und legen die Vermutung nahe, daß die Vandeae ein vom Eriinae-Dendrobieae-Komplex abgeleiteter Zweig sind.

Sarcanthinae, Angraecinae, Aerangidinae.

Calypsoeae. Wenn man die frühzeitige Krümmung des Staubbeutels als abgrenzendes Merkmal auffassen will, ist *Calypso* nicht wirklich vandoid; sie ist jedoch in anderen Merkmalen ziemlich vandoid und scheint eine Zwischen-

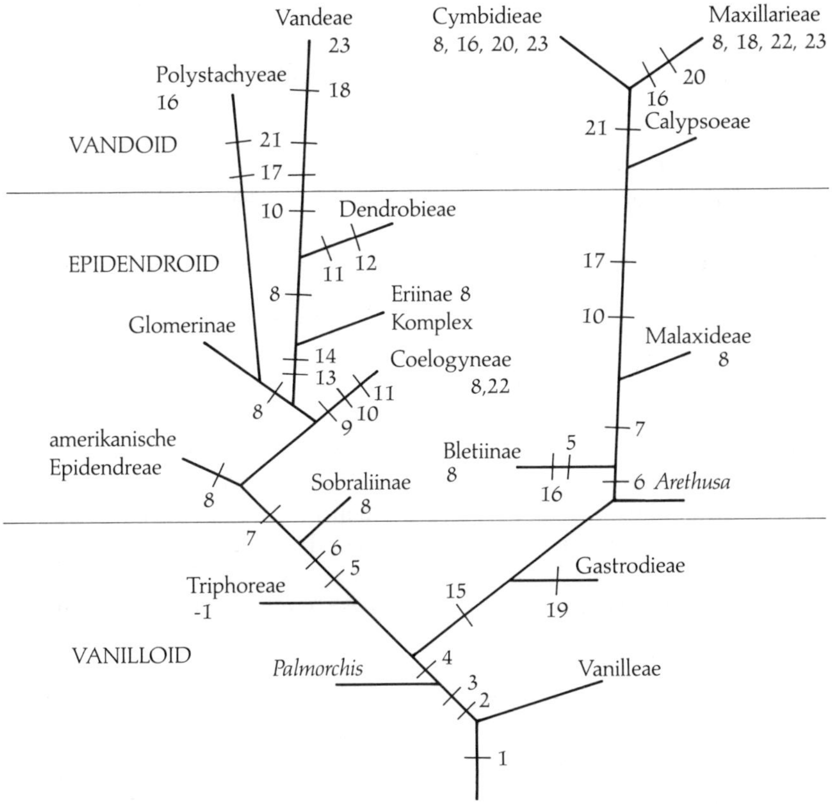

Abb. 6. Hypothetische verwandtschaftliche Beziehungen innerhalb der Unterfamilie Epidendroideae. Das auf der vanilloiden Ebene gezeigte Muster verwandtschaftlicher Beziehungen ist ziemlich provisorisch. 1. nach innen gekrümmter Staubbeutel; 2. Verlust der Gliederung zwischen Fruchtknoten und Blüte; 3. deutlich abgegrenzte Pollinien; 4. Verlust der harten Samenschale; 5. acht Pollinien; 6. gegliederte Blätter; 7. harte Pollinien; 8. konduplikative Blätter; 9. massive Caudiculae; 10. paarweise übereinanderliegende Pollinien; 11. *Coelogyne-Dendrobium*-Samentypus; 12. nackte Pollinien (Verlust der Caudiculae); 13. (oberer) lateraler Blütenstand; 14. kugelige Siliciumzellen; 15. Kormen; 16. basaler Blütenstand; 17. Viscidium und Stipes; 18. monopodiales Wachstum; 19. *Gastrodia*-Samentypus; 20. Verlust des *Eulophia-Corallorhiza*-Samentypus; 21. Staubbeutel in einem frühen Stadium der Ontogenie nach innen gekrümmt; 22. aus einem Internodium (Stengelglied) bestehende Pseudobulben; 23. zwei Pollinien.

form zwischen den Arethuseae und den primitiven Cymbidieae darzustellen – ganz gleichgültig, wo man die Grenze zieht.

Cymbidieae. Ich habe die Subtriben mit dem *Cymbidium*-Samentypus und einige der Subtriben mit dem *Corallorhiza-Eulophia*-Samentypus zusammengeordnet. Letzteren Typus findet man auch bei den Calypsoeae und einigen

Bletiinae, was darauf hindeutet, daß diese Gruppe aus einem Bletiinae-ähnlichen Vorfahren entstanden ist. Die meisten Cymbidieae haben basale Blütenstände; einige jedoch, zum Beispiel *Bromheadia* und *Galeandra,* besitzen terminale Blütenstände. *Bromheadia* ist auch in ihren schmalen Sprossen und konduplikativen Blättern anomal. In der Samenstruktur scheint sie jedoch gut zu den Eulophiinae zu passen.

Corallorhizinae, Eulophiinae, Cyrtopodiinae, Acriopsidinae, Catasetinae.

Maxillarieae. Dies ist eine der ziemlich undefinierbaren Gruppen; sie scheint jedoch recht natürlich zu sein. Die primitiven Zygopetalinae haben – wenn man vom Samentypus absieht – große Ähnlichkeit mit den Corallorhizinae, und ich nehme an, daß diese beiden Triben Schwestergruppen sind. Die Samen der primitiven Stanhopeinae kommen dem *Maxillaria*-Typus nahe, während die Samen der Telipogoninae und Ornitocephalinae (beide besitzen vier Pollinien) mehr denen der Oncidiinae ähneln. In den Samentypen unterscheiden sich die Oncidiinae nicht von den Vandeae, doch ich nehme an, daß dies eine Parallelentwicklung darstellt, da ich in anderen Merkmalen keine enge Verbindung zwischen diesen Gruppen sehe. Der »*Maxillaria*-*Vanda*-Übergangstypus« kommt bei den Oncidiinae häufig vor, und ich nehme an, daß er genau diese Gruppe ist, bei der sich der *Vanda*-Samentypus und seine Varianten bei den Vandeae und Polystachyeae unabhängig von den Oncidiinae entwickelt haben.

Zygopetalinae, Bifrenariinae, Lycastinae, Maxillariinae, Dichaeinae, Stanhopeinae, Telipogoninae, Ornithocephalinae, Pachyphyllinae, Oncidiinae.

Erörterung und Schlußfolgerungen

Ich schlage vor, die monandrischen Orchideen in zwei größere Unterfamilien und eine kleinere einzuteilen. Wahrscheinlich hat sich jede dieser Gruppen unabhängig aus triandrischen Vorfahren entwickelt. Die Unterfamilie Orchidoideae im weiten Sinne umfaßt die Orchideen mit weichen Pollinien und aufrechtem oder zurückgebogenem Staubbeutel. Die meisten dieser Orchideen sind krautig und terrestrisch. Die Unterfamilie Epidendroideae zeichnet sich durch einen nach innen gebogenen Staubbeutel aus und stellt die größere Orchideen-Gruppe dar; sie umfaßt viele epiphytische Gruppen und weist zahlreiche unterschiedliche Bestäubungsapparate auf. Die Neottioideae (die manche Botaniker vielleicht lieber in die Orchidoideae aufnehmen möchten) scheinen den Cypripedioideae in Samenstruktur, Habitus und cytologischer Hinsicht viel näher zu stehen.

Die Bezeichnungen »neottioid«, »vanilloid«, »epidendroid« und »vandoid« waren zwar sehr nützlich; es wird jedoch immer klarer, daß diese sich eher auf Entwicklungsstufen oder evolutionäre Ebenen als auf phyletische Gruppen beziehen. Allem Anschein nach kann man die Epidendroideae in zwei Hauptzweige einteilen: einen Zweig mit schilfartigen Sprossen, der meist eine diploide Chromosomenzahl von 38 oder 40 aufweist und die Epidendreae, Dendrobieae und Vandeae umfaßt, und einen Zweig mit Kormen, bei dem die Chromosomenzahl viel variabler ist und der die Arethuseae, Cymbidieae und Maxillarieae umfaßt. Es bestehen zahlreiche Parallelentwicklungen zwischen diesen Gruppen, und sie lassen sich nicht durch ein eindeutiges Schlüsselmerkmal voneinander trennen. Die Gruppe mit schilfartigen Sprossen hat sich hauptsächlich in der Alten Welt entwickelt, obwohl die primitivsten Gruppen in Amerika (oder – im Fall der Vanilleae – in den tropischen Gebieten der ganzen Welt) beheimatet sind, und *Bulbophyllum, Polystachya* und die Angraecinae sind alle in geringem Maße in den Tropen der Neuen Welt vertreten. Die meisten größeren Gruppen des Zweiges mit Kormen kommen in beiden Hemisphären vor, doch die Maxillarieae sind ausschließlich in Amerika heimisch.

Allem Anschein nach hat sich innerhalb des Zweiges mit Kormen frühzeitig und häufig ein lateraler, basaler Blütenstand herausgebildet, während basale Blütenstände in dem Zweig mit schilfartigen Sprossen nur vereinzelt vorkommen (wenn man von den Bulbophyllinae absieht). Andererseits scheint die natürliche Auslese bei den Gruppen mit schilfartigen Sprossen konduplikative Blätter begünstigt zu haben, während in dem Zweig mit Kormen in einigen recht hochentwickelten Gruppen, beispielsweise bei den Stanhopeinae, gefaltete Blätter persistieren. Es scheint klar zu sein, daß die hochentwickelten Gruppen des Zweiges mit schilfartigen Sprossen sich aus Vorfahren mit acht Pollinien entwickelt haben; doch ob der Zweig mit Kormen sich nach einem ebensolchen Muster entwickelt hat, ist nicht so eindeutig geklärt. Also sind die acht Pollinien in meinem Diagramm beim unmittelbaren Vorfahren der Arethuseae entstanden, und die Malaxideae, Calypsoeae etc. haben sich aus einem Vorfahren mit vier Pollinien entwickelt.

Aus der hier aufgestellten Evolutionshypothese ergibt sich, daß die Merkmale der »vandoiden« Entwicklungsstufe sich in drei verschiedenen Zweigen unabhängig voneinander entwickelt haben. Zu diesen Merkmalen gehören ein gut entwickeltes Viscidium, eine Tegula, paarweise übereinanderliegende Pollinien (sofern es 4 sind), Staubbeutel mit reduzierten Scheidewänden und eine frühzeitige Krümmung des Staubbeutels nach innen. Es ist also wahrscheinlich, daß mehrere dieser Merkmale funktionale Korrelate des Viscidiums und des Stipes sind. Anscheinend hat sich der Stipes selbst innerhalb des Zweiges mit Kormen mehrmals entwickelt, denn man findet *Cymbidium*- und *Maxillaria*-Arten ohne deutlich abgegrenzten Stipes.

In der Orchideenphylogenie und -klassifikation gibt es nach wie vor viele ungeklärte Fragen. Dies scheint insbesondere für die Arethuseae- und den Eriinae-Komplex zu gelten. In beiden Fällen werden weitere Untersuchungen vielleicht zu Abänderungen der Klassifikation führen.

Ich bin schon sehr zufrieden, wenn meine Diagramme wenigstens annähernd und in groben Zügen den Verlauf der Orchideenevolution wiedergeben. Nach unseren derzeitigen Kenntnissen könnte man die »relativen« Positionen der Zweige an vielen Stellen umkehren, ohne daß das Diagramm dadurch wesentlich weniger glaubhaft würde.

Im Anhang zitierte Literatur

Arends, J.C., und F.M. van der Laan (1983): Cytotaxonomy of the monopodial orchids of the African and Malagasy regions. Genetica 62: 81–94.

Atwood, J.T., Jr. (1984): The relationsships of the slipper orchids (subfamily Cypripedioideae). Selbyana 7: 129–247.

Balogh, P. (1982): Generic redefinition in subtribe Spiranthinae (Orchidaceae). Amer. J. Bot. 69: 1119–1132.

Blackman, S.J., und E.C. Yeung (1983): Structural development of the caudicle of an orchid *(Epidendrum)* Amer. J. Bot. 70: 97–105.

Brieger, F. G., R. Maatsch und K. Senghas (Hrsg.) (1970–): R.Schlechter, Die Orchideen. Paul Parey, Berlin

Burns-Balogh, P. (1983): A theory on the evolution of the exine in Orchidaceae. Amer. J. Bot. 70: 1304–1312.

Burns-Balogh,P. (1984): Classification of the tribe Diurideae (Orchidaceae) I. Subtribe Prasophyllinae Schlechter. Selbyana 7: 318–327.

Burns-Balogh, P., und V.A. Funk (im Druck): A pholygenetic analysis of the Orchidaceae. Smithsonian Contr. Bot.

Chen, S.-C. (1979): Notes on bisexual and unisexual forms of *Satyrium ciliatum* Ldl. Acta Phytotax. Sin. 17: 54–60.

Dahlgren, R., und F. N. Rasmussen (1983): Monocotyledon evolution, characters and phylogenetic estimation. Evol. Biol. 16: 255–395.

Dressler, R. L. (1981): The orchids: natural history and classification. Harvard University Press, Cambridge.

Dressler, R. (1983): Classification of the Orchidaceae and their probable origin. Telopea 2: 413–424.

Dressler, R. (im Druck) Features of pollinaria and orchid classification. Lindleyana.

Greenwood, E. (1982): Tipos de viscidio en Spiranthinae. Orquidea (Mex.) 8: 283–310.

Hirmer, M. (1920): Beiträge zur Organographie der Orchideenblüte. Flora 13: 213–300.

Huber, H. (1969): Die Samenmerkmale und Verwandtschaftverhältnisse der Liliifloren. Mitt. Bot. Staatssamml. München 7: 219–538.

Møller, J.D. und H. Rasmussen (1984): Stegmata in Orchidales: character state distribution and polarity. Bot.J. Linn. Soc. 89: 53–76.

Newton, G.D., und N.H. Williams (1978): Pollen morphology of the Cypripedioideae and Apostasioideae (Orchidaceae). Selbyana 2: 169–182.

Pridgeon, A.M. (1982): Diagnostic anatomical characters in the Pleurothallidinae (Orchidaceae). Amer. J. Bot. 69: 921–938.

Pridgeon, A.M. (im Druck): The velamen and exodermis of orchid roots. Orchid biology: reviews and perspectives, IV.

Pridgeon, A.M., W.L. Stern und D.H. Benzing (1983): Tilosomes in roots of Orchidaceae: morphology and systematic occurrence. Amer. J. Bot. 70: 1365–1377

Rasmussen. H. (1981): The diversity of stomatal development in Orchidaceae subfamily Orchidoideae. Bot. J. Linn. Soc. 82: 381–393.

Rasmussen, F.N. (1982): The gynostemium of the neottioid orchids. Opera Bot. 69: 1–96.

Seidenfaden, G. (1983): Orchid genera in Thailand XI. Cymbidieae Pfitz. Opera Bot. 72: 1–124.

Stoutamire, W.P. (1971): Pollination in temperate American orchids. Pages 233–243 in M.J.G. Corrigan (ed.) Proc. Sixth World Orchid Conf. Halstead Press, Sydney.

Vogel, S. (1959): Organographie der Blüten Kapländischer Ophrydeen. Akad. Wiss. Abh. Math.-Naturwiss. Kl. 1962: 602–763.

Vogel, S. (1981): Bestäubungskonzepte der Monokotylen und ihr Ausdruck im System. Ber. Deutsch. Bot. Ges. 94: 667–675.

Williams, N.H. (1975): Stomatal development in *Ludisia discolor* (Orchidaceae): mesoperigenous subsidiary cells in the monocotyledons. Taxon 24: 281–288.

Ziegler, B. (1981): Mikromorphologie der Orchideensamen unter Berücksichtigung taxonomischer Aspekte. Dissertation Ruprecht-Karls-Universität, Heidelberg.

Fachausdrücke

In diesem Glossar sind die meisten botanischen und biologischen Fachbegriffe zusammengestellt, die in dem vorliegenden Buch verwendet wurden; außerdem einige orchideenspezifische Fachausdrücke. Begriffe, die sich in erster Linie auf Orchideen beziehen, sind durch ein (O) gekennzeichnet. Einige Fachausdrücke (z. B. akranth, pleuranth, heteroplastisch und homoplastisch) mögen entbehrlich erscheinen; sie wurden aber berücksichtigt, weil sie in Publikationen über Orchideen des öfteren vorkommen.

abaxial = von der Sproßachse abgewandt.

Abszission = Abwerfen von Blättern oder anderen Pflanzenteilen. Ehe das betreffende Organ abfällt, wird an seiner Basis eine spezielle Schicht (die sog. Trennungsschicht) aus leicht »brüchigen« Zellen gebildet.

Achsel (Blattachsel) = Winkel zwischen Sproßachse und Blatt, in dem normalerweise eine Knospe entsteht.

achselständig (axillär) = in den Blattachseln (ent)stehend.

akranth = endständig; einen endständigen Blütenstand bildend.

akroton = zur Spitze hin gefördert; hier: am oberen Ende verlängerte Pollinien, die sich dann dort am Viscidium anheften (Spitze von Anthere und Pollinien mit Rostellum oder Viscidium verbunden, wie z. B. bei den Spiranthoideae).

adaptiv = durch Anpassung entstanden (Adaption = Anpassung, z. B. an Standortverhältnisse); in Anpassung an ...

adaptive Radiation = Anpassung einer einzelnen Organismengruppe an eine Reihe verschiedener Lebensräume, ökologischer Nischen oder Lebensformen, wodurch eine große Formenfülle entsteht. Man verwendet den Begriff meist im Zusammenhang mit verschiedenen Gruppen, die von einem gemeinsamen Vorfahren abstammen.

adaxial = der Sproßachse zugewandt.

Ähre = Blütenstand, bei dem die Hauptachse ausschließlich ungestielte achselständige Einzelblüten trägt.

Allelopathie = Hemmung des Wachstums einer Pflanze durch chemische Substanzen, die von einer benachbarten Pflanze abgegeben werden.

Ameisenpflanze (Myrmekophyt) = Pflanze, die regelmäßig von Ameisenarten besucht oder bewohnt wird und die in ihrem Bau bestimmte Anpassungen (Nahrungskörperchen, Wohnkammern) an das Zusammenleben mit den Ameisen aufweist. Das Auftreten solcher Anpassungen wird als Myrmekophilie bezeichnet.

analog = Organe, die eine ähnliche Funktion oder Form haben, aber verschiedenen Ursprungs sind (z. B. Caudicula und Stipes erfüllen ähnliche Aufgaben, ohne homolog zu sein).

Androklinium (O) siehe Klinandrium

Angiospermen siehe Bedecktsamer

angraecoid (O) = den Orchideen der Gattung *Angraecum* ähnelnd; alle Angehörige der Subtriben Angraecinae und Aerangidinae.

Antenne (O) = Bei den Orchideen meist eine Bezeichnung für den »Auslöser« der *Catasetum*-Blüte: eine Verlängerung des Rostellums, welche das Viscidium bei Berührung explosionsartig wegschleudert.

Anthere siehe Staubbeutel

Anthese = Entwicklungsabschnitt der Blütenorgane vom Aufblühen bis zum Beginn des Verblühens.

apikal = am Gipfel stehend.

Apomixis = Embryobildung ohne Befruchtung; der Embryo stammt aus dem Muttergewebe und ist genetisch mit der Mutterpflanze identisch.

Art (Species) = Grundeinheit der biologischen Klassifikation; Populationen oder Populationsgruppen, die in ihren wesentlichen Merkmalen übereinstimmen und sich fruchtbar miteinander kreuzen lassen. Sie sind durch tatsächlichen oder potentiellen Genaustausch miteinander verbunden, aber von anderen Populationen oder Populationsgruppen in der Regel genetisch isoliert und weisen oft morphologische Unterschiede auf.

Artbildung (Speziation) = Prozeß, durch den Populationen einen gegenüber der Ausgangspopulation unterschiedenen Merkmalsbestand ausprägen und schließlich Isolationsbarrieren gegen den Genaustausch aufbauen und zu unterschiedlichen Arten werden.

artikuliert, Artikulation = Blätter oder andere Pflanzenteile, die an der Basis eine (aus »brüchigen« Zellen bestehende) Trennungsschicht aufweisen.

aufliegend (O) = ein Staubbeutel, der sich während der Entwicklung der Blüte nach unten biegt.

Auricula pl. *Auriculae* (O) = kleiner, seitlicher Auswuchs am Staubbeutel der Orchideae.

Außenkelch siehe *Calyculus*

Autogamie = Selbstbestäubung.

Autophyten (autotrophe Pflanzen) = chlorophyllhaltige Pflanzen, die sich (im Gegensatz zu den Saprophyten) selbständig ernähren können, indem sie aus anorganischen Stoffen organische Substanzen aufbauen.

axial = in der (Organ-, Symmetrie-) Achse gelegen.

axiale Plazentation = zentralwinkelständige Plazentation; springen die Fruchtblattränder mit den Plazenten tief ins Innere vor, so entsteht eine Fächerung des Fruchtknotens mit zentralwinkelständiger Plazentation.

axillär siehe achselständig

basal = am Grund, an der Basis stehend.

Basis = Grund.

basiton (O) = zur Basis (eines Organs) hin zunehmende Förderung; hier: wenn die Basis des Staubbeutels oder der Pollinien mit dem Rostellum oder dem Klebkörper verbunden ist, wie z. B. bei den Orchideae.

Bedecktsamer (Angiospermen, Angiospermae) = Pflanzen, bei welchen die Samen (im Gegensatz zu den Nacktsamern) von den Fruchtblättern (Karpellen) bzw. in einem aus ihnen entstehenden mehr oder weniger geschlossenen Fruchtknoten gebildet werden.

Bestäubung = Übertragung von Pollen oder Pollinien auf eine Narbe.

bilateral-symmetrisch = ein Organ, das nur durch einen in der Medianebene verlaufenden Schnitt in zwei spiegelbildlich gleiche Hälften zerlegt werden kann.

Biotop = durch bestimmte Pflanzen- und Tiergesellschaften gekennzeichneter Lebensraum.

Blatthäutchen (Ligula) = 1. kleine, hautartige Wucherung, die sich bei Gramineen (Gräsern) an der Grenze von Scheide und Blattspreite befindet; 2. Blattauswüchse, die sich gewöhnlich am Grund der Spreite befinden.

Blütenhülle (Perianth) = aus Kelch- und Kronblättern oder gleichartigen Blattorganen (Perigon) bestehender Teil der Blüte.

Blütenstand (Infloreszenz) = blütentragender Teil der Blütenpflanze.

Blütenstandschaft = lange, blattlose Achse, die an ihrem oberen Ende einen deutlich abgesetzten Blütenstand trägt.

Blütentreue (Blütenstetigkeit) = Tendenz eines bestäubenden Insekts, ausschließlich oder vornehmlich Blüten derselben Pflanzenart zu besuchen.

Braktee = schuppenförmiges Blattorgan ohne Spreitenanteil; in seiner Achsel entstehen die Blüten.

Bryophyta = Moose (Leber-, Horn- und Laubmoose).

Bursicula (O) = kleine Tasche, durch eine Gewebeschicht gebildet, in der das Viscidium (der Klebkörper) entsteht.

Calyculus (Außenkelch) = kleiner Becher oder Kreis, der von brakteen-ähnlichen Gebilden außerhalb der Kelchblätter gebildet wird, z. B. bei *Epistephium* und *Lecanorchis*.

Caudicula pl. *Caudiculae* (O) = in den Pollenfächern ausgebildete Fortsätze der Pollinien aus klebriger (caudicularer) Substanz, mit denen sich die Masse der Pollenkörner an einen Stipes oder den Körper des Bestäubers anheftet.

Centromer = Bewegungszentrum eines Chromosoms, oft eine Knickstelle, an der bei der Teilung die Spindelfaser ansetzt.

Chromosomen = fadenähnliche, stets in bestimmter Anzahl im Zellkern vorkommende Träger der Erbanlagen, die bei der Zellteilung sichtbar werden. Ein Individuum erhält von jedem Elternteil einen Chromosomensatz, der in jeder Körperzelle verdoppelt wird. Wenn die Zellen sich nicht im Teilungsstadium befinden, bilden die Chromosomen ein verschlungenes Geflecht im Zellkern.

Columna siehe Säule

Cortex = Rinde; Gewebe zwischen Stele und Epidermis.

Cuniculus (O) = im Fruchtknoten oder Blütenstiel verborgene Honigdrüse.

Cytologie = Lehre von der Zelle.

Cytoplasma = Gesamtheit des Zellmaterials, das den Zellkern umgibt.

diandrisch = Zwitterblüten mit zwei Staubblättern.

Dikotyledonen (Dikotylen) siehe zweikeimblättrige Pflanzen.

diploid = den normalen doppelten Chromosomensatz aufweisend. Geschlechtszellen (Gameten) sind haploid, d. h. sie besitzen nur einen Chromosomensatz; Individuen mit vier Chromosomensätzen sind tetraploid, usw.

Disjunktion = Trennung eines pflanzen- oder tiergeographischen Verbreitungsgebiets in mehrere nicht zusammenhängende Teilgebiete.

distal = vom Bezugspunkt (Körper) weggerichtet oder weit entfernt (Gegenteil: proximal).

distiche (zweizeilige) Blattstellung = Bezeichnung für die Anordnung der Blätter in nur zwei entgegenstehenden Zeilen längs der Sproßachse mit nur einem Blatt pro Knoten (im Gegensatz zur schraubigen oder wirteligen Anordnung).

dorsal = rückenseitig, auf dem Rücken gelegen.

duplikative Blattfaltung = in der Knospe ist das Blatt längs eines Mittelnervs gefaltet.

einkeimblättrige Pflanzen (Monokotyledonen, Monokotylen) = Unterklasse der Bedecktsamer (Angiospermen); zeichnen sich in der Regel durch parallelnervige Blätter und stets durch ein einziges (bei den Orchideen gar kein) Keimblatt aus.

einseitswendig = Zustand, bei dem aufgrund einer Drehung alle Blüten eines Blütenstandes nach einer Seite zeigen.

Elaiophoren = ölabsondernde Drüsen.

Elastoviscin (O) = klare, sehr elastische Substanz, die in Pollinien und insbesondere in Caudiculae vorkommt; chemisch noch nicht eindeutig identifiziert.

Embryo = Keimling; die junge Anlage der Pflanze innerhalb der Samenschale, die normalerweise aus einer befruchteten Eizelle hervorgegangen ist. Ihre weitere Entfaltung ist die Keimung.

Endothecium = unter der Epidermis gelegene Wandschicht des Pollensacks, deren Zellwände faserartige Versteifungen aufweisen (Faserschicht). Sie dient bei der Reife durch ungleiche Schrumpfung der Zellen der Öffnung des Pollensacks.

ephemer = kurzlebig, vorübergehend; Blüten, die nur bis zu 24 Stunden geöffnet bleiben.

Epichil (O) = obere Hälfte einer geteilten Lippe.

epidendroid (O) = alle Angehörigen der Unterfamilie Epidendroideae.

Epidermis = äußere, gewöhnlich aus einer Zellage bestehende Gewebeschicht der pflanzlichen Organe.

Epiphyten (»Überpflanzen« oder »Aufsitzer«) = Pflanzen, die auf anderen Pflanzen – meist auf Bäumen – wachsen, sich im Gegensatz zu Parasiten aber selbst ernähren.

Epiphytose = bei Bäumen die Erscheinung (z. B. Lichtmangel), die durch zu viele oder den Wirt schädigende Epiphyten hervorgerufen wird.

equitant (»reitend«) = konduplikative oder seitlich abgeflachte Blätter, die einander in zwei Reihen überlappen.

Exine = äußere Schicht der Pollenkornwand oder Sporenwand.

Exodermis = unter der Rhizodermis gelegen; bildet nach Absterben der Rhizodermis (vor allem der Wurzelhaare) das (sekundäre) Abschlußgewebe.

extrafloral = außerhalb der Blüte befindlich (in bezug auf Drüsen an Stengeln, Blättern oder der Außenseite von Blütenknospen).

FAA (Formalin, Alcohol, Acetic Acid) = standardisierte Konservierungsflüssigkeit für pflanzliche Materialien: 85 % Ethanol, Methanol oder Isopropylalkohol, 5 % Eisessig, 5 % Formaldehyd, 5 % Glycerin (Angaben vom Übersetzer etwas abgeändert).

Fallenblumen (Kesselfallenblumen, Gleitfallenblumen) = Blüten oder Blütenstände, die Insekten nach der »Fallgrubenmethode« fangen und im Dienst der Bestäubung über mehr oder weniger lange Zeit gefangenhalten, z. B. bei *Cypripedium*.

Farnpflanzen (Pteridophyten) = sehr alte Abteilung des Pflanzenreichs, die u. a. die Farne, die Bärlappgewächse und die Schachtelhalme umfaßt.

Filament siehe Staubfaden

Flora = 1. Gesamtheit der Pflanzenarten eines bestimmten Landes oder Gebietes; 2. Buch, in welchem die Pflanzenarten einer bestimmten Region aufgezählt und beschrieben sind.

Fruchtblatt (Karpell) = blattähnliches Gebilde, das die Samenanlagen und (später) die Samen trägt. Bei den Nacktsamern tragen die Fruchtblätter die Samenanlagen offen; bei den Bedecktsamern dagegen bilden sie – entweder jedes für sich oder zu mehreren verwachsen – geschlossene Hohlräume (die Fruchtknoten), in denen die Samenanlagen eingeschlossen sind. Bei den Orchideen sind die drei Fruchtblätter so miteinander verwachsen und modifiziert, daß sie kaum noch zu erkennen sind.

Fruchtknoten (Ovarium) = aus Fruchtblättern gebildeter, geschlossener Hohlraum, in dem die Samenanlagen eingeschlossen sind; entwickelt sich später zur Frucht.

Funiculus siehe Nabelstrang

ganzrandig = mit glattem Rand (d. h. nicht gezähnt oder gelappt).

Gattung = taxonomische Kategorie oberhalb der Art; engverwandte Arten, die eine Reihe gemeinsamer Merkmale aufweisen, werden zu einer Gattung zusammengefaßt. Der Gattungsname bildet den ersten Teil des (»binären«) zweiteiligen Artnamens.

Gefäße = bei Pflanzen Röhren aus längsgestreckten Zellen, welche die Pflanzenteile meist auf weite Strecken durchlaufen. Ihre Hauptaufgabe ist die Wasserleitung; manchmal dienen sie zugleich der Wasserspeicherung oder wohl auch der Festigung.

Gefäßbündel (Leitbündel) = fadenförmige, strangartige Gewebebündel, in welchen die Stoffleitung der Pflanzen vor sich geht.

gefaltet = Blätter, die mehrere oder viele größere Längsadern aufweisen und in der Regel an jeder dieser Längsadern gefaltet sind.

Gleitfallenblumen siehe Fallenblumen

Griffel = gewöhnlich schlanker, langgestreckter Teil des Stempels, der Fruchtknoten und Narbe miteinander verbindet; bildet bei den Orchideen einen Teil der Säule.

Gymnospermen siehe Nacktsamer

Gynostemium siehe Säule

haploid siehe diploid

Hemipollinarium (O) = bei Orchideenblüten mit zwei getrennten Viscidien: ein einzelner Klebkörper mit angeheftetem Stipes oder Caudicula und Pollinium (bzw. Pollinien).

Herbarium = Sammlung gepreßter und getrockneter Pflanzen.

Hermaphrodit siehe Zwitter

heteroblastisch (O) = mit Pseudobulben aus einem einzigen Internodium.

homoblastisch (O) = mit Pseudobulben aus mehreren Internodien.

homolog = gleichwertige Organe, die denselben Platz im Bauplan des betreffenden Organismus bzw. der betreffenden Organismengruppe einnehmen, aber nicht unbedingt dieselbe Funktion haben (z. B.: Vogelflügel und menschlicher Arm sind homolog, Vogelflügel und Insektenflügel dagegen nicht).

Honigdrüsen siehe Nektarien

Humus = aus verrotteten Pflanzenteilen entstandene Erde.

hyalin = glasartig, durchscheinend.

hygroskopisch = Luftfeuchtigkeit aufnehmend; in manchen Fällen kommt es bei Pflanzen zu hygroskopischen Bewegungen, d. h. rein mechanischen Krümmungs- oder Torsionsvorgängen, die auf Quellung oder Entquellung und Austrockung toter Membranteile oder ganzer Zellen beruhen.

Hyphe siehe Pilzfaden

Hypochil (O) = unterer Teil der Lippe.

Infloreszenz siehe Blütenstand

Integument = Schutzhülle der Samenanlage.

intergenerisch = zwischen zwei Gattungen.

intergenerische Hybride (Gattungshybride, Gattungsbastard) = Hybride zwischen zwei verschiedenen Gattungen.

Internodium (Stengelglied) = Stengel- oder Stammstück, das zwischen den Ansatzstellen zweier Blätter (Knoten oder Nodien) liegt.

interspezifisch = zwischen zwei Arten.

interspezifische Hybride (Arthybride, Artbastard) = Hybride zwischen zwei verschiedenen Arten.

Isthmus = schmaler Teil einer Lippe oder eines Kronblattes.

Kallus = Gewebewulst, entstanden durch starke Zellvermehrung, insbesondere an Wundstellen (Stecklingsschnittfläche); bei Orchideen bilden sich in der Lippe im unteren Teil verschieden gestaltete Auswüchse, die als Kallus bezeichnet werden; der mittlere Teil wird Mediankallus genannt.

Kambium = bei zweikeimblättrigen Bäumen die Zellschicht zwischen Rinde und Holz, aus der an der Innenseite neues Holz und an der Außenseite neue Rinde entsteht.

Kapillitium = bei Pilzen ein Netz steriler Haare oder Fasern im Sporangium; bei Orchideen die sterilen Haare innerhalb der Frucht, insbesondere bei Epiphyten.

Karpell siehe Fruchtblatt

Kelchblätter (Sepalen) = die äußeren, grünen Blätter der Blütenhülle; bei den Orchideen die äußeren drei (in der Regel farbigen) Blütenhüllblätter.

Kesselfallenblumen siehe Fallenblumen

keulenförmig = am unteren Ende spitz zulaufend, am oberen rundlich oder eiförmig.

Klebkörper, Klebscheibe siehe Viscidium

kleistogam = Blüten, die sich nicht öffnen, sondern sich in geschlossenem Zustand selbst bestäuben (Form der Autogamie).

Klinandrium (O) = Hohlraum, in den der Staubbeutel hineinhängt (Pollenschüssel).

Klon = Gruppe von Individuen, die durch vegetative (ungeschlechtliche) Vermehrung aus einem einzigen Organismus entstanden und genetisch identisch sind.

Knollen im Sinne echter unterirdischer Sproßknollen, wie z. B. bei der Kartoffel, kommen bei Orchideen nicht vor, lediglich knollenähnliche Gebilde. Vergleiche »Sproßwurzelknolle«.

Knospenlage (Vernation) = Lage (Faltung) jedes einzelnen Blattes in der Knospe.

Knoten (Nodus, pl. *Nodien)* = oft verdickte Stellen eines Stengels, an denen Blätter oder Brakteen entspringen.

körnig = Bezeichnung für weichen oder mehligen Pollen.

Kohäsionsfasern (O) = Sporopolleninfasern, die weiche Pollinien umhüllen oder verstärken.

kompatibel siehe verträglich

konduplikative Blattfaltung = Blätter in der Knospenlage längs der Hauptnerven gefaltet.

Konnektiv = Mittelband, Verbindungsstück zwischen den beiden Hälften der Staubbeutel.

Konvergenz = äußere Ähnlichkeit genetisch verschiedener Organismen, oft in Anpassung an ähnliche Lebensräume oder -bedingungen (nicht zu verwechseln mit Mimikry).

konvolut (O) = in der Knospenlage tütenartige Einrollung der Blätter.

Kormus pl. *Kormen* = dichtes unterirdisches Speicherorgan (vegetatives »Gerüst«), in der Regel aus mehreren Internodien bestehend, wie z. B. bei *Gladiolus* und *Bletia*. Vgl. dazu auch Dahlgren und Clifford: The monocotyledons, a comparative study, Seite 57 f. „Corms and Tubers" (mit Beiträgen von H. Huber). Academic Press, London 1982.

Kreide = letzte Periode des Mesozoikums, die vor 135 Millionen Jahren begann und vor 70 Millionen Jahren endete und in der sich die Blütenpflanzen entwickelten.

Kristallnadeln (Raphiden) = nadelförmige Kristalle, in der Regel aus Calciumoxalat; in vielen Orchideenzellen enthalten.

Kronblätter (Blumenblätter, Petalen) = in der Regel weiße oder farbige (selten grüne) Blütenblätter, die innerhalb der Kelchblätter stehen; bei Orchideen die beiden schräg gegenüber der Lippe stehenden.

Labellum siehe Lippe

lateral = seitlich.

Leitbündel siehe Gefäßbündel

Ligula siehe Blatthäutchen

Lippe (Labellum) = mittleres Kronblatt, das meist größer und anders geformt ist als die beiden anderen.

Lithophyten (Felsenpflanzen, Steinpflanzen) = Pflanzen, die auf Fels wachsen.

männliche Blüte (Staubblüte) = Blüte, die nur Staubblätter trägt und keinen funktionsfähigen Stempel besitzt.

Massenblüte = Der Begriff bezieht sich auf Orchideen und andere Pflanzen mit kurzlebigen Blüten, die alle genau am selben Tag blühen, wobei dafür irgendein Umweltfaktor verantwortlich ist.

Massula pl. *Massulae* (O) = Pollenpaket (bei Gattungen, bei denen die Pollinien in kleinere Pakete unterteilt sind); siehe sektil.

median = in der Mitte (im Gegensatz zu lateral).

Mentum (O) = durch den Säulenfuß und die ihm seitlich ansitzenden Kelchblätter gebildetes vorspringendes Kinn.

Meristem = teilungsfähiges Gewebe, insbesondere an Wurzel- und Sproßspitze, aber auch in der Blattachsel.

meristematisch = teilungsfähig.

Meristemoide = kleine, wenigzellige Meristeme, welche Differenzierungen (z. B. Spaltöffnungen, Haare) in einer selbst noch mehr oder weniger teilungsfähigen Umgebung durch besonders hohe Teilungsaktivität aus sich hervorgehen lassen (nach Strasburger).

Mesochil = mittlerer Teil der Lippe, wie bei *Stanhopea.*

mesoginös = mit Nebenzelle(n) aus derselben Zelle wie die Schließzellen.

mesoperiginös = mit einer oder mehreren Nebenzellen aus derselben Zelle wie die Schließzellen und der (den) anderen aus einer anderen Zelle (anderen Zellen).

Mesophyll = das Gewebe im Blattinneren.

mesoton (O) = Förderung, d. h. gesteigerte Ausbildung im mittleren Bereich eines Organs, z. B. eines Stengels. Blüte, bei der die Mitte des Staubbeutels oder der Pollinien mit Rostellum oder Viscidium verbunden ist.

metazentrisch = Chromosomen mit mehr oder weniger in der Mitte befindlichem Centromer; jedes Chromosom hat zwei Arme.

Mikropyle = Zugangskanal durch die Integumente zum inneren Teil der Samenanlage.

Mimikry = Ähnlichkeit zweier unterschiedlicher Organismen, die durch natürliche Auslese begünstigt wurde; z. B. gibt es harmlose Insekten, die in ihrer äußeren Erscheinung stechende oder giftige Insekten vortäuschen und sich auf diese Weise vor Feinden schützen. Siehe auch Pseudokopulation.

Monaden = einzelne Pollenkörner (im Gegensatz zu Tetraden).

monandrisch (O) = mit nur einem einzigen Staubbeutel; mutmaßlich sind alle Orchideen-Unterfamilien mit Ausnahme der Apostasioideae und der Cypripedioideae monandrisch.

Monokotyledonen (Monokotylen) siehe einkeimblättrige Pflanzen

monophyletisch = Gruppe verwandter Arten, Gattungen usw., die aus einer einzigen (meist schon ausgestorbenen) ursprünglichen Gruppe abgeleitet sind.

monopodiales Wachstum = Ausbildung durch eine an der Spitze weiterwachsende einheitliche Sproßachse, z. T. mit seitlichen Verzweigungen; z. B. bei *Angraecum, Aerangis, Renanthera, Vanda.*

Morphologie = Wissenschaft von der Gestalt und vom Bau der Organismen.

Mutualismus siehe Symbiose

Mykorrhiza (Pilzwurzel) = Wurzelsymbiosen, bei denen Pilze mit höheren Pflanzen, an oder in deren Wurzel sie leben, vergesellschaftet sind.

mykotroph (O) = Orchideenkeimlinge (z. T. auch vollentwickelte Pflanzen), die sich von organischer Substanz ernähren, die vom Mykorrhiza-Pilz geliefert werden.

Myrmekophyt siehe Ameisenpflanze

Myzel = aus Pilzfäden (Hyphen) gebildete Vegetationskörper von Pilzen.

Nabelstrang (Funiculus) = von einem Gefäßbündel durchzogenes Stielchen, das Nährstoffe leitet und mit dem die Samenanlage an der Plazenta befestigt ist.

nackt (O) = in bezug auf Pollinien: ohne Caudiculae oder sonstige Anhängsel.

Nacktsamer (Gymnospermen, Gymnospermae) = Pflanzen, deren Samen nackt, d. h. nicht in einem Fruchtknoten eingeschlossen sind (z. B. Koniferen, Palmfarne und etliche fossile Gruppen).

Narbe = oberer, zur Aufnahme der Pollenkörner bzw. Pollinien bestimmter Teil des Karpells bzw. Stempels, der eine klebrige, zuckrige Flüssigkeit absondert und auf dem die Pollenkörner keimen.

Nebenzellen = Zellen, die die Schließzellen der Spaltöffnungen umgeben und sich in ihrer Form von den übrigen Epidermiszellen unterscheiden. Siehe auch Spaltöffnungen und Schließzellen.

Nektarien (Honigdrüsen) = nektarabsondernde Drüsen.

neottioid (O) = alle terrestrischen Orchideen mit aufrechtem Staubbeutel und weichen Pollinien; die Angehörigen der Unterfamilien Spiranthoideae oder Orchidoideae (vgl. Anhang des Buches).

Nodus siehe Knoten

oligolektisch = Insekten, die nur die Blüten von ein paar (verwandten) Pflanzenarten besuchen (im Gegensatz zu monolektischen und polylektischen Insekten).

ontogenetisch = die individuelle Entwicklung eines Organs oder eines Lebewesens betreffend.

Ontogenie = individuelle Entwicklung eines Organs oder eines Lebewesens von der Eizelle bis zum fertigen Organismus.

operkulat = das Staubblatt ist im rechten Winkel nach vorn umgebogen und liegt der Säulenspitze auf.

Operculum = Deckelchen.

Osmophore (Duftdrüse) = Duftstoff absondernde Drüse.

Ovarium siehe Fruchtknoten

Ovula siehe Samenanlage

Parallelentwicklung, Parallelismus = voneinander unabhängige, aber gleichgerichtete evolutionäre Entwicklung ähnlicher Merkmale bei verschiedenen Organismen, die mehr oder (meist) weniger nahe verwandt sind.

Parenchym (Grundgewebe) = Gewebe aus ähnlichen, dünnwandigen Zellen, die nach allen Richtungen nahezu den gleichen Durchmesser haben; dient manchmal als Speichergewebe.

parietal = wandständig; bezieht sich in der Regel auf die Position der Samenanlagen im Fruchtknoten.

Pedicellus = Stiel einer Einzelblüte.

Pedunculus = Stiel eines Blütenstandes, einer Blütenstandachse.

pelorisch = hier: strahlig(radiär)-symmetrische Blüten, welche an Blütenständen von Pflanzen auftreten, die normalerweise hälftig symmetrische dorsiventrale Blüten entwickeln (Orchideen, Fingerhut, Löwenmaul).

Perianth siehe Blütenhülle

periginös = mit Nebenzellen, die alle aus anderen Zellen abgeleitet sind als die Schließzellen.

Petalen siehe Kronblätter

Petiolus = Blattstiel

Phagozyten (Freßzellen) = im Blut oder in den Geweben enthaltene Zellen, welche die Aufgabe haben, schädliche Stoffe abzuwehren, Fremdkörper durch Fressen (Phagozytose) unschädlich zu machen oder aufgenommene Nahrungsteilchen zu verdauen (z. B. weiße Blutkörperchen).

Phanerogamen (Phanerogamae) = Samenpflanzen; zusammenfassender Begriff für die Abteilungen Gymnospermae und Angiospermae des Pflanzenreiches.

Phänologie = der Wissenschaftszweig, der sich mit den jahreszeitlichen Erscheinungen des Pflanzen- und Tierreiches und ihren Ursachen befaßt. Die Pflanzenphänologie beschäftigt sich mit der zeitlichen Entwicklung des Pflanzenlebens im Laufe des Jahres in Abhängigkeit von klimatischen und anderen Faktoren (Belaubung, Blütezeit, Fruchtreife, Laubfall usw.).

phyletisch = die Stammesgeschichte betreffend.

Phylogenie (Stammesgeschichte, Stammesentwicklung) = mutmaßliche Entwicklung heutiger Arten aus früheren, einfachen Formen über einen langen Zeitraum hinweg; Wissenschaftszweig, der sich mit diesem Gebiet befaßt.

Pilzfaden (Hyphe) = der Zellfaden, der den Vegetationskörper (Myzel) der Pilze und Flechten bildet; siehe Myzel.

Plazenta = Wulst im Fruchtknoten, Träger der Samenanlage; bei den Orchideen als Längswülste entwickelt.

Pleistozän = erdgeschichtliche Periode, die vor 1 Million Jahren begann und vor 10 000 Jahren endete.

pleuranth (O) = seitenständig; seitenständige Blütenstände bildend.

Pollen (Blütenstaub) = Gesamtheit der Pollenkörner einer Blütenpflanze.

Pollenfächer = ein Staubbeutel enthält zwei Pollensäcke, die normalerweise wiederum zwei Pollenfächer enthalten.

Pollenkörner = männliche Keimzellen der Phanerogamen, die in den Pollensäcken entstehen. Wenn ein Pollenkorn auf eine Narbe gelangt, wächst es zu einem langen Pollenschlauch aus (Pollenkeimung) und befördert in diesem die männlichen Gameten (Geschlechtszellen) zur Samenanlage.

Pollensäcke = Teile des Staubbeutels, in denen sich der Blütenstaub (Pollen) in zwei Pollenfächern bildet.

Pollenschlauch siehe unter Pollenkörner

Pollinarium (O) = Gebilde aus Pollinien und Viscidium (Klebkörper).

Pollinium pl. *Pollinien* (O) = verklebte Masse von Pollenkörnern eines Pollensackes oder einer Theke.

polyphyletisch = Pflanzen- oder Tiergruppe, die stammesgeschichtlich auf mehrere verschiedene Ursprungsgruppen zurückzuführen ist (Gegensatz: monophyletisch).

polystelisch = mit mehreren Leitbündelsträngen in einer Sproßachse.

primär = bezieht sich auf die zuerst ausgebildete Wurzel oder den zuerst entstandenen Sproß; alle Verzweigungen sind somit sekundär.

Primordium = die noch undifferenzierten Anlagen eines Organs, z. B. eines Laub- oder Blütenblattes oder eines Seitensprosses.

Protokorm (O) = erste Entwicklungsstufe des keimenden Embryos der Orchideen.

Pseudobulben (O) = verdickte Sproßglieder (Stengelglieder), meist nur mit apikalen (gipfelständigen) Blättern, die immer ohne Blattscheiden ausgebildet sind.

Pseudokopulation (O) = besonderer Mimikry-Typus, bei dem Blüten eine täuschende Ähnlichkeit mit weiblichen Insekten aufweisen und dadurch die Männchen der betreffenden Insektenart anlocken. Diese versuchen die vermeintlichen Weibchen zu begatten und bestäuben dabei die Blüte (Bestäubungsmechanismus vieler Orchideen, z. B. *Ophrys*).

Pteridophyten siehe Farnpflanzen

Quirl (Wirtel) = sind mehrere Blätter an einem Knoten vorhanden, so bilden sie einen Quirl (Wirtel). In diesem Fall ist die Blattstellung wirtelig oder quirlständig.

radiärsymmetrisch = durch mehrere Schnitte in gleiche Hälften zerlegbar.

radiärsymmetrische Blüte = strahlig symmetrische Blüte, durch eine bestimmte Anzahl von Axialschnitten in spiegelbildliche Hälften zerlegbar.

Radiation siehe adaptive Radiation

Raphiden siehe Kristallnadeln

Respiration (Atmung) = Prozeß, bei dem lebende Zellen Nährstoffe oxidieren und Energie erzeugen; dabei entstehende Nebenprodukte: Wasser und Kohlendioxid.

Resupination (O) = Drehung des Blütenstiels oder Fruchtknotens, die bewirkt, daß in der offenen Blüte die Lippe nach unten weist.

resupiniert (O) = Blüte, bei der die Lippe nach unten weist.

Rhachis siehe Spindel

Rhizom = Erdsproß; meist horizontal, unterirdisch oder dicht über dem Substrat (Boden, Rinde etc.) wachsender, ausdauernder Sproß, fast immer mit schuppenförmigen Niederblättern und Blattnarben besetzt, mit sproßbürtigen Wurzeln. Vergleiche monopodiale Orchideen.

Rispe = ein mehrfach verzweigter Blütenstand, wobei der Verzweigungsgrad zur Basis hin zunimmt. Eine echte Rispe trägt eine Endblüte, was bei den Orchideen»rispen« nicht der Fall ist.

Rosette = dichtgedrängte, spiralig angeordnete Blätter, meist in Bodennähe.

Rostellum (O) = unpaariger, verschiedenartig umgewandelter Narbenlappen, der die Anthere (den Staubbeutel) von der Narbenfläche trennt; hat manchmal eine schnabelähnliche Form.

ruderale Pflanzen = Schuttpflanzen.

Säule (Columna, Gynostemium) (O) = das zentrale Gebilde der Orchideenblüte, aus dem Griffel und den Staubfäden von einem oder mehreren Staubbeuteln bestehend.

Säulenflügel (Stelidium) (O) = in der Regel seitliches, flügel- oder armähnliches Anhängsel der Säule.

Säulenfuß (O) = seitlich verlängerte, mitunter nach unten gezogene Verlängerung der Säulenbasis.

Samenanlage (Ovulum) = In den Blüten der Samenpflanzen bilden die Fruchtblätter an bestimmten Stellen Samenanlagen aus, in denen sich die Eizelle entwickelt. Nach der Befruchtung entwickelt sich die Samenanlage zum Samen.

Saprophyt (Fäulnisbewohner) = Pflanze ohne Chlorophyll, die sich aus verwesender Substanz ernährt.

Scheide = verbreiterter basaler Blattabschnitt, der einen Sproß, eine Pseudobulbe oder einen jungen Blütenstand umhüllt.

Schenkelring (Trochanter) = das zweite Glied des Insektenbeins; ein kleines, zwischen Hüfte und Schenkel eingeschaltetes Glied.

Schlund = hier: röhrenförmiger Teil der Lippe, wie z. B. bei *Cattleya*.

Schlüssellochblüte = in der Bestäubungsbiologie alle Blüten, bei denen der Bestäuber seine Zunge oder seinen Rüssel durch eine enge Öffnung schieben muß.

sektile Pollinien (O) = weiche, körnige Pollinien, die in kleine, meist durch elastische Fäden miteinander verbundene Pollenpakete unterteilt sind.

sekundär = hier: Verzweigungen, die aus dem primären Sproß oder der primären Wurzel entspringen.

selbstinkompatibel (selbststeril) siehe verträglich

sensu = Bei der Revision oder Neubearbeitung einer Gattung oder Art kann die Schlußfolgerung gezogen werden, daß ein Taxon weiter oder enger gefaßt werden muß. Dann wird durch den Ausdruck »sensu lato« (weiter) oder »sensu stricto« (enger) die Art der Änderung angegeben.

Sepalen siehe Kelchblätter

Spaltöffnungen (Stomata) = regulierbare Öffnungen der Epidermis der Pflanzen, die dem Gasaustausch und der Wasserverdunstung dienen. An den Seiten einer jeden Spaltöffnung befinden sich zwei Schließzellen, die die Spaltöffnung öffnen oder schließen können, indem sie ihre Form verändern. Häufig sind die Schließzellen noch von besonders ausgebildeten »Nebenzellen« umgeben.

Speziation siehe Artbildung

Spindel (Rhachis) = Hauptachse eines Blütenstandes.

spiranthoid = *Spiranthes*-ähnlich: alle Angehörigen der Unterfamilie Spiranthoideae.

Sporn = schmaler, röhren- oder sackförmiger, nach hinten gerichteter Fortsatz eines Blütenteils, der meist als Honigbehälter dient.

Sporopollenin = Substanz, aus der die Exine der Pollenkörner besteht; oxidative Polymere von Carotinoiden und/oder Carotinoidestern; äußerst resistent gegen Zerfall oder chemische Veränderungen.

Spreite (Blattspreite) = Blattfläche: der flache Teil eines Blattes.

»Sproßwurzelknolle« = ein eigenartiges, für die Triben Diseae, Diurideae und Orchideae charakteristisches Speicherorgan; primär eine verdickte Wurzel, jedoch mit einer Knospe und einem sproßartigen Gebilde an der Basis; dieses Organ kann dazu dienen, die Pflanze tiefer in den Boden zu treiben (Ruhephase der Pflanze).

Stamen siehe Staubblatt

Staminodium pl. *Staminodien* = steriles, mehr oder weniger umgewandeltes Staubblatt.

Staubbeutel (Anthere) = der die Pollensäcke tragende Teil der Staubblätter.

Staubblatt (Stamen, pl. *Stamina)* = männliches (pollentragendes) Blatt der Blüte, aus Staubfaden und Staubbeutel bestehend.

Staubblüte siehe männliche Blüte

Staubfaden (Filament) = Stiel des Staubbeutels, bei den meisten Orchideen ein Teil der Säule.

Stele = Zentralzylinder der Sproßachse, der Leitbündel, Mark, primäre Markstrahlen umfaßt.

Stelidium siehe Säulenflügel

Stempel = weibliches (samentragendes) Fortpflanzungsorgan der Blüte, bestehend aus Fruchtknoten, Griffel und Narbe.

Stengelglied siehe Internodium

Stipes pl. *Stipites* (O) = bandartiges Gewebestück, das sich von der Außenwand des

Rostellums abhebt und an das obere Ende des Viscidiums anhängt, während sich am anderen Ende die Pollinien anheften.

Stomata siehe Spaltöffnungen

Stützblatt, Tragblatt, Deckblatt = Blatt, in dessen Achsel eine Knospe oder ein Blütenstand entsteht.

Symbiose = Lebensgemeinschaft zweier oder mehrerer Individuen verschiedener Arten, aus der beide Partner Nutzen ziehen. Sie wird bei gleichem Nutzen für beide Teile als mutualistische Symbiose bezeichnet; ist dagegen der eine Partner wesentlich im Vorteil, nennt man sie Helotismus.

sympodialer Blütenstand = Blütenstand, der mehrere auseinander hervorgehende Achsen besitzt und dessen Seitenachsen die Abstammungsachse übergipfeln; durch dieses Verzweigungssystem kann ein großer, komplexer Blütenstand entstehen.

sympodiales Wachstum = Wachstum durch aufeinander folgende Sproßglieder, die als Verzweigungen auseinander hervorgehen (z. B. bei *Cattleya, Cymbidium, Dendrobium, Paphiopedilum*).

Syndrom = hier: in der Bestäubungsbiologie der Merkmalskomplex, der auf Anpassung an eine bestimmte Bestäubergruppe hindeutet.

Synonyme = ungültige weitere Namen für eine bereits bekannte Pflanze.

Synsepalum (O) = mehr oder weniger verwachsene seitliche Kelchblätter.

Tabula infrastigmatica (O) = bei *Oncidium* und verwandten Gattungen ein basal und vertral an der Säule sitzendes Gebilde, das häufig konvex ist und sich in Oberflächenstruktur oder Farbe vom Rest der Säule unterscheidet; vielleicht von der Lippe abgeleitet.

Taxon pl. *Taxa* = eine Pflanzengruppe bestimmter Rangstufe (z. B. Familie, Gattung, Art).

Taxonomie = Wissenschaft (Lehre) von den Regeln der Systematik bzw. von der Klassifikation.

telozentrisch = Chromosomen mit terminal (endständig) lokalisiertem Centromer; mit nur einem Arm.

terminal = endständig.

terrestrisch = auf der Erde (nicht epiphytisch) wachsend.

Tertiär = geologische Periode zwischen Kreide und Pleistozän, die vor 70 Millionen Jahren begann und vor 1 Million Jahren endete.

Tetrade = Gruppe von vier Pollenkörnern; Pollenkörner werden in Vierergruppen gebildet. Bei manchen Orchideen trennen sie sich nicht.

tetraploid siehe diploid

Theka, Theke = zwei Pollensäcke enthaltendes Fach eines Staubbeutels.

Traube = unverzweigter Blütenstand; Einzelblüte gestielt an der Hauptachse, z. B. bei *Cymbidium, Odontoglossum.*

Trennungsschicht siehe Abszission

triandrisch = Zwitterblüte mit drei Staubblättern.

Trieb = Sproß; vor allem junger Sproß, der aus dem Grund eines älteren entspringt.

Trochanter siehe Schenkelring

trophisch = die Ernährung betreffend.

vandoid (O) = *Vanda*-ähnlich; alle Angehörigen der Unterfamilie Vandoideae.

vegetativ = die Teile bzw. Erscheinungen und Vorgänge der Pflanze, die nicht unmittelbar an der Blüte oder Fruchtbildung beteiligt sind, also Wurzeln, Stengel und Blätter. Vegetative Vermehrung: Fortpflanzung auf ungeschlechtlichem Weg.

Velamen (*Velamen radicum, Wurzelhülle*) (O) = Rhizodermis aus toten Zellschichten bei den Luftwurzeln der epiphytischen Orchideen.

ventral = bauchseitig.

Vernation siehe Knospenlage

verträglich (kompatibel) = fertil-kreuzbar. Ein Individuum kann selbstkompatibel (selbstverträglich) oder selbstinkompatibel (selbstunverträglich) sein; in letzterem Fall bringt die Pflanze bei Bestäubung mit dem eigenen Pollen (oder Pollen desselben Klons) keine fruchtbaren Samen hervor.

Viscidium pl. *Viscidien (Klebkörper, Klebscheibe)* (O) = am Rostellum ausgebildetes und später davon abgetrenntes Gebilde, das der Anheftung der Pollinien an ein Insekt oder einen anderen Bestäuber dient.

Viscin siehe Elastoviscin

weibliche Blüten = Blüten, die keine Staubbeutel, sondern nur Fruchtknoten enthalten.

Wirtel siehe Quirl

Wurzelhülle siehe Velamen

Xerophyten = Landpflanzen, die an physiologisch trockenen Standorten oder in trockener Luft leben und auf geringste Wasseraufnahme eingestellt sind.

zurückgebogen (reclinatus) = in bezug auf Staubbeutel: von der Säulenachse weggekrümmt, wie z. B. bei *Disa*.

zweikeimblättrige Pflanzen (Dikotyledonen, Dikotylen) = Klasse der Angiospermen (Bedecktsamer); zeichnen sich – im Gegensatz zu den einkeimblättrigen Pflanzen (Monokotyledonen) – durch fiedernervige Blätter und zwei Keimblätter aus.

Zwitter (Hermaphrodit) = Individuum, welches gleichzeitig die Fortpflanzungsorgane beider Geschlechter oder Teile derselben besitzt.

zygomorph = zweiseitig (bilateral) symmetrisch, d. h. durch nur eine Symmetrieebene in zwei spiegelbildlich gleiche Hälften teilbar.

Register